Alexa F. Wilke
Die Gebete der Propheten

Beihefte zur Zeitschrift für die alttestamentliche Wissenschaft

Herausgegeben von
John Barton, Reinhard G. Kratz
und Markus Witte

Band 451

Alexa F. Wilke

Die Gebete der Propheten

Anrufungen Gottes im ‚corpus propheticum' der
Hebräischen Bibel

DE GRUYTER

ISBN 978-3-11-031207-2
e-ISBN 978-3-11-031218-8
ISSN 0934-2575

Library of Congress Cataloging-in-Publication Data
A CIP catalog record for this book has been applied for at the Library of Congress.

Bibliographic information published by the Deutsche Nationalbibliothek
The Deutsche Nationalbibliothek lists this publication in the Deutsche Nationalbibliografie;
detailed bibliographic data are available in the Internet at http://dnb.dnb.de.

© 2014 Walter de Gruyter GmbH, Berlin/Boston
Printing: CPI buch bücher.de GmbH, Birkach
♾ Printed on acid-free paper
Printed in Germany

www.degruyter.com

MIX
Papier aus verantwor-
tungsvollen Quellen
FSC
www.fsc.org   FSC® C003147

Vorwort

Vorliegende Untersuchung wurde im Sommersemester 2012 von der Theologischen Fakultät der Georg-August-Universität Göttingen als Habilitationsschrift angenommen. Für die Veröffentlichung wurde der Text durchgesehen und geringfügig überarbeitet.

Viele Menschen haben die Arbeit an und das Leben mit den Prophetengebeten in den vergangenen Jahren begleitet und gefördert. Einigen von ihnen möchte ich an dieser Stelle besonders danken. Als ersten nenne ich mit gutem Grund Professor Dr. Dr. h.c. Hermann Spieckermann, dem die Arbeit gewidmet ist. Er hat mich in gewohnter Weise engagiert begleitet, stand immer als Gesprächspartner zur Verfügung und hat dabei zugleich mit freundlicher Zurückhaltung dazu ermutigt, den eigenen Weg durch die Arbeit zu finden. Die gemeinsamen Gespräche über die Prophetengebete, gern über den hebräischen Text gebeugt, werden mir als besondere und lehrreiche Momente in Erinnerung bleiben. Sodann danke ich Professor Dr. Reinhard Feldmeier. Er hat mir als seiner Assistentin nicht nur den nötigen Freiraum für die eigene Arbeit gelassen, sondern hat mich immer wieder herausgefordert, exegetisch und theologisch Stellung zu beziehen. Seine Gesprächsoffenheit und sein exegetischer Weitblick haben mich viel gelehrt. Wichtige Gesprächspartner waren zudem Professor Dr. Reinhard G. Kratz, Professorin Dr. Annette Zgoll, die Mitglieder des Graduiertenkollegs „Götterbilder – Gottesbilder – Weltbilder", die Exegetinnen und Exegeten des deutsch-skandinavischen Netzwerks OTSEM sowie die Mitglieder des Doktorandenkolloquiums in Göttingen. Mit Prof. Dr. Corinna Körting, Dr. Tanja Pilger, Dipl. theol. Friederike Neumann und vor allem Dipl. theol. Eva Schellenberg hatte ich engagierte und kritische Erstleserinnen, mit denen der Diskurs Freude macht.

Insgesamt vier für die Arbeit entscheidende Monate habe ich als Gastwissenschaftlerin am Päpstlichen Bibelinstitut in Rom verbracht. Eingeladen hat mich dazu Professor Dr. Horacio Simian Yofre, dem ich zudem einige Impulse zu Tritojesaja verdanke sowie den Kontakt zu Dr. Paolo Salvadori, der mir dankenswerterweise vor Drucklegung seine Arbeit zu Jes 63,17– 64,12 zur Verfügung gestellt hat. Aber auch von weiteren Exegetinnen und Exegeten bin ich sowohl im Biblicum als auch in der Waldenserfakultät freundlich, hilfsbereit und interessiert aufgenommen worden und danke den engagierten Bibliothekskräften hier wie dort, die das Forschen enorm erleichtert haben.

Herzlicher Dank geht zudem an die beiden weiteren Gutachter, Professor Dr. Kratz und Professor Dr. Markus Witte. Sie haben die Mühe der Gutachten auf sich genommen und diese so zügig erstellt, dass das Verfahren innerhalb eines Semesters abgeschlossen werden konnte. Zudem freue ich mich über ihren Vorschlag, die Arbeit in die Reihe „Beihefte zur Zeitschrift für die Alttestamentliche Wissenschaft" aufzunehmen.

Frau stud. theol. Geeske Dehling und Herr stud. theol. Lutz Hoogestraat haben sich um Korrekturen der unterschiedlichen Fassungen der Arbeit bemüht. Frederik Moche M.A. hat sich des Literaturverzeichnisses angenommen und wie schon in meiner Doktorarbeit hat meine ehemalige Schulmentorin Christiane Röper sich mit viel Energie und Sachverstand um die abschließende Rechtschreibkorrektur gekümmert. Bei der Drucklegung wurde ich sehr freundlich von Sophie Wagenhofer begleitet. Unermüdlich und engagiert hat Frau Sabina Dabrowski vom Verlag de Gruyter die Drucklegung der Arbeit besorgt. Für all diese Hilfe bin ich sehr dankbar.

Alle Arbeit wäre nicht gelungen ohne meine Familie, die mir den Rücken stärkt, ohne Freundinnen und Freunde, mit denen zu leben Freude macht, und ohne meinen Mann, mit dem ich alles teilen kann.

Göttingen im September 2013   Alexa F. Wilke

Inhalt

A Einleitung

Thema der vorliegenden Studie sind die Gebete im *corpus propheticum*. Das Spektrum der untersuchten Texte reicht von einzelnen Ausrufen über Dialoge im Berufungsgeschehen bis hin zu ausführlichen Gebeten des Volkes, von der untröstlichen Klage zum überschwänglichen Jubel. In den folgenden vier Kapiteln der Einleitung wird zunächst zu klären sein, was in dieser Arbeit als Gebet im engeren Sinne gilt, wobei ein besonderer Blick auf die Frage der begegnenden Gattungen geworfen wird (1.). Im zweiten Kapitel wird der exegetische Befund erläutert, der dem Aufbau zugrunde liegt (2.). Am Beispiel Jeremias soll sodann exemplarisch der Frage nachgegangen werden, wie sich Gebete in die Genese und Charakteristik eines Buchs einfügen (3.). Dass und inwiefern in einem Buch verbundene Gebete hinsichtlich ihrer Theologie und ihrer Gestimmtheit sehr unterschiedlich sein können wird am Beispiel Jesajas dargestellt (4.).

1 Wann ist ein Wort ein Gebet? – Die Texte

„Herr, es ist Zeit..." – Berlin im Herbst 2009. Mit großen Lettern sind die vier Worte an die Schaufenster einer Buchhandlung geklebt. Ein Gebet? Die Verbindung dieser Zeile mit dem Fundort „Buchhandlung" bietet einen hermeneutischen Schlüssel. Die Worte sind Zitat. Wer sie kennt, murmelt die der Eingangszeile folgenden Verse von Rilkes „Herbsttag" und findet sich in einem gedeuteten Herbstgeschehen wieder. Auf den großen Sommer folgt die Ernte. Es wird Früchte geben, Einsamkeit und lange Briefe in den Monaten, die kommen.[1]

Was aber, wenn diese Information fehlte? Was würden Leser der Zeile verstehen, die das hinter den Fenstern liegende Geschäft nicht als Buchhandlung identifizieren oder Rilkes Gedicht nicht kennen? Setzte man den Deutungsmöglichkeiten keine Grenzen, wäre es durchaus möglich, hinter den Scheiben die Niederlassung einer endzeitlich gestimmten Glaubensgemeinschaft zu vermuten, die mit dem Ausruf ihr „Maranatha" formuliert, oder eine ganz diesseitige Gesellschaft von Menschen, die einem Funktionsträger, der „Herr" genannt wird, auf

---

1 Vgl. Rainer Maria Rilke, *Die Gedichte*, 4. Aufl. Frankfurt am Main: Insel, 1990, 344 f., Das Buch der Bilder, Herbsttag: „Herr: es ist Zeit. Der Sommer war sehr groß./ Leg deinen Schatten auf die Sonnenuhren,/ und auf den Fluren lass die Winde los./ Befiehl den letzten Früchten voll zu sein;/ gib ihnen noch zwei südlichere Tage,/ dränge sie zur Vollendung hin und jage/ die letzte Süße in den schweren Wein./ Wer jetzt kein Haus hat, baut sich keines mehr./ Wer jetzt allein ist, wird es lange bleiben,/ wird wachen, lesen, lange Briefe schreiben/ und wird in den Alleen hin und her/ unruhig wandern, wenn die Blätter treiben."

unmissverständliche Weise deutlich machen, dass es Zeit sei, zu kommen, zu handeln oder auf andere Weise zu reagieren.

Das Beispiel zeigt: Selbst wenn wesentliche Merkmale von „Gebeten" zu finden sind, wie Ansprache oder die Verwendung religiös gebräuchlicher Formulierungen (Herr, Zeit), ist nicht zweifelsfrei zu entscheiden, ob ein Text als Gebet bezeichnet werden kann, zumindest, wenn kein liturgischer Rahmen und keine Überschrift das Gebet identifizieren. Die vier Worte am Schaufenster der Buchhandlung geben diese Auskunft nicht.

Nur wenige Gebete in den Prophetenbüchern sind mit einem entsprechenden Hinweis versehen und geben sich zweifelsfrei als Gebet zu erkennen.[2] Manches, was in dieser Arbeit als Gebet bezeichnet wird, wird „geschrien" oder „gesungen" und steht so neben anderen Äußerungen, die ebenfalls auf eine vergleichbare Weise angestimmt werden, sich aber vorrangig an menschliche Gegenüber richten und nicht als Gebet gelten.

In der Tradition jüdischer und christlicher Religion wird als Gebet vornehmlich die sprachliche Hinwendung zu einer Gottheit verstanden.[3] Diese Hinwendung ist das wesentliche Differenzkriterium der in dieser Arbeit behandelten Gebete. Berücksichtigt werden ausschließlich Texte, die erkennbar ein göttliches Gegenüber ansprechen. Dazu zählen Bußgebete, Klagen einzelner oder eines Volkes, Bitten, Danklieder und Gesänge des Lobpreises. Neben solcher Gottesansprache wird in der Forschung auch anbetendes, hymnisches Sprechen mit zum Gebet gerechnet.[4] Zu Recht kann gefragt werden, warum hymnische Texte in der folgenden Untersuchung wenig Beachtung finden.

---

[2] Die Lage im Alten Testament ist sogar noch schwieriger, weil das Hebräische keinen umfassenden Begriff von „Gebet" hat, der eine entsprechende Unterscheidung überhaupt ermöglicht. Am ehesten kann noch die תְּפִלָּה als Gattungsbezeichnung verstanden werden. Erhard S. Gerstenberger, „Art. פלל pll." in *Theologisches Wörterbuch zum Alten Testament* VI (1989): 606–617, 614, weist darauf hin, dass תְפִלּוֹת in Ps 72,20 die verschiedenen Gebete Davids zusammenfasse. Er betont, dass mit dem Begriff keine agendarische Form festgelegt sei. Vgl. Rainer Albertz, „Art. Gebet II. Altes Testament." in *Theologische Realenzyklopädie* 12 (1984): 34–42, 34, der davon spricht, das Alte Testament kenne noch keinen entsprechenden „Oberbegriff".

[3] „Das Gebet kennzeichnet den Vorgang, in dem ein Mensch zu seinem Gott von sich und den Seinen, von seiner und ihrer Not spricht." Carl Heinz Ratschow, „Art. Gebet I Religionsgeschichtlich." in *Theologische Realenzyklopädie* 12 (1984): 31–34, 31. Kritisch und im Kontrast zur Selbstbeschreibung Betender betont Gregory D. Alles, „Art. Gebet: I. Religionswissenschaftlich." in *Religion in Geschichte und Gegenwart*, 4. Aufl. 3 (2000): 485–488, 483, das Monologische des Gebets: „....im Gebet aber spricht man zu einem persönlichen rel. Objekt. G. ist nicht einfach rel. Kommunikation: Kommunikation ist zweiseitig, das G. ist einseitig; im G. spricht nur der Mensch."

[4] Ausdrücklich zählt etwa Hermann Spieckermann, „Hymnen im Psalter: Ihre Funktion und ihre Verfasser." in *Ritual und Poesie: Formen und Orte religiöser Dichtung im Alten Orient, im*

Wesentlich für die Entscheidung, vorrangig Texte zu berücksichtigen, die ausdrücklich Gottesansprache sind, ist ein theologisches Interesse.[5] Die vorliegende Arbeit untersucht den Anrede-Wechsel von der Verkündigung an die Adressaten[6] der Bücher zur Ansprache Gottes. Es ist die theologische Funktion dieses Wechsels, die herausgearbeitet werden soll. Dies geschieht vor dem Hintergrund, dass die Hinwendung zu Gott nicht zu den klassischen Merkmalen der Prophetenrede gehört.[7] Wie die meisten Gebete in den vorderen Propheten sind auch die Prophetengebete zum überwiegenden Teil sehr spät in ihren Kontext eingefügt worden. Die Beobachtung nötigt zu fragen, welche Verfasser solche Zusätze vornahmen, welche theologischen Überlegungen betend formuliert wurden und wie diese Texte, die in den Prophetenbüchern einen Dialog mit Gott eröffnen, ihren jeweiligen Kontext deuten.[8]

Judentum und im Christentum, hrsg. von Erich Zenger. Herders Biblische Studien 36. Freiburg i. Br. u. a.: Herder, 2003: 137–161, 137, den Hymnus nicht nur zum Gebet, sondern beschreibt ihn sogar als eine der „Weisen des Sprechens zu Gott".

5 Aus diesem Grund wird die Unterscheidung in Prosa oder Poesie nicht weiter berücksichtigt. Die Untersuchung beschäftigt sich ausdrücklich nicht nur mit singbaren Psalmen, sondern mit allen Texten, poetisch strukturierten wie kurzen prosaischen, die Gottesanrede beinhalten.

6 Wenn im Folgenden von Adressaten, Verfassern, Lesern und Betern etc. die Rede ist, dann sind damit ausdrücklich gleichermaßen weibliche wie männliche Personen gemeint.

7 Die Grundformen prophetischer Überlieferung sieht Zenger in ders., *Einleitung in das Alte Testament*, 8. Aufl. Kohlhammer-Studienbücher Theologie. Stuttgart: Kohlhammer, 2012, 515 f., in Erzählung und Gerichtswort, ihre Besonderheit in der Botenspruchformel. Konrad Schmid in Jan Christian Gertz und Angelika Berlejung, Hrsg., *Grundinformation Altes Testament: Eine Einführung in Literatur, Religion und Geschichte des Alten Testaments*, 3., überarbeitete und erweiterte Auflage. Uni-Taschenbücher 2745. Göttingen: Vandenhoeck & Ruprecht, 2009, 319 f., nennt als prophetische Gattungen das Gerichtswort, bestehend aus Scheltwort und Drohwort und Zeichenhandlungen, und als kleinere Formeln Wortereignisformel und Gottesspruchformel. Von Zenger in Einleitung, 512 f., werden weder die „freien, oppositionellen Einzelpropheten" noch die „literarischen Propheten" mit dem Gebet verbunden. Vgl. den Überblick bei Claus Westermann, *Grundformen prophetischer Rede*, 5. Aufl. Beiträge zur Evangelischen Theologie 31. München: Kaiser, 1978, 64–69. Zur Abgrenzung der Gebete innerhalb der Prophetenbücher schreibt er (aaO., 64): „Den dritten Bestandteil stellen von Menschen an Gott gerichtete Worte innerhalb der Prophetenbücher dar. Sie müssen zunächst gattungsmäßig von den Prophetenworten streng geschieden werden." Er sieht die Durchdringung der prophetischen Form mit Motiven des Psalters als eine erst exilische Entwicklung an (vgl. aaO., 65). Sam D. Gill, „Art. Prayer." in *The Encyclopedia of Religion*. Bd. 11, hrsg. von Mircea Eliade. New York: Simon & Schuster Macmillan, 1995: 489–494, 489, unterscheidet Bitte, Anrufung, Dankgebet (Lobpreisung oder Anbetung), Hingabe, Flehen, Fürsprache, Konfession, Reue und Segnung.

8 Zu diesem inhaltlichen kommt ein technischer: Wenn das „Reden vor Gott" (Anbetung, Hymnus) dem „Reden zu Gott" (Gebet im engeren Sinne) gleichgeordnet wird, dann wird in Texten wie den Prophetenbüchern, die aus ganz unterschiedlichen Redeformen zusammengesetzt sind, eine Abgrenzung schwierig. Es ist an manchen Stellen bereits kaum möglich her-

Hinsichtlich der Theologie dieser Gebete interessiert vor allem, wie der angesprochene Gott dargestellt wird und wie die so Betenden sich selbst präsentieren, wie sie sich zu etwaigen anderen Gruppen innerhalb und außerhalb des Volkes verhalten und sich selbst in ihrem Gegenübersein zu Gott wahrnehmen. Beten ist Arbeit am Gottesbild und zugleich Arbeit am Selbstbild.[9] Die Rede vom Selbstbild ist umfassend gemeint. Sie schließt das Verhältnis des Selbst zu seiner gegenwärtigen Situation, zu anderen Menschen und Gruppen oder Nationen ein und beinhaltet auch die Selbstsicht des Betenden auf sein Verhältnis zu Gott. Insofern ist das Gebet nicht nur hermeneutischer Schlüssel zur Gotteslehre, sondern zugleich wesentlich für das Selbst- und Weltverhältnis des Beters.[10]

Wer betet, nimmt eine Position gegenüber Göttern und Menschen ein und teilt anderen, Göttern wie Menschen, ihre Positionen in diesem kommunikativen Geschehen zu.[11] Die betenden Einschreibungen in die Prophetenbücher zeigen sehr unterschiedliche theologische Tendenzen. Insofern könnte derjenige, der das eine

---

auszufinden, ob JHWH Adressat einer an ein Gegenüber gerichteten Rede ist. Wenn auch noch das Kriterium der Ansprache wegfällt, könnte bei einer an der Mystik orientierten Interpretation jeder Atemzug als vor Gott und auf ihn hin getan und damit als Gebet begriffen werden. Der Titel einer unter dieser Voraussetzung geschriebenen Arbeit wäre nicht „Die Gebete in Israels Prophetenbüchern", sondern „Israels Prophetenbücher als Gebet".

9 Vgl. zum Ausdruck „Arbeit am Gottesbild" Walter Sparn, „Gebet: Phänomene und Kriterien/ Meditation/ Frömmigkeit/ Gottes und Selbstbegegnung." in *Handbuch Praktische Theologie*, hrsg. von Wilhelm Gräb und Birgit Weyel. Gütersloh: Gütersloher Verlagshaus, 2007: 287–299, 296.

10 Gerhard Ebeling, *Prolegomena: Teil 1: Der Glaube an Gott, den Schöpfer der Welt*. Tübingen: Mohr, 1979, 192–244. Vgl. dazu erhellend Joachim Ringleben, „„In Einsamkeit mein Sprachgesell'. Das Gebet als Thema der Dogmatik (G. Ebeling zum 70. Geburtstag)." in *Zeitschrift für Theologie und Kirche* 79 (1982): 230–248, sowie ders., „Denken – Reden – Beten: Überlegungen im Anschluß an Humboldt und Kleist." in *Subjekt und Metaphysik. Konrad Cramer zu Ehren aus Anlaß seines 65. Geburtstages*, hrsg. von Jürgen Stolzenberg. Göttingen: Vandenhoeck & Ruprecht, 2001: 119–135. Zum Selbstverhältnis des Menschen im Gebet formuliert Ringleben, aaO., 133: „...die Anrede Gottes im Gebet läßt den Betenden sich selber wirklich werden." Vgl. ähnlich Ratschow, Art. Gebet I Religionsgeschichtlich, 34: „Man wird auch weiterschließen können ..., daß da, wo das Gebet abstirbt, nicht nur Religion ihr Ende hat, sondern auch die Personalität des Menschen."

11 Der Gerechte spricht zum rächenden Gott und lamentiert über die Frevler. Der reuige Sünder wendet sich an den barmherzigen Gott und stellt sich in eine Reihe mit den Protagonisten der Heilsgeschichte. Alternativ formulieren Georg Fischer und Knut Backhaus, *Beten*. Neue Echter Bibel, Themen 14. Würzburg: Echter, 2009, 72f., diese Einsicht. Wenn sie schreiben, das Gebet setze Ehrlichkeit voraus und die Bereitschaft, sich ändern zu lassen, so geben sie mit diesem ethischen Anspruch wieder, dass der Beter betend die eigene Selbst-, Welt- und Gottessicht authentisch formuliert und Gebete unterschiedlicher Zuspitzung so die Sicht unterschiedlicher Personen und Gruppen auf sich selbst, die Situation und ihren Gott wiedergeben.

Gebet als Gottesfürchtiger formulierte, von den Verfassern eines anderen Gebetes als Frevler bezeichnet werden.[12] Nur wenn die jeweiligen Rollenzuschreibungen für den Beter selbst, seinen Gott, seine Mitmenschen und die damit geleistete Deutung der Situation differenziert betrachtet werden, kann verhindert werden, dass diese Nuancen einer vereinheitlichten umfassenden Theologie des Gebets eingeebnet werden.

Die Gebete, die in die Prophetenbücher eingetragen wurden, gewähren jedoch nicht nur Einblicke in die Gotteslehre und Anthropologie der Beter in Auseinandersetzung mit dem Kontext. Beten ist ein dialogisches Geschehen. Deshalb eröffnen sie die Möglichkeit, vom Leser oder Hörer eines Textes zum Beter und damit zum Teilhaber am Geschehen zu werden. Es wird sich zeigen, dass diese Besonderheit für das Verständnis der Psalmen und ihrer Funktion von entscheidender Wichtigkeit ist. Zu dieser textpragmatischen Besonderheit von Gebeten kommt hinzu, dass Gebete nicht für sich gesprochen werden. Sie adressieren eine Gottheit, von der (handelnd) Antwort erbeten wird. Diese Ansprache vergegenwärtigt deshalb die Offenheit der Situation, in der das Handeln Gottes erwartet wird und nimmt mit der Bitte um dieses Handeln und in der betenden Proklamation einer neuen Situation selbst an dieser Öffnung teil. Es wird sich zeigen, dass die Gebete der Propheten so auf unterschiedlichen Ebenen der Funktion und der Bedeutung zu herausragenden, einmaligen Zeugnissen alttestamentlicher Theologie zu rechnen sind.

Wer betet, bedient sich überkommener Sprache und bezieht sich absichtlich oder unwillkürlich auf übliche Gebetsstrukturen. Dieser Bezug kann bedeuten, dass Strukturen bekannter Formen exakt übernommen werden, er kann sich aber auch als Spiel mit den Formen und in der ausdrücklichen Aussetzung des Gewohnten zeigen.[13] Wo die Gebete in der Überschrift oder im erzählenden Kontext als Klage oder Gesang bezeichnet werden, sind diese Hinweise wichtig für die Interpretation. Auch die Abweichung von bekannten Strukturen kann sich als hermeneutisch bedeutsam erweisen. Von außen an den Text herangetragene Zuweisungen zu einer bestimmten Gattung bergen hingegen zuweilen die Gefahr, um der Benennbarkeit willen die Besonderheit des Textes zu ignorieren.[14] Zwar wird

---

12 Besonders deutlich zeigen sich diese Gegensätze innerhalb des Jesajabuches. Siehe das vierte Kapitel der Einleitung.

13 Vgl. bspw. Kathleen M. O'Connor, *The Confessions of Jeremiah: Their Interpretation and Role in Chapters 1–25*. Society of Biblical Literature Dissertation Series 94. Atlanta, Ga.: Scholars Press, 1988, 25: „Jeremiah plays with the lament form, creatively adapting it to the content of his message."

14 Vgl. ähnlich in Bezug auf die Konfessionen Jeremias Hannes Bezzel, *Die Konfessionen Jeremias: Eine redaktionsgeschichtliche Studie.* Beihefte zur Zeitschrift für die Alttestamentliche

die textpragmatische Wirkung eines Gebets stark davon beeinflusst, ob der Leser mit Dank, Lob oder Klage, dem Gebet eines Einzelnen oder des Volkes konfrontiert wird. Wie sehr sich die Verfasser der Prophetengebete jedoch an Gattungsparadigmen orientieren, differiert.

Einige Forschungsansätze stellen gerade die Gebete der Prophetenbücher als wesentlich für den Kult oder für den öffentlichen Vortrag formulierte dar. Als zwei Stichworte sind in diesem Zusammenhang die „prophetische Liturgie" und das „Drama" zu nennen. Die prophetische Liturgie ist nach ihrer Rekonstruktion durch Mowinckel und Gunkel in unterschiedlichen Formen und für verschiedene Texte angenommen worden.[15] In der Folge Mowinckels überwog dabei der Gedanke, die Liturgie sei für den gottesdienstlichen Gebrauch formuliert worden. Gerade in jüngerer Zeit wird zunehmend die bereits von Gunkel formulierte Einschränkung wiederholt, der gottesdienstliche Gebrauch der eruierten Liturgien könne nicht nachgewiesen werden.[16] Immer wieder wird hier die Bestimmung der Form von der Frage nach einem „Sitz im Leben" getrennt.

Wissenschaft 378. Berlin u. a.: de Gruyter, 2007, 33: „Aus diesem Grund ist es m. E. zu vermeiden, sich bei der Untersuchung des Aufbaus der Konfessionen zu stark von den formkritischen Schablonen der älteren Psalmenforschung leiten zu lassen und ratsam, ihre speziellen Termini nur unter großer Zurückhaltung zu verwenden."

15 Vgl. Sigmund Mowinckel, *Psalmenstudien I-II*. Amsterdam: Schippers, 1966, 235 ff. Hermann Gunkel, „Jes 33, eine prophetische Liturgie." in *Zeitschrift für die Alttestamentliche Wissenschaft* 42 (1924): 177–208, 193, nennt bspw. Jes 33 die „Nachahmung" einer priesterlichen Liturgie. Vgl. Gunkel, aaO., 194: „Keine Frage aber kann sein, daß der Prophet hier eine Gattung des Tempelgottesdienstes aufgenommen hat... Unser Ergebnis ist also, daß sich hier in einem prophetischen Kapitel drei lyrische Stücke finden, zwei Nachahmungen von Volksklageliedern und eine Nachbildung einer Tora-Liturgie." Ganz anders Uwe Becker, *Jesaja – von der Botschaft zum Buch*. Forschungen zur Religion und Literatur des Alten und Neuen Testaments 178. Göttingen: Vandenhoeck & Ruprecht, 1997, 269, der seinerseits den Grundbestand des Kapitels als Korrektur des vorangehenden Kapitels versteht. Vgl. Ulrich Berges, *Das Buch Jesaja: Komposition und Endgestalt*. Herders Biblische Studien 16. Freiburg i. Br. u. a.: Herder, 1998, 248, der hier einen ersten Brückentext zu Deuterojesaja sieht. Dabei deutet er das „Stoßgebet" in Jes 33,2 als Hinweis darauf, dass, „bevor die Heilszeit anbrechen kann, [...] auch diese letzte Hürde noch zu nehmen ist." (aaO., 243).

16 Vgl. bereits Gunkel, Jes 33, 195: „Solche prophetischen Liturgien sind freilich meistens nicht mehr zur Aufführung durch wechselnde Stimmen bestimmt, sondern nur noch Nachahmungen der gottesdienstlichen Gedichte." Vgl. Gunkel, aaO., 208: „Ob ein Gedicht von dieser Ausdehnung und inneren Mannigfaltigkeit wirklich noch im Gottesdienst aufgeführt worden ist, oder ob es nur von dorther seine Formen borgt, wird man schwerlich entscheiden können." Zumindest noch im Einflussbereich des Kultus wähnt die prophetische Liturgie Martin Gerlach, *Die prophetischen Liturgien des Alten Testaments*. Köln: Gouder und Hansen, 1967, 101 f.: „Das Vorhandensein einer Wechselrede... wird in den prophetischen Schriften nicht zu leugnen sein. Da wohl als formgebend für dieses Miteinander kultisches Geschehen angenommen werden darf, ...

Die Bezeichnung von Texten, in denen sich Verse der Gottesansprache mit Gottesrede und anderen Reden mischen, als Drama ist neueren Datums und wurde bereits für einige prophetische Texte und ganze Bücher fruchtbar gemacht.[17] Ein Drama ist nach Utzschneider[18] und Nitsche eine Komposition, in der „Figurenreden so miteinander montiert (werden), dass die Story eines Textes im Mit- und Gegeneinander der direkten Reden der einzelnen Akteure entfaltet wird."[19]

Die Deutungen der Texte als „Liturgie" oder „Drama" haben ihre Berechtigung, insofern sie den Wechsel der Rederichtungen thematisieren und einen sinnvollen Zusammenhang nachvollziehen helfen, in dem die Texte sich dem heutigen Leser präsentieren. Die Untersuchungen zum Drama im *corpus propheticum* vermögen die Dynamik des Ineinanders von Texten in einer Weise zu beleuchten, wie sie zuvor selten zur Verfügung stand. Wie bereits bei weniger komplexen Gattungsbestimmungen ist jedoch beim Drama und bei der zusammengesetzten prophetischen Liturgie der Rückschluss auf einen ursprünglichen „Sitz im Leben" – etwa eine kultische Aufführungspraxis – nur mit Vorsicht zu ziehen.

Vorliegende Untersuchung legt den Fokus allein auf die Texte, in denen sich Beter an Gott wenden. Der Kontext – und damit auch die teilweise dramatische Einbindung – ist dabei vor allem als hermeneutischer Schlüssel für die untersuchten Gebete von Bedeutung. Die Gattung oder Form der Gebete selbst ist nur insofern von Interesse, als sich in der Adaption oder Variation überkommener Muster der Wille zur theologischen Gestaltung zeigt. Ein Rückschluss auf einen über die literarische Formulierung hinausgehenden „Sitz im Leben" wird nicht unternommen. Aus diesem Grund wird in der folgenden Untersuchung am Anfang jeder Analyse die Wahrnehmung des jeweiligen Gebets für sich stehen. Im Abschnitt „Text und Struktur" werden Dynamik und Brüche eines Gebets, soweit möglich, noch ohne Rückgriff auf den Kontext bestimmt. Erst nach der Wahr-

---

konnte die Bezeichnung ‚Liturgie' für eine solche Wechselrede als gerechtfertigt erscheinen, wenn sie auch im Munde des Propheten als Redeform aufgefaßt wurde, ohne damit eine positive oder negative Stellungnahme der Propheten zum Kult zu verbinden oder daraus abzuleiten."
17 Zur Einschätzung vgl. Uwe Becker, „Die Wiederentdeckung des Prophetenbuches: Tendenzen und Aufgaben der gegenwärtigen Prophetenforschung." in *Berliner Theologische Zeitschrift* 21/1 (2004): 30–60, 44, der die Deutungen der Prophetenbücher als Dramen einen „wichtigen Impuls" nennt, die „nicht im Gegensatz zu redaktionsgeschichtlichen Erkenntnissen stehen".
18 Vgl. Helmut Utzschneider, *Michas Reise in die Zeit.* Stuttgarter Bibelstudien 180. Stuttgart: Verlag Katholisches Bibelwerk, 1999, 56–58.
19 Stefan Ark Nitsche, *Jesaja 24–27: ein dramatischer Text: Die Frage nach den Genres prophetischer Literatur des Alten Testaments und die Textgraphik der großen Jesajarolle aus Qumran.* Beiträge zur Wissenschaft vom Alten und Neuen Testament 166. Stuttgart: Kohlhammer, 2006, 11.

nehmung der Rede für sich steht die Bestimmung ihrer Bedeutung im Kontext. Auf diese Weise können sachliche Unterschiede und Brüche präzise wahrgenommen werden und es wird der Gefahr gewehrt, die Entgegensetzungen im Text als Äußerungen unterschiedlicher Sprecher zu harmonisieren.[20]

Im Blick auf den weiteren Kontext wird sich an vielen Stellen zeigen, dass die Gebete der Propheten zu großen Teilen aus Zitaten bestehen. Sie sind schriftgelehrte Arbeit. Deshalb wird keine Darstellung ihrer Theologie und Funktion ohne die Interpretation im Kontext auskommen, in der die einzelnen Verse mit ihrem biblischen Hintergrund verbunden werden. Das Rilkezitat im Fenster der Berliner Buchhandlung mag ein Hinweis darauf sein, dass Zitat und Anspielung mitnichten immer Gleiches wiederholen, sondern in der Spannung von Quelle und neuem Situationsbezug je Neues sagen können. In den Gebeten der Propheten kristallisieren sich Theologie, Frömmigkeitsgeschichte, Selbstwahrnehmung und Gottesbilder einer Zeit, in der die heiligen Schriften des antiken Judentums im Vollzug an Gestalt gewannen.

2 Wer betet im *corpus propheticum?* – Der Aufriss

Thema aller Gebete in den Prophetenbüchern ist das drohende, anhaltende oder überstandene Gericht. Das Verhältnis zu diesem gemeinsamen Nenner der Betenden, die Frage nach Schuld, Umkehr und Restitution, wird jedoch sehr unterschiedlich charakterisiert. Die sich betend vor Gott Stellenden präsentieren in einigen Texten ausdrücklich sich selbst als Sünder (vgl. v. a. Jes 63 f.; 59; Jer 14; aber

---

20 Ganz im Sinne von Nitsche, aaO., 97: „Die Beobachtungen so zu deuten, würde auch den literarkritischen Befund zu seinem Recht kommen lassen, denn die Komposition dieses Textes muss ja nicht von einer Hand stammen. Was dem Text aber seine Kohärenz verleiht, auch über eventuelle diachron erklärbare Spannungen hinaus, das ist der allen Händen gemeinsame 'Gattungsfundus', aus dem sie schöpfen. Auch die Frage nach dem Sitz im Leben ist dann keine sozialgeschichtliche mehr. Die methodisch so gestellte Frage kann vielmehr bei der Rekonstruktion der vom Text bei seinen kompetenten Lesern und Hörern evozierten Vorstellung von der Situation (Opsis) einen wertvollen Beitrag leisten." Klassisch geworden ist die Kritik von Karl Budde, „Habakuk." in *Zeitschrift der Deutschen Morgenländischen Gemeinschaft* 84 (1930): 139 – 147, 141: „Mit der neuen Lehre von den prophetischen Liturgien aber überbrückt man jede Kluft. Man verlangt keinerlei Zusammenhang zwischen den abgeteilten Redeabschnitten, sondern lässt jeden uneingeführt ins Blaue hinaus reden." Gleichwohl ist das Schlusswort von Gunkel, Jes 33, 205, nicht falsch: „Jedenfalls aber ist das Ganze für hebräische Begriffe ein gewaltiges, machtvoll hinreißendes und wohlgeordnetes Kunstwerk." Die Frage aber, ob dieses Kunstwerk aus ganz unterschiedlichen Ansichten zusammengestellt wurde und nicht nur dramatisch, sondern historisch verschiedene Stimmen zu Gehör bringt, behandelt er nicht.

auch Jes 12 und Jes 38), in anderen wird vor allem der Sünden einer gegnerischen Gruppe gedacht (vgl. etwa die Konfessionen Jeremias, aber auch Jes 25,1–5 und Teile von Jes 26 sowie Hab 1 und 3). Zu unterscheiden sind „Gebete von Sündern" und „Gebete über Sünder". Mit Jes 26,7 können die Psalmen der zweiten Gruppe auch als „Gebete von Gerechten" bezeichnet werden. Nimmt man alle Gebete in den Prophetenbüchern in den Blick, so zeigt sich, dass Sünder wie Gerechte Grund zur Klage und Anlass zum Jubel haben. Die Gründe für den Jubel der einen und die Freude der anderen unterscheiden sich dabei so deutlich wie ihre Anlässe zur Klage. Diese Beobachtung liegt den folgenden beiden Hauptteilen der Arbeit zugrunde. In ihnen stehen sich Gebete von Sündern (B) und Gebete über Sünder bzw. von Gerechten (C) gegenüber. Beide Hauptteile sind jeweils dreigeteilt. Sie beginnen mit einer Ausgangssituation voller Erwartung (B 1 und C 1), beleuchten den Moment, in dem die dort erwartete Bewegung ins Stocken gerät (B 2 und C 2), und enden im Jubel über das erfolgte Handeln Gottes (B 3 und C 3).[21]

Die Gebete der Sünder beginnen mit der Bewegung der Umkehr. Sie wird in den Gebeten in Hos 14, Mi 7 und Dan 9 im Kontext zu beobachten sein. Die drei Texte veranschaulichen exemplarisch, wie unterschiedlich sich die Buße darstellen kann, je nachdem ob optimistisch selbstbewusste (Mi 7), ambitioniert umkehrende (Hos 14) oder demütig bittende Beter (Dan 9) im Gebet das Wort ergreifen.

Die Demut der in Dan 9 Sprechenden leitet zum zweiten Abschnitt dieses Hauptteils über, in dem zwei Gruppen in zwei Gebeten sprechen, die um ihre Schuld wissen, diese auch bekennen, und deren Umkehrbemühungen dennoch nicht fruchten. In Jer 14 mag der Grund für dieses Stocken noch einsehbar sein. Die Betenden wenden sich zur Unzeit an Gott, der erst nach Beendigung des Gerichts wieder hören wird. In Jes 63f. machen die Betenden dagegen unmissverständlich deutlich, dass alle Voraussetzungen für ein Ende des Gerichts längst erfüllt sind und die Verzögerung des Heils keinen pädagogischen Nutzen mehr hat, sondern die Überlebenden im Gegenteil immer weiter von JHWH und vom gerechten Weg abbringt.

Mit dem Gebet in Jes 63f. und entsprechend mit den abschließenden Fragen, „wirst du dich etwa hierzu zurückhalten, JHWH? Wirst du schweigen und uns so sehr demütigen?", endete das Jesajabuch vor der Anfügung der Kapitel 65f. Was die Beter in Jes 63f. nicht mehr hoffen können, beschreiben die drei Gebete der Restitution im dritten und letzten Abschnitt des ersten Hauptteils. Zwei der drei

---

21 Das Gebet in Jer 32,17–25 liefert in seiner vorliegenden Gestalt die deuteronomistische Erzählung von Erwählung, Heilsgeschichte, Abfall und Gericht in Form der Gottesansprache. Es wird im Abschnitt 3.2 über die Geschichte Jeremias eingehender betrachtet.

Gebete sind Einzelpersonen in den Mund gelegt, die eine schwere Krankheit (Hiskia in Jes 38) oder einen lebensbedrohlichen Schiffbruch (Jon 2) überlebt haben und diese Rettung lobpreisend bejubeln. Jes 38,17b verbindet die überlebte Krankheit ausdrücklich mit der Vergebung der Sünde. Dass der Psalm Jonas aus einer Situation der Schuld- und Gerichtsüberwindung gesprochen wird, lassen der Kontext erkennen und das in Mi 7,19b verwendete Zitat aus Jon 2,4, das die in Mi 7 überwundene Schuld mit dem überlebenden Beter identifiziert. Das dritte Gebet in Jes 12 ist ein für die Zukunft verheißenes Gebet. In ihm wird weder die Gottesansprache einer Person der Vergangenheit erinnert noch die gegenwärtige Klage formuliert, sondern den Angesprochenen wird zugesagt, „einst zu sprechen". Mit diesem Ausblick auf eine Zeit neuer Gottesgegenwart im Volk endet der erste Hauptteil der Arbeit.

Auch die Gebete über Sünder im zweiten Hauptteil erbitten und erwarten eine neue Gegenwart Gottes im Volk. Die in Jes 26,11 f. formulierte Naherwartung bezieht sich jedoch auf seine richtende Präsenz. JHWHs Hand ist erhoben, sein Handeln zum Gericht und an den Feinden der Beter steht unmittelbar bevor. Diese Opponenten sind jene Menschen, die trotz drohendem Gericht ihrer Sorglosigkeit frönen und nicht sehen wollen, was die Beter sehen. Eine das Gebet einleitende Ergänzung von anderer Hand (V. 7–10) verbindet den Gegensatz der in Naherwartung Sehenden und der Ignoranten mit dem Gegensatz zwischen Gerechten und Frevlern. Damit die Frevler belehrt oder eliminiert werden, erwarten die Beter das Gericht und erhoffen sich von diesem Eingreifen Gottes zudem, dass die Möglichkeit zum rechten Gottesdienst wieder gegeben wird.

Die Sehnsucht nach dem Gericht spricht auch aus den so genannten Konfessionen Jeremias, die den zweiten Abschnitt des zweiten Hauptteils eröffnen. Dabei wird dieses Verlangen nach dem Gericht jedoch differenziert geäußert, denn der Beter betont nachdrücklich, dass er das Gericht ursprünglich nicht herbeigesehnt habe. Er hat es angekündigt und ist mit dieser Ankündigung zum verfolgten Außenseiter geworden. Die Gebete des Konfessionen-Jeremia erwarten das Gericht wie die Beter in Jes 26,11 f. Anders als diese thematisieren sie jedoch eine Verzögerung des Handelns Gottes, die den Frevler triumphieren lässt und den gerechten Propheten beinahe das Leben kostet.

Ähnlich ungeduldig wie der Konfessionen-Jeremia spricht auch der Beter in Hab 1. Er leiht sich Worte Jeremias und Formulierungen aus den Gottesknechtsliedern und klagt mit an Hiob erinnernder Diktion zu einem Gott, der ihn nicht mehr zu hören scheint und dessen Weigerung einzugreifen, den Tod von Weisung und Gericht bewirkt. Nimmt man die Überschrift des Büchleins ernst (dem einzigen biblischen Buch, das mit einer Ansprache an Gott beginnt), dann ist Hab 1 ein geschautes Gebet. Wie Jes 12 ist es ein Gebetsformular für die Zukunft – anders als dort jedoch nicht für die erhoffte Zukunft.

Auch die Texte des letzten Abschnitts im zweiten Hauptteil sind solche vorweggenommenen Gebete. Allerdings werden sie aus einer freudig begrüßten Zukunft heraus formuliert und wenden sich betend an einen Gott, der mit seinem richtenden und bergenden Eingreifen die Frevler und Völker entthront hat und den Gerechten und Armen Zuflucht bietet. Die Ausrichtung der drei Gebete in Hab 3, Jes 25,1–5 und Jes 26,1–6 ist gleichwohl sehr unterschiedlich. Hab 3 beschreibt JHWHs Kommen zum Gericht aus dem Süden und sieht sein richtendes Handeln an Völkern und Frevlern als Kampf gegen das Chaos. Jes 25,1–5 und Jes 26,1–6 werden auf dem (Weg zum) Zion angestimmt. Im unmittelbaren Kontext von Jes 25 kommen die vom thronenden JHWH geladenen Völker zusammen. Bei diesem Gott und in seiner Stadt finden die Gerechten nach dem Lied in Jes 26 ihre Zuflucht.

Zwei Bewegungen werden in den beiden Hauptteilen dieser Arbeit beschrieben: die der Umkehr (B) und die des Gerichts (C). Auch wenn die kurzen Überschriften es nahelegen mögen, wird dabei nicht angenommen, dass „Sünder" und „Gerechte" zwei historisch zu verifizierende unterschiedliche Gruppen seien. Vielmehr bezeichnet die Rede von „Sündern" und „Gerechten" in dieser Arbeit einen Redegestus der Betenden, der für die Frage nach ihrem Selbst-, Welt- und Gottesverhältnis zum hermeneutischen Schlüssel wird. Insofern ist beispielsweise durchaus anzunehmen, dass die sich „sündig" präsentierenden Beter in Dan 9 zur Gruppe der „Gerechten" gehören, die im Buch eine wesentliche Rolle spielen. Die Bezeichnung als „Gebet von Sündern" wird davon nicht tangiert, thematisiert sie doch allein die betende Selbstdarstellung und die Frage, ob vor allem die eigene Sündigkeit den Betenden vor Augen steht oder eher die Schuld einer feindlichen Gruppe.

In der alttestamentlichen Wissenschaft hat sich in der Beobachtung der theologischen Strömungen nachexilischer Zeit seit Plöger[22] eine Unterscheidung etabliert, die in dieser Arbeit zu berücksichtigen ist. Die Rede ist von theokratischen und eschatologischen Gruppen, deren Texte in den chronistischen Schriften und in den späten Fortschreibungen der Prophetenbücher, also gerade auch in den Gebeten zu finden seien. Als wesentlicher Unterschied zwischen beiden Gruppen wird die Haltung zur Gegenwart und zur nahen Zukunft angesehen. Während die theokratische Gruppe die Kontinuität von JHWHs Heilshandeln betone und die Welt „bejaht, so, wie sie ist"[23], erwarte die eschatologische Gruppe

---

22 Vgl. Otto Plöger, *Theokratie und Eschatologie.* Wissenschaftliche Monographien zum Alten und Neuen Testament 2. Neukirchen-Vluyn: Neukirchener Verlag, 1959, 131–142.

23 Reinhard G. Kratz, *Translatio imperii.* Wissenschaftliche Monographien zum Alten und Neuen Testament 63. Neukirchen-Vluyn: Neukirchener Verlag, 1991, 282. Vgl. thematisch v. a. Odil

ein nahes Gericht, das die Verhältnisse zwischen Israel und den Völkern, JHWH und der Welt endgültig zurechtrücke.

So erhellend die Differenzierung durch Plöger ist und so naheliegend die Fortsetzung der Gedanken bei Steck, soll die Frage nach einer entsprechenden Einordnung der Beter in fest umrissene Gruppen in dieser Arbeit zunächst zurückhaltend gehandhabt werden.[24] Beständig besteht die Gefahr, dass Embleme, zumal wenn Gruppen sie sich selbst nicht gegeben haben, eine Eigendynamik entwickeln, die eher geeignet ist, an den Texten vorbei zu führen als zu ihnen hin.[25] Abgeschwächt gilt diese Vorsicht auch für Gruppen, die in den Prophetengebeten ausdrücklich begegnen: die Gerechten und die Armen. Auch für sie ist am jeweiligen Text zu überprüfen, inwiefern sich Kontinuitäten ergeben, die es erlauben, wie im Psalter von Gruppenidentitäten zu sprechen. Eine Auswertung dieser Fragen und eine Beschreibung der durch die Gebete eröffneten Zeiten und Räume schließen die Arbeit ab.

Der systematische Aufbau der Arbeit soll nicht darüber hinwegtäuschen, dass die Gebete der Propheten Teil der Genese des *corpus propheticum* und eng mit der Entstehungs- und Fortschreibungsgeschichte der Bücher verbunden sind. Anhand des Jeremiabuchs kann gezeigt werden, wie markant die Verbindungen zwischen den Anfängen des Buchs und den späten betenden Ergänzungen sind.

3 Wie Propheten zu beten beginnen – Hintergründe für die Gebete Jeremias

Der prophetischen Rede, die Jeremia zugeschrieben wird, können unterschiedliche Anfänge zugeordnet werden, ein literarhistorisch nachzuvollziehender Be-

---

Hannes Steck, „Das Problem theologischer Strömungen in nachexilischer Zeit." in *Evangelische Theologie* 28/9 (1968): 445–458 .

24 Plöger, Theokratie und Eschatologie, 139–141, ist sich selbst dessen bewusst und wird nicht müde zu betonen, dass seine Polarisierung eine Hypothese darstellt, die es in genauer Textarbeit zu verifizieren und zu differenzieren gilt. Vgl. Odil Hannes Steck, „Strömungen theologischer Tradition im Alten Israel." in *Wahrnehmungen Gottes im Alten Testament: Gesammelte Studien,* Theologische Bücherei Altes Testament 70. München: Kaiser, 1982: 291–317.

25 Vgl. zur Notwendigkeit einer Differenzierung Hugh G. M. Williamson, *Israel in the Books of Chronicles.* Cambridge u. a.: Cambridge Univ. Press, 1977, 132–140, und Reinhard G. Kratz, „Reich Gottes und Gesetz im Danielbuch und im werdenden Judentum." in *The Book of Daniel in the Light of New Findings,* hrsg. von Adam S. van der Woude. Bibliotheca Ephemeridum Theologicarum Lovaniensium 106. Leuven: Leuven Univ. Press, 1993, 476–479. Zur grundsätzlichen Kritik an der Einteilung vgl. Kim Strübind, *Tradition als Interpretation in der Chronik.* Beihefte zur Zeitschrift für die Alttestamentliche Wissenschaft 201. Berlin u. a.: de Gruyter, 1991, 37–44.

ginn der Verschriftlichung des Jeremiabuches, eine literarisch konstruierte Berufungsszene als Initialereignis der Verkündigung des Propheten sowie die vor allem aus den Verboten und Erinnerungen zu rekonstruierende Vorstellung einer ursprünglich gesprochenen Fürbitte des Propheten für sein Volk. Alle diese Anfänge sind relevant für das Verständnis der Gebete des Jeremiabuches und sollen deshalb im Folgenden überblicksartig in drei Abschnitten dargestellt werden. Der literarhistorisch weitgehend übereinstimmend erarbeitete Beginn des Jeremiabuches liegt in den Klagen angesichts des drohenden Schicksals, wie sie sich z. B. in Jer 4,19 – 21 finden.[26] Der literarisch konzipierte Beginn ist zunächst die Berufungsgeschichte des Propheten, wie sie in Jer 1 formuliert ist. Hinzu kommt die seltener erwähnte prophetische Fürbitte. Sie begegnet im Jeremiabuch vor allem als Erinnerung an die Anfänge der prophetischen Existenz Jeremias und als im Laufe seiner Tätigkeit verbotene Praxis.

3.1 Jeremias Klagen in Jer 1 – 10

Auch wenn Jeremia in Bezug auf Gebet und Klage vor allem für die später ausführlich zu besprechenden sogenannten Konfessionen berühmt geworden ist, stellen sie nicht die einzigen und vor allem nicht die ältesten Klagen des Jeremiabuches dar, sondern führen vielmehr einen Rededuktus weiter, der bereits in der sogenannten Klagegrundschicht begegnet.[27] Die klagende Rede ist nach Levin die Quelle, „von der der jeremianische Traditionsstrom ausgegangen ist".[28] In der vorliegenden Textgestalt werden die klagenden Verse dieser Schicht teilweise Zion in den Mund gelegt oder gar der Stimme JHWHs zugeordnet.[29] Ursprünglich

---

26 Vgl. Christoph Levin, *Die Verheißung des neuen Bundes in ihrem theologiegeschichtlichen Zusammenhang ausgelegt.* Forschungen zur Religion und Literatur des Alten und Neuen Testaments 137. Göttingen: Vandenhoeck & Ruprecht, 1985, 153 f., und Konrad Schmid, *Literaturgeschichte des Alten Testaments: Eine Einführung.* Darmstadt: Wissenschaftliche Buchgesellschaft, 2008, 128: „Die Jeremiaüberlieferung hat ihren Ausgang wahrscheinlich von den – auf den historischen Propheten Jeremia zurückführbaren – Klagetexten in Jer 4 – 10 genommen, die noch nicht mit einer Anklage verbunden waren und historisch kaum anders als im unmittelbaren Umfeld der Katastrophe Judas und Jerusalems 587 v.Chr. angesetzt werden können."
27 Die ursprüngliche Sammlung, die erst im Nachhinein um Jer 1 etc. erweitert wurde, besteht nach Levin, Die Verheißung des neuen Bundes, 153 f. Anm. 22, noch ungesichert in folgenden Versen: 4,7a.11aβb.13.15.16aβb.19 – 21.29.31; 5,1a.3b.6a; 6,1 – 5*.10a.11b-12a.13a.22aβb-23a (ohne אָכֵן); 8,4aβ-5a.6b-7.14a.16.18 – 19aα.20 – 23; 9,1 – 2a.3.7.9.16aβb-18abα1.20; 10,19 – 20.22; 13,18 – 19a; 14,17aβ-18a; 20,14a.15.18a; 22,10aα.b.13 – 15; 23,9a (ohne לַנְּבִאִים). 10aα.b; 30,5aβb-6; 31,15abα.
28 Levin, aaO., 155.
29 Vgl. Bezzel, Konfessionen Jeremias, 268.

handelt es sich jedoch bei diesen Textstücken um Klagen des Propheten, die auch als „Seherklage" bezeichnet werden könnten, fallen doch die Wahrnehmung des drohenden Schicksals und die klagende Reaktion darauf zusammen.[30]

Auffällig an den kurzen Klagen dieser angenommenen Grundschicht ist, dass sie sich in der Form, in der sie uns überliefert sind, nicht als klagende Ansprache an Gott präsentieren. Gebete im engeren Sinne sind diese Klagen nicht. Einzig in der Fortschreibung in Jer 10,23 – 25 wird ausdrücklich betende Rede mit der ursprünglichen Klage verbunden.

Auch wenn die Rederichtungen der ursprünglichen Klagen und der Konfessionen verschieden konturiert sind, gibt es doch bezeichnende Ähnlichkeiten. Die auffälligste Übereinstimmung ist die starke innere Beteiligung, mit der die Klage vorgebracht wird. Das Gesehene und Gehörte wird im Stil der Klage des Einzelnen bewertet, der Einbruch der Realität des Krieges als persönliches Schicksal, geradezu als Krankheit dargestellt.[31] Diese innere Beteiligung zeichnet auch die Rede des Konfessionen-Jeremia aus. Die Klage changiert zwischen einer Rede des Propheten um seiner selbst willen und einer Rede für das Volk.[32] In der Klagegrundschicht sind es der Einbruch des Feindes, die Nähe von Krieg, Zerstörung und Wohnungsverlust, die zur Klage treiben, und da dies Geschehen Prophet und Volk trifft, ist es naheliegend, dass die Klage beide ergreift. Den Propheten treibt die Klage nur früher um als sein Volk, weil er die Situation früher als beklagenswert einschätzen kann. Ausdrücklich fordert er auch das vom drohenden Unheil betroffene Volk auf, sich mit Klagen auf das Geschehen vorzubereiten.[33] Die Klage des Propheten ist in diesen Versen entsprechend vorweggenommene, solidarische Klage.

Das Verhältnis von Prophet und Volk in Bezug auf die Klagemotivation in den Konfessionen stellt sich anders dar. Die Änderung beginnt schon innerhalb der Fortschreibungen in Jer 1 – 10. Bricht das Unheil nach Ansicht der Grundschicht ohne erkennbaren Grund über das Volk herein, wird in den Fortschreibungen die These greifbar, das Erlebte sei Strafe für begangenes Unheil.[34]

---

30 Vgl. Ferdinand Ahuis, *Der klagende Gerichtsprophet.* Calwer Theologische Monographien 12. Stuttgart u.a.: Calwer Verlag, 1974, 167.

31 Vgl. vor allem Jer 4,19 – 21; 8,18 – 23; 10,19 – 25.

32 Jack R. Lundbom, *Jeremiah 1 – 20: A New Translation with Introduction and Commentary.* The Anchor Bible 21 A. New York u.a.: Doubleday, 1999, 350, spricht davon, dass der Prophet „the hurt of the nation" artikuliere. Die These, Jeremia spreche immer diesen Schmerz des Volkes aus, wenn er in der 1. Person rede, wird in der Untersuchung der Konfessionen relativiert werden müssen.

33 Vgl. Jer 9,16 – 18.

34 Exemplarisch ist diese Entwicklung etwa in Jer 4 zu erkennen. Die in der angenommenen Grundschicht von Jer 4 formulierte Rede ist die Klage angesichts einer unmittelbar bevorste-

Diese Verbindung von Tun und Erleben sowie die Überzeugung der tiefen Verderbtheit des Volkes werden in den Konfessionen vorausgesetzt. Vor allem die Solidarität zwischen Prophet und Volk wird in ihnen ganz neu artikuliert. In der Klagegrundschicht scheint die Klage des Propheten nur kurz vorweggenommen. Der Anlass, der auch das Volk klagen lässt, steht unmittelbar bevor. In den Konfessionen klagt noch immer nur der Prophet, aber das Volk ist weit entfernt davon, in seine Klage einzustimmen. Im Gegenteil fügen Volk und Machthaber dem Propheten solches Leid zu, dass er nicht mehr nur die Klage antizipiert, sondern auch das Gericht am eigenen Leib erfährt. Der Konfessionen-Jeremia äußert nicht nur die Klage des Volkes, sondern erlebt vorwegnehmend das ihnen verkündete Leid.

Übereinstimmungen und Unterschiede zeigen, dass die Konfessionen die Tendenz der Klagegrundschicht aufnehmen und neu weiterschreiben. Wie sie ziehen auch die Konfessionen weitere Fortschreibungen an.[35] In Jer 3,22–25 und in den beiden kurzen Volksklagen in Jer 14 beginnt schließlich auch das Volk zu klagen. Anders als in den Klagen der Grundschicht, handelt es sich bei diesen Klagen ausdrücklich um Gebete. Auch wissen die Beter um ihre Schuld als Ursache des Elends.[36] Das erlebte Leid wird als Teil gerechten Gerichts interpretiert, das überstanden werden muss, bevor JHWH wieder ansprechbar ist und Heil zusagt. Zugleich kommt die bedrängte Klage in Verruf, weil das Volk sich erst infolge der Not zu JHWH bekehrt (Jer 2,27 f.) und noch immer an der überkommenen Ansicht

---

henden oder zur Zeit der Klage bereits eingetroffenen Katastrophe. Der klagende Prophet wird vom Schmerz im Herzen selbst ergriffen (V. 19), hört Kriegslärm (תְּרוּעַת מִלְחָמָה) und erlebt die Ausrufung der Verwüstung des Landes (V. 20a). Die ursprünglichen Zeilen werden ergänzt um Verse der (von Levin, Die Verheißung des neuen Bundes, 156) so genannten 2. Sg. Fem.-Schicht (V. 18.20b.21), in denen die beklagte Situation mit dem Fehlverhalten Zions verbunden wird und nach der Dauer des Erlebten gefragt wird. Erst mit dieser Erweiterung wird die Situation der Klage als mit irgendeiner Schuld verbunden gedeutet. Die ursprüngliche prophetische Klage sieht und beklagt ein Elend, das nicht als selbstverschuldet beschrieben wird. Vgl. Schmid, Literaturgeschichte des Alten Testaments, 131: „In theologiegeschichtlicher Hinsicht ist an diesen Anfänge (sic!) der Jeremia-Überlieferung besonders bedeutsam, dass der Schritt von der Klage zur Anklage und damit die Entwicklung einer Schuldtheologie literarkritisch noch hinreichend deutlich zu fassen ist."

35 Vgl. zu dieser These Bezzel, Konfessionen Jeremias, 282.

36 Ahuis, Gerichtsprophet, 165, mag Recht haben mit seiner Einschätzung der Klage als grundsätzlich an der Änderung der Situation interessiert. Gleichwohl muss doch der Unterschied wahrgenommen werden zwischen einer Klage, die das erlebte Elend beschreibt und darüber hinaus keine Bitte formuliert, und einer Klage, in der die Beschreibung der Situation zurücktritt gegenüber der ungeduldigen Aufforderung zu handeln.

festhält, dass die Anwesenheit JHWHs im Tempel das Volk gegen jede Unbill immunisiere (vgl. Jer 14,9).[37]

Auch wenn deshalb die Heilspropheten, die diese Immunität von Tempel, Volk und Zion bis zum Einbruch des Untergangs predigen, die größten Feinde Jeremias sind, bleibt auch das Jeremiabuch nicht ohne Heilszusage.[38] Was die Beter in Jer 14 erfolglos erbitten, wird den Überlebenden nach überstandenem Gericht von JHWH selbst zugesagt. Auch die Bitte um ein maßvolles Gericht, mit dem die Klage-grundschicht in Jer 10 erweitert wird, ist vor dem Hintergrund der Zusagen JHWHs keineswegs unstatthaft.[39] Der Sprecher bittet um die Begrenzung des göttlichen Zorns, den er als Erziehungsmaßnahme (יסר) versteht (V. 24).[40] In V. 25 soll der Zorn stattdessen auf die Völker ausgegossen werden, wobei sich der Beter eines vor-geprägten Verses aus Ps 79,6 f. bedient.[41] Die Heilsansage des Jeremiabuches bleibt in Bezug auf die Voraussetzungen des Volkes hellsichtig: Das Heilskapitel baut nicht auf der Einsicht des Volkes auf, sondern auf dem Wirken JHWHs im Volk.

Die Betroffenheit des Propheten über das Gesehene, seine unbedingte Soli-darität mit dem eigenen Volk, die Wahrnehmung, dass er sich von seiner Botschaft nicht unterscheiden kann, stehen am Anfang und am Ende der Genese des Jeremiabuches. Cantus firmus dieses Buches ist die Klage, das Leiden am Pro-phetenamt, sei es – wie später – wegen der daraus sich ergebenden Vereinsamung des Propheten, sei es – wie in den ersten Belegen – wegen seines proleptischen Leidens am Leid und Schmerz des eigenen Volkes.

---

37 Vgl. Schmid, Literaturgeschichte des Alten Testaments, 129 f.: „Offenbar wenden sie sich direkt gegen die Jerusalemer Zionstheologie, die nationalreligiöse Orthodoxie am ersten Tempel, die von der Uneinnehmbarkeit des Zion wegen der Präsenz Jhwhs dort ausging. Besonders deutlich ist dies an der subversiven Aufnahme von Ps 48 in Jer 6 zu erkennen [...] Die Rezeption von Ps 48 in Jer 6 scheint also vom Bestreben geleitet zu sein, den Zusammenbruch der Zi-onstheologie theologisch und metaphorisch zu verarbeiten."
38 Vgl. zum Hintergrund v. a. Levin, Die Verheißung des neuen Bundes, 32–54.
39 Anders interpretiert das Gebet Georg Fischer, „Gebete als hermeneutischer Schlüssel zu biblischen Büchern: Am Beispiel von Jeremia." in *Congress Volume: Ljubljana 2007*, hrsg. von André Lemaire. Supplements to Vetus Testamentum 133. Leiden u. a.: Brill, 2010: 219–237, 234 f.
40 Bezzel, Konfessionen Jeremias, 280, erkennt in den weisheitlichen Versen 23 f. die „kollektiv-exemplarische Konfessionenredaktion". Nachvollziehbar ist die Einordnung der beiden Verse als weisheitlich. Damit stammen sie tatsächlich aus einem ähnlichen Bereich wie Jer 12,1–4, gleichwohl ist die Aussage der beiden Stellen nicht recht miteinander zu vereinbaren, weshalb hier die Verbindung zu einer identischen Schicht nicht nachvollzogen wird. Bezzel meint, in beiden gehe es um „die Gerechtigkeit Gottes in seinem Handeln", diese Zusammenstellung bleibt jedoch vage.
41 Eine Antwort erhält diese Klage in Jer 30,11, wo die Rede von der Züchtigung aufgenommen und den Völkern die völlige Vernichtung angesagt wird. Bezzel, aaO., 281, rechnet den Vers zur „kollektiv-repräsentativen Konfessionenfortschreibungsschicht".

3.2 Die Geschichte Jeremias

Die Berufung Jeremias ist für die Darstellung des Propheten in allen späteren Stadien der Buchwerdung wesentlich, weil in ihr bereits die Vorordnung des Gotteswortes vor das persönliche Können und Ergehen des Propheten thematisiert wird, das zumal in den Konfessionen von Interesse ist. Aus diesem Grund ist es sinnvoll, auch die Berufung des Propheten, wie sie in Jer 1 berichtet wird, kurz als Vorlage der Gebete des Jeremiabuchs darzustellen. Von besonderem Interesse sind die Erwählungsaussagen, der Einwand des Propheten, die Beschreibung des in den Mund des Propheten gelegten Wortes und die Zuspitzung des prophetischen Auftrags als Prophet des Unheils und des Heils. Die Dynamik vom Gericht zum Heil, die im Jeremiabuch Ausdruck findet, wird in der Erweiterung der Berufungserzählung in V. 10 ausdrücklich thematisiert. Der Vers nimmt das Zerstörte und das Erbaute auf, die Heils- und die Unheilsprophetie.[42]

Die beiden Erwähnungen des Mutterleibs (בֶּטֶן) in den ersten Worten der Erwählungsrede sind aufeinander bezogen. V. 5a spricht von der göttlichen Kenntnis des Propheten vor dessen Empfängnis, V. 5b von seiner vorgeburtlichen Heiligung. Das Motiv der vorgeburtlichen Erwählung ist vorgeprägt. Bei der Vorstellung der präkonzeptionellen Ersehung wird es sich um eine nachträgliche Überbietung dieses Gedankens handeln. Damit ist die göttliche Erwählung des Propheten über jeden Zweifel erhaben und nicht mehr an menschliches Zutun gebunden.[43] Der Mutterschoß (רֶחֶם) als Ort dieser Erwählung wird in der letzten Konfession in Jer 20,18 wieder aufgenommen, dort allerdings als Ort, an dem das Elend des Beters beginnt. Auf diese Weise werden über das Motiv des Mutterleibs Erwählung und Leid des Propheten ausdrücklich aufeinander bezogen.

Nicht erst in Jer 20 durch die Verwünschung des Tags seiner Geburt, sondern bereits in der Berufungsgeschichte (Jer 1,6) widerspricht der erwählte Prophet seiner Sendung. Der Einwand „unterstreicht [...] den menschlichen Widerstand gegen die göttliche Sendung und somit, daß seine Aufgabe nicht selbst gesucht, sondern von Gott legitimiert ist".[44] Der Einwand Jeremias nach Auskunft der

---

42 Vgl. Franz-Josef Backhaus und Ivo Meyer in Zenger u. a., Einleitung, 574: „Heil bzw. Unheil lassen sich in der Textwelt des Jeremiabuches nicht säuberlich scheiden. Unheil und Gericht toben sich nicht grenzenlos aus: Jeremia selbst bekommt bei seiner Beauftragung (vgl. auch 15,20) Rettungszusagen (1,8.19). Die Bilder von der ‚befestigten Stadt und der ehernen Mauer' (1,18) implizieren, dass Jeremia als Bote des göttlichen Wortes nicht nur selber von JHWH geschützt wird, sondern auch denjenigen Schutz bietet, die auf JHWHs Wort hören."
43 Vgl. mit Georg Fischer, *Jeremia 1–25*. Herders Theologischer Kommentar zum Alten Testament. Freiburg i. Br. u. a.: Herder, 2005, 134, die in Jer überbotene Erwählung in Jes 49,1 und 46,3.
44 Fischer, aaO., 132.

Berufungserzählung gegenüber seiner Amtseignung ist die seiner Jugend ge-
schuldete Unfähigkeit zu reden. Die Erwähnung dieses Unvermögens unterstreicht, dass das, was der Prophet formuliert, nicht seiner Sprachgewalt entstammt, sondern allein Wort JHWHs ist.[45]

Ein wesentliches Moment dieses Berufungsberichts ist, dass der Gesendete
nicht von sich aus geht, vielmehr Einwände hat und dadurch als einer gezeichnet
wird, der von JHWH aus spricht (1,6–9).[46] Die Redeunfähigkeit des Propheten,
ersetzt als Einwand gegen die Berufung die in Jes 6 betonte Unreinheit. Dieser
Wechsel zeigt, dass Jeremia 1 bereits in der Grundschicht die Theologie des Gotteswortes voraussetzt, die auch noch für die Konfessionen prägend ist.[47]

„Ach, Herr JHWH", אֲהָהּ, beginnt der designierte Prophet seinen Widerspruch.
Dreimal wird er im Jeremiabuch noch auf diese Weise seine Einwürfe formulieren,
in 4,10; 14,13 und 32,17. Wohl nach der Vorlage dieser vier Einwürfe betet auch
Ezechiel in ähnlicher Manier (Ez 4,14; 9,8; 11,13; 21,5) und wird in Joel das Kommen
JHWHs oder des JHWH-Tages gedacht (Joel 1,15). Die Redewendung ist mehr als
nur der Ausdruck von Unbehagen, sie ist ein Klagelaut. An den anderen drei
Stellen wird er in Jeremia verwendet, um dem Widerspruch zwischen Verheißung
und Realität Ausdruck zu verleihen. Dabei wird bei der Wortwahl nicht unterschieden zwischen den Stellen (Jer 4 und 14), an denen nicht verlässliche Verheißungen zitiert werden und der Rückfrage in Jer 32, die das Zeichen des
Ackerkaufs als ähnlich verheißungsvolle, aber irreführende Handlung ablehnen
will.[48]

Eine besondere Entwicklung hat das „Ach" in Jer 32,17 genommen.[49] Der betende Seufzer ist
ursprünglich Teil einer Zeichenhandlung, an den sich in der Textgenese ein ausformuliertes
Lobgedicht anschließt. Die Funktion des ursprünglichen Gebetsrufes ist vorrangig rhetorisch. Indem der Beter erstaunt klagt, wird der Zuspruch hervorgehoben. Die dem Szenario
zugrundeliegende Zeichenhandlung ist das Wort vom Ackerkauf (Jer 32,15), das zu einem der

---

45 Nach Levin, Die Verheißung des neuen Bundes, 151, ist „....das *Wort Jahwes*, der theologische
Inbegriff der prophetischen Botschaft, [...] Grundlage und Inhalt der Verkündigung Jeremias"
(Hervorhebung im Original).
46 Diese Betonung überbietet die Vorlage der Berufung in Jesaja 6.
47 Vgl. v. a. Jer 20. Aus diesem Grund schließt Levin, aaO., 152, auf eine Entstehung des Textes
nach dem Ende der Verkündigung Jeremias, nach dem Untergang Jerusalems.
48 Verwendungen in Ri 11,35 und 2 Kön 3,10; 6,5.15 können als Hinweis darauf verstanden
werden, dass das „Ach" für sich genommen noch nicht die Hinwendung zur Gottheit anzeigt,
sondern lediglich ein Ausdruck ist, mit dem gegenüber einer höhergestellten Persönlichkeit die
eigene Sorge, die Angst oder der Widerspruch begonnen werden.
49 Textabschnitte, die für den Fortgang des Haupttextes nicht wesentlich sind, und Abschnitte
der Übersetzungen, die nicht im engeren Sinne zu den Gebeten gehören, aber als Kontext
besonders berücksichtigt werden sollen, werden im Folgenden in Petit gesetzt.

beiden ältesten, möglicherweise auf den Propheten Jeremia selbst zurückgehenden Heilsworte gehört.[50]

Das zwiefache הֵנֵּה in V. 17 und V. 24 und der kaum zum Kontext passende ausführliche erste Teil des Gebets deuten an, dass der Text nachträglich gewachsen ist.[51] Erst V. 24 passt zur klagenden Eröffnung in V. 17aα und zu Zeichenhandlung und Situation. Das erste kurze Gebet (V. 24f.) hebt die Diskrepanz zwischen der Situation des Untergangs und der Aufforderung, Land zu kaufen, hervor.[52] Das zweite, eingefügte Gebet resümiert lobpreisend die Geschichte JHWHs mit seinem Volk, verbindet diesen ausführlichen Lobpreis (V. 17–22) mit einem in deuteronomistischer Diktion verfassten Schuldaufweis gegenüber dem Volk (V. 23) und leitet in die bereits vorhandene Beschreibung des eintretenden Gerichts über (V. 24).

Die Rede von der umfassenden Macht des Weltschöpfers JHWH (V. 17) und die Betonung der Gnade (V. 18) nehmen die Antworten JHWHs in V. 27 und V. 42 vorweg und rauben dem Ablauf einen Gutteil seiner Spannung.[53] Inhaltlich bietet das Gebet nicht weniger als den umfassenden Abriss einer Glaubenslehre in Ge-

---

50 Vgl. Levin, aaO., 159: „Die beiden ältesten Heilsworte sind der Brief an die Gola 29,5–7* und das Wort vom Ackerkauf 32,15b. Im Rahmen zweier Zeichenhandlungen als Apophthegmata überliefert, sind sie auch an ihrer Form als selbständige Überlieferung zu erkennen. Sie – und nur sie – gehen möglicherweise auf den Propheten Jeremia selbst zurück."
51 Vgl. Levin, aaO., 172, und bereits Wilhelm Rudolph, *Jeremia*. Handbuch zum Alten Testament 12. Tübingen: Mohr, 1968, 207: „Dazu sind V. 16–44 gar nicht aus einem Guß; der schroffe, fast gewaltsame Übergang von der ferneren Vergangenheit auf die Gegenwart, wie ihn 23b zeigt, deutet eine Bruchstelle an: die sich im Allgemeinen bewegenden Betrachtungen 17–23 sind dem konkreten Gebet 24f. erst nachträglich vorgesetzt (nur die drei ersten Worte von 17 mögen ursprünglich sein). Ebenso läßt die sehr lockere (...) Anknüpfung von 29b an 29a erkennen, daß hier ein Anschub beginnt, der in 29b-35 alte Vorwürfe wiederholt und in 36–41 mit Hilfe anderer Jer-Stellen ein Heilsbild zeichnet, demgegenüber das von 42–44 stark abfällt und nur als Anhängsel erscheint, während es nach dem Zusammenhang im Mittelpunkt stehen muß."
52 Vgl. ebd.: „Das ursprüngliche Gebet ist kurz, es umfaßt nur die Anrede ‚ach, Herr Jahwe' 17 und V. 24f.; ganz menschlich redet er mit seinem Gott (dem ‚LXX' war es allzu menschlich, weshalb er die beiden letzten Worte von 24 wegließ): du siehst dich selbst, wie es um Jerusalem steht, wie der Feind den letzten entscheidenden Sturm vorbereitet, und du selbst hast ja den Fall der Stadt vorherverkündigt, ist es dann nicht sinnlos, wenn du mich einen Acker kaufen heißt? – Einer späteren Zeit erschien dieses Gebet zu kurz und unfeierlich, deshalb wurde 17–23 vorangestellt." Vgl. auch Levin, Die Verheißung des neuen Bundes, 172: „Der Aufmerksamkeitsruf הנה leitet zunächst merkwürdigerweise eine heilsgeschichtliche Doxologie ein (V. 17 (ab הנה)–23). Sie ist ein späterer Einschub. Erst das zweite הנה nennt erwartungsgemäß den Gegenstand der Klage: Der Prophet hält der Aufforderung zum Ackerkauf (V. 25a <- V. 7.4a) den kommenden Untergang durch die Chaldäer, Schwert, Hunger und Pest entgegen (V. 24a). JHWH antwortet in dem Wortereignis V. 26–27."
53 Vgl. Rudolph, Jeremia, 207.

betsform.[54] Die Funktion des Gebets in seinem Kontext besteht in der auf diese Weise nachgereichten Begründung für das Gericht (V. 23), geht aber mit seinem langen Anfangsteil noch über dies hinaus und zeigt sich als „*das* deuteronomistische Gebet"[55], durch dessen Darstellung der Macht und des Plans JHWHs ausgeschlossen wird, dass ein Leser meinen könnte, der überrascht klagende Jeremia habe die Belehrung über die Allmacht JHWHs (V. 27) nötig gehabt und habe JHWHs Macht je in Frage gestellt.[56] Zuletzt liegt dem Verfasser dieser Zeilen nicht nur am guten Eindruck Jeremias, sondern er stellt dem Leser des Jeremiabuchs ein Gebet zur Verfügung, mit dem dieser in der Situation, in der Zerstörung und Heil einander so nahekommen, angemessen am Geschehen teilhaben kann.[57]

Die in der Berufung inszenierte außerordentliche Nähe Jeremias zum Wort JHWHs wird da weiter ausgezogen, wo sein Ergehen dem Geschick der Gottesbeziehung parallelisiert wird. Dabei sind Erwählungsaussage und abweisendes Gebet auf interessante Weise aufeinander bezogen. Zugesprochen wird eine präkonzeptionelle Erwählung. Verglichen mit ihr ist die „Jugend" des Propheten nicht als ausschließendes Kriterium zu verstehen. Genau dieser Widerspruch unterstreicht die über alle menschliche Erfahrung hinausgehende Erwählung des Propheten, der sich nicht als Prophet sehen wollte, wiewohl er von vornherein

---

54 Bernhard Duhm, *Das Buch Jeremia: Erklärt*. Kurzer Hand-Commentar zum Alten Testament 11. Tübingen: Mohr, 1901, 267, erkennt in dem Text ein typisches Gebet der „Späteren", das Anregung geben solle, „wie ein wohlunterrichteter frommer Jude zu beten hat [...] man suchte sich dabei möglichst die ganze Glaubenslehre des Judentums zu vergegenwärtigen." Levin, Die Verheißung des neuen Bundes, 172 Anm. 75, führt das Gebet u. a. konkret auf das Gebet des Mose (Dtn 9,26 – 29) und das kleine geschichtliche Credo (Dtn 26,5 – 9) zurück.

55 Hans-Peter Mathys, *Dichter und Beter: Theologen aus spätalttestamentlicher Zeit*. Orbis Biblicus et Orientalis 132. Freiburg, Schweiz: Universitäts-Verlag/ Göttingen: Vandenhoeck & Ruprecht, 1994, 82.

56 Vgl. Mathys, aaO., 81: „Das Interesse des ‚Deuteronomisten' geht also dahin, Jeremia ausdrücklich sagen zu lassen, was sich schon von selbst verstand."

57 Eine besondere Leistung des Gebets besteht darin, zwei unterschiedliche Schuld-Strafe-Prinzipien miteinander zu verbinden. V. 18f. stellen die Generationenhaftung (V. 18) und das Prinzip individueller Schuld (V. 19) unkommentiert nebeneinander. Auch wenn Mathys, aaO., 79, betont, es bestehe kein Anlass, den „Widerspruch literarkritisch zu lösen", ist diese Versicherung mit Vorsicht zu übernehmen. Die Zusammenstellung der Verse hat zwar die Funktion, die unterschiedlichen Prinzipien zu verbinden. Dass jedoch erst ein Späterer, dem auch die Ausweitung des göttlichen Handelns auf die Menschheit wichtig gewesen sein könnte, diese Verbindung vorgenommen haben könnte, ist mit Gunther Wanke, *Teilband 2. Jeremia 25,15 – 52,34*. Zürcher Bibelkommentar. Altes Testament 20,2. Zürich: Theologischer Verlag, 2003, 305, nicht unwahrscheinlich.

dazu bestimmt gewesen ist. Auch nach der Berufungsgeschichte wird das Nabi-Sein Jeremias noch häufig thematisiert.[58]

3.3 Die Fürbitte des Propheten

Aus der Lektüre des Jeremiabuchs erwächst geradezu zwangsläufig die Vorstellung, es sei Sache des Propheten, vor Gott zu stehen und Fürbitte für sein Volk zu halten. Bestätigt wird diese Annahme von der Fürbitte durch die vorbildlichen Propheten Mose und Samuel, die im Buch selbst als mächtigste Fürbitter vor JHWH gekennzeichnet werden (Jer 15,1).[59] Die Fürbitter Mose und Samuel sind jedoch erst relativ spät in der Entwicklung des Bildes von ihrer Person, nämlich unter deuteronomisch-deuteronomistischem Einfluss, zu Propheten avanciert. Aufgrund dieser Entdeckung und des insgesamt schmalen Befunds für prophetische Fürbitte im *corpus propheticum* hat die Rede von der Fürbitte als selbstverständlichem Bestandteil prophetischen Wirkens an Evidenz verloren.[60] Gleichwohl ist die Frage nach der Ursprünglichkeit oder doch zumindest nach einer gewissen Regelmäßigkeit der prophetischen Fürbitte in der Forschung nicht geklärt. Dies liegt vor allem an der unterschiedlichen Abgrenzung des Begriffs der „Fürbitte". Eine in diesem Fall entscheidende und kontrovers beantwortete Frage ist, ob die Hinwendung zum Propheten mit der Bitte um Gottesbefragung (Vgl. Jer 21,2 דְּרָשׁ־נָא בַעֲדֵנוּ אֶת־יְהוָה) als Aufforderung zur Fürbitte verstanden werden kann, oder ob diese Gottesbefragung nicht gerade das Gegenteil der Fürbitte ist, da in der Pointe der Erzählungen der Prophet zum Mund Gottes wird und gerade kein Gebet an ihn richtet.[61]

---

58 Dabei ist es von Jesaja herkommend bemerkenswert, dass Jeremia schon so früh im Buch (Jer 1,5) als „Prophet der Völker" bezeichnet wird. Auf diese Weise wird eine Öffnung des Prophetenamtes vollzogen, die theologisch (zwar unter anderen Vorzeichen) gut mit Deuterojesaja zu verbinden ist. Nach Franz-Josef Backhaus und Ivo Meyer in Zenger u. a., Einleitung, 557, sind die Rollen der Völker dabei unterschiedlich benannt: als „Zeugen", als „Gerichtswerkzeuge", als „Kontrast". „Die grundsätzliche Reflexion über JHWHs Souveränität, aufzubauen oder einzureißen, zu pflanzen oder auszureißen, wird anhand seines Umgangs mit den Völkern illustriert (18,1 – 7)."

59 Fürbitte sehen als Aufgabe der Kultpropheten u. a. Albertz, Art. Gebet II, 40, und Zenger in Einleitung, 511.

60 Vgl. Gerstenberger, Art. פלל pll, 615: „Dienstanweisungen für Propheten sind [...] leider nicht auf uns gekommen. Wahrscheinlich ist die Fürbittfunktion dem Prophetenbild in der Spätzeit zugewachsen."

61 Zur Abgrenzung der Gottesbefragung von der Fürbitte vgl. Samuel Eugene Balentine, „‚The Prophet as Intercessor': A Reassessment." in *Journal of Biblical Literature* 103 (1984): 161– 173,

Durch zwei Stellen im Jeremiabuch wird eine strenge Unterscheidung von Gottesbefragung und Fürbitte jedoch fragwürdig. In Jer 37,3 wird Jeremia um Fürbitte gebeten (הִתְפַּלֶּל־נָא בַעֲדֵנוּ), spricht allerdings in der Antwort von einer Gottesbefragung (V. 7 דרשׁ), auf die er, wie es der Befragung entspricht, mit einem Gottesbescheid antwortet (V. 7–10). In Jer 42,2f. wird abermals eine Bitte um Fürsprache (וְהִתְפַּלֵּל בַּעֲדֵנוּ) an den Propheten herangetragen, die nähere Bestimmung verdeutlicht aber, dass die so Sprechenden um Weisung für ihr Tun bitten und nicht um prophetische Fürsprache. Eine Lösung könnte sein, die Frage nach der Fürbitte in diesen Erzählungen zurückzustellen und mit der Rede vom „Mittler" zu operieren.[62] So würden auch die Situationen umfasst, in denen zwar eigentlich eine Gottesantwort erfragt wird, von „den Nutzern der Institution der Befragung" jedoch vorausgesetzt wird, „daß der Prophet selbst auf das erhoffte Ergebnis Einfluss nehmen kann."[63]

Eine eindeutige Abgrenzung der Fürbitte gegenüber anderen prophetischen Mittlertätigkeiten wird kaum gelingen, weil die Frage, inwiefern die Gottesbefragung mit einer prophetischen Fürsprache verbunden ist, nicht beantwortet werden kann. Die Jeremiastellen als einzige Ausnahmen einer sonst weithin möglichen Unterscheidung von „beten für" und „befragen für" zur Regelbildung heranzuziehen, erscheint auch deshalb gewagt, weil im Jeremiabuch die Fürbitte, das Mittleramt des Propheten und das wiederholte Versagen des Volkes theologische Topoi sind, die kaum geeignet scheinen, historische Hintergründe prophetischer Fürbitte zu eruieren.[64]

Anstelle des Versuchs, hinter die literarische Fürbitte Jeremias mit historischem Interesse zurückzufragen, steht es wie auch bei Amos an, die kompositorisch-theologische Bedeutung der formulierten, unterlassenen oder untersagten Fürbitte zu thematisieren. In Am 7 ist das fürbittende Einschreiten des Propheten nach den ersten beiden Visionen überliefert. Es ist kein ausführliches Gebet, sondern nur der erschrockene Ruf nach Erbarmen mit dem schwachen Volk (V. 2.5 קְטֹן). Der Ruf bewirkt die Reue des drohenden Gottes (V. 3.6 נחם) und Jakob wird verschont. Erst in der dritten Vision wird das Schema geändert. Der Prophet kommt nicht zu einem Zwischenruf, stattdessen bekräftigt JHWH, nun nicht mehr schonend an seinem Volk vorbeigehen zu wollen (V. 8 לֹא־אוֹסִיף עוֹד עֲבוֹר לוֹ). Die in

---

168, der pointiert festhält: „To deliver a word of God does not necessarily imply that intercession has occurred."

62 Vgl. dazu Balentine, aaO., 172f.

63 Henning Reventlow, *Gebet im Alten Testament*. Stuttgart: Kohlhammer, 1986, 240. Aus dieser psychologisch erschlossenen Annahme jedoch die Gleichung (242) „Auskunft, d. h. Fürbitte" zu ziehen, geht etwas zu weit.

64 Anders entscheidet Reventlow, aaO., 248.

der dritten Vision unterbleibende Fürbitte verdeutlicht, dass das Gericht unausweichlich ist, „eine Verschonung ist nicht mehr zu erwarten, auch Fürbitte kann da nichts helfen."[65]

Das Gericht setzt jede Möglichkeit zur Fürbitte außer Kraft. Dies zeigen auch weitere Erwähnungen der Fürbitte im Jeremiabuch. Allen voran die Fürbittverbote in Jer 7,16; 11,14 und 14,11. Wie die untersagte Fürbitte vorgestellt wurde, ist unmittelbar im Kontext von Jer 14,11 zu sehen. In Jer 14,13 nimmt Jeremia das Volk in Schutz, das nur deshalb in die Irre gegangen sei, weil die falschen Propheten es in Sicherheit gewogen hätten.[66] Die in dieser Fürbitte formulierte Anklage gegen die Heilspropheten wird u. a. in Jer 27,18 wieder aufgenommen. Dort wird der Vorwurf noch einmal mit dem Motiv der Fürbitte verbunden, nun allerdings auf ironische Weise. Die Verse zuvor werfen den Heilspropheten vor, fälschlich Sicherheit vor Babel versprochen zu haben. In V. 18 aber wird nun scheinbar arglos vorgeschlagen, sie sollten, da sie doch Propheten seien, in JHWH dringen (פגע vgl. auch im Fürbittverbot in Jer 7,16 und in der göttlichen Zusage in 15,11), um wenigstens die Verschleppung weiteren Tempelgeräts nach Babel zu verhindern.

Weder den falschen Heilspropheten noch Jeremia selbst kann gegen göttliches Wort und göttlichen Willen eine Fürbitte gelingen. Denn vor der Macht des beschlossenen Gerichts schützt keine Fürsprache mehr. So dürfte das Fürbittenverbot am ehesten zu deuten sein. Nicht nur für das Volk, sondern zuallererst für den betenden Propheten ist der Moment der ausgesetzten Möglichkeit zur Fürbitte der der größten Hilflosigkeit. Bei der Unterlassung der Fürbitte bleibt es jedoch nicht, sondern der Prophet formuliert zuspitzend die Antifürbitte (Jer 18,23), dem Volk möge die Schuld nicht vergeben werden. Nachdrücklich weist er auf die ehemals formulierte Fürbitte, die ihm nicht gedankt wird (Jer 18,20).

Dem Propheten ist für die Zeit des Gerichts die Möglichkeit der positiven Einflussnahme genommen und auch die Klage des Volkes wird nicht erhört.[67] Erinnert wird die positive und gelingende Fürbitte des Königs Hiskia (Jer 26,19) und befohlen die Fürbitte des Volkes für die Stadt, in der sie in Verbannung leben (Jer 29,7 וְהִתְפַּלְלוּ בַעֲדָהּ אֶל־יְהוָה). Insofern unterstützt der Überblick über die Fürbitte

---

65 Ebd.

66 Vgl. motivisch ähnlich mit deutlicherer Anklage JHWHs Jer 4,10.

67 Reventlow, aaO., 253, geht mit Georg Fohrer, „Abgewiesene Klage und untersagte Fürbitte in Jer 14,2–15,2." in *Künder des Wortes: Beiträge zur Theologie der Propheten*, hrsg. von Lothar Ruppert, Peter Weimar und Erich Zenger. Würzburg: Echter, 1982: 77–86, 78 f., davon aus, dass es Jeremia ist, der die Volksklagen in Jer 14 äußert. Diese These lässt sich mit dem Blick auf den Kontext kaum aufrechterhalten. Jeremia ist als Sprecher dieser Zeilen, die mit Reventlow, Gebet im Alten Testament, 255, aus einem „ungebrochenen Vertrauen auf die hilfreiche Nähe Jahwes zu seinem Volk heraus" wachsen, kaum vorstellbar, gehört es doch zu seinem Amt, die Blindheit dieses Vertrauens zu erschüttern.

im Jeremiabuch die Annahme, dass Fürbitte kein rein prophetisches Unterfangen ist und gerade bei den Schriftpropheten das Motiv der prophetischen Fürbitte eher angezeigt ist, die Dynamik des Gerichts zu unterstreichen, als Rückschlüsse auf das Prophetenamt zu gestatten.[68]

Die Gebete im Jeremiabuch nehmen ihren Ausgang bei den Klagen des Propheten über das geschaute Unheil und im Dialog des berufenen Sehers mit seinem Gott. Diese ursprünglichen Klagen prägen auch noch die erst spät in das Buch eingeschriebenen sogenannten Konfessionen, die die wichtigste Gruppe von Gebeten im Jeremiabuch bilden. Die Klagen und Konfessionen verbinden sich mit einem weiteren Bogen. Er reicht von den beiden Gebetsrufen in Jer 2,25.27, die die Abtrünnigkeit des Volkes belegen, über die kurzen Volksklagen in Jer 14, die inkrimierten Gebete des abtrünnigen Volkes, das erst in Not zu seinem Gott zurückfindet, bis zum vom nunmehr rettungswilligen Gott empfohlenen Gebet in 31,7. Dieser Bogen zeichnet eine Entwicklung aus der Gerichtsverfallenheit zur Rettung nach, die unter anderem am Gebet des Volkes und seiner Erhörung kenntlich gemacht wird. Die Klagen, Dialoge und die Begründung des sich auf diese Weise äußernden Gerichts werden zusammengefasst im Lobpreis in Jer 32 (s.o.), der so eine fromme Erweiterung des ursprünglichen Dialogs zwischen Prophet und Gott ist. Auch wenn die Gebete des Jeremiabuchs nacheinander eingetragen und allmählich gewachsen sind, bilden sie auf diese Weise doch einen sinnvollen Zusammenhang und zeigen den Willen der Bearbeiter und Verfasser zur Komposition.

4 Die Vielstimmigkeit der Gebete in einem Buch – die Gebete Jesajas

Auch die Gebete des Jesajabuchs kreisen um ein verbindendes Thema und treten durch den gemeinsamen Bezug auf das Verlangen nach einer Wende der Situation oder den Lobpreis der eingetretenen Wende miteinander in Dialog.[69] Dieses Ge-

---

68 Vgl. Balentine, The Prophet as Intercessor, 164: „In fact, on the basis of the use of this particular language, the prophet is perhaps more accurately described as simply one figure among several who from time to time exercises the privilege of ‚praying for' another person."
69 Die Gebete des Jesajabuchs sind: Jes 12; 25,1–5; 26,1–6.7–10.11f.13–15.16–18; 37,15–20; 38,3.9–20; 59,9–12 und Jes 63,7–64,11. Dazu kommen die kurzen Gebetsrufe in Jes 2,6–9; 9,2–5; 33,2–5 und 51,9–11. Nicht alle diese Gebete werden in der ausführlichen Analyse der beiden Hauptteile behandelt. Einige von den nicht berücksichtigten Texten werden in dem folgenden Überblick erwähnt, um ein vollständigeres Bild der Gebete zu ermöglichen.

spräch ist jedoch stärker als im Jeremiabuch eines zwischen kontroversen Positionen. Sie werden im folgenden Abschnitt im Zusammenhang dargestellt.

Zu den buchgenetisch frühesten Texten, die nach den eingangs festgelegten Kriterien nicht zu den untersuchten Gebeten gehören und gleichwohl eine wesentliche Wirkung auf die weiteren Gebete hatten, gehören die sogenannten Hymnen Deuterojesajas.[70] Sie bereiten ein Prinzip vor, das in Jes 12, Jes 25 und Jes 26 weitergeführt wird: Sie antizipieren den Jubel der Befreiung, die noch erwartet wird.

Die kurzen Stücke beginnen jeweils mit einem imperativischen Lobaufruf, der im Gegensatz zu den meisten hymnischen Texten des Psalters ein nicht das Wesen, sondern das konkrete Tun JHWHs im Lob Gottes einleitet, das als bereits geschehen präsentiert wird.[71] „In solchem Künden sollen die Angeredeten *jetzt* schon auf den Erlösungstag Gottes an Israel antworten im Loblied."[72] Auf diese Weise werden in diesen Texten Jerusalemer Theologie und Geschichte Israels miteinander verbunden.[73] Alle Hymnen Deuterojesajas sind ursprünglich als Abschlüsse der Abschnitte gestaltet.[74] In ihnen wird das zuvor Angekündigte lobpreisend als bereits geschehen gewürdigt.[75] In diesem Lobpreis sollen sich die Völker – hier weiten die Hymnen die Jerusalemer Rede von JHWH als dem Königsgott und Völkerbeherrscher aus – JHWH im hymnischen Lob unterwerfen und werden dabei nicht einfach vom Schrecken überrollt, sondern auf ihre Einsicht hin angesprochen.[76]

---

70 Die „Loblieder oder Jubelrufe" sind nach Claus Westermann, *Das Buch Jesaja: Kapitel 40 – 66*, 5. Aufl. Das Alte Testament Deutsch 19. Göttingen: Vandenhoeck & Ruprecht, 1986, 19, Jes 42,10 – 13; 44,23; 45,8; 48,20 – 21; 49,13; 51,3 (mit Fragezeichen); 52,9 – 10; 54,1 – 2.
71 Vgl. Claus Westermann, *Sprache und Struktur der Prophetie Deuterojesajas*. Calwer Theologische Monographien 11. Stuttgart: Calwer, 1981, 74.
72 Westermann, AaO., 75.
73 Vgl. Reinhard G. Kratz, *Kyros im Deuterojesaja-Buch: Redaktionsgeschichtliche Untersuchungen zu Entstehung und Theologie von Jes 40 – 55*. Forschungen zum Alten Testament 1. Tübingen: Mohr Siebeck, 1991, 172 – 174.
74 Entsprechend der umfänglichen Genese der deuterojesajanischen Textschichten gehören nicht alle Hymnen zum Grundbestand. Kratz, aaO., 152, zählt zu den „Bestätigungen" als Teil der Grundschicht Jes 42,10 – 13; 43,14 – 21; 44,21 – 23 und 47*/48,20. Westermann, Sprache und Struktur, 78, sieht die doxologischen Abschlüsse im Psalter als Analogie. Frank Matheus, *Singt dem Herrn ein neues Lied: Die Hymnen Deuterojesajas*. Stuttgarter Bibelstudien 141. Stuttgart: Verlag Katholisches Bibelwerk, 1990, 152, präzisiert: „Die Hymnen schließen die Redekreise nicht einfach (respondierend) ab, sondern beziehen sie durch ihre spezifische Struktur und ihr Wortfeld aufeinander..."
75 Vgl. Kratz, Kyros, 154, spricht von der „Gleichzeitigkeit aller gegenwärtig einsetzenden Heilsereignisse als Summe der gesamten Heils- und Unheilsgeschichte Israels." Vgl. Schmid, Literaturgeschichte des Alten Testaments, 134: „In 40ff kann von bestimmten, real noch ausstehenden Heilssetzungen deswegen im Perfekt gesprochen werden, weil sie bei Gott bereits besiegelt sind."
76 Vgl. Kratz, Kyros, 45 f.

Wie die Hymnen ursprünglich voranstehende Gedankengänge abschließen, sind auch die meisten Gebete des Jesajabuchs am Ende der verschiedenen Abschnitte platziert. Diese Beobachtung gilt für Jes 12; 38; 59 und 63 f.[77] Auf diese Weise sind die Gebete in der Lage, Vorangehendes nachzubeten, es zu adaptieren und weiterzuführen. Jes 12 beendet den ersten Buchteil Jes 1–11. Jes 38 steht gegen Ende des Protojesajabuchs am Übergang zu Deuterojesaja. Jes 59 beendet die Umkehrredaktion vor den Heilsworten in Jes 60–62 und Jes 63 f. dürfte einmal – vor Hinzufügung von Jes 65 f. – das Buch insgesamt beschlossen haben. Die bewusste Stellung der Texte innerhalb ihres Nahkontextes ist auch für ihre Konzeption von einiger Bedeutung. Sie sind stärker mit ihrem jeweiligen Umfeld als untereinander verbunden. Eine Gebetsredaktion, die gleich mehrere der Texte eingefügt haben könnte, legt sich entsprechend nicht nahe.

Besonders die Kapitel 1–39 sind von Gebeten und kurzen Gebetsrufen durchzogen, die aus unterschiedlichen Stadien der Buchgenese stammen. Die ältesten Bestandteile des Buchs, die man in den Kapiteln 1–11 und 28–32 findet[78], sind noch gänzlich ohne Gottesansprache formuliert.[79] Die im Tempel situierte Berufungsvision[80] (Jes 6) legt mit der Präsenz JHWHs im Tempel und der verhängten Verstockung zwei Motive fest, die gerade auch für die Gebete des Jesajabuchs bestimmend werden. Die Vorstellung von Gottes Gegenwart im Tempel

---

77 Auch wenn Jes 24–27, die sogenannte Jesajaapokalypse, nach den Fremdvölkerorakeln in Jes 13–23 stehen und damit ebenfalls einen Abschnitt abschließen, haben sie in sich eine derartige eigene Dynamik von Gebet und Gerichtsdrohung, dass sie nicht in die Reihe der einen Abschnitt abschließenden Gebete gestellt werden können.

78 Vgl. Becker, Jesaja, 282–285, bzw. Schmid, Literaturgeschichte des Alten Testaments, 97.

79 Selbst die von Reventlow als Fürbitte verstandene Frage des Propheten nach dem „Wie lange?" des angekündigten Gerichts (Jes 6,11) wird teilweise als spätere Zufügung verstanden Vgl. Reventlow, Gebet im Alten Testament, 250, anders Balentine, The Prophet as Intercessor, 167 f., und mit anderer Zuspitzung ebenfalls Willem A. M. Beuken, *Jesaja 1–12*. Herders Theologischer Kommentar zum Alten Testament. Freiburg i. Br. u.a.: Herder, 2003, 177. Vgl. Becker, Jesaja, 83; Josef Schreiner, „Zur Textgestalt von Jes 6 und Jes 7,1–17." in *Segen für die Völker: gesammelte Schriften zur Entstehung und Theologie des Alten Testaments*, hrsg. von Erich Zenger. Würzburg: Echter, 1987: 65–71, 67 f., und Peter Höffken, *Das Buch Jesaja Kapitel 1–39*. Neuer Stuttgarter Kommentar. Altes Testament 18/1. Stuttgart: Verlag Katholisches Bibelwerk, 1993, 78–80. Anders schichten u. a. Otto Kaiser, *Das Buch des Propheten Jesaja: Kapitel 1–12*, 5. Aufl. Das Alte Testament Deutsch 17. Göttingen: Vandenhoeck & Ruprecht, 1981, 133 f., und Berges, Das Buch Jesaja, 94 f.

80 Vgl. Odil Hannes Steck, „Bemerkungen zu Jesaja 6." in *Wahrnehmungen Gottes im Alten Testament: Gesammelte Studien*. Theologische Bücherei Altes Testament 70. München: Kaiser, 1982: 149–170, 153, der hier statt von einem Berufungsbericht von der „Vergabe eines außergewöhnlichen Auftrags in der himmlischen Thronversammlung" spricht, weil es sich nicht um eine Sendung zur gesamten prophetischen Tätigkeit des Propheten handele. Diese Differenzierung hat sich nicht durchgesetzt. Vgl. u. a. Berges, Das Buch Jesaja, 95.

prägt die gesamte jesajanische Überlieferung bis in die späten Auseinandersetzungen in Jes 63 f. und Jes 24 – 27. Darüber hinaus wirkt das in Jes 6 entwickelte Motiv der Verstockung bis in diese späten Gebete hinein.

Kurze Gebetsrufe begegnen in den ersten Kapiteln noch in Jes 2 und in Jes 9. Jes 9,1 – 6 ist ein später, schriftgelehrter Text, der wie die Hymnen in Deuterojesaja das erwartete Handeln JHWHs als gegenwärtig preist.[81] Jes 2,6 – 21 ist nicht nur wegen der kurzen Gebetseinwürfe wichtig für die Beschäftigung mit den Gebeten in Jesaja, sondern auch, weil der Text Verstehensgrundlage weiterer Texte ist.

Die Gebetseinwürfe in Jes 2 verorten die Gegenwart der Sprechenden als Zeit zwischen dem vergangenen und dem drohenden Tag JHWHs. Jes 2,6 – 9a ist der Schuldaufweis, der das bereits geschehene Gericht begründet. Die Jes 2,6 – 9a umgebenden Gebetsverse aktualisieren den Vorwurf. Die beschriebenen Übeltäter werden gnadenlos (V. 9b: „Vergib ihnen nicht!") dem neuen Gericht ausgeliefert.[82] In Jes 2,10 werden die Angesprochenen aufgefordert, sich vor dem kommenden Tag JHWHs in Sicherheit zu bringen, wobei der Weg in den Felsen und das Verbergen im Staub nicht einfach die hilflose Flucht nahelegen, sondern die demütige Selbsterniedrigung vor dem Gericht empfehlen.[83]

Jes 2,10 – 21 wird durch die Gebete so mit dem vorangehenden Schuldaufweis verbunden, dass aus dem Geschehen der Vergangenheit drohende Zukunft wird, in der nur die verschont bleiben, die sich entsprechend demütigen.[84] Die Schuld der Hochmütigen soll in dem erwarteten Gericht nicht vergessen werden (V. 9b).[85] Eine ganz ähnliche Gebetsausrichtung in Erwartung eines weiteren Gerichts und in Abgrenzung von den Hochmütigen, Kleingläubigen

---

81 Vgl. die Argumentation bei Becker, Jesaja, 123: „Das Kehrversgedicht (9,7 – 20) ist einmal direkt auf 8,17 gefolgt; was dazwischen steht, ist also in mehreren Schüben hinzugetreten." Sowie Becker, aaO., 216 f.: „9,1 – 6 erweist sich insgesamt als ein spätes schriftgelehrtes Produkt, das sein sprachliches Material aus der näheren und weiteren Umgebung schöpft –, und zum anderen ist die Identifizierung des in 9,5 f. geborenen Herrschers eher im Sinne einer Antizipation denn einer bereits erfolgten Geburt zu verstehen."

82 Vgl. Becker, aaO., 171: „In dem ‚enthusiastischen Flug der Rede', der das Gedicht in der Tat durchzieht, wird man wohl weniger ‚das Aufwallen der Jugend' des Propheten erblicken können als vielmehr die lebendige Zukunftserwartung eschatologisch gesinnter Kreise, die mit einem baldigen Weltgericht rechnen (vgl. Ps 10,12 – 18; Jes 13,6.9.11)."

83 Vgl. Becker, aaO., 170 f., über Vers 2,10: „Wer sich in den Staub (עָפָר) erniedrigt, tut Buße (vgl. Jes 29,4a) und kann dem Gericht entgehen."

84 Vgl. ebd.: „Die anschließende Bitte ‚verzeih ihnen nicht' (…V. 9b), die wie in v.6α an Jahwe selbst gerichtet ist, leitet unmittelbar zu dem vorgegebenen Gedicht über und verzahnt auf diese Weise Vergangenheit und Zukunft miteinander: Was einst geschehen *ist*, kann sich wiederholen; der gekommene Tag Jahwes ist zugleich der kommende."

85 Vgl. Becker, aaO., 174: „Sein theologisches Milieu ist in eschatologisch orientierten, frommen Kreisen zu suchen, die sich von einer bußfertigen Haltung die Verschonung vom kommenden Tag Jahwes erhofften."

und an die Herrschaftsverhältnisse Angepassten, findet sich auch in V. 11 sowie in Jes 26 und in einigen Gebeten Jeremias.[86]

Als ausführlichere Gebete kommen im Jesajabuch Jes 12; 25,1–5; 26,1–6.7–10.11 f.13–15.16–18; 37,15–20; 38,3.9–20 und 63,7–64,11 in den Blick. Unter ihnen bilden Jes 37,15–20 und Jes 38,3 insofern Ausnahmen, als sie als Teile der erzählenden Kapitel Jes 36–39 bereits im Spendetext in 2 Kön 18–20 zu finden sind.[87]

Die Gebete in Jes 1–39 sind nicht Teil derselben Überarbeitung, sondern sind nacheinander in den Text eingefügt. Das erste eingefügte Gebet ist der Psalm Hiskias in Jes 38. Thematisch verwandt und von Jes 38 abhängig ist Jes 12. In beiden Gebeten mündet die Bewegung in den Jubel der Lebendigen (ידה in Jes 12,1.4 sowie 38,18 f.), zugleich erwähnen beide die durchlittene Strafe für Sünde. In Jes 38 liegt der Schwerpunkt dabei auf dem Leid, in Jes 12 auf der Wende zum Heil. Die beiden Texte ähneln einander hinsichtlich des in beiden beschriebenen Wechsels von Zorn zu Erbarmen und vor allem durch den in beiden Texten benannten Jubel der Protagonisten. Sie unterscheiden sich allerdings in Bezug auf ihre Einbindung in

---

86 Vgl. Jacques Vermeylen, *Du Prophète Isaïe à l'Apocalyptique: Isaïe, I-XXXV, miroir d'un demi-millénaire d'expérience religieuse en Israël*. 2 Bände. Études biblique. Paris: Gabalda, 1977, 142. Vgl. auch Becker, Jesaja, 174: „Im Lichte von 2,6–19* gelesen, erscheint das Gericht an den Nobilitäten in 3,1 ff. als ein Spezialfall des endzeitlichen Gerichtes über allen Hochmut und alles Stolze."

87 Jes 36–39 werden zumeist als im Königebuch entstanden und nachträglich ins Jesajabuch integriert angesehen (vgl. die Diskussion bei Berges, Das Buch Jesaja, 277). Differenziert wird diese These von Becker, Jesaja, 220–222, der die enge Verbindung von Jes 36 f. und Assur-Zyklus damit erklärt, dass letzterer wesentlich dazu entstanden sei, die beiden erzählenden Kapitel ins entstehende Jesajabuch zu integrieren und Hiskia als Beispiel für Vertrauen auf JHWH und die Erzählung von der Rettung Jerusalems als Hinweis auf die Macht solchen Vertrauens zu etablieren. Auch Williamson betont, dass die Verbindungen zwischen Jes 36–39 und den übrigen Kapiteln nicht Hinweis auf die Entstehung der Kapitel im Prophetenbuch sein müssen, sondern auch Folge redaktioneller Überarbeitungen sein können (vgl. Hugh G. M. Williamson, *The Book Called Isaiah. Deutero-Isaiah's Role in Composition and Redaction*. Oxford: Clarendon Press, 1994, 206 f.). Da die Erzählung in Jes 38 jedoch als jünger beschrieben und Jes 39 gemeinhin als passende und eigens für den Übergang in die deuterojesajanische Textschicht gestaltete Erzählung angesehen wird, wird die Überlegung angestellt, es könne Jes 36 f. aus dem Königebuch ins Jesajabuch gewachsen sein, Jes 38 f. dafür aus dem Jesajabuch ins Königebuch. (Becker, Jesaja, 222). Jes 38 f. wären so bereits als Übergang zu Deuterojesaja, nicht mehr im Blick auf Jeremia gestaltet worden. (Vgl. zu den Überlegungen, nach denen die ursprüngliche Abfolge Jesaja, Jeremia, Dtjes gewesen sei Erich Bosshard-Nepustil, *Rezeptionen von Jesaia 1–39 im Zwölfprophetenbuch: Untersuchungen zur literarischen Verbindung von Prophetenbüchern in babylonischer und persischer Zeit*. Orbis Biblicus et Orientalis 154. Freiburg, Schweiz: Universitäts-Verlag/ Göttingen: Vandenhoeck & Ruprecht, 1997, 450–464).

den Kontext, auf die in ihnen betenden Personen und auf ihre Schwerpunktsetzung. Jes 38 legt den Fokus auf die Beschreibung von Krankheit und Tod. Innerhalb dieses Textes erreicht der Beter sein Ziel, den Tempel, noch nicht. In Jes 12 dagegen werden Zorn und Zorneswende gleich in den ersten Zeilen des Gebets abgeschlossen, woraufhin sich der Text dem Heil zuwendet. Die ausdrückliche Rede vom „Trost" weist den Psalm als nach der Anfügung von Jes 40 ff. formulierten aus. In Jes 38 betet eine Einzelperson, deren Schicksal aber im Kontext ausdrücklich mit dem Ergehen der Stadt verbunden ist. In Jes 12 dagegen wird eine Gruppe angesprochen, die einst sprechen soll, die Redeweise ist stärker mit den hymnischen Stücken in den deuterojesajanischen Textschichten verbunden. Jes 12 ist als Abschlussstück von Jes 1– 11 Teil der redaktionellen Überarbeitung von Protojesaja. Die Bezugnahme auf wesentliche Theologoumena Deuterojesajas legt es nahe, in Jes 12 einen gegenüber Jes 38 jüngeren Text anzunehmen. Jes 38 ist zwar mit dem vierten Gottesknechtslied (Jes 52 f.) anhand einiger Motive verbunden, die Ausweitung der Motive in Jes 52 f. macht es jedoch wahrscheinlich, dass Jes 38 der Spendetext ist.[88]

Der dritte Text, der innerhalb von Jes 1– 39 an den Jubel in Jes 12 und Jes 38 anknüpft, ist Jes 24 – 27 mit seinen Gebeten in Jes 25,1– 5 und Jes 26. In ihnen wird anders als in Jes 12 und Jes 38 eine den Betern feindliche Gruppe thematisiert. Die diesen Gebeten zugrunde liegende Unterscheidung von Frevlern und Frommen im eigenen Volk verortet diese Texte in der Nähe von Jes 65 f. und damit bei den jüngsten Texten des Jesajabuchs.[89]

Der in der Forschungsgeschichte als „Jesaja-Apokalypse" bezeichnete Abschnitt Jes 24 – 27 ist ein vielstimmiger und allmählich gewachsener Text, der von Beginn an als Teil des Jesajabuchs formuliert wurde.[90] Die Erkenntnis, dass die Kapitel (mit allen ihren Schichten) nicht

---

88 Siehe Näheres im Abschnitt zu Jes 38, B 3.1.

89 Allgemeiner James Todd Hibbard, *Intertextuality in Isaiah 24 – 27: The Reuse and Evocation of Earlier Texts and Traditions.* Forschungen zum Alten Testament, Reihe 2, 16. Tübingen: Mohr Siebeck, 2006, 139: „A dichotomization of the community in Third Isaiah is redeployed in Isaiah 26 to characterize the entire world." Dan G. Johnson, *From Chaos to Restoration: An Integrative Reading of Isaiah 24 – 27.* Journal for the Study of the Old Testament Supplement Series 61. Sheffield: JSOT Press, 1988, 74 f., und Hibbard, Intertextuality in Isaiah 24 – 27, 138 f., sehen hier keine Trennung innerhalb der Gemeinde.

90 Zur Bezeichnung als „Apokalypse" vgl. Johannes Lindblom, *Die Jesaja-Apokalypse: Jesaja 24 – 27.* Lunds Universitets Årsskrift N.F 1,34,3. Lund: Gleerup, 1938, 111– 117. Gegen den Ansatz von Reinhard Scholl, *Die Elenden in Gottes Thronrat: Stilistisch-kompositorische Untersuchungen zu Jesaja 24 – 27.* Beihefte zur Zeitschrift für die Alttestamentliche Wissenschaft 274. Berlin u. a.: de Gruyter, 2000, 285 – 288, die Kapitel einer Hand zuzuschreiben, wendet sich Uwe Becker, „Rezension: Scholl, Reinhard: Die Elenden in Gottes Thronrat. Stilistisch-kompositorische Untersuchung zu Jesaja 24 – 27." in *Theologische Revue* 97 (2001): 303 – 305, 305, der die von Scholl

nachträglich und en bloc in den Kontext eingetragen wurden, sondern originär in den motivischen und dramatischen Zusammenhang des Jesajabuchs gehören, ist jüngeren Datums.[91]

Jes 24–27 wurden unter anderem auch deshalb als ein vom Kontext zu separierender eigener Zusammenhang beschrieben, weil die Durchdringung der Kapitel mit Gebetspassagen auf einen ursprünglichen Sitz im Kult zu deuten schien.[92] Stattdessen dürfte es sich jedoch im Gegenteil um originär literarische Fortschreibungen handeln. Die betende Kommentierung oder Übernahme und Durchdringung von Themen sind auch hier Lesespuren Schriftgelehrter.[93]

Wesentliche redaktionskritische Überlegungen präsentieren in den vergangenen Jahren Kaiser, Wildberger und Vermeylen, im gewissen Sinne bietet auch Johnson, der die Kapitel in aufeinander folgende Blöcke unterteilt, einen redaktionskriti-

---

zugestandene Komplexität als „überkomplex" bezeichnet: „Jes 24–27 erweist sich nach Ansicht des Rez.en bei genauerer Betrachtung als eine mehrstufige Fortschreibungskette, die ihren Ausgang bei 24,1–20* nahm. Hier ergäbe sich auch ein unerwarteter, aber deutlicher Bezug auf das (ursprünglich) unmittelbar folgende Kap. 28 (vgl. z.B. 24,7.9 mit 28,1.7). So wie die Ankündigung des universalen Weltgerichts die einzelnen Völkerworte Kap. 13–23 zusammenfasst, leitet es kaum zufällig den Untergang des gottfeindlichen Samaria ein (vgl. 28,2). Die weiteren Stufen in der sukzessiven Entstehung von Jes 24–27 sind in je verschiedener Weise auf Texte aus dem Jes-Buch bezogen."

91 Vgl. Scholl, Die Elenden in Gottes Thronrat, 193: „Die hymnischen Stücke Jes 25,1–5; 26,1–6 und das Moabwort in 25,10b-12 nehmen Stichwörter und Thematik aus vorgegebenen Texten auf. So lassen sie sich am besten als eigens für Jes 24–27 geschaffene Stücke verstehen." Ebenso Otto Kaiser, *Der Prophet Jesaja: Kapitel 13–39*, 3. Aufl. Das Alte Testament Deutsch 18. Göttingen: Vandenhoeck & Ruprecht, 1983, 159.

92 Zu einer Deutung der Kapitel im Kontext des Kultes vgl. dagegen P. Lohmann, „Die selbständigen lyrischen Abschnitte in Jes 24–27." in *Zeitschrift für die Alttestamentliche Wissenschaft* 37 (1917/18): 1–58. In neuerer Zeit vgl. Scholl, Die Elenden in Gottes Thronrat, 287, der erklärt: „Weil Jes 24–27 beides sein will: gottesdienstlicher Gebrauchstext und beziehungsreiche Aktualisierung von Prophetenworten, wirken die einzelnen Perikopen in diesen vier Kapiteln auf den ersten Blick so zusammenhanglos."

93 Vgl. Becker, Rezension: Scholl, 305: „Die Tatsache, daß nahezu alle Stücke innerhalb von Jes 24–27 das vorgegebene Jes-Buch benutzen und auslegen, erweist eben noch nicht denselben Vf. Sie veranschaulicht aber, wie man sich schriftgelehrte Prophetie der Spätzeit vorzustellen hat: als midraschartige Auslegung vorgegebener Texte – vorzugsweise in demselben Buch – im Lichte neuer Wirklichkeits- und Gotteserfahrung." Jörg Barthel, *Prophetenwort und Geschichte: Die Jesajaüberlieferung in Jes 6–8 und 28–31*. Forschungen zum Alten Testament 19. Tübingen: Mohr Siebeck, 1997, 248, nennt das Stück „das Resultat verschiedener redaktioneller Fortschreibungen, deren Horizont primär die Fremdvölkersprüche in Jes 13–23, darüber hinaus aber das werdende Jesajabuch im ganzen bilden."

schen Ansatz zur Erklärung.[94] Auch wenn es ihm wahrscheinlich erscheint, dass hier *ein* Autor schreibt, der über verschiedene Jahre seinen Text Stück um Stück erweitert, nimmt er doch eine gewisse Entwicklung im Gedankengang wahr, die selbst bei der den Konnex der Texte beschwörenden These von einem Autor nicht anders als durch Wachstum zu erklären ist. Einen gegenüber der verbreiteten „Dissidententhese"[95] ganz eigenen Zugang zu Jes 24–27 wählt Polaski, der hinter den Verfassern das Zentrum der judäischen Gesellschaft des 5. Jahrhunderts wähnt.[96]

Die Genese der vier Kapitel stellt sich folgendermaßen dar: Die Grundschicht und die ersten Erweiterungen in Jes 24–27* erschöpfen sich in einander in unterschiedliche Richtungen weiterführenden Gerichts- und Heilsansagen. Thema ist ein in deuteronomistischer Begründung und Motivik durchgespieltes Gericht JHWHs an der gesamten Erde. Er ahndet vergossenes Blut (26,21) und Bundesbruch (24,5). Der Israel im Deuteronomium angedrohte Fluch wird so an der Welt insgesamt vollzogen.[97]

Ausgangstext der Entwicklung ist das Lied in Jes 24,7–12. Die Verse über die Trauer in einer verwelkenden Stadt sind konkreter als die umgebenden Verse über das Weltgericht und sind nicht notwendig Gerichtsschilderungen.[98] Auffällig ist vor allem, dass in dieser Klage keinerlei „Schuldaufweis" oder „Begründung" für das Geschehene zu finden ist, ja, nicht einmal ein Urheber begegnet. Lediglich die Zerstörung der Stadt (und ihres Tores) und das Verstummen aller Freude wird berichtet.[99]

Die Rede von der Zerstörung der Stadt wird innerhalb eines eschatologischen Textes überliefert, der ein Gericht an der Erde ankündigt (Jes 24,1–6 und 17–20)[100]. Durch die Zusammenstellung des Stücks über die zerstörte Stadt mit den Versen der ersten Erweiterung wird das Gewesene (der Untergang Jerusalems, auf den zum Zeitpunkt der Formulierung dieses Textes längst zurückgeblickt wurde) als zukünftig erwartbares Schicksal gefasst. Dabei wird

---

94 Vgl. Kaiser, Jesaja 13–39, 141–145; Hans Wildberger, *Jesaja 13–27*, 2. Aufl. Biblischer Kommentar Altes Testament 10/2. Neukirchen-Vluyn: Neukirchener Verlag, 1989, 896.904 f.; Vermeylen, Du Prophète Isaïe, 352–381, und Johnson, From Chaos to Restoration, passim.
95 Plöger, Theokratie und Eschatologie, 131–142, der theokratische und eschatologische Gruppen unterscheidet und bei der Abfassung der Apokalypse die gegen herrschende Strukturen opponierende eschatologische Gruppe am Werk sieht. Vgl. zu dieser Differenzierung A 2.
96 Vgl. Donald C. Polaski, *Authorizing an End: The Isaiah Apocalypse and Intertextuality*. Biblical Interpretation Series 50. Leiden u. a.: Brill, 2001, 72.
97 Vgl. Dtn 31,14–29.
98 Anders Wildberger, Jesaja 13–27, 897 f., der in V. 7–12 eine Konkretisierung des Weltgerichtes sieht.
99 Vermeylen, Du Prophète Isaïe, 353, geht davon aus, dass diese Verse vom ersten Redaktor der Kapitel aus anderem Kontext übernommen und hier nachträglich eingestellt wurden. Bereits V. 7–12 sind jedoch eng mit dem Kontext des Jesajabuches (v. a. Jes 5) verbunden.
100 Dazu gehört auch Jes 26,21.

der Schuldaufweis, mit einem dreifachen Bruch von Bund, Weisung und Satzung erweitert. Zudem wird der Kontext dieses Gerichts vergrößert, das die ganze Erde trifft.[101]

Diese Ausweitung des Gerichts über Israel wird unter anderem in einer rettenden Sammlung der Gerechten aller Völker zu einem Volk weitergeführt (24,16a). Es ist dieser Gedankengang, in den an unterschiedlichen Stufen der Entwicklung Gebete in den Text eingefügt worden sind. Das Weltgericht in 24 lässt eine Möglichkeit des Überlebens offen. In sie hinein werden die Gebete von Jes 26 gesprochen. Die so sprechen, rechnen sich zu denen, die das Weltgericht überleben. Bereits die Richtung ihrer Rede – zu JHWH gewandt – klassifiziert sie als die Frommen, die unter der Verworfenheit der Welt leiden und das Gericht erwarten. Das Gebet ist das erste Mittel, wenn das als Erlösung erwartete Gericht ausbleibt. Aus diesem Stadium der Textgenese stammen Jes 26,11–18.[102] Am ehesten legt sich eine Unterscheidung in V. 11 f.; V. 13–15; V. 16–18 nahe.[103]

V. 11 f. wird von Betern gesprochen, die das drohende Gericht sehen und erhoffen.[104] Der Bogen, den die Verse Jes 26,13–15 schlagen, führt den Gedanken von der Herrschaft fremder Herren[105] zur Selbstverherrlichung JHWHs und Erweiterung seines Herrschaftsbereichs. Das Stück beginnt mit einer gegenüber allen anderen Anreden in Jes 26 erweiterten Ansprache JHWHs als „unser Gott". Diese Bezeichnung setzt bereits im Auftakt des Gebets die enge

---

101 Vgl. Schmid, Literaturgeschichte des Alten Testaments, 194: „Jes 24,4–6 statuiert also gegen die Denkmöglichkeiten der Priesterschrift, dass der Noahbund auch gebrochen werden kann. Und deshalb kann auch die von der Priesterschrift als endgültig angesehene Weltordnung noch einmal umgewälzt werden. In weiterer Aufnahme von Gen 6–9 geht Jes 26,20 f. davon aus, dass Israel wie einst Noah durch das kommende Weltgericht hindurchgerettet wird."
102 In dieser Untersuchung werden nicht alle Gebetsabschnitte aus Jes 26 berücksichtigt. Die Verse sind so stark miteinander verknüpft und zeigen sich als Teile einer so komplizierten Genese, dass kaum einzelne abgrenzbare Gebete auszumachen sind, die im Rahmen dieser Arbeit sinnvoll behandelt werden können. Auch wenn gerade vor dem Hintergrund einer „komplexen Genese" eine Interpretation auf synchroner Ebene einfacher zu sein scheint, sind die Ausrichtungen der Gebetsabschnitte zu unterschiedlich, um sie einer Hand zuzuweisen.
103 V. 7–10 sind am ehesten zusammen mit Jes 26,1–6 in den Text eingefügt worden und schaffen einen Übergang von der nachfolgenden Klage zum Jubel in V. 1–6.
104 Siehe zum Text in C 1.
105 Die Rede von den Herren „include both the human rulers and their deities" (Johnson, From Chaos to Restoration, 77). Innerhalb der Gebete begegnet dieses Motiv noch in Jes 63,19a, wo aus denen, die eine Weile fremden Herren gehörten, die geworden sind, die sich so verhalten, als hätte JHWH überhaupt nie über sie geherrscht. Hier jedoch wird dieses Motiv sehr viel hoffnungsvoller weitergeführt. Willem A. Beuken, *Jesaja 13–27*. Herders Theologischer Kommentar zum Alten Testament. Freiburg i. Br. u.a.: Herder, 2007, 377, versteht den Vers als „Exklusivitätsklausel": „„Herren außer dir haben über uns geherrscht' (*qatal*), aber von nun an gilt: ‚Allein dich, deinen Namen bekennen wir' (*qatal*)." Er sieht dabei einen doppelten Bezug, einmal auf fremde (politische) Machthaber, aber, da anders die Konkurrenz mit JHWH nicht ganz deutlich wird, auch auf fremde Götter. Dass der Titel „Herr", Adonaj, allein JHWH vorbehalten ist, liest Beuken, an folgenden Stellen: Jes 1,24; 3,1; 10,16.33; Ex 23,17; 34,23; Mal 3,1; Ps 8,2; 12,5; 114,7; 147,5; vgl. „herrschen" in Jes 1,3; 54,5; 62,4. Kaiser, Jesaja 13–39, 170, beobachtet den Gegensatz von „unser Gott" und „faktische[n] politische[n]r Hörigkeit".

Beziehung von Sprecher-Gruppe und JHWH. Das ist umso wichtiger, als bereits in den unmittelbar darauf folgenden Worten eben diese besondere Beziehung in ihrer Krise dargestellt wird. Das geschieht durch den Hinweis, dass andere Herren geherrscht haben.[106] Die Klage in V. 16 – 18 betont die Hilflosigkeit der Gemeinde.[107] Zugleich wird mit diesen Versen das „Ausbleiben der unbedingten Verheißungen aus Jes 40*; 51*; 54; 55*; 60 – 62*" verarbeitet.[108]

Ebenfalls mit Blick auf die Überlebenden wird in Jes 24 das Motiv des Weltgerichts mit der alten Vorstellung von der Thronbesteigung JHWHs auf dem Zion (24,21 – 23) verbunden, wohin die Völker zu einem Festmahl zusammenkommen, bei dem alles, was sie von JHWH trennt, beseitigt wird (25,6 – 7).[109] Dieser positive Ausblick hat die Einfügung des hymnischen Rufs Jes 24,14 – 16, des Gebets Jes 25,1 – 5 und des Liedes Jes 26,1 – 6 begünstigt. In ihnen wird der endzeitliche Jubel vorweggenommen. Für das Verständnis der in diesen Kapiteln zu findenden Gebete und Lieder ist es eine wesentliche Voraussetzung zu sehen, dass alle in Jes 24 – 27 zusammengestellten Texte durch den ihnen gegebenen Rahmen futurisch zu verstehen sind.[110] Vom von den Rändern der Erde erklingenden Ruf, der den Gerechten preist (Jes 24,16), zum Eintritt der Gerechten in die Stadt zeichnet sich ein Weg bis hin zum Eintritt in den Tempel (26,1 – 6) ab.

Als Deuterojesaja werden alle an Jes 1 – 39 anschließenden Kapitel (Jes 40 – 66) benannt. Innerhalb dieser Abschnitte gibt es eine vor allem forschungsgeschichtlich begründete Differenzierung: Die Kapitel Jes 40 – 55, Deuterojesaja, wurden als zu großen Teilen ursprünglich eigenständig gewachsene Schrift

---

106 Die Überlegung von Lindblom, Die Jesaja Apokalypse, 46, hier müsse wegen der ausschließlich nach einem negativen Ausdruck verwendeten Wendung זוּלָה eine (rhetorische, also zu verneinende) Frage angenommen werden, ist durchaus bedenkenswert. Meines Erachtens ist aus der Beleglage nicht zweifelsfrei zu erschließen, dass זוּלָה notwendig nach Verneinung stehen muss. Wenn man im vorliegenden Kontext die Herrschaft anderer Herren jedoch negieren will, fehlt das Objekt von V. 14b.
107 Vgl. Vermeylen, Du Prophète Isaïe, 373: Zur Grundschicht zählt er die Verse 26,8 – 9*.11 – 13.16 – 18. Ihr Thema sei das Kommen des universalen Gerichtstages.
108 Vgl. Scholl, Die Elenden in Gottes Thronrat, 140. Scholl, aaO., 126, nennt V. 16 – 18 „die eigentliche Volksklage". Kaiser, Jesaja 13 – 39, 171, deutet die Verse so, dass das Gebet in V. 16 zur direkten Klage übergeht und formuliert: „Das in ihr liegende Eingeständnis, daß es sich bei der gegenwärtigen Not um eine Heimsuchung und Züchtigung Jahwes handelt, läßt keinen Zweifel daran aufkommen, daß er über der Not steht und sie also auch wenden kann."
109 Die Rede von der Hülle, die Gott und Menschen trennt, gibt es so nur hier. Zwar verhüllt JHWH in Jes 1,15 sein Angesicht vor Israel, weil es so sündig ist. Diese Verhüllung hat zur Folge, dass er die Gebete nicht mehr hört. Aber dort wird eine andere Terminologie verwendet.
110 Vgl. Kaiser, aaO., 141: „Sie beschäftigen sich anders als die echten Worte Jesajas nicht mit einem durch den Ungehorsam des Volkes herausgeforderten Gericht Jahwes über Jerusalem, sondern mit einer weltweiten, in der Zukunft liegenden Heimsuchung, 24,1 ff., der niemand entrinnen kann, 24,16 ff., und in deren Verlauf alles unschuldig vergossene Blut gerächt werden soll, 26,21, während es für das bedrängte Gottesvolk die Möglichkeit der Verschonung zu geben scheint, 26,20."

identifiziert.[111] Thema dieser Kapitel ist die Rückkehr JHWHs zum Zion, die möglich ist, weil die Schuld Jerusalems im Gericht bezahlt wurde[112] Die sich anschließenden Kapitel 56–66 werden seit Duhm als Tritojesaja bezeichnet. Diese Bezeichnung ist insofern sinnvoll, als sich Jes 56–66 inhaltlich und sprachlich über weite Teile von den vorangehenden Kapiteln unterscheiden. Die Bezeichnung kann aber irreführend sein, wenn damit die Annahme einer Prophetenpersönlichkeit verbunden wird, die die letzten Kapitel formuliert hätte.[113] Dies mag für den literarischen Kern der Kapitel, Jes 60–62, zutreffen, insgesamt zeigen sie sich jedoch als schriftgelehrte Fortschreibung.[114] Dem in Jes 40–55 und in Jes 60–62 unbedingten Heil wird mit Jes 56–59 die Forderung nach Umkehr eingeschrieben. Diese Forderung ist ein Versuch, die Verzögerung des angekündigten Heils zu erklären und zu beenden.[115] Zu dieser Umkehrredaktion[116] gehört der Gebetsvers in 59,12. Er bildet den Kern des Schuldbekenntnisses in V. 12–15a. Nur in ihm wird Gott als Gegenüber angesprochen. Mit dieser Ansprache wird der Ernst des Bekenntnisses unterstrichen, in das auch die Leser und Hörer des Buchs mit hineingenommen werden.

Dem in Jes 59 unternommenen Versuch, mit einem Sündenbekenntnis wieder zum Heil vordringen zu können, wird im letzten Gebet in Jes 63 f. eine Absage erteilt.[117] Die Notwendigkeit der in Jes 56–59 verlangten Umkehr wird zwar nicht bestritten, aber die Unfähigkeit des Volkes zu diesem Schritt hervorgehoben. Erst

---

111 Vgl. Kratz, Kyros, 148. Zusammenfassend schreibt Reinhard G. Kratz, *Die Propheten Israels.* München: C.H. Beck, 2003, 96: „Das Gericht an Israel und Jerusalem ist vorbei, die Sünden sind vergeben, das Heil ist da: ‚Tröstet, tröstet mein Volk, spricht euer Gott, redet Jerusalem zu Herzen!' (Jes 40,1–2) Wir wissen nicht genau, was diese Zuversicht und den Jubel über die kommenden Dinge ausgelöst hat."

112 Vgl. Schmid, Literaturgeschichte des Alten Testaments, 133.

113 Vgl. pointiert Kratz, Die Propheten Israels, 98: „‚Tritojesaja' ist weder ein Prophet noch ein Prophetenbuch." Zur Entstehung der Kapitel formuliert ders., „Tritojesaja." in *Prophetenstudien. Kleine Schriften II.* Forschungen zum Alten Testament 74. Tübingen: Mohr Siebeck, 2011: 233–242, 241: „Vom ersten bis zum letzten Vers erweisen sich die tritojesajanischen Stücke somit als schriftgelehrte Prophetie..."

114 Vgl. Kratz, Die Propheten Israels, 99: „Die Fortschreibung setzt die zionstheologische Bearbeitung von Deuterojesaja fort und malt die Verherrlichung Zions in immer neuen Farben aus. Der literarische Grundbestand setzt den Zweiten Tempel voraus und dürfte noch in persischer Zeit abgefaßt sein. Ähnlich wie in den Nachtgesichten des Sacharja stellt Jerusalem das kultische Zentrum des Vielvölkerstaates dar. Das ‚Licht der Völker' (Jes 49,6) geht von Zion aus."

115 Vgl. Schmid, Literaturgeschichte des Alten Testaments, 164: „Das von Deuterojesaja verheißene Heil traf weder in dem Ausmaß noch zu dem unmittelbaren Zeitpunkt ein, wie es in Jes 40–55 dargestellt wird."

116 Vgl. Berges, Das Buch Jesaja, 463.

117 Vgl. die Analyse unter B 2.2.

wenn JHWH umkehrt ist es dem Volk möglich, selbst umzukehren. Auch die in Jes 12 vorausgreifend gepriesene Rettung Israels ist für die Beter in Jes 63 f. in weite Ferne gerückt, der Zorn hat sich nicht gewendet und der Jubel ist nur noch Teil der Erinnerung an die Väter, die im Tempel loben konnten. Das in Jes 12 für die Zukunft erwartete Heil ist für die Beter in Jes 63 f. nur noch Teil einer Vergangenheit, die nicht mehr aktualisiert werden kann.

Anders als in Jes 12; 38; 59 und 63 f. ist in dem kurzen Gebetsruf von Jes 2 und in Teilen von Jes 24 – 27 eine vom Sprecher oder von den Sprechern unterschiedene Gruppe der Schuldigen thematisiert, denen nicht vergeben werden soll. Mit dieser Thematisierung der fremden Schuld und vor allem mit der gebeteten Aufforderung an JHWH, nicht zu vergeben, ähneln diese Texte einzelnen Gebetspassagen im Jeremiabuch, in denen ebenfalls über weite Strecken die Schuld anderer, dort die Schuld des Volkes, thematisiert wird. Wie bei Jeremia wird auch in diesen späten Texten im Jesajabuch deutlich, dass die betend angeklagte Gruppe eine Gruppe innerhalb des Volkes bezeichnet.

Jes 63 f. setzt zwar die Heilsverheißung und -feier Deuterojesajas voraus und zudem die Umkehrthematik aus Jes 56 – 59. Eine Unterscheidung des Volkes in Gerechte und Frevler, die für Jes 24 – 27 maßgeblich ist, findet sich in diesem Text jedoch noch nicht. Auch den in Jes 26 das Wort ergreifenden Sprechern dürfte die Hoffnungslosigkeit der in Jes 63 f. Klagenden mindestens suspekt gewesen sein, unterscheiden sie sich doch ausdrücklich von all jenen, die das hilfreiche Handeln JHWHs nicht in nächster Zeit erwarten. Wie Jes 59 setzt sich auch das ursprünglich einmal als Abschluss des Buchs formulierte Gebet in Jes 63 f. mit der Situation ausbleibender Hilfe auseinander. Jes 59 formuliert den Glauben an die wirksame Umkehr der Betenden und hält die ausbleibende Änderung des Volkes für den Grund des verzögerten Glücks. Die Antwort von Jes 63 f. ist differenzierter. Die Schuld des Volkes wird auch hier als Grund angenommen. Aber sie vermischt sich im andauernden Gericht mit der verwüstenden Wirkung des göttlichen Zorns. Unter diesem Zorn leiden die Beter der im ersten Hauptteil gesammelten Gebete von Sündern.

B Gebete von Sündern

1 Umkehr

Alle Gebete von Sündern verbindet eine gemeinsame Erkenntnis: Die Betenden sprechen zu einem Gott, von dem sie durch eigenes Verschulden getrennt sind. Diese Trennung wird nicht nur theoretisch bedacht, sondern ist Teil der Erfahrungswirklichkeit der Beter. Übles Ergehen, vor allem das Exil, wird im Zusammenhang deuteronomistischer Theologie als Gerichtserfahrung gedeutet und theologisch auf eigene Schuld und göttliche Strafe zurückgeführt. Diese Deutung der Katastrophe kann als zentrale theologische Leistung der exilisch-nachexilischen Theologie bezeichnet werden. Die Erklärung des Geschehenen bietet eine in die Vergangenheit gerichtete Argumentation, wie es zu dem Elend hat kommen können. Um als Theologie und Gegenwartsdeutung relevant zu sein, musste zu dieser Erklärung die Anleitung hinzukommen, wie nach Gericht und Strafe ein Neuanfang möglich sei. In diesem Zusammenhang entwickelt sich die Theologie der Buße.[1]

Wesentliche Texte für die Restitution Israels sind Dtn 4,29 f., Dtn 30,1 – 10 und 1 Kön 8,46 – 53.[2] Die dort zu findenden Begriffe und Vorstellungen werden in den Gebeten von Sündern aufgenommen und jeweils neu gedeutet. Dabei zeigt es sich, dass in den Prophetengebeten nicht von einer einheitlichen Bußtheologie ausgegangen werden kann. Anstoß zu immer neuen Entwicklungen ist das Ausbleiben der Restitution im ursprünglich erhofften Ausmaß.[3]

Die Deutung dieser Verzögerung wird auf unterschiedliche Weisen unternommen. Alle Ansätze sind sich darin einig, dass es eine Wende (שוב) geben muss. Ob jedoch bereits die Möglichkeit der Umkehr für Israel Gnade sei und entsprechend JHWH zuerst seinen Zorn wenden muss, um diese Möglichkeit zu eröffnen,

---

1 Vgl. Konrad Schmid, „The Deuteronomistic Image of History as Interpretive Device in the Second Temple Period: Towards a Long-Term Interpretation of 'Deuteronomism'." in *Congress Volume: Helsinki 2010*, hrsg. von Martti Nissinen. Supplements to Vetus Testamentum 148. Leiden u.a.: Brill, 2012: 369 – 388, 378, der zu den vorangehenden vier Stadien deuteronomistischer Geschichte als neu hinzurechnet: „E. Israel repents and prays for mercy; F1. restitution is made; F2. and judgment comes upon enemies/ sinners."

2 Vgl. mit Schmid, aber auch Dtn 28,45 – 68; Lev 26,32 – 45; Sach 1,2 – 6 und Mal 3.

3 Dass diese Verzögerung Hintergrund spät-deuteronomistischer Geschichtsdeutung der hellenistischen und römischen Epoche ist, wird nahegelegt von Odil Hannes Steck, *Israel und das gewaltsame Geschick seiner Propheten: Untersuchungen zur Überlieferung des Deuteronomistischen Geschichtsbildes im Alten Testament, Spätjudentum und Urchristentum*. Wissenschaftliche Monographien zum Alten und Neuen Testament 23. Neukirchen-Vluyn: Neukirchener Verlag, 1967, 187 f.

oder die Umkehr die Voraussetzung ist, die von Israel mit ganzem Herzen zu leisten ist, wird in den Gebeten unterschiedlich bewertet. Neben der Intensivierung der Umkehrbemühungen (vgl. etwa Dan 9) ist auch die zunehmende Einsicht zu vermerken, dass vollständige Umkehr aus eigener Kraft nicht gelingt (vgl. Jes 63 f.).

In der Darstellung der Bedingungen für gelingende Umkehr werden die Bemühungen Gottes und der Menschen berücksichtigt. So ist Dtn 30,1–10 eine „bedingte Verheißung".[4] Zunächst wird die umfassende Umkehr des Volkes gefordert (Dtn 30,1–3). Die darauf folgenden Verse verheißen sodann die von JHWH ausgehende Beschneidung der Herzen (Dtn 30,6), in deren Folge Rückkehr gelingt (V. 8). Vom Ablauf des Textes her wäre die Umkehr des Volkes dem Handeln JHWHs vorgeordnet, zumal die Beschneidung des Herzens für die Zeit nach der Rückführung ins Land angekündigt wird. Da aber genau dieses Handeln JHWHs das Handeln des Volkes erst ermöglicht, das vorher gefordert wurde, scheint es gleichzeitig vorausgesetzt zu werden.[5] Auch Dtn 4,29 f. formulieren ausführlich die Bedingungen der Umkehr. Zum Weg zurück gehören die Suche (בקשׁ) Gottes und das verheißene Finden (מצא) sowie die Frage (דרשׁ) nach Gott mit ganzem Herzen (בְּכָל־לְבָבְךָ) und ganzer Vitalität (בְכָל־נַפְשֶׁךָ). Es gehört dazu, zu JHWH umzukehren (שׁוב) und auf seine Stimme (קוֹל) zu hören (שׁמע). Tatsächlich kann bereits in Dtn 4,29 f. kaum von einer Aufforderung zur Umkehr gesprochen werden. Sie wird verheißend konstatiert und für die Zukunft angenommen.

Wiederum auf eigene Weise wird das Ineinander von menschlichem und göttlichem Handeln im Gebet Salomos in 1 Kön 8,15–53, näherhin in V. 46–53, bestimmt. Der Beter dieser Zeilen beschreibt unterschiedliche Situationen, in denen Umkehr notwendig wird sowie die jeweilige Form der Umkehr, und verbindet diese mit der wiederholten, nachdrücklichen Bitte um JHWHs Erbarmen. In immer neuen Konstellationen bittet Salomo JHWH darum, dass er hören (שׁמע)[6],

---

4 Eduard Nielsen, *Deuteronomium*. Handbuch zum Alten Testament 1,6. Tübingen: Mohr Siebeck, 1995, 274.
5 In Dtn 30,1–3 werden die Angesprochenen aufgefordert, sich das Eintreffen von Segen und Fluch zu Herzen zu nehmen (וַהֲשֵׁבֹתָ אֶל־לְבָבֶךָ), zu JHWH umzukehren (שׁוב) und auf seine Stimme (בְקֹלֹו) zu hören (שׁמע) und zwar mit ganzem Herzen (בְּכָל־לְבָבְךָ) und ganzer Vitalität (וּבְכָל־נַפְשֶׁךָ). Wenn diese Voraussetzungen erfüllt sind, wendet (שׁוב) JHWH das Geschick (שְׁבוּת) der Angesprochenen, erbarmt sich (רחם) und sammelt sie (קבץ). In Dtn 30,6–8 wird für das Leben nach Sammlung und Heimführung die Beschneidung (מול) des Herzens der Angesprochenen und ihrer Nachkommen angekündigt, die nun JHWH ganz und gar lieben (אהב). Folge dieser Beschneidung ist (V. 8) die Rückkehr (שׁוב) zu JHWH, das Hören (שׁמע) auf seine Stimme (קוֹל) und das Handeln (עשׂה) nach allen Geboten (מִצְוָה). Die Erkenntnis, dass die Fähigkeit zur Umkehr bereits Teil göttlichen Erbarmens ist, scheint an dieser Stelle nachträglich eingefügt zu sein.
6 Vgl. zum Hören JHWHs V. 28.29.30.32.34.36.39.43.45.49.52.

Erbarmen schenken (V. 50 וְנְתַתָּם לְרַחֲמִים) und vergeben (סלח)[7] möge, wenn Israel zu ihm flehe (תְּחִנָּה 38.45.49.52.54; חנן V. 33.47) und bete (פלל)[8]. Die Unglücksfälle, die beschrieben werden, unterscheiden sich. Die Voraussetzungen, unter denen JHWH sein Volk erhören soll, sind dagegen immer gleich: Die Israeliten sollen von ganzem Herzen (בְּכָל־לְבָבָם V. 48) und mit ganzer Vitalität (בְּכָל־נַפְשָׁם V. 48) umkehren (שׁוב)[9], sich von der Sünde (חַטָּאת V. 35) abkehren (שׁוב V. 35), den Namen JHWHs preisen (ידה)[10], beten (פלל)[11] und flehen (חנן)[12], es sich zu Herzen nehmen (הֵשִׁיבוּ אֶל־לְבָּם) und bekennen: „Wir haben gesündigt (חטא) und haben uns vergangen (עוה), wir sind schuldig geworden (רשע)." Die Wortwahl stimmt mit dem Befund in Dtn 4 und 30 weitgehend überein.[13]

Beten, bekennen, flehen und preisen sind Feinbestimmungen für Umkehr, die die Formulierung eines Gebets nahelegen. Drei Prophetengebete eignen sich besonders, die Buße als Thema prophetischer Gebete darzustellen: Hos 14,2–4; Mi 7,18–20 und Dan 9,4–19. Ein vierter Text, Joel 1 f., der am Ende der Analyse von Hos 14 näher betrachtet wird, bringt mit einer gottesdienstlichen Inszenierung der Buße einen weiteren Aspekt ein. Zwei der Gebete (Mi und Hos) fassen am Ende eines Buchs die Theologie der vorangegangen Kapitel zusammen und öffnen die Argumentation für eine neue, heilsame Bewegung.[14] Alle vier Texte können (wie letztlich alle Prophetengebete) als spätere Einträge in ihren Kontext identifiziert werden.[15]

---

7 Vgl. zur Vergebung JHWHs V. 30.34.36.39.50.

8 Das Gebet Salomos und Israels findet sich in V. 28.29.30.33.35.42.44.48.54.

9 Vgl. das Motiv der Umkehr in V. 33.35.47.48.

10 Vgl. den Lobpreis des Gottesnamens in V. 33.35.

11 Siehe das Gebet der Umkehrenden in V. 30.33.35.42.44.48.54.

12 Zum Flehen der Umkehrenden vgl. V. 33.47.

13 Vers 46 weiß, dass es keinen Menschen gibt, der nicht sündigt. Zudem ist es auffällig, dass ausgerechnet bei der Weihe des Tempels die Richtung allen Betens gen Jerusalem für wesentlich genommen wird, aber nicht die Anwesenheit am Tempel. JHWH erhört von seiner himmlischen Wohnstatt aus, nicht vom irdischen Tempel.

14 Vgl. für Hosea Jörg Jeremias, *Hosea und Amos: Studien zu den Anfängen des Dodekapropheton*. Forschungen zum Alten Testament 13. Tübingen: Mohr Siebeck, 1996, 186, und Roman Vielhauer, *Das Werden des Buches Hosea*. Beihefte zur Zeitschrift für die Alttestamentliche Wissenschaft 349. Berlin u.a.: de Gruyter, 2007, 193.

15 „Seit J. Wellhausens lapidarem Urteil, daß von des Propheten ‚Hand [...] nur Weniges in 14, 2–10 herrühren dürfte', hat man Hos 14,2–9 in der älteren, literarkritisch geprägten Forschung zumeist als Zusatz angesehen." (Vielhauer, aaO., 186).

1.1 Bei dir findet das Waisenkind Erbarmen – Hos 14

Bereits in Hos 6,1 nehmen die Sprecher sich vor: „Kommt und lasst uns umkehren (וְנָשׁוּבָה) zum Herrn. Doch nur wenige Verse später resümiert JHWH die Treulosigkeit Israels mit dem Hinweis: „Es ist keiner unter ihnen, der mich anruft (קרא)" (Hos 7,7b). Der vollmundige Ruf zur Umkehr bleibt im Nahkontext zunächst folgenlos. Erst in Hos 14 klingt das Buch mit einem neuen Aufruf zur Umkehr aus, der nachhaltigeren Erfolg verheißt.

In kaum einem der prophetischen Bücher wird das betende Verhältnis Israels zu JHWH so oft thematisiert und über weite Strecken so negativ bewertet wie im Hoseabuch. Dabei umfasst die Rede von der Anrufung JHWHs oder der Anrufung der Götzen nicht nur die Schuldbeschreibung, sondern auch die Heilsverheißung. So bringt der erwartete Tag des Heils und der Heilung die neue vertraute Ansprache JHWHs als „mein Mann" (אִישִׁי 2,18) oder „mein Gott" (אֱלֹהָי 2,25).

Die im gleichen Buch beschriebene Gegenwart sieht jedoch noch ganz anders aus: Das abtrünnige Volk verweigert die Umkehr (5,4; 7,10; 11,5), niemand ruft JHWH an, ihr Schreien ist halbherzig (7,14), sie erinnern sich ihres Schöpfers nicht (8,13 f.), weihen sich einem Gott der Schande (9,10), jede Hoffnung auf Umkehr wird enttäuscht (2,9 f.; 5,15 ff.; 12,7 ff.) und deshalb werden sie erst durch das Gericht JHWH erkennen und zu ihm schreien (8,2).[16]

Die in Hos 14 Angesprochenen haben das Gericht überlebt. Erst diesem Rest bietet Hos 14,2–4 eine neue Möglichkeit zur Umkehr, ausweislich der Fortsetzungen in Hos 14,5–9 eine erfolgreichere. Mit diesem Ausblick endet das Buch Hosea.[17]

Übersetzung

2 Kehre um Israel, zu JHWH, deinem Gott,
   denn du bist gestrauchelt wegen deiner Schuld.

3 Nehmt Worte mit euch
   und kehrt um zu JHWH!

---

16 Vgl. Vielhauer, aaO., 192.

17 Der das Buch abschließende V. 10 wird als weitere Fortschreibung zu bestimmen sein, in der die Heilszusage der V. 5–9 in ihrer Geltung nachträglich auf die Gerechten beschränkt wird.

18 לֹא wird mit Wilhelm Nowack, *Die kleinen Propheten*, 2. Aufl. Handkommentar zum Alten Testament III/4. Göttingen: Vandenhoeck & Ruprecht, 1903, 84, adverbiell aufgefasst.

19 Vgl. Vielhauer, Das Werden des Buches Hosea, 188.

20 Für die der Septuaginta entsprechende alternative Lesung „Früchte" (פְּרִי) muss im Masoretischen Text das abschließende n gestrichen, als enklitisches relativiert oder als zum folgen-

Sprecht zu ihm:
„Vergib die Schuld ganz[18],
nimm Gutes[19] an!
Und wir wollen unsere Lippen wie Stiere[20] darbringen.

4 Assur soll uns nicht helfen,
auf einem Pferd wollen wir nicht reiten
und nicht mehr sagen ‚Unser Gott' zu dem Werk unserer Hände,
denn bei dir findet das Waisenkind Erbarmen."

Text und Struktur

Anders als im bereits zitierten Text Hos 6,1–3, ist der Aufruf zur Umkehr (שוב) in Hos 14 keine Selbstaufforderung. Vielmehr ergeht ein prophetischer Ruf von außen (V. 2–3a), der zugleich die im betenden Umkehren zu sprechenden Worte beinhaltet (V. 3b-4).

Eine erste Aufforderung findet sich in V. 2a und wird in V. 2b begründet: Die Umkehr wird notwendig, weil die Schuld (עוׁן) straucheln (כשׁל) lässt. In V. 3 folgt ein zweiter, leicht veränderter Aufruf: „Nehmt mit euch die Worte." Er stellt die geforderte Umkehr als ein Wortgeschehen, als betende Umkehr dar. V. 3bα präzisiert „sprecht zu ihm" und in den folgenden Zeilen (V. 3b-4) wird das zu sprechende Umkehrgebet formuliert.

Der Aufbau des Gebets führt von der Bitte um Vergebung (נשׂא wörtlich: trage) der Schuld (V. 3bα) über das Versprechen neuen Verhaltens (V. 3bβ-4a) zur Anrufung göttlichen Erbarmens (V. 4b), die zugleich den Höhepunkt des Gebets bildet.

Die vier Versprechen besseren Verhaltens betreffen recht unterschiedliche Bereiche. Drei der vier Zeilen sagen zu, Übel zu unterlassen, das zuvor im Buchverlauf kritisiert wurde. Nur eine Zeile enthält ein positives Versprechen, nämlich, JHWH betend zu ehren (3bβ). Daneben wird ein Verzicht auf die Hilfe Assurs (4aα[1]) zugesagt, auf das Reiten von Pferden (4aα[2]) und darauf, die Werke der eigenen Hände als Götter anzurufen.

---

den Wort gehörendes erklärt werden. Da jedoch die Variante der Septuaginta an dieser Stelle deutlich die *lectio facilior* bietet, liegt es nicht nahe, so zu übersetzen. Wesentlich ist, dass die beiden Deutungen inhaltlich kaum differenziert werden müssen, geht es doch in jedem Fall um das Versprechen eines Opfers, das mit den Lippen dargebracht wird, eines Gebetes oder Hymnus also. Vgl. ebd. Anders Nowack, Die kleinen Propheten, 85, der angibt, die Fassung des MT „spottet jeder Erklärung."

Die das Gebet abschließende Begründung kann auf unterschiedliche Weise auf das Vorangehende bezogen werden: Sie erklärt die Umkehrwilligkeit der Sprechenden, die zum barmherzigen Gott zurückwollen, sie unterstreicht aber zugleich, inwiefern das erbetene Vergebungshandeln dem Willen und Wesen JHWHs entspricht.

Stellung im Buch und Wachstum

Der Umkehraufforderung in 14,2–4 gehen die Gerichtsansagen in Hos 13,1–14,1 voran. Ihr folgt in 14,5–9 die Zusage JHWHs, sein Volk zu heilen, zumindest die Gerechten und Verständigen (Einschränkung in 14,10). Auf diese Weise bildet das Gebet der Umkehr in der Logik des Textaufbaus den Übergang vom Gericht zum Erbarmen.[21]

Besonders eng sind die drei Verse 14,2–4 mit den nachfolgenden V. 5–9.10 verbunden. Darauf weisen die wiederholte Verwendung der Wurzel שוב in V. 2.3.5.8 und die zweimalige Anrede Israels in der zweiten Person in V. 2 und V. 9.[22] Das Verhältnis der beiden Abschnitte zueinander, Umkehr und Heilung, kann nun aber nicht als Bedingung (V. 2–4) und Folge (V. 5–9) beschrieben werden. V. 5 verheißt eine Heilung von der Abtrünnigkeit, die nicht Folge, sondern Voraussetzung der Umkehr ist. So bieten 14,5–9 eine Erklärung dafür, dass die vorherigen Versuche umzukehren (Hos 6) nicht gelungen sind.[23] Aus menschlicher Anstrengung allein ist die Umkehr nach Auffassung dieser Verse nicht zu leisten, vielmehr bedarf es dazu des göttlichen Heilswillens.[24]

---

21 Aus diesem Grund wurden 14,2–9 in der Vergangenheit als zusammengehörende prophetische Liturgie verstanden. Vgl. Georg Fohrer, *Studien zur alttestamentlichen Prophetie (1949–1965)*. Beihefte zur Zeitschrift für die Alttestamentliche Wissenschaft 99. Berlin u. a.: Töpelmann, 1967, 230.

22 Jeremias, Hosea und Amos, 169.

23 Jeremias, ebd., zeigt auf, dass V. 5–9 nicht die Funktion eines Heilswortes als Antwort auf das Bußgebet hat und umgekehrt das Bußwort nicht die Voraussetzung für V. 5–9 bildet, weil JHWH darin gerade das voraussetzungslose Erbarmen verheißt. Vgl. Thomas Naumann, *Hoseas Erben: Strukturen der Nachinterpretation im Buch Hosea*. Beiträge zur Wissenschaft vom Alten und Neuen Testament 131. Stuttgart u. a.: Kohlhammer, 1991, 122, und Vielhauer, Das Werden des Buches Hosea, 190. So formuliert Jeremias, Hosea und Amos, 169: „Sachlich und zeitlich geht also das Gotteswort V. 5–9 dem Bußgebet Israels voraus."

24 Gegen eine literarkritische Scheidung von V. 5–9 und V. 10 votiert Berge, der auf den jeweiligen weisheitlichen Hintergrund der Verse verweist und eine weisheitliche Verfasserschaft annimmt, die unterschiedliche theologische Ausrichtung der Verse ist jedoch trotz ähnlicher Motivik gegeben (Kåre Berge, „Weisheitliche Hosea-Interpretation? Zur Frage nach Kohärenz und literarischem Horizont von Hosea 14,6–10." in *Wer darf hinaufsteigen zum Berg JHWHs?" Beiträge zu Prophetie und Poesie des Alten Testaments*, hrsg. von Hubert Irsigler und Kristinn

Ungewöhnlich ist vor diesem Hintergrund jedoch die Stellung der beiden Texte zueinander, in der die Aufforderung vor der Ermöglichung steht. Ungewöhnlich ist auch, dass die Aufforderung zur Umkehr von dem bedingungslosen Heilswillen noch nichts weiß. Es liegt aus diesem Grund nahe, V. 5–9 als spätere Zusage anzusehen.[25] Hos 14,2–4 wird das Hoseabuch bis zum Zeitpunkt der Einschreibung dieser Verse vermutlich abgeschlossen haben.[26]

Anders als die restlichen Kapitel, blicken Hos 14,2–4 auf das Straucheln Israels bereits zurück. Dies wird dadurch augenfällig, dass in 14,2b die Ankündigung aus 5,5bα, Israel und Efraim würden durch ihre Schuld straucheln, wörtlich aufgenommen wird. Aber auch andere Linien werden weitergeführt. So stellt der Hinweis auf „JHWH, dein Gott", den Bezug zu Hos 12,10 und 13,4 her, wo JHWH sich verheißungsvoll als Rettergott Israels präsentiert.[27]

Das Erbarmen JHWHs ist nach V. 4b Grund für die Bitte und die tätige Umkehr der Betenden. Die Beschreibung einer Umkehr, die auf JHWHs Erbarmen hoffen muss und hoffen kann, findet sich ähnlich in Dtn 30,2f. oder 1 Kön 8,49f. Die in diesem Ineinander formulierte deuteronomistische Umkehrtheologie ist nicht zu verwechseln mit der bedingungslosen Heilungszusage in V. 5. Entsprechend gehört V. 4b anders als dieser zum Bußgebet als dessen Anlass und Ausblick.[28] Hos 14,2–4 ist eine Fortschreibung, die in sich logisch aufgebaut ist und keine Spuren von weiterem Wachstum trägt.[29] Da der Text andere Verse voraussetzt, die

---

Ólason. Arbeiten zu Text und Sprache im Alten Testament 72. St. Ottilien: EOS-Verl, 2002: 3–23, 19 f.).

25 Anders Naumann, Hoseas Erben, 140, der umgekehrt V. 2–4 als Einschub ansieht. Gegen diese Annahme spricht jedoch rein formal, dass V. 5 mit dem Suffix der dritten Person Plural („ihre Abtrünnigkeiten") an die vorangehenden Verse anschließt und nicht an V. 1 (Vielhauer, Das Werden des Buches Hosea, 191). Ähnlich Aaron Schart, *Die Entstehung des Zwölfprophetenbuchs: Neubearbeitungen von Amos im Rahmen schriftenübergreifender Redaktionsprozesse*. Beihefte zur Zeitschrift für die Alttestamentliche Wissenschaft 260. Berlin u.a.: de Gruyter, 1998, 174 f., der die Verse zu D-Hos rechnet.

26 Vgl. Schart, aaO., 175f.: „D-Hos endet, dank Hos 14,2–4, nicht mehr mit Bildern grausamer Vernichtung, sondern mit der hoffnungsvollen Einladung, das anvisierte Unheil durch Umkehr zu Jahwe abzuwenden." Vgl. zum ursprünglichen Buchschluss in V. 4 auch Vielhauer, Das Werden des Buches Hosea, 195f.

27 Vgl. Vielhauer, aaO., 193.

28 Naumann, Hoseas Erben, 146, verbindet V. 4b dagegen mit den nachfolgenden Versen, die er für älter hält: „Die Vertrauensaussage wird erst möglich auf dem Hintergrund von 11,8f. und 14,5."

29 Vgl. Vielhauer, Das Werden des Buches Hosea, 193.

in den Kontext dtr.-dtn. Theologie verweisen, scheidet eine Frühdatierung der Verse aus.[30]

Interpretation im Kontext

Der Aufruf zur Umkehr und das in ihm zitierte und damit zugleich dem Leser in den Mund gelegte Gebet nehmen entscheidende Passagen des vorangehenden Buchs auf und geben so eine Perspektive für das Leben und Beten jenseits des in Hosea erwarteten Gerichts. Auf diese Weise geben die das Drama der Gottesabwendung im Hoseabuch abschließenden Verse bedingten Anlass zu neuer Lebensmöglichkeit und Freude.

Die Umkehr (שוב) des Volkes wird im Hoseabuch mehrfach thematisiert. Das Volk verweigert die Umkehr (5,4; 7,10; 11,5), zugleich wird positiv die kommende Umkehr vorausgesehen (3,5), weil die Not zur Buße treiben werde (5,15). Allerdings gelingt die Rückkehr zu JHWH, zu der in Hos 6 aufgerufen wird, nicht. Jede Hoffnung auf eine Wende wird enttäuscht (2,9f.; 5,15ff.; 12,7ff.). Zum Zeitpunkt der Einschreibung von 14,2–4 wird entsprechend die Notwendigkeit der Umkehr ebenso deutlich gewesen sein wie die Unmöglichkeit ihrer Umsetzung aus eigenem Vermögen. Die Aufforderung am Ende des Buches ergeht in einer neuen Situation, nämlich nach dem Gericht. Erst sie eröffnet die Möglichkeit gelingender Umkehr.

Die Angesprochenen sollen umkehren zu JHWH, „deinem Gott" (אֱלֹהֶיךָ). Mit dieser personalisierten Rede von Gott wird die enge Zusammengehörigkeit von JHWH und Volk betont und an Verheißung und Heilsgeschichte angeknüpft. Die Bezeichnung JHWHs als persönlicher Gott der Angesprochenen nimmt im Buchverlauf positive und negative Formulierungen auf. Es ist das Vergessen „deines Gottes" (Hos 4,6; 9,1), das alles Elend überhaupt hat beginnen lassen. Entsprechend kommt mit der Rückkehr zu ihm und mit der bleibenden Bezeichnung JHWHs als „dein Gott" diese Geschichte zu einem guten Ziel. Er ist es dann auch, dessen Rettung für die Zukunft verheißen wird (12,10; 13,4). Auf ihn sollen die Angesprochenen deshalb ausdrücklich hoffen (12,7).

---

30 Vgl. Schart, Die Entstehung, 175f., der Hos 14,2–4 zum D-Korpus rechnet. Vgl. differenzierter Vielhauer, Das Werden des Buches Hosea, 195f.: „Tatsächlich weist der Bußruf Hos 14,2–4 enge Berührungen zur jüngeren deuteronomistischen Umkehrtheologie auf, als deren Grundtexte Dtn 4,29–31 und 30,1–10 angesehen werden können. Hier wie dort ist ein Israel im Blick, das das Gericht erlitten hat und dem vor diesem Hintergrund mit der Umkehr eine Zukunftsperspektive eröffnet wird (Dtn 4,30; 30,1–3; Hos 14,2)." Weitere Übereinstimmungen: Umkehr zu JHWH wie in Dtn 4,30 und 30,2 vgl. Jes 9,12; Thr 3,40; Joel 2,12 und Am 4,6.8.9.10.11, Schuldvergebung wie in 1 Kön 8.

Dass die Adressaten gestrauchelt (כֹשְׁלוּ) sind, weist darauf hin, dass das Gebet zu einem Zeitpunkt empfohlen wird, an dem das zweifach angedrohte Scheitern (Hos 4,5 und 5,5) Wirklichkeit geworden ist.[31] Die Erwähnung des Strauchelns bestätigt zunächst, dass die Prophezeiung zutreffend war. Zudem betont diese Formulierung die Selbstverschuldung des Elends, da die Angesprochenen nicht über die Bosheit eines anderen stolpern, sondern über ihr eigenes Übeltun. Zuletzt wird mit dem Hinweis auf das Eintreffen des angedrohten Schicksals eine neue Zeit eröffnet. Die Zeit des Gerichts geht zu Ende und die Möglichkeit der Versöhnung ist wieder gegeben.[32]

Das Übel (עָוֹן), das die Angesprochenen hat straucheln lassen, wie in Hos 5,5) vorhergesagt, wird wiederholt als Grund und Maß der Strafe benannt.[33] Nicht nur die Schuld hat dabei besserem Ergehen im Wege gestanden, die Schuldigen haben sie zudem zu leugnen versucht und damit den Neuanfang verhindert (12,9 und 13,12), ist doch die Anerkennung eigener Schuld wesentliche Voraussetzung des Neubeginns.

Eine Besonderheit des Gebets in 14,2–4 besteht darin, dass nicht nur positiv ein Wortlaut empfohlen wird, sondern das Gebet sich selbst thematisiert und zwar als passendes Gegenmodell zum kritisierten Opfer in Hos 5,6 und 6,6. Wenn die Lippen Stiere darbieten können (oder nach Septuaginta Früchte), dann wird der Opferkult aufrechterhalten, aber auf neue Weise. Bereits Hos 6,6 fordert anstelle von Schlachtopfern Barmherzigkeit (חֶסֶד). Anders als dort ist hier nicht die Frage nach dem sozialen Verhalten im Fokus. Vielmehr wird das Opfer der Lippen zugesagt, verbunden mit der Absage an alle Kräfte, auf die sich zu verlassen dem alleinigen Vertrauen auf JHWH entgegenstehen. Das Versprechen des Gebets bietet eine positive Alternative zum kritisierten Opferkult.[34]

Die Angesprochenen haben ihre Rettungshoffnung einst auf Fremde gesetzt, obwohl ihnen zugesagt worden war (1,7), dass das Haus Juda durch JHWH und nicht durch Pferde und Reiter gerettet werde, ja, es keinen Retter außer JHWH gebe und auch kein König die Fähigkeit zur Rettung habe (13,4.10). Dieser nach Auskunft des Hoseabuches unnötige Vertrauensbruch soll nun vermieden werden.

Als eine der ersten Adressen der Hilfesuche wird im Hoseabuch Assur benannt. Der Versuch, das eigene Elend durch die Hinwendung zu Assur zu heilen (5,13), die Suche nach militärischer Unterstützung (7,11; 8,9; 12,2), wird mit der Drohung durch Assur kontrastiert (9,3; 10,6; 11,5). Erst mit der zitternden Rückkehr aus Assur (11,11) beginnt die neue Heilszeit. Das ausdrückliche Bekenntnis „Assur

---

31 Die Ansage in Hos 5,5 ist sogar fast wortgleich formuliert.
32 Vgl. Vielhauer, aaO., 195.
33 Vgl. Hos 8,13; 9,7; 9,9; 10,10.
34 Vgl. Vielhauer, aaO., 183.

wird uns nicht retten!" fasst dieses Erleben zusammen. Die so Sprechenden setzen das Vertrauen wieder ausschließlich auf JHWH.

Selbst das im Textverlauf einigermaßen seltsam anmutende Pferd (סוס), das zu reiten die Sprechenden zu unterlassen versprechen, verweist auf den Zusammenhang des Buches, nennt es doch *pars pro toto* die in Hos 1,7 abgelehnte Möglichkeit militärischer Selbsthilfe. Nicht nur auf die fremde Hilfe, sondern auch auf eigene Anstrengungen zur Rettung soll nun ausdrücklich und im Vertrauen auf JHWH verzichtet werden.

Haben die beiden mittleren Unterlassungsgelübde sich mit der militärisch-politischen Seite des Verhältnisses zwischen Volk und JHWH beschäftigt, so kehrt die vierte Zeile zurück zur unmittelbaren Gottesbeziehung. In Hos 13,2 wird das Machwerk der Hände bereits erwähnt und steht für den mehrfach kritisierten Götzenkult, der als Grund für alles Elend benannt wird (vgl. Hos 8,4.6). Das Unterlassungsversprechen anerkennt die eigene Verschuldung. In Zukunft soll das angezeigte Verhalten vermieden werden. Falsche Frömmigkeit, Götzenanbetung und militärisch-politische Eigenmächtigkeiten werden in diesen vier kurzen Zeilen bekannt und beendet. Damit wird die Geschichte von Abfall und Strafe innerhalb des Hoseabuches zu einem Ende geführt und die Möglichkeit neuen Ergehens eröffnet.

Das Erbarmen (רחם pu.), das das Waisenkind findet, führt gleich zwei Stränge des Buches zusammen. Es hebt das Schicksal des zeichenhaft benannten Kindes „Ohn-Erbarmen" (1,6) und des versagten Erbarmens für die Kinder Jerusalems (2,6) auf und schließt sich an die Verheißung des Erbarmens über Juda an (1,7).[35] Zugleich nimmt die Rede vom Waisenkind die Vaterlosigkeit in Hos 11 auf und spielt auf das schon dort verheißene Erbarmen JHWHs an.[36] Die so beten, vertrauen auf eine neue Realität und zwingen sie betend und preisend geradezu herbei. JHWH anzurufen ist dabei Teil der erwarteten Wende für die Betenden. Zugleich behebt diese betende Wende den zuvor thematisierten Makel.[37]

Schluss

Die Beter dieses Gebetes sprechen ihre Worte im Anschluss an die Lektüre des Hoseabuches und in Kenntnis der Vorwürfe und Verheißungen, die es birgt. Sie nehmen sich nicht selbst vor, umzukehren und zu beten, sondern werden dazu von außen aufgefordert. Zeitpunkt und Form der Umkehr sowie ihre ethischen

---

35 Vgl. Vielhauer, aaO., 194.
36 Zum Erbarmen JHWHs gegenüber den Waisen vgl. Ps 10,14.18; 68,6; 146,9 mit ebd.
37 Vgl. den Vorwurf in Hos 7,7b: „Es ist keiner unter ihnen, der mich anruft..."

Implikationen werden nicht als frei gewählt dargestellt, sondern als von der Stimme des Propheten befohlen, die in Kontinuität zum vorangehenden Buch spricht.

Die Beter bekennen ihre Schuld und versprechen Besserung. Vor allem wollen sie in Zukunft alles Vertrauen auf JHWH allein setzen, wollen zu JHWH beten und nicht mehr die eigenen Werke anrufen. Ihre Umkehr umfasst neues Handeln und die neue Ansprache JHWHs. Wer nach der Lektüre des Hoseabuches so zu beten wagt, muss darauf vertrauen, dass nach dem Gericht neue Möglichkeiten der Umkehr, Vergebung und Kontaktaufnahme zu JHWH möglich sind. Und er vertraut darauf, auch in schwierigen Situationen und in Gefahr nicht auf militärische Hilfe zurückgreifen zu müssen, sondern sich JHWH allein anschließen zu können. Diese sichtbare Macht durch das alleinige Vertrauen auf JHWHs Hilfe zu ersetzen, ist eine extreme Forderung. Möglich mag dieser radikale Wechsel sein, weil sich zum Zeitpunkt des Gebets vergleichbare Hilfen, Retter und Selbsthilfemaßnahmen nicht anbieten und das Vertrauen auf „JHWH allein" entsprechend alternativlos ist, weil das angesprochene politische Verhalten gar nicht im Bereich der Möglichkeiten liegt. Dass das Gebet mit der Erwähnung des Waisenkindes endet, unterstreicht, dass die Betenden sich JHWH allein anvertrauen müssen, weil sie ohne ihn bar jeder Hilfe sind.

Der angesprochene Gott ist voller Erbarmen, legt jedoch Wert darauf, allein verehrt zu werden und allein die Rettung seiner Menschen zu verantworten. Es ist ein Gott, der Forderungen an die Menschen stellt, denen mit Gebeten und ethischem Wohlverhalten zu entsprechen ist. Er ist bereit, Schuld zu vergeben, allerdings besteht zugleich die Voraussetzung, dass sich das Handeln der Schuldigen ändert. Hier liegt auch der wesentliche Unterschied zu den nachfolgenden Versen (Hos 14,5 – 9), in denen ausdrücklich die Zusage der Heilung Voraussetzung der Umkehr ist.

Der sich in den Versprechen des Gebets ausdrückende Optimismus ist das Besondere dieses Gebetes. Die Betenden nehmen an, sie seien in der Lage, die religiösen Regeln einzuhalten, und hoffen, dass dieses „Gute" zur Vergebung der Schuld und zur Wiederaufnahme der Beziehung zum gnädigen JHWH reichen kann. Weniger optimistisch in Bezug auf die Umkehrfähigkeit des Menschen ist die Ergänzung in V. 5 – 9, die JHWHs Heilung zur Voraussetzung für alle Umkehr macht. In diesen Versen wird präzisierend formuliert, dass die Voraussetzung gelingender Umkehr nicht allein der Umkehr*wille* ist, sondern die Umkehr*fähigkeit*, die JHWH allein gewähren kann. Die Sorge, eine solche Öffnung des Heils gerade auch für die von sich aus nicht Umkehrfähigen könne zur ethischen Verrohung führen, wird Hintergrund der Einfügung von V. 10 sein.

Die Aufforderung zur Umkehr bei Hosea beschränkt sich nicht auf einen Imperativ, sondern legt zugleich Lesern und Hörern die Worte in Mund und Ohr, mit denen diese Umkehr begangen werden soll. Auf diese Weise werden sie zu den Angesprochenen und in die Bewegung der Umkehr hineingenommen.[38] Die so Betenden identifizieren sich mit der Waisen. Sie anerkennen JHWH als einziges Gegenüber der Anbetung und als einzige Macht der Hilfe und Rettung in allen Situationen der Bedrohung. Das Bekenntnis zum Erbarmen JHWHs als Abschluss des Gebets eröffnet eine neue Perspektive, die in den Heilsankündigungen des Buches durchaus schon anklingt, hier aber zu einem Höhepunkt geführt wird.

Durch die anschließende göttliche Zusage (V. 5), die Abweichung zu heilen, geschieht theologisch höchst Bemerkenswertes. Wesentlich für die Umkehr ist nicht mehr der Entschluss zur Umkehr, sondern die Heilung von der Abweichung durch Gott. Die Rollen in diesem Umkehrdrama werden dadurch verändert. Zwar ist keine Rede von einer notwendigen Neuschöpfung des Menschen. Gleichwohl wird die Umkehr vom Heilsweg zum Heilsgut, ein Heilsgut allerdings, das ausweislich V. 10 wiederum nur den Verständigen und Gerechten zugesprochen wird. Auf diese Weise wird die durch V. 5–9 vollzogene Öffnung teilweise zurückgenommen und die Notwendigkeit der Umkehr durch die Notwendigkeit ersetzt, gemäß Gerechtigkeit und Verständnis zu leben. In Hos 14 ist Umkehr so die durch Gott ermöglichte Rückkehr von falschen Wegen und aus trügerischen Allianzen.

Umkehr im Joelbuch

Innerhalb des Dodekapropheton schließt an die Aufforderung zur Umkehr in Hosea 14 das Szenario in Joel 1f. an, das durch die unmittelbare Nachbarschaft in ein neues Licht gesetzt wird.[39] In den beiden Kapiteln mischen sich in die Klagen und die Aufforderungen zur Umkehr (2,12–14) auch kurze Ansprachen an JHWH (Joel 1,19f.; 2,17). Diese Gebete sind weder Bekenntnis von Schuld noch Bitte um Vergebung. Die in Joel 1f. vollzogene Wende ist die aus Not geborene Hinwendung zu JHWH, nicht die Abwendung von einem Sündenstatus.[40]

---

38 Vgl. Ruth Scoralick, *Das Drama der Barmherzigkeit Gottes: Studien zur biblischen Gottesrede und ihrer Wirkungsgeschichte in Judentum und Christentum.* Stuttgarter Bibelstudien 183. Stuttgart: Verlag Katholisches Bibelwerk, 2000, 159: „Werden sich bei dieser Textstruktur die Leser des Zwölfprophetenbuches angesprochen fühlen, sich das Gebet anzueignen? Das liegt nahe."
39 Von einer bewussten Weiterführung der Verheißungen in Hos 14 in Joel 1 spricht James Nogalski, *Redactional Processes in the Book of Twelve.* Beihefte zur Zeitschrift für die Alttestamentliche Wissenschaft 218. Berlin u.a.: de Gruyter, 1993, 22: „...acknowledging that the promises given by Hosea remain unfulfilled in Joel's time."
40 Vgl. John Barton, *Joel and Obadiah: A Commentary.* The Old Testament Library. Louisville: Westminster John Knox Press, 2001, 83f.: „What is being spoken of here is not necessarily national lamentation for any sins supposed to have caused God's dramatic intervention but

Das erste Gebet in Joel ist Ausdruck der Sehnsucht nach JHWH in Gemeinschaft mit der leidenden Schöpfung. Mensch und Tier verlangen (ערג) nach JHWH
(1,20).[41] Das zweite Gebet ist eine kurze, aber deutliche Bitte um Schonung (חוס).
Erst im Zusammenhang mit der Umkehr in Hosea wird auch der Gottesdienst in
Joel als Umkehr von Schuld erkennbar. Nimmt man Joel für sich, handelt es sich
um Selbstminderung angesichts des nahenden Tages JHWHs.[42] In dieser Bestimmung deutet sich an, dass die Sehnsucht nach Gott gerade im Handeln und
Nahen Gottes entsteht, obwohl dieses Nahen auch zittern lässt. Gerichts- und
Heilswille JHWHs werden verbunden.[43] Erst die Nähe zum Hoseabuch macht aus
dem Motiv der Umkehr die Abwendung von falschen Göttern und falschen Si-
cherheiten.[44] Gutes wie böses Ergehen wird von JHWH verhängt. Dieses Wissen
verbindet sich bei Joel nicht mit Gründen für dieses Gericht. Er ruft auch nicht zu
Umkehr, sondern zu Fasten und Selbsterniedrigung. Grund für das Lamento ist die
Annahme, dass JHWH Klagen hören will.[45] Nach dem Grund für JHWHs Handeln
wird nicht gefragt. Auch die Frage, ob JHWH das Gebet erhören wird oder nicht, ist
am Ende des ersten Kapitels noch offen. In der Aufforderung in Joel 2 sind die
Angaben ebenfalls nicht eindeutig. Sie wird dort damit begründet (V. 14), dass
JHWH es sich anders überlegen könnte: „Wer weiß es, er könnte umkehren und
sich erbarmen." Erwogen wird also die Möglichkeit einer Umkehr JHWHs von
seinen Plänen, einer Umkehr zum Erbarmen. Diese Möglichkeit ist die Voraussetzung aller Bewegungen der Beter.

---

simply a ‚turn‘ to God in supplication. This turning would naturally be accompanied by the
traditional signs of mourning and lament..."
41 Vgl. denselben Ausdruck in vergleichbarem Kontext in Ps 42,2.
42 Vgl. Jörg Jeremias, *Die Propheten Joel, Obadja, Jona, Micha*, Neubearbeitung. Das Alte Testament Deutsch 24,3. Göttingen: Vandenhoeck & Ruprecht, 2007, 32: „Fastengottesdienst angesichts des ‚Tages Jahwes'".
43 Vgl. Jeremias, aaO., 6.
44 Vgl. Jeremias, aaO., 7f.
45 Vgl. Barton, Joel and Obadiah, 83f., der V. 15–20 als Klagegebet bezeichnet. Vgl. auch Weiser,
Das Buch der zwölf kleinen Propheten I: Die Propheten Hosea, Joel, Amos, Obadja, Jona, Micha, 4.,
verbesserte Auflage. Das Alte Testament Deutsch 24. Göttingen: Vandenhoeck & Ruprecht, 1963,
111: „Die Gemeinschaft der Not wird zur Gemeinschaft mit Gott. Aber das Gebet, mit dem sich
der Prophet nun an Gott wendet, ist das Rufen eines Menschen, der sich mit der gesamten
Kreatur von Gott getroffen weiß und doch nicht anders kann, als sich nach der Hand auszu-
strecken, die ihn geschlagen hat. Darin verbirgt sich der tiefste Stachel und das schwerste Rätsel
der Glaubensnot, die es dem Propheten verwehrt, sich gleich mit einer Bitte um Befreiung an
Gott zu wenden; er kann nur die Klage vor Gott wiederholen und kleidet seine eigene Sehnsucht
nach Gott in das tiefempfundene Bild von dem Wild des Feldes, das verschmachtend sich reckt
nach dem einzigen Helfer (vgl. dazu Ps 104,21; Röm 8,19)."

1.2 Wer ist ein Gott wie du? – Micha 7

Das Gebet in Hos 14 hat mit einiger Wahrscheinlichkeit das Hoseabuch in einem Stadium seiner Entstehung abgeschlossen. Auch das Buch Micha endet betend und führt im Gebet wesentliche Gedanken des vorangehenden Buches weiter.[46] Zugleich werden in ihm neue Perspektiven entworfen, die über das Buch hinausweisen. Im Vergleich zum Gebet in Hosea ist das Vertrauensbekenntnis Michas ausführlicher und von großer Gewissheit bestimmt. Der wesentliche Unterschied besteht darin, dass von den Betern keine eigenen Anstrengungen zur Umkehr versprochen werden. Die erwartete Restitution der Betenden ist ausschließlich Werk JHWHs. Dessen erwartetes Handeln profiliert ihn nicht nur als erbarmenden Gott, sondern geradezu als Kämpfer gegen Chaos und Bedrohung. Die zu überwindende Schuld ist als Chaosmacht gezeichnet, die allein von JHWH überwunden werden kann.[47] Anders als in den anderen beiden Umkehrgebeten (Hos und Dan), sprechen die Beter ihren Gott nicht als einen an, vor dem sie sich als Umkehrende rechtfertigen müssten, sondern als einen, der bei der Überwindung der sie knechtenden Schuld auf ihrer Seite kämpft.

Übersetzung
14 Weide dein Volk mit deinem Stab,
  die Herde deines Erbbesitzes,
  die allein im Dickicht[48] wohnt,
  mitten im Fruchtgarten:
  Sie mögen abweiden Baschan und Gilead
  wie in den Tagen der Vorzeit.

15 Wie in den Tagen, da du auszogst aus dem Land Ägypten,
  lass' uns[49] Wunder sehen.

---

46 Für die Annahme einer unabhängig überlieferten Liturgie, die an einem „Trauertage Jerusalems" aufgeführt worden sei vgl. Hermann Gunkel, „Der Micha-Schluß: Zur Einführung in die literaturgeschichtliche Arbeit am Alten Testament." in *Zeitschrift für Semitistik* 2 (1924), 145–178, 176.
47 Vgl. Jeremias, Die Propheten Joel, Obadja, Jona, Micha, 231.
48 Jeremias, aaO., 227 f., liest den „Wald" parallel zum „Fruchtgarten". Anders Burkard M. Zapff, *Redaktionsgeschichtliche Studien zum Michabuch im Kontext des Dodekapropheton.* Beihefte zur Zeitschrift für die Alttestamentliche Wissenschaft 256. Berlin u. a.: de Gruyter, 1997, 158.
49 Dem Vorschlag von Julius Wellhausen, *Die Kleinen Propheten übersetzt. Mit Noten,* 2. Aufl. Skizzen und Vorarbeiten 5, Berlin: Reimer, 1893, 147, an dieser Stelle הַרְאֵנוּ zu lesen, „lass uns sehen" schließt sich u. a. Hans Walter Wolff, *Micha.* Biblischer Kommentar Altes Testament 14/4

16 Sehen werden[50] es die Völker und beschämt werden
ob all ihrer Kraft;
sie werden die Hand auf den Mund legen,
ihre Ohren werden taub.

17 Sie werden Staub lecken wie die Schlange,
wie die Kriechtiere auf der Erde/ am Boden;
sie werden bebend aus ihren Bollwerken (kommen),
sich Jahwe, unserem Gott, zitternd (nahen)
und sich vor dir fürchten.[51]

18 Wer ist ein Gott wie du,
der Schuld vergibt und an Verfehlung vorübergeht
um des Restes[52] seines Erbbesitzes willen?

---

an. Neukirchen-Vluyn: Neukirchener Verlag, 1982, 189, an. Er überlegt: „M entstand wahrscheinlich nicht nur als Abschreibefehler [...], sondern vielmehr als bewußte Änderung des Bittrufs in eine Heilszusage." Zapff, Redaktionsgeschichtliche Studien zum Michabuch, 159, sieht keine Notwendigkeit für eine Änderung. Er nimmt den auffälligen Unterschied zwischen dem angesprochenen „Du" in der ersten Zeile und der Gruppe (lass ihn/ es Wunder sehen) in der zweiten als Hinweis dafür, dass die beiden Gruppen „völlig identisch sind mit der in V 14 sprechenden Gemeinde." Inhaltlich sieht er in dem Vers die Antwort JHWHs auf Mi 7,14. Vgl. ähnlich James Nogalski, *Literary Precursors to the Book of the Twelve*. Beihefte zur Zeitschrift für die Alttestamentliche Wissenschaft 217. Berlin u.a.: de Gruyter, 1993, 151, sowie Helmut Utzschneider, *Micha*. Zürcher Bibelkommentar. Altes Testament 24,1. Zürich: Theologischer Verlag, 2005, 165, der allerdings V. 15a noch mit zum Gebet des Propheten rechnet und nur in V. 15b die Antwort JHWHs findet. Jeremias, Die Propheten Joel, Obadja, Jona, Micha, 228, folgt der Emendation und tut die Überlegungen von Zapff zur Einbindung der Gottesrede an dieser Stelle als „gewundene Gedankengänge" ab. Die in V. 15a zu findende ungewöhnliche Formulierung, es sei JHWH, der im Exodus ausgezogen sei, sieht er in Ex 13,21; 33,14; Ri 4,14; Ps 68,8 vorbereitet und in Jes 40,10f. bezeugt sowie in Mi 2,13 (Vgl. Jeremias, Die Propheten Joel, Obadja, Jona, Micha, 228 Anm. 321). Ein „Ausziehen" JHWHs ohne die Zuordnung des gleichzeitig ausziehenden Volkes findet sich jedoch an keiner der benannten Stellen. Vgl. in diesem Sinne auch Alain Decorzant, *Vom Gericht zum Erbarmen: Text und Theologie von Micha 6 – 7*. Forschung zur Bibel 123. Würzburg: Echter, 2010, 175 Anm. 276.

50 Alle folgenden Verben können auch jussivisch aufgefasst werden. Vgl. etwa Jeremias, Die Propheten Joel, Obadja, Jona, Micha, 220. Vorsichtiger Zapff, Redaktionsgeschichtliche Studien zum Michabuch, 159, der sie mit den Imperfekten in V. 9f. verbindet und dort den „Ausdruck der festen Gewißheit und Zuversicht" findet.

51 Zur Sonderstellung des abschließenden Kolons erhellend Jeremias, aaO., 161: „Demgegenüber charakterisiert V 17bβ die künftige dauerhafte Haltung der Völker gegenüber Jahwe und bildet so einen guten Abschluß der in Zukunft erwarteten Ereignisse [...] so daß יראו Zusammenfassung und Folge des zuvor Geschilderten ist."

52 Statt *dativus commodi* kann hier auch der Genitiv übersetzt werden, mit dem Wortlaut „Unrechtstat des Restes" vgl. ebd.

Er hält nicht für immer an seinem Zorn fest,
sondern hat an Gnade Gefallen.

19 Er wird sich unser wieder erbarmen,
er wird unsere Vergehen zertreten[53].
Du wirst all ihre[54] Verfehlungen in die Tiefen des Meeres werfen.

20 Du wirst Jakob Treue erweisen, Gnade Abraham,
wie du es unseren Vätern geschworen hast in den Tagen der Vorzeit.

Text und Struktur

Im Anschluss an die Verheißung des Wiederaufbaus Jerusalems als Zentrum von Bewegungen aus allen Gegenden der Erde (Mi 7,11 f.) und an eine Ankündigung der Verwüstung (V. 13) hebt in V. 14 ein Gebet an, das mit Unterbrechungen bis V. 20 reicht. Es lässt sich in die V. 14 – 17, die um das Thema der Rettung Israels im Gegenüber zu den Völkern kreisen, und die V. 18 – 20 teilen, in denen die Vergebungsmacht JHWHs hymnisch gepriesen wird. Beide Abschnitte können weiter gegliedert werden: V. 14 – 17 besteht aus der (Für-)Bitte um JHWHs Wirken als Hirte in Israel (V. 14) bzw. als Wunder wirkender Gott des Exodus (V. 15) und der Beschreibung der beschämten Völker, die sich JHWH zitternd nähern (V. 16 – 17). Der Text wird ursprünglich ganz als Ansprache an JHWH formuliert worden sein.[55]

Auch am Beginn und im Abschluss des folgenden Abschnitts über die vergebende Treue JHWHs in V. 18 – 20 wird JHWH betend angesprochen, der Mittelteil (V. 18b-19) ist Rede über ihn. V. 18 – 20 beginnen hymnisch mit der die Unvergleichlichkeit JHWHs unterstreichende Frage nach der Vergebungsfähigkeit anderer. Fortgesetzt wird die Frage im Bekenntnis zur Güte JHWHs, die die Gewalt seines Zorns zeitlich begrenzt (V. 18b). Auch die beiden anschließenden Verse sind am ehesten als Vertrauensbekenntnisse zu verstehen. V. 19 blickt auf die Über-

---

53 Mit Jeremias, Die Propheten Joel, Obadja, Jona, Micha, 221, als *lectio difficilior* beibehalten, anders Wilhelm Rudolph, *Micha, Nahum, Habakuk, Zephanja*. Kommentar zum Alten Testament 13,3. Gütersloh: Gütersloher Verlagshaus Mohn, 1975, 130, sowie Zapff, Redaktionsgeschichtliche Studien zum Michabuch, 141.163. Mit Hinweis auf das akkadische *kabāsu* erwägt hier Gordon, das Verb könne auch die Bedeutung „Vergeben" angenommen haben (Robert P. Gordon, „Micah VII 19 and Akkadian ‚kabāsu'." in *Vetus Testamentum* 28/3 (1978): 355).
54 Nowack, Die kleinen Propheten, 244, sowie Rudolph, KAT 13,3, 130, u. a. schlagen hier vor, mit wenigen Handschriften LXX, Vulgata und Syriacus תמאונו zu lesen. Die von MT gebotene Version ist jedoch als *lectio difficilior* beizubehalten. Vgl. Nogalski, Literary Precursors, 39 f.
55 Zur Kontroverse über V. 15b, der im MT als Versprechen JHWHs formuliert ist, vgl. die Anmerkungen zur Übersetzung.

windung der Schuld im Stil des in Ex 15 geschilderten Kampfes JHWHs, auf die Vergebungs*macht* JHWHs also. V. 20 legt dagegen den Fokus auf den Schwur an die Väter, die Vergebungs*zusage*.[56] Diese Zusage als „vor der Zeit" beschlossene öffnet im Rückblick eine neue Perspektive für die Zukunft.

Bereits Gunkel beschreibt den Abschnitt Mi 7,8 – 20 als Wechsel unterschiedlicher Sprecherinnen und Sprecher im Rahmen einer prophetischen Liturgie. Utzschneider sieht in den untersuchten Versen drei Sprecher am Werk: Die Fürbitte des Propheten (V. 14 – 15a) werde von einem kurzen Einwurf JHWHs beantwortet (V. 15b) und mit dem Gebet der Gemeinde weitergeführt (V. 16 – 20).[57] Tatsächlich ist es bemerkenswert, dass das abschließende Gebet der Gemeinde die Möglichkeit einer über das bis dahin Gehörte hinaus reichenden Antwort gibt, in die auch die Leser einstimmen können.[58] Die Besonderheit, dass V. 18 – 20 auch als von den sich zitternd nahenden Völkern vorgestellt werden kann, bleibt in dieser Konzentration auf eine hypothetische Aufführungspraxis allerdings unberücksichtigt.

Stellung im Buch

Das Gebet in Mi 7 schließt das Michabuch mit einer an die vorangehenden Kapitel anschließenden Deutung des Buches insgesamt ab. Unheilssprüche (Mi 1–3), Heilsweissagungen (Mi 4–5), Gerichtsansagen und Klagen (Mi 6–7,7) prägen die Kapitel, die mit den in 7,8–20 anhebenden Heilsweissagungen einem eingängigen Schema zu folgen scheinen.[59]

Mi 7 beginnt mit einer Gerichtsklage (7,1–6), die in den Plan des Propheten mündet, nach JHWH Ausschau zu halten, und in einen ersten Ausdruck des Vertrauens, von JHWH erhört zu werden (V. 7). Die Gerichtsklage selbst kann unterteilt werden in V. 1–4a, in denen Korruptheit und Ausbeuterei angezeigt werden, und V. 4b-6, in denen ein diese Zustände bestrafender Tag JHWHs angekündigt wird. Ein näherer Blick in den Text legt es nahe, die Verse 5f. als Fortsetzung der Verse 1–4a wahrzunehmen und in der Ankündigung des Tages JHWHs (V. 4b) eine spätere Fortschreibung zu sehen. Die in der vorliegenden

---

56 Jeremias, Die Propheten Joel, Obadja, Jona, Micha, 221: Es „...lobt dieses Kollektiv im Wir-Stil Jahwes Vergebungsbereitschaft und äußert Vertrauen auf seine den Vätern zugeschworene Güte und Treue."

57 Vgl. differenzierter Utzschneider, Micha, 165.168.

58 Vgl. Jeremias, Die Propheten Joel, Obadja, Jona, Micha, 222.

59 Diese Konzeption führt Zapff, Redaktionsgeschichtliche Studien zum Michabuch, 240, auf den Redaktor zurück.

Textform für diesen Tag angekündigten Wirren sind ursprünglich nicht Teil der Strafe, sondern der Anklage.[60]

Der nachfolgende Vers 7 führt diese Androhung des Gerichts weiter, bleibt beim Gericht jedoch nicht stehen, sondern formuliert die vertrauensvolle Annahme, JHWH werde es nicht beim Gerichtshandeln bewenden lassen, sondern sich wieder als Gott der Rettung, wörtlich Gott „meiner Rettung" (לֵאלֹהֵי יִשְׁעִי), erweisen.[61] An diese Abfolge von Gericht und Zuversicht schließen die Verse 8–20 sinnvoll an. In ihnen werden der angekündigte Tag des Gerichts und das Vertrauen auf ein zukünftiges Heilshandeln JHWHs im Rahmen des Michabuches neu gedeutet und vom (mitbetenden) Leser adaptiert.[62]

In 7,8–10 kündigt Zion[63] einer nicht näher identifizierten „Feindin" (אֹיַבְתִּי) an, die über das Elend Zions frohlocken zu können meint, dass sie selbst zu Schanden kommen werde (V. 10). Innerhalb dieser Ansprache bekennt die Sprecherin JHWH als Licht (V. 8b) und gesteht zugleich, den Zorn JHWHs wegen eigener Verfehlung tragen zu müssen.[64] Zusammen mit diesem Schuldbekenntnis verleiht sie der Gewissheit Ausdruck, dass die Zeit des Zornes begrenzt sei. Dieses schon hier angesprochene Wissen um die Grenze göttlichen Zorns wird im Gebet in V. 18 wieder aufgenommen. Die Rede vom Ende des Zorns bildet so einen Bogen um die gesamte Komposition der Verse 8–20.

In V. 11–13 wird nun die schon vorher sprechende Frau Zion angeredet. Ihr werden Restitution, Schutz JHWHs und die Wallfahrt der Völker verheißen.[65] An

---

60 Vgl. Zapff, aaO., 223.

61 Als Fortschreibung aus einer Hand interpretiert V. 4b und V. 7 Zapff, ebd. Ein wesentliches Argument ist dabei die Stichwortverbindung „Späher" bzw. „spähen" in diesen Versen (אֲצַפֶּה/מְצַפֶּיךָ), die auch Hinweis auf eine spätere bewusste Anknüpfung sein kann. Da die folgenden Verse, die von Zapff zu Recht der Hand des Autors von V. 7 zugeordnet werden, vor allem an der Perspektive des Heils und des Gerichtsendes interessiert sind, ist es durchaus auch denkbar, V. 4b einer anderen, früheren Hand zuzuweisen. Für eine ausführlichere Auseinandersetzung über diese Frage ist diese Stelle jedoch nicht der richtige Ort, zumal die Frage das Verständnis des Gebetes nicht wesentlich tangiert.

62 Zapff, aaO., 222: „Durch diese Fortschreibung soll offensichtlich dem Michabuch [...] eine abschließende Interpretation gegeben werden." Eine andere Aufteilung legt Jeremias, Die Propheten Joel, Obadja, Jona, Micha, 222f., nahe, der erst mit 14–17 einen späteren Text anheben lässt, der die älteren Strophen V. 8ff. und V. 11f. aktualisierend und unter Aufnahme des Völkerthemas aus Mi 4f. fortschreibe.

63 Dazu, dass es sich bei der Sprecherin um Zion handelt vgl. bereits Nowack, Die kleinen Propheten, 240 bzw. Rudolph, KAT 13,3, 130f.

64 Nogalski, Literary Precursors, 146, spricht hier von einem „song of confidence in YHWH".

65 Vgl. Jeremias, Die Propheten Joel, Obadja, Jona, Micha, 226. „Nicht ein befestigtes Jerusalem wird verheißen, sondern eine Gemeinde in der geläufigen Symbolik des Weinbergs, die unter Gottes Schutz geborgen ist."

die mit dieser Wallfahrt kaum verbundene Ankündigung einer Verwüstung (V. 13) schließt sich nun (V. 14) die Hinwendung zu JHWH an.[66] Der Sprecher bittet darum, JHWH möge sich seines Volkes und Erbes als Hirte annehmen und aus der kärglichen Existenz im Dickicht das üppige Weiden in fruchtbarer Gegend machen. Die Bitte wird mit der Erinnerung an den Exodus und der Bitte um eine Wiederholung entsprechenden Handelns weitergeführt. Auch die Exodusthematik wird im abschließenden Gebet in V. 19 wieder aufgenommen.

Nach der Bitte um JHWHs Hirtenhandeln und nach dem Wundertun in der Tradition des Exodus wird in V. 16 f. das Ergehen der Völker bedacht. Diese sollen, anders als die Feindin in V. 8 – 10, nicht vernichtet, aber beschämt und in dieser Beschämung zur Gottesfurcht geführt werden.

An die Konversion der Völker schließen nun die drei letzten Verse mit einem Lobpreis der Vergebungsmacht JHWHs an. Dabei verweist die Rede vom Rest (V. 18) und vor allem die Identifikation mit Jakob und Abraham (V. 20) zunächst auf Israel als Sprecher dieser Zeilen. Gerade die Rede von Abraham erweitert hier jedoch eine allein auf Israel beschränkte Perspektive. Diese Erweiterung passt zum Anschluss von V. 18 an das zitternde Nahen der Völker in V. 17, die dadurch mit als Sprecher angenommen werden können.

Wachstum

Mi 7,14 – 20 werden in der Regel als schriftgelehrter, später Abschluss des Prophetenbuchs angesehen. Unterschiedlich wird die Frage bewertet, ob die Verse mit den vorangehenden Mi 7,7 – 13, mit denen sie über eine gemeinsame Thematik und Parallelitäten im Aufbau verbunden sind, zusammen eingetragen wurden oder von anderer Hand stammen als diese, bzw. ob innerhalb dieser Verse noch unterschiedliche Schichten zu finden sind.

Die Hinwendung zu JHWH beginnt in V. 14. Die dort und in V. 15 vorgetragene Bitte und die sich anschließende Beschreibung der Reaktion der Völker (V. 16 f.) unterscheiden sich zwar auf den ersten Blick von den hymnischen Versen im Abschluss des Buches (V. 18 – 20). Zugleich leitet die Beschreibung der sich de-

---

66 Nach Zapff, Redaktionsgeschichtliche Studien zum Michabuch, 222, wird die Erde verwüstet, so dass allein diejenigen, die nicht zum Zion gezogen sind, in Mitleidenschaft gezogen werden. Jeremias dagegen hört in diesem Vers die Stimme einer Endredaktion, die auf dem Gericht an der schuldigen Völkerwelt beharre (Jeremias, Die Propheten Joel, Obadja, Jona, Micha, 226 f.). Beide Aussagen treffen sich in der Annahme, dass die Zerstörung eine Gruppe trifft, die nicht zum Zion gezogen ist. Anders Nogalski, Literary Precursors, 169, der hier das Versprechen einer Restitution Jerusalems erkennt, in dem zugleich das Wissen um die Abhängigkeit Judas und Jerusalems von fremden Mächten verarbeitet sei.

mütig auf JHWH hinbewegenden Völker jedoch so gut zum Hymnus über, dass es naheliegt, die Verse als gemeinsam in den Text eingetragen anzunehmen. Auffällig ist innerhalb dieser Verse jedoch der Wechsel in der Redeform, der mit V. 19b vorliegt („Du wirst all *ihre* Verfehlungen in die Tiefen des Meeres werfen"). Am nächstliegenden ist es, an dieser Stelle eine spätere Eintragung in den Text anzunehmen, die sich an Jon 2,4 orientiert.[67] Bis auf diesen Nachtrag gehören die Gebetsabschnitte am Ende des Buches Micha (7,14–20) redaktionell zu einer Überarbeitung.[68]

Die Doppelstruktur der Abschnitte 7,8–12 und 7,14–20 zeigt, dass die beiden Abschnitte bewusst zusammengestellt sind. Der ähnliche Aufbau von V. 8–10 und V. 14–17 parallelisiert Feindin und Völker und unterscheidet sie zugleich voneinander.[69] Die unterschiedlichen Themen „Vernichtung einer feindlichen, früher

---

[67] Vgl. zur ausführlichen Diskussion Nogalski, aaO., 152 f., der den Teilvers als „redactional note" bestimmt.

[68] Nach Jakob Wöhrle, *Die frühen Sammlungen des Zwölfprophetenbuches: Entstehung und Komposition*. Beihefte zur Zeitschrift für die Alttestamentliche Wissenschaft 360. Berlin u. a.: de Gruyter, 2006, 180–189, sind V. 8–20 folgendermaßen gewachsen: 7,8–10a als Zufügung an die Rede an die Feindin, 7,10b-13.16–17aα als völkerfeindliche Überarbeitung, die in V. 17bβ um eine völkerfreundliche Aussage ergänzt worden sei, der wiederum in V. 18–20 eine nachträgliche Reflexion beigefügt wurde. Mi 7,14 f. hält er für eine Einzelfortschreibung. Anders als in seiner Darstellung setzt V. 16 jedoch das Handeln in V. 15 voraus. Zwar passt die völkerfeindliche Tendenz von V. 16 gut zu V. 13. Aber in V. 13 ist, anders als in V. 15, nichts zu „sehen", das die „Schande" implizieren würde. Stattdessen ist von einer Argumentation wie in Ps 86,17 auszugehen, wo das Gute, das Gott dem Beter tut, ein Zeichen ist, das seine Feinde beschämt. Das Wunder, das JHWH für das Volk tut, beschämt die Nationen. Weil deshalb V. 16 ohne V. 15 schlecht zu verstehen ist, kann auch die Beobachtung, in V. 16 f. würde nicht mehr gebetet, nicht als literarkritisches Argument dienen. Zumal in der Beschreibung der Nationen und ihres Verhaltens eine Ansprache Gottes geradezu fehl am Platze wäre. Der Wechsel von Ansprache JHWHs und Rede über das Geschehen ist inhaltlich begründet und sollte nicht literarkritisch bewertet werden. Richtig ist, dass die Verse 16 f. in sich den Wechsel von der Bestrafung der Völker zu einem völkerfreundlichen Moment nachvollziehen. Da jedoch, wie Wöhrle selbst schreibt (aaO., 188), die völkerfreundliche Erwartung das vorangehende Gericht voraussetzt, ist es nicht notwendig, Gerichtsaussage und Eröffnung neuer Perspektive unterschiedlichen Fortschreibungen zuzueignen. Der Wechsel von der Beschämung zur zitternden Annäherung an JHWH stammt aus einer Hand. Zuletzt ist auch der Übergang in die hymnischen Verse 18–20 kaum als literarkritischer Bruch zu beschreiben, da in ihm gerade nicht allein das Ergehen des Volkes thematisiert wird, sondern in der Wahl der Unvergleichlichkeitsaussage und in der Verheißung von חֶסֶד für Abraham durchaus auch Raum gelassen wird für die Völkerperspektive. Mehr als Raum lässt auch V. 17b für ein völkerfreundliches Handeln nicht.

[69] Vgl. Zapff, Redaktionsgeschichtliche Studien zum Michabuch, 226, der von einer bewussten Parallelisierung ausgeht. Ebenso Jeremias, Die Propheten Joel, Obadja, Jona, Micha, 223. Zapff, Redaktionsgeschichtliche Studien zum Michabuch, 226 f., parallelisiert jeweils den desolaten Zustand Israels (8 f.14b); die gleichwohl formulierte Zuversicht (V. 9.14); die Aussicht, Gerech-

starken Stadt" und „Kommen der Völker" legen es nahe, eine mögliche spätere Einfügung von 7,14–20 gegenüber den vorangehenden Versen zu überprüfen.[70]

Mi 7,14–20 nehmen stärker als die vorangehenden Verse Motive des Michabuches auf, führen die Verheißungen an den Rest ebenso weiter wie die Rede von der Schuld Israels und das Völkerthema aus Mi 4–5.[71] Dass also die unterschiedliche Darstellung der Feinde mit einem Wechsel zum Gebet, zur Rede einer Wir-Gruppe und zu einer deutlichen Orientierung am Michabuch einhergeht, gibt den Ausschlag dafür, in der Gebetspassage tatsächlich eine eigene abschließende schriftgelehrte Erweiterung des Michabuches zu erkennen.[72]

Interpretation im Kontext

Das Gebet in Mi 7,14–20 besteht aus unterschiedlichen Gebetsarten, die zusammen einen dramatischen Abschluss des Hoseabuchs bilden, in dem fürbittend JHWHs Einschreiten erbeten, die Wirkung des erhofften Handelns nach Vorbild des Exodusgeschehens erwogen und hymnisch preisend JHWHs Vergebungsmacht besungen wird. In den Versen 14–17 erbitten die Sprecher JHWHs fürsorgliches Handeln und bekennen ihr Vertrauen auf sein Eingreifen. Sein Einschreiten soll die Demütigung der Völker bewirken und sie zugleich anziehen. Auf diese Weise entsteht die Möglichkeit, den abschließenden Hymnus als nicht nur vom Rest Israels, sondern zugleich von den heranzitternden Völkern und von den Lesern gesprochen zu denken.

Zur Beschreibung des erbetenen fürsorglichen Handelns bedienen sich die Betenden überkommener Königsmetaphorik, nämlich der Rede vom Hirten des

---

tigkeit oder ein Wunder zu sehen (V. 9c.15) und die Beschämung der Feindin bzw. der Völker (V. 10.16). Unterschiedlich werden dagegen das Wesen und das Ergehen von Feindin und Völkern gezeichnet: Die Feindin wird zitiert (V. 10b), wohingegen die Völker verstummen (V. 16b); die Feindin wird gänzlich vernichtet (V. 10b) und die Völker reagieren demütig (V. 16f.); am Untergang der Feindin hat Zion Freude; eine entsprechende Mitteilung fehlt in Bezug auf die Beschämung der Völker; das Schicksal der Feindin ist mit V. 10 endgültig besiegelt, die Völker dagegen wenden sich an „JHWH, unseren Gott" (V. 17), wodurch ihr Schicksal und ihr Verhältnis zu JHWH offen bleibt. Diese Rede von „unserem Gott" nimmt zudem die spöttische Frage der Feindin in V. 10b auf, die wissen will: „Wo ist JHWH, dein Gott?"

70 Die Nachträglichkeit von Mi 7,11–13.14–20 vermutet Bosshard-Nepustil, Rezeptionen von Jesaia 1–39, 368. Er weist die Verse 14–20 einer am geprägten Jes-Buch orientierten Schicht zu, die zudem noch Zeph 3,9 f.11–13.20; Sach 14 und Mal 2,17–3,5; 3,13–21 umfassen und zwischen 240 und 220 v. Chr entstanden seien (aaO., 430 f.).

71 Vgl. zum „Rest" Mi 2,12 f.; 4,6 f.; 5,6 f.; zur „Schuld" Mi 1,5.13; 3,8; 6,7 mit Jeremias, Die Propheten Joel, Obadja, Jona, Micha, 222.

72 So mit aller Vorsicht auch Jeremias, aaO., 222 f.

Volkes, die in Mi 5,3 f. bereits in der Ankündigung eines neuen Königs verwendet wurde. Statt der dort zugesagten Verheißung menschlicher Herrschaft und Fürsorge, wird hier ausdrücklich die unmittelbare Zuwendung JHWHs erbeten. Die Erwähnung des beim Weiden eingesetzten Stabs (שֵׁבֶט) erinnert dabei jedoch nicht allein an das gütige Handeln JHWHs, sondern bringt zugleich die Züchtigung Israels durch Assur, wie sie in Jes 10,5 angesprochen wird, mit in den Blick.[73] Zugleich nimmt die Selbstbezeichnung als „Herde deines Erbbesitzes" die Zusagen der Sammlung des Volkes aus der Verstreuung durch JHWH auf, wie sie in Mi 2,12; 4,6 und 5,7 verheißen ist.[74] Über die in 5,2 angekündigte Sammlung hinaus wird das Motiv hier zur Beschreibung göttlicher Weltherrschaft eingebracht.[75] Die Selbstbezeichnung als Herde *und* Erbbesitz (נַחֲלָה) ist eine einmalige Zusammenführung unterschiedlicher Motive der Gotteszugehörigkeit. Das erste Motiv unterstreicht die königliche Sorge JHWHs, das zweite nimmt die in den Tagen der Vorzeit grundgelegte, unerschütterliche Beziehung zwischen JHWH und Volk auf.[76] Auch das erbetene Handeln und Ergehen ist an den Tagen der Vorzeit (כִּימֵי עוֹלָם) orientiert. Erneut wird mit diesem Bezug auf die Königsverheißung in Mi 5 (V. 1) angespielt. Die Dynastie des angekündigten Herrschers besteht seit je (מִקֶּדֶם מִימֵי עוֹלָם). In Mi 7 sind es Tage des עוֹלָם, an die die Betenden anknüpfen. Sie weisen zum einen auf die gute Vorzeit hin, eröffnen aber zum anderen die Perspektive der Dauer und erinnern an die Ewigkeit der Königsherrschaft JHWHs, wie sie in Mi 4,5.7 thematisiert wird.

Für die Beschreibung der erbetenen Situation wird das Bild nicht verlassen: Die Herde JHWHs sehnt sich nach fruchtbaren Weiden. Das einsame Weiden im Dickicht (יַעַר) im vorangehenden Versteil bezeichnet einerseits den dem Gericht geschuldeten Ausgangspunkt der erbetenen Restitution (vgl. etwa Mi 3,12).[77] Das

---

73 Vgl. Nogalski, Literary Precursors, 164 f.

74 Zapff, Redaktionsgeschichtliche Studien zum Michabuch, 221, nimmt hier an, dass es sich um eine Fortschreibung handelt. Jeremias, Die Propheten Joel, Obadja, Jona, Micha, 227, unterscheidet zwischen der dort verheißenen Sammlung und der hier angekündigten Weltherrschaft.

75 Jeremias, ebd.: „Damit wird der gesamtisraelitische Horizont von 5,2 aufgegriffen. Das vor allem in den Psalmen (und bei Jer und Ez) geläufige Bild des Hirten für Gott als König Israels wird anders als in 2,12f und 4,6f nicht mit der Erwartung der Sammlung der Diaspora verbunden, sondern mit Gottes Weltherrschaft, die zur Neuordnung der Völkerwelt führt (V. 16f)."

76 E. Lipiński, „Art. נחל nāḥal." in *Theologisches Wörterbuch zum Alten Testament V* (1986): 342–360, 356f. Zur Steigerung durch diese Redeweise vgl. Jeremias, Die Propheten Joel, Obadja, Jona, Micha, 227.

77 Gänzlich positiv liest beide Zeilen Pierre J. P. van Hecke, „Living Alone in the Shrubs: Positive Pastoral Metaphors in Micah 7,14*." in *Zeitschrift für die Alttestamentliche Wissenschaft* 115/3 (2003): 362–375, 373f.

Alleinsein des Volkes ähnelt der in einigen Psalmen beklagten Einsamkeit der Beter. Andererseits findet sich in dieser Einzigkeit auch die Einzigartigkeit Israels wieder.[78]

Der Auszug aus Ägypten, die Wunder, die dort am Beginn der Beziehung zwischen Volk und Gott geradezu grundlegend gewirkt wurden, sind Modell für das, was in V. 15 erbeten wird.[79] Die Rede vom Auszug, die hier ausdrücklich mit dem Auszug aus Ägypten verbunden wird, findet sich innerhalb des Michabuches noch im unmittelbaren Kontext in Mi 7,9 als metaphorische Herausführung des Volkes ans Licht und in der bereits in Mi 2,13 formulierten Verheißung des Auszugs im Zusammenhang mit der Sammlung des Volkes.[80] An sich wäre bei der Rede vom Auszug aus Ägypten zu erwarten, dass vom Auszug des *Volkes* gesprochen wird. Der Auszug *JHWHs* ist, wo er berichtet wird, zumeist nicht der Exodus, sondern sein Auszug zu Kampf und Gericht (vgl. Ex 11,4 u.ö.).[81] Diese ungewöhnliche Formulierung wird einer der Gründe für das Textverderbnis in V. 15 sein.[82] Inhaltlich wird mit ihr ein eigener Akzent gesetzt. Erwartet wird der rettend herausführende *und* der gegen die Feinde kämpferisch einherschreitende Gott. Das im folgenden Vers angesprochene Zittern der Nationen wird durch diese Darstellung JHWHs nahegelegt.

Gleich in vier Versen wird in Mi 7 das Motiv des „Sehens" (ראה) verwendet (7,9.10.15.16). Diese Häufung ist an sich schon bemerkenswert und fällt vor dem Hintergrund, dass das Motiv im Michabuch ansonsten keine Rolle spielt, noch einmal mehr ins Auge. Auffällig ist vor allem die parallele Verwendung in V. 9 f. und V. 15 f. Jeweils im ersten Vers sieht das Volk bzw. Zion (V. 9 Licht; V. 15 Wundertaten) und dann sehen beschämt die Kontrahenten (V. 10 Feindin; V. 16 die Völker). Die viermalige Rede vom Sehen wird in V. 17 lautlich weitergeführt, in dem die, die gesehen haben, nun furchtsam (וְיִרְאוּ) herbeigekrochen kommen.[83]

---

78 In Micha wird dieser Ausdruck für das Alleinsein nur an dieser Stelle verwendet. Vgl. jedoch Utzschneider, Micha, 166: „Auch in manchen Psalmen wird Einsamkeit ausdrücklich beklagt (vgl. Ps 102,8)." Liest man die Zeile dagegen von Mi 5,7 her, so ist die Einzigartigkeit des Restes Jakobs im Wald bereits Zeichen seiner neuen Größe. Jeremias, Die Propheten Joel, Obadja, Jona, Micha, 227, zitiert Num 23,9 und Dtn 33,28 und nimmt eher eine positive Bedeutung an.

79 Utzschneider, Micha, 167, macht aus der Rede von einem Exodus Gottes (er halbiert den Vers) die verstärkte Bitte darum, dass JHWH „sich selbst treu" bleiben möge.

80 Weitere „Auszüge" im Michabuch sind die vom Zion ausziehende Weisung (4,2), der Auszug aus der Stadt nach Babel als Voraussetzung des Heils (4,10) und der Auszug des erwarteten Königs aus seiner Stadt (5,1).

81 Horst Dietrich Preuß, „Art. יצא jāṣā'." in *Theologisches Wörterbuch zum Alten Testament* III (1982): 795–822.

82 Siehe oben.

83 Jeremias, Die Propheten Joel, Obadja, Jona, Micha, 229, beschreibt dieses Wortspiel.

Die Rolle der Völker wird im Michabuch unterschiedlich bestimmt. In 4,11 sind sie das Strafwerkzeug JHWHs, in 5,7 ist die Rolle Zions unter den Nationen die des gewalttätigen Löwen, und in 5,14 nimmt JHWH Rache an den Völkern, die nicht gehört haben. In 4,2f. dagegen ziehen die Völker zum Zion, um sich im Recht unterweisen zu lassen (V. 2), und JHWH bringt die Verhältnisse unter den Völkern zurecht (V. 3). Die in Mi 7,15f. zu findenden Aussagen über die Völker reihen sich logisch am ehesten zwischen dem Gericht an den Völkern (5,7.14) und ihrem Zug zum Zion ein, denn tatsächlich bleiben sie auch in diesen Zeilen nicht einfach bei sich oder verharren im Gericht, sondern zittern auf JHWH zu.

Sie tun dies beschämt (בּוֹשׁ, vgl. 7,10)[84], ohne Kraft (גְּבוּרָה)[85], schweigend[86] und stumm, in den Staub erniedrigt[87] wie Schlangen und Gewürm – und in all dem gottesfürchtig. Die Beschämung der Völkerwelt führt das Motiv des göttlichen Handelns im Exodus weiter (Ex 15,13–16). Der Vergleich mit Schlangen und Kriechtieren betont hier den Grad der Erniedrigung und kann an Gen 3 denken lassen. Diese Assoziation entsteht vor allem aus dem Grund, dass die Schlange in Gen 3,14 (vgl. Jes 65,25) anlässlich des göttlichen Fluches Staub fressen soll, den die hier sich Nähernden auflecken.[88]

Das Zittern und Beben der Völker unterstreicht den Unterschied an Macht und Würde. Das Beben (רגז) ergreift im Zusammenhang von Theophanien Erde und Berge, aber auch ganze Völker.[89] Dabei ist jedoch bemerkenswert, dass die Zitternden in Mi 7 eben nicht vertrieben werden, sondern die Völker im Gegenteil aus ihren Bollwerken (מִסְגְּרֹת)[90] herauskommen und zu JHWH hinziehen. Ist das „Herauskommen" in Ps 18 vorgebildet, so hat das „Hinzittern auf JHWH zu" seinen

---

84 Vgl. die Beschämung der Seher und Wahrsager in Mi 3,7.

85 Vgl. Ez 32,30.

86 Zur Geste der Hand auf dem Mund vgl. nur Ri 18,19 und Hi 21,5.

87 Vgl. Ps 72,9 und Jes 49,23, wo die Feinde wie in Mi den Staub lecken müssen. Die Erniedrigung geht dadurch weiter als etwa die Aufforderung in Mi 1,10, wo die Angesprochenen sich im Staub wälzen sollen. Hier beißen sie in den Staub. Gleichwohl ist auch in Ps 72,9 nicht an eine Erniedrigung zum Tod hin gedacht. Im Gegenteil, wie hier ist die Erniedrigung der Auftakt zu einer Völkerwallfahrt, allerdings zum König in Zion.

88 Vgl. Utzschneider, Micha, 167.

89 Vgl. Ex 15,14; Dtn 2,25; 1 Sam 14,15; Ps 77,19; 99,1; Jes 64,1; in Verbindung mit פַּחַד vgl. noch Dtn 2,25 und Jer 33,9.

90 Anknüpfend an die Bedeutung des zugrunde liegenden Verbs ist es sinnvoll, hier die „Abgeschlossenheit" der Orte zu betonen. Dass die Völker nun aber aus ihren Gefängnissen kommen, passt nicht recht zur vorangehenden Erniedrigung und Entmachtung der Völker. Von einer Gefangennahme ist im gesamten Kontext keine Rede und auch an der möglichen Spendestelle Ps 18,46 (2 Sam 22,46) ist die Rede vom Gefängnis kaum wahrscheinlich, eher geben die so Handelnden freiwillig ihren letzten Schutz auf.

Ursprung im Hoseabuch (Hos 3,5).[91] Das Zittern vor JHWH ist die angemessene Reaktion auf seine Macht und Zeichen eigener Ohnmacht. Verstärkt wird diese Reaktion durch das Sündenbewusstsein eines so Zitternden.[92]

Die Bewegung der Völker geschieht ausdrücklich auf „unseren Gott" (אֱלֹהֵינוּ) hin.[93] Die einzige weitere Erwähnung des Ausdrucks findet sich in Mi 4,5, wo zwischen „unserem Gott" und dem Gott der Völker unterschieden wird. Auf diese Differenzierung wird hier angespielt, ihre Aufhebung wird durch die JHWH-Ansprache der Völker zwar nicht expliziert, aber durchaus ermöglicht.[94] Der Zusammenhang mit den zuvor beschriebenen Völkern, die sich gottesfürchtig zitternd auf JHWH zubewegen, legt es nahe, dass die in Mi 4,5 angesprochene Unterscheidung von „unser Gott" und „die Götter der Völker" aufgenommen wird. Nun geschieht dies aber mit neuer Perspektive: JHWH ist erhaben über alle anderen Götter, und deshalb ist es nicht erstaunlich, dass auch die anderen Völker vor ihm zittern, ihn fürchten und zu ihm wallfahren.[95] Zugleich nimmt diese Aussage die spöttische Frage der Feindin in 7,10 auf, die fragt, „wo ist dein Gott?". Die hier sich Nähernden wissen, wo sie den Gott der sprechenden Wir-Gruppe suchen sollen. Mit der Andeutung der Gottesfurcht der Völker finden diese Zeilen über den neuen Exodus des Volkes ihr vorläufiges Ende.

---

91 „Der von Hos 3,5 abhängige Satz Jer 2,19aβb, [...] beklagt, daß die zitternde Hinwendung zu JHWH faktisch nicht erfolgt ist..." (Hans-Peter Müller, „Art. פחד pāḥad." in *Theologisches Wörterbuch zum Alten Testament* VI (1989): 552–562, 556). Er fährt fort: „Trotz der Wortumstellung scheint Mi 7,17bβ MT dem als Abschluß von Hos 1–3 formulierten Satz Hos 3,5 nachgebildet."

92 Beispiele wie Jes 2,10.19.21 weisen auf einen Gottesschrecken im Zusammenhang mit dem Tag JHWHs hin. Dabei bildet das „Zu-ihm-Hinzittern" diesen Gottesschrecken spirituell ab. Vgl. die „Einlassliturgie" (so Müller, aaO., 559) in Jes 33,14: In Zion sind die Sünder erschrocken... Wer von uns könnte sich aufhalten bei dem verzehrenden Feuer? Diese Verbindung (vor allem mit der ab V. 15 beginnenden Aufzählung „wer gerecht lebt...") legt nahe, im Zittern eben auch das Bewusstsein eigener Sündhaftigkeit ausgedrückt zu finden. Vgl. mit Müller die Möglichkeit eines „Reinigungseides" nach Hi 31,23 mit ebd.: „In der Weisheit und ihrem Umfeld wird absolut gebrauchtes *pḥd* pi für das weisheitlich religiöse Wohlverhalten überhaupt verwendet...". Vgl. die Furchtsamkeit der heidnischen Anhänger jüdischen Glaubens in Apg 10,2.22.35; 13,16.26; sowie 13,43. Vgl. die Söhne des Lichts 1 QS 4,2ff., bei denen das die Tugend schlechthin ist. Vgl. als JHWH-Furcht in 2 Chr 19,7 bzw. fehlende Gottesfurcht in Ps 36,2.

93 Wobei die „Wir-Gruppe" hier die der Sprechenden ist, nicht der Völker.

94 „Das vermutlich jüngere Zitat aus Hos 3,5 (,sich Jahwe, unserem Gott, zitternd nahen'), das den Gebetsstil von V. 17b verlässt, tilgt auch die letzte kleine sprachliche Differenz der Völker zu Israel und überträgt steigernd Erwartungen einer endgültigen Wende Israels in seinem Gottesverhältnis auf die Völker." Hier werden die vielfältigen Völkeraussagen aus Mi 4–5 zusammengedacht und systematisiert (Jeremias, Die Propheten Joel, Obadja, Jona, Micha, 229).

95 Vgl. Jeremias, aaO., 230: Die Frage ist vergleichbar mit Ex 15,11 und Ps 89,9, sie stammt aus dem polytheistischen Kontext. Vgl. noch Ps 71,19 und Ps 35,10. „Nirgends sonst aber ist das Thema der Vergebung mit ihr verbunden."

Der nun anhebende Hymnus ist eine theologische Meisterleistung, weil überkommene Formen der Gottesrede mit neuen, geradezu unerhörten Gedanken verbunden werden. „Wer ist wie...?" beginnt V.18 und formuliert unmittelbar im Anschluss an die Rede von „unserm Gott" ein Votum zur Unvergleichlichkeit Gottes, das ebenso wie die Zuspitzung „unser Gott" noch den Geruch des Polytheismus trägt. Zugleich nimmt die Frage den Namen Michas wörtlich auf.[96]

Zudem wird nun das normalerweise mit der Stärke JHWHs kombinierte Motiv der Unvergleichlichkeit JHWHs nicht nur mit Macht und Gewalt verbunden, sondern inhaltlich mit seiner Bereitschaft und Fähigkeit zur Schuldvergebung verknüpft. Alleinstellungsmerkmal und Zeichen der Größe JHWHs sind nach Auskunft dieser Zeilen seine Bereitschaft zur Vergebung und seine Macht gegenüber jeglicher Schuld. Diese Zuspitzung des Alleinverehrungsanspruchs ist einzigartig.

JHWH trägt (נשא) die Schuld. Vergleichbar müssen die Oberen die Schande des Volkes tragen (6,16) und äußert Zion die Bereitschaft, die Wut JHWHs, die sich an ihrer Schuld entzündet hat, zu tragen (7,9). Ihre Schuldübernahme scheint mit dem angestimmten Bekenntnis nicht mehr nötig zu sein, weil es JHWH ist, der die Schuld trägt.[97]

An dieser Stelle zitieren und verändern die Beter die in Ex 34,7 überlieferte Formel von der Kraft JHWHs zu Strafe und Vergebung.[98] Entsprechend dem ganz auf das Heil fokussierten Zusammenhang wird ausschließlich JHWHs Vergebung erwähnt. Im Kontext von Mi 7 ist es allerdings auch kaum notwendig, die Versicherung, JHWH lasse „nicht ungesühnt", zu erwähnen, bildet diese Strafe doch den Anlass allen Betens in diesen Zeilen.[99]

Anschließend wird die Fähigkeit JHWHs gerühmt, an Vergehen (פֶּשַׁע) vorüberzugehen (עבר). Auch diese Formulierung ist nicht ursprünglich im Michabuch

---

96 Vgl. Utzschneider, Micha, 168.

97 Zur Motivik des Tragens von Schuld (עָוֹן): Kains Schuld ist zu groß, er kann sie nicht tragen (Gen 4,13); diese Formulierung nimmt die Formel Ex 34,7 auf. Schuld lädt man sich auf in Lev 5,1.17; 7,18; 10,17 u. ö.; der Bock trägt die Schuld in Lev 16,22; als Anfrage nach Vergebung s. Hi 7,21; Ps 32,5 weiß von der Vergebung der Schuld zu berichten (individuell); ebenso Ps 85,3 (kollektiv); Jes 33,24 weiß von einem Volk zu berichten, dem die Schuld vergeben ist; und in Jes 64,5 trägt die Schuld die Menschen. In Hos 14,3 wird erbeten, was hier bekannt wird.

98 Vgl. Ruth Scoralick, *Gottes Güte und Gottes Zorn: Die Gottesprädikationen in Ex 34, 6f und ihre intertextuellen Beziehungen zum Zwölfprophetenbuch.* Herders Biblische Studien 33. Freiburg i. Br. u.a.: Herder, 2002, 192

99 Die Zitation der Formel aus Ex 34 erklärt auch, dass erst und nur hier im Michabuch der Terminus עָוֹן für Schuld begegnet.

beheimatet.[100] Mit einiger Wahrscheinlichkeit wird hier die Ankündigung aus Amos aufgenommen, JHWH wolle nicht mehr vorbeigehen und das Volk entsprechend strafen.[101] Das Vergehen (פֶּשַׁע) kennt das Michabuch durchaus. In 1,5.13 und 3,8 wird genau mit diesem Wort das angekündigte Gericht begründet. In Mi 7 geht JHWH nun am Vergehen vorüber. Er tut dies für den Rest (שְׁאֵרִית) seines Erbbesitzes (נַחֲלָה). Wie in V. 14 betont die Rede vom Erbe JHWHs die enge Verbindung zwischen JHWH und seinem Volk. Die Rede vom „Rest" macht dagegen noch einmal unmissverständlich deutlich, dass nicht etwa die Güte JHWHs vor jedem bzw. jenseits jeden Gerichts besungen wird. Sie ist den Überlebenden des Gerichts vorbehalten. Der Rest als Träger neuer Verheißung ist auch im vorangegangenen Buch Micha von Interesse.[102]

JHWH hält nicht an seinem Zorn (אַף) fest. Dieses Bekenntnis bekräftigt noch einmal die Berechtigung des göttlichen Zorns, bestätigt aber zugleich, dass sein Zorn nicht endlos dauert. Der Zorn kann eine bedrohliche Eigendynamik entwickeln.[103] Gegen diese Gefahr beten die Beter in diesem Bußgebet an, weil die Wende des Zorns Voraussetzung allen Neubeginnens ist.[104]

Gerade weil die Rede von der „Umkehr" (שוב) des Volkes im Zusammenhang dieses Buches nicht vorkommt, ist es bemerkenswert, dass JHWH sich nicht einfach erbarmt, sondern sich wieder (שוב) erbarmt. Wörtlich genommen kehrt er um zu seinem einstigen, erbarmenden Verhalten gegenüber dem Volk.[105] Dieses Erbarmen (רחם) wird nur an dieser Stelle des Michabuches erwähnt. Es ist ein weiterer Hinweis dafür, dass das Gebet in Mi 7 die Gnadenformel in Ex 34,6f. zitiert.[106] Nicht die Betenden kehren zurück, sie halten den Zorn aus und akzeptieren die Schuld. Mehr wird nicht erwartet und auch nicht zugesagt.

Die Umsetzung des göttlichen Erbarmens präsentiert sich in der Manier der Chaosüberwindung. JHWH führt regelrecht einen Kampf gegen die Schuld. Sie wird nicht nur entfernt, sondern niedergetrampelt (כבש). Es geht folglich um mehr

---

100 So nur in der bereits angesprochenen Frage nach Vergebung in Hiob 7,21 und in Prov 19,11, wo der Mensch beschrieben wird, der über Übeltaten hinwegsehen kann.

101 Vgl. Amos 7,8; 8,2.

102 Ihm gilt die Sammlungsverheißung in Mi 2,12; JHWH wird als König über den Rest erwartet und in 5,6.7 wird die Rolle des Restes unter den Nationen beschrieben.

103 Jeremias, Die Propheten Joel, Obadja, Jona, Micha, 225. „Das Andauern der Not wird jetzt nicht mehr wie ihr Beginn als Wirkung des göttlichen Zorns über Zions Vergehen, sondern als erlittenes Unrecht betrachtet, das Gott in einem Rechtsverfahren zurechtbringen wird."

104 Vgl. Hos 14,5: Ja, mein Zorn (אַף) hat sich von ihm abgewandt. Das Gefallen (חֵפֶץ) JHWHs an der Gnade (חֶסֶד) zeigt sich in Mi 6,8; 7,2 auf etwas andere Weise, wenn dort die Gnade vom Volk gefordert wird – und ausbleibt.

105 Vgl. Mi 2,8 und 5,2.

106 Vgl. Scoralick, Gottes Güte und Gottes Zorn, 190 f.

als um die Reinigung der Sünder, die Schuld selbst soll vernichtet werden. Dieser göttliche Kampf gegen die Schuld wird mit V. 19b erweitert um die in Ansprache an JHWH formulierte Angabe, dass die Verfehlungen (חַטֹּאת) einer nicht näher bezeichneten „Ihr-Gruppe" in die Tiefe (מְצֻלָה) des Meeres versenkt würden.[107] Wieder wird hier ein Sündenterminus verwendet, der im Michabuch mehrfach erwähnt wird und Grund für alles üble Ergehen genannt werden kann.[108] Dass die Vernichtung der Schuld mit Worten aus Jon 2,4 ergänzt wird, bietet vor allem eine Leseperspektive für das Jonabuch, mit dem Untergang und Rettung Jonas' zu Untergang und Rettung des Volkes werden.

Die Treue (אֱמֶת), die JHWH Jakob erweist, findet keine weitere Erwähnung im Michabuch und führt den kundigen Leser erneut zurück zur Gnadenformel.[109] Die Treue gilt Jakob, die Güte aber Abraham.[110] Jakob ist im Michabuch *die* Bezeichnung für das Volk.[111] Dass nicht nur Jakob, sondern auch Abraham genannt wird, liegt an der Ausweitung der Aussagen. Der Vater der vielen, durch den die Völker Segen empfangen, ist gerade in Bezug auf die dem Hymnus vorangehenden Verse an dieser Stelle passend gewählt. Durch die Erwähnung Abrahams wird zudem deutlich, dass es hier tatsächlich auch um die Rede von den Erzeltern geht und damit um die Verankerung der Zusage, des Schwurs in der Frühzeit.

Während die vorangehenden Verse den Maßstab göttlichen Handelns im Exodusgeschehen sehen, orientiert sich der letzte Vers des Gebets, der auch der letzte Vers des Buches ist, an den Erzelterngeschichten. Die Betenden identifizieren sich selbst mit Jakob und Abraham und verlassen sich auf den Schwur JHWHs gegenüber den Erzvätern. Referenzzeit sind dabei, wie bereits in V. 14, die „Tage der Vorzeit".

Schluss

Wer hier betet, sieht sich fest verbunden mit der Heilsgeschichte Israels und zählt sich zum Erbbesitz JHWHs, dem der Schwur an die Väter so gilt wie einst den Vätern selbst. Deren Verhältnis zu JHWH ist „vor der Zeit" gegründet und immer

---

107 Nogalski, Redactional Processes, 278, sieht in V. 19b eine Anspielung an Jona, die das Ergehen Jonas im Licht des Schicksals Israels interpretiere.
108 Vgl. Mi 1,5.13; 3,8; 6,7.13; 7,9.19.
109 Vgl. Scoralick, Gottes Güte und Gottes Zorn, 190.
110 Es ist nicht mehr von der „Väterschuld" die Rede, sondern mit den Vätern werden Treue und Güte verbunden, konstatiert Scoralick, ebd.
111 Vgl. 1,5; 2,7.12; 3,1.8.9; 4,2; 5,6.7: An keiner Stelle zusammen mit dem Begriff „Vater" oder „Vorfahr" verwendet. In dieser Verbindung vor allem im Pentateuch, aber auch in Prophetenbüchern. Vgl. Ez 37,25; Jes 41,8; ferner Ps 105,6.

durch die Treue JHWHs erhalten worden. Dabei ist das Verhältnis gleichwohl nicht ohne Schwierigkeiten. Die Betenden zählen sich als diejenigen, die das Zornesgericht überstanden haben, zum Rest ihres Volkes. Sie wissen, dass dieses Gericht Folge ihrer Schuld ist. Während in den voranstehenden Versen die Sprecherin Zion die Schuld und den Zorn JHWHs tragen will, bis dieser verraucht ist, hoffen die hier Betenden darauf, dass JHWH selbst die Schuld trägt oder vernichtet. Die Beter bleiben dabei weitgehend passiv.[112] Ihre Schuld ist eine chaotische Macht, gegen die sie selbst nicht ankommen. Es bedarf der Macht Gottes, diese Sünde zu vernichten. Die notwendige Restitution erhoffen sie allein von JHWH. Er muss umkehren und sich „wieder" erbarmen.[113] In dieser Hoffnung vertrauen sie auf seinen Schwur und auf sein Wesen, wie es sich in der Geschichte mit Israel gezeigt hat. Vor allem vertrauen sie darauf, dass sich JHWHs Größe nicht in Vernichtung und Zorn erschöpft.

Der angesprochene Gott ist den Betern aus seinem Handeln von „vor der Zeit" her bekannt. Er hat Jakob und Abraham erwählt und ihnen Treue und Gnade zugesagt. Er hat sein Volk aus der Gefangenschaft in Ägypten geführt und die mächtigen Völker mit seinem Handeln beschämt. Damit hat er sich als Herrscher und Hirte gezeigt. All dies ist nicht allein sein vergangenes Tun, sondern in diesem Handeln haben sich sein Wesen, seine Gnade und seine Macht gezeigt. Auf diese Gnade und diese Macht Gottes vertrauen auch die Betenden. Sie sprechen ihren Gott als den Gott an, der seinen Charakter in der Vorzeit kundgetan hat. Dabei ist das Handeln dieses Gottes durchaus nicht ausschließlich von Nachsicht und Freundlichkeit geprägt. Aus der Formulierung des Gebets kann geschlossen werden, dass er zum Zeitpunkt der Ansprache zornig ist und die Betenden sein Gericht erleben. Einzig das Vertrauen, JHWH werde nicht endlos an seinem Zorn festhalten, sondern habe selbst Gefallen an Gnade, ermöglicht es, ihn in dieser Situation dennoch als Retter und Hirte anzusprechen.

Dabei erschöpft sich JHWHs hilfreiches Handeln nicht darin, die Schuld zu ignorieren und den Zorn verrauchen zu lassen. Erwartet wird, dass er mit der gleichen Macht, mit der er Feinde und Chaos bekämpft, auch die Gott und sein Volk voneinander trennende Schuld vernichten wird.[114]

Anlass dieses rettenden Vernichtungshandelns ist die enge Beziehung, die JHWH von jeher zum in Not befindlichen Volk hat. Seine Gottheit und Einzigkeit

---

112 Der Mensch lebt nur von der Vergebung; vgl. Ps 130, aber auch die Gebete in Neh 1,5 ff. und 9,16 ff. sowie Esr 9,6.

113 Jeremias, Die Propheten Joel, Obadja, Jona, Micha, 230. Die Konzentration auf die Vergebungsbereitschaft in diesem Hymnus ist analogielos.

114 Vgl. Jeremias, aaO., 231: „Mit der Schuld wird umgegangen wie sonst mit Feinden. Alles, was vom Verhältnis zwischen Gott und Mensch trennt, wird gewaltvoll beseitigt."

erweist dieser Gott nicht nur im Handeln gegen etwaige Feinde, sondern in dieser unerhörten Vergebungsbereitschaft, die allerdings erst nach dem Gericht erwartet wird. Die wesentliche theologische Leistung dieses Gebetes ist die Verbindung der Überlegenheit und Alleinstellung JHWHs mit seiner Vergebungsmacht. Es handelt sich dabei um eine Macht, nicht nur um eine Bereitschaft, insofern vorausgesetzt wird, dass die Schuld von JHWH nicht ignoriert, sondern besiegt wird.

Die verwendeten Unvergleichlichkeitsaussagen gehören ursprünglich in den Zusammenhang polytheistischer Vergleiche. Im vorangehenden Buch werden „unser Gott" und „die Götter der Völker" einander entgegengestellt.[115] Aus einer solchen Entgegensetzung könnte auch die V. 18 eröffnende Frage herrühren.

Der Zusammenhang des Gebets mit der Rettung aus Ägypten und der Erwählung Jakobs legt es nahe, hier auch die Frage nach dem Gott Israels und den Göttern der Völker wieder aufzunehmen. Dies geschieht auf eigentümliche Weise: Die Völker werden beschämt, weil JHWH sein Volk rettet. Soweit stimmt das erwartete Programm mit den Daten der Exoduserzählung und anderen Rettungserzählungen der Heilsgeschichte überein. Neu ist nun, dass diese Beschämung die Völker nicht vernichtet und nicht zur Flucht treiben, sondern ihre vorsichtige, furchtsame Annäherung bewirkt.

Diese Annäherung und Gottesfurcht der Völker ist der Hintergrund, vor dem noch einmal die Einzigkeit JHWHs betont wird. Nun aber nicht so, dass seine Vernichtungsmacht größer wäre als die anderer Götter, sondern sein Alleinstellungsmerkmal ist sein Vergebungswille. Diese Charakterisierung mag die ungewöhnliche Annäherung der Völker begründen. Dass sie in diesem Szenario nicht unbedingt nur die Rolle der bebenden Zaungäste innehaben müssen, ist schon vorher im Buch deutlich geworden. Diese Annahme wird unterstützt durch die Rede von der zitternden Annäherung der Völker in unmittelbarer Nähe zum Lobpreis der Vergebungsbereitschaft JHWHs sowie durch die im Buch nicht vorgebildete Verbindung des zuvor erwähnten Erzvaters Jakob mit Abraham, der durchaus als Hinweis auf die Öffnung des Segens für die Völker verstanden werden kann.[116]

---

115 Es gibt aber auch schon dort die Vorstellung der Völkerwallfahrt zum Zion: vgl. Mi 4 f. Zu Abraham vgl. Hermann Spieckermann, „,Ein Vater vieler Völker': Die Verheißungen an Abraham im Alten Testament." in *„Abraham, unser Vater": Die gemeinsamen Wurzeln von Judentum, Christentum und Islam,* hrsg. von Reinhard G. Kratz und Tilman Nagel. Göttingen: Wallstein, 2003: 8 – 21, 18 f.
116 Vgl. Zapff, Redaktionsgeschichtliche Studien zum Michabuch, 233. Als Hinweis auf die Verheißungen an Abraham kann allerdings Mi 2,12b gesehen werden, wo die Mehrungsverheißung aufgenommen wird.

Das Gebet wird in einer Situation des Gerichts und des göttlichen Zorns gesprochen und hält sich in dieser Leidenssituation an das Wissen über die innige und ursprüngliche Verbindung von JHWH und Israel und an die Verheißung eines nicht endlosen Gerichts. Die Betenden erkennen ihre Schuld und die Ursächlichkeit dieser Schuld für den Zorn Gottes und damit für die Not an, in der sie sich befinden. Sie begreifen aber auch, dass sie von sich aus keine Änderung herbeiführen können.[117] Die erwartete Heilswende ist eine Wende JHWHs zurück zu seiner ursprünglichen Güte.

Das Gebet verbindet die im Buch formulierten Reden von Gericht und Verheißung miteinander und verweist, jenseits der ethischen Erfordernisse, auf einen neuen, von JHWH ausgehenden Weg aus dem Elend. Dieser Weg wird nicht in theologischen Thesen konstatiert, sondern wird Gott, der handeln soll, bittend und preisend vorgelegt. Damit wird dem Umstand Rechnung getragen, dass es zur Realisierung dieser Vorstellungen seines Handelns bedarf. Wegen des sich aus dieser Abhängigkeit ergebenden Vorbehalts kann der Abschluss des Buches nicht allein Jubel sein. Vielmehr öffnet das Gebet die Botschaft Michas für das erhoffte Handeln JHWHs und nimmt dazu die neue, vertrauensvolle Beziehung betend vorweg. Im mitsprechbaren Gebet, das sogar den Fremden auf die Lippen kommen kann, wird dem Leser und den Hörern in der Gemeinde die Möglichkeit der Teilhabe gegeben.[118] Die Betenden erkennen ihre Schuld und gestehen ihre Unfähigkeit, diese selbst zu tragen und die Verhältnisse von sich aus zu ändern. So vertrauen sie sich ihrem Gott an, der an ihrer Stelle umkehren muss. Diese das Buch abschließende „Antwort der Gemeinde"[119] nimmt so unterschiedliche Stränge des Buches zusammen und führt sie zugleich über das bisher Gehörte und Gesagte hinaus.

---

117 Jeremias, Die Propheten Joel, Obadja, Jona, Micha, 230: „Hier wird einer Generation, die Gottes Zorn schon erfahren hat, mit ihrem eigenen Versagen Gott gegenüber aber nicht fertig wird, tröstlich die unverdient – grenzenlose Vergebungsbereitschaft Gottes zusagt (sic!)."

118 Utzschneider, Micha, 169: „Es ist nicht gleichgültig, wer so spricht: Im Rahmen des dramatischen Textes sind es das Volk Israel und – wenn wir es recht sehen – schließlich auch die Hörerinnen und Hörer, die Leserinnen und Leser des Textes."

119 Jeremias, Die Propheten Joel, Obadja, Jona, Micha, 221, nennt die Verse 7,8–20 „die Antwort der Gemeinde". Ob diesem Antwortcharakter des Textes ein historischer Sitz im Leben entspricht, bleibt offen.

1.3 An dir haben wir uns verfehlt – Daniel 9

Orientiert man sich an der hebräischen Bibel, so ist das Buch Daniel nicht mehr als Teil der Propheten zu verstehen, sondern gehört mit Esra und Nehemia zur Gruppe der „Schriften". Anders in der griechischen Bibel, wo Daniel das letzte Stück in der Reihe der Prophetenschriften bildet. Die Sonderstellung mag damit erklärt werden, dass der Prophetenkanon zum Zeitpunkt der Abfassung des Danielbuches schon feststand. Zugleich ist die Grenzstellung des Buches durchaus auch in seinen Gebeten erkennbar. Fügt es sich einerseits ausdrücklich in die Tradition prophetischer Gebete (kaum je sonst in den Prophetenbüchern wird die prophetische Fürbitte so ausdrücklich geübt), zeigt sich andererseits eine ganz eigene durchklärte Frömmigkeit, die sich ähnlich in den Gebeten in Esra und Nehemia finden lässt.[120]

Im Buch des Propheten Daniel wird viel gebetet und das Ob, Wann und Wie des Gebets wird in den Erzählungen ausführlich thematisiert. Form und Sprache der Gebete sind dabei dogmatisch strenger, formelhafter als andere Prophetengebete. Die Doxologien sind ausführlich und durchdacht.[121] Insgesamt sind alle Erzählungen von Gedanken über das Gebet und Gebeten oder kurzen doxologischen Einwürfen durchzogen.[122] Diese Texte verraten ein großes Interesse an Gott als dem Inhaber höchster Macht und wahrhaftigster Weisheit und daran, wie sich ein Frommer in fremdem Kontext betend recht verhalten kann.

Beispielhaft und sehr ausführlich ist das Gebet in Daniel 9, in dem die Themen Schuld und Vergebung im Zentrum stehen. Das Gebet steht im zweiten Abschnitt des Danielbuchs (Dan 8 – 12). Es fungiert als betende Reaktion auf das aus der Jeremia-Lektüre geschlossene bevorstehende Ende des Elends und den erwarteten Beginn der Wiederherstellung Jerusalems.[123] Unmittelbar im Anschluss an den zu

---

120 Die notwendige ausführliche Wahrnehmung dieser Gruppe von Gebeten kann hier nicht geleistet werden und bleibt Forschungsdesiderat, das verheißungsvoll ist, auch wenn die geprägten Formulierungen zunächst nahelegen mögen, es handele sich bei den Gebeten um bloße Wiederholungen.

121 Vergleiche etwa das Lobpreisgebet in Dan 2,20 – 23, in dem Daniel seine Fähigkeit, den Traum des Königs zu entziffern, fromm und wortgewaltig auf JHWH, den Urheber aller Weisheit, zurückführt und es betend an ihn zurückgibt.

122 Thematisiert wird das Gebet in Dan 2,46; 3,5 ff.18, Götzenanbetung beim Gastmahl; 6,10 f. Daniels Gebetsgewohnheit; 11,38 König ehrt den Gott der Burgen; zitiert werden Gebete oder hymnische Reden in 3,28 f.31 ff. König lobpreist den Gott Daniels; 4,31 – 34 Nebukadnezars Ich-Bericht mit Schlussgebet; 6,26 f. doxologischer Schluss eines Befehls von Darius; 10,16 f. Gebet im Geist; 12,8 Gebetsruf auf das Ende.

123 Vgl. Jürgen-Christian Lebram, *Das Buch Daniel*. Zürcher Bibelkommentar. Altes Testament 23. Zürich: Theologischer Verlag, 1984, 104.

untersuchenden Text (Dan 9,24) erfahren wir, dass am Ende der Jahrwochen die Sühnung bevorsteht.[124] Der weite biblische Hintergrund dieses Gebets zeigt, wie ausdrücklich es schriftgelehrtes Gebet ist.[125] Daniel 9 wird zu Recht mit den Gebeten in Esra 9,6 – 15 und Neh 1,5 – 11 sowie Neh 9,5 – 37 zusammengenommen.[126] Allen drei Texten ist die explizite Schrifttheologie eigen.[127] Sie wird in Dan 9 am ausführlichsten thematisiert, was aus der literarischen Situation des Gebetes erhellend erklärt werden kann.

Übersetzung

9,3 Und ich wandte mein Angesicht Gott dem Herrn[128] zu,
   um Gebet und Flehen zu suchen
   in Fasten und Sackleinen und Staub.

4   Und ich betete zu JHWH, meinem Gott, und bekannte und sprach:
   Ach Herr, großer und furchtbarer Gott,
   der den Bund und die Gnade bewahrt
   denen, die ihn lieben und seine Gebote bewahren.

5   Wir haben gefehlt, gesündigt, gefrevelt und sind widerspenstig gewesen
   und sind abgewichen von deinen Geboten und Gesetzen

6   und haben nicht auf deine Knechte, die Propheten, gehört,
   die in deinem Namen geredet haben
   zu unseren Königen, unseren Fürsten und unseren Vätern
   und zum ganzen Volk des Landes.

---

124 Vgl. Michael B. Shepherd, *Daniel in the Context of the Hebrew Bible*. Studies in Biblical Literature 123. New York: Lang, 2009, 97.
125 Vgl. Shepherd, aaO., 95 – 99.
126 Vgl. u. a. Mathys, Dichter und Beter, 21 – 36.
127 „Unter den alttestamentlichen Texten, in denen sich die Umrisse einer Schriftlehre abzeichnen, gehören die drei untersuchten Gebete, allen voran Dan 9, zu den gewichtigsten. Einen Ehrenplatz haben sie allein deswegen verdient" (Mathys, aaO., 36). John E. Goldingay, *Daniel*. Word Biblical Commentary 30. Waco, Tex.: Word Books u. a., 1989, 234: jede Zeile dieses Gebetes kann parallelisiert werden mit Esra 9, Neh 1; 9. Hintergrund sind 1 Kön 8, Jer und Dtn und die kultischen Traditionen in Lev, Chr und Ps. Für Elias Bickermann, *Der Gott der Makkabäer*. Berlin: Schocken u. a., 1937, 26, ist das Gebet dagegen das Zentrum des gesamten Buches.
128 Hier bringen einige Handschriften יהוה. U.a. Otto Plöger, *Das Buch Daniel*. Kommentar zum Alten Testament. Gütersloh: Gütersloher Verlags-Haus Mohn, 1965, 131.133, liest entsprechend.

7 Dein, Herr, (ist) die Gerechtigkeit
und uns (steht) heute die Scham im Gesicht[129]
dem Mann Judas und den Bewohnern Jerusalems
und ganz Israel, den Nahen und den Fernen,
in allen Ländern, wohin du sie vertrieben hast
wegen ihres Treuebruchs, den sie an dir begangen haben.

8 JHWH, uns (steht) die Scham im Gesicht[130] –
unseren Königen, unseren Fürsten und unseren Vätern,
die wir uns an dir verfehlt haben.

9 Dem Herrn, unserem Gott, (eignen) Erbarmen und Verzeihen.[131]

10 Ja, wir haben uns gegen ihn aufgelehnt
und haben nicht auf die Stimme JHWHs, unseres Gottes, gehört,
dass wir gemäß seinen Weisungen[132] gelaufen wären,
die er uns vorgelegt hat durch seine Knechte, die Propheten.

11 Ganz Israel hat dein Gesetz übertreten
und ist abgewichen, ohne auf deine Stimme zu hören.
Und es haben sich der Fluch über uns ergossen und der Eid,
der geschrieben steht im Gesetz des Mose, des Gottesknechts,
denn wir haben uns an ihm[133] verfehlt.

12 Und er hat sein Wort[134] erfüllt, das er von uns geredet hatte
und von allen unseren Richtern, die uns regiert haben,
indem er großes Übel über uns kommen ließ,
das unter dem ganzen Himmel nicht begangen wurde,
wie es in Jerusalem begangen wurde.

13 Wie es im Gesetz des Mose geschrieben steht,
ist all dies Übel über uns gekommen.
Und wir haben das Angesicht JHWHs, unseres Gottes, nicht mild gestimmt,

---

129 Wörtlich: „uns die Scham der Angesichter".

130 Siehe oben.

131 Wörtlich heißt es „Verzeihungen", wohl als Umschreibung für entsprechende „Taten" zu verstehen. So auch Goldingay, Daniel, 227.

132 Hier verbessern LXX und Vulgata zum Singular und bieten damit die *lectio facilior*.

133 Etliche Handschriften lesen hier die zweite Person Singular. So auch Louis F. Hartman und Alexander A. Di Lella, *The Book of Daniel*. The Anchor Bible 23. New York u. a.: Doubleday, 1978, 238, allerdings dürfte es sich dabei um eine Verbesserung des Textes zur unausgesetzten JHWH-Ansprache handeln. Vgl. auch Goldingay, Daniel, 227.

134 Mit dem Qere als Singular gelesen.

indem wir umgekehrt wären von unseren Vergehen
und einsichtig geworden wären in deine Treue.

14 Und JHWH hat über das Übel gewacht
und hat es über uns gebracht.
Ja, gerecht (ist) JHWH, unser Gott,
bei all seinen Taten, die er getan hat,
wir haben nicht auf seine Stimme gehört.

15 Jetzt aber, Herr[135], unser Gott,
der du dein Volk aus dem Land Ägypten mit starker Hand herausgeführt hast
und dir einen Namen gemacht hast – wie heute.
Wir haben uns verfehlt, wir haben gefrevelt.

16 Herr[136], gemäß aller deiner Gerechtigkeitserweise
möge sich doch dein Zorn und dein Grimm von deiner Stadt wenden,
Jerusalem, deinem heiligen Berg.
Denn durch unsere Verfehlungen und die Vergehen unserer Väter,
(wurden) Jerusalem und dein Volk eine Schande bei allen rings um uns her.

17 Jetzt aber, höre, unser Gott,
auf das Gebet deines Knechtes und auf sein Flehen,
und lass leuchten dein Angesicht über deinem Heiligtum, dem verödeten,
um des Herrn[137] willen[138].

18 Neige, Herr, dein Ohr und höre,
öffne deine Augen und siehe unsere Verödungen
und die Stadt, über der dein Name ausgerufen ist.
Ja, nicht wegen unserer Gerechtigkeitserweise
legen wir unser Flehen vor dich,
sondern wegen deines großen Erbarmens[139].

---

135 Hier haben einige Handschriften das Tetragramm.

136 Vgl. FN 136.

137 Vgl. FN 136.

138 Hier wird mit Theodotion und in Übereinstimmung zu V. 19 die zweite Person Singular eingetragen u. a. von Hartman/ Di Lella, The Book of Daniel, 239. Goldingay, Daniel, 228, weist darauf hin, dass die Versionen unterschiedliche Verbesserungen bereithalten, und schließt daraus, dass ihnen nur das gleiche Unbehagen vorlag, nicht aber eine übereinstimmende oder gar ältere alternative Überlieferung.

139 Pluralform als Hinweis auf die „Taten des Erbarmens".

19 Herr, höre! Herr, verzeih! Herr, merke auf!
  Handle! Zögere nicht –
  um deiner selbst willen, mein Gott,
  denn dein Name ist ausgerufen
  über deiner Stadt und über deinem Volk.

Text und Struktur

In konsequenter Umsetzung der Idee des prophetischen Fürbittengebetes wechseln sich in diesem Gebet „Ich-Rede" und „Wir-Rede" ab.[140] Wann immer das Gebet als solches thematisiert wird, tritt ein Beter in Erscheinung, der sich als „ich" bezeichnet und sich an „meinen Gott"[141] wendet. Wann immer dagegen bittend oder bekennend formuliert wird, spricht eine Wir-Gruppe und verwendet entsprechend Pluralformulierungen.[142]

Auffallend häufig bekräftigen die Beter dieser Zeilen ihr Schuldbekenntnis in einander ähnlichen, aber keinesfalls identischen Einwürfen, die teilweise längere Gedankengänge unterbrechen.[143] Das Gebet wird so zu einer Einübung ins Sündenbewusstsein und ins Sündenbekenntnis. Die wiederholte Selbstanklage durchsäuert einen Text, der sich ebenfalls wesentlich mit der Sünde der Wir-Gruppe befasst und die Abwege und Schande der Sprechenden pointiert der Treue und Geradlinigkeit JHWHs entgegensetzt. Die Güte, Größe und Gottheit JHWHs, die sich in all seinem Handeln zeigen[144], stehen dem Bekenntnis und der Beschreibung der Sünde der Wir-Gruppe gegenüber.[145] Dabei sind die Aussagen so aufeinander bezogen, dass die Schuld der Sprechenden vor dem Hintergrund der Gottesbeschreibungen besonders deutlich hervortritt. Dieser ausgeführten Dia-

---

140 Ein Unterschied zur Fürbitte in Neh 1,6 ist, dass die Identifizierung des Sprechers mit der sündigen Wir-Gruppe in Daniel nahtlos vorgenommen wird, wohingegen Nehemia den Unterschied zwischen sich und dem Volk relativ deutlich setzt. Erkennbar ist das daran, dass das eigentliche Gebet zwar zu „meinem Gott" gesprochen wird (V. 4), die wörtliche Rede aber mit einer ersten Person Plural *communis* einsetzt. Goldingay, aaO., 233 f., stellt fest, dass Daniel dadurch geradezu wie Jeremia oder Mose gezeichnet werde.
141 Vgl. Dan 9,4.18 f.
142 In der weiteren Beschreibung werden, wo nicht explizit von Daniel die Rede ist, „die Beter" als Sprecher dieser Zeilen angenommen. Vgl. C. L. Seow, *Daniel*. Westminster Bible Companion. Louisville, Ky.: Westminster John Knox Press, 2003, 143.
143 Über die Äußerungen am Ende der Verse 8.9.11.14 und 15 schreibt Mathys, Dichter und Beter, 22: „Die kurzen Sätze enthalten Einwürfe, mit denen sich der Beter die schmerzliche Tatsache, daß er und seine Volksgenossen gesündigt haben, immer wieder in Erinnerung ruft."
144 Vgl. V. 4.9a.12–13a.14abα.15a.18bβ.19b.
145 Vgl. V. 5–8.9b-11.13b.14bβ.15b.16b.18bα.

stase schließt sich, der Struktur der Klage entsprechend, die Bitte an. Sie vollzieht in sich die Schritte der erbetenen Änderung nach, die vom Ende des Zorns (V. 16a) zur positiven Zuwendung und weiter zur Wahrnehmung (V. 17; V. 18a), zur Vergebung und zum Eingreifen zugunsten des Volkes führen (V. 19a).

Das Bekenntnis der Schuld ist ungleich länger als die Bitte, es umfasst etwa die ersten beiden Drittel des Gebets (V. 5 – 14), die Bitte um Eingreifen das letzte Drittel (V. 15 – 19).[146] Beide Abschnitte sind jeweils zweigeteilt. Das kurze Vertrauensbekenntnis in V. 9a wiederholt die positive Ansprache JHWHs aus V. 4 und könnte durchaus zur Bitte überleiten, eröffnet aber stattdessen einen zweiten, noch ausführlicheren Abschnitt über die Sünde der Wir-Gruppe (V. 10 – 14). Durch den kurzen Blick auf Erbarmen und Vergebung JHWHs wird das Thema der Bitte vorgebildet. Der diesen Abschnitt zur Sünden- und Schriftlehre eröffnende V. 9a nimmt die Rede vom Erbarmen und von der Vergebung JHWHs vorweg (9,18). Die Widerständigkeit und Schuld der Wir-Gruppe wird in V. 9b dann aber insofern noch pointierter akzentuiert, als die Auflehnung der Sprechenden ausgerechnet Aufstand gegen den Gott des Erbarmens und der Vergebung ist. Auf den unmittelbaren Kontext bezogen nimmt die Verbindung von Vertrauensbekenntnis (V. 9a) und Schuldbeschreibung (V. 9b-10 f.) die Struktur von V. 4 f. wieder auf. Formal unterscheidet sich der mit V. 9 beginnende Abschnitt vom vorangehenden und folgenden Gebet durch das teilweise Aussetzen der Anrede JHWHs.[147] Die Verse beinhalten abstraktere Sünden-, Schrift- und Gotteslehre, nicht Rede zu Gott. Im gewissen Sinne wiederholen V. 9 – 14 das vorangegangene Sündenbekenntnis, tragen jedoch zugleich eigene Schwerpunkte ein oder deuten das vorab Gesagte neu: Aus den Geboten (מִצְוָה) und Rechtssatzungen (מִשְׁפָּט) in V. 5 wird die wiederholte Rede von der Tora (תּוֹרָה V. 10 f.13). Aus dem Reden der Propheten im Namen JHWHs (V. 6) wird die Stimme JHWHs in den Prophetenbüchern (V. 10).[148] Aus dem allgemeinen Hinweis, dass JHWH im Recht ist (V. 7), wird der schriftgestützte Nachweis seines Rechthandelns (V. 11b).[149] Das Interesse an allen Männern in Juda, Jerusalem und ganz Israel (V. 7) wird zugespitzt auf den Fokus auf Jerusalem (V. 12).

---

146 Dan 9,15 kommt eine Brückenfunktion zu, indem durch die neuerliche Anrede Gottes (וְעַתָּה אֲדֹנָי אֱלֹהֵינוּ) vom Bekenntnis- zum Bittteil übergeleitet wird (vgl. Esr 9,8.10; Neh 9,32). Vgl. Christoph Berner, *Jahre, Jahrwochen und Jubiläen*. Beihefte zur Zeitschrift für die Alttestamentliche Wissenschaft 363. Berlin u. a.: de Gruyter, 2006, 29.

147 Vgl. V. 9b-10.11b-13abα.14.

148 Zu der Beobachtung, dass in V. 10 eben nicht allein die Tora, sondern auch das *corpus propheticum* vorzuliegen scheint, vgl. Kratz, Reich Gottes und Gesetz, 443 f., der die Verbindung von Plural (Propheten) und Singular (was JHWH vorgelegt hat) in diesem Sinne deutet.

149 Nach Seow, Daniel, 143, manifestiert sich JHWHs Gerechtigkeit eben gerade in der Gewährung der Gnade. Das liest er in V. 16.19.

Auch die kürzeren Bitten lassen eine Zweiteilung erkennen. Zweimal, in V. 15 und V. 17, setzen sie mit dem eröffnenden „Jetzt aber!" (וְעַתָּה) ein. Die erste Bitte beginnt mit der Anrufung des Exodusgottes und bittet um ein dem rettenden Exodusgeschehen analoges Vergebungshandeln an Jerusalem. Die zweite Bitte beginnt mit der Thematisierung prophetischer Fürbitte und führt ausdrücklich den betenden Daniel ein. Auffällig an dieser zweiten Bitte ist die wiederholte Rede vom verwüsteten Heiligtum. Die Begründung für das mit großem Nachdruck erbetene Vergeben und Handeln des angesprochenen Gottes ist in beiden Bitten die Ausrufung des Namens über der Stadt Jerusalem.

Die Überlieferungsvarianten des Gebetes sind nicht geeignet, eine ältere Vorlage zu ermitteln. Wesentliche Gründe für Änderungen bzw. „Verbesserungen" sind der unkoordiniert erscheinende Wechsel von JHWH-Anrede und Rede über JHWH (vgl. V. 11.17) sowie der Wechsel zwischen Gebrauch und Vermeidung des Tetragramms durch die alternative Setzung von אֲדֹנָי (vgl. V. 3a.15a.16a.17b). Tatsächlich ist es schwierig, die verschiedenen Formulierungen nachvollziehbar zu begründen. Wie beschrieben überwiegt in der zweiten Hälfte des Bekenntnisabschnitts (V. 10 – 14) die Lehre gegenüber der Ansprache. Gleichwohl wird auch dort die Redeform der Anrede an JHWH nicht verlassen (V. 11a.13b). Dabei scheint aber in diesem Abschnitt die lehrhafte Selbstvergewisserung der Ansprache vorgeordnet zu sein.

Das Tetragramm wird innerhalb des Danielbuches allein in Dan 9 erwähnt, ist aber nicht auf das Gebet beschränkt, sondern findet sich bereits in der Beschreibung des Jeremiatextes als „Wort JHWHs" (V. 2).[150] Nahkontext und Gebet sind auch durch die Verwendung des Tetragramms eng miteinander verbunden.

In der doppelten Einführung des Gebetes wird zunächst vermeidend statt von JHWH von אֲדֹנָי gesprochen und dann in der Wiederholung von JHWH. Innerhalb von V. 4 unterscheidet die Verwendung von JHWH und אֲדֹנָי die Rede über und die Rede zu Gott. Die Ansprache wendet sich nicht an JHWH, sondern an אֲדֹנָי. Nähme man entsprechend nur diesen Text als Muster, so wäre die zitierte Anrede eine, die das Tetragramm vermeiden, die Rede über JHWH aber eine, die sich dessen bedienen könnte. Dieser Argumentation entspricht die Verwendung in V. 7.10.13.14 sowie in V. 15f.19. In V. 8f. wird jedoch genau entgegengesetzt formuliert, die Anrede mit dem Tetragramm, die Rede über mit אֲדֹנָי. Auch in V. 17 wird JHWH nicht angesprochen und dennoch wird die Rede über Gott mit אֲדֹנָי formuliert. Ten-

---

150 Vgl. Goldingay, Daniel, 237, der festhält, der Wechsel des Namens müsse nicht mit einer späteren Eintragung zusammenhängen, sondern könne auch kontextbedingt sein. Bruce William Jones, „The Prayer in Daniel IX." in *Vetus Testamentum* 18/1 (1968): 488 – 493, 489, erläutert, dass die Erwähnung des Gottesnamens in Dan 9,2 aus einer idiomatischen Redeweise zu erklären sei.

denziell kann jedoch festgehalten werden, dass der Gottesname in der direkten Anrede weitgehend vermieden wird. V. 8 bildet eine Ausnahme.[151]

Wachstum

Die dargestellten Doppelstrukturen des Gebets legen es nahe zu überprüfen, ob es sich bei V. 9 – 14 und V. 17– 19 um nachträglich eingefügte Erweiterungen handeln könnte. Dan 9,9 – 14 unterscheidet sich von seinem Kontext durch eine Vorordnung der Lehre vor das Gebet, die sich an der vergleichsweise seltenen Ansprache JHWHs (nur in V. 11a und V. 13bβ) in diesen Zeilen zeigt. V. 15 schließt gut an V. 8 an, weshalb eine Ausscheidung der Verse möglich erscheint, die für den Verlauf und die Argumentation nicht notwendig sind, ja sogar eine störende Dopplung bilden. Neben der oben bereits dargestellten inhaltlichen Unterscheidung der Abschnitte spricht für die nachträgliche Formulierung dieser Verse die Beobachtung, dass innerhalb des Bußabschnitts nur in ihnen spezifische Verbindungen zum Kontext zu finden sind.[152] Möglich wäre entsprechend die Annahme, dass der stärker auf die Frage der Schriftauslegung eingehende zweite Bekenntnisabschnitt V. 9 – 14 in ein unabhängig entstandenes Gebet bei dessen Einfügung in den Kontext eingetragen wurde. Erst durch die Schriftauslegung Daniels (9,2) ergibt sich die Notwendigkeit, explizit die Rolle der Schriften und die Frage nach der Stimme JHWHs in ihnen zu erörtern. Die Verse 9 – 14 wären so erst bei der Einfügung des Gebetes in diesen Kontext zur besseren inhaltlichen und theologischen Verknüpfung eingetragen worden. Sachlich wäre die Nachträglichkeit erklärbar durch das Bedürfnis, die Situation als eine darzustellen, die der Theologie der Schrift entspricht. Der Wechsel der Rederichtung und die Wiederholung des Sündenbekenntnisses als Lehrrede können durchaus inhaltlich vom Verfasser beabsichtigt sein.[153] Da jedoch ausgerechnet die Abschnitte, die die Kontextanspielungen beinhalten, jeweils wieder die Gebetsrede aufnehmen und also noch stärker als die Lehrstücke für den Kontext formuliert wurden, liegt die Annahme einer nachträglichen Erweiterung nahe.

---

151 Goldingay, Daniel, 240.
152 Siehe unten: Es geht um die Rede von der Ausgießung des Schwures V. 11, die Einsicht in Wahrheit und die Umkehr V. 13. Als weniger spezifisch angesehen wird die Zusammenstellung von Schuld und Verfehlung, die sich zwar innerhalb des Gebetes gehäuft findet und in V. 24 wieder aufgenommen wird, die aber auch darüber hinaus eine häufige und deshalb kaum nur für den Kontext gebildete Paarung ist, sowie die auf die Religionspolitik Antiochus' IV. anspielende Rede von der Verheerung, die eben gerade auch anderweitig belegt ist.
153 Das Reden „über" ist nach Seow, Daniel, 144, Instruktion für den Leser.

Ähnliche Beobachtungen lassen sich auch am zweigliedrigen Bittteil des Gebetes machen. V. 16 ist bereits ein mögliches Ende des Gebetes. Mit dem Neueinsatz in V. 17 f. werden die Rolle Daniels als Beter und die Verwüstung des Tempels angesprochen. Beide Informationen lassen sich ausdrücklich auf den literarischen und zeitgeschichtlichen Kontext des Gebetes beziehen. Daneben wird die Dringlichkeit des Gebetes durch diese Zeilen gegenüber V. 15 f. verstärkt. Die zweite Bitte und vor allem der ausdrückliche Rückbezug auf die aktuelle Situation des Tempels und die Rede des Propheten zeigen sich so ebenfalls als mögliche spätere, kontext- und gegenwartsbezogene Ergänzungen eines ursprünglich aus Dan 9,4 – 8 und 15 f. bestehenden, unabhängig entstandenen Gebets.[154]

Es gibt den Versuch, die Unterschiede und vor allem die Wiederholungen innerhalb des Gebets als konzeptionell bedingte Eigenheiten einer liturgischen Einheit zu erklären.[155] Da die dargelegte Schichtung jedoch den Wechsel von engster Kontexteinbindung und Kontextfremdheit erstmals nachvollziehbar erklären kann, hat sie einige Wahrscheinlichkeit für sich. In jedem Fall ist die Unterscheidung der theologischen Zuspitzungen der einzelnen Abschnitte dazu geeignet, ein vertieftes Verständnis des Gebetes zu ermöglichen.[156]

Stellung im Buch

Bereits im Abschnitt über das Wachstum des Gebets ließ sich unter anderem wegen der Beschränkung spezifischerer Übereinstimmungen zwischen Gebet und Kontext auf die Verse 9 – 14 und 17 – 19 nahelegen, dass ein außerhalb des Dani-

---

154 Genau genommen ist auch Vers 8 eine Wiederholung des vorangehenden Verses, die die noch fehlenden Institutionen und Generationen in den Text einträgt. Da sich nur hier die Verwendung des Tetragramms in der unmittelbaren Ansprache JHWHs findet, ist es verführerisch, hier von einem nachträglich eingefügten Vers auszugehen. Notwendig ist es nicht.

155 Vgl. Lebram, Das Buch Daniel, 104.

156 Wenig trägt für diese Argumentation die Verknüpfung des Gebetes mit V. 20 aus, der ja als redaktionelles Bindeglied angenommen werden kann (Vgl. Goldingay, Daniel, 236). Durchaus eng ist jedoch die Verbindung von V. 24 zum vorangegangenen Gebet. Dieser Vers ist im Visionsgeschehen fest verwurzelt. Gerade in diesem Vers findet sich die Rede von der heiligen Stadt (עִיר V. 16.18 f. und קֹדֶשׁ V. 16). Die in V. 24 erwähnte Verfehlung חַטָּאת wird im redaktionellen V. 20 wörtlich und im Gebet mit der Wurzel (V. 5.8.11.15 חטא) aufgenommen. Die Schuld עָוֹן dagegen hier und in V. 13.16. Aber nicht alle Termini sind mit dem Gebet verbunden: Die Sühnung כפר wird nur in V. 24 angesprochen. Der Sündenbegriff פֶּשַׁע wird innerhalb von Dan 9 nur in V. 24 verwendet, vgl. jedoch 8,12 f.23. Insgesamt zeigt sich eine Nähe des Verses zu 8,23. Es gibt also durchaus motivische Berührungen, die jedoch durch das ähnliche Thema begründet sind, das in 8,23 schon einmal angesprochen wurde.

elbuchs entstandenes Gebet nachträglich in den Text eingefügt und in diesem Zusammenhang um die angegebenen Verse ergänzt wurde.[157] Diese Annahme wird durch die doppelte Rahmung des Gebets (V. 3f. und V. 20f.) unterstützt. Leicht lassen sich die Verse 4 und 20 als redaktionelle Bindeglieder identifizieren und der Übergang von V. 3 zu V. 21 gelingt problemlos.[158] Inhaltlich verbindet sich das Gebet in seiner erweiterten Form mit dem sich anschließenden Text in 9,24–27, der, wie das Gebet, eine deuteronomistische Geschichtsdeutung formuliert.[159] Die Frage, wie sich Dan 9 zum weiteren Verlauf des Danielbuches verhält, wird im Folgenden im Überblick dargestellt.[160]

Die Funktion des Gebets in Dan 9 besteht nicht darin, die Handlung des Kapitels voranzutreiben.[161] Es beschreibt deshalb nicht etwa den Weg Daniels zur

---

157 Diese Annahmen fügen sich zu der These, dass weder eine Entstehung im Kontext noch eine außerhalb des Danielbuches sich ernsthaft ausschließen lasse. Vgl. Luc Dequeker, „King Darius and the Prophecy of Seventy Weeks: Daniel 9." in *The Book of Daniel in the Light of New Findings*, hrsg. von Adam S. van der Woude. Bibliotheca Ephemeridum Theologicarum Lovaniensium 106. Leuven: Leuven Univ. Press, 1993: 187–210, 195, sowie Reinhard G. Kratz, „Die Visionen des Daniel." in *Schriftauslegung in der Schrift*, hrsg. von ders., Thomas Krüger und Konrad Schmid. Beihefte zur Zeitschrift für die Alttestamentliche Wissenschaft 300. Berlin u. a.: de Gruyter, 2000: 219–236, 233: „Bei dem Gebet handelt es sich nicht, wie oft angenommen, um ein Traditionsstück, sondern um eine literarische Bildung, die entweder gleichzeitig mit 9,1–3.21–27 oder auch nachträglich in den Kontext geschrieben wurde."
158 Für Dequeker, King Darius, 195, sind V. 4 und 21 redaktionell. Goldingay, Daniel, 237, wendet gegen die Ausscheidung von Rahmenversen ein, dass die Wiederholung durchaus nicht uncharakteristisch für Daniels Prosa sei. Vgl. jedoch Berner, Jahre, 34: „Obwohl sich das Bußgebet, wie dargelegt, harmonisch in den Kontext von Dan 9 einfügt, spricht der literarische Befund in 9,20.21 dafür, daß es einschließlich seiner in 9,4a.20 geschaffenen Kontextualisierungen nachgetragen wurde."
159 Vgl. zu dieser Annahme Odil Hannes Steck, „Weltgeschehen und Gottesvolk im Buche Daniel." in *Wahrnehmungen Gottes im Alten Testament: Gesammelte Studien*. Theologische Bücherei Altes Testament 70. München: Kaiser, 1982: 262–290, 284f., der über das Gebet schreibt, „daß es eben die deuteronomistische Position in homogener Sprachgestalt zum Ausdruck bringt, die wir in 9,24–27 von den Daniel-Kreisen eigenständig rezipiert fanden."
160 Anzunehmen ist, dass Daniel 9 jünger ist als die nachfolgenden Kapitel 10–12. Vgl. zunächst anders Kratz, Translatio imperii, 73, dann aber Kratz, Die Visionen des Daniel, 230, und Berner, Jahre, 21f.
161 Wenig weiterführend erscheint die Behauptung, das Gebet Daniels sei überhaupt das falsche Gebet, weil der Kontext der Vision eine Bitte um Erkenntnis nahelege, kein Schuldbekenntnis. So u. a. Robert Henry Charles, *A Critical and Exegetical Commentary on the Book of Daniel: With Introduction, Indexes and a New English Translation*. Oxford, 1929, 226. Er findet offenbar, dass der Text hier störe. Dieses Urteil übersieht nach Ansicht von Mathys, Dichter und Beter, 34, dass bereits im einleitenden V. 3 auf ein Bußgebet hingearbeitet werde. Vgl. Berner, Jahre, 42: „Wer hier ein Gebet quasi als Mittel zum Zweck erwartet, um eine göttliche Reaktion

Erkenntnis.[162] Vielmehr ist es als betende Einübung ins Sündenbewusstsein eine Aufnahme jeremianischer Theologie auf der Ebene aneignender Frömmigkeit und bietet damit selbst eine Auslegung des in Frage stehenden Textes.[163] Das Gebet stellt die passenden Worte zur Verfügung, die im Zugehen auf das Ende der 70 Jahrwochen benötigt werden. Es tut damit mehr als nur noch einmal in Erinnerung zu rufen, warum die Strafe verhängt wurde. Es bietet spirituelle Leitung für die Zeit der verzögerten Restitution und ermöglicht zugleich eine am Maßstab des Deuteronomiums gebildete, moderat hoffnungsvolle[164] Formulierung betender Identität.[165]

Mit dieser theologischen Ausrichtung unterscheiden sich das Gebet und sein unmittelbarer Kontext von der Theologie der ursprünglichen Danielerzählungen in Dan 1–6. Sie berichten von der Möglichkeit, ein frommes jüdisches Leben unter fremder Herrschaft zu führen, sich gänzlich nach dem Maßstab der Gottesbeziehung auszurichten und gleichwohl erfolgreich im weltlichen Gefüge zu sein. Eine grundsätzliche Spannung zwischen den vorfindlichen legalen und politischen Strukturen und der eigenen Frömmigkeit ist nicht angelegt und wo es dennoch zu Spannungen kommt, liegt dies am Missverständnis oder am Übelhandeln Einzelner.

---

hervorzurufen, muß sich an seinem Inhalt stoßen, der Bitten um Einsicht und Erkenntnis vermissen läßt."

162 Berner, ebd., geht sogar so weit, in der Suche nach Gebet und Bitten eine mögliche bewusste Gegenbewegung zur Suche nach Erkenntnisgewinn in Dan 8 zu sehen. Ein Gebet um Erleuchtung setzt u. a. Hartman/ Di Lella, The Book of Daniel, 238, voraus. Berner, Jahre, 42 Anm. 86, formuliert: „Diese im Gebet geäußerte Haltung wird durch die an Daniel ergehende Offenbarung ins Recht gesetzt und soll möglicherweise bereits durch die ungewöhnliche Wendung לבקש תפלה umschrieben werden."

163 Vgl. Seow, Daniel, 141: „Daniel is seeking not 'an answer' but God, as Jeremiah had prescribed. Indeed if confusion over Jeremiah's prophecy were the main problem, one should expect a prayer for illumination here. But no, Daniel understood Jeremiah properly, for the prophet had spoken of devastation and exile as God's punishment for sins, and hence the response that follows Daniel's perception of the documents (v.2) is a prayer of confession and supplication." Vgl. v. a. Porteous, Norman Walker, *Das Buch Daniel*. Das Alte Testament Deutsch 23. Göttingen: Vandenhoeck & Ruprecht, 1985, 111: „Andererseits ist der Verfasser aber nicht so unfähig, daß er nicht ein Gebet um Erleuchtung hätte verfassen können, wenn er es an dieser Stelle als notwendig empfunden hätte." Gerald H. Wilson, „The Prayer of Daniel 9. Reflection on Jeremiah 29." in *Journal for the Study of the Old Testament* 48 (1990): 91–99, 97, geht auch davon aus, dass das Gebet hilft zu tun, was Jeremia gewollt hätte: „The prayer is best understood as an attempt to have Daniel fulfill the conditions for restoration set out in Jer. 29.12–14."

164 Vgl. Shepherd, Daniel in the Context of the Hebrew Bible, 96: „Daniel, however, anticipates that God will restore his people from exile in response to prayer (see Deut 30:3; 1Kgs 8:46–50)."

165 Nach Berner, Jahre, 42, wird Daniel „zum idealtypischen Vorbeter der Danielkreise".

Ganz anders verhält es sich in Dan 9. Weltliche Rechtslage, Könige, Fürsten und Familienoberhäupter in Vergangenheit und Gegenwart zeichnen sich dadurch aus, nicht auf die Gebote JHWHs zu hören. Richter richten nicht entsprechend JHWHs Recht. Die alle Schichten des Volkes und der Gesellschaft charakterisierende Abweichung vom Gesetz des Mose ist der Grund für alles gegenwärtige Elend Israels und Zeichen für die völlige Verderbtheit aller Verhältnisse, die nach mosaischem Gesetz den Fluch nach sich zieht. Aus dieser Lage soll nun betend um Befreiung gesucht werden.

Interessant ist vor diesem Hintergrund die nähere Einbindung des Gebets. Es ist Teil eines hermeneutischen Vorgangs und leitet von der ersten Wahrnehmung der Prophezeiung in Jer 29,10–12 zur Deutung dieser Stelle über.[166] Zugleich nimmt es den Inhalt der anschließend erfolgenden Antwort schon vorweg, die verheißt, dass die Sühnung am Ende der Jahrwochen erfolge, indem um die Vergebung der Schuld gebeten werde.[167]

Unmittelbarer Kontext des Gebets sind die schrifttheologischen Überlegungen Daniels. Daniel erkennt, dass die Exilszeit sich bis in die Gegenwart der Verfasser erstreckt, und interpretiert die 70 Jahre, von denen Jeremia spricht, als 70 Jahrwochen.[168] Im Gespräch Gabriels mit Daniel geht es nicht allein darum, Daniel die Zukunft oder Gegenwart zu eröffnen, sondern auch darum, die *praxis pietatis* Daniels ins Recht zu setzen, der prototypisch für die Frommen der Makkabäerzeit steht.[169] Der Kult hat im Danielbuch eine wichtige Rolle inne, obwohl oder weil die Entfernung vom Tempel in Jerusalem vorausgesetzt werden muss.[170]

Vor diesem Hintergrund ist es bedeutsam, dass Daniel zur Stunde des Abendopfers aufgesucht wird, zu der wohl auch sein Gebet anzusetzen ist. Die bereits in Daniel 6 formulierte geographische Ausrichtung des Betenden auf Je-

---

166 Vgl. Berner, aaO., 33.

167 Das Gebet Daniels wird durch die Rede des Engels Gabriel nicht obsolet, und sein Beten wird auch nicht ursächlich mit einer Verkürzung der Zorneszeit verbunden. Lebram, Das Buch Daniel, 104: „Er betet zu diesem Zeitpunkt, weil er aus dem Jeremiabuch erfahren hat, daß die Wiederherstellung Jerusalems nahe sein muß, ...“ Weiterhin Shepherd, Daniel in the Context of the Hebrew Bible, 97: „The sin that Daniel confessed in Dan 9:3–14 will not find completion or atonement until the end of the seventy sevens, at which time there will be everlasting righteousness, and the prophetic vision will be complete (Dan 9:24).“

168 Vgl. Berner, Jahre, 49: „‚70 Jahrwochen, den Frevel zu vollenden‘, sind folglich im Kontext des Danielbuches zunächst als Zeitraum zu verstehen, in dem die heidnischen Fremdherrscher das jüdische Volk unterjochen.“

169 Nach Berner, aaO., 32, „erschöpft sich [Gabriels Auftritt] nicht in der Übermittlung einer Botschaft, sondern setzt die *praxis pietatis* Daniels ins Recht, der prototypisch für die Frommen der Makkabäerzeit steht.“

170 Vgl. Barton, Joel and Obadiah, 65.

rusalem wird so auch um die zeitliche Ausrichtung auf Zion ergänzt.[171] Das JHWH zugewandte Gesicht mag in dieser Hinsicht mit dem Jerusalem zugewandten in Dan 6,11 parallelisiert werden.[172]

Die Verbindung zum umgebenden Kapitel 9 ist somit durch Motivaufnahmen und Wortübereinstimmungen in den Versen 9,9‒14.17‒19 gewährleistet. Die theologische Bedeutung des Kapitels wird durch das Gebet vertieft und weitergeführt. Das Gebet ist einerseits sinnvoll in den Kontext eingefügt, andererseits leicht als Nachtrag zu erkennen.[173] Genaueres über den Zusammenhang von Gebet und Kontext mag an der Untersuchung der Wortübereinstimmungen ersehen werden, die im Folgenden erhoben werden sollen.[174]

Interpretation im Kontext

Anlass des Szenarios ist nicht eine Vision, auch keine Audition oder eine plötzliche Theophanie, sondern die Entdeckung des Schriftgelehrten Daniel, die er im Buch des Propheten Jeremia macht. In Jer 25,11 f. und 29,10 werden als Zeit für die Knechtschaft unter Babel 70 Jahre angegeben, diese Zeit wird von ihm als Zeit von 70 Jahrwochen interpretiert.[175] Wesentlich für die Stellung von Dan 9 am Übergang zur Heilszeit ist vor allem Jer 29,10‒12.[176] Theologische Vorlagen bieten jedoch

---

171 Vgl. Berner, Jahre, 45: „Daß Daniel von Gabriel nicht irgendwann, sondern ערב מנחת כעת, zur Zeit des Abendopfers, aufgesucht wird (V. 21), ist kein Zufall, sondern verweist auf die kultische Bedeutung der Tageszeit. Warum Daniel ausgerechnet zu dieser Stunde ins Gebet vertieft ist, erklärt sich, wenn man sich in Erinnerung ruft, daß er sich im Exil, also fernab des Jerusalemer Tempels befindet, der zudem in Trümmern liegt. Angesichts der Unmöglichkeit, die täglichen Tempelopfer geregelt zu vollziehen, zeigt Daniel durch sein Gebet ein für die Diaspora typisches Verhalten – die Teilhabe am physisch unerreichbaren Kultzentrum durch Vergeistigung des Kultus."
172 Vgl. Hartman/ Di Lella, The Book of Daniel, 243.
173 John Joseph Collins, *Daniel*. The Forms of the Old Testament Literature 2. Grand Rapids, Mich.: Eerdmans, 1999, 91: „In view of these correspondences, it is best to conclude that, although the prayer was not composed for the present context, it was included purposefully by the author of Daniel 9 and was not a secondary addition."
174 Vgl. dazu Berner, Jahre, 30 f., sowie Jones, The Prayer in Daniel IX, 491 f.
175 Maurice Gilbert, „La prière de Daniel: Dn 9,4‒19*." in *Revue théologique de Louvain* 3/1 (1972): 284‒310, 292, nennt Jer 25,3‒11 mit seiner Einladung zur Reue als Anlass dieses Gebetes.
176 Vgl. Mathys, Dichter und Beter, 35. Mathys selbst nennt Jer 29,10‒12 als wesentlichen Hintergrund des Textes, ist aber zurückhaltend: „Wir behaupten nicht, das Kapitel bilde geradezu eine Auslegung von Jer 29,10‒12. Immerhin verdient Beachtung, daß der Verfasser von Dan 9 das ganze Jeremiabuch ausgezeichnet kennt. Keiner der bisher untersuchten Texte weist eine starke jeremianische Prägung auf, was der Vermutung zusätzliches Gewicht verleiht." (35). Noch vorsichtiger äußert sich Shepherd, Daniel in the Context of the Hebrew Bible, 95: „It is not clear

zudem die Fluch- und Segenskapitel in Lev 26 und Dtn 27–29 sowie die Verheißung in Dtn 30,3.[177] Dabei geht das Gebet über das in den Spendestellen formulierte Szenario hinaus, wo ein ausdrückliches und wiederholtes Bekenntnis der Schuld nicht gefordert wird. Die Selbstminderungsgesten, das ausführliche Schuldbekenntnis und die unterwürfige Bitte um Vergebung sind die Interpretation der dort formulierten Voraussetzung „wenn ihr mich mit ganzem Herzen sucht" (Jer 29,13). Der Beter Daniel sucht (hier wie dort בקש) zunächst nicht Gott, sondern Gebet (תְּפִלָּה) und Flehen (תַּחֲנוּן).[178] Die ungewöhnliche Formulierung weist darauf hin, dass bereits die Möglichkeit zum Gebet als Fund oder Gabe bezeichnet werden kann und Zeichen der Gnade ist.

Daniel wendet sein Antlitz JHWH im Gebet zu (V. 3), wie er es in Dan 10,15 zur Erde senkt.[179] Das Erheben des Angesichts ist Zeichen für den Mut, sich an JHWH zu wenden. Dieser Mut muss Daniel in Dan 10 erst wieder eingeflößt werden. Die Selbstminderungsriten, die der Betende in Vorbereitung des Gebets vollzieht, sind ausführlich und spiegeln die Stimmung und die Überzeugung des folgenden Textes wider. Sie zeigen, dass Ansprache JHWHs einzig in der völligen Demütigung des Selbst geschehen kann. Diese Tendenz ist sonst in den Gebeten der Propheten wenig zu beobachten, sie zeugt von einem Gebet in äußerster Not.[180]

---

in Dan 9:2 exactly what documents Daniel has in his possession, but it is evident that the book of Jeremiah in some form is the primary object of his study."
177 Auch das Gebet Salomos (vgl. v.a. 1 Kön 8,46–50) muss als eine der Wurzeln des Danielgebetes angesehen werden. Mathys, Dichter und Beter, 21 Anm. 2. Vgl. zur engen Verbindung mit Lev 26 vor allem John S. Bergsma, „The Persian Period as Penitential Era: The 'Exegetical Logic' of Daniel 9.1–27." in *Exile and Restoration Revisited: Essays on the Babylonian and Persian Periods in Memory of Peter R. Ackroyd*, hrsg. von Gary N. Knoppers. Library of Second Temple Studies 73. London u.a.: T. & T. Clark, 2009, 58.
178 Vgl. Aage Bentzen, *Daniel*, 2. verbesserte Aufl. Handbuch zum Alten Testament 1/19. Tübingen: Mohr, 1952, 73: „So betet er zu Gott, oder vielmehr: er ‚sucht' das Gebet (3); denn das Gebet kommt nicht von selbst, es muß gesucht werden..." Vgl. Friedrich Heiler, *Das Gebet: Eine religionsgeschichtliche und religionspsychologische Untersuchung*, 2. Aufl. München: Reinhardt, 1920, 224.
179 In Esra 9,6 findet sich eine deutliche Steigerung dieser Gebetseröffnung, wenn Esra innerhalb der Ansprache JHWHs formuliert, er wage es nicht, sein Antlitz zu ihm zu erheben.
180 Der Aufschwung sich solchermaßen demütigenden Gebets, das mit dem großen Versöhnungstag verbunden wird (Lev 16,29ff.; 23,27ff.; Num 29,7), kann in einigen späten Schriften des Alten Testaments beobachtet werden. Seow, Daniel, 140f., unterstreicht, dass diese Selbstminderungsriten nicht allein Buße (penitence) begleiten, weist auf Ps 35 hin, wo in Sack gehüllt für den Kranken gebetet wird. Mit Blick auf Esth 4,1–3 und Neh 9,1–2 nimmt Seow an: „So one may understand Daniel's acts as part of his preparation for coming before the deity; the fasting, sackcloth, and ashes are manifestation of his earnestness." (ebd.). Vgl. auch Klaus Koch, *Dan 1–4*. Biblischer Kommentar Altes Testament 22/1. Neukirchen-Vluyn: Neukirchener Verlag, 2005, 67–69. Koch erkennt für spätisraelitische Zeit eine Tendenz zum Fasten und stellt fest: „Die

Der angesprochene JHWH ist groß (גָּדוֹל) und furchteinflößend (נוֹרָא).[181] Die Anrede (V. 4) verbindet den Text mit Gebeten und Bekenntnissen Nehemias.[182] Die Beschreibungen JHWHs zu Beginn des Gebets erinnern an JHWHs Macht zu befreien und an seine Erhabenheit über das ganze Universum.[183] Dieser Souveränität Gottes wird seine ausdrückliche Zuwendung zum Menschen zugeordnet. JHWHs Bund (בְּרִית) und Gnade (חֶסֶד) werden in dieser eröffnenden, bekenntnisartigen Anrufung allerdings begrenzt, denn Gnade und Bund gelten allein denen, die ihn lieben und seine Gebote halten.[184] Die Spannung zwischen Gericht und Treue ist die Basis des folgenden Gebetes.

„Wir haben gesündigt (חטא) und haben uns vergangen (עוה)!", weiß Daniel in V. 5; wiederholt diese Einsicht in V. 8.11.15.16 und beschreibt das Gebet passend als Bekenntnis (htp. ידה V. 4.20). Auch in V. 24 ist von Verfehlung (חטא) und von Schuld (עָוֹן) die Rede. In der Theologie des Danielbuches ist diese Motivik darüber hinaus nicht angelegt.[185] Die Bezeichnung als Frevler (רשע) wird dagegen in den auf das Gebet folgenden Kapiteln noch zweimal erwähnt, ebenso die (an den gleichen Stellen genannten) Abtrünnigen (סור).[186] Dass die Gebote (מִצְוָה) aus V. 4 wieder aufgenommen werden, unterstreicht das Faktum, dass die Sprechenden nicht wagen dürfen, sich zur Gruppe derer zu rechnen, denen Bund und Gnade gelten. Die Sprecher des Gebets haben die Gebote nicht gehalten.

„Wir haben nicht gehört (שמע)!", so wird das Gebet konkretisierend weitergeführt (V. 6).[187] Die Wir-Gruppe hat die Propheten (הַנְּבִיאִים) ignoriert. Diese redeten zum Volk, zu Königen und Fürsten. Dass die Propheten auch zu den Vor-

---

Verbreitung solcher Bräuche der Entsagung ist nicht hauptsächlich aus alttestamentlichen Anstößen abzuleiten, sosehr sie auch der vom kanonisierten Gesetz genährten zunehmenden Sorge um reine Lebensführung entgegenkommt."

181 Vgl. Dtn 6,22; 7,21; 2 Chr 7,22 sowie Ps 47,2; 89,7 (Seow, Daniel, 141).

182 Die Formulierung findet sich identisch in Neh 1,5; 4,8; 9,32; als Bezeichnung für den Tag JHWHs in Joel 3,4 und Mi 3,23 und zuletzt als Bezeichnung der Wüste in Dtn 1,19.

183 Vgl. Seow, aaO., 142.

184 Die Gnade (חֶסֶד) wird in Daniel nur noch einmal genannt. In Dan 1,9 findet Daniel Gnade beim König. Der Bund (בְּרִית) wird noch in 9,27; 11.22.28.30 und 32 erwähnt, wo das Verhalten gegenüber dem „heiligen Bund" die Parteiungen apokalyptischer Streitigkeiten unterscheidet. Die Verbindung aus Liebe und Gehorsam ist klar deuteronomistisch. Vgl. Dtn 7,9 und Neh 1,5. Vgl. ebd.: „The God who is powerful enough to deliver and who is sovereign in the divine council is, thus, also God the faithful covenant partner."

185 Das Vergehen (עוה) wird nur in Dan 9,5 erwähnt. Vgl. auch die Auflehnung (מרד), die nur innerhalb des Gebetes (9,5.9) zu finden ist. Ebenso die Gebote (מִצְוָה), die nur im vorangehenden Vers und hier erwähnt werden. Das Recht (מִשְׁפָּט) wird allein in V. 5 genannt.

186 Vgl. Dan 11,32 und 12,10 bzw. 11,31 und 12,11.

187 Vgl. den gleichen Selbstvorwurf in 9,10.11.14 und an keiner weiteren Stelle des Danielbuches.

fahren geredet haben und sich die Wir-Gruppe schuldig bekennt, nicht gehört zu haben, spricht hier für einen übergreifenden Identitätsbegriff, wie er in der Heimsuchung der Vätersünden an den Nachfahren angelegt ist.

Die Feststellung, das Volk habe nicht auf die Knechte, die Propheten, gehört, ist ein deuteronomistischer Standardvorwurf, der so im Danielbuch nicht angelegt ist. Auch in V. 24–27 wird das Prophetenamt nicht auf diese Weise thematisiert. Im Gegenteil erwartet V. 24 die Versiegelung der Prophetie, also die Unzugänglichkeit des Prophetenwortes, nicht die absichtliche Ignoranz desselben. Die Rede vom Knecht (עֶבֶד) wird nur noch in 10,17 wieder aufgenommen, wo sie die Selbstbezeichnung Daniels in einem Gebetszusammenhang ist. Der Begriff benennt dort nicht die Sonderstellung des Propheten, sondern ist Ausdruck seiner Demut.[188]

Dass der Name JHWHs im weiteren Verlauf des Danielbuches keine Erwähnung findet, wurde bereits bei den Überlegungen zur Stellung des Gebets im Buch benannt. Entsprechend überrascht es nicht, dass die Fragen, ob oder wie die Propheten im Namen JHWHs sprechen und was überhaupt der Name JHWHs bedeutet, außerhalb des Gebets nicht zur Kenntnis genommen werden. Das Reden im Namen JHWHs nimmt vorweg, dass ab V. 15 geradezu eine „Namenstheologie" formuliert wird, beginnend mit dem Namen, den sich JHWH im Auszug macht (V. 15), bis hin zu den beiden Erwähnungen, dass JHWHs Name ausgerufen sei über dem Ort (V. 18f.).

Für die ersten beiden Verse des Sündenbekenntnisses (V. 5f.) gibt es etliche Vorlagen.[189] Auffällig ist an dieser Stelle die Doppelstruktur. Zunächst wird nahezu jede mögliche Form des Sündigens aufgezählt (V. 5) und dann in der ausführlichen Darstellung der Adressaten nachdrücklich erläutert, dass jeder angesprochen wurde und entsprechend niemand ohne Schuld ist (V. 6).

In Vers 7f. wechselt der Blick erstmals wieder von dem eigenen Tun und Vergehen hin zu JHWH, bei dem Gerechtigkeit (הַצְּדָקָה) ist.[190] Dieser kurze Blick auf JHWH wirft die Betenden aber auf ihre eigene Schande (בֹּשֶׁת) zurück. Die Schande bekennt die Wir-Gruppe im Namen aller nur irgendwie zu Juda, Jerusalem und

---

188 Die Erwähnung in 1,12f. zeigt, wo in Daniel eigentlich die Knechte zu suchen sind, nämlich im Umkreis des Königs.

189 Vgl. Dtn 1,41; 1 Kön 8,47; 6: 2 Chr 36,15–16; Neh 9,30; Sach 1,4.

190 Die Gerechtigkeit JHWHs und des Volkes wird außerhalb des Gebetes im Danielbuch nur noch in der Ankündigung in Dan 9,24 erwähnt, die wohl, wenn auch hinter ihm stehend, als Anlass des Gebets bezeichnet werden kann. Sodann werden in Dan 12,3 diejenigen gepriesen, die viele gerechtfertigt haben (צדק hif.).

Israel gehörenden Menschen, im Namen aller Könige, Fürsten und Vorfahren (siehe V. 6).[191]

Nach der massiven Verdammung aller gegenwärtigen und in der Vergangenheit begangenen Sünden Israels atmen die Beter in V. 9a auf, um daraufhin noch tiefer in die Verzweiflung zu sinken. Das Bekenntnis zum Erbarmen (רַחֲמִים) und zur Vergebung (סְלִיחָה)[192] JHWHs wäre geeignet, eine Wende im Gebet herbeizuführen, aber anstelle einer Bitte um Vergebung und Erbarmen konstatieren die Beter: Ausgerechnet gegen diesen Gott haben wir uns aufgelehnt (מרד).[193]

Mit dieser ernüchternden Wahrheit geht die Selbstbezichtigung der Betenden nun weiter. Wesentlich Neues wird nicht formuliert, zugleich gibt es jedoch einzelne neue Details, die die Annahme unterstützen können, in den V. 10 – 14 eine Erweiterung anzunehmen (s. o.). Die Stimme der Propheten (V. 6) wird zur Stimme JHWHs (V. 10), übermittelt durch die Propheten. Durch diese Umakzentuierung wird die Autorität des Wortes verstärkt und die Rolle der Propheten relativiert. Die Schriftlichkeit dieses Wortes kann hier vorausgesetzt werden. Die Stimme JHWHs umfasst nicht allein das Prophetenwort, sondern eben auch die Weisung (תּוֹרָה), die in V. 10 f. aufgenommen wird. Diese doppelt erwähnte Weisung wird zurückgeführt auf einen herausgehobenen Knecht JHWHs, auf Mose.

Der ausdrückliche Tora-Bezug wird nur hier (V. 10 f.) und in der anschließenden Strafbeschreibung (V. 13) hergestellt. Dabei ist die Weisung nicht eine allgemein mündlich ergehende Ansage JHWHs. Es ist die Tora des Mose, die übertreten wurde. Damit aber nicht genug. In V. 13b wird nun die zweite Stufe der Verfehlung benannt. Es ist nicht gelungen, das Angesicht JHWHs wieder zu besänftigen (חלה)[194], es ist keine Umkehr (שׁוב)[195] vom Vergehen (עָוֹן) erfolgt und die

---

191 גָּשֻׁב findet sich allein in Dan 9,7 f. und hat entsprechend keinerlei Anknüpfungspunkt im Danielbuch. Da die Verse sich im ursprünglich außerhalb des Buchs entstandenen Abschnitt befinden, ist dieser Befund wenig erstaunlich.

192 Die Vergebung ist als Nomen selten. Die Wurzel wird in 9,19 noch einmal verwendet.

193 Vgl. Mathys, Dichter und Beter, 23: „Die *Hoffnung*, es möge nicht so bleiben, Jahwe möge sich Israels erbarmen und vergeben, bringt V. 9 zum Ausdruck. Die Hervorhebung ist angebracht, da man über den ins Auge springenden formalen und inhaltlichen Entsprechungen zwischen V. 7 und 8 f leicht den Unterschied […] übersieht; im Deutschen entspricht er dem zwischen Indikativ und Potentialis: Du *bist* gerecht, du *hast die Möglichkeit* zu vergeben. Daß diese Hoffnung einer Gewißheit nahekommt, ändert daran nichts."

194 Im Piel vgl. Ex 32,11; 1 Sam 13,12; 1 Kön 13,6; 2 Kön 13,4; 2 Chr 33,12; Ps 119,58; Jer 26,19; Dan 9,13; Sach 7,2; 8,21 f.; Mal 1,9. Als Motiv im Umgang mit dem König vgl. bspw. Ps 45,13. Klaus Seybold, „Reverenz und Gebet: Erwägungen zu der Wendung ‚hilla panîm'." in *Zeitschrift für die Alttestamentliche Wissenschaft* 88/1 (1976): 2 – 16, 14 – 16, hat herausgearbeitet, dass das Erweichen des Göttlichen Antlitzes ursprünglich ein Terminus aus dem Kontext des Palastes ist und im Laufe der Entwicklung immer mehr von konkretem kultischem Handeln zu einer Metapher

Treue (אֱמֶת) JHWHs wurde ignoriert;[196] Fluch (אָלָה)[197] und Schwur (שְׁבוּעָה)[198] sind real geworden. Mit diesen Konzepten deuten die Beter ihr gegenwärtiges Erleben. Beide Formulierungen beziehen das Geschehen unmissverständlich auf die Realisierung des im Pentateuch angedrohten Geschicks.

Die Ausgießung (נתך) des Schwures (V. 11) korrespondiert mit der Ausgießung der Verwüstung in V. 27. Das nur in 19 Versen des Alten Testaments vorkommende Verb bezeichnet an etlichen Stellen das Fallen des Regens[199], andernorts und häufiger das Ergießen des göttlichen Zornes.[200] Die beiden Erwähnungen in Dan 9,11.27 folgen einer eigenen Logik, weil sich in ihnen nicht der Zorn, sondern die Strafe ergießt. In V. 27 heißt es, es ergieße sich die Vernichtung des Verwüsters. Dieser Erguss wird innerhalb des Gebets in V. 11 durch die Rede vom sich ergießenden Schwur JHWHs gedeutet. V. 27 fokussiert dagegen stärker auf den Zornesaspekt und auf die Verbindung dieser Ausgießung mit der Schändung des Tempels.

Es ist zudem möglich, die Rede vom „Schwur" (שְׁבוּעָה V. 11) an dieser Stelle auf eine Wortassonanz mit den Siebzig Jahrwochen (שִׁבְעִים שָׁבֻעִים) in V. 24 zurückzuführen. Dass V. 24 von Verfehlung (חַטָּאת) und Schuld (עָוֹן) spricht, verbindet sich ebenfalls mit der Motivik des Gebets. Die heraufgeführte Gerechtigkeit (צֶדֶק) ist ebenso wesentliches Motiv des Gebets, das ausdrücklich nicht die Gerechtigkeit der Betenden als Argument für das göttliche Handeln anführt, sondern nur auf die göttliche Gerechtigkeit baut (V. 16a.18b).

Die Unvergleichlichkeit des Übels wird mit einer Schmähung der Richter verbunden (V. 12). Das Verb (שׁפט) findet sich in Dan so nur hier. Bereits in 9,5 wird

---

für das Gebet geworden ist. Es ist ein Tun, das auf die Erwartung unheilvollen göttlichen Handelns reagiert und dieses abwenden will.

195 Vgl. Dan 9,16 als Bitte um eine Wende des göttlichen Zornes; 9,25 die Wieder-Herstellung Jerusalems; die weiteren Belege beziehen sich auf die Rückkehr ins Land o. ä. Umkehr zu JHWH spielt über das Gebet hinaus keine Rolle.

196 Steck, Israel und das gewaltsame Geschick seiner Propheten, 114, schließt aus der Abfolge „Gericht, versäumte Umkehr" zu Recht, dass die versäumte Umkehr die Umkehr nach der Katastrophe ist und entsprechend eine zweite Katastrophe angenommen werden kann. „Dabei wird diese erneute Katastrophe Jerusalems als Andauer derjenigen von 587 verstanden (vgl. V. 16, wo sie auch auf das Vergehen der Vorfahren zurückgeführt wird), nicht aber als deren Wiederholung, denn von der frühnachexilischen Restitution von Stadt, Tempel und Gemeinde berichtet das Gebet nichts. Vielmehr manifestiert sich das Gericht von 587 in der aktuellen Bedrängnis unter Antiochus IV." Vgl. Plöger, Theokratie und Eschatologie, 138.

197 Vgl. Dtn 29,11.13.18.19 f; 30,7; 1 Kön 8,31 par. 2 Chr 6,22; 34,24; Jes 24,6; Jer 23,10; 29,18; Ez 16,59; Sach 5,3; vgl. anders Neh 10,30.

198 Vgl. Gen 26,3; Dtn 7,8; 1 Chr 16,16; Ps 105,9; Jer 11,5; anders Jes 65,15.

199 Vgl. Ex 9,33; 2 Sam 21,10.

200 Vgl. 2 Chr 12,7; 34,21.25; Jer 7,20; 42,18; 44,6; Nah 1,6.

mit מִשְׁפָּט dieselbe Wurzel verwendet. In V. 5 bekennt die Wir-Gruppe den Abfall vom Recht. Der Vorwurf, der an dieser Stelle zusätzlich zum Vorwurf an die Herrschenden wird, berücksichtigt ausdrücklich eine Rechtsprechung, die nicht der Tora entspricht, und verfolgt die Geschichte des Abfalls bis in die Zeit der Richter zurück.

Dies alles hat zu einem unvergleichlichen Unheil (רָעָה) geführt. Die Strafe ist schriftgemäß (V. 13) und damit einzuordnen als eine, über die JHWH selbst im Sinne seiner Gerechtigkeit wacht (V. 14 שׁקד). Das über die Wir-Gruppe gebrachte Übel wird ausdrücklich damit verbunden und begründet, dass JHWH gerecht (צַדִּיק) ist.[201] Mit dieser Erklärung haben die hier Betenden einen deutlichen Vorteil gegenüber allen, denen das Unheil fremd und unerklärlich scheint. Sie können einordnen, was ihnen widerfährt, und es als mit Gesetz und Verheißung stimmig wahrnehmen. Allerdings zieht diese stimmige Erklärung die Folge nach sich, dass alles Unheil auf den Menschen und sein Tun zurückgeführt werden muss, was zum hier so deutlich zutage tretenden negativen Menschenbild führt, das im Daniel-buch sonst keinen Anhalt hat.

Ein deutlicher Zusammenhang mit dem Danielbuch ergibt sich aus der un-gewöhnlichen Formulierung in V. 13bβ, mit der die Betenden bekennen, dass die büßenden Beter nicht nur JHWH zuvor nicht besänftigt haben und nicht umge-kehrt sind, sondern außerdem die rechte Einsicht in JHWHs Wahrheit vermissen lassen haben. Einsicht zu haben (לְהַשְׂכִּיל) in Wahrheit (אֱמֶת) wird nur an dieser Stelle im Alten Testament gefordert. Es handelt sich um eine Neuschöpfung, die zwei im Danielbuch angelegte Linien zusammenführt. Die Formulierung שׂכל mit ב findet sich noch in Dan 1,4 und 1,17 und beschreibt die Verständigkeit in Bezug auf Weisheit (חָכְמָה) und Schrift (סֵפֶר)[202], die die Knaben mitbringen, die von Daniel erzogen werden sollen.[203] Das Verstehen (שׂכל) findet sich darüber hinaus im Zusammenhang der Offenbarung (9,22.25), aber vor allem auch als Kennzeich-nung einer Gruppe der „Verständigen" (11,33.35; 12,3.10), die im Schicksal des Volkes eine wesentliche Rolle spielen und den siegreichen Rest des Volkes bilden. Einsicht in Wahrheit (אֱמֶת) wird durch Offenbarung erlangt (8,26; 10,1.21 und 11,2), sie wird vernachlässigt wo Fremdherrschaft wütet (8,12). Vor diesem Hintergrund wird der Inhalt dieses besonderen Bekenntnisses deutlich, das sich von seinem

---

201 Vgl. Porteous, Das Buch Daniel, 113. JHWH wacht über sein Wort und beabsichtigt, es auszuführen, vgl. Jer 1,12; 31,28; 44,27.

202 Zu סֵפֶר vgl. Dan 1,4.17; 9,2; 12,1.4. Ausdrücklich um *die* Schriften handelt es sich lediglich in Dan 9,2.

203 Die „Einsicht in" findet sich nur noch an drei weiteren Stellen und ist somit im Danielbuch vergleichsweise häufig: Vgl. noch in Jos 1,7, wo der Schwerpunkt aber auf dem Erfolg liegt, den Josua haben soll in allem, was ihm begegnet.

Kontext durchaus unterscheidet. Die „Verständigen" sind im weiteren Verlauf des
Danielbuches die Gruppe der Gerechten im Volk, es dürfte sich dabei u.U. um die
„Selbstbezeichnung" der Daniel-Gruppe gehandelt haben. Auffällig ist es vor
diesem Hintergrund, dass das vorbildliche Gebet in Dan 9 die Erkenntnislosigkeit
der Wir-Gruppe bekennt und diese Erkenntnislosigkeit zugleich in die Aufzählung
schuldhafter Unterlassungen einreiht. Entsprechend der das Gebet umgebenden
Rede von der Offenbarung, die ein Erkennen bezeichnet, das nicht aus eigenem
Vermögen, sondern aus göttlicher Gnade erfolgt, kann mangelnde Erkenntnis
kaum Inhalt sinnvollen Vorwurfs sein. Denn Grund der Erkenntnis ist in diesem
Fall nicht eine eigene „Verständigkeit", sondern die göttliche Zuwendung. Erst im
Miteinander von Gebet und Kontext wird die Deutung durch das Gebet erkennbar:
Versöhnung JHWHs, Umkehr und Erkenntnis gehören in eine Bewegung der Buße
hinein. Erst der Büßende wird erkennen. Diese Einsicht formuliert bereits die
Grundschicht von Dan 9. Das Gebet stellt ausdrücklich den Zusammenhang von
Umkehr und Erkenntnis her. Wie bereits in der Einleitung angesprochen, unterscheiden sich die Selbstbezeichnung vor Gott (Sünder) und die Selbstkenn-
zeichnung als soziale Gruppe (Gerechte) voneinander und gehören dabei dennoch
zusammen. Insofern zeigen die hier Betenden gerade im Bekenntnis der Schuld,
dass sie zur Gruppe der Gerechten im Volk gehören.

Nicht nur die Einsicht, auch die Umkehr (שוב) wird in V. 13 und V. 25 erwähnt.
Die verheißene Wiederherstellung Jerusalems in V. 25 bedient sich der gleichen
Wurzel.[204] Wie bei der Erkenntnis wird in V. 25 das zum Inhalt der Verheißung, was
in V. 13 Aufweis nicht gelingender Gottesbeziehung ist. Auch diese Aussagen
können durchaus zusammen gedacht werden. Das Gebet, nimmt man es als
nachträglich dem Text von Dan 9 zugewachsenes an, unterstreicht, dass alle
Wiederherstellung allein von JHWH ausgeht. Er bringt die zurück, die nicht umkehren, und lässt die verstehen, die nicht verständig sind. Mit diesen motivischen
Aufnahmen zeigt sich die Tendenz des Gebetes, den großen Unterschied zwischen
dem Handeln der Menschen und dem Handeln Gottes zu betonen.

Selbst die nun mit einem weiteren Lobpreis einsetzende Bitte (V. 15–19) wird
noch einmal durch das Bekenntnis der Sünde und des Frevels unterbrochen
(V. 15b). Daneben ist jedoch die Änderung des Hymnus gegenüber den Eröff-
nungszeilen von Bedeutung. Die Rede von JHWHs Handeln in Ägypten, die Erinnerung seines Namens als in der Situation der Not ansprechbar, leitet über zu
einer positiven Ansprache. Das Bekenntnis zum Namen JHWHs und zur Befreiung
aus Ägypten wird im Danielbuch nicht weiter berücksichtigt. Weder Auszug (יצא)

---

204 Vgl. V. 25 וְלִבְנוֹת יְרוּשָׁלִַם דָּבָר לְהָשִׁיב mit Jones, The Prayer in Daniel IX, 491.

noch Ägypten (מִצְרַיִם)[205] werden in diesem Sinne erwähnt. Auch die Wendung „mit starker Hand" (בְּיָד חֲזָקָה) hat ihren ursprünglichen Sitz vorrangig im Exodusgeschehen und fügt sich damit in die Reihe der Schriftzitate ein.[206] Die Erwähnung des Exodus gehört zum ursprünglich außerhalb des Buchs gewachsenen Gebet. Die konkreter auf die Situation der Betenden bezogene Bitte findet sich erst in den anschließenden Versen.

„Dieser Tag", das „Heute" ist nun Thema des weiteren Gebets (V. 17 f.). Es ist die Zeit, in der der große Name JHWHs gilt. Es ist zugleich die Zeit, für die das Handeln JHWHs erbeten wird. Diese Bedeutung der erbetenen Gegenwart wird bereits durch das V. 15 eröffnende „und jetzt" nahegelegt.

Die Ödnis (שָׁמֵם) Jerusalems wird in den Versen 17 f. eindrücklich angesprochen. Sie lässt sich mit den Verwüstungen in V. 26 (שׁוּמִות) und mit dem kommenden Verwüster in V. 27 (מְשֹׁמֵם) verbinden. Darüber hinaus spielt die Verwüstung in den umgebenden Kapiteln eine Rolle. Es kann davon ausgegangen werden, dass hier eine zeitgeschichtlich relevante Anspielung auf Baal Shamem, den Gott Antiochus' IV., Hintergrund der Bezeichnung ist.[207]

Nach der hymnischen Erinnerung wagen die Betenden die erste Bitte um eine Wende (שׁוּב) des Zorns (אַף)[208] und des Grimms (חֵמָה)[209] JHWHs (V. 16). Auffällig gegenüber der vorangehenden Argumentationsweise ist, dass die Wende des Zorns „gemäß der Gerechtigkeitserweise" (צְדָקָה Pl.) JHWHs gefordert wird. Dies ist ein anderer, neuer Gerechtigkeitsbegriff, der auch das Ende des Zorns umfasst, nicht nur den „gerechten Zorn", wie er zuvor angesprochen wurde. Bereits in V. 12 war vor allem das Gericht über Jerusalem hervorgehoben worden, und auch hier liegt das Augenmerk auf einer Wende des Zornes über Jerusalem, das als „heiliger

---

205 Vgl. Dan 11,8.42 f., die mit dem Exodus nichts zu tun haben.

206 Vgl. Ex 13,9; Dtn 5,15; 6,21; 7,8; 9,26; 26,8; Ps 136,12; als Zornes- und/ oder Herrschaftsansage vgl. Jer 21,5; Ez 20,33 f.

207 In Dan 8,13.27; 11,31; 12,11, mit Bickermann, Der Gott der Makkabäer, 80 – 86, als Anspielung auf den Gott, dessen Kult Antiochus IV. in Jerusalem installierte. Vor diesem Hintergrund, dass die Verwüstung des Tempels seine Enteignung ist, ist die Feststellung „dein Name ist ausgerufen über" noch einmal ganz neu zu verstehen: Der Tempel ist JHWHs Herrschaftsbereich, nicht der anderer Götter. Entsprechend soll er agieren. Vgl. den Gräuel der Verwüstung auf dem Brandopferaltar in 1 Makk 1,54 (βδέλυγμα ἐρημώσεως ἐπὶ τὸ θυσιαστήριον). Vgl. Seow, Daniel, 145: „The reference to the temple in verse 17 as 'your desolated sanctuary' is perhaps a deliberate allusion to Antiochus's rededication of the Jerusalem temple to Zeus Olympius, who was known as Baal Shamen (see 2Macc. 6:2). The holy sanctuary has become desolated, samem, indeed, replaced by one namend Baal Shamen."

208 Vgl. nur noch Dan 11,20 mit gänzlich anderer Konnotation.

209 Dan 8,6 und 11,44 sind nicht unmittelbar auf den göttlichen Zorn bezogen.

Berg" (הַר־קָדְשֶׁךָ) bezeichnet wird.[210] Wieder wird die Bitte mit dem Hinweis abgeschlossen, dass die Schande (חֶרְפָּה) Jerusalems und „deines Volkes" einzig Folge
der Sünden (חֵטְא) und Vergehen (עָוֹן) der Wir-Gruppe sei. Die angesprochene
Schande ist die Beschämung gegenüber den umwohnenden Völkern (סָבִיב).[211]

Mit einer zweiten Gegenwartsanzeige (vgl. V. 17) wird die Bitte nun konkreter,
gleichzeitig gibt sich hier erstmals der Prophet als Beter zur erkennen. JHWH soll
auf das Gebet „deines Knechtes" (עֶבֶד) hören.[212] Auf diese Weise bezeichnet sich
der so Betende selbst als Prophet und reiht sich in die Linie der Propheten ein. Er
spricht von seinem Gebet und Flehen (תַּחֲנוּן) und bittet JHWH, sein Angesicht über
dem verwüsteten (שָׁמֵם) Heiligtum (מִקְדָּשׁ) leuchten zu lassen (אוֹר)[213]. Begründet
wird die Bitte mit dem Herr-Sein JHWHs (לְמַעַן אֲדֹנָי)[214].

Der weitere Verlauf der Bitte in V. 18 wiederholt das bereits Gesagte: JHWH soll
hören und die Verwüstung sehen. Die Verbindung zwischen dem Gottesnamen
und dem erbetenen Handeln wird deutlich formuliert. Der Name JHWHs ist über
der Stadt ausgerufen. Diese Verbindung zwischen Gott und Stadt ist vor allem im
Zusammenhang der erzwungenen Anbetung eines anderen Gottes im Tempel
JHWHs von Bedeutung. Gleichwohl wird diese Zugehörigkeit der Stadt zu JHWH,
anders als an anderer Stelle, nicht ausdrücklich als Argument für das erhoffte
Handeln JHWHs genannt. Nicht JHWHs Eigeninteresse an seinem Eigentum,
sondern seine Barmherzigkeit ist der Grund, warum die Betenden wagen, ihr
Flehen (תַּחֲנוּן)[215] vor ihn zu bringen. Dass es auch nicht die gerechten Taten (צְדָקָה
Pl.)[216] der Betenden sind, auf die sie ihr Flehen stützen, ist eigentlich nach dem
vorangegangenen Verlauf des Gebets wenig verwunderlich. Gleichwohl wird noch

---

210 Vgl. den Berg der heiligen Herrlichkeit in Dan 11,45, der dort lediglich als geographische
Beschreibung erwähnt scheint. Von „deinem heiligen Berg" sprechen sonst noch Ps 15,1 und Ps
43,3.
211 Vgl. Ex 32,11–14: Es geht um JHWHs Namen.
212 Für Goldingay, Daniel, 233, drückt die Wiederholung „an outburst of emotion contained
throughout the confession" aus, vgl. 2 Chr 7 und 1 Kön 8.
213 Die Rede vom leuchtenden Antlitz erinnert an den aaronitischen Segen: Num 6,25. Vgl. אור
hif. in Num 6,25; Ps 31,17; 67,2; 80,4.8.20; 119,135; vgl. Koh 8,1, wo Weisheit das Antlitz des
Menschen leuchten lässt.
214 Diese Argumentation wird thematisch passend wiederholt im Abschluss des Gebetes in
V. 19, wo JHWH um seinetwillen (לְמַעֲנֶךָ) handeln soll.
215 Zu dem für das Gebet in Daniel wichtigen Ausdruck (V. 3.17 f.23) vgl. 2 Chr 6,21; Hi 40,27; Ps
28,2.6; 31,23; 86,6; 116,1; 130,2; 140,7; 143,1; Prov 18,23; Jer 3,21; 31,9 und Sach 12,10. Im gleichen
Zusammenhang vor allem in Jer und Sach.
216 Pluralisch vergleichsweise selten, vornehmlich für die Rede von Gottes Heilstaten in Ri 5,11;
1 Sam 12,7; Ps 103,6; Jes 45,24; Mi 6,5; für gute Taten der Menschen Ps 11,7; Jes 33,15; Jes 64,5
(nicht gelungen); Ez 3,20; 18,24; 33,13; eigene Bedeutung in Jer 51,10, wo am ehesten davon die
Rede sein dürfte, dass JHWH Recht schafft.

einmal die Barmherzigkeit JHWHs von dieser Gerechtigkeit abgegrenzt. Damit ist gegenüber dem Beginn des Gebets ein wesentlicher Fortschritt erzielt. Dort ist die Gnade (חֶסֶד) JHWHs ausdrücklich verbunden mit der Einhaltung der Gebote und der Gottesliebe (V. 4), das bedeutet mit der Gerechtigkeit der Menschen. Am Ende dagegen wird die Barmherzigkeit JHWHs unabhängig vom Handeln der Menschen gesehen. Nur so erscheint Rettung überhaupt noch möglich.

Die ersten drei Erwähnungen der Gerechtigkeit heben preisend die Gerechtigkeit JHWHs hervor (V. 7.14.16). Sie dient in V. 7 als Kontrast, um die Sprecher ihrer eigenen Ungerechtigkeit und Schande zu überführen. Die Verse 14 und 16 reden dagegen nicht allgemein von der überwältigenden Gerechtigkeit JHWHs, sondern konkret von seinem gerechten Handeln. Diese handlungswirksame Gerechtigkeit JHWHs mündet nicht notwendig nur in Strafe, sondern beinhaltet ausdrücklich die Möglichkeit des Erbarmens und der Beendigung des Zorns (V. 16). Die letzte Erwähnung (V. 18) betont, dass das Volk gerade nicht wegen eigener Gerechtigkeit, sondern einzig wegen JHWHs Barmherzigkeit wagt, auf Rettung zu hoffen.[217]

Die Betonung der Nutzlosigkeit eigener Gerechtigkeitserweise im Gegenüber zu JHWH ist gerade innerhalb des Danielbuchs und der beschriebenen Bezeichnung der Sprecher als „Gerechte" von einigem Interesse. Gerade diese Gerechten sind sich dessen bewusst, dass ihre Gerechtigkeit vor Gott nicht zählt, sondern ihre Hoffnung sich allein darauf richten kann, dass JHWHs Barmherzigkeit Teil seiner Gerechtigkeit ist. Sie führt den Betern deutlich die eigene Schande vor Augen, eröffnet aber gleichwohl Existenzmöglichkeiten, die jedoch allein auf JHWH gegründet sind. Auch V. 18 gehört zu den bei der Einfügung ins Buch neu formulierten Versen. Er bezieht das Gebet auf die Selbstbezeichnung der Betenden jenseits des Gebets und klärt, dass diese im Gegenüber zu JHWH keinen Nutzen habe.

Prägnant und nachdrücklich schließt das Gebet mit der Bitte um Aufmerksamkeit und Vergebung JHWHs und um sein unmittelbares Eingreifen.[218] Grund für alles Tun ist der über Stadt und Volk ausgerufene Name, durch den das Ergehen beider unauflösbar mit JHWH verbunden ist.

Schluss

Das Gebet in seiner vorliegenden Fassung lässt sich vergleichsweise gut datieren, weil die Anspielungen auf die Religionspolitik Antiochus' IV. als relativ gesichert

---

217 Vgl. Mathys, Dichter und Beter, 24: „Es ist nicht zu übersehen: Der Verfasser des Gebetes spielt mit den verschiedenen Bedeutungen, Aspekten der Wurzel ṣdq; im Alten Testament steht er damit allein da."
218 Vgl. Mathys, aaO., 26.

gelten können.[219] Es ist gut möglich, dass es aus der Annahme heraus formuliert wurde, dass tatsächlich das Ende der 70 Jahrwochen und damit eine Schicksalswende unmittelbar bevorstehen. Aus dieser Annahme würde sich der sehr nachdrückliche Schluss des erweiterten Textes erklären. Sie ist zugleich ein sinnvoller Hintergrund für die Notwendigkeit eines Bußgebetes an dieser Stelle.[220] Es ist das Bußgebet der Gemeinde des Danielbuches, die sich mit ihm auf den erhofften Wechsel vorbereitet.

Es betet der Fromme, Daniel, als Fürsprecher für die ebenfalls ins Beten mit hineingenommenen Schuldigen. Sie suchen das Gebet, erniedrigen sich selbst, weil sie nachdrücklich von ihrer Schuld überzeugt sind. Sie kennen sich in der Schrift aus und verstehen alles, was ihnen widerfährt, als schriftgemäß, wobei sie sich vor allem auf wesentliche Texte des Dtn beziehen. Ihnen liegen die Schriften[221] als autoritative Willenskundgebungen JHWHs vor. Es sind Beter, die JHWH als den Gott des Exodus kennen und eine unvergleichliche Schändung Jerusalems erleben. Es sind Menschen, denen vor Augen steht, wie weit menschliche Verworfenheit und göttliche Vollkommenheit voneinander entfernt sind. Es beten Menschen, die zwischen Jerusalem, Juda und Israel nicht mehr unterscheiden, Menschen, die sich JHWH zugehörig fühlen.

JHWH ist der von Schriften und Propheten bezeugte Gott, der treu und zuverlässig ist, aber auch in Bezug auf das Gericht „aufrecht". Auf seine Zusagen ist ebenso Verlass wie auf seine Flüche. Gleichwohl vollstreckt er nicht nur eigendynamische Gerechtigkeit, sondern vermag den Konnex von Tat und Strafe durch eine zeitliche Begrenzung seines Zornes aufzuheben. JHWH ist der Gott des Exodus, von dessen Willen zur Hilfe man weiß. Sein Name garantiert seine An-

---

219 Vgl. Berner, Jahre, 39 f.: „Da dieses keineswegs einen störenden Nachtrag bildet, sondern sich im Gegenteil in den dtr. Grundton des Kapitels einfügt und ebenfalls Anklänge an die Makkabäerzeit erkennen läßt, ist davon auszugehen, daß es von den Danielkreisen bewußt für seinen jetzigen Kontext gestaltet wurde, um diesen um den in den Rahmenversen 9,4a.20 explizierten Aspekt des Sündenbekenntnisses zu bereichern. Da es die Grundhaltung der Buße als den Zeichen der Zeit gemäß darstellt und in die Bitte mündet, Gott möge sich des verheerten Jerusalems erbarmen, ist die naheliegendste Erklärung, daß es noch vor dem erwarteten Ende der 70 Jahrwochen, also noch vor dem Jahr 164/163 v.Chr. in seinen heutigen Kontext gelangte. Damit ist sowohl die Grundschicht als auch die Ergänzung des Bußgebetes im Zeitraum zwischen 167 und 164/163 v.Chr. anzusiedeln, und V. 27 muß dem Ganzen als letzte Fortschreibungsstufe wenig später zugewachsen sein."

220 Vgl. Berner, aaO., 33; Wilson, The Prayer of Daniel 9, 64, folgert, „that the positioning of this prayer [...] serves as an attempt to have Daniel fulfill the conditions of restoration". Vgl. Seow, Daniel, 144, der der These Ausdruck verleiht, „the prayer is not about those in the past, but about 'us' – those to whom the book of Daniel is addressed."

221 Ausweislich der Rede in Dan 9,2 gehört das Buch Jeremia zu den Schriften. Innerhalb des Gebets wird die Tora des Mose (V. 11.13) erwähnt.

sprechbarkeit und ist Zeichen der Zugehörigkeit der geschändeten Stadt zu ihm. Diese grundsätzliche Zugehörigkeit, die nicht in Frage gestellt wird, wirkt als Hintergrund dafür, dass überhaupt wieder Hilfe erwartet werden kann.

Anders als an anderen Stellen des Danielbuches scheint es in Dan 9 keine „Gegner" der Betenden zu geben. Die Betenden bekennen ihre Schuld und die der Vorfahren. Es gibt nicht mehr oder weniger Schuldige. Einzig die Propheten JHWHs sind aus dieser Bewegung der Schuld und des Abfalls ausgenommen. Die Beter gehören als Bekenner ihrer Sünde zur Gruppe der Gerechten.

Die Realität des Gerichts bildet den Erfahrungskontext des Gebetes. Jerusalem ist auf unvorstellbare Weise geschändet. Die Betenden werden verfolgt. Die Möglichkeit, fromm und unbehelligt zu sein, besteht kaum. Zudem ist Israel vor den Völkern Gegenstand des Spotts.

Die Funktion dieses Gebets in seinem Kontext besteht darin, der Aufforderung, JHWH von ganzen Herzen zu suchen, eine Deutung zu geben und zugleich im Einstimmen und Lesen dieser Zeilen die Möglichkeit zu eröffnen, nicht nur eine theoretische Erkenntnis zu erlangen, sondern eine tatsächliche Umsetzung derselben zu unternehmen. Dabei zeigt die starke Ausrichtung auf die Schriften den Willen, sich JHWH zuzuwenden, und zugleich das Bedürfnis, den vorangehenden Abfall und das gegenwärtige Schicksal einzuordnen und zu verstehen. Das Gebet deutet die Situation der Betenden. Zugleich ist es der einzige Weg, der den Betenden in ihrer Situation bleibt, sich JHWH zu nähern.

2 Enttäuschung

Die deuteronomistische Umkehrtheologie fordert, JHWH von ganzem Herzen zu suchen. Daniel 9 nimmt diesen Anspruch auf, deutet ihn betend und entspricht ihm genau damit. Die Einbindung des Gebets in den Kontext legt seine Erhörung nahe, denn ein Eingreifen JHWHs scheint unmittelbar bevorzustehen. Ob nun jedoch das Gebet vor allem Begleitumstand oder Voraussetzung des Wandels ist, kann nicht abschließend geklärt werden. Das Ineinander von betender Umkehrbereitschaft des Volks und hörender Bereitschaft JHWHs einzugreifen, lässt sich nicht einfach auflösen. Wie wichtig diese beidseitige Handlungsbereitschaft ist, wird in den Texten des folgenden Kapitels deutlich. In ihnen sprechen enttäuschte Beter, denen kein Gott entgegenkommt. Sie erfahren seine Feindschaft und sein Gericht und beten weiter, obwohl ihre Zukunft unabänderlich festzustehen scheint. Sie warten zur Unzeit auf Gottes Gnade und formulieren gerade mit ihrer Klage wichtige theologische Zeugnisse der Deutung und Verarbeitung anhaltender Gerichtserfahrung. Der wesentliche Unterschied zwischen Jeremia und Jesaja besteht dabei in ihrer Stellung zum Gericht. Die Beter in Jer 14 klagen in den

Vorwehen des Gerichts. Ganz anders die Beter in Jes 63 f. Alle Zeichen deuten für sie darauf hin, dass das Gericht an sein Ende gekommen sein müsste, und dennoch passiert nichts. Im Gegenteil verstärken sich der Zorn JHWHs und die Sünden der Betenden weiterhin gegenseitig, und die noch immer erhoffte Rettung kommt zu spät.[222]

2.1 Handle um deines Namens willen, JHWH – Jer 14

Zwei Volksklagen werden in Jer 14,7–9.19–22 erhoben. Stellung, Art und Inhalt dieser kurzen Gebete sind auffällig. Sie sind eingebunden in einen Kontext, der die Erhörung der Klagen verweigert, präsentieren also Gebete, die von vornherein als „nicht erhörte" situiert werden. Beide Texte sind durch vorwurfsvolle Fragen geprägt, die aus den umgebenden Gerichtsansagen an Israel leicht zu beantworten wären. Die Antwort, die die Betenden selbst zur Hand haben, die Erkenntnis ihrer eigenen Schuld und Abweichung und der aus ihnen folgende Strafe nämlich, wird erwähnt, mit dem zur Klage reizenden Ergehen aber kaum verbunden. Insofern zeigen sich die Gebete auch inhaltlich als Gebete zur Unzeit. Das Volk versteht sein Geschick nicht, obwohl es längst alle Informationen hat, derer es dazu bedürfte. Es ist verstockt und hat zu diesem Zeitpunkt keine Möglichkeit umzukehren. Insofern sind die Beter dieses Gebets nicht eines „falschen" Betens zu bezichtigen.[223] Sie tun, wozu sie in diesem Moment in der Lage sind, und zeigen, was für ein Gebet entsteht, wenn die Möglichkeit zur Umkehr noch nicht eingeräumt wird. In dieser Hinsicht ist Jer 14 geradezu das negative Gegenbild zu Dan 9.

---

222 Vgl. Michael Emmendörffer, *Der ferne Gott: Eine Untersuchung der alttestamentlichen Volksklagelieder vor dem Hintergrund der mesopotamischen Literatur.* Forschungen zum Alten Testament 21. Tübingen: Mohr Siebeck, 1998, 266 f.: „Als Gebet der nachexilischen Gemeinde legt dieser Text neben Jer 14, Habakuk und Jo 2 Zeugnis davon ab, daß die Gebetsform des Volksklageliedes gerade auch in den prophetischen Tradentenkreisen zur Formulierung ihrer theologischen Neubesinnung und Gegenwartsversicherung an Bedeutung gewann, zumal in der Frage nach dem Zorn Jhwhs, der Frage nach der Verschuldung des Menschen und der daraus resultierenden Haftung von Anfang an eine heimliche Affinität zwischen prophetischer Literatur und Volksklageliedern bestanden hat."
223 Von „Fehlformen" spricht Fischer, Gebete als hermeneutischer Schlüssel, 225 f., vgl. auch Fischer, Jeremia 1–25, 481: „Das klagende Gebet und Bekenntnis des Volkes wies *offensichtliche Defizite* auf."

Übersetzung

7 Wenn[224] unsere Vergehen gegen uns zeugen,
JHWH, handle um deines Namens willen,
denn zahlreich sind unsere Abtrünnigkeiten,
an dir haben wir gesündigt.

8 Hoffnung Israels[225],
sein Helfer in der Zeit der Not,
warum bist du wie ein Fremdling im Land
und wie ein Wanderer[226], der (nur) einkehrt[227], um zu übernachten?

9 Warum bist du wie ein hilfloser[228] Mann,
wie ein Held[229], der nicht zu helfen vermag?
Du bist doch in unserer Mitte, JHWH,
und dein Name ist über uns ausgerufen!
Verlass uns nicht!
[...]

---

224 Fischer, aaO., 469, liest hier adversativ „obwohl". Vgl. auch Lundbom, Jeremiah 1–20, 698. Wie man an dieser Stelle auch übersetzt, wird es inhaltlich darauf hinauslaufen, dass die gegen die Betenden zeugenden Übeltaten zugleich gegen das göttliche Handeln sprechen.

225 Einige Handschriften fügen hier das Tetragramm ein. Vgl. V. 7 und die parallele Formulierung in Jes 17,13.

226 Septuaginta liest hier καὶ ὡς αὐτόχθων, eine Wendung, die zurückgeführt werden könnte auf die Verschreibung אֶזְרָח. Die Metapher wird auf diese Weise zerstört (Hermann-Josef Stipp, *Das masoretische und alexandrinische Sondergut des Jeremiabuches: Textgeschichtlicher Rang, Eigenarten, Triebkräfte*. Orbis Biblicus et Orientalis 136. Freiburg, Schweiz: Universitäts-Verlag/ Göttingen: Vandenhoeck & Ruprecht, 1994, 47 f.).

227 Das Verb bedeutet hier entweder „vom Weg abbiegen", oder „(sein Zelt) ausspannen". Vgl. Werner Hermann Schmidt, *Das Buch Jeremia: Kapitel 1–20*. Das Alte Testament Deutsch 20. Göttingen: Vandenhoeck & Ruprecht, 2008, 259 Anm. 8.

228 Septuaginta lässt JHWH schlafen (ὑπνῶν), was zurückgeführt wird auf die Verschreibung נִרְדָּם. Gunther Wanke, *Jeremia: Teilband 1. Jeremia 1,1–25,14*. Zürcher Bibelkommentar. Altes Testament 20,1. Zürich: Theologischer Verlag, 1995, 142, liest als *hapax legomenon* „verwirrt". Lundbom, Jeremiah 1–20, 702, argumentiert: „An N-stem of the verb *dhm*, it is commonly taken to mean ,be astonished, surprised', based largely on a comparison with Arabic. But the word has shown up on a late seventh-century ostracon from Yavneh-Yam, in the N-stem, where the meaning appears to be 'helpless (to save)', the exact opposite of 'savior' [...] This meaning suits the present context and is doubtless correct."

229 Septuaginta liest hier statt des Helden den Mann, ὡς ἀνήρ, was auf die Vorlage כְּגֶבֶר zurückgeführt wird.

19 Hast du Juda ganz verworfen?
   Hat deine Seele Zion von sich gestoßen?
   Warum schlugst du uns,
   und es gibt keine Heilung für uns?
   Man hofft auf Frieden und nichts Gutes
   und[230] auf eine Zeit der Heilung und siehe – Schrecken.

20 Wir kennen unsere Frevelhaftigkeit, JHWH,
   die Schuld unserer Väter,
   ja, an dir haben wir gesündigt.

21 Verschmähe nicht[231], um deines Namens willen,
   verachte nicht deinen herrlichen Thron,
   gedenke, tilge nicht deinen Bund mit uns.

22 Gibt es unter den Nichtsen der Völker Regenspender?
   Oder geben die Himmel Regenschauer?
   Bist du es nicht, JHWH, unser Gott[232]?
   Wir hoffen auf dich,
   denn du hast all dies gemacht.

Text und Struktur

Die Rede vom „Namen JHWHs" und die Wiederholung des Tetragramms rahmen das erste Volksklagelied (V. 7a und 9b). Dem Bekenntnis der eigenen Schuld (V. 7aα.b) wird die Bitte, JHWH möge „um seines Namens willen" handeln, entgegengesetzt (V. 7aβ). Nach ähnlichem Muster argumentieren auch die letzten Zeilen, die die Anwesenheit JHWHs im Volk (V. 9bα) und die Zugehörigkeit der Wir-Gruppe zum Namen JHWHs beschwören. Das abschließende Monokolon (V. 9bβ), das das Metrum der bis dahin aus Bikola gebildeten Volksklage sprengt, stellt dieser propagierten Sicherheit den Angstschrei der Verlassenheit entgegen.[233]

---

230 ן fehlt in einigen Handschriften und Übersetzungen.

231 Hier liest Septuaginta κόπασον, also statt der Bitte um „Nicht-Verschmähen" die Bitte, „abzulassen". Der Fokus liegt auf der Frage der Gerichtsdauer statt wie im MT auf der Beziehungsebene.

232 Fehlt in der Septuaginta und wird zur masoretischen Sonderlesart gerechnet (Stipp, Das masoretische und alexandrinische Sondergut, 103 f.).

233 Ebenfalls als Bikolon plus Monokolon deutet den Text Wilfred G. E. Watson, *Classical Hebrew Poetry: A Guide to Its Techniques.* Journal for the Study of the Old Testament Supplement Series 26. Sheffield: JSOT Press, 1984, 171. Anders Lundbom, Jeremiah 1–20, 699, der hier von einem abschließenden Trikolon spricht. Beide Lösungen sind möglich. Für die hier präferierte

Die hier Betenden versuchen, sich der eigenen Schuld zum Trotz auf den Namen JHWHs zu berufen, und verlassen sich auf die mit ihm und seiner Offenbarung verbundene Erwählung des Gottesvolkes. Der abschließende Schrei zeigt jedoch, dass das Wissen um JHWHs Zuwendung, das hier rekapituliert wird, nicht als ausreichend hilfreich oder verlässlich wahrgenommen wird, zumal das Erleben der Betenden eine andere Sprache spricht. JHWH verhält sich anders als erbeten und erwartet.

In den Versen 8 f. wird die in V. 7 noch bekannte Schuld als Grund für das (ausbleibende) Handeln JHWHs gänzlich ausgeblendet. Dem Bekenntnis zu JHWH als Hoffnung Israels und Retter (V. 8a) wird die vorwurfsvolle (לָמָה) Frage gegenübergestellt, weshalb JHWH sich wie ein hilfloser Mann verhalte, wie ein Held, dessen Möglichkeit zu helfen erschöpft sei. Bei der Interpretation dieses Versteils sollte nicht ignoriert werden, dass es sich um einen Vergleich handelt. JHWH wird nicht als hilfloser Helfer bezeichnet. In seinem Handeln zeigt er sich lediglich *wie* ein solcher. Die Rede vom Retter (V. 8a) und von der ausbleibenden Rettung (V. 9a) wird in V. 8b mit einer weiteren, mit V. 9a gleichlautend anhebenden Frage verbunden. V. 8b bezieht den Text nachdrücklich auf den Kontext des Jeremiabuchs. Bereits seit Jer 9,1 weiß der Leser, dass JHWH regelrecht auf der Flucht ist vor seinem Volk und die Wüste dem erwählten Erbe vorzieht.

Vor diesem Hintergrund gelesen hat das Vertrauensbekenntnis in V. 9b zur bleibenden Präsenz JHWHs keinen Anhalt an der Gegenwart der Betenden. JHWH selbst hat angekündigt, das Volk zu verlassen. Die Beter haben erkannt, dass JHWH sich verhält wie ein Fremdling, der nur auf der Durchreise ist. Die Spannung zwischen Bekenntnis und Erkenntnis, Vertrauensaussage und Flehruf ist enorm. Das Gebet ist der Versuch, ein Gottesverhältnis unter Absehung der eigenen Verfehlungen und unter alleiniger Ansehung und Anrufung des JHWH-Namens zu installieren. Hier wird eine Theologie vorgeschlagen, in der das Handeln JHWHs nicht auf dem Tun Israels, sondern allein auf der Ehre seines Namens beruht. Diese Theologie mag hier in gewisser Weise persifliert sein. Sie ist gleichwohl ernst zu nehmen.

Auch das zweite Volksklagelied (14,19 – 22) endet mit einem Monokolon. Ein erster Schluss liegt mit der Bitte in V. 21 vor. In den Versen 19 – 21 überwiegt als Thema das Verhältnis zwischen den Betenden und ihrem Gott. Im folgenden und das Gebet ein zweites Mal abschließenden Vers 22 wird dagegen das Verhältnis zwischen JHWH und anderen Göttern in den Blick genommen.

Lösung eines abschließenden Monokolons spricht vor allem, dass damit der letzte, das Gebet insgesamt in ein neues Licht stellende Versteil besser auf das gesamte Gebet bezogen und als wesentliche Bitte festgehalten werden kann.

Der erste Teil des zweiten Textes (V. 19–21) gliedert sich zu Beginn in die klagende Frage (V. 19a), ob JHWH Juda und Zion verworfen (מאס) oder von sich gestoßen habe (געל), und eine anschließende Selbstbeschreibung, die auf das Ausbleiben von erwartetem Heil (V. 19b) hinweist. Erst im folgenden Vers wird das Bekenntnis eigener Sünden und der Sünden der Väter (V. 20) formuliert, gefolgt von einer dreigliedrigen Bitte (V. 21), nicht zu verschmähen (נאץ), nicht zu verachten (נבל) und den Bund nicht zu tilgen (פרר).

Wie in V. 7–9 wird auch hier um ein Handeln JHWHs „um deines Namens willen" gebetet. Die Bitte und die Motivation zum Handeln stehen in beiden Texten relativ unverbunden neben dem Bekenntnis der eigenen oder der Väterschuld. Ein Zusammenhang zwischen Schuld und Ergehen wird von den Betern nicht thematisiert. Die wiederholten Fragen nach dem Grund für das göttliche Handeln implizieren sogar, dass dieser Zusammenhang tatsächlich nicht erkannt wird. Stattdessen wird der wahrgenommenen Schuld die Bitte um das Handeln JHWHs „um seines Namens willen" entgegengesetzt. Die hier formulierte Theologie bittet also um ein Handeln JHWHs, das unabhängig ist vom Handeln der Menschen und sich als Begründung nur auf JHWHs eigenes Wesen (seinen Namen, seine Herrlichkeit, seinen Bund) stützt, nicht auf die Würde oder den Wert der Betenden.

Mit diesen Worten wird um nicht weniger gebeten als um die Aufhebung des Zusammenhangs von Schuld und Strafe. Sie verbindet sich mit einer (gerade nach der Lektüre von Dan 9) auffällig fehlenden Zerknirschung der Betenden. Sie bitten nicht um Vergebung oder Entsühnung. Sie konstatieren ihre Fehler und bitten um ein Handeln JHWHs, das ihrem Handeln entgegengesetzt ist. Wie deutlich diese Entgegensetzung ist, wird sich in der Interpretation des Gebets im Kontext zeigen.

Der das Gebet abschließende Vers (V. 22) bindet die Klage mit einem anderen Thema des Kapitels, der Dürre, zusammen. Die Betenden wissen in ihrem Elend genau, an wen sie sich um Hilfe zu wenden haben und wer dagegen keine Hilfe verheißt. Die zusammenfassende Feststellung: „Du hast all dies getan" ist vor dem Hintergrund der gegenwärtigen Situation der Betenden ein ambivalentes Gotteslob. Es weist JHWH als alleinigen Schöpfer allen Lebens aus, aber auch als denjenigen, von dem das gegenwärtige Elend der so Betenden herrührt. Die anklingende Ambivalenz spielt in vielen Gebeten eine Rolle. JHWH ist als Gegenüber der Betenden gerade nicht nur als Helfer relevant, sondern eben auch als Urheber des Elends.

Es ist, trotz ihrer vergleichbaren Theologie, nicht wahrscheinlich, dass die beiden Texte in 14,7–9 und 19–22 miteinander einen ursprünglichen Konnex gebildet haben und erst nachträglich von eingeschobenen Versen getrennt wurden. Denn die V. 7–9 haben für sich einen Zielpunkt erreicht und die Fragen in V. 19 markieren einen deutlichen Neueinsatz. Vielmehr liegt die Annahme nahe, dass die beiden Texte relativ spät zusammen in den vorliegenden Kontext eingetragen wurden. Formal werden die beiden kurzen Stücke als Volksklagelieder beschrieben.[234]

Stellung im Buch

Viele Untersuchungen von Jer 14 schlagen für die Kennzeichnung dieses Kapitels die Kennzeichnung als „Liturgie" vor. Dabei wird zum Teil an eine redaktionell zusammengestellte Liturgie gedacht,[235] teilweise aber auch angenommen, es könne anhand dieses Kapitels Einblick in vorexilische Klagepraxis gewonnen werden.[236] Tatsächlich dürfte die Ähnlichkeit zur Liturgie auf die Einfügung der Volksklagestücke zurückgehen, die als jüngste Abschnitte des gewachsenen Textes zu bestimmen sind. Beide Volksklagen unterbrechen ihren jeweiligen Kontext und erweisen sich so als späteste Einfügungen. Die Frage, was für eine Funktion diese ungewöhnlichen Texte im Kontext haben, wird in der abschließenden Diskussion zu erörtern sein.

Bereits Levin sieht in den prophetischen Klageversen 14,17aβ-18a den ältesten Bestand des Kapitels, der in einer der frühesten Buchfassungen an 13,18 – 19a angeschlossen habe.[237] Die Besonderheit dieser Texte gegenüber allen späteren Überarbeitungen ist, dass die Klage noch ohne Gerichtsgedanken geäußert wird. Dies ändert sich bereits mit den ersten Fortschreibungen in 13,20 – 22.25 – 27* und 15,5 f. Die „Vergeblichkeit der Klage"[238] ist hier gekennzeichnet als Gewissheit, dass von niemandem, weder von JHWH noch von Eroberern, Mitleid zu erwarten ist.

Erst mit einer weiteren Einschreibung, 14,2 – 6 zwischen 13,27* und 14,17, erhält das Kapitel sein Thema: die Dürre,[239] die zuvor nicht thematisiert wird. Der auch für das Thema dieser Untersuchung wesentliche Wechsel, der mit dieser Fort-

---

234 Zum Volksklagelied vgl. Claus Westermann, *Lob und Klage in den Psalmen*, 6. Aufl. von *Das Loben Gottes in den Psalmen*. Göttingen: Vandenhoeck & Ruprecht, 1983, 39 – 48.

235 Vgl. Fohrer, Abgewiesene Klage, 77 – 86, der hier gleichwohl die *ipsissima vox* des Propheten vernimmt.

236 Vgl. Mark J. Boda, „From Complaint to Contrition: Peering through the Liturgical Window of Jer 14,1 – 15,4." in *Zeitschrift für die Alttestamentliche Wissenschaft* 113 (2001): 187 – 197.

237 Vgl. die Einleitung dieser Arbeit. Levin, Die Verheißung des neuen Bundes, 154 Anm. 22, sowie ders., „Das Wort Jahwes an Jeremia." in *Zeitschrift für Theologie und Kirche* 101 (2004): 257 – 280, 264 Anm. 29. Anders u. a. Henning Graf Reventlow, *Liturgie und prophetisches Ich bei Jeremia*. Gütersloh: Gütersloher Verlagshaus Mohn, 1963, 186, und Lundbom, Jeremiah 1 – 20, 699, die beide für die Volksklagen Jeremia als Autor annehmen.

238 Bezzel, Konfessionen Jeremias, 103.

239 Vgl. hierzu und im Folgenden Bezzel, aaO., 103 – 106.

schreibung vollzogen wird, ist die Wende von der „Klage über" (13,27) zum Bericht über die „Klage von" (14,2 ff.). Den tränenden Augen des Propheten (14,17) werden die trockenen Augen durstender Schakale gegenübergestellt (14,6). Die Doppeldeutigkeit der Klage Judas (אבל 14,2), die „trauern" bedeuten kann, aber auch „vertrocknen", mag dabei die Wahl des Themas der Dürre begünstigt haben, durch das die zuvor als politisch gekennzeichnete Katastrophe nun kosmische Ausmaße annimmt.[240] Theologisch vorbereitet wird die Dürrekatastrophe in der Klage JHWHs in Jer 2,13: Wer die Quelle lebendigen Wassers verlässt, sollte sich über Wassermangel nicht wundern.

Die Jer 15,5 f. umgebenden Verse 15,2b.7–9a differenzieren das Gericht, das nicht alle unterschiedslos trifft. Die Rede von der beschämten „Tochter meines Volkes" aus den ersten Versen wird mit dem Bild der verwelkenden Mütter weitergeführt, das zugleich für die ursprüngliche Motivik „transparent" bleibt.

Einer Reihe von Fortschreibungen werden nun die Verse 14,11–17a.18b* und 15,1–2a.3a.9b* zugerechnet. Thema dieser Fortschreibungen sind die Fürbittenverbote und die auf sie folgenden Gerichtsaussagen. Im gegenwärtigen Textverlauf sind die Fürbittverbote jeweils Antwort auf die Klagen des Volkes. Tatsächlich werden jedoch nicht alle Fürbittenverbote von Volksklagen begleitet (Jer 7,16; 11,14).[241] Da Jer 14,17 f. unmittelbar von 15,1 weitergeführt wird, liegt es entsprechend nahe anzunehmen, dass das Klagelied einen ursprünglichen Zusammenhang unterbricht.[242]

Interpretation im Kontext

Sowohl die Bekenntnisse der Schuld als auch vor allem die Bitten um Handeln und die Darstellung des eigenen Ergehens sind eng mit dem Jeremiabuch verbunden und erhalten erst innerhalb dieses Kontextes eine gewisse Tiefenschärfe. Im Folgenden soll daher unternommen werden, den Text im Zusammenhang des Jeremiabuches und weiterer Texte auszulegen.

---

240 Die Wurzel אבל begegnet noch in Jer 4,28; 12,4.11; 14,2 und in 23,10. Vgl. zum Nebeneinander von Dürrestrafe und Feindstrafe bereits Dtn 28,22–26.

241 Vgl. Bezzel, aaO., 108: „Wie 14,11 nach 14,6 und 15,1 nach 14,18 folgen sie als Kulmination auf Unheilsschilderungen und Gerichtsworte."

242 Die positiven Argumente Bezzels für die Nachträglichkeit von V. 7–9 gegenüber dem Kontext, V. 10a als „Montageelement" und die Verbindung zwischen V. 7 und V. 12 mit Hos 8,13 sind lediglich Hinweise auf das Wachstum des Textes bzw. auf die enge Verbundenheit der Textabschnitte untereinander. Die Reihenfolge des Wachstums ergibt sich aus ihnen nicht zwingend. Die „Priester und Propheten" in V. 18 werden aufgenommen in der Rede von Samuel und Mose, dem „Prophet schlechthin" und dem „über jeden Zweifel erhabenen Priester". Vgl. ebd.

Gleich im ersten Versteil des Gebets wird sein Thema pointiert zusammen-gefasst. Das Tun der Betenden, ihre Übeltaten, und das erbetene Tun JHWHs, das Handeln um seines Namens willen, passen nicht zueinander. Im Gegenteil: Es sind die Taten der Betenden, die gegen sie zeugen.[243] Die verhängnisvollen Folgen dieses Tuns von עוֹן werden auch anderweitig im Jeremiabuch erwähnt, auf der anderen Seite sind es gerade diese Übeltaten, die JHWH gemäß verschiedener Verheißungen vergeben wird.[244]

Die Bitte, JHWH möge „um seines Namens willen" an den Betenden handeln, ist vorgeprägt. Bestandteil einer eigenen Liturgie ist der Ausdruck in Ez 20, wo viermal betont wird, dass alles verschonende Handeln JHWHs allein darin gründe, dass der Name JHWHs vor den Nationen nicht entehrt werden soll.[245] Obwohl es für diese Argumentationsstruktur etliche weitere Belege gibt (vgl. u. a. Ps 79,9 f.; 106,8; Jos 7,9), muss wahrgenommen werden, dass in Jer 14, wie an etlichen anderen Stellen, der Verweis auf die anderen Nationen fehlt.[246] Das Handeln JHWHs „um seines Namens willen" wird so zu einer Argumentationsweise, die weniger JHWHs Ruhm vor den Nationen, als vielmehr ein seinem Wesen (und nicht äu-ßeren Gegebenheiten) entsprechendes Handeln bedenkt.[247] In diesem Zusam-menhang knüpft der Ausdruck genau an das Theologoumenon an, dass das für-sorgliche Handeln JHWHs nicht der Würde des so Behandelten entspricht, sondern einzig dem Wesen JHWHs selbst, der in seinem Erwählungshandeln und in seiner Vergebung souverän bleibt.[248]

Der Name JHWHs wird im Jeremiabuch unter verschiedenen Fragestellungen thematisiert. Zentral ist dabei die Auseinandersetzung darüber, wer autorisiert ist, im Namen JHWHs zu sprechen.[249] Die Zugehörigkeit des Volkes zum Namen JHWHs wird differenziert bewertet. Sie scheint Heil zu implizieren, verschafft aber keinen unumkehrbaren Schutz vor dem Gericht.[250] In diese Auseinandersetzung ist auch Jer 14 gestellt. Dass die Betenden sich auf den Namen JHWHs berufen,

---

243 ענה als „zeugen gegen jmd." (vgl. Ex 20,16).
244 In Jer 18,23 betet der Konfessionen-Jeremia dezidiert darum, dass die Übeltaten den Menschen nicht vergeben werden sollen. Den Gegensatz zu diesem Gebet stellt Jer 31,34 dar, wo JHWH die Vergebung der Übeltaten zusagt bzw. 33,8 wo die Reinigung von den Übeltaten verheißen wird (vgl. auch Jer 50,20).
245 Vgl. Ez 20,9.14.22.44.
246 Anders, nämlich genau auf der Linie von Ps 79 etc., interpretiert Lundbom, Jeremiah 1–20, 701.
247 Vgl. Ps 23,3; 25,11; 31,4; 109,21; 143,11; Jes 48,9.
248 Vgl. zur Souveränität JHWHs auch gegenüber dem Gericht den Gegensatz von Jer 3 und 31.
249 Vgl. Jer 34,16.
250 Vgl. Jer 7. Das Heil ist in seinem Namen beschlossen (vgl. Jer 33,2 f.) und bringt JHWH einen besonderen Namen unter den Nationen (33,9), aber er schützt nicht vor dem Unheil.

kann sowohl das trügerische Vertrauen bezeichnen, das diejenigen feiern, die nicht gemerkt haben, dass ein Gericht ansteht, als auch auf die mit dem Namen verbundenen Heilsaussagen weisen und sehr wohl Grund in JHWHs eigenen Aussprüchen haben. Diese Doppelwertigkeit ist für die Interpretation des Gebets von entscheidender Bedeutung.

Wesentlich für die Aussage von V. 7 ist die Bitte, das Handeln JHWHs solle von den Übeltaten der Betenden unabhängig sein. Sie wird weitergeführt von einem ausdrücklichen Bekenntnis der Schuld, wobei die Formulierungen wiederum auf den Kontext verweisen. Die „Abweichung", מְשׁוּבָה, die hier bekannt wird, ist ein fast ausschließlich in Jer verwendeter Terminus, der gehäuft in Jer 2f. begegnet. Die ausführliche Berücksichtigung der Abkehr wird dort von einer Aufforderung zur Umkehr und der in Hos 14,5 parallelen Zusage gekrönt (Jer 3,22), JHWH werde die Abweichungen seiner Kinder heilen.[251] Diese Rede von der „Abweichung" bezeichnet präzise das Verhalten gegenüber JHWH, das es nötig macht, zu ihm umzukehren.[252]

Die Betenden selbst entsprechen ihrer Bitte um eine Entkoppelung von Tun und Ergehen nun so konsequent, dass nach der Benennung der Sünde auf eine zu erwartende Bitte um Vergebung verzichtet wird. Die Fortsetzung des Gebets scheint fast unabhängig vom eröffnenden Bekenntnis zu sein. Die Schuld des Volkes wird nicht mehr thematisiert. Stattdessen folgt auf das Schuldbekenntnis nun ein Bekenntnis zu JHWH als Hoffnung (מִקְוֵה) und Retter (יֹשׁע Partizip hif.) in Zeiten der Not. Jer 17,13 berichtet, dass gerade die, die JHWH, die Hoffnung Israels, verlassen haben, zu Schanden werden und entsprechend kaum Rettung von ihm erwarten dürften. Deshalb ist er allenfalls die „Hoffnung ihrer Vorfahren" (Jer 50,7). Aus diesem Grund ist die Hoffnung im Jeremiabuch eine unsichere, möglicherweise trügerische Angelegenheit (Jer 8,15; 13,16; 14,19). Das Nomen kann auch mit „Wasserbassin" übersetzt werden, was angesichts der Dürresituation eine sicherlich gewollte Anspielung ist.[253] Die Wurzel „Hoffnung" (קוה) verbindet den Vers zudem mit der zweiten Volksklage in 14,22.

Die Rettung (Wurzel יׁשע) durch JHWH wird im Jeremiabuch mehrfach angesprochen und verheißen. Einzig in 2,27f. wird persiflierend beschrieben, wie die untreuen Kinder Gottes sich erst im Elend erinnern, dass JHWH helfen könne. Die dort Flehenden werden an ihre vormals angebeteten Götzen zurückverwiesen. Dass diese nicht helfen können, weiß auch Jer 11,12. Alle anderen Texte, in denen

---

251 Vgl. מְשׁוּבָה in Jer 2,19; 3,6.8.11.12.22; 5,6; 8,5.
252 Die Erkenntnis, dass jede Sünde vor allem Sünde gegen JHWH ist, ist motivisch zu finden in Ps 51,6 und 1 Sam 7,6, vgl. auch Dan 9,3–19 und Bar 1,15–3,8.
253 Vgl. Ex 7,19.

die Wurzel im Jeremiabuch verwendet wird, versprechen Rettung.[254] Auch diese Bitte ist also nicht ohne Vorgeschichte im Buch und entspricht zugleich dem in Jer 2 vorhergesehenen Verhalten des abgefallenen Volkes.

Das Bekenntnis zum hilfreichen Gott und zur Hoffnung auf ihn ist Auftakt zweier klagender Fragen, die vor dem Hintergrund des Jeremiabuches geradezu unsinnig sind. Wenn jemand wissen sollte, aus welchem Grund und mit welchem Ziel JHWH auf welche Weise an seinem Volk handelt, dann wohl die Rezipienten des Jeremiabuchs. V. 8b beklagt die Fremdheit und Flüchtigkeit JHWHs. Will man den hier dargestellten Betern nicht unterstellen, dass sie den bisherigen Verlauf der JHWH-Reden nicht verstanden haben, muss das Imperfekt hier voluntativ übersetzt werden. Die Frage ist dann: „Warum willst du ein Fremder sein?" Sie könnte direkt Bezug nehmen auf Jer 9,1, wo JHWH ein Nachquartier in der Wüste sucht, um das eigene Volk zu verlassen.[255] Die anderen beiden Belege für den „Fremden" in Jeremia weisen jedoch noch auf eine andere Bedeutung. Der Fremde ist eine Gestalt am Rand, ein Rechtloser.[256] Vor diesem Hintergrund ist hier zu erwähnen, was auch noch an anderer Stelle von Belang sein wird: JHWH ist nicht fremd, weil er es wählt. Zunächst ist er fremd, weil sein Volk fremden Göttern hinterherläuft und ihn verlassen hat.[257]

Die Rede von V. 9 kann, wie beschrieben, als gewagt angesehen werden, obwohl es sich nur um einen Vergleich handelt. Die Unterstellung, JHWH könne nicht helfen, erinnert vor allem an die Fremdgötterpolemik, in der das Unvermögen der Götter ausgebreitet wird.[258] Selbst die (anderen Göttern dienenden) Völker sollen nach JHWHs Willen seine Macht erkennen (16,21). In dieser kritischen Anfrage wird JHWH nun umgekehrt den hilflosen Götzen gleichgestellt.[259]

Die Sicherheit, mit der in V. 9b die Anwesenheit JHWHs beschworen wird, und die Nachdrücklichkeit, mit der JHWH gleichwohl gebeten wird, das Volk nicht zu

---

254 Jer 4,14 verspricht Rettung für Herzensreinigung. Jer 8,20 beklagt die ausbleibende Rettung. Die Rettung wird in Jer 15,20 dem betenden Propheten zugesagt, in 17,14 bittet er darum. In Jer 30,7.10.11 verheißt JHWH Rettung, vgl. auch 31,7; 33,16.

255 Anders, nämlich als ohne Anhalt und rein rhetorisch, liest diese Frage Lundbom, 701.

256 Vgl. Jer 7,6; 22,3.

257 Vgl. Lundbom, aaO., 710.

258 Die Frage, wer etwas vermag (יכל), wird sonst vor allem im Zusammenhang mit den Feinden des Propheten formuliert (vgl. 1,19; 15,20; u.ö.), die ihn nicht zu überwinden vermögen. Ausgehend vom gleichen Motiv wird in Jer 20,7.9 das Vermögen JHWHs beschrieben, das weit größer ist als das des betenden Propheten, dem aber gegen die Feinde wiederum JHWH hilft, so dass sie nichts vermögen (20,10f.). Vgl. Ps 24,8; Dtn 10,17; Jes 9,5; 10,21 und 42,13.

259 Auch die Ansprache JHWHs als Krieger (גבור) ist ungewöhnlich (vgl. Jer 20,11 und 32,18), werden doch zugleich die Helden (wiederum גבור) der anderen Völker auf Israel angesetzt (Jer 5,16) und nach vollzogenem Gericht ihnen selbst der Untergang angesagt (Jer 49,22; 51,56f. u.ö.).

verlassen, bilden eine auffällige Spannung. Die Teilverse in V. 9 passen nicht recht
zusammen. Fragt V. 9a noch klagend nach JHWHs Tatenlosigkeit, so beschwört
V. 9b seine Zugehörigkeit zur sprechenden Wir-Gruppe. Eine Antwort ist diese
Beschwörung nicht.[260] Vielmehr wird hier ungläubig die beklagte Situation neben
zwei Glaubenssätze gestellt, die keine der Fragen beantworten können, sondern
nur verdeutlichen, dass das erlebte Handeln JHWHs diesen Sätzen nicht entspricht. Die abschließende Bitte („Verlass uns nicht") ist die logisch konsequente
Reaktion auf diesen Widerspruch.

Gegen das Erlebte anbetend versucht die Bitte, JHWH zur Realisierung der
Glaubenssätze zu bringen, ohne über diese Sätze hinaus Argumente dafür zu
liefern. Es zeigt die Beter in einem Stadium, in dem die Zusammenhänge von Tun
und Ergehen ihnen erst allmählich zu Bewusstsein kommen und das Ausmaß der
Katastrophe noch kaum begriffen zu sein scheint. Sie selbst haben JHWH (Jer 1,16;
2,13.17.19; 5,7.19) und seine Weisung verlassen (Jer 9,12) und haben damit dafür
gesorgt, dass die Zusage der Gegenwart Gottes hinfällig wurde.

Es ist wenig weiterführend, die Sprecher dieser Zeilen falschen Betens zu
überführen. Vielmehr gibt das Gebet die Möglichkeit, geradezu die Verfertigung
der theologischen Reflexion des Geschehens im Beten nachzuvollziehen. Erleben, Verhalten und Glauben der Sprecher passen nicht zueinander. Sie erleben
einen abwesenden Gott, glauben an seine unerschütterliche Präsenz im Volk und
realisieren nicht, dass die pflichtbewusst bekannten Sünden in der Entfernung
JHWHs aus der eigenen Mitte kulminieren. Das Ausmaß ihrer Situation ahnen sie
nicht.

Dass diese Deutung zutreffend ist, zeigt sich in der anschließenden Antwort
JHWHs, in der das Volk auf sein unstetes Hin- und Herlaufen angesprochen wird.
Es ist eben ursprünglich nicht JHWH, sondern das Volk auf Wanderschaft. Deshalb
(und weil das Gebet später eingefügt wurde), ergeht die Antwort auch nicht an die
Betenden, sondern über die Betenden. Der Einspruch Jeremias weist noch einmal
auf das Problem des Gebets hin. Die Vertröstungen der Heilspropheten gehen an
der Situation vorbei und verunmöglichen den Betenden, die ihre Hörer sind, eine
treffende Gegenwartsanalyse. Die Klage des Propheten über den Untergang seines
Volkes (V. 17 f.) sieht nur das dem Volk widerfahrende Leid. Die vorangehenden
Verse wissen aber darum, dass die solchermaßen Leidenden aus allem Leid keine
Konsequenzen ziehen und ihnen deshalb auch noch im Gericht die Rückkehr zu
JHWH versperrt ist – glauben sie doch, er müsse zu ihnen umkehren.

Die zweite Volksklage in den Versen 19 – 22 führt die Klagen weiter – und nach
wie vor sind die Fragen der Betenden Ausweis ihrer Ahnungslosigkeit. Gefragt

---

260 Anders Lundbom, aaO., 702.

wird JHWH, ob er Juda verworfen (מאס) habe, Zion verabscheue (געל) und warum er ohne Heilungsmöglichkeit (מַרְפֵּא) schlage (נכה).

Die Frage nach der Verwerfung (מאס) zeigt wiederum, dass die vorangehenden Reden von den Sprechern dieses Gebets nicht gehört oder nicht verstanden werden. Seit Jer 6,30 und 7,29 wissen wir, dass JHWH sein Volk verworfen hat, aus den anderen Belegen desselben Verbs erfahren wir sogar den Grund dafür, der wiederum eng mit dem Ineinander der Begründungen in der ersten Volksklage verbunden ist. Auch hier ist nämlich das JHWH vorgeworfene Verhalten zunächst Spiegelbild dessen, was den Betenden vorzuhalten ist: Das Volk selbst hat die Weisung JHWHs verachtet (Jer 6,19) und sein Wort (Jer 8,9). Erst in Jer 31,37 und 33,26 wird der Möglichkeit der gerechtfertigten Verwerfung des Volkes der entgegengesetzte Entschluss JHWHs gegenübergestellt, sich zu erbarmen. Von diesem Entschluss ist die Situation in Jer 14 jedoch noch weit entfernt.

Die in der zweiten Zeile gestellte Frage nach der Abscheu JHWHs (געל) ist im Gegensatz zur Verwerfung so nicht noch einmal in Jeremia zu finden.[261] Lev 26 zeigt jedoch ein dem in Jeremia zu beobachtenden Szenario gegenseitiger Verwerfung sehr ähnliches. Die gemeinsame Verwendung der Wurzel könnte einen verwandten Text vermuten lassen. Wiederum ist es die Gesetzesabscheu des Volkes (Lev 26,15), die JHWH, dessen nicht vorhandene Abscheu gerade noch betont wurde (V. 11), nun die Abscheu seines Volkes mit ebensolchem Verhalten beantworten lässt (V. 30). Ausdrücklich wird an dieser Stelle jedoch betont, dass die vom Volk ausgehende Verachtung sein Elend begründe (26,43). Wie in Jer 31 und 33 bleibt es nicht bei dieser Reaktion JHWHs. Er sagt zu, das Volk auch im Exil nicht zu verachten. Die Realisierung wird jedoch erst für die Zeit nach dem Gericht verheißen, das die Beter dieser Zeilen (Jer 14) noch zu vermeiden suchen.

Ein neues Feld wird mit der Frage nach dem Schlag (נכה) und der versagten Heilung (מַרְפֵּא) eröffnet. Wiederum zeigt die Frage, dass der Grund für die Strafe nicht erkannt wird. Damit werden Jer 2,30 und 5,3 bestätigt, in denen der Schlag pädagogisches Instrumentarium JHWHs gegenüber seinem Volk ist, das jedoch ohne Wirkung bleibt: „Sie weigern sich zurückzukehren" (5,3b). Die Betenden verlangen nach Heilung, ohne aus den Schlägen ihre Lehre gezogen zu haben. Damit präsentieren sie sich als gelehrige Jünger der Heilspropheten, die mit vertröstender Friedensansage, die keinen Anhalt an der Realität hat, nur scheinbar heilen.[262] Tatsächliche Heilung ist allein denen verheißen, die umkehren, und eben diese Neubesinnung lassen die Sprecher dieser Zeilen vermissen.[263] Wie-

---

261 Die Stärke dieses Ausdrucks betont Lundbom, aaO., 713.
262 Zur scheinbaren Heilung durch die Rede vom Frieden vgl. Jer 6,14; 8,11. Zur falschen Rede vom Frieden vgl. Jer 14,13; 23,17; 28,9.
263 Vgl. Jer 3,22.

derum wird jedoch im Buchverlauf Heilung auch ohne die erwartete Umkehr verheißen, allerdings erst nach überstandenem Gericht (30,17; 33,6). Insofern wird dem Ansinnen der Beter letztlich entsprochen. Der wesentliche Unterschied zwischen ihrer Erwartung und der gegebenen Verheißung besteht allerdings darin, dass diese erst nach einem vollständigen Gericht und der dadurch abgebüßten Strafe denkbar wird.

Ganz ähnlich ist der Befund für den in V. 19b erwarteten Frieden (שָׁלוֹם). Er wird von den Heilspropheten fälschlich für die Gegenwart verheißen (14,13 u. ö.). Erst nach dem Gericht aber bringt JHWH tatsächlich Frieden (33,6 – 9). Der Frieden wird von den hier Betenden entsprechend zur Unzeit gefordert. Wie das erwartete Gute (טוֹב) ist er in der Gegenwart durch die Schuld des Volkes verunmöglicht (5,25). Erst nach angemessener Zeit wird das gute Wort eingelöst (29,10; 33,14; 32,39).

Alle Fragen und Klagen in V. 19 führen eine ähnliche Antwort herauf: Das negative Ergehen ist aus dem Verhalten der Betenden resultierende Strafe, bestenfalls mit dem Versuch, erzieherisch zur Umkehr zu bewegen. Dieser Versuch gelingt nicht. Angeleitet durch die Heilspropheten erkennen die Beter ihr Ergehen nicht als Folge eigenen Handelns. Sie erwarten Gutes, Frieden und Heilung und zwar sofort. Im Verlauf des Buches wird – trotz weiterhin unterbleibender Umkehr – das hier erbetene Heil zugesagt, aber erst für eine Zeit nach Strafe und Gericht. Diese neue Heilszeit steht für die Betenden noch aus. Bis dahin regiert der Schrecken, der JHWHs Gerichtshandeln begleitet.

Nach Fragen und Klagen kommen die Beter nun in V. 20 von selbst auf ihre Sünden zu sprechen. Aber das Wissen um die eigene Frevelhaftigkeit (רֶשַׁע)[264], das eigene Handeln gegen Gott (חטא)[265] und die Schuld (עָוֺן)[266] der Väter[267] wird ohne Konsequenz für die Argumentation erwähnt. Wieder gelingt es den Betern nicht,

---

264 Der רֶשַׁע wird nur in sechs Versen erwähnt. Die Frevel überhaupt nur hier, alle anderen Stellen reden stattdessen vom Frevler. 5,26 stellt fest, dass es Frevler im Volk gibt; 12,1 fragt, warum der Weg der Frevler zum Erfolg führt; 23,19 par. 30,23 beschreibt Gottes Sturm gegen die Frevler; 25,31 konstatiert, dass die Frevler dem Schwert übergeben sind.

265 Die Wurzel חטא wird in insgesamt 25 Versen erwähnt. 2,35 mit der Überzeugung des Volkes, nicht gesündigt zu haben; 3,25; 8,14 in dem Wissen der eigenen Sünde und in der Überzeugung, es seien die Sünden, die fern vom Guten halten; vgl. die Preisgabe wegen der Verfehlung 15,13 und 17,3 sowie die Frage nach den Verfehlungen in 16,10 und die Antifürbitte in 18,23. Zur Schuld als Teil der Verheißung des Verzeihens und der Heilung vgl. 31,34; 33,8; 50,14 u. ö.

266 Vgl. עָוֺן in Jer 2,22 als etwas, von dem es keine Reinigung gibt und das (Jer 3,13) überhaupt erst erkannt werden muss bzw. gerne geleugnet wird (16,10). Die Schuld stört das Verhältnis (5,25) und ist Erbe von den Vätern, zu dem immer wieder zurückgekehrt wird (11,10). Vgl. zur Vergeltung der Schuld 16,18 und zum Verzeihen 31,34; 33,8; 36,3 50,20.

267 Lundbom, aaO., 716, behauptet, die Formulierung zeige die tatsächliche Relevanz der Väterschuld für die gegenwärtige Generation.

ihr Ergehen als Frucht dieses Fehlhandelns zu verstehen oder Lehren aus dem Zusammenhang von Tat und Strafe zu ziehen. Zwar wird die Schuld jeweils so angesprochen, dass durchaus davon ausgegangen werden muss, dass die Betenden vom Zusammenhang wissen (sonst hätte die Schuld nicht erwähnt werden müssen), aber auch hier wird keine Verbindung formuliert. Die auf die Erkenntnis: „Wir haben gegen JHWH gesündigt" zu erwartende Umkehr wird nicht einmal angedeutet.

Wiederum ohne logische Verknüpfung wird nun an Fragen, Klagen und Schuldbekenntnis die Bitte angehängt (V. 21), nicht zu verschmähen (נאץ), nicht zu verachten (נבל), sich des Bundes zu erinnern (זכר)[268] und ihn nicht zu tilgen (פרר). Wiederum werden diese Bitten mit überkommenen Garantien der Gottespräsenz begründet: mit dem Namen JHWHs, dem herrlichen Thron und mit dem Bund.

Die Verschmähung (נאץ) wird in dem Urteil über die Heilspropheten in Jer 23,17 ein weiteres Mal erwähnt. Über diese wird festgehalten, sie würden denen Frieden verkünden, die JHWH verachten (נאץ). Wieder wird JHWH hier also ein Verhalten vorgehalten bzw. die Unterlassung eines Verhaltens angetragen, das von den Menschen ausgegangen ist, nicht von ihm.[269]

Die Bitte, nicht zu verachten (נבל pi.), nimmt eine relativ seltene Redeweise auf, die nur drei weitere Belege im Alten Testament hat. Während einmal Kinder mit dem Verb beschrieben werden, die ihre Eltern verachten (Mi 7,6), bezeichnet es ein anderes Mal göttliches Strafhandeln im Kontext beschämender Demütigung (Nah 3,6). In Dtn 32,15 aber wird es im Zusammenhang mit dem respektlosen Tun der Menschen JHWH gegenüber verwendet.[270] Wiederum, wenn auch weniger zwingend zu belegen, wird JHWHs Verachtung von menschlicher Verachtung ausgelöst. Dass die Beter darüber hinaus JHWHs Strafhandeln mit einer Schmä-

---

268 Vgl. 2,2 JHWH erinnert an die gute Zeit; 23,36 überführt diejenigen, die nicht mehr an den „Ausspruch des Herrn" denken; diesen Entlarvungen steht die Zusage in 31,34 gegenüber, an die Schuld nicht mehr zu denken.

269 נאץ ist mit 23 Belegen ein relativ seltenes Wort im AT. In Jeremia gibt es drei Belege, einen Beleg in den Klageliedern, vier Belege in Jesaja und fünf Belege in den Psalmen, davon je zwei im selben Psalm; wesentlich für die Interpretation von Jer 14 dürften die Erwähnungen in Dtn und Num sein. Num 14,11.23; 16,30 sprechen von der Verachtung des Volks für JHWH; ebenso Dtn 31,20; diese Verachtung erwidernd spricht Dtn 32,19 von der Verachtung JHWHs für das Volk; vgl. zur Verachtung JHWHs oder seines Ratschlusses oder seiner Weisung noch 1 Sam 2,17; Ps 10,3.13; 74,10.18; 107,11; Jes 1,4; 5,24; 52,5; die besondere Schuld der Friedenspropheten besteht nach Jer 23,17 darin, dass sie ausgerechnet denen, die JHWH verachten, Frieden ankündigen; vgl. Threni 2,6 über den schmähenden Zorn JHWHs, der Königen und Priestern gilt.

270 Vgl. Lundbom, aaO., 717: „Used pejoratively in Deut 32:15 of Israel's attitude towards Yahweh in the wilderness, the verb is nevertheless strong for addressing Yahweh about an attitude and action that are his own."

hung seines Thrones durch ihn selbst verbinden, zeugt von einer noch nicht durch das Gericht und die Anerkenntnis eigener Schuld relativierten Selbstverständlichkeit der Gottesbeziehung.[271]

Jer 3,17 verheißt eine Zeit, in der Jerusalem Thron des Herrn ist. Die Gegenwart sieht mit trunkenen Thronenden jedoch anders aus (Jer 13,13). Entsprechend wird die Verheißung mit geforderter Umkehr verbunden. Die Betenden wiederholen also ein Tempelkonzept, das durch ihre eigene Schuld keinen Bestand mehr hat und dessen neuerliche Ehre erst wieder nach Strafe oder Umkehr zu erwarten ist. JHWHs Name, der herrliche Thron und selbstverständlich der Bund müssen als Argumente für ein bedingungsloses Heilshandeln JHWHs dienen. Nun steht kurz zuvor in Jer 11 die nachdrückliche Aufforderung JHWHs zu lesen, den Bund zu halten und auf die Worte JHWHs zu achten. Diese Aufforderung wird mit dem Bericht abgeschlossen, das Volk habe nicht gehört, sich geweigert und den Bund gebrochen (Jer 11,10). Dieser Bundesbruch wird dabei mit derselben Wurzel beschrieben, mit der hier die Bitte an JHWH, den Bund nicht zu brechen, formuliert wird (פרר).[272] Wiederum findet sich erst in Jer 31,22; 33,20 f. die Zusage, den von den Menschen mutwillig gebrochenen Bund durch einen neuen, unbrechbaren inneren Bund zu ersetzen (Jer 31,31– 34).[273]

Im letzten Vers der Volksklage werden nun die Gründe dafür aufgezählt, warum die Betenden sich an JHWH wenden. Mit dem Hinweis, die Götzen könnten in der Situation der Dürre nicht helfen und nur JHWH allein könne retten, überführen sie sich selbst des Opportunismus, dessen das Volk in Jer 3,3 angeklagt wird. Bei dieser Beweislage hilft auch das abschließende Bekenntnis zur Schöpfermacht JHWHs kaum, da eine Wiederaufnahme der Beziehung auf diese Weise nicht gelingen kann.

Schluss

Es fällt schwer, einen so dringlich gebeteten Text nur als Vorführung falschen Betens zu verstehen, wie es teilweise geschieht. Dennoch haben alle Ausleger fraglos Recht, denen die Gebete des Volkes an dieser Stelle nicht angemessen erscheinen. Mit unabsichtlicher Selbstanzeige werfen die Betenden in vielerlei Spielart JHWH ein Verhalten vor, in dem sich exakt ihr eigenes Vergehen spiegelt. Die Entsprechung von Vorwurf und eigenem Verhalten weist darauf hin, dass diese

---

271 Vgl. ebd.: „If Yahweh was the one who had concerns along these lines earlier, and he did, now it is the people who do."
272 Vgl. als Vorlage Dtn 31,16.20.
273 „The question of continuity and discontinuity with prior covenants in the face of national destruction is dealt with more fully in chaps. 30 – 33" (ebd.).

beiden kurzen Gebete nicht nur auf einer Ebene als kurze Volksklagen formuliert wurden, sondern mehrere Bezugs- und Verstehensebenen haben. Wesentlich für ihr Verständnis sind ihre Parallelen im Jeremiabuch. Die Gerichtsstücke gegen das Volk, die nachweisen, dass die Betenden sich geradezu über ihr eigenes Handeln beklagen, die Beschreibung der Strafe als nutzlose Erziehungsmaßnahme, die Erwartung opportunistischer Hinkehr zu JHWH im Moment der Not, die Zusagen der Heilspropheten, die den Betenden ihre Glaubens- und Hoffnungssätze mitgeben – alle diese Texte erweisen die beiden Klagen als Gegenwartsanzeigen des so oft und aus so unterschiedlichen Perspektiven beschriebenen Volkes. Sie zeigen seine Fehlleitung und die mangelnde Einsicht in die Folgen eigenen Tuns und belegen zugleich, dass sie klagend an JHWH festhalten.

Ganz anders als beispielsweise die demütigen Gerechten in Dan 9 liefern die Beter in Jer 14 mit ihrer Redeweise keine Argumente für einen Strafverzicht oder andere barmherzige Maßnahmen JHWHs. Umso interessanter ist eine andere Gruppe von Texten, die bereits an mehreren Stellen als Kontexte in den Blick kommen. Das erhoffte Gute, die nicht mehr verlierbare Nähe und Gegenwart JHWHs, Rettung, Aufwertung des Thrones und Errichtung eines neuen, unverbrüchlichen Bundes sind Verheißungen, die in den Heilsweissagungen des Jeremiabuchs für die Zeit nach dem Gericht tatsächlich bestehen. Insofern muss im Blick auf das Jeremiabuch als Ganzes festgehalten werden, dass die Gebete in Jer 14 zwar zunächst nicht erhört werden, nach Abtragen der Schuld und nach dem erfolgten Gericht ist den Betenden aber zugesagt, was sie erbitten. Nicht einmal die hier so auffällig fehlende Umkehr wird dann noch von ihnen gefordert. Es reicht aus, das Gericht überstanden zu haben.

Wer so betet, entspricht dem von Jeremia beschriebenen Volk mitten im Gericht. In irregeleitetem Vertrauen auf die eigene Unverletzbarkeit, mit großem Anspruch an und blindem Vertrauen auf JHWH als grundsätzlich gegenwärtigem und zugeneigtem Gott formuliert das Volk seine Klage. Anders als an den meisten anderen Stellen des Jeremiabuches unterscheidet die hier Betenden von den Gegnern Jeremias, dass sie durchaus einen Blick für ihre Verfehlungen und die Vergehen ihrer Väter haben. Ein Schuldbewusstsein, das diese Erkenntnis mit einer Änderung des Verhaltens gegenüber JHWH verbinden könnte, fehlt dennoch. Das Volk beginnt erst in der Not zu beten und sich um Gottes Gegenwart zu kümmern. Dennoch wird ihm letztlich Heilung, Zuwendung und Restitution versprochen. Letztere verheißen nicht allein die Heilspropheten, sondern gemäß der Aufzeichnungen im Buch des Propheten Jeremia ist es JHWH selbst, der dies zusagt.

Der Gott, zu dem hier gebetet wird, ist der einzige, von dem in dieser Situation der Bedrohung Hilfe erhofft werden kann. Gleichwohl versagt er diese Hilfe bislang. In der Wahrnehmung der Betenden hat JHWH die Gründe für die ausbleibende Hilfe nicht ausreichend deutlich gemacht. Stattdessen erscheint es den Betenden so, als trete er alles, was sie mit ihm verbindet, mutwillig mit Füßen und verachte sie vollkommen. Seine Untätigkeit und Abwesenheit reizt die Betenden, die ihn als einen Gott imaginieren, der um seines Namens willen zu handeln habe.

Die mit diesem Gebet formulierte Gegenwart ist die des Gerichts ohne Einsicht, das zu diesem Zeitpunkt noch ohne erkennbaren pädagogischen Wert bleibt. Die Gebete zeigen die Innensicht des Volkes im Moment der Verstockung. Zugleich bereiten diese Gebete späteres Handeln JHWHs aus Gnade und Erbarmen vor.

2.2 Dein Zorn macht uns zu Sündern – Jes 63 f.

Ist die Situation der Betenden in Jer 14 vom beginnenden Gericht geprägt und hängt die Nichterhörung ihres Klagens vornehmlich damit zusammen, dass die Strafe noch ertragen, die Sünde noch gesühnt werden soll, so weisen die Zeichen, die die Betenden in Jes 63 f. umgeben, darauf hin, dass es höchste Zeit wäre für einen Gesinnungswechsel JHWHs, ein Ende des Gerichts. Tatsächlich antizipieren die vorangehenden Kapitel, die Hymnen Deuterojesajas und das im nächsten Abschnitt der Arbeit untersuchte Stück in Jes 12 ein Heilshandeln JHWHs, das die Betenden dieser Zeilen nicht erreicht hat. Zwar stimmen sie ein in den Lobpreis der Geschichte JHWHs mit seinen Menschen, in die Erinnerung von Rettung und Bewahrung. Aber für Gegenwart und Zukunft vermögen sie weder aus dem Erinnerten noch aus der nach dem Modell des Erinnerten gestalteten Erwartung Kraft oder Hoffnung zu schöpfen. In dieser Situation, in der für die hier schreibende Gruppe alle Heilsansagen fade werden, strafen sie ihre eigene Klage Lügen, indem sie in Anrufung JHWHs beschreiben, dass sein Name nicht mehr angerufen werde (64,6). Mit diesem betenden Selbstwiderspruch wird die tödliche Verkettung von Schuld und Zorn, Verführung und Entfremdung benannt und JHWH vorgelegt. Er ist der einzige, der Heil ermöglichen kann. Dazu allerdings muss er umkehren (63,17b). Die Beterinnen und Beter von Jes 63 f. halten an JHWH fest in einer Situation, in der seine „Heil" ansagenden Knechte als Lügner überführt werden. Dabei äußern sie ohne Rücksicht auf Tabus, welche Formeln überkommenen Glaubens sich nicht als tragfähig erwiesen haben.

Dass das Gebet mit hoher Wahrscheinlichkeit einmal als Abschluss des Jesajabuches formuliert wurde, unterstreicht die theologische Ausnahmeleistung dieser Zeilen.[274] Alle vorangehenden Verse des Buchs werden in diesem Gebet unter Vorbehalt gestellt und zugleich betend weitergeführt.

Übersetzung

63,7 Die Gnadenerweise JHWHs will ich erinnern,
die Lobpreisungen JHWHs,
gemäß all dem, was JHWH an uns getan hat;
und die Fülle[275] des Guten für das Haus Israel,
das er ihnen nach seinem Erbarmen getan hat
und gemäß der Fülle seiner Gnadenerweise[276].

8 Er sprach: Wahrhaftig, sie sind mein Volk,
Kinder, die nicht trügen,
und er wurde ihnen zum Retter

---

274 So die These von Johannes Goldenstein, *Das Gebet der Gottesknechte: Jesaja 63,7–64,11 im Jesajabuch*. Wissenschaftliche Monographien zum Alten und Neuen Testament 92. Neukirchen-Vluyn: Neukirchener Verlag, 2001, 229 f. Ähnlich fasst es Judith Gärtner, *Jesaja 66 und Sacharja 14 als Summe der Prophetie: Eine traditions- und redaktionsgeschichtliche Untersuchung zum Abschluss des Jesaja- und des Zwölfprophetenbuches*, Wissenschaftliche Monographien zum Alten und Neuen Testament 114. Neukirchen-Vluyn: Neukirchener Verlag, 2006, 271: „Damit fließen nun in der Volksklage zwei Hauptlinien prophetischen Selbstverständnisses aus dem protojesajanischen und deuterojesajanischen Textbereich zusammen, so dass sich die Volksklage als buchabschließende Reflexion jesajanischer Theologie verstehen lässt. Dass sie aber gegenüber Jes 56,1–7.8/ Jes 65/ Jes 66 dennoch eine Vorstufe bleibt, hat bereits die modifizierende Fortschreibung in Jes 65,1–12 gezeigt. Sie führt in Jes 65,8–12 die Differenzierung des Gottesvolkes in Frevler und Knechte ein, die wiederum als Hauptstrang dieser Redaktion herausgestellt worden ist. Damit wird das Kollektiv der Beter in der Volksklage aufgespalten. Zugleich aber entgrenzt die buchabschließende Redaktion die Konzeption des Gottesvolkes selbst, so dass nicht mehr nur die Frommen aus Israel, sondern auch aus den Völkern zum Gottesvolk gehören (Jes 56,1–7.8; Jes 66,23). Dieser universale Aspekt ist dem Gebet gänzlich fremd, da es die Perspektive des Gottesvolkes als eines Kollektivs nicht verlässt." Vgl. auch Schmid, Literaturgeschichte des Alten Testaments, 196.
275 Mit Vulgata wird hier abweichend vom MT und parallel zu V. 7b רֹב gelesen. Vgl. Irmtraud Fischer, *Wo ist Jahwe? Das Volksklagelied Jes 63,7–64,11 als Ausdruck des Ringens um eine gebrochene Beziehung*. Stuttgarter Biblische Beiträge 19. Stuttgart: Verlag Katholisches Bibelwerk, 1989, 2; Emmendörffer, Der ferne Gott, 261; Goldenstein, Das Gebet der Gottesknechte, 35; Gärtner, Jesaja 66 und Sacharja 14, 223.
276 Plural wird singularisch wiedergegeben von Fischer, Wo ist Jahwe?, 2; Emmendörffer, Der ferne Gott, 263; Gärtner, Jesaja 66 und Sacharja 14, 223, mit Hinweis auf den Parallelismus zum Erbarmen. Hier dürfte aber die Klammer mit den das Gebet eröffnenden Gnadenerweisen wichtiger sein. Aus diesem Grund wird pluralisch übersetzt. Vgl. Goldenstein, Das Gebet der Gottesknechte, 34.

9   in aller ihrer Not.
     Weder[277] Bote noch Engel, sein Antlitz rettete sie.
     In seiner Liebe und in seinem Mitleid – er selbst erlöste sie,
     und er hob sie auf und trug sie alle Tage der Vorzeit (עוֹלָם).[278]

10   Sie aber waren widerspenstig und kränkten seinen heiligen Geist.
     Und er wurde ihnen zum Feind. Er selbst kämpfte gegen sie.

11   Da gedachte sein Volk[279] der Tage der Vorzeit (עוֹלָם) [des Mose][280]:
     Wo ist der, der sie heraufführte[281] vom Meer mit den Hirten[282] seiner Herde?
     Wo ist der, der in ihre[283] Mitte seinen heiligen Geist legte?

---

277 Einige Handschriften haben hier das Qere לוֹ. LXX und Syriaca unterstützen Ketib לֹא. 1QJes[a]
hat לוא und könnte deshalb in beide Richtungen verstanden werden. In der Regel wird hier das
Ketib gelesen. Vgl. John D. W. Watts, *Isaiah 34 – 66*, revidierte Auflage. Word Biblical Commentary
25. Nashville u. a.: Nelson, 2005, 326; Emmendörffer, Der ferne Gott, 263; Goldenstein, Das Gebet
der Gottesknechte, 53 – 57; Gärtner, Jesaja 66 und Sacharja 14, 223. Anders Fischer, Wo ist Jahwe?,
6 – 11.
278 In Vers 9 gibt es eine lange Auslegungsgeschichte zur Frage, wer rettet und wer nicht rettet.
Septuaginta liest πρέσβυς οὐδὲ ἄγγελος. Dies wird in der Regel als Anlass dafür genommen, צַר
(für צִיר, Bote) statt צַר zu vokalisieren. Ebenfalls problematisch ist, dass מַלְאָךְ als *constructus*
vokalisiert ist. Watts, Isaiah 34 – 66, 324.326, übersetzt deshalb: „And the angel of his face saved
them." Ebenso Fischer, Wo ist Jahwe?, 2.6 – 11.139. Der Ausdruck ist in der hebräischen Bibel
singulär. Die späteren Belege (Jub 1,27.29; 2,1.18; 31,14; TestXII.Le 3,7; TestXII.Jud 25,2; äthHen
40,3; vgl. hebrHen 3,2 und in Qumran 1QH 6,13; 1QSb 4,25.26) dürften wohl Teil der Wirkungsgeschichte dieses Textes sein (und von Ez 1,6). Fischer, aaO., 139, geht davon aus, dass diese
Formulierung hier die Traditionsstränge vom vor den Israeliten herziehenden Engel Gottes und
vom mitgehenden Angesicht JHWHs harmonisiere. Dagegen Goldenstein, Das Gebet der Gottesknechte, 54: „Das gewichtigste Argument für die LXX-Version ist schließlich, daß die betonte
Alternative ‚nicht Bote noch Engel, sondern Jahwe selbst (sein Angesicht)' den Akzent auf das
unmittelbare Wirken Jahwes setzt, das auch anderwärts im Gebet von zentraler Bedeutung ist."
Vgl. Wolfgang Lau, *Schriftgelehrte Prophetie in Jes 56 – 66: Eine Untersuchung zu den literarischen
Bezügen in den letzten elf Kapiteln des Jesajabuches*. Beihefte zur Zeitschrift für die Alttesta-
mentliche Wissenschaft 225. Berlin u. a.: de Gruyter, 1994, 290: „In die enge und einzigartige
Beziehung zwischen Vater und Sohn bzw. Söhnen will sich die explizite Entsendung eines
‚Engels seines Angesichts' [...] kaum einfügen." Nimmt man diese Argumentation ernst (was
naheliegt), könnte Fischers Erkenntnis immer noch nachvollziehbar erläutern, aus welchem
Grund die Lesart des Ketib sich so gut hat halten können.
279 עַמּוֹ wird in der LXX ausgelassen. Ohne Änderung des MT kann das Volk hier als Subjekt zu
זכר verstanden werden mit Fischer, Wo ist Jahwe?, 3.11; Emmendörffer, Der ferne Gott, 261.263,
und Gärtner, Jesaja 66 und Sacharja 14, 224. Anders Klaus Koenen, *Ethik und Eschatologie im
Tritojesajabuch: Eine literarkritische und redaktionsgeschichtliche Studie*. Wissenschaftliche Monographien zum Alten und Neuen Testament 62. Neukirchen-Vluyn: Neukirchener Verlag, 1990,
252, der Mose als Verb (herausziehen) übersetzt und JHWH gedenken lässt.

12 Der seinen prächtigen Arm zur Rechten des Mose gehen ließ?
Er spaltete das Meer vor ihnen,
um sich einen ewigen (עוֹלָם) Namen zu machen.

13 Der sie durch Urfluten gehen ließ
wie ein Pferd in der Wüste – sie strauchelten nicht.

14 Wie das Vieh ins Tal hinabsteigt –
JHWHs Geist brachte sie zur Ruhe.
So hast du dein Volk geführt,
dir einen prächtigen Namen zu machen.

15 Schau vom Himmel und sieh
von deiner heiligen und prächtigen Wohnung!
Wo (sind) dein Eifer und deine Heldentaten?
Der Lärm deiner Eingeweide und dein Erbarmen halten sich mir
gegenüber zurück.[284]

16 Ja, du bist unser Vater,
ja, Abraham kennt uns nicht,
und Israel weiß nicht von uns.
Du, JHWH, (bist) unser Vater,
„unser Erlöser von Vorzeit (עוֹלָם) her" – dein Name.

17 Warum lässt du uns abirren, JHWH, von deinen Wegen?
Verhärtest unser Herz gegenüber deiner Furcht?

---

280 Die spezifizierende Nennung des Mose ist möglicherweise eine Glosse (vgl. Emmendörffer, Der ferne Gott, 261). Der Name wird in LXX ausgelassen. Vulgata und Syriacus verbinden Volk und Mose mit einem „und".
281 Hier lesen LXX, Theodotion und Syriaca, 1QJesᵃ und einige der von Kennicott herausgegebenen Handschriften הַמַּעֲלֵה, lassen also das Personalsuffix weg und nehmen die „Hirten" als Objekt. Targum, Aquila und Symmachus haben die gleiche Fassung wie MT. Watts, Isaiah 34– 66, 327, behält MT als schwierigere Lesung bei. Ebenso Fischer, Wo ist Jahwe?, 13f.; Emmendörffer, Der ferne Gott, 261; Goldenstein, Das Gebet der Gottesknechte, 68–70; Gärtner, Jesaja 66 und Sacharja 14, 224.
282 Singularisch in Targum und LXX. Plural wird unterstützt von 1QJesᵃ und Vulgata. MT behält u. a. bei: Watts, Isaiah 34–66, 327. Emmendörffer, Der ferne Gott, 261, stellt unkommentiert die Hirten *und* seine Herde zusammen. Fischer, Wo ist Jahwe?, 13f.; Goldenstein, Das Gebet der Gottesknechte, 68–70; Gärtner, Jesaja 66 und Sacharja 14, 224.
283 Das Singularsuffix dürfte sich hier auf das Volk beziehen, aus diesem Grund scheint es legitim zu sein, pluralisch zu übersetzen.
284 Zur Diskussion verschiedener Möglichkeiten der Textänderung und zur Argumentation dazu, MT beizubehalten vgl. Goldenstein, Das Gebet der Gottesknechte, 88f.

Kehre um – um deiner Knechte willen,
der Stämme deines Erbbesitzes!

18 Für wenig[285] haben sie dein heiliges Volk enteignet,
unsere Feinde haben dein Heiligtum zertreten.

19 Wir sind wie solche[286] geworden, über die du von jeher (עוֹלָם) nicht geherrscht hast,
über die nie dein Name gerufen wurde.
Oh, wenn du doch die Himmel zerrissen hättest[287], herabgestiegen wärst,
von deinem Antlitz hätten die Berge gebebt.

64,1 [Wie Feuer Reisig entzündet,
Feuer Wasser zum Überkochen bringt.][288]
Um deinen Feinden deinen Namen kundzutun.
Vor deinem Antlitz sollen Völker erbeben.

---

285 Vgl. zu dieser Übersetzung Watts, Isaiah 34–66, 327, der es für problematisch hält, von einer nur hier gewählten temporalen Übersetzung des ersten Wortes מִצְעָר auszugehen: „If translated in its normal meaning, ‚for a little or insignificant thing,‘ the verse may be read as it stands with an implicit contrast between the lines." Er zieht die Zeilen zusammen und übersetzt (aaO., 325): „It has become a matter of no consequence that your holy people secure their inheritance." Anders Goldenstein, Das Gebet der Gottesknechte, 102, der sieht, „daß das לְמִצְעָר als Zeitbestimmung ('für eine kleine Weile') zu verstehen ist, die einen Gegensatz zu dem מֵעוֹלָם ‚von Vorzeit an' im folgenden v.19 bildet." Ausgerechnet dieser Gegensatz ist hier jedoch kaum sinnvoll zu verstehen, schließlich geht es um dasselbe: Beide Verse beschreiben das Leben und die Bedrohung, der diejenigen ausgesetzt sind, von denen JHWH sich abgewendet hat. Vgl. ebenfalls temporal Fischer, Wo ist Jahwe?, 18 f.; Emmendörffer, Der ferne Gott, 264, und Gärtner, Jesaja 66 und Sacharja 14, 224.

286 Vgl. P. Joüon und Takamitsu Muraoka, *A Grammar of Biblical Hebrew*, 2. Neudruck der 2. Auflage mit Korrekturen. Subsidia Biblica 27. Rom: Gregorian Biblical Press, 2009, 555. Watts, Isaiah 34–66, 325, übersetzt hier ganz anders: „We are from (that) age. You have never ruled over them. Your name has never been pronounced over them." Vgl. aber auch Fischer, Wo ist Jahwe?, 20; Emmendörffer, Der ferne Gott, 262; Goldenstein, Das Gebet der Gottesknechte, 104 f.; Gärtner, Jesaja 66 und Sacharja 14, 224.

287 Irrealis der Vergangenheit übersetzt mit Joüon/ Muraoka, Grammar, §163c, der festhält: „לוּ with qatal, when the wish relates to the past..." Vgl. in diesem Sinne Anneli Aejmelaeus, „Der Prophet als Klageliedsänger: Zur Funktion des Psalms Jes 63,7–64,11 in Tritojesaja." in *Zeitschrift für die Alttestamentliche Wissenschaft* 107 (1995): 31–50, 43; Paolo Salvadori, *Tu non sei così!: La dinamica di fede del lamento di Is 63,7–64,11 a partire dal salmo 44*. Supplementi alla Rivista Biblica 55. Rom: EDB 2013, 192 f. Anders Goldenstein, Das Gebet der Gottesknechte, 106, der hier die „Ungeduld" der Beter „unterstrichen" sieht.

288 Als Glosse aufgefasst von K. Pauritsch, *Die neue Gemeinde: Gott sammelt Ausgestoßene und Arme (Jes 56–66)*. Analecta Biblica 47. Rom: Biblical Inst. Press, 1971, 155 f.; Emmendörffer, Der ferne Gott, 281; anders Goldenstein, Das Gebet der Gottesknechte, 108.

2   Mit deinen furchtbaren Handlungen, (die) wir nicht erhofft haben,
     [du bist herabgestiegen, von deinem Antlitz bebten die Berge,][289]

3   und die von jeher (עוֹלָם) nicht gehört, nicht vernommen wurden.
     Kein Auge hat gesehen einen Gott außer dir,
     der an dem handelt, der auf ihn harrt.

4   Du hättest den getroffen, der sich freut und der das Rechte tut.
     Auf deinen Wegen hätten sie deiner gedacht.
     Siehe, du, du hast gezürnt und wir haben gesündigt,
     [auf ihnen ewig] und wurden gerettet.[290]

5   Wir sind geworden wie ein Unreiner, wir alle,
     und wie Menstruationswäsche alle unsere Gerechtigkeitserweise.
     Wir alle sind wie Laub verwelkt.
     Und unsere Schuld, wie Wind trug[291] sie uns davon.

6   Keiner ruft deinen Namen an,
     macht sich auf, an dir festzuhalten,
     denn du hast dein Antlitz vor uns verborgen
     und hast uns hingegeben[292] in die Hand unserer Schuld.

---

289 Wird zumeist für eine Glosse aus 63,19 gehalten, vgl. Fischer, Wo ist Jahwe?, 21.; Emmendörffer, Der ferne Gott, 283. Dagegen formuliert Watts, Isaiah 34–66, 327: „Keep MT. Repetition is common in the Vision." Ebenso entscheidet Goldenstein, Das Gebet der Gottesknechte, 111f.
290 Hier schlägt BHS vor, בְּהֵעָלְמָךְ zu lesen. „In deinem dich Verstecken". Vgl. entsprechend Joseph Blenkinsopp, *Isaiah 56–66: A New Translation with Introduction and Commentary.* The Anchor Bible 19B. New York u. a.: Doubleday, 2003, 253.256. Watts, Isaiah 34–66, 328, findet, MT sei immer noch der beste Text, verändert hier aber die Auffassung der Verben gegenüber dem klassischen Muster, indem er übersetzt (326): „Look! When you, yourself, were angry, and we sinned in those ancient times, we could still be saved!" Goldenstein, Das Gebet der Gottesknechte, 118, liest hier „auf ihnen werden wir für ewig gerettet" und bezieht בָּהֶם auf die „Wege" in V. 4aβ zurück. Rückbezug auf „Wege" haben auch Burkard M. Zapff, *Jesaja 56–66.* Neue Echter Bibel Kommentar zum Alten Testament 37. Würzburg: Echter, 2006, 414, und Gärtner, Jesaja 66 und Sacharja 14, 225. Beim Verb bietet LXX ἐπλανήθημεν, weshalb MT oft emendiert wird. Vgl. Fischer, Wo ist Jahwe?, 3.23–25.281. LXX zeigt aber vor allem, dass MT nicht zu verstehen ist.
291 Mit LXX als Singular gelesen.
292 Eine wörtliche Übersetzung des eigentlich intransitiven Verbs מוג in der Stammesmodifikation Qal ist wenig sinnvoll. Der Text wird nach LXX καὶ παρέδωκας ἡμᾶς zu einer Form von נתן geändert. Alternativ wird die fälschliche Einfachschreibung des ג angenommen, durch die die ursprüngliche Pilpel-Form nicht mehr erkennbar sei (Vgl. etwa Goldenstein, Das Gebet der Gottesknechte, 127, der das Verb beibehält, aber letztlich im Sinne des Pilpel übersetzt).

7 Jetzt[293] aber, JHWH, unser Vater bist du!
 Wir (sind) Ton und du unser Bildner und wir alle Werk deiner Hand[294].

8 Zürne nicht so sehr, JHWH,
 und gedenke der Schuld nicht für immer.
 Siehe, schau doch: Dein Volk (sind) wir alle.

9 Deine heiligen Städte[295] sind Wüste,
 Zion (ist) Wüste geworden, Jerusalem Ödnis.

10 Unser heiliges und prächtiges Haus,
 in dem dich unsere Väter gepriesen haben,
 wurde Brandstätte des Feuers,
 und all unsere Kostbarkeiten wurden zur Trümmerstätte.

11 Wirst du dich etwa hierzu zurückhalten, JHWH?
 Wirst du schweigen und uns so sehr demütigen?

Text und Struktur

Der zum Teil nur in Annäherung zu übersetzende Text besteht aus vier aufeinander bezogenen Abschnitten. Es handelt sich um 63,7–14; 63,15–64,6*; 63,19b-
64,4 und 64,7–11.[296]

---

293 Hier liest 1QJes[a] „Du".
294 Mit 1QJes[a], LXX und Vulgata wird hier vorgeschlagen, Plural zu lesen. Das Werk der Hände
JHWHs wird tatsächlich an allen anderen Stellen entsprechend gebildet. Die Singularform ist
parallel zur „Hand der Übertretungen" in V. 6 und wird beibehalten.
295 Der Plural hier ist ungewöhnlich und wird von LXX geändert, ist hier aber mit 1QJes[a]
beibehalten.
296 Diese Gliederung des Textes entspricht vor allem in der Abgrenzung von Rückblick (63,7–
14) und Klage (63,15–64,11) den anderweitig vorgenommenen Gliederungen. In der Regel wird
jedoch der Zusammenhang zwischen 63,19a und 64,5 nicht als besonders wesentlich angesehen
bzw. verblasst ob der zwischen diesen Versen stehenden Zeilen. Entsprechend wird die Einteilung der Textabschnitte oft so vorgenommen, dass 64,5–11 zusammen angesehen werden. Die
Verse werden bspw. in V. 5–8 und V. 9–11 unterteilt. Vgl. zur beschriebenen anderen Gliederung
Fischer, Wo ist Jahwe?, 73–75; Goldenstein, Das Gebet der Gottesknechte, 104f.; Gärtner, Jesaja
66 und Sacharja 14, 224. Es scheint hingegen sinnvoll, die wiederholte Anrede an JHWH, die
wiederholte Verwendung der Vater-Rede als strukturierendes Merkmal wahrzunehmen. Emmendörffer, Der ferne Gott, 269, beispielsweise nimmt 63,19b-64,6 insgesamt als einen Abschnitt.
Er schätzt damit zu Recht den Neueinsatz in V. 7 als wesentlich ein, übersieht aber die struk-
turelle Bedeutung seiner Parallelität zu 63,15. Ähnlich, aber in 63,19b-64,6 differenzierter Koenen, Ethik und Eschatologie, 157, der eine der hier vorgestellten Gliederung weitgehend ent-

Mit **63,7–14** wird das Gebet von einem geschichtlichen Rückblick eröffnet, der bei der Erinnerung an JHWHs Tun seinen Anfang nimmt. Innerhalb der erinnerten Geschichte berichtet er dann von der zur Klage treibenden Erinnerung in der Situation der Feindschaft JHWHs.[297] Auf diese Weise stellt die positive Erinnerung an JHWHs gnädiges Tun den wesentlichen Teil der Verse (V. 7–9.11–14), bleibt jedoch gleichwohl eine ferne Erinnerung. V. 7–9 und V. 11–14 sind als „Erinnerungen" parallel. Beide richten sich auf eine Vorzeit vor dem Abfall des Volks, vor dem Zorn JHWHs. Sie unterscheiden sich voneinander hinsichtlich ihres Maßes an Konkretion und vor allem in der Stimmung: V. 7–9 erinnern positiv an das, was war, V. 11–14 tun dies unter dem Blickwinkel der in V. 10 angesprochenen Feindschaft JHWHs und entsprechend als Klage über Verlorenes. Nach dem Ende der erinnerten „Tage des עוֹלָם" sind diese Tage Gegenstand der Erinnerung.[298] Aufbau und Wiederholung des Erinnerungs-Motivs implizieren, dass die Beter dieser Zeilen in einer Gegenwart jenseits der „Tage des עוֹלָם" leben. Dieses Motiv wird im Folgenden wieder aufgenommen.

JHWHs Taten der Gnade (חַסְדֵי) rahmen den ersten Vers (V. 7). Im ersten Abschnitt der Erinnerung (V. 8–9) wird vorbereitet, was im Fortgang des Gebets wesentlich ist: Das Thema des besonderen Verhältnisses zwischen JHWH und seinem Volk, das (in Vorwegnahme und gleichzeitiger Differenz zur Vaterrede in 63,16; 64,7) als „Kinder" bezeichnet wird.[299] Betont wird neben der von JHWH ausgehenden Erwählung die Unmittelbarkeit seines Handelns an seinem Volk (V. 9).[300] V. 10, der Vers zwischen den beiden Erinnerungsblöcken, erläutert, wie die „Tage des עוֹלָם" enden konnten: Das Volk war widerspenstig und kränkte JHWHs heiligen Geist. Der Wechsel von der göttlichen Erwählung zur göttlichen Feindschaft vollzieht sich plötzlich.[301] In der nun folgenden, zweiten, erinnerten Er-

---

sprechende präsentiert hat, in der allerdings 63,15–19a und 64,4–6 nicht als ein Konnex dargestellt werden. Vgl. auch Gärtner, Jesaja 66 und Sacharja 14, 234 f.

297 Aus dieser Diskrepanz ergeben sich die Fragen in V. 11. Diesen nachgebildet ist die Frage in V. 15. Sie ist mit ihrer Infragestellung der Güte JHWHs jedoch deutlich auf einer anderen theologischen Ebene angesiedelt.

298 In V. 7 beobachten wir einen Wechsel von der „Wir-Rede" zur „Rede über", die vor allem deshalb auffällig ist, weil sie das gleiche Verb (גמל) verwendet. Eine Änderung würde bewirken, dass alle gute Erinnerung nunmehr Erinnerung der sprechenden Gruppe ist. In der vorliegenden Fassung ist das nicht so. Vielmehr wird durch die „Rede über" darauf verwiesen, dass die hier Sprechenden selbst diese Menge des Guten so nicht erlebt haben.

299 Eine Differenz ergibt sich aus dem fehlenden Possesivsuffix. Sollte man hier nicht ändernd eingreifen wollen, spricht JHWH nicht von „meinen Kindern".

300 Vgl. Goldenstein, Das Gebet der Gottesknechte, 54.

301 In anderen Volksklageliedern wird die deuteronomistische Motivfolge „Abfall, Strafe und Restitution" in extenso ausgedehnt (vgl. Dan 9).

innerung (V. 11–14) wird das Reden konkreter auf Daten der Heilsgeschichte bezogen. Vermisst wird der Gott des Exodus, der sein Volk bis zur Landnahme geführt und zur Ruhe gebracht hat. Mit seinem guten Handeln hat sich JHWH einen ewigen (V. 12), prächtigen (V. 14) Namen erworben. Es ist dieser Name, auf den die Betenden sich im Fortlauf des Textes berufen.

Die zweifach anhebende Erinnerung in V. 7–14 wird mit einer weiteren Parallelstruktur fortgeführt. In **63,15 f.** und **64,7** beginnt jeweils ein Abschnitt mit einer nachdrücklichen Aufforderung an JHWH und seiner Anrede als Vater, es folgen Bitten (63,17; 64,8), Schilderungen der Notsituation (63,18 f.; 64,9 f.) und Klagen (64,5 f.11).[302] Innerhalb des ersten dieser beiden Abschnitte findet sich der vierte Abschnitt (63,19b-64,4), dessen Einfügung die ursprüngliche Parallelstruktur nahezu unkenntlich macht.

In **64,7b-11** werden die Väterlichkeit und Schöpfermacht JHWHs (V. 7) seiner Abwesenheit und Zurückhaltung (V. 11) gegenübergestellt. V. 7 f. werden von der eindringlichen Beziehungsbeschreibung gerahmt: Du bist unser Vater, unser Schöpfer, wir sind dein Volk. Dieses nachdrückliche Bekenntnis zur ursprünglichen Zusammengehörigkeit von JHWH und Volk steht in völligem (und durch die Formulierung hervorgehobenem) Gegensatz zum Schweigen, zur Demütigung und zur Zurückhaltung in V. 11.

Dem in 63,7–14 emphatisch formulierten Gedenken an die „Tage des עֹולָם" wird JHWHs Gedenken an die Schuld der Betenden entgegengestellt (64,8a). Nur wenn diese Erinnerung beendet wird, kann die erinnerte Heilszeit wieder Gegenwart werden. Ein solches Ende der Klagen wird am Schluss des Gebets, anders als in vielen anderen vergleichbaren Texten, nicht vorweggenommen. Das Gebet endet fragend und offen. Zwar wird das Thema des (in der Regel am Ende einer Klage) ausstehenden Lobpreises angesprochen, aber unter umgekehrten Vorzeichen in der Schilderung der Not (64,9 f.): Die Generation der Väter konnte noch lobpreisen, jetzt aber liegt die Stätte ihres erinnerten Lobpreises in Schutt und Asche. Der Lobgesang ist verstummt.

Die in 64,7–11 angesprochenen Motive werden im ihm voranstehenden Text **63,15 – 64,6*** weiter ausgeführt und theologisch vertieft. V. 15 bildet durch die Rede von der Zurückhaltung (אפק) JHWHs bzw. seiner Güte einen Zusammenhang mit dem abschließenden Vers 64,11. Dass anders als dort sich in 63,15 nicht JHWH, sondern JHWHs Güte zurückhält, macht durchaus einen Unterschied. In der Formulierung von 64,11 verheißt bereits JHWHs Präsenz Rettung. 63,15 ist dagegen

---

302 Vgl. zu diesem Aufbau bereits Goldenstein, X–XI, der die Struktur in seinem Inhaltsverzeichnis durch übereinstimmende Titel der Unterabschnitte nahelegt, aber nicht als Parallelstruktur auslegt.

dessen gewahr, dass JHWHs Nähe nicht hilft, wenn es nicht wohlmeinende Nähe ist. Die Erfahrung, die zwischen den beiden Formulierungen steht, ist die Erfahrung eines strafenden, zornigen Gottes, der sich in seinem Zorn nicht nur abwendet, sondern dessen Gegenwart als tödlich und nichtend erlebt wird.

Die in 64,7 nur sehr kurz (allerdings anhand von Jes 49 passend zusammen mit dem Töpferbild) angesprochene Vaterschaft JHWHs wird in 63,16 ausführlich erwähnt.[303] Zugleich verbindet sich die innige Gottesbeziehung mit einem Traditionsabbruch. In der Gegenwart der Beter ist allein das Verhältnis zu JHWH selbst möglicherweise rettend. Andere Väter und Mittler tragen nichts mehr aus. Das Vaterverhältnis tritt an die Stelle der Identitätsgeschichte.

Der Bitte um ein Ende des Zorns in 64,8 steht in 63,17 die Bitte um eine Umkehr JHWHs gegenüber. Verbunden mit dem vorangehenden Vorwurf der Irreführung wird konsequenterweise nicht die Umkehr des Volks erbeten, auch nicht die Ermöglichung seiner Umkehr, sondern einzig die Umkehr JHWHs, als wäre dieser auf Abwegen und nicht sein Volk. JHWHs Zorn führt sein Volk in die Irre. 64,4 formuliert diese These ausdrücklich. Entsprechend ist das eigentliche Elend des Volks nicht die Verwüstung seiner Lebensgrundlage (63,9 f.), sondern die totale Divergenz in einen Zustand der völligen Sündenverfallenheit, in den JHWH selbst es geführt hat. Wieder spielt der Name JHWHs eine wesentliche Rolle. Wieder ist zwischen dem hinteren und dem vorderen Abschnitt eine Steigerung zu verzeichnen. Das Volk, von dem in 64,6 gesagt wird, es rufe JHWH nicht an, wird in 63,19a als eines beschrieben, das ist, als wäre JHWHs Name niemals über ihm ausgerufen worden (beide Stellen mit קרא gebildet).[304] JHWH herrscht nicht mehr über seinem Volk, ja, es ist, als wäre er nie sein Herrscher gewesen. Auch die Rede vom Tempel wird im vorderen Abschnitt intensiviert. Wo 64,10 von der Zerstörung „unseres" Heiligtums berichtet, präzisiert 63,18, dass es sich dabei um JHWHs Heiligtum handelt. Ausgehend von seinem Rückzug in sein Himmelsheiligtum (63,15) ist diese Erinnerung ähnlich pointiert wie die Bezeichnung JHWHs als Vater. Er handelt wider seine ursprüngliche Rolle.

Im Abschluss des Abschnitts moniert der Beter, JHWH habe sein Volk in die „Hand der Schuld" gegeben (64,6). Die Rede von der „Hand" bildet eine Brücke zum nachfolgenden Vers, in dem der ursprüngliche Ort der Betenden dargestellt wird – die Hand JHWHs selbst. Diese Wiederholung und die ausdrückliche Anrufung JHWHs in V. 7 sorgen dafür, dass der Übergang zwischen den Abschnitten

---

303 Siehe näher unten zum Textwachstum.

304 Die Ausrufung des Namens JHWHs über jmd./ etw. „umschreibt eine besondere Nähe zwischen Gott und dem affizierten Objekt" (Heinz-Josef Fabry und Helmer Ringgren, „Art. שם šem." in *Theologisches Wörterbuch zum Alten Testament* VIII (1995): 122–174, 146). Vgl. zu dieser Formel auch Jer 14 f. und Dan 9.

sehr gut gestaltet ist. Gleichzeitig ist damit wieder eine Aufnahme und Weiterführung eines Motivs aus 64,7–11 in 63,15–64,6* zu verzeichnen.[305]

Einen neuen Schwerpunkt trägt der vierte Abschnitt, **63,19b-64,4**, in den Text ein. Er unterbricht die Schilderung der Not und die dazu gehörende Klage, um dem Thema der Herrschaft JHWHs nachzugehen. Wesentlich für das Verständnis ist m. E., dass der Text ab V. 19b im Irrealis der Vergangenheit formuliert ist.[306] Beklagt wird, dass JHWH nicht schon früher eingegriffen hat, um seine Herrschaft wieder an sich zu bringen. Dieser Eingriff JHWHs wäre die Voraussetzung für die Möglichkeit eines gerechten Restes im Volk gewesen. Das versäumte und gleichzeitig noch immer erhoffte Eingreifen JHWHs wäre durch seine Außergewöhnlichkeit erkennbar. Die so beten, erwarten das Unerwartbare und versprechen im Gegenzug: Hättest du so gehandelt, du hättest noch Gerechte getroffen unter uns, es hätte noch Menschen gegeben, die deiner gedacht hätten. V. 4a beendet den in 63,19b eröffneten Bogen. Innerhalb dieses Abschnitts wird zugleich noch einmal versucht, JHWH zum Eingreifen zu bewegen. Wie zuvor aus „unserem Tempel" der „Tempel JHWHs" wurde, sind „unsere Feinde" nunmehr auch „JHWHs Feinde", sein Antlitz ist nicht nur Garant der Gegenwart JHWHs und damit Ermöglichung von Gebet, sondern Hilfe gegen feindliche Bedrohung von außen. Die diesen Abschnitt beten, zählen sich zu denen, die auf JHWH warten, Menschen, die unter anderen Bedingungen zu den Gerechten zu zählen gewesen wären. Wie im Buch Daniel sind die betenden Sünder entsprechend nicht tatsächlich die aus der Gemeinschaft ausgegrenzten Übeltäter und Sünder, sondern die Selbstdarstellung als Sünder charakterisiert im Gegenteil die Gerechten.

Wachstum

Der zuletzt besprochene Abschnitt 63,19b-64,4a unterbricht den ursprünglichen Zusammenhang von Situationsbeschreibung (63,15–19a) und Klage (64,5 f.) und ist als späterer Eintrag in den Text zu identifizieren. Die beiden Gebetsteile 63,15–64,6 und 64,7–11 sind einander zwar im Aufbau ähnlich, unterscheiden sich theologisch aber so deutlich, dass es naheliegt, in 63,19b-64,4a eine Fortschrei-

---

305 Salvadori, Tu non sei così, 320 f., sieht die Diskrepanz zwischen den beiden Abschnitten auch, erklärt sie aber damit, dass die Betenden im Vollzug des Gebets von der kritischen, zweifelnden Haltung in stetiges Gottvertrauen geführt würden. Diese Analyse beschreibt den vorfindlichen Textverlauf und die Wirkung dieses Gebets. Fraglich ist jedoch, ob diese Gedankenentwicklung tatsächlich von vornherein mit dem unterstellten pädagogischen Impetus formuliert und eingetragen wurde. Liest man die Abschnitte für sich, zeigen sich deutlich unterschiedliche theologische Ansätze, deren Zusammenstellung doch eher nachträglich ist (s.u.).
306 S.o.

bung zu entdecken, in der die schlimmen Folgen des JHWH-Zorns auch für das Verhältnis zwischen Volk und Gott ausgeleuchtet werden und die Verwobenheit von Zorn und Schuld auf eindringliche Weise thematisiert wird. Ursprünglich dürfte 64,7b unmittelbar an 63,14 angeschlossen haben. Der Rede über die „Tage des עוֹלָם" wird die Gegenwart als Handlungszeit entgegengestellt. Die Anrede JHWHs als Vater ist in 63,15 – 64,6* sehr gut verortet und auf die Rede von den Erzvätern bezogen. Auch die Rede vom Vater in Jes 64,7 hat eine Bezugsstelle (Jes 45,9), in der bereits die Rede vom Vater und die Rede vom Töpfer verbunden werden, dort allerdings mit einer kaum zum Gebet einladenden Zuspitzung, weshalb es naheliegt, in 64,7a eine Wiederaufnahme zur Einbindung des Einschubs zu sehen. Eine ähnliche Funktion hat der pointierte Vers 4b. Er leitet mit einer 63,15 – 19a zusammenfassenden These zur ursprünglich anschließenden Klage über.

Über dieses großteilige Wachstum hinaus gibt es noch einige kleinere Eintragungen in den Text. So dürfte der Vergleich in 64,1a eine Glosse sein.[307] 64,2b ist eine unmotivierte Wiederholung von 63,19b.[308]

Auffälligkeiten der Form

Klagen, Bitten und Situationsbeschreibungen weisen Jes 63 f. als Volksklage aus.[309] Auffällig im Vergleich mit anderen Volksklagen sind jedoch Beginn und Ende dieses Psalms. Der hymnische Beginn und der ausführliche geschichtliche Rückblick sind ungewöhnlich, vor allem, wenn man beachtet, dass am Schluss des Gebets jede Form einer Erhörungsgewissheit fehlt. Der Stimmungsumschwung ist umgedreht und verläuft vom Hymnus zur Klage. Das Positivste, was über das Ende gesagt werden kann, ist, dass die abschließende Frage immerhin offenbleibt. Dass diese Offenheit auch Antworten des Heils provozieren konnte, zeigt sich an der Fortschreibung des Gebets in Jes 65 f.

Die Formauffälligkeit des Gebets ist inhaltlich nachvollziehbar und zeigt, dass bereits die Grundschicht des Textes für den Zusammenhang des Jesajabuches geschrieben sein dürfte. Die Abfolge von erinnertem Lobpreis und Klage nimmt die positiven Botschaften Deuterojesajas, das hymnische Reden der vorangehenden Kapitel, auf und führt sie zurück in die Klage über den Zorn und die Strafe JHWHs.

---

307 Vgl. Blenkinsopp, Isaiah 56 – 66, 253.
308 Anders Goldenstein, Das Gebet der Gottesknechte, 111 f.
309 Vgl. Hermann Gunkel, *Einleitung in die Psalmen: Die Gattungen der religiösen Lyrik Israels*, 4. Aufl. Göttingen: Vandenhoeck & Ruprecht, 1985, 117 – 139; Goldenstein, Das Gebet der Gottesknechte, 193.

Am Ende steht eine Frage, die eher einem Doppelpunkt gleicht. Sie erwartet JHWHs Tun, ohne es nach dem Vorbild des Jesajabuchs vorab zu feiern.

Ob neben der Funktion dieses Textes innerhalb des Buchs noch zusätzlich von einem Sitz im Leben in Klagefeiern gesprochen werden sollte, wie es etwa Steck getan hat, muss in anderen Arbeiten entschieden werden.[310] Für die vorliegende Untersuchung reicht die Feststellung aus, dass Form und Inhalt den Text als literarisch im Buch verankert ausweisen, wie im Folgenden zu zeigen sein wird.

Stellung im Buch

Jes 56–59, die sogenannte Umkehrredaktion, begründen die Verzögerung des Heils mit dem Fehlverhalten des Volks.[311] Die „Lösung" besteht in der intensivierten Umkehr und im Eingreifen JHWHs trotz Verschuldung (59,15bff.). Dieses Eingreifen wird als Zug gegen Edom in 63,1–7 noch einmal aufgenommen.[312] Das Gebet konstatiert nun, dass das Handeln JHWHs noch aussteht. JHWH ist kein „heimkehrender Krieger" (vgl. Jes 42,13), sondern vor allem weit von seinem Volk entfernt, das dadurch noch tiefer ins Elend gerät.[313]

Fraglich ist, ob es Texte gibt, die zusammen mit Jes 63f. in das Buch eingetragen worden sind. Tatsächlich ist die Intensität, mit der in diesem Gebet auf allen Ebenen gefragt wird, so groß, das Gebet so radikal, dass es schwerfällt, einen Text zu identifizieren, der dem entspräche.[314]

---

310 Steck, Israel und das gewaltsame Geschick seiner Propheten, 135, geht davon aus, dass der Text wie Threni, Ps 79 und 106 seinen ursprünglichen Sitz im Leben in Klagefeiern gehabt habe.
311 Vgl. Goldenstein, Das Gebet der Gottesknechte, 190.
312 Vgl. ebd.
313 Vorbild für die Einfügung einer Volksklage könnte hier Ps 83 gewesen sein. Vgl. Goldenstein, aaO., 190 f.
314 Anders Gärtner, Jesaja 66 und Sacharja 14, 252 f., für die Jes 57,14–21 und Jes 63ff. einen „von Jes 6 her beeinflussten Reflexionsrahmen darstellen, durch den der dort entwickelte Zusammenhang von Schuld des Volkes und Zorn Jhwhs zum Schlüssel der angrenzenden Texte wird." Gärtner liest Jes 57 „wie eine schöpfungstheologische Antwort auf das Gebet." Sie schreibt: „Der Schöpfungsgedanke umfasst die in der Volksklage im Rahmen des Verstockungsmotivs reflektierte Dimension der Schuld, indem er sie in Jhwh als den Schöpfer zurücklegt. Damit bleibt Jes 57,14–21 nicht, wie die Geschichtsrückblicke der Volksklage zeigen, im Rahmen der geschichtstheologischen Reflexion von Schuld, sondern stellt diese in den umfassenderen Rahmen des Schöpfungsgedankens. Dies kann aber nur aus der Perspektive der Jhwh-Rede geschehen, während diese die Beter nicht einnehmen können." Die Anordnung von göttlicher Antwort und betender Frage stellt diese als bewusste Rahmenkonzeption in Frage. Gottesrede und Gebet sind tatsächlich auch über Stichworte miteinander verbunden, vor allem die wiederholte Zusage der Begrenztheit des Zorns (V. 16) und die Versicherung, der in der Höhe wohnende Erhabene würde bei den Zerschlagenen wohnen (V. 15), bereiten das Gebet mit vor. Es

Die das Gebet abschließende Frage bleibt im Buchverlauf nicht unbeantwortet. Vielmehr können Jes 65 f. geradezu als vielschichtige Reaktion auf Frage und Klage verstanden werden, die jedoch mit Blick auf das Buch als Ganzes über die reine Funktion einer „Antwort" hinausgehen.[315] Überlegungen zu Umfang, Wachstum und Ausmaß der Antworten können in dieser Untersuchung nicht angestellt werden.[316] Im Stil Jesajas, allerdings mit einer neuen Zuspitzung, wird in den anschließenden Kapiteln nachdrücklich JHWHs Willen zum Heil erklärt. Neu ist, vor allem auch gegenüber dem Gebet in Jes 63 f., dass das Volk in den beiden abschließenden Kapiteln eben nicht mehr als Ganzes agiert, sondern zwischen Gerechten und Frevlern unterschieden wird.[317] Diese Antworten erweisen sich als gegenüber dem Gebet deutlich sekundär. Zum Zeitpunkt seiner Einschreibung hat das Gebet in Jes 63 f. das Jesajabuch abgeschlossen.[318]

Interpretation im Kontext

Eine der wesentlichen Fragen, die sich für die Erarbeitung des Gebets in Jes 63 f. immer wieder gestellt haben, ist, ob es sich bei dem Gebet um ein nachträglich in diesen Kontext eingetragenes handelt (Stichwort „erratischer Block"[319]) oder ob es für den Kontext formuliert wurde und also als redaktioneller Text angesehen

---

ist aber in dem Eindruck formuliert, dass die angekündigte Wende nicht eintritt und dass die in V. 20 f. (u. U. nachgeschobene) genannte Bedingung der Gerechtigkeit (bzw. des fehlenden Frevels) den Betenden nicht mehr zu leisten möglich ist. Aus diesem Grund wird Jes 63 f. jünger sein als die Gottesrede.

315 Vgl. Gärtner, aaO., 271 f.: „Diese Quintessenz jesajanischer Theologie geht konzeptionell über die Dimensionen des Gebets hinaus, so dass die aus literarhistorischen Überlegungen heraus gewonnene Schlussfolgerung, in Jes 65 f eine Fortschreibung der Volksklage zu sehen, konzeptionell eingeholt werden kann: Jes 56,1–7.8/ Jes 65/ Jes 66 erweisen sich somit als die umfassendere Konzeption am Buchschluss, die auf das Gebet als literarische Vorstufe zurückgreift und sie in eine eschatologische Gesamtdarstellung überführt, um das Großjesajabuch abschließend zusammenzufassen. Für die Frage nach den Völkern bleibt auffällig, dass gerade sie eine der beiden grundlegenden Differenzen zwischen Gebet und Jes 56,1–7.8/ Jes 65/ Jes 66 bilden, die zugleich zum zentralen Anliegen des Buchschlusses gehört." Anders Goldenstein, Das Gebet der Gottesknechte, 230, der Jes 56 für später hält und die abschließenden Kapitel für stärker am Gebet orientiert.

316 Vgl. aber die Überlegungen bei Goldenstein, aaO., 201–228, und in Aufnahme und Abgrenzung Gärtner, Jesaja 66 und Sacharja 14, 262–272.

317 Erst ab jetzt, also ab 65,8 ff., wird die inzwischen pluralisierte Gesellschaft der Knechte in Frevler und Fromme unterschieden, oder besser in Knechte und Frevler.

318 Vgl. dazu jüngst Kratz, Tritojesaja, 241.

319 Emmendörffer, Der ferne Gott, 266. Vgl. zur Verbindung des Psalms mit seinem Kontext auch Aejmelaeus, Klageliedsänger, 49, die „Tritojesaja" als Verfasser des Gebets annimmt.

werden kann. In seiner umfangreichen Studie hat Goldenstein die redaktionelle Einfügung des Textes wahrscheinlich gemacht, auch die jüngere Arbeit von Gärtner geht in diese Richtung, die bereits Steck in seinen Überlegungen zu Tritojesaja eingeschlagen hat.[320] Dass der Text für den Kontext verfasst wurde, zeigt sich durch die enge Verknüpfung mit wesentlichen Theologoumena des Jesajabuches, durch die Aufnahme und Weiterführung wesentlicher Stränge des Buchs. Erst vor diesem Hintergrund ergibt sich die tiefere Bedeutung des Textes. Gleichwohl ist das Gebet mitnichten ein auf die Rezeption von Jesaja beschränktes Werk. Etliche prophetische wie psalmistische Linien werden in ihm zusammengeführt. Einige davon sollen im Folgenden dargestellt werden.

63,7 – 14

„Erinnert JHWH" (הַזְכִּירוּ), so werden in Jes 12 die zum Lobpreis Eingeladenen aufgefordert. Der Sprecher des das Buch in einem Stadium seiner Genese abschließenden Gebets kommt dieser Aufforderung nach und erinnert sich und seine Zuhörer an die Erhabenheit des Namens JHWHs (12,4 שְׁמוֹ וְשִׁוּגָּב vgl. 63,12 שֵׁם עוֹלָם). Allerdings mit einer wesentlichen Änderung gegenüber dem in Jes 12 intendierten Jubel. Im Kontrast zwischen erinnerter Zuwendung und erlebter Abwendung JHWHs wird aus dem „ewigen Namen" unversehens einer, der auf vergangene, herrliche Tage (63,9.11 יְמֵי־עוֹלָם) weist, die mit der Gegenwart wenig zu tun haben.

Im vorangehenden Buch war der mit derselben Vokabel bezeichnete „ewige Bund" (55,3 בְּרִית עוֹלָם) mit den „Gnadenerweisen" (חַסְדֵי) verbunden worden, die die Eröffnung des Gebets (V. 7) rahmen und entsprechend eine gewisse Aufmerksamkeit auf sich ziehen. Sie werden im Zusammenhang mit diesem Bund für die Zukunft, nämlich für das Haus Davids zur Zeit eines neu zu schließenden Bundes erwartet.[321] Diese Zukunftsmusik tönt in Jes 63f. nunmehr nur noch als Melodie vergangener Zeiten.

Die Beschreibung des Erwählungshandelns JHWHs ist an den Erzählungen zu Exodus und Landnahme orientiert. Diese in der Erinnerung geprägte Überlieferung wird, wie schon oft beobachtet und untersucht wurde, im Jesajabuch programmatisch zum Zukunftskonzept. Die theologische Entscheidung, aus der Erinnerung die Erwartung zu gewinnen und dadurch auf die Kontinuität der Gotteserfahrung zu setzen, wird in Jes 63f. zurückgenommen, wo das Lob der

---

320 Vgl. Goldenstein, Das Gebet der Gottesknechte, 248; Odil Hannes Steck, *Studien zu Tritojesaja*. Beihefte zur Zeitschrift für die Alttestamentliche Wissenschaft 203. Berlin u. a.: de Gruyter, 1991, 241 f.; Gärtner, Jesaja 66 und Sacharja 14, 261 – 270.
321 Die Rede von den Gnadenerweisen findet sich in Jesaja nur in 55,3 und 63,7 (חַסְדֵי). Vgl. ähnlich Ps 89,2.50.

fernen Taten der Vergangenheit ohne hilfreiche Verbindung zur Gegenwart bleibt.[322] In Anknüpfung an die Exodusmotivik wird also als ferne Vergangenheit beschrieben, was andernorts in Jesaja das noch zu erwartende, zukünftige und zu bejubelnde Geschehen ist. Auf diese Weise geschieht in dieser „Erinnerung" mehr als nur die Aufnahme der Exodus-Motivik in ihrer klassischen Form. Das Rettungshandeln JHWHs wird im Gegensatz zum restlichen Buch nur noch aus der Vergangenheit berichtet. Die verwendeten Begriffe werden durch ihre Stellung im Kontext doppelt kodiert. Sie sind positiv auf Exodus und Landnahme bezogen und negieren zugleich die aus dieser Erfahrung heraus formulierten Erwartungen der vorangehenden Kapitel für die Zukunft.

Entsprechend haben einige der verwendeten Begriffe doppelte Bezüge: JHWH wird als *Retter* seines Volks präsentiert (Wurzel ישע), er wird als ihr *Erlöser* bestimmt (Wurzel גאל) und als der, der das Volk *trägt* (Wurzel נשא). Vermisst werden seine Heraufführung (63,11 עלה), sein *prächtiger Arm* (63,12 זְרוֹעַ תִּפְאַרְתּוֹ) und seine Macht, das Volk – ohne es straucheln zu lassen (63,13 כשל) – zur Ruhe zu bringen (63,14 נוח), ja, seine Führung (נהג). Einige dieser Motive sind mit den vorangehenden Kapiteln des Jesajabuches verbunden und bezeichnen dort erwartetes Rettungshandeln. Einige verweisen vor allem auf das Handeln JHWHs in der Vergangenheit:

Die Rede von JHWH als Retter (ישע) ist eng mit dem Exodusgeschehen verknüpft (vgl. Ex 14,30; Ps 106,8.21 u. ö.) und wird in Jesaja für das erbetene (Jes 33,2) und erwartete (Jes 12; 43,1) Rettungshandeln JHWHs verwendet. Die Rede vom Erlöser Israels (גאל) weist zurück auf die Erinnerung[323] und ist zudem das, was positiv von JHWH erwartet wird.[324] So wie er sein Volk schon bei der Befreiung aus Ägypten getragen hat (נשא), so trägt er es fürderhin[325], so wie er es heraufgeführt hat aus Ägypten (עלה), so wird er es aus der Fremde heraufführen zum Zion.[326] Dabei ist es sein starker Arm, der dies vollbringt (זְרוֹעַ תִּפְאַרְתּוֹ).[327] Er führt (נהג)[328] so,

---

322 Vgl. Goldenstein, Das Gebet der Gottesknechte, 39: „Das Lob der guten Taten und Eigenschaften Jahwes tritt in den Hintergrund. Im Vordergrund stehen die Erinnerung an das Positive der Vergangenheit, dessen schmerzlicher Kontrast zur erlebten Wirklichkeit und die für die Zukunft erhoffte und erbetene Restitution."

323 Vgl. Ex 6,6; 15,13; Ps 77,16; Jes 51,10; Jer 31,11.

324 Vgl. auch Jer 50,34; v. a. aber Jes 35,9; 41,14; 43,1; 52,9 u. ö.

325 Vgl. Ex 19,4; Dtn 1,31; 32,11 mit Jes 40,11; 46,3. Interessant ist der Zusammenklang der Verse mit Jes 46,7, wo die Götzen geschleppt (ebenfalls נשא) und abgestellt werden, die nicht helfen können. Allein durch die Anlautungen wird hier die fundamentale Differenz verdeutlicht.

326 Siehe Ex 3,8; Dtn 20,1; siehe auch die Kontinuität in Jes 11,16 (und andernorts Jer 16,14 f. und 23,7 f.). Für die Herausführung aus Ägypten bzw. die erneute Befreiung wird alternativ יצא verwendet. Vgl. Jes 42,7; 43,8; (48,20).

327 Vgl. Ex 6,6; 15,16; vgl. Jes 51,5; 59,16; 62,8; 63,5 und als Bitte in 33,2; 51,9 f. u. ö.

dass niemand strauchelt (כשׁל)[329] und das Volk zur Ruhe kommen kann (נוח)[330].
Dass all diese im Jesajabuch mit Erinnerung *und* Erwartung verknüpften Begriffe
im Gebet nur noch den Bereich einer Erinnerung markieren, deren Relevanz für die
Gegenwart der Beter bezweifelt wird, zeigt, dass das, was in jesajanischen
Heilsworten als Zukunft erwartet und antizipierend bejubelt wird, das Handeln
JHWHs nach dem Modell von Exodus und Landnahme für die nun Betenden in der
Vergangenheit liegt.

Die kunstvoll aufgebaute Spannung von Erinnerung und Abfall leitet zu einer
Gegenwartsbeschreibung über, die zeigt, dass die Erinnerung an die Vergangenheit im großen Kontrast steht zur Erfahrung der Gegenwart. Aber auch noch aus
anderen Gründen trägt die Erwählungsgeschichte, wie sie hier erzählt wird, für
den, der das Gebet am Schluss der Jesaja-Lektüre liest, einen Stachel in sich.
Bereits in 1,2–4 findet sich der Hinweis auf Kinder, die mit JHWH gebrochen
haben, ja, sein Volk wird an anderer Stelle einer „Lügenbrut" gleichgestellt (57,4),
immer wieder werden ihnen Lüge und Trug vorgehalten (59,13). Vor diesem Hintergrund ist eine Erwählungsgeschichte, die mit der Annahme „sie werden nicht
trügen" beginnt, von vornherein zum Scheitern verurteilt. Auffällig ist, dass selbst
in diesem geradezu naiv anmutenden Beginn und mehr noch im Fortgang der
Rede nur negatives Handeln (oder das erwartete Unterlassen negativen Handelns)
vom Volk ausgesagt wird. Sie kommen von Anfang an in Bezug auf ihr Scheitern in
den Blick.

Wie bei dieser Eröffnung kaum noch anders zu erwarten, reagiert Israel auf die
Fürsorge mit Widerspenstigkeit (מרה) und Kränkung (עצב). Diese Widerspenstigkeit ist ebenfalls, wie die positiven Begriffe, bereits ein Motiv der Wüstenwanderung.[331] Es handelt sich geradezu um die klassische Fehlreaktion Israels.[332]

---

328 Vgl. Ps 78,52 und Jes 49,10.

329 Nach Jes 3,8 taumelt, wer widerspenstig ist; JHWH stärkt die Taumelnden (35,3), das
Taumeln ist ein Hinweis darauf, dass JHWH nicht da ist (40,30) – so erleben es die Israeliten
(59,14). Vgl. für die rechte Leitung bei der Herausführung Ps 105,37. Besonders häufig wird das
Verb jedoch auch für die Folge der Strafe JHWHs verwendet (vgl. u. a. Hos 14,2 in B 1.1).

330 Als Ausdruck für die Ruhe, die JHWH im Land schafft vgl. Ex 33,14; Dtn 3,20; 12,10; Jos 1,13
u. ö. in Jes 14,1.3.7; 28,12; eine besondere Verbindung besteht zu Jes 11,2, wo es heißt, der Geist
des Herrn ruhe auf dem zu erwartenden Herrscher. Die Motive verbindet Ez 37,14.

331 Vgl. Gärtner, Jesaja 66 und Sacharja 14, 226 f.; sie schließt dabei an Emmendörffer, Der ferne
Gott, 273, an.

332 Vgl. 1,20; 3,8; verneint für den Knecht 50,3. Für den prophetischen Kontext möchten noch
Jer 4,17; 5,23 (beide Male Beschreibungen des Volkes in der JHWH-Rede) und Thr 1,18.20 und 3,42
(in allen drei Threnitexten geht es um ein Schuldbekenntnis der betenden Wir-Gruppe) wichtig
sein, dagegen wird die Widerspenstigkeit des Volkes in Ez 5,6; 20,8.13.21 von JHWH konstatiert,
der in Hos 14,1 vom Ungehorsam Samarias spricht. Auch in Jes hat das widerspenstige Verhalten

Ein neuer Aspekt am Verhalten des Volks ist die Kränkung des Geistes.[333] Dass der Geist, wie es später heißt, inmitten des Volks ist, kann durchaus als unmittelbare Anspielung auf Jes 12,6 (oder vergleichbare Motive) verstanden werden und damit als Umschreibung von JHWHs Präsenz im Volk.[334] Die Kränkung JHWHs ist in Gen 6,6 Auslöser für die Flut und entsprechend kein leicht zu nehmender Tatbestand.[335]

Die Folge dieses doppelten Missgriffs gegen JHWH wird in V. 10b beschrieben. Er wird seinem Volk zum Feind und kämpft gegen es. Auch wenn Aussagen über den sein Volk bestrafenden Gott nicht rar sind im Alten Testament, so ist eine solche Aussage doch ohne exakte Parallele. Einzig in Threni 2,4f. findet sich Vergleichbares, dort heißt es jedoch, JHWH sei für die Beter „wie" ein Feind (כְּאוֹיֵב), was verglichen mit dem hier zu findenden ein weitaus schwächerer Ausdruck ist. Mit dieser kämpferischen Feindschaft JHWHs endet der erste Unterabschnitt des Gebets bereits mit einer theologischen Spitzenformulierung.

(חרה) jedoch schon Vorgänger. Diese sind in den Versen Jes 1,20; 3,8; 50,5 zu finden. Dabei ist wichtig, dass 1,20 und 3,8 das widerspenstige Verhalten des Volkes beschreiben und die Strafe dafür androhen. In Jes 50,5 hingegen spricht der Knecht, der von sich sagt, er sei beim Klang der Stimme JHWHs nicht widerspenstig gewesen.

333 Hermann Spieckermann in Reinhard Feldmeier und ders., *Der Gott der Lebendigen: Eine biblische Gotteslehre.* Topoi biblischer Theologie 1. Tübingen: Mohr Siebeck, 2011, 214: „So sehr das Volk zu seiner Sünde wider den heiligen Geist steht (V. 10), so wenig will sie (sic!) das Fehlen des heiligen Geistes in der Gegenwart hinnehmen."

334 „Der einzige weitere Beleg im Alten Testament für die Erwähnung des Geistes im Zusammenhang der Wüstenwanderung ist Neh 9,20 [...] Die רוח bezeichnet in Jes 63,11 die Manifestationen Gottes im Menschen, mittels derer er in der Wüstenzeit die Israeliten führte und mittels derer er gleichermaßen die Beter in der Gegenwart zu einer gelingenden Lebensführung anleitet." (Goldenstein, Das Gebet der Gottesknechte, 73f.).

335 Nur an einer weiteren Stelle werden beide Verben unmittelbar hintereinander verwendet, das ist Ps 78,40, in dem Objekt der Kränkung jedoch JHWH selbst ist und nicht der Geist. Hintergrund der Verwendung könnte der Gleichklang mit dem Ausdruck für Götzenbilder (עצב) sein, was zum Ausdruck bringen würde, dass es diese Götzenbilder sind, die die Schmähung des Geistes gewesen sind. Nun gibt es zwar etliche Stellen, in denen diese Götzen geschmäht werden und als Grund für das Verhängnis angegeben werden, allerdings sind diese Stellen in Jesaja kaum zu finden. Dort begegnet der Begriff nur an zwei Stellen in Jes 10,11, in der von der Rede Sanheribs abhängigen Stelle über die Selbstüberhebung Assurs und in Jes 46,11. Jes 46 aber bildet einen aussagekräftigen Zusammenhang mit unserem Text. In 46,1 wird (wie erwähnt) davon gesprochen, dass die Götzenbilder getragen werden müssen. In V. 3f. wird dem gegenübergestellt, dass JHWH sein Volk trägt. Dieses Tragen des Volkes wird in 63,9b wiederaufgenommen. Den Konnex mit V. 4 zeigt bereits Goldenstein. Er ist hier jedoch durchaus mit der Verwendung der Verben in V. 10a zu verbinden. Die Folge dieses doppelten Missgriffes gegen JHWH wird in V. 10b beschrieben: Er wird ihnen zum Feind und kämpft gegen sie.

Auffällig (und textkritisch problematisch) ist die betonte Unmittelbarkeit göttlichen Handelns.[336] Weder irdische noch himmlische Mittlergestalten können diese Beziehung ersetzen. Das Motiv der Beziehung ohne Mittler ist das einzige, das im weiteren Verlauf des Gebets positiv wieder aufgenommen wird (vgl. v. a. V. 16). Die Taten der Heilsgeschichte helfen bei der Gegenwartsbewältigung nicht weiter, einzig die Beziehung zu JHWH selbst wagen die Betenden noch einzufordern.

Mit einiger Wahrscheinlichkeit später in die zweite Erinnerung eingefügt sind die beiden Fragen, die deren Gegenwartsbedeutung betreffen. Sie fragen nach dem Verbleib JHWHs unter besonderer Berücksichtigung seines erinnerten Handelns an Israel (V. 11b). Fragt die erste Sequenz eben nach dem Gott des Exodus, der sein Volk heraufführte, so ist der Bezug des zweiten Verses (V. 12) nicht ganz so eindeutig. Innerhalb des Jesajabuches könnte dieser Vers auf die jesajanische Schöpfungsvorstellung anspielen.[337]

64,7–11

Die Rede von Töpfer und Ton wird im Jesajabuch verwendet, um besonderes Augenmerk auf den Gegensatz von Mensch und Schöpfer zu legen. Da an den beiden relevanten Stellen im Jesajabuch dabei ein Schwerpunkt darauf liegt, dass das Geschaffene, der Ton, kaum wagen dürfe, mit dem Schöpfer, dem Töpfer, zu rechten, ist die Verwendung innerhalb einer Klage durchaus bemerkenswert. In Jes 29,16 leugnen die Angesprochenen ihr Geschaffensein. Diese Verfehlung wird in V. 7 nicht wiederholt. Die hier betenden Geschöpfe leugnen ihr Geschaffensein nicht. Aus diesem Verhältnis leiten sie allerdings nicht demütiges Schweigen ab, sondern das Recht zur Klage. Auch die Rede von der Vaterschaft JHWHs wird anders aufgenommen, als sie in Jes 45,9 f. vorgebildet ist: Dort werden Kindschaft und Elternschaft als zweites Bild verwendet, um noch einmal zu verdeutlichen, dass das Geschaffene, Gezeugte und Geborene mit seinen Erzeugern nicht zu rechten habe. Hier dagegen werden in Fortsetzung der Ansprache in 63,16 die positive Konnotation der Vateranrede und geradezu die Fürsorgepflicht des Töpfers für sein Werk aufgenommen. Gerade die Rede vom Werk und vom Schaffen

---

336 Vgl. Goldenstein, aaO., 55.
337 Tatsächlich wird von der רוח in 46 Versen des Jesajabuches gesprochen. Ein Geist JHWHs als neuschöpfender Geist begegnet noch in Jes 32,15; 42,1.5; 44,3; 59,19.21; 61,1. Vgl. zur Formulierung zudem Sach 12,1.

JHWHs nimmt darüber hinaus, vor allem in Deuterojesaja positiv konnotierte Begriffe auf, die hier als Begründung für die Klage weitergeführt werden.[338] V. 7 f. schließen beide pointiert mit einem „wir alle" (כֻּלָּנוּ). Diese inklusive Rede der Wir-Gruppe gibt es nur an wenigen Stellen im Jesajabuch, die durchaus zueinander ins Verhältnis zu setzen sind. Im Kontext des vierten Gottesknechtsliedes bezeichnet die (ebenfalls gedoppelte) Rede die Gruppe der Umherirrenden, deren Schuld den Knecht trifft (Jes 53,6). Im kurzen Gebet Jes 59,11 ist eine Wir-Gruppe bezeichnet, die stöhnend und vergeblich auf Recht und Rettung wartet.[339] Die Bitte, nicht mehr zu zürnen, greift Versprechen aus der deuterojesajanischen Textschicht auf und deutet an, dass die Verheißungen eines Zornesendes für die so Betenden nicht realisiert sind.[340]

Die Verwüstung der heiligen Städte (Plural) hat immer wieder zu Emendationsvorschlägen geführt. Die Redeweise wird allerdings gewählt sein, um mit ihr ausdrücklich auf die verödeten Städte anzuspielen, von denen in Jes 6,11 die Rede ist (bis die Städte verwüstet sind אִם־שָׁאוּ עָרִים).[341] Die zwischen den Zeilen zu lesende Botschaft dieser Verse lautet entsprechend: Es ist soweit.[342] Die Städte liegen brach. Nun sollte das Gericht beendet sein. Anders als die Verödung ist die

---

338 Zur Töpfermetaphorik vgl. Jes 29,16 und 45,9; Jer 18,4.6. Neben den Erwähnungen im *corpus propheticum* wird das Bild vor allem in Hiob verwendet (dort für das Verhältnis Mensch-Gott in Hi 10,9; 33,6). Häufiger und vorwiegend positiv konnotiert ist die Rede vom Schaffen (יצר). Vgl. Jes 22,11; 37,26; 45,7 mit Hinweis auf Schaffung der Welt insgesamt, aber auch auf den, der den Menschen bildet (27,11; 29,16; 43,1.7.21; 44,2.21.24; 45,9.11.18; 49,5). Einen Sonderfall stellt Jes 43,10 dar, wo von gebildeten Göttern (die es nicht gibt) gesprochen wird, was wohl zu den geschaffenen Götzen in 44,9.10.12 gehört. JHWHs Schöpferkraft insgesamt wird in 45,7 und 45,18 und 46,11 auf die Schöpfung bezogen. In eine ähnliche Richtung deutet auch die Bezeichnung der Wir-Gruppe als Werk JHWHs. Zwar gibt es eine ambivalente Rede vom Werk JHWHs, das auch sein Strafhandeln meinen kann (Jes 28,21 u.ö.), aber wann immer Menschen als Werk JHWHs bezeichnet werden, wird eine positive Beziehung impliziert. Vgl. Jes 19,25 (hier für Ägypten); 29,16.23; 60,21.

339 Innerhalb des Gebets wird das „wir alle" in Jes 64,5 wieder aufgenommen. Auch in dieser Hinsicht ist die schon mehrfach beobachtete Steigerung oder Verschärfung vom zweiten zum ersten Klageabschnitt hervorzuheben: Im Gegensatz zur positiven Beschreibung aller Betenden als Werk und Volk JHWHs sind die in 64,5 Betenden noch „alle" unrein.

340 Dtn 29,27 verheißt JHWHs Zorn für Abfall und Ungehorsam. Nach Jes 47,6; 54,8 f. ist dieser beendet, vgl. das Ende des Zorns nach Jes 57,16 und 60,10.

341 Zum Verhältnis von Jes 63 f. und Jes 6 fasst Gärtner plastisch zusammen: „Die Beter in Jes 63,7ff befinden sich also genau in dem Zustand, der ihnen in Jes 6,9 f angedroht worden ist. Jhwh hat ihr Herz verhärtet, hat sie abirren lassen von seinem Weg, so dass der Zorn Gottes der erlebte Zustand (64,4b-6) des Volkes ist. Zugleich bezeichnen sich die Beter aber als Knechte um derentwillen Jhwh umkehren möge, womit eine Hauptlinie deuterojesajanischer Theologie aufgegriffen wird." (Gärtner, Jesaja 66 und Sacharja 14, 238).

342 Vgl. Gärtner, aaO., 240.

Rede von der Wüste (מִדְבָּר) in Jes 6 nicht wörtlich vorgebildet. Stattdessen klingt ihre Nennung nach der Lektüre des Jesajabuches wie ein Doppelpunkt. Die Wüste ist weniger ein Zustand als vielmehr der trostlose Hintergrund für JHWHs tröstendes Tun.[343] Gleiches gilt für die Trümmer (חָרְבָּה), die regelrecht Gutes zu implizieren scheinen, schließen sie doch den Wiederaufbau ein.[344] Auf das Jesajabuch bezogen lassen sich diese Zeilen entsprechend deuten. Die Betenden befinden sich exakt in der Situation, in der das Gericht aufhören und Hilfe JHWHs beginnen sollte. Die in etlichen Texten vorab gefeierte Belebung der Wüste steht für die Betenden noch aus und ist dringlich geboten.

Das zur Brandstätte gewordene „Haus unserer Heiligkeit" (בֵּית קָדְשֵׁנוּ) und „unserer Pracht" (תִפְאַרְתֵּנוּ) wird ausdrücklich auf die Erinnerung an die Geschichte in 63,7–14 zurückbezogen und zwar genauer auf den Lobpreis der Väter. Der Tempel ist nur noch der Ort des vergangenen, erinnerten Lobpreises, an das der erste Vers des Gebets gemahnt (63,7 תְהִלָה; 64,10 Wurzel הלל). Er ist selbst zur Brandstätte (שְׂרֵפָה) geworden, ein Begriff, der Brandopfer[345] und Zerstörungsmetaphorik miteinander verbindet.[346] Dass bei aller Zerstörung ausdrücklich das „Liebenswerte" des Volks vernichtet wurde (מַחְמָד), weist unter anderem auf den Gottesknecht, dem das Liebenswerte fehlt und dessen Aussehen (53,2) nicht gefällt (וְלֹא־מַרְאֶה וְנֶחְמְדֵהוּ).[347]

In der abschließenden Frage sind es drei Verhaltensweisen, die JHWH fragend vorgehalten werden: Er hält sich zurück (אפק vgl. 63,15), er schweigt (חשה) und er demütigt (ענה).[348] Eine wichtige Parallelstelle findet sich in Jes 42,14, wo der

---

343 Vgl. Jes 35,1.6; 41,18 f.; 43,20; 51,3 u. ö.

344 Vgl. Jes 51,3; 52,9; 58,12; 61,4.

345 Vgl. Num 17,2; 19,6.17.

346 Vgl. Lev 10,6; Dtn 29,22; Jes 9,4; Jer 51,25 und Am 4,11. Nur in Jes 9,4 wird damit die Zerstörung Midians bezeichnet. Vgl. aber auch die negative Vorhersage bzw. Bilanz für Israel in Jes 1,7 (vgl. Jes 47,14). Die in der Aussage der Zerstörung zu findende Nähe zu Jes 6 mag bei der Rede von der Brandstätte zudem auf die Seraphim anspielen. Für die Überlegungen zu Jes 6 ist es interessant, dass die Seraphim noch zwei weitere Male in Jes aufgenommen werden, näml. in Jes 14,29 und 30,6, wobei beide Male die Giftschlangen der Wüste mit diesem Ausdruck gemeint sind. Die vier Stellen in Jesaja umfassen bereits mehr als die Hälfte aller Vorkommen. Neben ihnen finden sich noch Num 21,6.8 und Dtn 8,15. In Num 21 wird an zwei Stellen der Rede von der ehernen Schlange vom שָׂרָף gesprochen. In Dtn 8,15 wird anhand allerlei schlimmer Tiere die Zeit in der Wüste in ihrer Gefährlichkeit ausgemalt.

347 Nach Jer 3,19 wird entsprechend das Land umschrieben, das die Kinder JHWHs als Erbbesitz erhalten sollen, von denen er sich erhofft, dass sie „Vater" sagen würden.

348 Der Abschluss mit dem „so sehr" (עַד־מְאֹד) ist wohl in Zusammenhang mit Threni 5,22 zu verstehen, zumal dort, wie hier in 64,8, der Ausdruck mit dem Zorn (קָצַף) verbunden wird. Die Nähe zwischen JHWH und Betenden scheint in Threni noch eher gegeben. Die Verworfenheit und Gottesferne der Gottesknechte in Jes 63 f. ist um einiges größer als in Threni 5. Denn diese

Sprecher Zurückhaltung und Schweigen aufgeben will.[349] Die Aufnahme der Demütigung wird man wohl von Jes 60,14 her erklären können.[350] Dort, wie auch an fast allen anderen Stellen, ist es jedoch nicht JHWH, der demütigt, sondern der (vielleicht von ihm gesandte, aber eben doch von ihm zu unterscheidende) Feind, der Israel oder Tochter Zion demütigt. Dadurch, dass JHWH selbst hier zum Demütiger erklärt wird, schließt auch dieser Vers an die Rede vom Gottesknecht an.[351] Vorstellbar ist, dass sich an Versen wie diesem auch die so genannte Armenfrömmigkeit ausgerichtet hat.[352]

---

können immerhin formulieren „Wir wollen umkehren!", wozu in Jes 63f. niemand fähig ist, weshalb, wie im nächst eingefügten Abschnitt zu lesen ist, JHWH umkehren soll.

349 Vgl. Gärtner, aaO., 236, die über die Anspielung an Jes 42,14 befindet, damit sei „ein Text zitiert, in dem Jhwh sein Schweigen und Zurückhalten aus der Vergangenheit bricht und sich in der Gegenwart seinem Volk wieder heilvoll zuwenden wird. Mit dem Ende des Schweigens beendet Jhwh den Zustand des Gerichts, des Exils, und wendet ihn heilvoll. Insofern verweist das Ende der Klage auf die Verheißung einer Heilswende, die dem Volk durch die Umkehr Jhwhs wieder Teil an seiner Heilspräsenz ermöglicht."

350 Wobei auch Thr 5,11 und 3,33 berücksichtigt werden könnten.

351 JHWH als Subjekt der Demütigung findet sich auch in Thr 3,33, allerdings in einer partiellen Verneinung. JHWH ist eigentlich der, der aus der Demütigung rettet (Ex 22,22). Dtn 8,2.3.16 wird mit „um dich demütig zu machen" übersetzt. Vgl. 1 Kön 11,39; 2 Kön 17,20; Hi 30,11; Ps 88,8; 90,15; 102,24; 119,75; Nah 1,12.

Es zeigt sich also, dass die Demütigung durch JHWH eine gewisse Tradition hat. Aber m.E. geben gerade Stellen wie Dtn 8,2 einen Hinweis darauf, dass die Demütigung durch Gott nicht so schlimm ist wie seine Feindschaft; sie ist mit dem Ziel verbunden, den Menschen zu erziehen, ihn demütig zu machen und damit gottgefällig. Vgl. die Selbstdemütigung der Tyrannen in Jes 25,5. In Jes 53,4.5 ist es der Gottesknecht, der der Gedemütigte ist bzw. als der Gedemütigte angesehen wird. In 58,3.5 wird vom Fasten (also von der Selbstdemütigung) gesprochen und in 58,10 wird als das rechte Fasten (und Verantwortung der Angesprochenen) die Sättigung des Gedemütigten genannt. Eine Nachfolge in Bezug auf den Knecht gelingt nicht in liturgischer Selbstdemütigung, sondern in der Sorge um die Gedemütigten (Jes 58); auf politischer Ebene wird Israel verheißen, dass alle, die es einst gedemütigt haben, nun selbst gedemütigt werden vor ihm (Jes 60) und genau diese Zusage wird in Jes 64,11 wieder zurückgenommen. Noch immer wird Israel gedemütigt von JHWH, Überlegungen wie die in Jes 58 werden vor diesem Hintergrund geradezu lächerlich, weil eine Selbstdemütigung nicht mehr nottut, wo JHWH selbst dieser „Aufgabe" bereits intensiv nachkommt. Gleichwohl ist die Demütigung immerhin ein Ausdruck, der eine gewisse Zukunftsperspektive in sich trägt, eben aus dem Grund, dass die Gedemütigten die sind, derer sich JHWH erbarmt.

352 Vgl. Ps 119,107, wo der Betende bekennt: „Ich bin tief gedemütigt, JHWH, schenke mir Leben nach deinem Wort."

63,15 – 64,6*

Dieser Abschnitt des Gebets ist, wie oben schon in Ansätzen gezeigt, vor allem dadurch bestimmt, dass Motive aus 64,7–11 aufgenommen und weitergeführt werden. Dabei werden zugleich Verbindungslinien in das Jesajabuch hinein und über das Jesajabuch hinaus von diesen Versen aus gezogen.

Der Abschnitt wird eröffnet mit einer energischen Aufforderung, zu sehen (V. 15a), die in der Bitte umzukehren (V. 17b) weitergeführt wird. Die Bitte in 63,17b nimmt wörtlich den Abschluss der Heilszusage in Jes 54,17 auf. Dabei steht die Situation der Beter in Jes 63,7 ff. im Widerspruch zu dieser Verheißung.[353] Die Bitte um JHWHs Blick und die Vorstellung, er schaue vom Himmel, sind mehrfach belegt und nicht ungewöhnlich.[354] Der Ort im Himmel, von dem JHWH aus sehen soll, ist mit זְבֻל beschrieben. Der sehr seltene Begriff hat seinen Platz u. a. im Tempelweihgebet Salomos (1 Kön 8,13 par. 2 Chr 6,2), bezeichnet dort aber eben gerade nicht die himmlische Wohnstatt JHWHs, sondern dessen Tempel auf Erden. Mit dieser Umdeutung des Begriffs wird mit der hymnischen Anrede JHWHs das Motiv der Tempelzerstörung aus Jes 64,10 aufgenommen und vertieft. Die Stätte des Lobpreises ist zur Brandstätte geworden, fraglos ist dieser Ort nicht mehr der Ort JHWHs. Dass JHWH (nur noch) im Himmel ist, ist das Problem, mit dem sich die Betenden konfrontiert sehen.[355] Ganz deutlich wird das in dem Ausruf 63,19bff.

Nach der eindringlichen Aufforderung, zu sehen, fragt das Gebet in erster Person Singular nach dem Verbleib des Eifers JHWHs[356] (קִנְאָה), seiner Stärke (גְּבוּרָה)[357], nach dem Lärmen seiner Eingeweide (הֲמוֹן מֵעֶיךָ) und seinem Erbarmen (רַחֲמִים)[358]. Alle vier Begriffe haben in Jes oder Jer eine wesentliche Rolle in der Darstellung JHWHs, in der Beendigung des Strafhandelns und in der Begründung seines Rettungshandelns. Eifer, Stärke und Erbarmen sind im Jesajabuch verortet, aber der sehr spezifische Ausdruck des „Lärmens der Eingeweide" hat im Jesajabuch keinen wörtlichen Anhalt. Umso auffälliger ist die Verbindung zu Jer 31,20, wo JHWH die Unruhe seines Inneren als Grund seines Erbarmens (רחם) nennt.[359]

---

353 Vgl. Gärtner, aaO., 260.

354 Vgl. Ps 14,2; 20,7 (hören); 33,13; 53,3; 57,4 (Hilfe vom Himmel); 76,9 (Urteilverkündung vom Himmel her); 80,15; 102,20. Vgl. das Handeln vom Himmel her in Neh 9 und die Hoffnung, JHWH möge vom Himmel her sehen und wahrnehmen in Thr 3,50. Vgl. auch die bereits erwähnte Zusage aus Jes 57, der Himmelsthroner sei bei den Gedemütigten.

355 „Sie [die Menschen] wissen aber auch, dass die Zugänglichkeit zu Jhwh dann wieder möglich wird, wenn Jhwh aus dem irdischen Tempel, der ein Abbild seiner himmlischen Wohnung ist, wieder seinen Tempel macht." (Gärtner, aaO., 239).

356 Vgl. Jes 9,6; 26,11; 37,32; 42,13; 59,17.

357 Vgl. Jes 33,13; 42,13.

358 Vgl. Jes 54,7; 49,10.13.15; 54,8.10; 55,7.

359 Vgl. motivisch für die Unruhe Jer 4,19.

Bei den erfragten Eigenschaften bzw. Handlungsweisen JHWHs handelt es sich fast ausschließlich um Beziehungsbegriffe. Anders als an anderer Stelle (vgl. etwa Jer 14), wird nicht die Fähigkeit zu helfen in Frage gestellt, sondern vor allem die Motivation, das Verhältnis. Dieses Verhältnis, nach dem V. 15b fragt, wird in V. 16 nachdrücklicher beschrieben. Auch der Fortgang des Einschubs in V. 16 nimmt neben Formulierungen aus dem Jesajabuch Motive auf, die nicht in Jes, sondern in Jer unmittelbar vorgezeichnet sind. So ist die Rede von JHWH als Vater seines Volks bzw. die Gebetsanrede „Vater" in Jer zu finden, nicht in Jes.[360] Zwar wird, wie schon in 63,7 zu sehen ist, die Rede vom Volk als „Kinder JHWHs" auch schon im Jesajabuch verwendet, aber der Umkehrschluss, JHWH als „unser Vater" anzusprechen, wird vor Jes 63f. nicht gezogen. Stattdessen werden im Jesajabuch Abraham und Israel als Vater des Volks bezeichnet.[361] Ausgerechnet über diese beiden wird nun gesagt, dass zwischen ihnen und den Sprechern keine Beziehung bestehe.[362] Die abschließende Rede von JHWH als „Erlöser" (גאל) von „jeher" (מֵעוֹלָם) nimmt die Beschreibung der Vorzeit in 63,9 wieder auf. Der alte Name, die alte Funktion JHWHs sollen so wieder aktualisiert werden.

Anders als in 64,11, beklagen die Betenden dieser Zeilen nicht die Zurückhaltung JHWHs, sondern die Zurückhaltung von Mitleid und Erbarmen. Dass zwischen diesen beiden Formen der Zurückhaltung ein Unterschied besteht, war oben bereits formuliert worden. Deutlich wird dies im Fortgang des Textes, wenn JHWH selbst als Verursacher von Herzensverstockung[363] und falschen Wegen angesprochen wird. Sein Tun ist damit das Gegenteil der zuvor gerühmten guten Leitung durch ihn (63,14) und erfordert seine Umkehr. Dabei ist das Motiv der Umkehr JHWHs außergewöhnlich. Sie weist erneut auf das Jeremiabuch (Jer 12,15).

JHWH soll um seiner Knechte (עֲבָד) willen umkehren. Die in den vorangehenden Kapiteln mit unterschiedlichen Konnotationen vorgeprägte Rede von einem Knecht wird hier zur Rede von den Knechten erweitert. Dabei liegt es an-

---

360 Vgl. Jes 9,5; Jes 51,2 „Abraham, euer Vater"; 58,14 „Jakob, dein Vater"; als Gebet zu Götzen Jer 2,27; 3,4; Gebet zu JHWH als Vater Jer 3,19; 31,9.
361 Vgl. Abraham in Jes 51,2; Jakob in Jes 58,14.
362 Vgl. „Abraham (Does Not) Know(s) Us: An Intertextual Dialogue in the Book of Isaiah." in *Old Testament Essays* 24 (2011): 255–283, 275–277, sowie Feldmeier/ Spieckermann, Der Gott der Lebendigen, 61f.: „Nicht einmal Abraham und Israel (=Jakob) taugen als Heilsmittler (Jes 63,16), ganz zu schweigen von jenem Mittler, von dem wenige Kapitel zuvor Jes 53 zu berichten wusste."
363 Die Verhärtung (קשה) wird in Jes 48,4 nur einmal erwähnt. Ein häufigeres Motiv ist sie in Jeremia (7,26; 17,23; 19,15) und Ezechiel (Ez 2,4 und 3,7). Vgl. auch Ps 95,8. Überall dort bezeichnet sie schuldhaftes Verhalten, das von den Verhärteten selbst verantwortet werden muss. Zur Furcht JHWHs vgl. Jes 11,2f.; Jes 29,13; Jes 59,19. In Jesaja ist das Motiv der Furcht vor allem in der Aufforderung „Fürchte dich nicht" verwendet. Vgl. aber Jer 32,40 wo ein Teil der Neuschöpfung des Volkes die JHWH-Furcht ist, die er ihnen ins Herz legt.

gesichts der beklagenswerten Situation nahe, vor allem den leidenden Knecht aus Jes 53 als Vorbild dieser Knechte anzusehen.[364] Bereits in Jes 54,17 ist von der Mehrzahl der Knechte JHWHs die Rede, die unter JHWHs Schutz stehen und seine Gerechtigkeit leben. Jes 56,6 eröffnet die Möglichkeit für Fremde, zu den Knechten JHWHs dazugezählt zu werden. Gehäuft wird die Rede von den Knechten in den an Jes 63f. anschließenden Kapiteln aufgenommen, in denen die gerechten und gottgefälligen Knechte unterschieden werden von den Feinden JHWHs. Die pluralische Rede von den Knechten bereitet gegenüber dem Israel insgesamt bezeichnenden „Knecht" die Berücksichtigung einzelner Knechte und damit die im Anschluss geschehene Unterscheidung von Knecht und Feind vor.[365]

Nicht nur das Motiv der Erwählung und des Leids wird jedoch durch die Rede von den Knechten JHWHs in Jes 63f. weitergeführt. Aufgenommen wird darin auch das Jes 63f. insgesamt prägende Motiv der Verstockung.[366] Die Betenden stehen unter dem Fluch und unter der Verheißung des Knechts Israel.[367]

Die Folge des verderblichen Handelns JHWHs besteht darin, dass die Betenden und das Heiligtum JHWHs in die Gewalt „unserer Feinde" hinübergegangen sind.[368] Die von JHWH in die Irre Geführten sind (ganz folgerichtig) zu Menschen geworden, die nicht von ihm beherrscht werden (V. 19), deren Zuge-

---

364 Vgl. Gärtner, Jesaja 66 und Sacharja 14, 261: „Jeder Einzelne der Beter ist selbst zum Knecht geworden, und zwar zu einem Knecht, der unter dem anhaltenden Zustand des Gerichts aus Jes 6,9ff leidet."

365 Es gibt aber gegenüber Jes 42 einen klaren Einschnitt, der durch die Verwendung des Plurals deutlich wird. Vgl. Gärtner, aaO., 257: „In Jes 63,17 steht nun nicht mehr die Gruppe des Gottesvolkes als Ganze (sic!) im Mittelpunkt, die durch den Knecht repräsentiert wird, sondern ihre einzelnen Mitglieder, die sich als Knechte Jhwhs bezeichnen. Folglich zieht die Pluralbildung des Ebed-Begriffs eine Fokussierung auf den einzelnen Beter nach sich, und dieser wendet sich im Wir der Beter an Jhwh."

366 Vgl. zur Verbindung von Blindheit und Knechtsein auch Jes 43,8.10 mit Gärtner, aaO., 259: „Indem sich die unter der Verstockung stehenden Beter in die Linie der Knechte (Pl.) Jhwhs stellen, rufen sie in Erinnerung, dass sie, obwohl unter der Verstockung stehend, an einer Verheißung teilhaben, die ihnen in ihrer Situation eine durch Jhwh gewirkte Wende zum Heil zusagt."

367 Vgl. die Rede vom verstockten Knecht in Jes 42,18f., die Gärtner, aaO., 257, anschaulich mit Jes 6 verbindet: „Denn diese zielt durch den mit Rauch erfüllten Tempel, das Beben der Schwellen (Jes 6,4) und mit dem Verstockungsauftrag auf die Unzugänglichkeit Jhwhs in seinem Heiligtum, d. h. auf einen Abbruch der Kommunikation. Hingegen steht der Aufruf in Jes 42,18ff an das blinde Volk, repräsentiert durch den Knecht Jhwhs, jetzt zu sehen, auf der Schwelle zur Heilswende."

368 Die Enteignung (יֶרֶשׁ) wird in Jes 54,3 genau umgekehrt verheißen, wenn Israel die verwüsteten Städte besiedeln soll.

hörigkeit zu ihm nie durch die Ausrufung seines Namens festgehalten wurde.[369] 63,18 – 64,6* zeigen auf, was durch den Herrschaftswechsel (V. 18) mit dem Volk geschieht (V. 19a), das nicht mehr JHWH gehört, sondern dem Feind. Das ehemals heilige Volk JHWHs ist unrein[370], und seine Gerechtigkeitserweise sind nichts wert.[371] Niemand rafft sich auf, an JHWH festzuhalten.[372] Ihre Schuld (עון) trägt sie, wie sie zuvor von JHWH getragen wurden (63,9b); sie sind in der Hand der Schuld (64,6), die sie doch Werk aus JHWHs Hand sind (64,7). Durch die besondere Verbindung der Zeilen mit ihrem Kontext sind sie Schuldbekenntnis und Klage zugleich. Schuldbekenntnis, denn sie zählen die Vergehen, die Verkommenheit des Volks auf und Klage, denn die so handeln, sehen JHWH als den, der sie abirren lässt, und leiden darunter, in der Hand der Vergehen zu sein. Die Begründung dieses Elends ist schon angedeutet worden, wird nun aber noch einmal expliziert: JHWH hat sein Angesicht abgewendet bzw. verborgen. Diese Bestimmung ist wiederum im Kontext dieses Gebets von besonderer Bedeutung. Einzig sein Antlitz ist es, das schon dem Volk in den Tagen der guten Vergangenheit zur Hilfe werden konnte (63,9a).

Die Aufnahme der ersten Klage in 64,7 – 11 unterscheidet sich von ihr durch die ausdrückliche Verantwortlichkeit JHWHs für das Ergehen des Volks. Das Besondere ist hier das Ineinander von Zorn und Schuld, die einander endlos bedingen. Auf diese Weise fungieren die Zeilen weder als Entschuldigung des Volks[373] noch als reine Schuldzuweisung an das Volk. Es ist vielmehr genau dieses Ineinander der sich selbst verstärkenden Schuldverstrickung, das hier thematisiert wird. Hervorzuheben ist der mit einer Betonung der Gottesunmittelbarkeit einhergehende Traditionsabbruch. Das ausdrücklichste Bekenntnis zu JHWH und die

---

369 Der über einem Menschen (Jer 15,16), dem Tempel oder der Stadt (Jer 7,10.11.14.30; Jer 25,29; 32,34; 34,15; Dan 9,18) den Völkern (Am 9,12) oder dem Volk (Jer 14,9; Dan 9,19) ausgerufene Name JHWHs wird wohl am ehesten als Motiv der Zugehörigkeit zu verstehen sein.

370 Mit dieser Bestimmung ist die Ausgangssituation in Jes 6,5 aufgenommen. Jesaja stammt aus einem „unreinen Volk", die hier Betenden übernehmen diese Klassifizierung für sich. Sie stehen damit im Gegensatz zu denen, die gerettet werden, denn auf dem Weg JHWHs und in seiner Stadt sind Unreine nicht zugelassen, vgl. Jes 35,8; 52,1.11.

371 Die Gerechtigkeitserweise lassen sich am ehesten über die Verbindung zu Jes 45,24 erklären, wo deutlich gemacht wird, dass allein bei JHWH Gerechtigkeitserweise seien und so nur durch ihn die Nachkommenschaft Israels gerecht sein und sich preisen werde: vgl. zur Nutzlosigkeit eigener Gerechtigkeitserweise Dan 9,16.18.

372 Das „Festhalten" (חזק) wird in Jes 56 aufgenommen, einer der Gründe für Gärtner, aaO., 262, hier einen „Antworttext" auf Jes 63f. zu vermuten. Dass „niemand" sich „aufrafft", an JHWH „festzuhalten" verdeutlicht, dass die Aufforderung an Zion (Jes 51,17) nicht erfolgreich gewesen ist. Anders geht es da dem, der nicht sich selbst wecken muss, sondern der geweckt wird, von JHWH etwa, wie es der Knecht in Jes 50,4 Morgen für Morgen erfährt.

373 Vgl. etwa Goldenstein, Das Gebet der Gottesknechte, 118.

eindringlichste Klage über sein den überkommenen Gotteslehren nicht entsprechendes Handeln stehen spannungsvoll nebeneinander.

63,19b-64,4*

Die in V. 15 noch preisend angesprochene Herrschaft im Himmel ist für den, der Jes 63,19b-64,4a einfügte, der Kern des Problems. JHWH ist ferngeblieben, hat nicht eingegriffen. Das hätte er tun müssen und zwar gegen alles Überkommene – nicht vom Himmel her schauen, sondern die Himmel zerreißen, sich bekanntmachen in einer Theophanie, die alles Erinnerte in den Schatten stellt. Dann wären auch die Völker, die im Restgebet kein Thema sind, passend beeindruckt worden. Dieser Ausbruch führt theologisch drei Stränge des Gebets weiter: das Problem der Ferne JHWHs, die Frage nach der Schuld des Volks und die Entschiedenheit, mit der etwa 63,16 Gestalten der Tradition als nicht mehr heilswirksam ansieht. Wer hier betet, will keinen neuen Exodus, erbittet keine Neuauflage göttlichen Handelns, wie es erinnert ist, sondern will das gerade nicht erinnerte Neue. Es wird das Unerwartete (64,2), Ungehörte (64,3a) erbeten, das Ungesehene (64,3b).

לא mit Qatal wird hier als Irrealis der Vergangenheit gedeutet, auch weil damit der Ton der Murrenden in der Wüste wiederholt wird, deren Rede einige Male in diesem Gebet anklingt.[374] 63,19b („ach, hättest du doch") und 64,4b („siehe, du hast gezürnt") korrespondieren miteinander. Sie bezeichnen das wünschenswerte und tatsächlich eingetretene Handeln JHWHs. Wünschenswert wäre die Theophanie gewesen, das gewaltsame Zerreißen aller Schranken, die Verbreitung[375] des Namens[376] JHWHs bis hin zu seinen Feinden[377] durch ein Handeln, das alle

---

374 Vgl. In diesem Sinne Aejmelaeus, Klageliedsänger, 43; Salvadori, Tu non sei così, 192f. Anders Goldenstein, Das Gebet der Gottesknechte, 106, der hier die „Ungeduld" der Beter „unterstrichen" sieht.

375 In Jes 12,4; 38,19 und 64,1 ist es Teil der betenden Verkündigung (ידע hif.), Völker oder Kinder wissen zu lassen von JHWH. Nur hier ist es JHWH selbst, von dem dies erwartet wird.

376 Der „Name JHWHs" wird in den Gebeten des Jesajabuches und ihren unmittelbaren Kontexten häufig angesprochen (vgl. Jes 12,4; 24,15; 25,1; 26,8.13). Ungewöhnlich ist hier, dass der Name ausgerechnet den Feinden verkündet werden soll. Diese Besonderheit verbindet sich damit, dass insgesamt das Bekanntmachen des Namens in dieser Formulierung vergleichsweise selten ist (vgl. Ez 39,7). Bekanntgemacht werden JHWHs Taten etc., nicht sein Name.

377 Die Rede von den „Feinden JHWHs" führt Jes 1,24; 26,11 und 59,18 weiter, wo ebenfalls die Feinde JHWHs thematisiert werden. Gegenüber 63,18 ist dagegen ein Wechsel zu beobachten: Dort sprechen die Betenden noch von „unsern Feinden". Anders als 63,18 nimmt 64,1 damit ausdrücklich eine Sinnlinie des Buches auf.

Erwartungen übersteigt[378] und ihn als den einzigen Gott ausweist, der für den handelt, der auf ihn wartet und der denen entgegenkommt, die sich freuen, Gerechtigkeit tun und auf seinen Wegen seiner gedenken. Die hinter diesen Sätzen stehende These ist diese: Mit einem entschiedenen Eingreifen JHWHs wäre es möglich gewesen zu retten. Eine Klärung der Situation hätte sich nachgerade von selbst ergeben. Es hätte eben noch Gerechte gegeben, die er hätte treffen können. Nun ist es jedoch anders. JHWH hat ausdauernd gezürnt und dieser Zorn hat die Wir-Gruppe in die Sünde getrieben. Die Theophanie hätte JHWH als den erwiesen, der er nach Aussage von Deuterojesaja ist – der Gott, der Unerhörtes und Ungesehenes tut und damit die Verstockung rückgängig machen könnte. Er wäre als der einzige Gott erwiesen worden[379] und als der, auf den zu warten, auf den zu harren tatsächlich dazu hilft, dass der Harrende nicht zu Schanden kommt.[380]

V. 4a bezeichnet die positive Folge unerwarteten göttlichen Handelns. Vor allem das Verb פגע wird zumeist anders interpretiert. Ein zweifelsfreier Rückbezug

---

378 Die angesprochene Hoffnung (קוה) kommt besonders oft im Zusammenhang von Gebeten vor. Vgl. Jes 33,2 und 59,11; Jes 25,9 und 26,8. Es ist wohl davon auszugehen, dass gerade diese Stellen von Jes 8,17 geprägt sind, nämlich von der Selbstaussage „Ich werde auf den Herrn warten…" Die Hoffnung auf JHWH ist auch nach Jes 40,31; 49,23 kein sinnloses Unterfangen. „Die auf den Herrn hoffen" scheint entsprechend regelrecht die Selbstbeschreibung einer Gruppe zu sein, die mit der Einfügung der Gebete etwas zu tun hat. Wichtige weitere Stellen dürften (mit ähnlichen Konnotationen) Thr 2,16 und 3,25 sein (letztere: JHWH ist gut zu dem, der auf ihn hofft, gut zu dem, der nach ihm fragt). Vgl. die Verwendung in der Volksklage in Jer 14,19.22. Selbst Prov 20,22 weiß, dass ein Mensch auf JHWH hoffen soll. In Jer 8,15 und 13,16 wird deutlich, dass es gerade auch eine trügerische Hoffnung auf JHWH gibt. Letzteres ist durchaus auch ein Thema in Hiob (Hi 3,9; 6,19; 7,2; 17,13; 30,26). Die häufigste Verwendung findet das Verb (neben Jes) in den Psalmen, wo es an folgenden Stellen das Hoffen auf JHWH bezeichnet: Ps 25,3.5.21; 27,14; 37,9.34; 39,8; 40,2 (scheint hier auf 39,8 regelrecht zu antworten); 52,11; 69,7 (.21); 130,5. Es scheint sich entsprechend um einen frömmigkeitsgeschichtlich wichtigen Topos zu handeln. Dass hier nun aber über diese Redeweise hinausgehend auf das *nicht* Erhoffte gewartet wird, führt diesen Topos über sich selbst hinaus.

379 Außer dir (זולה) ist ein nicht sehr häufiger Terminus. Im Jesajabuch ist vor allem die Verbindung zwischen Jes 26,13 und 64,3 auffällig, weil jeweils in Gebeten die Einzigkeit JHWHs betont wird. Vgl. die Selbstaussagen JHWHs in Jes 45,5.21. Vgl. auch Hos 13,4 oder das Bekenntnis in Ps 18,32 sowie das Gebet Davids in 2 Sam 7,22ff. bzw. 1 Chr 17,20.

380 Für die Rede von denen, an denen JHWH handelt, wird der Terminus חכה benützt, der in Jes 8,17 parallel verwendet wird. Diese Rede vom Warten ist seltener als das Hoffen (קוה). In Jes 30,18 wartet JHWH darauf, denen guttun zu können, die auf ihn warten. Weitere für das Verhältnis zu JHWH aussagekräftige Stellen sind folgende: Ps 33,20, wo die Seelen der Betenden auf JHWH warten; Ps 106,13, wo nicht auf JHWHs Rat gewartet wird; die Aufforderung, auf die Schauung zu warten in Hab 2,3 und in Zeph 3,8 die Aufforderung JHWHs, auf ihn zu warten.

auf Jes 53,6, wo den Gottesknecht die Schuld der vielen trifft, scheitert jedoch an den unterschiedlichen Stammesmodifikationen.[381]

Den Übergang zwischen beiden Teilen markiert V. 4b, der leider nur noch teilweise zu verstehen ist. V. 4b stellt der möglichen positiven Folge göttlichen Handelns die negative Realität entgegen. JHWHs Zorn und Abwendung bedingen die Sünde der Wir-Gruppe. Die Bedeutung dieses Verses ist wegen der sich andeutenden Ungeheuerlichkeit viel diskutiert worden. Tatsächlich ist jedoch das, was hier zu lesen ist, im Zusammenhang des Gebets kaum auffällig. Dass die Abwendung JHWHs mit der Irreführung des Volks eng verknüpft ist und entsprechend sein Zorn unmittelbar mit der Schuld der Wir-Gruppe verbunden werden kann, ist wenig mehr als eine abstraktere Darstellung des bereits Formulierten. Um eine „Unschuldsbeteuerung" geht es dabei nicht.[382]

---

381 Goldenstein, aaO., 114, findet das Verb in 53,6.12 und 59,16. An allen drei Stellen verbindet es sich mit der Gestalt des Gottesknechts, den JHWH die Schuld treffen lässt (53,6) und der eintritt (53,12) bzw. dessen Eintreten fehlt (59,16). Diese Verbindung zur Gestalt des Gottesknechts kommt Goldensteins Annahmen zum Text grundsätzlich entgegen. Aus der Verwendung desselben Verbs an dieser Stelle schließt er auf die Betenden als eine Gruppe, die sich mit dem gerechten und zu Unrecht getroffenen Gottesknecht identifiziert. Diese Deutung ist charmant und theologisch interessant, ist jedoch aus zwei Gründen kaum aufrechtzuerhalten: Eine schuldlose Gruppe begegnet im gesamten Gebet sonst nicht. Zwar werden in dem Gebet Schuld, Verschuldung, Zorn und Strafe einander nicht linear zugeordnet, so dass der Zorn JHWHs auch als Verursacher der Verirrung des Volkes angesehen wird (Stichwort Verstockung), aber bereits der historische Rückblick in 7–10 nimmt jedem Versuch, eine sich selbst für gerecht haltende Wir-Gruppe zu postulieren, den Wind aus den Segeln. JHWHs Strafe konnte keine Schuldlosen treffen, weil die Verschuldung „uns allen" gilt. Ein Status vor der Verschuldung wird nicht erwähnt. Der zweite, vielleicht noch deutlichere Grund, der gegen die gebotene Lösung spricht, betrifft die Semantik des Verbs. An fünf Stellen des Jesajabuches wird das Verb פגע verwendet. Zweimal in der Stammesmodifikation Qal (Jes 47,3 und Jes 64,4) und dreimal in der Stammesmodifikation Hifil (Jes 53,6.12 und 59,16). Die drei zur Klärung des Sachverhalts herangezogenen Stellen sind also ausgerechnet die, die das Verb in einer anderen Stammesmodifikation verwenden. Nur Jes 47,3 verwendet ebenso Qal, und dort hat in einer Gottesrede das Verb die positive Bedeutung, einen Menschen zu treffen, als Gegenbegriff zur Rache. Wenn die hier vorliegende Stelle entsprechend aus dem Kontext geklärt werden soll, so liegt es nahe zu vermuten, dass Jes 47,3 und nicht 53,6 im Hintergrund steht. In Jes 47,3 wird angenommen, dass es für einen Menschen positiv ist, von JHWH getroffen zu werden. In Jes 53,6 ist es nicht JHWH, den der Gottesknecht trifft. JHWH lässt ihn die Verfehlung treffen. Ohne weiteres ist anzunehmen, dass an dieser Stelle eine gewisse Offenheit für beide Verstehensmöglichkeiten besteht. So wie die furchtbaren Taten in V. 2a mindestens durchlässig sind für das grausame Handeln JHWHs als Feind Israels, so erscheint auch dieses Treffen zumindest ambivalent. Gleichwohl kann von einer Schuldlosigkeit der Betenden keine Rede sein.

382 Für die Deutung der Abfolge von Zorn JHWHs und Sünde der Menschen ist v. a. die kurze Studie von Walter Groß, „,Siehe, du hast gezürnt, und dann haben wir gesündigt'. Zu 2000 Jahren problematischer Rezeption zweier brisanter Sätze." in *Schriftauslegung in der Schrift,*

Schluss

Die Überlegungen zu einer möglichen Schichtung des Gebets haben nicht etwa eine „ungefährliche" Grundschicht herausgearbeitet, die erst durch Zusätze brisanter Stoff geworden wäre. Vielmehr trägt bereits der Beginn des Gebets, die Erinnerung an JHWHs Heilstaten, die sich doch nicht aktualisieren lassen, den Kern der Entwicklung in sich. Es ist auch nicht so, dass etwa nur einige Verse oder Abschnitte sich als im Buch gewachsen und eng mit dem Kontext verbunden zeigen, vielmehr scheint der Text insgesamt im Buch gewachsen und damit auch mit dem Buch von Anfang an verbunden gewesen zu sein. Die spätere Klage, in der die so berühmte Anrede an JHWH als Vater wahrscheinlich zum ersten Mal formuliert wird, hat über die Beziehungen zum Jesajabuch hinausgehend enge Verbindungen zum Jeremiabuch.

Die Tiefe dieses Gebets entsteht dadurch, dass die Widersprüchlichkeit unterschiedlicher Aussagen nicht beseitigt wird. Es ist kein rein vorwurfsvolles Gebet. Wie in Hiob 1 Gott und der Satan geradezu ineinander verschmelzen, so hier Gott und Mensch. Vergehen und Zorn, Verstockung und Verlassenheit bedingen einander. Heilung auf konventionellem Wege erscheint nicht möglich. Entsprechend greifen die Beter hier zur äußersten Bitte: Kehre um und komm! Ein logischer Anschluss an das Vorangehende wäre am ehesten die Bitte „Mach uns umkehren!" gewesen. Genau dies wird jedoch nicht erbeten. Damit wird, wenn man es weit spannen will, eine Besonderheit der Umkehr deutlich. Allein ein zugewandtes Antlitz JHWHs kann Umkehr ermöglichen. Die Betenden selbst tun nichts, als sich zu erinnern und zu klagen. Sie sprechen nicht einmal von Reue, sondern konstatieren lediglich ihre Sündhaftigkeit. Paradox ist dabei, dass sie betend zugleich den beklagten Weg verlassen, denn sie erinnern sich Gottes und

---

hrsg. von Reinhard G. Kratz, Thomas Krüger und Konrad Schmid. Beihefte zur Zeitschrift für die Alttestamentliche Wissenschaft 300. Berlin u. a.: de Gruyter, 2000: 163–173, von Interesse. Nach Goldenstein, Das Gebet der Gottesknechte, 117 f., geht es hier um eine Art der Unschuldsbeteuerung. Die Schärfe dieser Aussage wird mit dieser Beschreibung nicht getroffen. Nach Salvadori, Tu non sei così, 319 f., geht es in diesem Gebet vor allem um die Frage, wer Schuld habe. Er betont zu Recht, dass es in diesem Gebet an keiner Stelle um die Selbstentschuldigung der Betenden gehe. Dafür ist tatsächlich die Rede von der Sünde der Sprechenden zu deutlich, und die Schuld der Betenden bleibt mit der letzten Bitte, nämlich der Schuld der Betenden nicht ewig zu gedenken, als grundlegende Problematik auf jeden Fall bestehen. Er hat auch Recht, wenn er betont, dass der Zorn JHWHs grundsätzlich Reaktion auf die Schuld Israels sei und auch dieser Text keine Ausnahme mache. Alle diese Betonungen dürfen aber nicht verdecken, dass die wesentlich neue Erkenntnis der hier Betenden darin besteht, dass in der augenblicklich verfahrenen Situation einzig JHWH helfen und sie wenden kann und dass der strafende Gott selbst Anteil hat an dem Ausmaß der Entfremdung.

seiner Taten. Und sie rufen ihn an als die, die auf ihn hoffen. Entsprechend ist das Gebet ein erster Schritt zur Wiederaufnahme der Beziehung.

Wesentliches und durchgängiges Motiv des Gebets ist, das hat Goldenstein bereits herausgearbeitet, die Rücknahme der Zusagen des Heils in Deutero- und Tritojesaja. Wo dort Trümmer zum Ort des Lobpreises werden und die Kinder Zions Freudenkleider anlegen, wo Trost und Zuwendung neues Leben schenkt, ist hier die Klage über anhaltende Abwendung, anhaltende Zerstörung und nachhaltige Verführung formuliert. Das Elend, das die Betenden erleben, verschlimmert sich mit dem Ausbleiben der Heilswende.

Ein besonderes Augenmerk kann in einem Gebet, das erinnernd beginnt und mit einer Frage das zukünftige Handeln JHWHs betreffend endet, auf die angesprochenen Zeitaspekte gelegt werden. In diesem Zusammenhang fällt die bereits einige Male angesprochene Verwendung der Vokabel עוֹלָם ins Auge. Nicht weniger als sieben Mal wird sie innerhalb des Gebets verwendet. Sie ist geeignet, die Gedankenentwicklung dieses Gebets bündelnd nachzuvollziehen. Das Gebet beginnt in der positiven Rückschau auf „Tage des עוֹלָם", die allerdings nur noch Gegenstand sehnsüchtiger Erinnerung sind und mit der Gegenwart der Beter nichts mehr zu tun haben (63,9.11). Das offensichtliche Ende dieser vergangenen Heilszeit scheint nun aber auch in weiteren Verwendungen des Begriffs durch. Der „Name des עוֹלָם", den sich JHWH mit seinem Heilshandeln gemacht hat (63,12), hat seinen heilvollen Klang für die Gegenwart der Betenden verloren. Ebenso verhält es sich mit seinem heilbringenden Willen gegenüber dem Volk. Dass JHWH seit jeher Vater und Erlöser seines Volks ist (63,16), steht dem Faktum gegenüber, dass das Volk sich nun so verhält, als gehöre es seit jeher anderen Herren (63,19). Der letzte Einschub zeigt wiederum eine Richtung für die Rettung auf. Könnte JHWH auf eine Weise eingreifen in das Leben, die seit jeher nicht gedacht worden sei, könnte also wirklich Neues beginnen, dann wäre Rettung möglich (64,3).

Der Gott, den dieses Gebet anzusprechen sucht, ist der Gott Abrahams und Jakobs. Es ist der Gott, der mit der Vorgeschichte Israels verbunden wird. Er hat das Volk erwählt und es liebevoll und gnädig gerettet und begleitet. Die entscheidende Wende des Verhältnisses von Gott und Volk ist der Abfall des Volkes, der aus dem fürsorglichen Gott einen Feind des Volkes werden lässt, der es nun bekämpft. Der zerstörte Tempel wird für die Betenden zum Hinweis darauf, dass dieser zornige Gott sich zurückgezogen hat und auch noch zu einer Zeit fern bleibt, in der die Schuld Israels als abgetragen gelten könnte. Die bleibende Ferne seines Gottes treibt das Volk weiter in die schuldhafte Trennung von ihm. Diese Trennung ist zum Zeitpunkt des Gebets so weit fortgeschritten, dass überkommene Formen der Wiederaufnahme der Beziehung, etwa durch die Erinnerung der Heilsgeschichte oder durch die Verbindung JHWHs mit den Erzeltern, nicht mehr gelingen. Anstelle der Erinnerung und der Abstammung von den Protagonisten der Heilsgeschichte wird durch das Gebet die unmittelbare Beziehungsebene zwischen Gott und Volk thematisiert und zugleich neu eröffnet. Wesentlicher theologischer Ertrag dieser Bewegung ist die Ansprache JHWHs als Vater seines Volkes. Ausgerechnet in der schwersten Krise des Gottesverhältnisses wird so eine neue Beziehungsebene formuliert und in der Ansprache zugleich aktualisiert.

Die Beter dieser Zeilen sind, um im Bild von Jes 63,8 zu bleiben, Kinder, die sehr wohl trügen können. Sie wissen um ihre Schuld und um die Schuld der Väter, die die Feindschaft ihres Gottes provoziert hat und die Trennung von ihm täglich vertieft. Ihr Gebet ist entsprechend nicht ihr Versuch, sich von der Verantwortung für die missliche Lage freizusprechen, es ist vielmehr die tätige Einsicht in die Grenzen ihrer eigenen Möglichkeiten, die beschränkt werden von ihrer Schuldverstrickung. Sie selbst beklagen diese Verstrickung und sind ihr ausgeliefert. Aufheben kann sie nur ein umkehrender und sich wieder seins Volkes erbarmender Gott, das haben die Beter in Jes 63 f. erfahren müssen. Wer so betet ist vertraut mit den üblichen Formen theologischer Elendsbewältigung (Reaktivierung des Gottesverhältnisses in der Erinnerung, nach dem Vorbild der erinnerten Geschichte formulierte Erwartung für die nahe Zukunft, die ernsthafte Bemühung aus eigenem Antrieb umzukehren und die Wende zu erzwingen) kennt das Scheitern dieser Versuche und erlebt, wie im Ausharren und Hoffen allen eigenen Bemühungen zum Trotz die Situation nicht nur nicht besser wird, sondern sich stetig verschlechtert. Die Betenden dieser Zeilen entledigen sich in diesem Gebet überkommener theologischer Überbauten und versuchen JHWH auf der Ebene unmittelbarer Beziehung in der Ansprache als Vater wieder zu gewinnen. Ihre expliziten Feinde sind die Zerstörer des Tempels. Implizite Feinde der so Betenden sind all diejenigen, die an der Naherwartung festhalten oder weiterhin einzig eigene Umkehr als gangbaren Weg aus dem Elend propagieren.

3 Restitution

„Oh, wenn du doch die Himmel zerrissen hättest" – mit diesen Worten klagen die Beter in Jes 63,19b, weil der fern thronende Gott das Volk in seiner Schuld sich selbst überlässt und keine Wende des Zorns die Folgen des Gerichts aufheben. Die Klage wird laut, weil anderes erwartet worden war. Die gnädige Hilfe, die für die Zeit, in der die Städte verwüstet sind, die Zeit nach dem Gericht also, angekündigt worden war, ist ausgeblieben. Wenn die Beter in Jes 63 f. die ausbleibende Hilfe beklagen, dann tun sie das im Blick auf im selben Buch vorangegangene Zusagen der Hilfe. Sie orientieren sich unter anderem an dem, was in den drei Gebeten zu finden ist, die unter der Überschrift „Restitution" gesammelt werden. In ihnen wird betend nachvollzogen und damit zugleich vorweggenommen, wie JHWH aus dem Tod rettet, Sünde vergibt und Leben und Hoffnung neu ermöglicht. Die die gute Wende thematisierenden Gebete sind älter als die Klage der Gottesknechte. Zugleich warten diese noch immer darauf, in die alten Worte des dankbaren Jubels einstimmen zu können.

Bei den Gebeten der „Restitution" handelt es sich um das Gebet des genesenden Königs Hiskia in Jes 38,9–20, das Gebet des Propheten Jona, das er im Fisch spricht (Jon 2,3–10), und das zukünftige Gebet einer neuen Exodusgruppe in Jes 12. Die drei Gebete sind nicht unabhängig voneinander entstanden, vielmehr ist Jes 38 mit einiger Wahrscheinlichkeit einer der Spendetexte von Jon 2 und Jes 12. Alle drei Texte thematisieren auf unterschiedliche Weise das Verhältnis der Betenden und des angesprochenen Gottes zum Zion. Jon 2 und Jes 38 werden aus der Entfernung zum Tempel gesprochen. In Jes 38 wird die Entfernung vom Tempel erst außerhalb des Gebets in der Nachfrage nach dem Zeitpunkt für den neuen Aufstieg zum Tempel thematisiert. In Jon 2 dagegen ist die Trennung des Beters vom Zion wesentliches Thema, das mit der Gewissheit der Erhörung aus der Ferne und zugleich mit bleibender Ausrichtung auf den Tempel beantwortet wird. Diese Ausrichtung auf den Zion ist auch in Jes 12 Ziel- und Ausgangspunkt aller Entwicklung. Es ist die Bewohnerin des Zion, die jauchzen soll, ihr ist die Präsenz des starken Gottes inmitten ihrer selbst zugesagt.

Neben der Perspektive auf Tempel und Zion teilen die drei Texte das Wissen von einem Strafhandeln JHWHs. Dabei ist die Ausführlichkeit, mit der dies beschrieben wird, wiederum sehr unterschiedlich. In Jes 38 und Jon 2 bildet die Beschreibung des Elends einen der zwei Schwerpunkte der Gebete – neben dem Dank. In Jes 12 wird der Zorn erwähnt, aber nicht weiter thematisiert. Die Perspektive ist die der überwundenen Klage und des Jubels.

Keines der drei Gebete beschäftigt sich ausführlich mit dem Grund für den Zorn JHWHs, der die Restitution notwendig macht. Jes 38 beschreibt das vernichtende Handeln JHWHs zunächst ohne Hinweis auf seinen Anlass, und erst in der Ausführung der Restitution wird die Beseitigung der Schuld des Beters angesprochen. Jona 2 schildert zwar das Vernichtungshandeln JHWHs, erwähnt aber nicht, dass Schuld und an ihr entzündeter Zorn Grund für dieses Handeln ist. Erst der Blick in den Kontext des Psalms und die Aufnahme von Jon 2,4 in Mi 7,19b verdeutlichen, dass das Gebet als Psalm des durch das Gericht hindurch geretteten Israel aufgefasst wurde. In Jes 12 wird nur das „Dass" des göttlichen Zorns berichtet, sein Grund bleibt im Psalm selbst unerwähnt. Gerade in Hinsicht auf die jeweilige Ausgangssituation, die die Restitution notwendig macht, sind die Gebete nicht ohne ihren Kontext zu verstehen.

Wirklich vollständig wird die Restitution nur in Jes 12 dargestellt. Da Jes 12 jedoch ein „einst" in der Zukunft zu sprechendes Gebet ist, stimmen die drei Texte darin überein, dass die vollständige Wiederherstellung der Beziehung zwischen

JHWH und Volk noch aussteht. Jes 38 und Jon 2 verbinden das Schicksal Israels mit den Worten einzelner Beter der Vergangenheit. Jon 2 bleibt ganz in der Redeweise des Einzelnen, der jedoch durch den Kontext gerade als Repräsentant der Hebräer ausgewiesen wird und entsprechend mit einer kollektiven Größe identifiziert werden kann. Hiskia wechselt im Abschluss von der Einzelstimme zum Gesang einer Gruppe, wobei der gemeinsame Lobpreis Teil der Restitution des isolierten Leidenden ist. Jes 12 spricht von vornherein eine kollektive Größe an, die jedoch zunächst ebenfalls singularisch dargestellt wird. Eine Unterscheidung innerhalb des Volks oder innerhalb der sprechenden oder angesprochenen Gruppe ist in allen drei Gebeten nicht vorgesehen. Einzig ein Zusatz in Jona 2 rügt die Götzenverehrer in den eigenen Reihen und eröffnet dadurch eine Unterscheidung zwischen Rechtgläubigen und Abtrünnigen im eigenen Volk.

Alle drei Restitutions-Gebete geben die Möglichkeit, das Erleben des Zorns und des Gerichts zu konstatieren und vor Gott zu bringen und zugleich die Perspektive der Rettung einzunehmen. Sie leisten dabei Entscheidendes für den Umgang Israels mit der Erfahrung JHWHs als Feind und Retter seines Volks.

3.1 Lebendig ist, wer dich preist – Jes 38

Die Bewegung, die der Psalm Hiskias nachzeichnet, führt aus der Nähe zum Totenreich, in der der Tod mitten im Leben durch die Isolation von Gott und Mensch schon zu erfahren ist, zum Lobpreis des Genesenen und zur Belehrung nachfolgender Generationen. Charakteristisch an dieser Bewegung ist, dass Krankheit und Rettung jeweils gänzlich gegenwärtig formuliert werden. Der Beter des Hiskia-Psalms sieht nicht auf Heilung voraus oder auf Todesnähe zurück. Vielmehr werden beide Zustände als jeweils aktuell präsentiert. Auf diese Weise ist der Psalm ein Psalm für Krankheit und Leben und nimmt den Betenden in die Gleichzeitigkeit des erinnerten Gebets mit hinein. Ausblick der Bewegung ist der Lobpreis am Tempel. Er steht für den hier Betenden allerdings noch aus.

Übersetzung

9   Aufzeichnung[383] Hiskias, des Königs von Juda,
     als er krank war und wieder auflebte von seiner Krankheit.

---

383 Eine Änderung des Konsonantenbestandes zur in einigen Psalmen (Ps 16; 56–60) verwendeten Überschrift מכתם ist nicht notwendig. Vereinzelt wird der Text der LXX (προσευχή) als Beleg für eine andere Vorlage angeführt. Standardäquivalent für מכתם ist jedoch στηλογραφία, weshalb davon ausgegangen werden muss, dass die προσευχή (im Psalter eher als Äquivalent

10   Ich sage: In der Stille[384] meiner Tage muss[385] ich gehen,
      zu den Toren der Sheol bin ich entboten den Rest[386] meiner Jahre.

---

für תְּפִלָּה) eine Deutung des Septuagintaübersetzers darstellt und keinen Hinweis auf eine andere Vorlage enthält.

Inhaltlich lässt sich der מִכְתָּב לְחִזְקִיָּהוּ mit der chronistischen Rede von der Schrift Davids und der Schrift Salomos (2 Chr 35,4) verbinden. Es geht hier um mehr als um einen zufällig Hiskia zugeschriebenen Text. Wer den Psalm eintrug, wollte damit die schriftliche Hinterlassenschaft Hiskias formulieren. Vgl. die Deutung von Willem A. Beuken, *Jesaja 28 – 39*. Herders Theologischer Kommentar zum Alten Testament. Freiburg i. Br. u.a.: Herder, 2010, 430: „Es lässt sich [...] feststellen, dass der Terminus ‚Aufzeichnung' dem König auf redaktioneller Ebene eine Rolle im Entstehungsprozess des Jesajabuches zuschreibt. Er hat für dieses Buch ein Gebet geschrieben!" Anders u.a. Hans Wildberger, *Jesaja 28 – 39. Das Buch, der Prophet und seine Botschaft*. Biblischer Kommentar Altes Testament 10/3. Neukirchen-Vluyn: Neukirchener Verlag, 1982, 1442, der betont, ein „Schreiben" würde hier nicht vorliegen, und annimmt: „Wenn *M* מכתב liest, heißt das nur, dass man מכתם schon im Altertum nicht mehr verstanden hat."

384 Der Ausdruck בִּדְמִי יָמַי ist umstritten und wird sich wohl auch nicht abschließend klären lassen. Nach Wilhelm Gesenius, *Hebräisches und aramäisches Handwörterbuch über das Alte Testament*, 18. Aufl. Berlin u.a.: Springer, 1987 – 2012, 254, bedeutet דְמִי „Ruhe" oder „Ende". Mit den Versionen wird auch „Höhe" (LXX) oder „Mitte" (Tg, Vg, Cyrill vgl. Wildberger, Jesaja 28 – 39, 1442) gelesen. Gegen eine Bedeutung „Ruhe" spricht die schon von Bernhard Duhm, *Das Buch Jesaja: Übersetzt und erklärt von Bernhard Duhm*, 5. Aufl. Göttinger Handkommentar zum Alten Testament III/1. Göttingen: Vandenhoeck & Ruprecht, 1968, 279 f., geäußerte Feststellung: (ihm folgen Joachim Begrich, *Der Psalm des Hiskia: Ein Beitrag zum Verständnis von Jesaja 38,10 – 20*. Forschungen zur Religion und Literatur des Alten und Neuen Testaments N.F. 25. Göttingen: Vandenhoeck & Ruprecht, 1926, 20, und Wildberger, Jesaja 28 – 39, 1442), dass „ein Sterben in Unruhe um nichts besser ist als ein Sterben in der Ruhe." Dass hingegen der Beter am „Ende" seiner Tage gehen müsse, stellt Michael L. Barré, *The Lord Has Saved Me: A Study of the Psalm of Hezekiah (Isaiah 38:9 – 20)*. Catholic Biblical Quarterly Monograph Series 39. Washington DC, 2005, 55, nachvollziehbar unter Tautologieverdacht. Die Rede von der „Mitte" der Tage ist sinnvoll, vgl. motivisch etwa Jer 17,11 und Ps 102,25, aber nicht zweifelsfrei anzunehmen (ebd.). Wildberger, beruft sich für die Bedeutung des „Hapaxlegomenon" auf G. R. Driver, „Linguistic and Textual Problems: Isaiah i-xxxix." in *Journal of Theological Studies* 38 (1937), 36 – 50, 46, der jedoch von einem falschen Septuagintabefund ausgeht. Die Lesart, die für Driver argumentativ von Bedeutung ist, namentlich ἐν ἡμίσει, findet sich nur als Variante im Rahmen der altkirchlichen Tradition. Wer diese anderen Zeugen sind, kann jedoch nicht geklärt werden, da das Problematische an dieser Fassung ist, dass diese Rede eigentlich nicht aus dem angegebenen Text zu erschließen ist. Eine bedenkenswerte Alternative findet Barré, The Lord Has Saved Me, 54, der im Anschluss an Targ mit Georg Fohrer, *Jesaja 24 – 39*, 3. Aufl. Zürcher Bibelkommentar. Altes Testament 19. Zürich: Theologischer Verlag, 1991, 183, u.a. eine Wurzel דמה II annimmt mit der Bedeutung „jammern, trauern". Auch diese Lösung bleibt jedoch hypothetisch. Alle Versuche einer Rekonstruktion und die oft problematische Vorannahme über die anzunehmende Verfassung des Beters fasst Begrich, Psalm des Hiskia, 20, zusammen: „Wenn der Psalmist dahin gehen muß, so befindet er sich eben nicht in der glücklichen Zeit seines Lebens."

385 Der Kohortativ ist hier unerwartet und könnte nach Joüon/ Muraoka, Grammar, §114b Anm. 3, ein Hinweis auf die späte Abfassung des Textes sein (vgl. Joüon/ Muraoka, ebd.: „...

11 Ich sage: Ich werde Jah nicht sehen,
    Jah[387], im Land der Lebendigen.
    Keinen Menschen werde ich mehr erblicken
    mit den Bewohnern des Beendens[388].

12 Meine Hütte wird herausgerissen
    und mir[389] weggenommen[390] wie ein Hirtenzelt.

38.10 is odd [...]. Here a meaning of *must, have to* is admitted. In some cases the form is perh. only due to emphasis [...] It appears that authors of late books of the OT were attracted to the cohortative as an eminently archaic feature, but often used it wrongly as it was no longer an integral part of their language"). Die Übersetzung mit „müssen" o. ä. ist *opinio communis.* Vgl. ebenso (Wildberger, Jesaja 28–39, 1442, der sich für die Übersetzung auf Ges-K § 108 g beruft.
386 1QJesᵃ liest ומר. Dies nimmt Barré, The Lord Has Saved Me, 57–60, als Anlass, „Bitterkeit" als ursprünglichen Text anzunehmen. Sein inhaltliches Hauptargument ist, dass es mit dem Eintritt in die Sheol keinen „Rest von Jahren" mehr gebe. Dagegen sei die „Bitterkeit der Jahre" parallel zu verstehen zum „Klagen" in der ersten Hälfte des Parallelismus (59); die Präposition gelte für beide, das ו wird als „Emphase" erläutert (60).
387 Statt der doppelten Kurzform des Gottesnamens wird zum Teil mit LXX (die allerdings mit einem Zusatz von der Rettung Gottes spricht) und zwei Handschriften das Tetragramm gelesen. Tatsächlich liegt mit der Dopplung der Kurzform zumindest die *lectio difficilior* vor, zumal der parallel gestaltete zweite Teilvers das „nicht mehr zu sehende Subjekt" („einen Menschen") nur einmal nennt. Einen wesentlichen sachlichen Unterschied gibt es zwischen den unterschiedlichen Varianten nicht. Höchstens wird der unterbrochene Bezug auf JHWH durch die doppelte Nennung betont sein. Mit 1QJesᵃ liest Wildberger auch wegen des Metrums nur eine Namenskurzform. (Wildberger, Jesaja 28–39, 1442). Tetragramm liest Begrich, Psalm des Hiskia, 23. Beuken, Jesaja 28–39, 413, behält MT bei.
388 חדל (wörtlich „aufhören") wird bereits von einigen Handschriften und Übersetzungen als חלד (Lebensdauer, Welt) gelesen. Vgl. Begrich, Psalm des Hiskia, 24. Dem schließt sich auch die Mehrzahl der Exegeten an: vgl. Duhm, Jesaja 1968, 280; Wildberger, Jesaja 28–39, 1442; Kaiser, Jesaja 13–39, 316. Dabei ist weder auszuschließen, dass tatsächlich eine Metathese stattgefunden hat, noch, dass sich die Abschreiber und Übersetzer an dem gebräuchlicheren, auch in Ps 49,2 zu findenden Ausdruck orientiert (und den Text verändert) haben. Die schwierigere Fassung ist auf jeden Fall MT. Da die Wurzel חדל innerhalb des Jesajabuches an wichtigen Stellen verwendet wird (vgl. v. a. Jes 53,3; aber auch Jes 1,16; 2,22 und 24,8), ist auch hier nicht auszuschließen, dass MT vorzuziehen ist. Eine Änderung ist nicht notwendig.
389 Wildberger, Jesaja 28–39, 1443, will das Pronomen streichen. Dabei schließt er sich Begrich, Psalm des Hiskia, 26, an, der die Streichung rein metrisch begründet, allerdings bemerkt: „Die Streichung des מני hilft wohl metrisch, aber nicht sachlich." Die Streichung hängt zusammen mit der Auffassung des Verbs an dieser Stelle. Da dort MT beibehalten werden soll, muss auch hier nicht gestrichen werden.
390 Begrich, aaO., 27, geht hier in Analogie von anderen Texten davon aus, dass es sich um einen ersten Fachterminus für das Abbrechen des Zeltes handeln müsse. Und das eben sei das „Zusammenrollen" der Zeltbahn, formuliert mit גלל. Für diese Deutung des Textes streicht er zum einen die Silbe מֵי und ändert zum anderen die Form des zweiten Verbs in וְנָגֵל: „Mit dem

Ich habe mein Leben wie Stoff [391] zusammengerollt[392],
vom Faden[393] bin ich losgeschnitten.
Vom Tag zur Nacht gibst du mich preis[394].

13   Ich beruhige (mich)[395] bis zum Morgen.
Wie ein Löwe zerbricht er alle meine Knochen.
[Vom Tag zur Nacht gibst du mich preis.][396]

Abbruch des Zeltes ist also der Gedanke des Davonmüssens verbunden." Vgl. zur Verwendung dieses Bildes ähnlich Hiob 4,21. Vgl. auch Wildberger, Jesaja 28 – 39, 1443. Anders Beuken, Jesaja 28 – 39, 413, der das Verb unkommentiert beibehält, was sinnvoll erscheint. Der doppelte Eingriff in den Text ist nicht ausreichend zu begründen und sollte deshalb unterbleiben.

391 Die Vokalisierung legt hier die Übersetzung „Weber" nahe. Dies ändert auch Wildberger, Jesaja 28 – 39, 1443, mit Begrich, Psalm des Hiskia, 28 f. Anm 5. Vgl. auch Barré, The Lord Has Saved Me, 90 – 92. Diese Variante ist bereits von LXX, Targum und Syriaca überliefert. Die Änderung zum „Weber" wird als Parallele zum Hirten in der vorangehenden Zeile entstanden sein, ist aber tatsächlich wenig sinnvoll, so lange man nicht weiß, inwiefern gerade Weber ihr Leben zusammenrollen.

392 Begrich, Psalm des Hiskia, 29, und andere ändern die Form des Verbs und vermeiden so den anstößigen Personenwechsel. Er liest קפדת und versteht das angeschlossene Jod als Kurzform des JHWH-Namens (den er dann wieder für eine Glosse hält). In seiner Folge Wildberger, Jesaja 28 – 39, 1443: „Aber daß in 12a zuerst die 1. und dann die 3. Person des Verbs stehen soll, kann nicht richtig sein." Ebenso Kaiser, Jesaja 1 – 12, 316. 1QJes^a bietet an dieser Stelle ספרתי, das von Barré, The Lord Has Saved Me, 93 – 106, aus dem Syrischen hergeleitet, als Teil des Verarbeitungsprozesses von Stoff identifiziert und als „schrumpfen" übersetzt wird (104).

393 Dieses Bild im Zusammenhang mit dem Webstuhl gibt es so nur hier. Dennoch weiß Wildberger, Jesaja 28 – 39, 1443: „Das Wort ist der technische Ausdruck für die Aufzugsfäden am Webstuhl." Einen Hinweis, aus ao. Zusammenhängen gewonnen, gibt hierzu auch Begrich, Psalm des Hiskia, 31: „Das Leben des Sängers ist zu Ende gewebt. Jahwe hat es eben aufgerollt und tut gerade das Letzte, was der Weber noch zu tun hat, er schneidet die letzten Fäden durch."

394 Wörtlich bedeutet שלם hif., das hier verwendet wird, im Hebräischen „vollenden" oder „ausführen". Liest man hier jedoch die aramäische Form, so ist die Übersetzung mit „preisgeben" angemessen, wie sie auch von der Übersetzung der LXX nahegelegt wird. Vgl. Wildberger, Jesaja 28 – 39, 1443; Begrich, Psalm des Hiskia, 33.

395 Vom Tag bis in die Nacht hinein wird der Beter preisgegeben. Er selbst reagiert darauf nach MT bis zum Morgen auf die denkbar ungewöhnlichste Weise, er „besänftigt" (שוה). Anders als in Ps 131,2, wo der Beter seine נפש beruhigt, also sich selbst, wird das transitive Verb hier ohne Objekt verwendet. Die beruhigende Reaktion des Beters (und vor allem das Fehlen eines notwendigen Objektes) ist so ungewöhnlich („befriedigt nicht", findet Wildberger, Jesaja 28 – 39, 1443), dass die Emendationen an dieser Stelle und Varianten in der Überlieferung nicht verwundern. Die Überlieferung aus Qumran, 1QJes^a שפות, wird unterschiedlich erklärt. Als jüngster Versuch wird die Rückführung der Form auf die Wurzel ספה durch Barré anzusehen sein, der hier mit „weggerafft werden" übersetzt (Barré, The Lord Has Saved Me, 111 – 114). Targum hat hier die Wurzel נהם, was mit „brüllen" übersetzt wird, ist durch die starke Änderung des Textes jedoch kein verlässlicher Hinweis auf die Ursprünglichkeit des „Schreiens" (שִׁוַּעְתִּי) an dieser Stelle. Aus

14 Wie ein Mauersegler [Kurzfußdrossel][397] so zirpe ich,
ich gurre wie eine Taube.
Es schmachten meine Augen zur Höhe:
Mein Herr, mir ist Bedrückung! Bürge für mich!

15[398] Was soll ich reden,
und (was) sagt[399] er zu mir[400]?

---

diesem Grund wird der Vers nicht emendiert. Die Bedeutung „Schreien" wird jedoch mindestens als wichtige Stufe der Wirkungsgeschichte zu verstehen sein.

396 Diese letzte Zeile könnte eine Dittographie sein. So sieht es bspw. Wildberger, Jesaja 28 – 39, 1443. Anders Beuken, Jesaja 28 – 39, 433, der die Verse als „rahmend" versteht. Siehe Näheres zum Verständnis als nachträgliche Einfügung im Abschnitt über das Wachstum des Textes.

397 Wohl nach Jer 8,7 ergänzt, um die Bedeutung des vorangehenden Wortes zweifelsfrei festzulegen. Vgl. Wildberger, Jesaja 28 – 39, 1443; Beuken, Jesaja 28 – 39, 416.

398 Dieser Vers fehlt in der LXX fast vollständig. Inhaltlich haben die beiden Fassungen an dieser Stelle wenig miteinander zu tun. So liest LXX καὶ ἀφείλατό μου τὴν ὀδύνην τῆς ψυχῆς. Der Satz schließt an eine Rettungsaussage an, mit der V. 14 endet und fährt fort: „und nahm meinen Seelenschmerz".

399 Anlässlich der Pleneschreibung in Qumran (ואומר) und der Variante des Targum wird vorgeschlagen, hier umzupunktieren und וְאֹמַר zu lesen. So spräche weiterhin das „ich". Dieser Lösung schließen sich auch an Wildberger, Jesaja 28 – 39, 1444, und Begrich, Psalm des Hiskia, 41. Beuken, Jesaja 28 – 39, 417, verwirft diese Änderung, auch wenn sie sich auf Qumran stützen kann, weil er sie für eine Angleichung an die erste Verbform hält und er sich für die *lectio difficilior* entscheidet. Tatsächlich lässt sich die in Qumran überlieferte Fassung gut als durch Angleichung entstanden erklären, weshalb sie für die Rekonstruktion des Textes unberücksichtigt bleiben soll.

400 Wer das Verb ändert, wird mit Targum und Theodotion auch die weitere Konstruktion ändern. Vorgeschlagen wird, לֹו oder לַיהוָה zu lesen. Vgl. Begrich, Psalm des Hiskia, 41.

401 Der Text in V. 15b ist nicht leicht zu verstehen. Nimmt man MT an (Wurzel דדה), kann man entweder mit Ps 42,5 ein feierliches Schreiten oder Gehen vermuten oder mit dem allerdings deutlich späteren talmudischen Aramäisch ein hilfloses Hüpfen oder Hinken (Beuken, Jesaja 28 – 39, 413). Mögliche Emendationen des Verbs sind eine Änderung zum Lobversprechen (Wurzel ידה) oder, in Übereinstimmung mit 1QJes^a, zur Flucht (Wurzel נדד). Nimmt man an, dass die Rede von „meinen Jahren" in V. 15 gegenüber V. 10 bewusst noch einmal aufgenommen wurde, so bietet sich die Berichtigung des Verbs zum „Loben" an. Wildberger, Jesaja 28 – 39, 1444, schließt sich Begrich, Psalm des Hiskia, 42, an, der wiederum von einer Verschreibung ausgeht und als ursprünglichen Ausdruck „Ich will loben" annimmt. Vgl. Wildberger, Jesaja 28 – 39, 1444: „Gewiß kommt der Gedanke überraschend, aber solch abrupte Übergänge sind in der Psalmenliteratur keine Seltenheit. Das Gelübde, Gott zu loben, gehört zu den bekannten Themen der Klagelieder."

Die Änderung des Verbs zum Lobpreis ist mit dem Makel behaftet, keinen Anhalt in den Versionen zu haben, würde sich jedoch inhaltlich wunderbar in den Aufbau des Gebets einfügen. Der Betende würde seine in V. 15a formulierte Frage, was er noch weiter zu sagen, d.i. zu beten habe, mit der Selbstaufforderung zum Lobpreis beantworten. Dieser Lobpreis würde also

Ach, er selbst hat gehandelt.
Ich ziehe einher[401] alle meine Jahre[402]
gemäß der Bitterkeit[403] meiner Seele.

16 Herr, ihretwegen lebt man und für alle, worin Leben meines Geistes (ist).
Und du wirst mich starkmachen und leben lassen.[404]

17 Siehe, zum Frieden wurde mir große[405] Bitterkeit.
Du hast mein Leben von der Grube des Nichts[406] zurückgehalten[407],
ja, du hast alle meine Sünden hinter deinen Rücken geworfen.

---

trotz (noch) bitterer Seele, das bedeutet, trotz andauernder Leidenssituation geäußert werden. Die Entscheidung für dieses Lob gegen die Gegenwart würde auf der Einsicht gründen, dass es JHWH selbst ist, der den Tod verhängt hat und der Tod entsprechend nicht nur billigend, sondern demütig lobend in Kauf genommen werden müsste. Mit diesem Textbestand läge hier tatsächlich vor, was Beuken als „eine Art Gerichtsdoxologie" beschreibt, ein Lobpreis JHWHs gerade in seinem und für sein andauerndes Gerichtshandeln (Beuken, Jesaja 28–39, 421). Entscheidet man sich gegen eine Änderung des Konsonantenbestands beim Verb und zieht entweder MT oder 1QJes[a] der eben genannten Variante vor, erhält man in V. 15b eine sich in die in V. 11–14 bereits anhebende klagende Todesbeschreibung einfügende Aussage über die Lebensminderung des Betenden, der aufgrund der Todesnähe entweder nicht schlafen kann (in den als Vergleichsstellen genannten Gen 31,40 und Est 6,1 flieht allerdings der Schlaf einen Menschen und nicht der Mensch den Schlaf), oder taumelnd geht.

402 Ebenso möglich ist hier die Bedeutung „all meinen Schlaf", diese Bedeutung wäre aber nur mit der Verbbedeutung „Fliehen" zu verbinden (s. o.), da man keinen Schlaf wandeln kann – Wandeln und Einhergehen ist an sich nicht transitiv. Gleichwohl ist der Schlaf in Ps 90,5 und anderen Stellen (Ps 76,6; Hi 14,12 etc.) deutliches Todesmotiv, das auch hier angenommen sein sollte.

403 Hier ergänzt Begrich, Psalm des Hiskia, 42, ohne Not zu „Heilung" (מַרְפֵּה).

404 V. 16 bleibt ohne deutliche Eingriffe in den Text unverständlich.

405 Das zweite מר wird entweder als Dittographie auszuscheiden (so u. a. Wildberger, Jesaja 28–39, 1445), oder mit 1QJes[a] (מאודה) als מְאֹד zu lesen sein (Barré, The Lord Has Saved Me, 165 f.).

406 MT ist beizubehalten trotz anderer Lesart in 1QJes[a] und unterschiedlicher Streichungsvorschläge. Vgl. Wildberger, Jesaja 28–39, 1440. 1445, oder Barré, The Lord Has Saved Me, 170. Letzterer schreibt: „This qualification characterizes the ‚Pit' as the place where the individual's life is annihilated, extinguished, ceases to be."

407 Nahe liegt die an LXX (εἵλου) und Vulgata (eruisti) angelehnte Emendierung des Konsonantenbestands zu משָׁכְּתָּ. משׁך müsste hier, würde die Kehle/ Seele des Beters aus der Grube herausgeliebt, mit der Präposition בְ konstruiert werden. Auch deshalb wird als hebräische Vorlage חשׁך erschlossen. Zugleich ist die im Lautbestand anklingende Liebe und Erwählung (Dtn 7,7 und 10,15) hier als Assoziationsmöglichkeit gegeben. Wildberger, Jesaja 28–39, 1445; Barré, The Lord Has Saved Me, 168 f. Beuken geht von einer absichtlichen Nähe der beiden Wurzeln an dieser Stelle aus und übersetzt „liebevoll zurückhalten" (Beuken, Jesaja 28–39, 418).

18 Denn nicht die Sheol preist dich, (noch) wird der Tod lobsingen.
Es hoffen [408] nicht auf deine Treue[409], die herabsteigen in die Zisterne.

19 Lebendig, lebendig (ist), wer dich preist wie ich heute.
Ein Vater tut den Kindern deine Treue kund.

20 JHWH, mir zu helfen.[410]
Mein[411] Saitenspiel[412] wollen wir[413] spielen
alle Tage unseres Lebens
beim Hause JHWHs.

21 Und Jesaja sagte:
Sie sollen Feigenkuchen nehmen
und auf das Geschwür streichen – und er wird leben.

---

408 Möglich ist es, hier ספר statt des sehr jungen שבר zu lesen. Allerdings ist dies eine Änderung ohne jeden Anhalt an den Versionen. Sie wird einzig aus dem Grund angenommen, die drei Verben parallelisieren und (unter Umständen) das Alter des Textes höher veranschlagen zu können. Vgl. zur Argumentation Barré, The Lord Has Saved Me, 183 – 187. Anders Beuken, Jesaja 28 – 39, 418.

409 Anhand der Septuagintafassung (τὴν ἐλεημοσύνην σου) wird hier als ursprüngliche Form חַסְדֶּךָ vorgeschlagen. Dies mag jedoch eine stilistische Änderung zur Vermeidung der Wiederholung des Ausdrucks sein. Vgl. Wildberger, Jesaja 28 – 39, 1445, und Barré, The Lord Has Saved Me, 187; anders Beuken, Jesaja 28 – 39, 418.

410 Der Infinitiv constructus mit ל setzt in der Regel ein finites Verb voraus, das an dieser Stelle häufig eingefügt wird. Bspw. mit Targum die Einfügung von אָמַר. Vgl. Wildberger, Jesaja 28 – 39, 1445, der sich Begrich, Psalm des Hiskia, 53, anschließt, ebenso Kaiser, Jesaja 13 – 39, 317; anders Barré, The Lord Has Saved Me, 196 – 198, der eine emphatische Partikel ל annimmt und die Form nicht als Infinitiv liest, sondern als 3. P. Sg. Perfekt. Vgl. aaO., 198: „Hence v. 20a must be understood as a climactic, emphatic restatement of the central theme of PsHez, namely that Yhwh has indeed acted to save the psalmist." Die Einfügung kann vermieden werden, wenn mit Muraoka angenommen wird, dass in späten Zusammenhängen der Infinitiv constructus grundsätzlich mit ל geschrieben worden sei. Joüon/ Muraoka, Grammar, 135: „In late Aramaic dialect the lamed has become an integral part of the infinitive, so that it hardly occurs without lamed."

411 Das Ineinander von persönlichem Psalm und gemeinsamem Gesang kann hier durchaus als beabsichtigt aufgefasst werden. Anders Wildberger, Jesaja 28 – 39, 1445, der eine Änderung zu „unserem" Psalm unvermeidbar findet.

412 Vgl. Hab 3,19; (Ps 77,7); Threni 5,14 und eingeschränkt Sir 47,9. Der Ausdruck wird als Angabe eines Saiteninstrumentes in Psalmen verwendet (Ps 46,6 und in den Überschriften 54,1; 55,1; 61,1; 67,1; 76,1), kann aber auch „Spottlied" bedeuten (Ps 69,13, Threni 3,14 und Hi 30,9).

413 Barré, The Lord Has Saved Me, 198 – 203, lässt hier einen Einzelnen singen, weil es sich beim vorliegenden um einen „intensely personal psalm" (198) handele. Er hält die „Demokratisierung" hier für nicht ursprünglich. Dabei schließt er sich in seiner Analyse an LXX an. Siehe Näheres zu dieser Überlegung in der Textauslegung.

Text und Struktur

Das Gebet wird als „Aufzeichnung Hiskias" (מִכְתָּב לְחִזְקִיָּהוּ) bezeichnet, die der Zeit der Krankheit und Gesundung entstammt.[414] Es wird damit als eigene schriftliche Vorlage und eigenhändig verfasster Beitrag Hiskias präsentiert. Der Psalm ist zugleich in der Bibel der einzige, der ausdrücklich als Krankheitspsalm beschrieben wird. Er wird nicht erzählend eingeführt, sondern eher wie eine in die Geschichtsschreibung eingefügte Quelle.

Die Eröffnung beginnt mit der wiederholten Zitationsformel „ich sage" (V. 10.11). Sie strukturiert die Todesbeschreibung, in der zunächst (V. 10) das Einbrechen des Todes sowie das Leid in Bezug auf die Lebenszeit reflektiert und als Weg zur Sheol beschrieben wird und in der dann (V. 11) die mit diesem Schicksal einhergehende Isolation des Beters von Gott und Menschen thematisiert wird. Das Motiv der Isolation wird in der Rede von Trennung und Abbruch von Lebensraum und Lebensfaden weitergeführt (V. 12) und gipfelt in einer Darstellung JHWHs als Vernichter des Beters (V. 13). Das Ende dieser Todesbeschreibung bildet im vorliegenden Text die zweite Preisgabenotiz (V. 13b).

Nach dieser geradezu abstrakten Darstellung des Todesgeschicks richtet der Beter den Blick nun auf sich in seiner Schwachheit (V. 14a) und formuliert aus dieser Bedürftigkeit heraus die erste Bitte um Hilfe (14b), die JHWH als einen anspricht, der einen Gegenpart zu den Bedrückern des Beters bildet.

Diese Adressierung des „Helfers" JHWH bringt dem Beter (und Leser) allerdings die Besonderheit der Situation vor Augen, dass er einen Gott um Hilfe bittet, der allererst sein Leid verursacht hat (V. 15a).[415] Er fällt sich mit der Frage nach dem Sinn seines Betens selbst ins Wort, zieht aus seiner Erkenntnis aber keine Kon-

---

414 Anders Barré, aaO., 46f.

415 Bei gleichem Wortbestand wird hier ganz unterschiedlich entschieden, ob dieses Tun das Erfreuliche ist oder nicht. Begrich, Psalm des Hiskia, 41f., nimmt das rettende, durchaus erfreuliche Tun an. Diese Entscheidung hängt damit zusammen, dass er nach eigener Angabe aus psychologischen und sachlichen Gründen keine längere Klage annehmen will; vgl. auch Wildberger, Jesaja 28–39, 1463, sowie Beuken, Jesaja 28–39, 417: „Der absolute Gebrauch des Verbs […] ist in der Übersetzung zu berücksichtigen: ‚da doch er gehandelt hat'..." Zu Recht verweist Kaiser, Jesaja 13–39, 316, auf Ps 39,10 als Hinweis dafür, dass noch nicht mit einer Wende von der Klage zum Lob gerechnet werden muss. Dafür spricht, dass ein Beter, der eben noch JHWH selbst als den kennzeichnet, der die Knochen des Beters zerbrechen wird, kaum über das nicht näher qualifizierte Handeln JHWHs in Jubel ausbrechen wird. Das Handeln JHWHs ist Grund zur Freude, wo die Feinde außerhalb der Gottesbeziehung verortet werden können. Vgl. etwa Ps 119,126; 22,31 oder 52,11. Wo allerdings Gott selbst als Feind des Beters agiert, dürfte die Feststellung „er handelt" kaum eindeutig positives Tun bezeichnen, zumal wenn das Subjekt so betont wird wie hier. Eine gegenteilige Interpretation könnte sich zu eigen machen, dass unmittelbar vor dem Gebet das Zeichen gegeben wird, um zu zeigen, dass JHWH „sein Wort tun wird (עשׂה)" (38,7).

sequenz, sondern führt die Selbstbeschreibung weiter. Diese zweite Selbstbeschreibung fokussiert nicht die Schwäche des Beters, sondern die bittere Traurigkeit, in der er lebt (V. 15b). Der anschließende Vers 16 kann hier wegen seiner unklaren Bedeutung nicht berücksichtigt werden.[416]

Die in V. 15 erwähnte Bitterkeit der Seele wird dem Betenden in V. 17 zum „Frieden". Die Formulierung des neuen Glücks nimmt mit der Wurzel שׁלם die Preisgabeaussage aus V. 12 (und V. 13) auf, in dem das zu beklagende Handeln JHWHs mit derselben Wurzel bezeichnet wird. Die in V. 17bα beschriebene Rettung durch JHWH wird in den anschließenden Versen doppelt begründet – mit dem Hinweis auf die vergebene Schuld des Beters (V. 17b) und mit dem Eigeninteresse JHWHs an der Restitution des Todkranken (V. 18). Die zweite Begründung ist in-

---

416 Hat man in V. 15b noch eine ungefähre Ahnung, welche Aussagerichtungen möglich sind, zeigt sich bei der Interpretation von V. 16a, dass alle Verstehensversuche mehr über die formkritischen Vorannahmen oder theologischen Vorlieben der Kommentatoren sagen als über den zu vermutenden Text. Entsprechend sollen hier die prominentesten Möglichkeiten vorgestellt und ihre Bedeutung für den Kontext gewürdigt werden. Wildberger, Jesaja 28 – 39, 1440.1444 f., bietet bewusst keine Übersetzung, sondern zitiert nur verschiedene Emendationsvorschläge. Er summiert (aaO., 1445): „Bei dieser Sachlage ist es geraten, auf eine Textrekonstruktion zu verzichten; es soll sich jeder nach dem Maß seiner Phantasie selbst vorstellen, was einmal da gestanden haben könnte, aber nicht durch eine Übersetzung ein Verständnis vorspiegeln, das ganz willkürlich ist." Dem Masoretischen Text am nächsten kommentiert Beuken, ersetzt jedoch dabei die Hypothese der Emendation durch hypothetische Interpretation. Vgl. Beuken, Jesaja 28 – 39, 437: „Der Beter betrachtet sich nicht als Ausnahme, sondern ist sich bewusst, dass ‚man' durch Gottes Eintreten Leben erlangt. In dieser Weise wird das ‚Wir' des Lobpreises vorbereitet (V 20). Überdies erfasst nach der Wendung ‚die Verbitterung meiner Seele [...]' (V 15) der Ausdruck ‚das ganze Leben meines Geistes [...]' (V 16) die persönliche Entwicklung des Beters." Faszinierend und durchaus überlegenswert ist die Rekonstruktion von Barré, The Lord Has Saved Me, 153 – 163. Anhand von Aquila, 1QJes[a] und einer Rekonstruktion der Septuagintavorlage arbeitet er folgenden ursprünglichen Konsonantenbestand heraus: אדניעליהמחיהלכלבהמחיהרוח, in der ihm die unterstrichene Konsonantenfolge המחיה auffällt, die er als determinierte Hifil-Partizipien identifiziert (der Leben gibt). Ausgehend von dieser Beobachtung wird eine neue Aufteilung des Verses und Übersetzung vorgenommen (158): „O Lord Most High, you who give life to every heart, who give life to (every) spirit...." Als Vergleich und Beleg dafür, dass die Formulierung durchaus im Kontext des (Groß-)Jesajabuches vorstellbar ist, führt Barré Jesaja 57,15 an, wo ebenfalls das Lebenspenden JHWHs (חיה hif.) zweimal von JHWH ausgesagt wird und zwar, genau wie hier, in Bezug auf Herz und Geist. Die vorgelegte Rekonstruktion muss als der wohl gelungenste Versuch angesehen werden, den schwierigen Text in V. 16a zu erklären, ohne überdimensionale Änderungen bzw. Änderungen, die sich nicht plausibilisieren ließen, annehmen zu müssen. Gleichwohl wird es zu einem unbefangenen Umgang mit diesem Vorschlag nicht kommen können, da die Anzahl der Hypothesen dennoch recht hoch ist. Insgesamt ist eine konsistente Übersetzung dieses Verses nicht möglich. Zur Deutung werden lediglich die mit einiger Sicherheit zu erkennenden Begriffe herangezogen, wobei auch dies mit aller Vorsicht geschehen muss.

nerhalb des Psalms sicher eingebunden und leitet unmittelbar zum Lobpreis des Lebenden (V. 19) über. Die voranstehende Vergebung der Sünden hingegen ist einigermaßen überraschend, weil die am Beginn des Gebets berichtete Preisgabe nicht mit der Sünde des Sprechers begründet wird und auch die Bitte um Beistand keine Bitte um Vergebung enthält.

Die Verse 18 – 20 bilden das Ziel des Psalms. Lobpreis und Leben werden der Todesbedrohung in V. 10 – 14 kontrastierend gegenübergestellt. Für die Interpretation ist von einigem Interesse, dass nicht nur der Lobpreis, sondern auch die Hoffnung dem unmöglich wird, der in den Tod geht. Interessant ist ferner die doppelte Nennung der Treue JHWHs jeweils am Ende der Verse 18 und 19.[417] Auf diese Weise wird die Rede von der Treue zum betonten Schluss- und Höhepunkt. Die Hoffnung auf und die Lehre von JHWHs Treue stehen in den Sätzen über die Preisgabe des Beters und die Aggression JHWHs durchaus in Frage.[418]

In V. 18 auf V. 19 wird ausdrücklich der Übergang vom Tod zum Leben, vom versagten Jubel zum Lobpreis nachvollzogen. Mit dieser Bewegung öffnet sich der Psalm für den Leser. Der Lebende ist ein Lobender, der sich am „Ich" des Psalms ein Beispiel nimmt. Er behält seinen Jubel nicht für sich, sondern nimmt seine Kinder mit hinein in sein Wissen von der Treue JHWHs. Sowohl in der angesprochenen Generationenfolge als auch im Lobgelübde, in dem eine Gruppe zum gemeinsamen Lobpreis aufgefordert wird, wird neben der Hinwendung zu JHWH die Gemeinschaftlichkeit des Lobpreises und die Situierung des Lobenden in der Gemeinschaft derer im Tempel thematisiert. Mit der nachdrücklichen Erwähnung des Lebens sind diese Verse die Umkehrung des in den ersten Versen gezeichneten Wegs in die Unterwelt.

Ausblick des Psalms ist V. 20. Auch hier wird die Situation des Eingangs aufgenommen. Der dort Isolierte kann hier davon sprechen, dass sein Psalm von einer Gemeinschaft gesungen wird. Sowohl das singularische als auch das pluralische Sprechen ist im Psalm verwurzelt, hat doch der Beter die Lehre von der Treue JHWHs, sein Lied, an seine Kinder weitergegeben. Die Restitution des Beters durch die Teilhabe an der preisenden Gemeinschaft ist das Ziel aller Klage und allen Gebets.[419] Dabei bleibt das Ergehen des Beters letztlich offen, wird doch JHWH im letzten Vers noch einmal um seine Hilfe gebeten. Diese Offenheit passt

---

417 Gegen eine Variante des Begriffs mit Septuaginta wurde bereits oben argumentiert.

418 Zugleich bildet die betonte Treue JHWHs innerhalb des Kapitels einen Bezug zur Treue des Beters. So Beuken, Jesaja 28 – 39, 422. Erst jetzt entspricht JHWHs Handeln dem seinen. Nimmt man jedoch an, dass die Sündentilgung in V. 17b ursprünglicher Bestandteil des Gebets ist, sollten die Treue JHWHs und die Treue des Beters nicht zu schnell miteinander verrechnet werden.

419 Vgl. Williamson, The Book Called Isaiah, 203.

auch zum Kontext des Psalms. Der Betende hat das Leben. Seine Zukunft am Haus JHWHs steht hingegen noch aus.

Als Strukturbesonderheit zeigt sich im Psalm Hiskias die zunächst fehlende und im Psalmverlauf zunehmende Anrede JHWHs. Der Psalm beginnt nicht mit Anrufung oder Lobpreis, sondern wird sogleich mit der Klage des Sprechers eröffnet. Auch die Klage richtet sich jedoch zunächst nicht an ein (göttliches) Gegenüber.[420] Der fehlende Lobaufruf verdeutlicht, dass der Psalm nicht nur Dankpsalm nach überstandener Krankheit ist, sondern ein in der Krankheit zu sprechender Psalm. Der Sprecher hebt nicht im Rückblick an, sondern im Moment der Bedrohung. Dass der Klagende sich dabei zunächst nicht an JHWH wendet, realisiert das Bild von der Sheol als einem Ort der Beziehungslosigkeit. Der in ihr gefangene Mensch ist von JHWH und von anderen Menschen abgeschnitten. Konsequenterweise bleibt auch der Sprecher dieser Klage in den ersten Klageversen bei sich. Erst mit dem Fortschreiten des Psalms werden Klage und Lob immer stärker im Gegenüber zu JHWH formuliert, und der Beter sieht sich als Teil einer Gemeinschaft von Lobenden. Die innerhalb des Psalmverlaufs häufiger werdende Anrede JHWHs bildet den Weg des Beters aus der Beziehungslosigkeit zurück in den betenden Diskurs ab. Das Gebet dieses Psalms ist selbst der Weg aus der Beziehungslosigkeit in das betende Gespräch. Die Ansprache JHWHs und die unterbleibende Anrede sind bewusst gesetzt.[421]

Der zunächst kaum angesprochene JHWH wird in diesem Gebet in unterschiedlicher Weise charakterisiert: Er ist der treue Gott (V. 18b.19b), der Leben verheißt (V. 11), um Beistand gebeten wird (V. 16b), Schuld vergibt (V. 17b) und nach dem sich der Beter sehnt (V. 14b). Er ist es aber auch, der den Beter ungenannten Kräften der Zerstörung preisgegeben hat (V. 10b.12b.13b).[422] Zuletzt begegnet JHWH als Aggressor. Er ist der Löwe, der die Knochen des Sprechers zerbricht (V. 13). Sein Handeln bringt die Bedrückung, gegen die der Beter JHWH um Hilfe angerufen hat (V. 15a).

---

420 „Der Psalmist klagt vor sich hin [...] Er gleicht schon den zur Grube Gefahrenen, vor denen Jahwe schweigt, deren er nicht mehr gedenkt, die abgeschnitten sind von seiner Hand." (Begrich, Psalm des Hiskia, 54).

421 In V. 12b (und 13b) spricht der Beter ein göttliches „Du" an, das ihn preisgegeben hat, gleichwohl wird das aus dieser Preisgabe sich ergebende Schicksal wiederum als geradezu anonym verfügt dargestellt. Adressat ist der Gott, der ausdrücklich das Leid des Beters verursacht hat. Ausgerechnet an ihn wendet sich der Beter in V. 14b mit der Bitte, für ihn einzutreten. In dieser Bitte wird er erstmals als Herr (אֲדֹנָי) tituliert. Ebenso wird er auch in V. 16 angerufen. In V. 16 – 19 wird er durchgängig angesprochen. Erst im abschließenden V. 20 wird das Tetragramm verwendet. Ob es sich dabei weiter um eine Anrufung handelt oder nicht, bleibt letztlich offen.

422 Tatsächlich verweist bereits die passivische Formulierung in V. 10b (ich bin entboten – פֻּקַּדְתִּי) auf das Handeln JHWHs.

Die unterschiedlichen Gottesaussagen sind eng mit der Frage nach der Ansprache verbunden: JHWH als Aggressor wird nicht angesprochen. JHWH als der, der den Beter preisgibt, wird erst im Laufe des Gebets adressiert. JHWH als Helfer und Heil des Beters wird außer in der Situationsbeschreibung zu Beginn (wo seine Ferne konstatiert wird, vgl. V. 11) immer adressiert. Anhand des Vergleichs der Ansprachen wird hier deutlich, dass der Beter dieser Zeilen vor JHWH (über den er spricht) zu JHWH flieht (den er anspricht und um Hilfe bittet).

Wachstum

Im Psalm gibt es einige Dopplungen, die das literarkritische Interesse wecken. So setzt der Psalm zweimal ähnlich ein.[423] Zudem wird die Preisgabe durch JHWH zweifach mit identischem Wortlaut berichtet (V. 12bβ.13b), JHWH wird in V. 14b und V. 16a wiederholt mit אֲדֹנָי angesprochen und die Hilfe JHWHs wird doppelt begründet (V. 17b.18). Neben diesen und kleineren Wiederholungen könnte auch die unterschiedliche Darstellung JHWHs auf die Einfügung durch verschiedene Händen überprüft werden.

Die beiden Einsätze in V. 10 f. eröffnen unterschiedliche Todesbeschreibungen, die jeweils im Abschluss des Psalms wieder aufgenommen werden: eine mit dem Fokus auf den Zeitpunkt des Todes, eine mit Fokus auf die Isolation des Todgeweihten. Weil beide Beschreibungen im Fortlauf des Psalms wieder aufgenommen werden, ist es unwahrscheinlich, dass eine der beiden Aussagen eine nachträgliche Ergänzung ist. Die Wiederholung ist hier eher stilistisches Merkmal. Die Isolation des Todes beschreibt, was mit dem frühzeitig in Todesgefahr geratenen Beter geschieht. Eine nachträgliche Erweiterung ist unwahrscheinlich.

In der Textfassung des Masoretischen Textes wird die „Preisgabenotiz" in V. 12bβ und in V. 13b formuliert. Durch diese Dopplung wird die sich von V. 12bβ zu V. 13a ergebende Steigerung von der Preisgabe JHWHs zum Löwenvergleich, in dem JHWH selbst als Aggressor gezeichnet wird (V. 13a), zurückgenommen.[424] Die Dopplung kann auf einer *aberratio occuli* beruhen oder die Glosse eines Abschreibers sein, der diese Formel besonders wichtig gefunden hat[425] oder durch diese Rahmung die Rede von der Feindseligkeit JHWHs abmildern wollte.[426] Daneben muss jedoch auch untersucht werden, ob die wiederholte Preisgabeformel ein Hinweis auf die nachträgliche Einfügung von V. 13 und die Wiederholung der

---

423 V. 10 beginnt „אֲנִי אָמַרְתִּי", V. 11 hebt mit „אָמַרְתִּי" an.
424 Vgl. Beuken, Jesaja 28–39, 434.
425 So sieht es bspw. Wildberger, Jesaja 28–39, 1443.
426 Vgl. Beuken, Jesaja 28–39, 433.

Anrede als אֲדֹנָי Hinweis auf die nachträgliche Einfügung von V. 15 ist.[427] Tatsächlich wird gerade in diesen Versen die Aggressivität JHWHs hervorgehoben und der Nutzen allen Betens vor dem Hintergrund in Frage gestellt, dass JHWH selbst das Elend verfügt hat, gegen das die Bitte erhoben wird. In den Versen 10 – 12.14.16 – 20 ist JHWH dagegen der Gott, dessen Nähe Leben verheißt und dessen Preisgabe Elend und Tod bringt.

Eine weitere Dopplung findet sich in der Begründung der Rettungsaussage in V. 17a (כִּי in V. 17b.18). Die erste Begründung beschreibt die Art und Weise der Rettung: Der Beter ist gerettet, weil JHWH seine Sünde unauffindbar gemacht hat. Die zweite Begründung liefert einen Grund für das Erbarmen: JHWH hat gerettet, weil er Interesse am Gotteslob hat, das nicht aus dem Totenreich erklingt, sondern nur aus dem Land der Lebendigen. Die Rettung aus Eigeninteresse ist im Duktus des Psalms bereits angelegt, denn tatsächlich zeigt der Psalm, dass der Beter als aus der Nähe zur Totenwelt Sprechender zunächst nicht in der Lage ist, JHWH auch nur anzusprechen, geschweige denn, ihn zu loben. Die Sünde des Beters dagegen wird weder im Erzählrahmen noch an anderer Stelle im Gebet thematisiert.[428] Aus diesem Grund liegt es durchaus nahe, das entsprechende Kolon 17bβ für einen späteren Zusatz in den Text zu halten, das die Verbindung der Krankheit Hiskias mit der Rede von der Krankheit als Sünde im Jesajabuch verbinden soll.

Die Überlegungen verdeutlichen, dass eine Aussonderung von V. 13*.15a (b).17bβ inhaltlich möglich und formal sinnvoll darstellbar ist. Als späterer Eintrag ergänzen die drei Verse den ursprünglich für seinen Kontext verfassten Psalm des kranken und gesundenden Königs als Gegenbild zum erschlagenen Sanherib um die Rede vom Gerichtshandeln JHWHs, das in seiner Vernichtungskraft über die Preisgabe hinausgeht und jedes Beten als Flucht vor Gott zu Gott fraglich werden lässt.

---

427 Siehe dazu im Folgenden.

428 Mathys, Dichter und Beter, 218 – 230, versteht die Rede von der Sündigkeit des Beters als bewusste Korrektur der selbstbewussten Selbstdarstellung des Beters im vorangegangenen Prosagebet. Wildberger, Jesaja 28 – 39, 1465, nimmt an, dass die Verbindung von Krankheit und Sünde als dermaßen „natürlich" empfunden worden sei, dass die Sünde auch ohne ihre vorherige Erwähnung von vornherein im Blick gestanden habe. Zumindest im unmittelbaren Kontext ist das ausweislich des vorangehenden Gebets Hiskias nicht der Fall. Der König erkrankt und spricht zugleich von seinem untadeligen Lebenswandel. Da die „Korrektur" dieser Selbstbeschreibung Hiskias in einem formal auffälligen Abschnitt angesprochen wird, liegt es nahe, hier eine spätere Ergänzung anzunehmen, in der ausdrücklich die Krankheit mit der Sündigkeit des Betenden verbunden werden sollte.

Form

Das nach Wortlaut des Masoretischen Textes so ausdrücklich als „Schrift" (מִכְתָּב)
klassifizierte Gebet will im Kontext des Buchs mehr sein als die fiktive Wiedergabe
eines spontanen Gebets. Das zeigt sich am Fortgang der Überschrift, die den Psalm
in zwei Situationen stellt, in die der Krankheit und die der Gesundung. Die Situationsangabe „Krankheit" findet sich einzig in der Überschrift des Hiskia-
Psalms. Mit dieser doppelten Situationsangabe wird vorweggenommen, was den
Psalm im Ganzen prägt und was lange formkritische Diskussionen, die zwischen
den Einordnungen als „Klage" und „Dankpsalm" hin und her wechseln, einzuordnen hilft: Beide Situationen, die der Krankheit und die der Gesundung, werden
im vorliegenden Psalm als jeweils gegenwärtiges Schicksal vorausgesetzt. Der
Betende schaut nicht auf eine der Situationen zurück oder voraus, sondern
„durchbetet" beide.

Einer einzigen Gattung lässt sich der Text entsprechend nicht zuweisen.[429] Der
Psalm Hiskias beginnt klagend (V. 10 – 14) und endet im Lobpreis (V. 17b-20). Die
dazwischen liegenden Verse leiten von der Klage zum Lob über. Wie genau die
Begründung für diesen Übergang lautet und wie umfassend der Grund des Lobpreises realisiert ist, ist nicht abschließend zu entscheiden, weil die Verse nicht
zweifelsfrei zu deuten sind. Durch diese Unklarheit wird wohl auch nie abschließend zu klären sein, wo genau und wie die Klage in das Lob überführt wird.
Frühestens endet die Klage in V. 14.[430] Spätestens heben Dank und Lobpreis in
V. 17b an.

Die Vermischung von Gattungen und die freie Anwendung der an anderen
Texten zu beobachtenden Gesetze zeigen sich im Psalm Hiskias bereits am ersten
Wort. Der Redeeinsatz „ich spreche" bzw. „ich sage", der sich in V. 10 und V. 11
jeweils am Anfang findet, ist einerseits klassischer Bestandteil eines Dankgebets.

---

429 Für ein Danklied fehlt der Hinweis darauf, dass die Klage eine Situation der Vergangenheit
beschreibt, für eine Klage fehlt die Anrufung JHWHs. S.o.; den bei Begrich, Psalm des Hiskia, 25,
erwähnten Parallelen fehlt jeweils zu Beginn die Klage. Auch die Einschätzung von Kaiser, Jesaja
13 – 39, 320 f., weicht von diesem Urteil letztlich nicht ab, weil der Text von ihm zwar „Dankpsalm" genannt wird, die Gattungsbezeichnung aber aufgeweicht wird mit dem Hinweis darauf,
dass es sich um einen späten Text handele bzw. die Zeilen für den Kontext formuliert seien.
430 So Begrich, Psalm des Hiskia, 59. Er kann sich dabei auf den Targum zu dieser Stelle
stützen, in dem die nun folgenden Fragen sich allein auf den Lobpreis JHWHs beziehen. MT gibt
wenig Hinweis darauf, dass hier bereits über die Rettung des Betenden und über den Lobpreis
gesprochen wird. „Mit V. 14 ist das eingeführte Klagelied zu Ende. Eine längere Bitte als dieser
Notschrei wäre aus dem Munde des Halbtoten psychologisch und sachlich ein Unding. Wir
erwarten danach in V. 15 den Umschwung. Daraus ergibt sich, daß alle Textvorschläge, die von
V. 15a ab noch Klagelied voraussetzen, im Gange der Untersuchung nicht mehr zu berücksichtigen sind."

Mit ihm wird die Zitation des Klagegebets eingeleitet, das nicht selten herangezogen wird, um die überwundene Situation anschaulich zu machen. Andererseits
leitet er in der Regel das Dankgebet nicht ein, sondern steht erst zu Beginn der
Leidensschilderung, die auf eine Selbstaufforderung zum Lobpreis folgt. Diese
Selbstaufforderung fehlt hier.[431] Dadurch beginnt das Gebet mit dem Selbstzitat,
das am Psalmbeginn und teilweise auch im Verlauf eines Psalms als performative
Rede präsentisch zu übersetzen ist.

Stellung im Buch

Der Psalm Hiskias gehört zu den prophetischen Gebeten, die in den Zusammenhang einer Erzählung eingestellt sind.[432] Anders jedoch als etwa das Gebet Jonas
(Jon 2) oder Daniels (Dan 9) ist das Gebet nicht szenisch eingebunden („und er
betete: …"), sondern über seine Überschrift als zum Plot gehörend ausgewiesen.

Drei Szenen werden in Jes 36 – 39 berichtet. In allen drei agieren Prophet und
König, Jesaja und Hiskia. In Jes 36 f. geht es um die Belagerung Jerusalems durch
die Assyrer und ihre Rettung vor der Eroberung. Jes 38 berichtet anschließend von
einer lebensbedrohlichen Krankheit Hiskias und seiner Rettung. In Jes 39 zeigt
Hiskia dem babylonischen Besuch den gesamten Schatz und erhält von Jesaja die
Ansage, alles Gezeigte werde einst von den Babyloniern fortgetragen werden. Die
Verbindung der beiden letzten Erzählungen zur vorangegangenen ist vergleichsweise lose.[433] Während Jes 36 f. mit der positiven Wende für Jerusalem schließen,
tragen Jes 38 f. die Möglichkeiten späterer Gefährdungen in den Zusammenhang
ein.[434] Zugleich bestätigt die Heilszusage in Jes 38 die Rettungsverheißung aus
Jes 36 f.

Für die Deutung des Hiskiapsalms ist es von nicht unerheblicher Bedeutung,
dass im Kontext dieses Psalms bereits ausführlich gebetet wird (Jes 37,15 – 20;

---

431 Begrich, aaO., 20, hält nichts von der These einer Verschreibung, sondern meint, von
inhaltlichen Gründen für dieses Fehlen ausgehen zu können: „Mit einem einfachen ‚Einst sprach
ich' führt der Sänger den erstaunten Hörer zurück in die Vergangenheit und stellt ihn an das
Schmerzenslager eines Verzweifelnden […] ein auffälliger und wirksamer Gegensatz zur Situation des fröhlichen Dankfestes." (53 f.).
432 Vgl. Hermann Gunkel *Ausgewählte Psalmen*, 4. Aufl. Göttingen: Vandenhoeck & Ruprecht,
1917, 208 f.
433 Vgl. Raik Heckl, „Die Errettung des Königs durch seinen Gott: Die literarische Quelle der
Gebete Hiskijas im Kontext von 2 Kön 19 f. (par.) und ihre Rolle bei der Ausformulierung des
Monotheismusbekenntnisses." in *Mensch und König: Studien zur Anthropologie des Alten Testaments*, hrsg. von Angelika Berlejung und ders. Herders Biblische Studien 53. Freiburg i. Br.
u. a.: Herder, 2008: 157–170, 159.167–169.
434 So auch Beuken, Jesaja 28 – 39, 420.

38,3). Zwei der drei Gebete, von denen berichtet wird, werden im Wortlaut überliefert. Beide sind, wie Jes 38,9 – 20, dem König in den Mund gelegt. Anders als
dieser Psalm sind die beiden anderen Gebete auch in der Parallele in 2 Kön zu
finden. Auffällig ist an allen drei Gebeten Hiskias, dass jeweils nicht der Prophet
um Fürbitte gebeten wird, sondern sich der König selbst an JHWH wendet.[435] Er
wird so als vorbildlicher Frommer konzipiert und präsentiert.

Das erste Gebet, Jes 37,15 – 20, zeigt den flehenden (פלל) Hiskia, der das
Drohschreiben Sanheribs im Tempel vor JHWH ausbreitet. Das Gebet ist ein
Zeugnis alttestamentlichen Monotheismus' bzw. dtn.-dtr. Theologie, die hier als
Explikation des das Gebet rahmenden Gottesnamens formuliert wird.[436] Auffällig
(und deshalb vielen Änderungsversuchen ausgesetzt) ist der Abschluss, in dem
die schon zuvor bekannte Einzigkeit JHWHs auf das im Namen sich ausdrückende
Wesen zurückgeführt wird.[437] Vgl. 37,20b:

> Und[438] es sollen erkennen alle Königreiche der Erde,
> dass du allein JHWH bist.[439]

---

435 Vgl. Brevard S. Childs, *Isaiah*, Nachdruck der 1. Aufl. The Old Testament Library. Louisville:
Westminster John Knox Press, 2004, 275.
436 Vgl. Volkmar Fritz, *Das zweite Buch der Könige*. Zürcher Bibelkommentar. Altes Testament
10,2. Zürich: Theologischer Verlag, 1998, 157.
437 Diese abschließende Formulierung erinnert Childs, Isaiah, 275, an den aggressiven Monotheismus eines Deuterojesaja. Vgl. Jes 43,11; 44,6; 45,5 u. ö.
438 Alternative Übersetzung wäre „damit", um den Bezug zum Vorangehenden zu betonen.
Eine solche Lösung findet sich bei Childs, aaO., 269; Wildberger, Jesaja 28 – 39, 1414; Kaiser,
Jesaja 13 – 39, 295.
439 Die Irritation, „was" JHWH denn allein ist, wird in 2 Kön 19,19 ausgeräumt, weil dort ein
„Gott" ergänzt wird. Diese Stelle wird vielfach herangezogen, um den sonst unklaren Text
verständlich zu machen. Vgl. entsprechend Kaiser, aaO., 295 Anm. 24; Wildberger, Jesaja 28 – 39,
1428, hält den Satz auch ohne Zufügung für eine „streng monotheistische Aussage, was der K-
Text noch verdeutlicht hat, indem er formuliert: ‚daß du, Jahwe, allein Gott bist'. Die Formulierung des J-Textes scheint auf den ersten Blick allerdings sinnlos zu sein, weshalb die meisten
Ausleger dem K-Text folgen: Wer sonst sollte denn neben dem Gott Israels den Anspruch erheben, Jahwe zu sein? Aber die Aussage ist im Alten Testament nicht isoliert: Deuterojesaja kann
sagen: ‚Ich bin Jahwe und keiner sonst', 45,5; 45,6.18 (vgl. 22), wo man doch erwartet: ‚Ich bin
Gott und keiner sonst'. Es ist klar, daß in diesem Fall der Name […] gefüllt ist mit all dem, was
Israel von seinem Gott bekennt, im vorliegenden Zusammenhang, daß er Urheber des Kosmos
und Lenker der Geschichte ist. Die Hoffnung, daß die Königreiche der Erde zur Erkenntnis
Jahwes gelangen werden, wenn sie dessen Heilshandeln an Israel erkennen, teilt der Verfasser
ebenfalls mit Deuterojesaja, der hofft, daß auch Völker, die bis anhin nichts vom Gott Israels
gehört haben, ihn erkennen werden, s. 45,14; 55,3b-5." Anders Duhm, Jesaja 1968, 269, der hier
Elohim liest, „weil man sonst trotz der Akzente übersetzen müßte: du bist allein Jahwe, was

Der innerhalb des Gebets formulierte Gedankenfortschritt ist schlüssig: JHWH Zebaoth[440] ist Gott aller Königreiche (V. 16), entsprechend sollen alle Königreiche von seinem JHWH-Sein erfahren (V. 20). JHWH wird ausdrücklich zu Israel in Beziehung gesetzt und als Kerubenthroner, als königlicher Gott im Tempel vorgestellt.[441] Seiner Herrschaft über alle Königreiche entspricht seine Identität als Schöpfer des Himmels und der Erde.[442] Das im Gebet präsentierte Problem bezieht sich auf die Frage nach den Königreichen. Sie sind die Variablen der Weltgeschichte, in die einzugreifen JHWH im Folgenden gebeten wird.[443] Eindringlich setzt im Anschluss der Höraufruf ein, der sich an JHWH, den „lebendigen Gott" wendet.[444]

---

keineswegs dasselbe besagt wie der bekannte Ausspruch: sie sollen erkennen, daß ich Jahwe bin."

440 Die ältesten Erwähnungen des JHWH Zebaoth finden sich in Psalm 24,7–10 und Jes 6,(1-)3. Vgl. Peter Porzig, *Die Lade Jahwes im Alten Testament und in den Texten vom Toten Meer*. Beihefte zur Zeitschrift für die Alttestamentliche Wissenschaft 397. Berlin u.a.: de Gruyter, 2009, 215. Deutlich dabei ist, dass beide Stellen sehr eng mit der Jerusalemer Tempeltheologie verbunden sind. Die Martialität der Vergleiche in Ps 24 ist eindrücklich. Porzig, aaO., 216, schließt: „Und genau diese Bedeutungen dürften auch im Hintergrund stehen: Jahwe ist der herrliche König der himmlischen (vgl. Jes 6) und dann auch der irdischen Heerscharen."

441 Der Kerubenthroner ist im Alten Testament siebenmal belegt: In 1 Sam 4,4; 2 Sam 6,2 par. 1 Chr 13,6; 2 Kön 19,15 par. Jes 37,16; Ps 80,2; 99,1. Porzig, aaO., 219, schließt aus der Untersuchung von Ps 99: „So wird man auch den Titel ‚Kerubenthroner' vom Zion her verstehen müssen." Vgl. auch das königliche Bild in Ps 80,2. „Ist mit dem Hirtenbild [...] die königliche Metaphorik auf Jahwe übergegangen, so ebenfalls beim Thronen im Tempel." (aaO., 220). Vor allem auch die Keruben in der Tempelvision Ezechiels sprechen, so Porzig ebd., für einen Jerusalemer Hintergrund der Keruben. Porzig fasst zusammen: „Einen Kerubenthroner ohne die Keruben des Jerusalemer Tempels hat es nicht gegeben." (aaO., 221). Vgl. Bernd Janowski, „Keruben und Zion: Thesen zur Entstehung der Zionstradition." in *Gottes Gegenwart in Israel*, hrsg. von ders. 2. Aufl. Beiträge zur Theologie des Alten Testaments 1. Neukirchen-Vluyn: Neukirchener Verlag, 2004: 247–280, 276, „Die Keruben „repräsentieren den Thronsitz des unsichtbar darauf vorgestellten Zionsgottes und ‚beschirmen' in dieser Funktion zugleich die unter ihre Flügel gestellte Lade.".

442 Vgl. Wildberger, Jesaja 28–39, 1426: „So wie es Deuterojesaja tut, wenn er Jahwes Verfügungsgewalt über die Geschichte begründen will, wird auch hier auf Jahwe als Schöpfer zurückverwiesen. Es ist der Beachtung wert, daß in den üblichen Klagepsalmen Jahwe selten als Schöpfer angerufen wird, so einleuchtend und wirksam dieses Prädikat sein müßte, wenn man seine Hilfe erfleht – ein Hinweis darauf, daß der Schöpfungsglaube erst relativ spät in das Jahwebild Israels integriert worden ist, vgl. aber Ps 74,12ff.; 102,26; 89,9ff."

443 Die der JHWH-allein-Formel angehängte Lokalisierung „für alle Königreiche der Erde" macht dabei den Herrschaftsanspruch JHWHs über alle Herrschaft kenntlich. Zur Herkunft der Schöpfungsformel vgl. Porzig, Die Lade Jahwes, 218 Anm. 561.

444 Die Rede vom „lebendigen Gott" findet sich nach Wildberger, Jesaja 28–39, 1409, vor allem in polemischen Kontexten: „Jahwe ist ein lebendiger Gott, weil er ein starker, vitaler, sich in der

Im nun durch erneute Ansprache JHWHs kenntlich gemachten folgenden Abschnitt (V. 18 f.) wird die *particula veri* der Schmährede Sanheribs eingeräumt und theologisch gedeutet.[445] Die letzte Anrufung des JHWH-Namens leitet in V. 20 die abschließende Handlungsaufforderung ein, die hymnisch endet. Dabei nimmt die Rede „unser Gott" die Spezifizierung des „Gottes Israels" aus dem Eingangsvers 16 auf.[446] Ziel aller Rettung ist nicht die Rettung des Volks um seiner selbst willen, sondern die Erkenntnis JHWHs in allen Ländern der Erde. Diese im Gebet angesprochene Intention überschreitet die Grenzen der Erzählung, denn obwohl eine entsprechende Verschonung Jerusalems 701 stattfand, entstand keine Bewegung der JHWH-Erkenntnis, wie sie nach dieser Aussage hätte erwartet werden können. Eine ausdrückliche Reaktion auf das Gebet Hiskias wird nicht überliefert. JHWH antwortet stattdessen auf die Schmähung Sanheribs.[447]

Geschichte durchsetzender Gott ist; nicht eine Eigenschaft Gottes liegt im Blickfeld, sondern seine geschichtsmächtige Effizienz." G. Gerlemann, „Art. חיה ḥjh leben." in *Theologisches Handwörterbuch zum Alten Testament* I (2004): 549–557, 554, weiß: „Der ‚lebendige' Gott wird mit Vorliebe in polemischen Aussagen gegen Fremdvölker und Fremdgötter erwähnt."

445 Zugespitzt formuliert Heckl, Die Errettung des Königs, 162: „Legt man sich die beiden Abschnitte so nebeneinander, wird erkennbar, dass das Gebet eine tendenziöse Interpretation des Briefes darstellt." Aus der Bannung (V. 11) wird die Vernichtung der Länder (V. 17); aus den Göttern, die nicht verhindert haben (V. 12) die Vernichtung der Götter (V. 18) und aus der Vernichtungsdrohung (V. 13) die Bitte um Errettung (V. 19). Zu einseitig dürfte aber m. E. die Unterstellung sein, der Vf. des Gebets habe die Vernichtungsaussagen gegen die Völker insofern missverstanden, als seien die Völkernamen Götter, die vernichtet werden. Vielmehr ist gerade dieser Wechsel eine Zuspitzung besonderer Art: So wie es im Gebet letztlich nicht um Israel geht, sondern um den Gott Israels, geht es auch hier nicht um die Völker, sondern um ihre Götter. Recht zu geben ist Heckl insofern, als hier unterschiedlich geredet wird. Der Grund dürfte aber kaum ein Missverständnis sein, sondern ist eher in der stärkeren Theologisierung der Situation zu suchen. Ebenso unnötig erscheint die These, dass der Angriff auf die Person Hiskias und die Androhung seiner Vernichtung mit der Bitte um Errettung einer Wir-Gruppe nicht zusammenpassen würden. Die aufgezeigten Unterschiede zeigen natürlich, dass hier verschiedene theologische Schwerpunkte gesetzt werden, was allerdings auch an den jeweils sprechenden Personen liegen mag. Dass hingegen, wie Heckl annimmt, hier das Gebet ein ursprüngliches, rituelles ersetzt, bleibt Spekulation. Vgl. aaO., 163.

446 Ungeachtet dessen, dass hier ein König spricht, wird die Handlungsaufforderung von einem „Wir" gesprochen. Dies mag Hinweis darauf sein, dass die Texte durchaus zum Mitsprechen gedacht sind. Im ao. Kontext sind Gebete einer Wir-Gruppe gar nicht überliefert. Die Gebete der Könige werden deshalb eine ähnliche Funktion haben.

447 So auch, allerdings mit anderer Schlussfolgerung Heckl, 163: „Nur eine gegen Sanherib gerichtete Gebetsbitte Hiskias im Tempel wäre entsprechend ursprünglich erfüllt worden, während das an ihre Stelle getretene Gebet auf die Anerkenntnis JHWHs in aller Welt gerichtet ist und damit auf das an die Exoduseignisse erinnernde Wunder in 2 Kön 19,35 abzielt." In die gleiche „Kohärenzlinie" stellt Heckl, aaO., 163 Anm. 26, m. E. ganz zu Recht, die Notiz in 19,37a, dass „Sanherib gerade beim Gebet [...] ermordet wird."

Auch das zweite überlieferte Gebet Hiskias (Jes 38,3) wird zwar mit einer Reaktion JHWHs verbunden, eine ausdrückliche Bezugnahme auf die Worte Hiskias gibt es in der Antwort JHWHs jedoch nicht. Beide Gebete scheinen faktisch nicht zur Erzählung gerechnet zu sein.

Die Verbindung zwischen Jes 38 und den vorangehenden Erzählsträngen ist kurz aber pointiert. Die Eröffnung des Kapitels verbindet die Erzählungen lediglich durch die Situierung des folgenden „in jenen Tagen".[448] Eine dezidierte inhaltliche Verbindung findet sich erst mit V. 6. Die Antwort JHWHs auf das Bittgebet des Hiskia in V. 3 verheißt mehr, als der bisherige Gang der Erzählung vermuten lassen würde. Das „Gedenken JHWHs" umfasst nicht allein Hiskias Genesung, sondern auch die Bewahrung und Rettung der Stadt.[449] Diese Verbindung ist weder in der Erzählung von der Erkrankung Hiskias noch in seiner Klage angelegt. Gleichwohl muss berücksichtigt werden, dass königliche Erkrankung und Ergehen der Stadt in altorientalischer Königsideologie eng miteinander verbunden sind.

Die Erzählung Jes 38 beginnt mit dem Bericht von einer Krankheit Hiskias, die als „Krankheit zum Tod" (חָלָה חִזְקִיָּהוּ לָמוּת) beschrieben wird, und mit der Ansage des Propheten Jesaja, Hiskia solle sein Haus bestellen, weil er bald sterben werde (Jes 38,1 par. 2 Kön 20,1). Hiskia wendet sich auf diese Botschaft hin von Jesaja ab zur Wand (Jes 38,2 par. 2 Kön 20,2) und betet.[450] Das kurze Gebet (Jes 38,3 par. 2 Kön 20,3) enthält die Bitte an JHWH, sich des vorbildlichen Wandels Hiskias zu erinnern. Dieser äußert sich in Treue (אֱמֶת), ungeteiltem Herzen (לֵב שָׁלֵם) und

---

448 Zur Bedeutung dieser Anknüpfungen vgl. Peter R. Ackroyd, „An Interpretation of the Babylonian Exile: A Study of II Kings 20 and Isaiah 38–39." in *Studies in the Religious Tradition of the Old Testament,* hrsg. von ders., London: SCM Press, 1987: 152–171, 154: „But it would seem more probable that we should see in them a belief on the part of the compiler that the incidents so introduced have some relationship with what precedes, and perhaps we should even see the deliberate offering of an interpretation of what precedes by the inclusion at this precise point of two further separate narratives."

449 Statt יחִי in 37,20 und den vorangehenden Stellen, findet sich in 38,6 מֵכַּף. Das Verb, das für die „Rettung" verwendet wird, ist aus dem Munde Rabsakes zitiert, nicht aus der Bitte Hiskias. Sieht man sich die Erzählungen genau an, so ist V. 6 eigentlich die innerhalb des zweiten Erzählgangs fehlende Antwort JHWHs an Hiskia. Insofern mag es möglich sein, dass dieser Vers zwar redaktionell in das Kapitel 38 eingetragen wurde, aber nicht redaktionell entstanden ist, sondern vor Einfügung des langen Drohspruchs JHWHs den Abschluss des zweiten Erzählgangs gebildet hat.

450 Vgl. Heckl, Die Errettung des Königs, 164: „Die Wendung Hikijas zur Wand betont im Gegenüber zu der Vermittlung durch Jesaja jetzt dessen persönliche Hinwendung an JHWH. Bei dem Gebet handelt es sich letztlich nur um ein Bekenntnis der Rechtschaffenheit. Eine Bitte um Errettung fehlt darin."

dem Tun dessen, das gut ist in den Augen JHWHs (הַטּוֹב בְּעֵינֶיךָ עָשִׂיתִי).[451] Hiskia kann sich also offenbar ganz auf seine Rechttätigkeit verlassen.[452] Er verbindet mit der Bitte um das Gedenken an seine Rechttätigkeit keine weitere Bitte. Um Gottes Hilfe zu motivieren, genügt die Erinnerung an die Aufrichtigkeit des Beters. Diese Integrität und der gute Wandel vor JHWH werden nicht bloß berichtet, sondern in seiner Reaktion auf den Prophetenspruch exemplarisch vorgeführt. Hiskia nimmt das Urteil als Urteil JHWHs hin und versucht nicht, auf andere Art und Weise sein Schicksal zu wenden als in der betenden Hinwendung zu JHWH.

Die Worte, mit denen Hiskia sich an JHWH wendet, geben Anlass zu einer Frage, wie sie im Kontext des Hiobbuches begegnet: Wenn Hiskia so eindeutig fehlerlos vor JHWH gewandelt ist, weshalb geschieht ihm dann sein Unglück? Oder anders: Warum muss er selbst JHWH an seinen Wandel erinnern? Das angedeutete Problem wird in beiden Überlieferungen (Jes und Kön) nicht weiter verfolgt. Stattdessen wird der Missstand sogleich ausgeräumt. Nach der Erwähnung heftiger Tränen Hiskias[453] wird die lösende Antwort JHWHs in Szene gesetzt. Dabei wird allerdings nicht die Sündlosigkeit Hiskias zum Argument für das Handeln JHWHs gemacht.[454] Anlass sind vielmehr sein Gebet und seine Tränen (Jes 38,5 par. 2 Kön 20,5) sowie seine Davidsohnschaft (JHWH redet von sich als „Gott deines Vaters David"). Zugesagt werden Hiskia nun weitere fünfzehn Jahre, die Rettung des Lebens und der Stadt sowie ein diese Rettung beglaubigendes Zeichen. Ausdrücklich wird die Realisierung dieses zeichenhaften Wunders festgehalten (Jes 38,8b).

---

451 Hiskia wird als der ideale Davidide präsentiert. Das Wandeln in Treue ist im 1. Königebuch verankert (Vgl. 1 Kön 2,4; 3,6; sonst Ps 26,3; 86,11), das ungeteilte Herz findet sich noch in 1 Kön 15,3; 1 Chr 12,39; 28,9 und 29,9; 2 Chr 16,9; 19,9 und 25,2, das Gute in den Augen JHWHs zu tun wird so nur noch in Dtn 12,28, 2 Chr 14,1 und Mal 2,17 erwähnt. Sehr viel häufiger ist die gegensätzliche Formulierung, dass jemand, ein König oder ganz Israel, „das Böse in den Augen JHWHs tut".
452 Heckl hält fest, dass die Selbstcharakterisierung als „sündlos" nicht in dtr. Zusammenhänge passen würde. Dagegen verbindet er Gebet und Hilfszusage mit ao./ biblischer „Vorwurfsdichtung" vgl. aaO. 166: „Das Gebet des Hiskija und die Gebetserhörung stehen aufgrund dieses religionsgeschichtlichen Bezuges in einer deutlichen Diskrepanz zum dtr Konzept von Schuld, Strafe und Umkehr."
453 Vgl. Heckl, aaO., 165: „Der Abschluss des Gebetes mit dem Bericht, dass Hiskija sehr geweint habe, zeigt die persönliche Verzweiflung und stellt einen wesentlichen Aspekt im Vorbringen des Vorwurfes dar, wie auch die Aufnahme dessen [...] in der JHWH-Rede zeigt."
454 Hier wird in 2 Kön 20 ein Satz eingefügt, der betont, wie prompt die göttliche Antwort kommt. Auch dies könnte u.U. ein Hinweis dafür sein, dass die Sequenz von Todesdrohung und Unschuldsbeteuerung nicht problemlos gelesen und akzeptiert werden konnte, weshalb die rettende Antwort mit besonderer Schnelligkeit kommen musste.

Im Anschluss an die Ausführung des Zeichens findet sich das dritte und ausführlichste Gebet Hiskias, das, anders als die anderen beiden, nicht in der parallelen Überlieferung in 2 Kön 18 – 20 zu finden ist. Außerdem wird bei diesem Gebet nicht nur der Inhalt des Gebets im Kontext nicht ausdrücklich berücksichtigt, es wird nicht einmal das „Dass" eines Gebets berichtet. Eine ausdrückliche Verbindung von Erzählung und Psalm findet nicht statt. Gleichwohl ist es motivisch eng mit seinem jetzigen Nahkontext verbunden. Die Rückkehr (שׁוּב) der Sonne auf den Stufen (מַעֲלָה Wurzel עלה) als Rückkehr von ihrem Abstieg (ירד) nimmt exakt die Bewegung des Gebets vorweg, das den Beter zu Beginn an den Todespforten verortet (בְּשַׁעֲרֵי שְׁאוֹל) und später bekräftigend festhält, dass dem in den Tod Hinabgestiegenen (יוֹרְדֵי־בוֹר) die Möglichkeit, auf Gottes Treue zu hoffen, vorenthalten wird.

In einer Art Coda der Erzählung (38,21 f.) wird sodann die Anweisung einer Therapie zur Heilung überliefert (V. 21) sowie die Frage Hiskias nach einem Zeichen, das seinen Wiederaufstieg (עלה) zum Tempel (V. 22) belegen soll. Vor allem die Forderung eines weiteren Zeichens ist überraschend. Der Wiederaufstieg der Sonne bzw. des Schattens scheint ja gerade diesen Aufstieg zu präfigurieren. Aus diesem Grund ist die Frage in V. 22 auch ohne das zwischen den Erzählversen stehende Gebet auffällig. Sie trennt Verschonung, Rückkehr aus dem Totenreich und Aufstieg in den Tempel voneinander. Letzterer hat nach Wahrnehmung des Verfassers bzw. Einträgers von V. 22 noch nicht stattgefunden und ist noch nicht einmal zeichenhaft vorweggenommen. Dass diese Reaktion nach dem eingefügten Gebet steht, relativiert die Bedeutung von Zeichen und Psalm.

Die Ausführung der Therapieanweisung, die Gesundung und die Antwort auf die Zeichenfrage werden nicht überliefert. Auf diese Weise endet die Erzählung offen. Auch eine Umstellung der beiden Abschlussverse vor den Psalm beseitigt die Schwierigkeiten nicht, weil der Psalm zwar implizit vom Aufstieg zum Tempel berichtet, ein Zeichen für einen solchen Aufstieg jedoch nicht gegeben wird und die Dopplung von Zeichengewährung und Zeichenforderung ebenfalls bestehen bliebe.

Dass nach der Ankündigung der Rückkehr ins Leben (V. 21), die im Anschluss in 39,1b noch einmal bestätigt wird, der Kranke noch ausdrücklich nach seinem Aufstieg in den Tempel und einem diesen wahrscheinlich machenden Zeichen fragt, ist markant und besser nicht als Glosse zu eliminieren.[455] Wortlaut und Frage erinnern an die parallele Erzählung in 2 Kön 20. Dort wird die Zeichenfrage jedoch

---

455 Anders interpretiert Barré, The Lord Has Saved Me, 232. Er geht davon aus, dass das Kapitel ursprünglich mit dem Psalm abgeschlossen habe. Die Verse 21 f. seien ein nachträglicher Versuch der Angleichung an 2 Kön.

vor Therapie und Genesung gestellt. Die in der Erzählung durch die angefügte Frage differenzierten Möglichkeiten von Heilung und spiritueller Restitution werden möglicherweise auch in Hiskias Psalm unterschieden. Der Lebende ist es, der JHWH preist, konstatiert V. 19. Der Lobpreis am Tempel wird jedoch erst in V. 20 angesprochen. Ihm geht eine Bitte oder Beschwörung der Hilfe JHWHs voraus. Wer Psalm und Kapitelschluss auf die vorliegende Weise anordnet, nimmt an, dass der Sänger des Psalms nicht am Tempel angelangt ist.

Nur ein Halbvers, Jes 39,1b, schließt das letzte Kapitel an die vorangegangene Erzählung von der Erkrankung und Genesung Hiskias an. Wenig sorgfältig soll hier der Eindruck erweckt werden, der König von Babel statte einen Genesungsbesuch bei Hiskia ab.[456] Innerhalb dieser Erzählung wird Hiskia das Ende der Bewahrung vorausgesagt. Frieden und Treue bleiben nur, solange Hiskia lebt. Diese Perspektive auf das Gericht kann durch das voranstehende Gebet kaum ausgesetzt werden. Die teilweise formulierte Annahme, der Psalm habe die Funktion, das bei Anschluss Deuterojesajas gewissermaßen „ausgefallene" Gericht zu ersetzen, ist schon wegen dieser Stellung mit einiger Schwierigkeit behaftet. Schwerer wiegt jedoch, dass für eine redaktionelle Einfügung des Psalms zur Verknüpfung der Kapitel mit Deuterojesaja die Übereinstimmungen mit letzterem auffallend wenige sind. Die weitergehende Annahme, das Gebet sei eingefügt, um bei Anschluss von Jes 40 ff. das gewissermaßen „ausgesparte" Gericht einzuholen, vermag nicht zu überzeugen.[457] Auch wenn deshalb eine solche buchredaktionelle Funktion des Gebets nicht nachzuweisen ist, ist jedoch die Verknüpfung des Königsgeschicks mit dem Ergehen des Volkes und entsprechend die Verbindung seines Krankheitspsalms mit Gericht und Restitution Israels sicher beabsichtigt.[458] Das zeigen für die vorliegende Fassung des Psalms vor allem die eingetragenen Verse, durch die die Sünden- und Gerichtsthematik des Jesajabuchs ausdrücklich mit dem

---

456 Auffällig ist bereits die Reihenfolge in 39,1: Der Kronprinz von Babel sendet Briefe und Geschenke an Hiskia und hört erst dann von seiner Krankheit und Genesung. Hiskia wiederum freut sich in V. 2 über die in V. 1a gesendeten Geschenke. Der Zusammenhang der Aussagen wird von V. 1b unterbrochen, der redaktionell die Kapitel 38 und 39 miteinander verbinden soll.

457 Vgl. zu dieser These Beuken, Jesaja 28 – 39, 419: „Hiskijas Genesung erhält somit einen metaphorischen Mehrwert: Sie wird in der zweiten Buchhälfte, in der Wiederherstellung Israels und der neuerlichen Besiedlung Jerusalems (Jes 40 – 66) auf programmatische Weise weitergeführt." So nimmt Beuken die in Jes 40,9 festgehaltene Aufforderung an Zion aufzusteigen (עלה) mit dem Aufstieg der ‚Wir'-Gruppe zum Tempel in Jes 38,20 zusammen. Möglich ist es darüber hinaus, die Verbindung der Frage Hiskias nach dem Zeichen für seinen Aufstieg zum Tempel (V. 22 עלה) vor demselben Hintergrund zu verstehen; vgl. Beuken, aaO., 422. Tatsächlich ist von einem Aufstieg zum Tempel in Jes 40,9 jedoch gar keine Rede. Der unbestimmte hohe Berg ist kaum der Zion.

458 Zur Verknüpfung von Sünde und Krankheit vgl. Jes 1,5 – 6; 6,10; 30,26; 33,24; 53,3.

Gebet verwoben wird. Hiskia wird da zum Sünder, wo sein Beten das Beten des Volks bzw. der Stadt präfiguriert.[459] Wie die Hymnen Deuterojesajas ist letztlich auch dieses Gebet ein erwartetes Heilshandeln antizipierendes.[460] Die Genesung des Königs ist Symbol der Rettung.[461] Die Hoffnung auf Treue, die dem Todgeweihten nicht mehr möglich ist, ist die Hoffnung, von der Deuterojesaja lebt.

Ebenso wichtig wie diese buchübergreifenden Überlegungen ist für das Verständnis des Psalms die der Erzählung von der Erkrankung und Verschonung Hiskias unmittelbar vorangehende: Der Tod Sanheribs trifft ihn beim Gebet in seinem Tempel, und seine Kinder sind seine Mörder (Jes 37,38). Zu diesem Schicksal liest sich Jes 38 als Gegenentwurf. Der betende Hiskia wird vom Tod errettet. Den Lobpreis des Geretteten gibt er weiter wie ein Vater an seine Kinder (V. 19b). Die Erzählung in Jes 38 dient dazu, nach der Überwindung Sanheribs auf politisch-militärischer Ebene nun noch die religiöse Überlegenheit des frommen Hiskia gegenüber dem gegnerischen und hochmütigen König zu formulieren.

Ähnlich verhält es sich mit der Verbindung zwischen dem betenden Hiskia und dem Gottesknecht, wie er vor allem im vierten Gottesknechtslied dargestellt wird. Die Wahrnehmung einer originären Verbindung dieser Texte entsteht in der Regel nur dann, wenn von Jes 38 auf die Übereinstimmung mit Jes 53 geblickt wird. Von Jes 53 ausgehend wird diese These in der Regel nicht entwickelt. Dafür bietet das vierte Gottesknechtslied zu viele Details und Motive, die in Jes 38 keinen Anhalt haben, einen ganz anderen Diskurs weiterführen und gleichwohl die für die Deutung des Liedes entscheidenden Motive beinhalten. Diese Differenz muss bei allen Überlegungen berücksichtigt werden. Sie verweist darauf, dass Jes 38 mit Sicherheit nicht gleichzeitig mit Jes 53 entstanden sein kann oder später, sondern eine Vorlage unter anderen bildet.[462]

---

459 Vgl. Beuken, aaO., 441: „Die Redaktion hat die Erzählung von Hiskijas Krankheit offensichtlich für die Bedürfnisse der Exilierten aktualisiert, indem sie sie auf Israels Krankheit, d. h. seine Sündigkeit, als Thema bezogen hat…"
460 Beuken, aaO., 422, argumentiert, dass es nachvollziehbar sei, warum das Gebet vor die Heilung gestellt worden sei, nämlich um das Vertrauen des Betenden zu unterstreichen. Er interpretiert vor allem V. 20 in diesem Sinne. Vgl. aaO., 421: „Als abschließender Anhang erinnern eine Vertrauensaussage (V 20a) und eine Zusage des Gotteslobes im Tempel (V 20b) an den antizipierenden Charakter dieses Gebetsbriefes." Problematisch an dieser Deutung ist, dass V. 20a nicht von selbst als Vertrauensaussage zu identifizieren ist.
461 Vgl. Beuken, aaO., 430: „Die Redaktion hat in diesem Zusammenhang die nachexilische Gemeinde im Blick, denn die Genesung des Königs ist für diese Symbol dessen, was sie erhofft."
462 Vgl. Christopher R. Seitz, *Zion's Final Destiny: The Development of the Book of Isaiah: A Reassessment of Isaiah 36 – 39*. Minneapolis: Fortress Press, 1991, 204: „But whereas Hezekiah and the city only approach ‚death' ([…] 38:1) in the events of 701 B.C.E., Zion must finally 'make his grave with the wicked' and 'pour his soul to death' ([…] 53:12)."

Wesentliche Übereinstimmungen zwischen Schicksal und Beschreibung der beiden Protagonisten, Hiskia und Gottesknecht, ergeben sich bei den Motiven der Krankheit und Todesbedrohung, beim Erleben (Hiskia) bzw. bei der Zuschreibung (Gottesknecht) von Gottesfeindschaft und in Hinsicht auf ihren Bezug zu ihrer Nachkommenschaft. Zuletzt ist beider Schicksal mit einer Schuldthematik verknüpft. Die Bezüge zwischen dem Königsgebet und den Gottesknechtstexten zeigen in der Rezeptionsgeschichte von Jes 38 auf, dass die Lektüre des Psalms früh auch mit der Frage nach der Schuld des Volkes verbunden wurde.

Keinen Anhalt am Hiskiagebet oder überhaupt an der Erzählung von Hiskia hat die besondere Isolation des Gottesknechtes, seine soziale Herabstufung und vor allem sein Verhältnis zur Schuld. Sie bezeichnet bei Hiskia eigene Schuld und im Gottesknechtslied fremde. Wenig Anhalt an Jes 38 haben das Verstummen des Protagonisten und sein Tod. Das kurze Prosagebet Hiskias am Beginn von Jes 38 kann als Frage des leidenden Gerechten verstanden werden. Dieses Gebet eines Gerechten und gleichwohl zum Tode Verdammten fügt sich mit dem vierten Gottesknechtslied eher zusammen als der Gebetstext, der, zumindest in der vorliegenden Fassung, von einer Schuld des Betenden weiß. Jes 52,13–53,12 als Fortführung von Jes 38 kann an Leidens- und Todeserfahrungen anknüpfen, am Erleben eines feindlich gesinnten Gottes. Dieses Erleben, von dem der Beter in Jes 38 spricht, ist in Jes 52f. nur noch fremde Zuschreibung, der die wirkliche Intention JHWHs und die Stellung des Protagonisten entgegengesetzt sind. In der Verknüpfung von Stadtergehen und Gesundheit Hiskias, wie es in Jes 38 gegeben ist, ist das Ineinander von Individualschicksal und Kollektivvergehen bereits angelegt. Dieses Ineinander wird vor allem durch die Schmach des Gottesknechts und durch den tatsächlich berichteten Tod neu interpretiert.

Interpretation im Kontext

Dem todkranken Hiskia wird ein Aufschub um 15 Jahre gewährt und die Stadt wird zusammen mit dem gesundenden König gerettet. Daraufhin formuliert der eben noch wehklagende König (Jes 38,3) ein weiteres Gebet. Diesmal nicht mit dem Gesicht zur Wand und so nur für JHWHs Ohr bestimmt, sondern als Schrift, geradezu ein Gegenstück zur Schmähschrift Sanheribs, über dem sein erstes Gebet erklingt.

Die Worte dieses neuerlichen Gebets unterscheiden sich nun jedoch deutlich von den vorangehenden Gebeten Hiskias. Ein wesentlicher Unterschied ist das präsentierte Gottesbild: JHWH ist Verursacher von Leid und Vernichtung und zugleich einziger Helfer des Beters. Beide so spannungsvoll verknüpften Perspektiven sind im Jesajabuch beheimatet und es kann als theologische Leistung des Hiskia-Psalms angesehen werden, dass diese hier betend zusammengeführt werden. Im Abschnitt über das Wachstum des Gebets war angedeutet worden, dass gerade die Verse, in denen JHWH als Feind oder Aggressor dargestellt wird, nachträglich in den Text eingefügt sein könnten. Nimmt man V. 13.15 – 16a und, als Ergänzung um das Motiv der Sünde, V. 17b als nachträgliche Einträge in den Text an, so bleibt der Wechsel von Klage zu Lobgesang im Psalm erhalten, und es handelt sich weiterhin um die einmalige Form eines Krankenpsalms, der klagend anhebt und im (vorsichtigen) Lobpreis endet. Die Darstellung JHWHs innerhalb des Gebets wäre in diesem Fall jedoch weniger ambivalent und die Nichterwähnung der Sünde des Beters passte gut zu Hiskia, wie er im Kontext gezeichnet wird. Im Folgenden soll der Text in seiner vorfindlichen Gestalt berücksichtigt, aber zugleich ein Augenmerk auf einer möglichen Grundschicht und ihrer Erweiterung gelegt werden.

Liest man Jes 38 im Zusammenhang des Jesajabuchs, so ergeben sich neue Perspektiven, die bereits bei der Überschrift beginnen. Dass der Psalm ein „in Krankheit" zu betender Psalm ist, prädestiniert ihn zum Gebet derer, die die Restitution noch nicht erlebt haben, die Kranken und Schuldigen. Die Metapher der „Krankheit" wird für die Rede von der Verfehltheit des Volks verwendet.[463]

Vor diesem Hintergrund mag das Gebet auch als Gebet aller Sünder vor JHWH gesprochen werden. Dieses anteilnehmende Gebet gelingt umso leichter, als etliche der in Jes 38,9 – 20 für das Elend des Todkranken gebrauchten Bilder und Vorstellungen auch verwendet werden, um das den an Sünde Erkrankten drohende Gericht zu beschreiben. So kann der an die Tore der Sheol Entbotene (V. 10) mit denen verbunden werden, für die die Sheol den Rachen geöffnet hat (5,14), das Volk in Verbannung (5,13), dessen Pracht herabfährt (הָדָר) – ein Schicksal, das auch dem König von Babel widerfahren soll. Die passivische Formulierung (פקד pu.) kann nicht darüber hinwegtäuschen, dass bereits hier die Vorstellung besteht, JHWH selbst nehme sich einer Person strafend an, wie es, wiederum im Kontext des Gerichts, auch andernorts erwähnt wird.[464] Nicht formuliert wird, wem der Beter sich preisgegeben sieht.[465] Auf diese Weise wird der Fokus der Aussage geschärft: Es geht nicht so sehr darum, welchen Mächten das Leben des Beters ausgeliefert ist, als vielmehr darum, dass JHWH diese Willkür zulässt, ja initiiert. Die in Mesopotamien gebräuchliche, im Alten Testament hingegen recht seltene

---

463 Vgl. Jes 1,5; 33,24.
464 Vgl. Jes 13,11; 24,21; 26,14.16.21. Alle diese Belege sind fraglos jünger als Jes 38, gehören also eher zu seiner Wirkungsgeschichte.
465 Vgl. Begrich, Psalm des Hiskia, 35.

Rede von den Todespforten beschreibt eine Gegend, die als Todeszone zu bestimmen ist.[466]

Dass der isolierte Beter JHWH nicht mehr sehen kann (V. 11), beschreibt seine Trennung von ihm. Jedes Sehen der Hoheit (26,10), der Ehre (35,2; 40,5) oder des Heils (52,10) und der Herrlichkeit (60,2) ist Zeichen der gelingenden Gottesbeziehung bzw. der Restitution der Angesprochenen. Die Gemeinschaft mit Gott, vor allem das „Schauen JHs" wird in der Regel als Hinweis auf den Kult verstanden, von dem der Kranke an der Schwelle zum Tod sich ausgeschlossen weiß.[467] Darüber hinaus hebt das Jesajabuch mit dem Sehen JHWHs im Tempel (und dem Erschrecken darüber) in einem frühen Stadium an.[468] Die innerhalb dieser Berufungsvision verfügte Unfähigkeit zu sehen (6,9 f.) nimmt Thronvision und Verstockung auf. Der klagende Beter erlebt, will man die Linien so zusammenziehen, das über Israel verhängte Gericht.

JHWHs Antlitz ist im „Land der Lebendigen" zu sehen. Eine Wahrnehmung, die dazu passt, dass im unmittelbaren Kontext ausdrücklich vom lebendigen Gott die Rede ist (37,4.17). Auch der Gottesknecht wird in Jes 53,8 aus dem Land der Lebendigen entfernt.[469] Seine Trennung von dieser Gegend ist allerdings endgültig. Auch die im folgenden Teilvers angesprochene menschliche Isolation wird im Schicksal des Gottesknechts potenziert.

---

466 Kaiser, Jesaja 13–39, 321, weist darauf hin, dass klagende Beter sich in der Regel bereits in der Sheol befinden, der so Betende sich dagegen erst an der Schwelle zur Sheol sehe. Er erwähnt als Beispiele Ps 42,8; 49,16; 55,5; 69,2f.15 f.; 71,20; 88,4 ff. und 130,1.
467 Begrich, Psalm des Hiskia, 23, versteht den Ausdruck als „identisch" mit der Rede davon, das Angesicht JHWHs zu schauen vgl. aaO., 24: „Es ist nun sicherlich richtig, daß der Psalmist sagen will, der Verkehr mit Gott, den man nach dem Tode entbehren muß, sei das Wichtigste im Leben. Aber hier eine völlige Lösung des Gottschauens vom Tempel anzunehmen, geht nicht an, weil, wie sich zeigen wird, das Danklied noch deutlich in Beziehung zum Kultus steht. Der Höhepunkt des Gottschauens ist dem Beter die Erfahrung der göttlichen Nähe im Tempel." Vergleiche jedoch Friedhelm Hartenstein, *Das Angesicht JHWHs: Studien zu seinem höfischen und kultischen Bedeutungshintergrund in den Psalmen und in Exodus 32–34*. Forschungen zum Alten Testament 55. Tübingen: Mohr Siebeck, 2008, 284–291. Siehe auch Joseph Blenkinsopp, *Isaiah 1–39: A New Translation with Introduction and Commentary*. The Anchor Bible 19. New York, u. a.: Doubleday, 2000, 485: „No longer to be able to look in Yahveh (38:11 cf. Pss 11:7; 17:15; 27:4,13; 88:5) means no longer to be able to participate in temple worship."
468 Vgl. Becker, Jesaja, 121–123.
469 Vgl. auch Hi 28,13; in Ps 116,9 und 142,6 bezeichnet der Begriff die positive Beschreibung des Lebens in der Gottesgegenwart.

Die Trennung des Beters von seinem ursprünglichen Lebensort ist ein Motiv, das auch sonst für das Sterben eines Menschen verwendet wird.[470] Es kann darüber hinaus im Zusammenhang mit dem Schicksal Israels durchaus als Hinweis auf die Verschleppung ins Exil verstanden werden. Besonders erhellend ist das in Jes 33,20 formulierte Gegenbild. Der Zion der Zukunft ist ein Ort der Ruhe und ein Zelt, das nicht abgerissen wird (an beiden Stellen mit der Wurzel נסע formuliert).[471]

Den Tod verfügt JHWH, indem er den Beter preisgibt (V. 12b). Hinter dieser Formulierung steht die Annahme, dass Tod und Verderben dem Beter erst dann gefährlich werden können, wenn JHWH ihn nicht mehr schützt. Dass die Preisgabe hier mit der Wurzel שלם formuliert wird, ist vor dem Hintergrund, dass das Wohlergehen (שׁלוֹם) des Beters der erste Hinweis für den Wechsel ist, durchaus auffällig. Es ist möglich, diesen Zusammenklang als theologische Setzung zu verstehen: Die Preisgabe durch JHWH würde dann der Wohlordnung nicht im eigentlichen Sinn widersprechen. Dass allerdings diese Preisgabe „vom Tag zur Nacht" stattfindet, ist ein auffälliger Gedanke. Die Nacht ist die Zeit der Bedrohung schlechthin.[472] Bereits am Tag ist der Beter preisgegeben, wie viel schlimmer muss es dann nächtens um ihn stehen.

Der nun eingefügte V. 13 verstärkt das Motiv des zeitumspannenden Elends: Der Beter hält sich ruhig bis zum Morgen.[473] Zu diesem Zeitpunkt, an dem eigentlich die „Hilfe Gottes" zu erwarten wäre, begegnet ihm jedoch gerade keine Hilfe, sondern ein Gott, der den Betenden nicht nur anderen Mächten der Zerstörung preisgibt, sondern ihm selbst wie ein Löwe die Knochen bricht. Dieses Zerbrechen (שבר) ist im Jesajabuch die Tätigkeitsbeschreibung des im Gericht strafenden JHWH.[474] Auch die Rede von JHWH als Löwe gehört in den Zusam-

---

470 Vgl. Hi 4,21; 19,20, wo das Bild ein Motiv des Sterbens ist und nicht auf eine ursprüngliche Verschleppung bezogen werden muss. Das Abschneiden (נצע) ist ebenfalls bei Hiob beheimatet (Hi 6,9; 27,8) und bedeutet die Tötung durch JHWH.

471 Vgl. die Zusage in Jes 54,2.

472 Vgl. zur Dunkelheit als Motiv der Gottesferne Ps 88,13.19 und Hi 10,20 – 22 (Bernd Janowski, *Konfliktgespräche mit Gott: Eine Anthropologie der Psalmen*. Neukirchen-Vluyn: Neukirchener Verl, 2003, 62).

473 Vgl. Jes 33,2; 17,14; 50,4.

474 Vgl. Jes 8,15; 14,5.25.29; 21,9; 24,10; 27,11; 28,13; 30,14. Positiv aufgenommen wird diese Rede in der Vorstellung des Gottesknechtes, über den es heißt, er werde das Rohr nicht zerbrechen (Jes 42,3). Ebenso in Jes 61,1, wo vom Friedensboten gesagt wird, er werde die heilen, die zerbrochene Herzen haben.

menhang der Gerichtsbeschreibungen.[475] Der dem Kranken in diesem Vers begegnende Gott ist der Gott des Gerichts über die Sünder.

Im anschließenden Vers (V. 14) wechselt das Bild. Zwar wird wiederum ein Tiervergleich bemüht, aber der Beter als zirpender Vogel setzt die Reihe der Todesbeschreibungen fort und schließt nicht ohne Schwierigkeiten an das Gerichtsbild vom zerfleischenden Löwen JHWH an. Das Vogelmotiv unterstreicht seine Hilflosigkeit und die Geräusche, die er macht, stellen ihn als einen dar, der dem Tod näher steht als dem Leben. Er piepst und gurrt, wie es auch von Toten-(geistern) vorgestellt wurde (Jes 8,19; 29,4), und formuliert die eigene Schwäche damit entsprechend altorientalischer Bildprogramme, in denen Vögel häufig Sinnbilder der Klage sind.[476] In dieser Lage schmachtet er nun demütig zur Höhe.[477] Im Gegensatz zu den Opfern des Königs von Assur bleibt der Betende nicht still (10,14),[478] gleichwohl gelingt auch ihm kein ausformuliertes Gebet. Der beredte Verfasser eines als „Schriftstück" bezeichneten Psalms stellt das „Ich" dieses Gebets inmitten aller Worte als eines dar, das keiner Worte mächtig ist und nur zu schwachen Tönen und sehnsüchtigen Blicken in der Lage ist.[479]

Die „Kleinheit" der Augen des Betenden (Wurzel דלל), seine Bedürftigkeit in Bezug auf die Höhe JHWHs stellt ihn an die Stelle des Geringen (דל), für den im Jesajabuch immer wieder eine besondere Fürsorge JHWHs bezeugt wird.[480] Dabei wird die Schwäche nicht an sich behauptet, sondern nur in Bezug auf die Höhe, was wohl sagen will, auf die Gottesbeziehung hin.[481]

Die betonte Demut des so Betenden bildet einen augenfälligen Gegensatz zur Überheblichkeit des Sanherib. Gegen die Höhe, die in Jesaja an unterschiedlichen

---

475 Zum Löwen als Motiv für das Kämpfen JHWHs vgl. Jes 31,4. Dem entgegen steht die positive Verheißung, es werde kein Löwe im erwarteten Raum sein, in Jes 35,9; vgl. auch den Tierfrieden in 11,6 f. und 65,25. Dieses Motiv wird in der Regel für jünger gehalten als Jes 38.

476 Vgl. auch das ungeduldige Tönen in Jes 59,11. Siehe Beuken, Jesaja 28–39, 434.

477 Vgl. die Armseligkeit Jakobs in Jes 17,4.

478 Vgl. Blenkinsopp, Isaiah 1–39, 485: „The twittering, chattering, and moaning bird sounds could be an anticipation of the sounds emitted by the ghosts and shades of the dead (as in Isa 8:19), reproducing an ancient topos of the dead as bird-like, e. g., in Enkidu's dark dream of the underworld in *Gilgamesh*."

479 Kaiser, Jesaja 13–39, 322: „Läßt der Schmerz schon kein Gebet zu, lenkt der Gepeinigte doch seine Augen zu der Höhe, in der Jahwe wohnt, um wortlos klagend darum zu bitten, daß sich Jahwe seiner annimmt, wie der Bürge für den zahlungsunfähigen Schuldner eintritt."

480 Vgl. Jes 10,2 und 11,4 sowie 14,30; 25,4 und 26,6.

481 Eine vergleichbare Formulierung einer „Schwäche hin zu" findet sich nur hier. Eine entsprechende Funktion des Lamed ist jedoch auch anderweitig zu belegen, etwa in Ps 63,2b oder Ps 143,6 sowie Ps 119,81.82.123. Vgl. Ernst Jenni, *Die Präposition Lamed. Die hebräischen Präpositionen* 3. Stuttgart: Kohlhammer, 2000, 129, unter der Rubrik des Lamed applicationis, mentaler Kontakt: „584: Sehnen".

Stellen die Richtung der Wohnstatt JHWHs ist, zu der der sich erniedrigende Beter sehnsüchtig die Augen wendet, hat sich Sanherib mit frechem Blick und stolzem Fuß vergangen (Jes 37,23 f.).[482] Neben diesen Gegensatz ist mit V. 13 der Gegensatz zwischen der Aggressivität JHWHs und der Hilflosigkeit des Beters getreten.

Die nun auf die Schilderung der Bedürftigkeit folgende Darstellung der Bedrängnis und die Bitte um das Eingreifen JHWHs (V. 14b) sind nicht sehr eng mit weiteren Vorstellungen im Jesajabuch verbunden, aber dafür sehr wohl mit der Welt der Klage.[483] Die Bedrängung ist etwa in Ps 146,7–9 einer der Missstände, gegen die JHWH seine Gerechten verteidigen soll, indem er Recht geschehen lässt.[484] Deutlich ist, dass die Bedrängung (עָשְׁקָה) sonst nie ein Handeln JHWHs bezeichnet, sondern immer von anderen Menschen ausgeht. An anderer Stelle des Buchs wird Assur als Bedrückung erlebt (mit identischer Wurzel Jes 52,4).

Nach dieser kurzen Bitte fällt sich der Beter in V. 15 selbst ins Wort und konstatiert, dass alles, was ihm geschieht, von JHWH verfügt sei. Der Wechsel zwischen der Hinwendung zu JHWH aus äußerer Bedrohung und der Klage über die Bedrohung durch JHWH ist besonders in diesen Versen frappant. In der vorliegenden Fassung des Textes ist gerade dieser Wechsel beabsichtigt. Dabei beschreibt der Beter sein Handeln als von der Bitterkeit seiner Seele (עַל־מַר נַפְשִׁי) ausgelöst bzw. begleitet (V. 15b). Der Ausdruck kennzeichnet einen Zustand der Verzweiflung, dem ein gewisses Maß an Aggressivität eignet (1 Sam 22,2 oder 2 Sam 17,8). Vor allem die Auseinandersetzungen Hiobs mit JHWH passen zu der Stimmung des Sprechers von V. 15, der seine Bitterkeit mit der Einsicht verbindet, dass das erlebte Leid nicht etwa JHWHs Abwesenheit geschuldet, sondern von seinem Handeln intendiert ist. Er leidet an JHWHs Tun und stellt den Nutzen bittenden Betens zu dem Leid verursachenden Gott in Frage.

Die Bitterkeit weicht in V. 17 dem Wohlergehen, weil JHWHs Handeln zu Rettungshandeln wird. Die Verbindung von „Bitterkeit" und „Frieden" wird der kursorischen Lektüre des Jesajabuches folgend bereits vor dem Gebet des Hiskia in Jes 33,7 ein erstes Mal geknüpft, wo von „bitter weinenden Friedensboten" die

---

482 Dass die „Höhe" Ort der Gottespräsenz ist, legen nahe Jes 33,5.16; 57,15 vgl. Jes 32,15.

483 Vgl. das Verb עשק in Jes 23,12; 30,12; 52,4; 54,14 und 59,13. Jeweils als Aufweis ethischer Fehlhandlungen bzw. als Warnung davor. Für ערב ist die Parallele in Jes 36,8 sehr unspezifisch. Vgl. aber die Bitte um Bürgschaft in Hi 17,3 und Ps 119,122.

484 Ps 119,122 zeigt an, dass das „Bürgen" Gottes zwar mit einer Bedrohungssituation verbunden wird, aber nicht notwendig mit einem Schuldenhandel. Hier wie dort gibt es Unterdrücker (Wurzel עשק vgl. auch V. 121 und 134), gegen die der Beter durch das Eintreten JHWHs vertreten werden soll. Dass, eigentlich wie hier, JHWH zum Bürgen vor sich selbst werden soll, findet sich in Hiob 17,3. In Gen 43,9 und 44,32 wird deutlich, dass es eine Vorstellung des Bürgens gibt, in der der Bürge vor allem sich selbst ganz für die Bewahrung dessen einsetzt, für den er bürgt.

Rede ist.[485] Die Kombination der Begriffe gibt es außer in Jes 33 und 38 an keiner anderen Stelle im Alten Testament. Den bitterlich weinenden entgegengesetzte Freudenboten, die Frieden verkünden, sieht dagegen Jes 52,7 kommen. Auch Jes 33,7 und 52,7 werden kaum unabhängig voneinander entstanden sein. Den Übergang von der einen zur anderen Aussage bildet das Gebet Hiskias, in dem das Handeln JHWHs in seiner Ambivalenz dargestellt und lobend angenommen wird.[486] Strafhandeln und Heilung werden in diesem Gebet in ihrer Ambivalenz als Handlungen JHWHs zueinander gefügt. Der Ort, vor dem der Beter gerettet wurde, wird geradezu überdeutlich als „Grube des Nichts" (שַׁחַת בְּלִי) beschrieben. Die Wurzel שׁחת bezeichnet im Jesajabuch vor allem die Zerstörung durch schuldhaftes und brutales Tun (Jes 1,4; 11,9; 14,20), wie es nicht nur beim sich vergehenden Israel, sondern auch bei Sanherib und anderen Eroberern beobachtet werden kann (36,10; 37,12; 51,13). Dass die „Rettung aus der Grube" nicht nur persönliche Rettung, sondern auch die Rettung des Volkes meinen kann, und zwar ausdrücklich die Rettung vor den Vernichtern, vor denen das Volk zittert, zeigen Jes 51,13 f.

Im Zusammenhang von weisheitlichen Sätzen (vgl. Hi 33,18.28.30), auch im Psalter, wird die Grube vor allem als eine Falle erwähnt, die – für andere gegraben – den Grabenden selbst fängt (vgl. u. a. Ps 7,16). Die zweite Erwähnung der „Grube" in 51,14 ist durch den vorangehenden Vers ausdrücklich mit dem Verb שׁחת verbunden. Die Rettung vor der Grube ist die Rettung vor dem Tod, wie es auch gerade in den Psalmen anklingt, zugleich hat der Ausdruck innerhalb von Jesaja jedoch noch den besonderen Bezug auf das zerstörerische Handeln des Volkes und der Feinde, vor dem hier ebenso Rettung zugesagt wird.

JHWH lässt von der Vernichtung ab und entfernt alle Schuld aus seinem Blickfeld. V. 17bβ deutet die Rettung aus dem Tod als Nichtbeachtung der Sünden

---

485 Ähnlich bitter geweint wird in Jes 22,4. Auch die Bitterkeit des Bieres in Jes 24,9 mag eine ähnliche Herkunft haben, vgl. ebenso die Bitterkeit, die von manchem verschleiert wird in Jes 5,20.

486 Zum Verhältnis von Jes 33 und 52 schreibt Becker, Jesaja, 269: „Der Grundbestand von c.33 scheint insbesondere c.32 weiterzuführen (und zu korrigieren) und auf die Rückkehr Jahwes zum Zion in 52,7–10 vorauszublicken: Während c.32 das Hereinbrechen der Heilszeit mit einem *menschlichen* Herrscher verbindet (32,1), denkt c.33 betontermaßen an *Jahwe* selbst (vgl. 33,2.5), dessen Ankunft gemäß 52,7–10 bald erwartet wird (vgl. 33,17–19)." Becker geht davon aus, dass Jes 36 ff. von Jes 33 schon vorausgesetzt würde. Die spätere Einfügung des Hiskiapsalms bleibt dabei aber eine Möglichkeit. Nach Jürgen van Oorschot, *Von Babel zum Zion: Eine literarkritische und redaktionsgeschichtliche Untersuchung.* Beihefte zur Zeitschrift für die Alttestamentliche Wissenschaft 206. Berlin u. a.: de Gruyter, 1993, 123–126, ist Jes 52,7–10 Abschluss einer ersten Ergänzungsschicht Dtjes. Kratz dagegen sieht hier den Rahmen der deuterojesanianischen Grundschrift. Vgl. Kratz, Kyros, 148 f.151 f.154 f.157.172.174.217.

des Beters. Die Verbindung der Krankheit Hiskias mit seiner Sünde ist an dieser Stelle nicht nur neu, sondern ohne Anhalt an der Figur des Hiskia, wie sie in Jes 38 gezeichnet wird. Schließlich führt Hiskia selbst seine offensichtliche Sündlosigkeit als Grund dafür an, dass er den unmittelbar drohenden Tod nicht als gerecht akzeptieren kann (V. 3). Die Vergebung der Sünde ist hier entsprechend nachträglich eingetragen, wodurch die im Kontext bereits breit angelegte Verbindung von Krankheit und Sünde auch für das Gebet formuliert wird. Auf diese Weise wird der Psalm Hiskias zu einem Gebet für den Weg aus dem Gericht.

Die Verfehlung (חָטָא), die JHWH hinter seinen Rücken wirft und damit aus seinem Blick entfernt, ist im Jesajabuch reich bezeugt. Unter anderem ist es der Gottesknecht, der die Verfehlungen der vielen trägt (53,12). Der wesentliche Unterschied zur Erwähnung im Gebet Hiskias besteht darin, dass Hiskia von der eigenen Verfehlung spricht und ihre Vergebung erlebt, der Gottesknecht aber zur Aufhebung die Verfehlung anderer tragen muss.

Der Zusammenhang von Krankheit und Sünde in Jes 1 (V. 4 f.) und 53 war an anderer Stelle schon erwähnt worden. Die Unterscheidung von Sünde und Sünder, die in der Darstellung von Jes 38 vorausgesetzt wird, ist in Jes 13,9, wo die Vernichtung der Sünder angekündigt wird, nicht vorgesehen. Im Neueinsatz in Jes 40,2 wird betont, dass die Schuld abgetragen ist. Spätere Erweiterungen weisen darauf hin, dass JHWHs Antlitz für Menschen durch deren Sünde verdeckt wird (59,12) und dass JHWHs Zorn Urheber dieses Sündigens ist (64,4)[487].

Die Grube (שַׁחַת), vor der der Beter sich gerettet sieht, nimmt die Rede von der Sheol am Psalmeingang und im nachfolgenden V. 18 auf. Die Feststellung, JHWH habe schlechterdings kein Interesse am Tod eines Beters, weil im Tod Lobpreis, Opfer und Gebet verstummen, ist kein seltenes Motiv. In Jes 38 und Ps 115,17 wird diese Argumentation jedoch nicht als Argument der Klage verwendet, sondern als Nachweis der eigenen Lebendigkeit und Gottesnähe. In V. 18 werden Sheol und Tod wie Personen mit denen parallelisiert, die in die Grube fahren. Auffällig ist, dass der Lobpreis in seiner Abgrenzung noch einmal alle Register zieht, um Unterwelt und Abgrund vor Augen zu zeichnen.

Bemerkenswert ist sowohl die Zusammenstellung der drei Subjekte als auch die Abfolge der verneinten Tätigkeiten. Nicht von den Menschen in der Sheol oder im Tod ist die Rede, sondern die Sheol bzw. der Tod als solche loben und preisen nicht. Die von ihnen Verschlungenen werden mit in sie eingerechnet. Anders diejenigen, die hinabfahren. Sie werden selbst als Personen gezeichnet, und die von ihnen unterlassene Tätigkeit ist sehr spezifisch konturiert: Nicht der Lobpreis fehlt bei ihnen und auch nicht das (bekennende oder preisende) Erzählen von der

---

487 Siehe zur Stelle (B 2.2).

Treue Gottes (vgl. Ps 30,10), sondern die Hoffnung (שׁבר) auf seine Treue.[488] Dieses Fehlen der Hoffnung legt sich im Zusammenhang mit dem Beginn des Psalms nahe. Der Gott, von dem dort berichtet wird, ist nicht unbedingt der Gott, auf dessen Treue man hoffen würde wie die Beter in Ps 104,27; 119,166 oder 145,15, die auf ihn harren.

Die doppelte Erwähnung der Rede der Treue (אֱמֶת) in diesem Psalm und im Kontext der Schuld des Beters kann auf unterschiedliche Weise interpretiert werden. Nimmt man das Gebet als theologische Korrektur des selbstbewussten Gebets in 38,3, so wird hier nachdrücklich darauf hingewiesen, dass die Treue JHWHs Ausgangspunkt aller Verhältnisse ist, nicht die Treue des Beters. Nimmt man allerdings an, dass das zweite Gebet in Jes 38 das erste nicht berichtigen will, so steht in ihm gerade vor dem Hintergrund der Treue des Beters die Treue JHWHs auf dem Prüfstand. Der Beter selbst muss zu denen gerechnet werden, die in die Grube fahren und konnte entsprechend in der Krankheit nicht auf die Treue JHWHs hoffen. Das Vertrauen auf einen treuen Gott und die Botschaft von einem solchen wird also erst innerhalb des Gebets wieder errungen. Eine besondere Note erhält die Zuverlässigkeit durch das anschließende Kapitel 39. Wohlergehen (שׁלום) und Treue (אֱמֶת) bleiben nur zu Lebzeiten Hiskias, danach hören sie auf, und seine Kinder, denen er eben noch von der Treue JHWHs berichtet, werden als Beamte an den Hof des Königs von Babylon verschleppt. Mit diesem Ausblick, der mit einiger Wahrscheinlichkeit bereits vor Einfügung des Gebets formuliert war und entsprechend durchaus bei der Deutung des Psalms zu berücksichtigen ist, wird die positive Perspektive von Jes 38 begrenzt, wohingegen die positive Rede von der Treue JHWHs in späteren Kapiteln des Buchs daran anknüpfen kann (vgl. Jes 49,7; 55,3; 61,8).

Der Vater, der die Kinder von der Treue JHWHs unterrichtet, ist eine Aufnahme der im Deuteronomium formulierten Vorstellung von der Weitergabe von Glaube und Gesetzen (Dtn 6,20 f.), zudem ist er Gegenbild zum Schicksal Sanheribs, den die eigenen Söhne während des Gebets im Tempel töten.[489] Zuletzt ist diese Zeile aber auch mit Jes 39 verbunden. Die Schüler der Gottestreue erleben nicht die Treue, sondern die Verschleppung.

---

488 Die Rede von „deiner Treue" ist vor allem im Psalter zu finden und, außer in Jes 38, sonst nur noch im Bußgebet Dan 9,13. Vgl. Ps 30,10; 40,11.12; 43,3; 54,7; 57,11; 71,22; 86,11.

489 Jes 37,38: Sanherib stirbt im Tempel, beim Gebet. Der mit dieser Erzählung bzw. dieser Pointe eröffnete Gegensatz zwischen JHWH und den Göttern wird Seitz, Zion's Final Destiny, 174, zufolge in Jes 38 weiter ausgebaut: „He too faces a death sentence, but unlike Sennacherib he is delivered. His prayer turns back the sentence of death, where Sennacherib is executed by his own sons while worshiping in the house of his god."

Die zweifach angesprochene Treue verbindet sich mit dem ebenfalls in V. 18 und V. 19 angesprochenen Lobpreis. So wie es im Tod weder Dank noch Lobpreis gibt, ist es Zeichen des Lebendigen, dass gepriesen wird (V. 19a). So wie der Sterbende die Hoffnung auf die Treue JHWHs verliert, weil er in Gegenden gerät, die außerhalb des göttlichen Lebensbereiches liegen (vgl. V. 11), so zeigt sich Leben darin, dass die Treue nicht nur erlebt wird, sondern dieses Erleben über den eigenen Tod hinaus an andere Generationen weitergetragen werden kann. Zentrales Motiv ist hier die Verlässlichkeit JHWHs – vor dem Hintergrund der gerade umschifften Abgründe dieses Gebets kaum ein leichtfertig gesetztes Theologoumenon. Es ist gerade die Treue JHWHs, die in den Auseinandersetzungen um den strafenden und heilenden Gott in Frage steht.[490]

Der Lobpreis (יִדֹה /תּוֹדָה) verbindet den in V. 18 f. Jubelnden mit den Betern in Jes 12 und 25 und weist auf den Jubel (51,3) des getrösteten Zion voraus. Der Dank bildet mit Jubel und Hoffnung eine ungewöhnliche Trias. הלל verweist in Richtung Deuterojesaja (41,16; 42,10.12), שׂבר wird nur hier in Jes verwendet und auch die Rede von einer „Hoffnung auf Treue" wird sonst nicht so formuliert.[491] Sie weist an dieser Stelle voraus auf das Heilshandeln des treuen Gottes (Jes 49,7; 55,3; 61,8) und knüpft zugleich an die in Jes thematisierte Rede von der Hoffnung an (vgl. v. a. Jes 8,17).[492]

Der Lebende preist JHWH „wie ich heute". Mit dieser Wendung wird in V. 19aβ ausdrücklich formuliert, dass der betende Hiskia Vor- oder Urbild des betenden Menschen ist. Diese Annahme verbindet sich mit der Belehrung der Kinder durch den Vater (Dtn 6,20 f.). In der Weitergabe des Wissens von der Treue JHWHs an die Kinder manifestiert sich in dieser Hinsicht eben diese Treue, weil es Sanherib ist, der stirbt, Hiskia aber, der lebt, lobt und in den Kindern weiterlebt.[493] Hiskias

---

490 Einen zusätzlichen Zusammenhang für die Rede von der Treue sieht Beuken, Jesaja 28 – 39, 445: „Hiskija beschließt seinen Psalm mit dem Thema der Treue JHWHs (V 18 – 19), wie es auch David in seinem Danklied im Anschluss an die Nathanweissagung tut (2 Sam 7,28 – 29)."

491 Vgl. Ps 104,27 und 145,15 bzw. 119,166 sowie das Substantiv in Ps 119,116 und 146,5. Ps 104 und 145 nehmen die Hoffnung auf die Sättigung aller durch JHWH als Thema auf. Wie der Lobdank das Gebet mit den vorangehenden Gebeten in Jes 12 und 25 verbindet, nimmt der Jubel (הלל) nicht allein die Hymnen Deuterojesajas vorweg, sondern weist auch auf das Gebet der Gottesknechte in Jes 63 f. voraus, wo im Rückblick der Tempel als das Haus bezeichnet wird, „in dem unsere Vorfahren dich gelobt haben" und wo die Erinnerung an die Vergangenheit die Erinnerung an die Ruhmestaten JHWHs ist (63,7). Die Beter in Jes 63 nehmen dieses Motiv vermutlich aus Jes 38 auf.

492 Vgl. Jes 25 f. und den Gebetsruf in Jes 33,2. שׁלוֹם und אֱמֶת herrschen zur Lebenszeit Hiskias. Beide Begriffe sind also (auch) aus dem Kontext zu erklären.

493 Vgl. Kaiser, Jesaja 13 – 39, 323: „Dabei faßt er in den Kindern die Zeugen der Zukunft und damit zugleich die Zukunft Gottes und seiner Gemeinde, vgl. 5. Mose 4,9; Ps. 45,18, und in der in

prophetischer Name ist Immanuel, Gott mit uns. „Dessen Wahrhaftigkeit hat dieser Sohn durch seine Rettung aus der Unterwelt erfahren."[494]

Alle Tage des Lebens zu singen ist mit Ps 104,33 ein im Alten Testament zutiefst verwurzeltes Lebenskonzept. Es verbindet menschliche Gemeinschaft und Gottesansprache miteinander. Der Beter von Ps 27,4 will alle Tage seines Lebens im Tempel sein. Das fortwährende Singen ist die spiritualisierte Variante dieser Vorstellung. Dass musiziert wird (נגן), ist eine Anspielung auf den Psalmensänger und Urahn Hiskias David.[495] Zu beachten ist, dass die Zeitverhältnisse in V. 20 nicht eindeutig sind. Übersetzt man die Eingangszeile, wie oben geschehen, als Aufforderung, so liegt es nahe, in dem Spiel am Tempel eine erhoffte Zukunftsperspektive zu sehen und nicht eine Gegenwartsanzeige.[496] Sollte diese Deutung zutreffen, so würde sich die Frage Hiskias nach einem Zeichen für den Aufstieg zum Tempel unmittelbar einleuchtend ergeben.[497]

Immer wieder wird die These formuliert, es werde nicht allein ein privates Dankgebet berichtet, sondern im Gebet Anteil an Exil und Restauration gegeben.[498] Vor allem der pluralische Schluss wird als Hinweis darauf verstanden, dass hier die Rettung des Königs und das kultische Wohlergehen des Volks thematisiert

---

das Lob einbezogenen Gemeinde die Gegenwart ins Auge, vgl. Ps. 22,23.26; 149,1. Daß sie selbst Grund hat, Jahwes Hilfe zu bekennen und ihm singend und spielend zu danken, versteht sich ungezwungen, wenn ihr das Leben ihres Königs wiedergeschenkt worden ist, vgl. Ps. 144,9 f.; 149,2 f."

494 Vgl. Beuken, Jesaja 28 – 39, 439.

495 Vgl. 1 Sam 16 bzw. Ps 4; 6; 54; 55 und 61.

496 Zwei weitere Stellen mit identischer Form gibt es in den Psalmen, die als Hintergrund auch dieser Stelle berücksichtigt werden müssen. In Ps 31,3 wird der Infinitiv mit der Bitte an JHWH verbunden, dem Beter zu Zuflucht und Hilfe zu werden, „mich zu retten". Ps 71,3 ist so nah an dieser Formulierung, dass eine Abhängigkeit der beiden Psalmen kaum ausgeschlossen werden kann. Zwar geht Ps 71 über Ps 31 hinaus, insofern die Hilfe nicht mehr erbeten, sondern als zugesagt dargestellt wird. Gleichwohl ist der Infinitiv an beiden Stellen Teil der Bitte um JHWHs Eingreifen, nicht Teil dankenden Rückblicks oder jubelnden Aufatmens. Lässt man den Text ohne Erweiterung, wird die Spannung von Bitte, Zusage und tatsächlicher Hilfe offengehalten, was dem besonderen Charakter des Psalms durchaus entspricht. Das Lied des Lebendigen erklingt, wie es in den Klageliedern zu beobachten ist, in die Situation noch nicht gewendeten Leids hinein.

497 In diese Richtung deutet auch Seitz, Zion's Final Destiny, 168: „The final question of the king points ahead to his final return to the temple, not for death but for life."

498 Vgl. Ackroyd, Babylonian Exile, 165: „It is a comment on the larger significance of that recovery in the context of the whole work." Vgl. die weiteren Ausarbeitungen bei James W. Watts, *Psalm and Story: Inset Hymns in Hebrew Narrative*. Journal for the Study of the Old Testament Supplement Series 139. Sheffield: JSOT Press, 1992, 118 – 131, und Seitz, Zion's Final Destiny, 193 – 208.

würden.[499] Der Psalm sei Bericht aus dem Exil und zugleich Zeichen der Restauration, Zeichen einer Zeit, in der einer der Nachfolger Hiskias wieder zum Tempel gehen werde.[500]

Es hat sich gezeigt, dass das Handeln JHWHs, unter dem der Beter leidet, das Motiv der Krankheit sowie die Notwendigkeit der Sündenvergebung zur Rettung das Schicksal des Betenden mit dem Ergehen Israels und Handeln JHWHs, wie es in Jesaja berichtet wird, verbunden werden kann. Die Verse der Ergänzungsschicht (V. 13*.15a(b).17bβ) verstärken eine solche Leseweise, sie ist jedoch bereits im Motiv der Krankheit des Königs angelegt. In der vorliegenden Buchfassung ist es entsprechend kaum anders möglich, als im Gebet Hiskias das Gebet und Schicksal desjenigen Volks zu sehen, dessen Sündigkeit es aus dem Land der Lebendigen und aus der Gegenwart JHWHs entfernt hat und das erst dann Restitution erlebt, wenn JHWH die Sünde vergibt und es damit ins Leben zurückholt.

Fraglich bleibt jedoch, ob diese Deutung schon zum Zeitpunkt der Abfassung des Gebets so angelegt gewesen ist. Zwar werden Sünde und Gotteszorn angesprochen. Ausdrückliche Hinweise auf das Exil sind spärlich, eine Zerstörung des Tempels wird gar nicht angesprochen und die Bedrohung durch fremde Mächte ist höchstens angedeutet.[501] Dennoch bleibt die Anwendung des Gebets auf die Situation Israels möglich. Gerade die Verschränkung des Textes mit Jes 39 gibt einen zusätzlichen Hinweis: Wohlergehen (שָׁלוֹם) und Treue (אֱמֶת) sind Zeichen des Lebens bis zum Tod Hiskias (Jes 39,8). Sie enden mit seinem Tod und zwar durch Eroberung, Verschleppung und Exil. Ausgerechnet Wohlergehen und Treue sind die beiden wesentlichen Errungenschaften des Beters in Jes 38. Die beklagte Bitterkeit wird ihm zum Frieden (שָׁלוֹם), weil JHWH eingreift und ihn rettet. Vor allem aber konstatiert der Beter, dass der Sterbende nicht in der Lage sei, auf JHWHs Treue zu hoffen, der Lebende dagegen den kommenden Generationen von eben dieser Treue berichten kann. In diesem Gebet wird entsprechend die Überwindung der in Jes 39 angekündigten Leidenszeit beschrieben, die Wiedererlangung von Wohlbehalten und Treue. Auf dieser Ebene nimmt das Gebet das in Jes 39 angekündigte Leiden und seine Überwindung durchaus vorweg. Hier gibt es ein

---

499 Vgl. Hugh G. M. Williamson, „Hezekiah and the Temple." in *Texts, Temples, and Traditions*, hrsg. von Michael V. Fox. Winona Lake, Ind.: Eisenbrauns, 1996: 47–52, 49.

500 Vgl. Fox, aaO., 52, und Watts, Psalm and Story, 125, der festhält, dass der Psalm eben keinen Anteil an der Erzählung habe.

501 Seitz, Zion's Final Destiny, 184, argumentiert gegen die Verbindung des Psalms mit dem Ergehen der Exilsgeneration. „Nothing in chapter 38 suggests the specific 'death' of exile, nor is there any even oblique hint that the temple and its worship have come to an end. If anything, the opposite is true (see 38:20, 22)." Er gesteht ein, dass spätere Leser diese Empfindungen oder Gedanken beim Lesen dieser Geschichte gehabt haben mögen (ebd.): „But *relecture* is a different phenomenon than redactional composition."

faszinierendes Ineinander. Da Jes 39 das nach der Rettung und Bewahrung Hiskias hereinbrechende Elend voraussagt, endet die positive Perspektive des Psalms einerseits bereits hier. Da jedoch der Psalm die Verdammung zu den Todespforten gerade im Lobpreis der Treue und im Erleben neuen Friedens feiert, wird zugleich eine Perspektive jenseits des Gerichts ermöglicht.

Die Nähe zu Texten des Hiobbuches wird vor allem inhaltlich bedingt sein.[502] Folglich geht es nicht um eine literarische Abhängigkeit, vielmehr gibt es eine motivische Nähe. Sie besteht in der Wahrnehmung JHWHs als Urheber bösen Ergehens, das nicht unmittelbar einsichtig als Folge bösen Handelns bestimmt werden kann. Erst in der abschließenden Fassung des Gebets wird die Deutung des Ergehens als Folge der Schuld vorausgesetzt. Die ersten Verse bleiben ganz im Erschrecken über das eigene Geschick, im Schauder über das vernichtende Handeln JHWHs.

Schluss

Anders als alle bisher besprochenen Gebete, ist das in Jes 38 überlieferte Gebet Hiskias nicht einer Gruppe, sondern einem Einzelnen in den Mund gelegt. Selbst das Gebet Daniels wird zwar ausdrücklich von einer Einzelperson vorgetragen, dieser spricht aber im Interesse einer Gruppe. Anders das Gebet Hiskias. Es ist zunächst ein Psalm für Krankheit und Gesundung, in dem sich der Beter von der Todesnähe zum lebendigen Jubel „hindurchbetet". Eine wesentliche Funktion hat es zunächst im Nahkontext. Als Gegenfigur zum von den eigenen Kindern ge- meuchelten Sanherib ist der vorher unterlegene Hiskia preisend lebendig und kann seinen Kindern die Treue JHWHs kundtun, die er in der Bewahrung vor dem Tod erlebt hat. Es obsiegt das auch in der Krankheit weiterhin betende Vertrauen auf JHWH über die freche Selbsterhöhung eines Sanherib. Diese Pointe tritt durch das Gebet des frommen Hiskia besonders augenfällig zutage. Zugleich wird Lesern und Hörern die Partizipation am beispielhaften Gebet ermöglicht, das auch in anderen Situationen von Krankheit und Bedrohung gesprochen werden kann.

Diese Partizipation am Gebet Hiskias wird von späteren Ergänzern mit einem eigenen und über den unmittelbaren Kontext von Gebet und Erzählung hinaus- weisenden Akzent versehen. Dem abgewandten Gott, nach dem der Beter Sehn- sucht hat, weil nur er seine Rückkehr ins Leben bewirken kann, wird die Rede vom strafenden Gott hinzugefügt, dessen Nähe und Agieren tödlich sein können. Aus der Krankheit des Königs wird das Symbol für die von Gott und Leben trennende

---

502 Jes 38,12 hat Parallelen in Hi 4,14; 6,9; 7,6; 10,16 und 27,8. Vgl. Wildberger, Jesaja 28–39, 1468.

Schuld des Volks, die in späterer Weiterführung einiger Motive dieses Gebets der leidende Gottesknecht in Jes 53 auf sich nehmen wird. Der rehabilitierte Kranke bleibt ein nicht vollständig Genesender, der zwar von der Treue JHWHs singt, aber die Rückkehr zum Tempel noch erwartet. Zugleich nimmt er den Wechsel vom bitteren Schicksal zum Frieden für Israel betend vorweg.

Das Gebet ist als Metatext zur Erzählung von Hiskias Krankheit bestimmt worden.[503] Wie zu zeigen war, ist seine Funktion aber noch umfassender. Das Gebet setzt Krankheit und Gesundung als jeweils gegenwärtiges Schicksal voraus und lässt im Lesen und Mitbeten beide Momente gleichzeitig werden. Wer das Gebet liest, tritt ein in die Schar der Kinder Hiskias, die dieser das Wissen um die Treue JHWHs lehrt. Der Raum, den der lesend Betende abschreitet, reicht von den Ungründen des Todes bis an den Tempel.[504] Wie der Jubel Deuterojesajas ist dieses Singen teilweise antizipiertes Jubeln oder genauer „Jubel gegen den Augenschein". Der Weg zum Tempel ist noch nicht frei, die Hindernisse sind noch nicht für immer überwunden. Die Voraussetzung für alle Überwindung liegt bei JHWH, bei der Vergebung der Schuld, die sein Antlitz bedeckt. Der so Betende ist von seinem Gott vollkommen abhängig.

Der Gott, zu dem diese Zeilen gesprochen sind, ist zunächst der Gott des Einzelnen, den dieser im Moment der Lebensbedrohung als abwesend erlebt. Er ist Urheber guten wie bösen Ergehens jedes Menschen. Der sich betend an diesen Gott Hängende erlebt jedoch, wie die Krankheit geheilt und die Lebensperspektive zurückgegeben wird, die ihn aus der Isolation von Gott und Menschen in die Gemeinschaft der Lobpreis Singenden zurückbringt.

Der Gott, der vor allem in V. 13.15 und 17b beschrieben und angesprochen wird, ist der Gott, der richtend zum Feind des schuldig gewordenen Beters wird. Seine Darstellung steht in Kontinuität zur Rede vom richtenden Gott im Jesajabuch. Es ist zugleich der Gott, der die im Gericht gesühnte Schuld sich selbst aus den Augen schafft und so neue Lebensmöglichkeit gibt, dessen Restitutionshandeln jedoch teilweise noch aussteht.

Die Beter dieser Zeilen wissen, dass es nur einen Gott gibt, und erleben deshalb alles, Wohl und Wehe, als Wirken dieses Gottes. Er ist einziger Urheber

---

503 Vgl. Beuken, Jesaja 28 – 39, 421.
504 Als Anabasis beschreibt den Text Barré, The Lord Has Saved Me, 255 f.: „Seen as a whole, PsHez moves from lamentation through deliverance to joyful thanksgiving, from the netherworld to the house of Yhwh, from past to future. This movement is virtually an *anabasis*, since among the ancient Israelites the netherworld was regarded as the nadir of the cosmos and the temple of Yhwh its zenith. It is at the same time, of course, a movement from sickness to health, from sin to forgiveness, from death to life. All these aspects of the poet's 'journey' reach their destination precisely in the coda."

ihres Elends und zugleich einziger Adressat aller Klage und Bitte. Diese Ansprache JHWHs wird jedoch zum Problem und wird erst allmählich im Gebetsvollzug wieder errungen. Die Beter dieser Zeilen treten in die Nachfolge dessen, den sein Gottvertrauen wider den Augenschein immer wieder rettet.

Eine spätere Generation von Betern erkennt im todesumschlungenen, dem zürnenden Gott ausgelieferten und doch geretteten Hiskia das Schicksal Israels. Sie sprechen seinen Krankenpsalm als Volksklage. Dabei entspricht das Maß der Rettung exakt dem Ort des Psalms im Ablauf des Buchs: Es wird der Weg aus der Gottesferne zum lebendigen Jubel abgeschritten, die vollständige Restitution der Lebenden steht jedoch noch aus. Jes 39 kündigt mit dem Ende Hiskias das Ende von Wohlergehen und Wahrheit an. Das Gebet in Jes 38 nimmt diesen Verlust vorweg, weist aber zugleich auf ihre Wiedergewinnung voraus.

Die Funktion dieses Gebets ist entsprechend die, in der Geschichte vom vorbildlichen König ein nachbetbares Gebet zur Verfügung zu stellen. Es ist ein Gebet, das die Möglichkeit einer Partizipation an der Gesundung des Königs gibt und zugleich die Erwartung auf ein endgültig befreiendes Handeln JHWHs aufrechterhält. Das „poetische Zwischenspiel" setzt so deutlich eigene Akzente.[505]

3.2 Du hast mein Leben heraufgeführt – Jon 2

Wie in Jes 38 spricht in Jon 2 eine Person der Vergangenheit. Stärker als das Gebet Hiskias thematisiert Jon 2 die schuldhafte Gottesferne des Beters, ohne dabei jedoch ausdrücklich von Schuld zu sprechen oder Buße zu formulieren. Im Gegenteil lässt die Abgrenzung gegenüber allen Götzenanbetern in V. 9 kurzfristig sogar an einen „gerechten Beter" denken. Diese Abgrenzung bestimmt jedoch kaum den Ton des Gebets und kann bei der Einteilung des Jonapsalms unberücksichtigt bleiben.

Eine gerade in Bezug auf das Jonabuch, aber auch für Hiskia (Jes 38) formulierte Auslegungstradition geht davon aus, in Erzählungen eingefügte Gebete hätten vornehmlich die Aufgabe, denjenigen zu charakterisieren, dem sie in den Mund gelegt wurden.[506] Für das Jonabuch hat diese Vorannahme die Auseinan-

---

505 Vgl. Pieter Arie Hendrik de Boer, „Notes on Text and Meaning of Isaiah xxxviii 9 – 20." in *Oudtestamentische Studien* 9 (1951): 170 – 186, 185, Barré, The Lord Has Saved Me, 233, stimmt nicht de Boer zu, der das Stück als ,poetical interlude' beschreibt. Er votiert mit Ackroyd, Babylonian Exile, 166, der die Restitution als Zeichen für die Restitution des exilierten Israel versteht.

506 Vgl. Mathys, Dichter und Beter, 218 – 229.

dersetzungen über die Zugehörigkeit des Gebets zum Plot stark beeinflusst.[507] Das Problem einer fehlenden Kontinuität zwischen „Jona" als Person der Erzählung und „Jona" als Betendem entsteht nur, wenn beide vorrangig auf die Person Jonas bezogen werden. Da das Gebet alle Voraussetzungen erfüllt, vom Hörer oder Leser mitgebetet zu werden, ist diese Prämisse nicht notwendig.[508]

Entscheidend ist nicht allein, wem diese Zeilen in den Mund gelegt werden und wie diese Person durch das Gebet charakterisiert wird, sondern wer die gebeteten Zeilen lesen und sprechen soll, welcher Gruppe von JHWH-Verehrern sich derjenige, der diesen Text lesend betet, zuzählt. Erst im Fortgang der Interpretation ist dann, wie bei etlichen Psalmenüberschriften auch, zu bedenken, welchen Einfluss die Zurechnung dieses Psalms zur beschriebenen Person auf die Interpretation des Gebets hat.

Mit so veränderter Perspektive bleibt die Frage nach der Einbindung des Gebets in den Kontext des Jonabuches von Belang, aber sie wird erst zum Abschluss dieses Abschnitts zu stellen sein. Zuvor stellt sich die Frage nach der Struktur des Gebets an sich, nach seiner Gattung und Auslegung.

Übersetzung

1 Und JHWH bestimmte einen großen Fisch, Jona zu schlucken.
   Und Jona war in den Eingeweiden des Fisches drei Tage und drei Nächte.

2 Und Jona betete zu JHWH, seinem Gott,
   aus den Eingeweiden des Fisches.

3 Und er sprach:
   Ich habe gerufen aus meiner Not
   zu JHWH, und er hat mir geantwortet,
   aus dem Leib der Sheol habe ich um Hilfe gerufen,
   du hast meine Stimme gehört.

---

507 Vgl. die Darstellungen der Forschungsgeschichte von Rüdiger Lux, *Jona, Prophet zwischen „Verweigerung" und „Gehorsam": Eine erzählanalytische Studie.* Forschungen zur Religion und Literatur des Alten und Neuen Testaments 162. Göttingen: Vandenhoeck & Ruprecht, 1994, 11– 64, und Ludwig W. A. Schmidt, *„De Deo." Studien zur Literarkritik und Theologie des Buches Jona, des Gesprächs zwischen Abraham und Jahwe in Gen 18,22ff. und von Hi 1.* Beihefte zur Zeitschrift für die Alttestamentliche Wissenschaft 143. Berlin u.a.: de Gruyter, 1976, 4–17.
508 Vgl. Ûrî'el Sîmôn, *Jona: Ein jüdischer Kommentar.* Stuttgarter Bibelstudien 157. Stuttgart: Verlag Katholisches Bibelwerk, 1994, 94: „...ein herrliches Gebet, das aus der Unterwelt zur himmlischen Halle aufsteigt und dem Hilflosen Erlösung bringt.".

4   Und du hast mich [in die Tiefe][509] ins Herz der Meere geworfen
    und Strömung umfing mich,
    alle deine Brandungen und deine Wellen
    gingen über mich.

5   Ich aber dachte:
    Ich bin vertrieben aus deinen Augen!
    Gleichwohl[510], ich will weiter hinblicken
    zu deinem heiligen Tempel.

6   Wasser reichten mir bis zur Kehle,
    Urflut umfing mich.
    Schilf umwand mein Haupt.

7   Zu den Gründen der Berge bin ich hinabgestiegen,
    das Land, seine Riegel (waren) für immer hinter mir (geschlossen).[511]
    Du aber hast mein Leben aus der Grube heraufgeführt,
    JHWH, mein Gott.

8   Als in mir meine Seele verzagte, gedachte ich JHWHs,
    und mein Gebet kam zu dir, zu deinem heiligen Tempel.

9   Hüter eitler Nichtse, ihre Gnade müssen sie verlassen.

---

509 Der Ortsangabe ist merkwürdig gedoppelt und unterbricht an dieser Stelle das Qina-Metrum. Anzunehmen ist, dass es sich bei מְצוּלָה um eine nach dem Vorbild von Ex 15,5 eingefügte Glosse handelt.

510 Theodotion bietet an dieser Stelle eine Frage (πῶς – wie?), Septuaginta kann ebenfalls fragend gelesen werden (ἆρα) oder als Folgerungspartikel (ἄρα). Die Lesung als Frage beseitigt die Schwierigkeit, dass nach dem hebräischen Text der Beter mitten im Klagen seine ausdrückliche (אַךְ als Intensivierung) Absicht verkündet, auch ohne JHWHs Blick mit seiner Wahrnehmung zum Tempel hin ausgerichtet zu bleiben. Dass es hier um ein fortgesetztes Schauen geht, nicht um ein „den Tempel wieder sehen", legt sich von der Bedeutung des Verbs in Verbindung mit Inf. cs. nahe. Nowack, Die kleinen Propheten, 197, ändert mit LXX. Ebenso Weiser, Das Buch der zwölf kleinen Propheten I, 220; Mathys, Dichter und Beter, 218, u. ö. Anders Wilhelm Rudolph, *Joel, Amos, Obadja, Jona.* Kommentar zum Alten Testament 13,2. Gütersloh: Gütersloher Verlagshaus Mohn, 1971, 346, sowie Adam S. van der Woude, „Bemerkungen zu einigen umstrittenen Stellen im Zwölfprophetenbuch." in *Mélanges bibliques et orientaux en l'honneur de M. Henri Cazelles,* hrsg. von A. Caquot und M. Delcor. Alter Orient und Altes Testament 212. Kevelaer u. a.: Butzon & Bercker u. a., 1981: 483–499, 490, der zu Recht festhält, dass LXX mit ἄρα die *lectio facilior* biete und aus einem zu schematischen Text- (und vor allem Klage-) Verständnis herrühre.

511 Mathys, Dichter und Beter, 218, unternimmt hier gegen MT eine eigene Texteinteilung: „Meertang umschlang mein Haupt an den Gründen der Berge, ich war hinabgefahren in die Erde..."

10 Ich aber, mit der Stimme des Dankes will ich dir opfern.
Was ich gelobt habe, will ich erfüllen.
Hilfe (ist) bei JHWH.[512]

11 Und JHWH sprach zum Fisch, und der erbrach Jona aufs Trockene.

Text und Struktur

Zwei Motivkreise, der Tempel als Ziel des Gebets und das Meer als Todeszone,
prägen den Psalm. Das regelmäßige Nebeneinander dieser Motive kann durchaus
als Anlage des Textes in ähnlich aufgebauten Strophen gedeutet werden.[513] Ein
genauer Blick legt es nahe, das Ineinander zweier Motivkreise anzunehmen, die
regelmäßig verteilt sind und deshalb einen strophischen Eindruck erwecken.[514]
Sie lassen sich voneinander abheben. Die Verse 3.5.8 und 10 sind ausdrücklich
oder implizit in Perspektive auf den Tempel hin formuliert. Sie thematisieren im
Gebet Aufgabe und Wirkung von Gebet und stellen es als einzig verlässlichen Weg
aus dem Leid dar. Die Angst des Beters, aus dem Blickfeld JHWHs geraten zu sein,
macht deutlich, dass auf dieser Ebene des Gebets JHWHs Präsenz als rettend und
belebend erfahren wird. Anders im zweiten Motivkreis (V. 4.6 f.), dessen Wasser-
bilder das Gebet als im Jonabuch gesprochenes so passend erscheinen lassen. In
diesen Versen wird JHWHs Handeln in seiner Ambivalenz als vernichtend *und*
rettend dargestellt.

In einer überblicksartigen Gliederung stellen sich die Themen folgendermaßen dar:

---

512 Nach den Codices Alexandrinus, Marchalianus und Sinaiticus (korrigiert), schließt Septuaginta die letzten Worte enger mit dem Lobversprechen zusammen: εἰς σωτηρίον μου – ich
gebe für mein Heil dem Herrn. Statt des Dankes erinnert diese Formulierung eher an die Praxis
des *do ut des*.

513 Vgl. Sîmôn, Jona, 95 f.

514 Jörg Jeremias, „Der Psalm des Jona (Jona 2,3–10)." in *Was ist der Mensch, dass du seiner
gedenkst? (Psalm 8,5): Aspekte einer theologischen Anthropologie*, hrsg. von Michaela Bauks.
Neukirchen-Vluyn: Neukirchener Verlag, 2008: 203–214, 205 f., unterscheidet die Strophen V. 4 f.
und V. 6–8, deren inhaltliche Differenz er für wesentlich hält. Während in der ersten Strophe das
Gerichtshandeln JHWHs thematisiert wird, ist es in der zweiten Strophe die Todesbedrohung,
aus der JHWH rettet. Während der Beter der ersten Strophe sich von Ferne darin versichert, er
werde den Tempel wiedersehen (aaO., 208), freut er sich in der zweiten Strophe über die Erhörung von Ferne. Die Struktur der Verse wird auf diese Weise sinnvoll wiedergegeben.

3   Thema: Gebet und Erhörung

4   JHWHs Handeln: Vernichtung

5   JHWH sieht nicht auf den Beter, aber der
     Beter sieht auf den Tempel als Ort JHWHs

6 f.   Der Beter sinkt in den Tod und
                                             wird ins Leben gerettet
                                             JHWHs Handeln: Rettung

8   Rettung als Erhörung des Todgeweihten von
     JHWH und vom Tempel her

9   Götzenanbeter bringen sich um die Gnade

10   Lob- (und Opfer-)Gelübde
     JHWH (allein) ist Hilfe

Ein logischer Bogen verbindet V. 4a und V. 7b, das unmittelbare Handeln JHWHs am Beter zum Verderben und zur Rettung. JHWH wirft den Betenden ins Wasser (V. 4) und er führt ihn wieder vom Grab hinauf (V. 7). Durch die motivische Verbindung von „Wurf" und „Heraufführung" werden „Meer" und „Grab" parallelisiert.

Beiden Sätzen über das Handeln JHWHs ist jeweils ein Vers zugeordnet, der das Ergehen des Beters ausdrücklich zu seinem Verhältnis zu JHWH und zum Tempel in Beziehung setzt. Diese Explikationen in V. 5 und V. 8 fügen sich nicht ohne weiteres in ihren Zusammenhang ein. Wissend, dass es nach V. 4b JHWHs Fluten sind, die dem Beter sein Leben nehmen, ist dessen in V. 5 formulierte Sehnsucht nach JHWHs Blick nicht unmittelbar naheliegend. Vor allem aber unterbricht V. 5 mit seiner Tempel-perspektive recht plötzlich die Wassermotivik der ihn umgebenden Verse 4 und 6. Der eigentliche, von V. 5 gestörte Zusammenhang dieser beiden Verse, wird durch die Wiederholung des Verbs סבב in V. 4a und 6a unterstrichen. Der Beter ist von Strom (נָהָר) und Tehom (תְּהוֹם) umfangen.[515] Die Bedrohung durch die Tehom ist gegenüber der durch den Strom eine Steigerung.

Die zweite ausdrückliche Tempelerwähnung (V. 8) formuliert das in V. 7 Berichtete aus anderer Perspektive.[516] Die Hinaufführung des Beters aus dem Grab

---

515 Vgl. Hermann J. Opgen-Rhein, *Jonapsalm und Jonabuch: Sprachgestalt, Entstehungsgeschichte und Kontextbedeutung von Jona 2.* Stuttgarter Biblische Beiträge 38. Stuttgart: Verlag Katholisches Bibelwerk, 1997, 182: „Damit stellt der Redaktor die geläufigen Bezeichnungen für die lebensbedrohlichen Chaoswasser in sonst nicht anzutreffender Vollständigkeit zusammen."
516 Vgl. Mathys, Dichter und Beter, 223, der hier von einer unnötigen „Einhämmerung" der These „Gott hilft dem frommen Beter auch in der größten Not" spricht.

(V. 7) wird als Erhörung des Gebets beschrieben.[517] Der verzagende Beter erinnert sich JHWHs, und sein Gebet kommt vor Gott in den Tempel. Das bereits berichtete Rettungsgeschehen wird so noch einmal in den Worten und Vorstellungen der Tempelfrömmigkeit nachgebetet. Entsprechend ist das Verhältnis der Verse 5 und 8 zu ihrem Kontext differenziert zu betrachten: Sie setzen einen neuen Akzent, passen aber inhaltlich durchaus zum Vorangehenden und sind im Textganzen nicht isoliert. Sowohl der Fokus auf den Tempel als auch die ausdrückliche Thematisierung des Gebets finden sich auch in den Versen 3 und 10.[518] Auch V. 9 zeigt sich als diesem Themenstrang zugehörig, setzt aber einen eigenen Akzent. Insgesamt ist der Psalm in der vorliegenden Form deutlich auf den Tempel und die auf den Tempel gerichtete Frömmigkeit fokussiert. Neben unterschiedlichen Motiven vermischen sich im Jona-Psalm zudem unterschiedliche Rederichtungen.

Drei der vier auf den Tempel bezogenen Verse verbinden mit der Anrede an JHWH die Rede über JHWH (V. 3.8.10). Der Redewechsel ist auffällig, weil der Psalm insgesamt vergleichsweise selten die Anrede JHWHs verlässt. In den benannten drei Versen scheint der Wechsel jedoch kaum zufällig zu sein. Jeweils das erste und letzte Kolon des Psalms ist Rede über JHWH. Auf diese Weise wird die Anrede von Sätzen der Gotteslehre gerahmt. Die drei Kola, in denen der Beter über JHWH spricht, formulieren eine „Gebetslehre" *in nuce*: Der Beter erinnert sich JHWHs in der Not (V. 8a); JHWH hört das Gebet der Not (V. 3a); das bedeutet: Hilfe ist bei JHWH (V. 10b).[519]

Wachstum

Für fast alle literarkritischen Operationen am Psalm des Jona sind die Verse 5 und 8 entscheidend, deren Bezug aufeinander und/ oder deren relative Fremdheit im Kontext bei etlichen Überlegungen zum Text bestimmend sind.

So unterscheidet Cross den Text in einen „archaischen" Grundpsalm (V. 3–7) und eine spätere kultische Zufügung (V. 8–10).[520] Auch bei Opgen-Rhein steht einem ursprünglichen,

---

517 Wobei die תְּפִלָּה die Einleitung/ Überschrift „und Jona betete" (וַיִּתְפַּלֵּל) aufnimmt. Auch für das gerade formulierte und lesend gesprochene Gebet gilt also die Möglichkeit, dass es zum Tempel gelangt.
518 Siehe dazu den Abschnitt über den Kontext.
519 Vgl. Lux, Jona, 180: „Es ist nicht unerheblich, daß der Psalmdichter am Anfang (V. 3a), auf dem Höhe- und Wendepunkt (V. 8a) und am Ende seines Dankliedes (V. 10b) in den Er-Stil verfällt."
520 Bei einem durchgehend im Musivstil verfassten Psalm ist, so zu Recht Mathys, Dichter und Beter, 220, allenfalls von archaisierenden Versen zu sprechen, kaum von archaischen. Für die

außerhalb des Jonabuchs verfassten Psalm (V. 6–10) eine spätere redaktionelle Zufügung gegenüber (V. 1–5). Er nimmt ein genau umgekehrtes Wachstum der Verse an.[521] Auch die Dreiteilung von Nogalski orientiert sich an den Versen 5 und 8. Sie bilden für ihn den Rahmen um das Zentrum des Psalms.[522] Für redaktionell hält er die abschließenden Verse 9 f. Sie seien bei der Einfügung des Textes in das Jonabuch formuliert worden und orientierten sich vornehmlich am Zwölfprophetenbuch. Die Konzentration auf die konzentrische Struktur des

---

Altersbestimmung der Psalmabschnitte lässt sich aus der archaisierenden Sprache jedoch kaum ein sinnvoller Schluss ziehen.

521 Hier ist V. 5 Abschluss; vgl. Opgen-Rhein, Jonapsalm und Jonabuch, 131 f. Opgen-Rheins Lösung nimmt den bereits dargestellten Wechsel auf, von einem von JHWH verfügten Untergang des Beters in V. 3–5 und einem Untergang des Beters im Chaos, dem die Rettung durch JHWH entgegengestellt wird in V. 6–10. Dieses Nebeneinander kann natürlich literarkritisch geschieden werden. Aber auch die Verse 6–10 bieten kein wirklich einheitliches Bild: Die Götzenpolemik in V. 9 ist im Kontext nicht angelegt und bleibt zudem sehr kurz. Außerdem muss angenommen werden, dass im verlorenen Anfang dieses ursprünglichen Gebets das Gebet selbst angesprochen worden sei. Nur so würde sich die Ergänzung der Rettungsaussage in V. 7 um die tempeltheologische Rettungsperspektive in V. 8 erklären lassen. Die „Erhörung von Gebet", die in V. 8 aufgenommen ist, wird in V. 3–5 thematisiert, nicht jedoch in V. 6–10. Unklar bleibt bei seiner Rekonstruktion, wie die weitgehende Nähe von 1,16 und 2,10 bewertet werden soll. Ein weiterer Schönheitsfehler ist, dass die störende Stellung von V. 5 im Kontext nun einem Redaktor angelastet werden muss. Vor allem aber beruht die literarkritische Operation auf der Beobachtung eines Wechsels in der Gliederung von einer Abfolge von Bikola zur Abfolge von Trikola, der nicht so zweifelsfrei auf der Hand liegt, wie Opgen-Rhein es darstellt. Er bindet V. 6–7a zu einer, V. 7b-8 zur nächsten Folge zusammen und erhält mit V. 9–10 ein drittes Trikolon. Nun sind aber vor allem V. 7b und V. 9 nicht sehr eng mit den anderen beiden Zeilen ihres Trikolons verbunden. Viel leichter ließe sich hier der Zusammenhang dadurch erklären, dass V. 9 als einzelnes Kolon eingefügt wurde zwischen die Bikola V. 8 und V. 10. V. 7aβb* bilden ein antithetisches Bikolon, das dadurch eine gewisse Nähe zu V. 5 zeigt. Die Notwendigkeit, hier Trikola anzunehmen, ergibt sich entsprechend nur, wenn V. 9 als relativ isoliertes Kolon unbedingt zum Teil einer Figur gemacht werden soll, was kaum ohne Mühe gelingt. Vgl. Hans Walter Wolff, *Obadja und Jona*. Biblischer Kommentar Altes Testament 14/3. Neukirchen-Vluyn: Neukirchener Verlag, 1977, 105, der einzig V. 9–10 als Periode „aus drei Reihen" beschreibt: „[H]iervon steht die erste Reihe (V. 9) antithetisch zu den beiden folgenden synonymen Reihen (V. 10; Begrich 157); damit ist eine letzte Steigerung angezeigt, die in dem kurzen, bündigen Bekenntnissatz in V. 10b gipfelt."

Die Annahme, die Verse 6–10 seien ein „‚modernes Kirchenlied' aus dem 3. Jh." bedarf deshalb zu vieler Hilfsannahmen, um sich wirklich als These halten zu können. Zumal die Erläuterung, die „Modernität" des Psalms werde quasi von einem „götzenpolemischen Zug des Gedichts" ausbalanciert, eine Überlegung ist, die der alttestamentlichen Fiktion folgt, Götzen seien späte Gefährdungen eines ursprünglich unvermischten JHWH-Glaubens (vgl. Opgen-Rhein, Jonapsalm und Jonabuch, 176).

522 Vgl. Nogalski, Redactional Processes, 252–254. Die beiden ersten Psalmabschnitte seien durch Stichworte miteinander verbunden, 2,9 f. dagegen sei vom Rest des Psalms isoliert. Nogalski hält diese Verse für redaktionelle Zufügungen zum Zeitpunkt der Einbindung des in einem anderen Zusammenhang entstandenen Psalms in den Kontext des Jonabuches (aaO., 254).

Textes und die Verbindung von V. 5 und V. 8 birgt die Gefahr, den Zusammenhang von V. 4 und V. 6 f. zu vernachlässigen.

Sinnvoller als eine Zweiteilung des Psalms, die dem Konnex der Verse untereinander nicht gerecht wird, oder eine konzentrische Auslegung, die manche Übereinstimmungen aufnimmt, andere außen vor lassen muss, scheint es zu sein, die ineinander gearbeiteten Motivkreise, die in diesem Psalm zu erkennen sind, voneinander zu trennen. Eine entsprechende These bietet etwa Weimar, der die Parallelstruktur der Verse für eine nachträgliche Erweiterung hält und mit den Versen 2a.3b.4a* und 7b eine der Parallele in Jon 4,2a.3 f. entsprechende Klage als Grundpsalm annimmt.[523] Alle Wiederholungen gehören bei ihm mit den abschließenden Versen zur späteren Redaktion.[524] Diese Annahme ist partiell nachvollziehbar. Nicht deutlich wird jedoch, weshalb ausgerechnet der schwierige Übergang von V. 3 auf V. 4 als ursprünglich angesehen wird und wie ein Text, der im ersten und im letzten Vers von der Rettung durch JHWH erzählt, als „ursprüngliche Klage" bezeichnet werden kann.

Krüger vermeidet die Zweiteilung des Psalms und kann damit die Übereinstimmungen im Text achten und die Spannungen auswerten. Er hält V. 5.8.9 f. für nachträglich in den Text eingetragen.[525] Ausgehend von der Beobachtung, dass V. 5 im Kontext „stört" und V. 8 in den gleichen Zusammenhang gehört, nimmt er eine Bearbeitung des Jonabuches an, die auch die Verse 9 f. in den Text eingetragen hat und u. a. für Jon 1,16 verantwortlich ist. Er unterscheidet thematisch die Verse, in denen die Rettung aus der Todesgefahr im Zentrum steht, und diejenigen, die die Hinwendung zu JHWH ansprechen.[526]

Wie bereits beschrieben lassen sich im Psalm zwei unterschiedliche Themenkreise voneinander abheben, deren Übergang teilweise nicht ebenmäßig ist und durch deren Nebeneinander einige Redundanzen entstehen. Unterschieden werden zunächst V. 5.8, die eindeutig auf den Tempel ausgerichtet sind, und V. 4.6 f., in denen sich der Psalmist für die Bedrohung des Beters der Meeresmetaphorik bedient. Mit dem Zitat aus Ps 120,1 nimmt bereits V. 3 die Tempelperspektive der

---

523 Vgl. Peter Weimar, „Jonapsalm und Jonaerzählung." in *Biblische Zeitung N.F.* 28 (1984): 43 – 68, 64 – 66.
524 Vgl. aaO., 58 f. Weimar sieht in der Kennzeichnung JHWHs als „Hilfe" in V. 10b eine nachträglich gestaltete Wiederaufnahme des Bekenntnisses von V. 7b und hält (wie Thomas Krüger, „Literarisches Wachstum und theologische Diskussion im Jona-Buch." in *Biblische Notizen* 59 (1991): 57–88, 66) die Verse 8–10 insgesamt für einen Nachtrag. Er sieht zudem einen engen Zusammenhang von V. 2 und V. 7, weil beide ausdrücklich vom persönlichen Gott des Beters sprechen (mein/ sein Gott).
525 Vgl. ebd.
526 Vgl. ebd.: „Während in V. 3–4 und 6–7 die Rettung des Beters aus Todesgefahr im Mittelpunkt steht, ist es in V. 5 und 8 seine Erinnerung an und Rückwendung zu Jahwe in der Not." Zumindest in V. 4.6 f. wird aber keine solche „Rettung" als Folge der Anrufung thematisiert. Dieses Thema ist lediglich in V. 3 angesprochen, prägt jedoch auch V. 5 und vor allem V. 8, weshalb anzunehmen ist, dass diese Verse die Thematik von Jon 1 aufnehmen.

nachfolgenden Verse 5 und 8 auf, die sich auch in V. 10 findet. Vers 9 dagegen ist weder formal noch thematisch eng in seiner Umgebung verankert.[527]

Die von Nogalski aufgezeigte Verbindung von V. 9f. ins Dodekapropheton hinein ist offenkundig, und doch sind hier inhaltliche Differenzen wahrzunehmen.[528] In Jona wird Götzenanbetern vorgeworfen, sie würden die Gnade verlassen. Von Götzenanbetung spricht Hos 6 nicht. Dafür wird dort eine Opferkritik formuliert, die das Opfer Jonas offenbar nicht tangiert. Viel wahrscheinlicher scheint es deshalb, dass V. 9 eine Umdeutung von V. 10 vor dem Hintergrund von Hos 6 ist. Hier wird nicht Gnade (חֶסֶד) anstelle von Opfern (זֶבַח) verlangt, vielmehr wird das in Hos 6 angesprochene Verlassen der Gnade als kultische Deviation gedeutet. Vermeidet der Opfernde in V. 10 diese Abweichung zu anderen Göttern, so ist auch die Gnade bewahrt. Anders als in Hos 6, werden hier also nicht Sozialverhalten und Kultverhalten verglichen, sondern unterschiedliches Kultverhalten als richtig und falsch unterschieden. Interesse der Einfügung von V. 9 wäre entsprechend, die Rechtmäßigkeit des Opfers in 2,10 vor dem Hintergrund von Hos 6 zu sichern und zugleich die dort vorgenommene sozialethische Zuspitzung kultisch umzudeuten.[529] Aus diesem Grund ist V. 9 am ehesten als eine späte Zufügung zu sehen, die das Opfer in Jonas Gebet ins rechte Licht rücken will und zudem die Aussage von Hos 6 umdeutet. Gefordert wird nicht Gnade statt Opfer,

---

[527] Die Beobachtung von Mathys, Dichter und Beter, 221, solche „Lehrsätze" seien typische Bestandteile „redaktionell eingesetzter Psalmen", enthebt nicht von der Aufgabe, die Verbindungen des Verses mit seinem Kontext zu untersuchen. Nach gegenwärtigem Wortlaut des Psalms setzt der Anschluss in V. 10 mit dem invertierenden וַאֲנִי, „ich aber" den vorangehenden Vers voraus. Dies ist jedoch kein ausreichendes Argument für die ursprüngliche Abfolge dieser Verse. Dem Vers 10a fehlte nichts, würde man diese Entgegensetzung streichen. Zudem begönne der letzte Vers auf diese Weise mit der „Stimme", קוֹל, des Beters, die – dort noch klagend – den Abschluss des ersten Verses des Psalms (V. 3) bildet. Zur Abfolge von Hass auf Götzenanbeter und eigenem Vertrauen vgl. Ps 31,7.

[528] Nogalski, Redactional Processes, 269, sieht hier Verbindungen zu Mi 1,7 aber auch zu Hos 5,15 und 6,1–6. Vor allem passt 6,2 zu der Tagezählerei in Jon 2: „Jonah 2:3ff very clearly plays out this scene. On the third day Jonah offers his 'prayer'." Er geht davon aus, dass gerade V. 9f. eng mit dem Ganzen des Dodekapropheton verbunden seien. Bereits die Belebung am dritten Tag erinnere in gewisser Weise an die Tagezählerei und Zusage in Hos 6,2. In den das Gebet abschließenden Versen würde nun die Opferkritik aus Hos 6,6 aufgenommen.

[529] Innerhalb des Dodekapropheton sieht Nogalski, aaO., 271, das Jonabuch als Gegenpart zu Nahum, wo gegen Niniveh so hart argumentiert wird, dass für rettendes Handeln JHWHs gar kein Raum mehr bleibt: „Jonah goes well beyond the concepts in Nahum. It *presumes* the nations can have a salvific relationship with the God of Israel." Beide Möglichkeiten zusammen werden als Thema in Jer 18,7–10 formuliert. Dass Jona nicht entkommen kann, parallelisiert Nogalski mit Amos/ Obadja, wo betont wird, weder Israel noch Edom könne JHWHs Gericht entkommen. Datiert wird das Buch als eine der jüngsten Einträge im Dodekapropheton. Vgl. aaO., 272.

sondern ein Opfer, das wegen seiner „Rechtausrichtung" die Gnade bewahrt. V. 10 dagegen hängt mit Hos 6 kaum zusammen. Dass in diesem Vers der Schlussakzent auf JHWH liegt, dürfte „schwerlich ein Zufall" sein.[530]

Schließt man V. 9 als späte Glosse aus, so stellt sich der Psalm als Konstruktion der beiden Motivkreise, des Gebets-Tempelzyklus in V. 3.5.8.10 und des Rettungsberichts mit Meeresmetaphorik in V. 4.6 f. dar. In der vorliegenden Fassung lassen sich beide Versfolgen nicht unabhängig voneinander lesen. Jon 2,4.6 f. geben zwar in sich einen sinnvollen Gedankengang wieder. Der kurze Gebetsabschnitt ermangelt aber einer eröffnenden Gottesanrede. Zudem gibt es auch hier theologische Unstimmigkeiten: V. 4 präsentiert, ganz in Übereinstimmung mit dem Jonabuch, JHWH als Urheber auch des Elendes. V. 6 f. dagegen sehen in ihm allein den Helfer aus aller Not, die selbsttätiges Chaos ist, gegen das JHWH verteidigt.[531] Jon 2,3.5.8.10 dagegen sind von vornherein als theologische Kommentare und Deutungen des in V. 4.6 f. Berichteten verfasst.

Diese These kann in einem kurzen Durchgang durch den Psalm plausibilisiert werden: Gleich zu Beginn des Psalms begegnet die Schwierigkeit, V. 4 an V. 3 anschließen zu lassen. Göttliche Erhörung und göttliche Auslieferung werden nicht miteinander vermittelt. Ein logischer Übergang von V. 3 zu V. 4 gelingt nur, wenn man den Narrativ gegen die Gewohnheit vorzeitig übersetzt.[532] Diese Inkonsistenz lässt sich damit erklären, dass V. 3 als eröffnender Vers die zusammenfassende Themenangabe des Psalms formuliert und zwar zunächst als Bericht und dann in der Anrede an JHWH. V. 5 schließt formal sauber an V. 4 an, gibt aber inhaltlich dem Geschehen eine ganz neue Ausrichtung, weil hier die Todesdrohung mit einer Entfernung aus Gottes Gesichtsfeld verbunden wird. Bedrohlich ist Gottes Abwesenheit, wohingegen in V. 4 seine Anwesenheit, genauer sein strafendes Handeln als Bedrohung erlebt wird. V. 6 f. setzen gegenüber dem in V. 5 geäußerten Plan, sich auf den Tempel auszurichten, den Bericht aus V. 4 fort. Auffällig ist hier der plötzliche Wechsel in der Metaphorik. Wie V. 3 in der Überschrift, so fasst auch V. 8 das Geschehen noch einmal deutend zusammen. Betont wird der eigene Anteil an der Rettung, die nur geschehen konnte, weil der Betende sich Gottes erinnert und sein Gebet im Tempel ankommt. Eine solche rettende

---

530 Über die Bedeutung des Namens in den späten Gebeten des Alten Testaments äußert Mathys, Dichter und Beter, 221:"Er [der Name JHWH] gehört, wie wir zu betonen nicht müde wurden, zu den zentralen ‚dogmatischen' Aussagen der von uns untersuchten Texte."
531 Weimar, Jonapsalm und Jonaerzählung, 59, beschreibt vor diesem Hintergrund 2,4a und 7a als konkurrierende Aussagen. Er bindet 2,4a und 2,7b inhaltlich zusammen und sieht in V. 6 – 7a eine späte Erweiterung.
532 Vgl. Joüon/ Muraoka, Grammar, §118d Anm. 2.

Eigenbeteiligung des Beters ist im dankbaren Ausruf von V. 7 gar nicht angelegt. Wieder wird der Rettungsbericht theologisch gedeutet.

Einen Hinweis auf die Verbindung der beiden Motivkreise bietet V. 7, in dem Abstieg zum Grund der Welt die Heraufführung des Lebens durch JHWH entgegengestellt wird. Der für die Heraufführung verwendete Terminus עלה steht zum einen für das Rettungshandeln JHWHs am Einzelnen oder am Volk, zum anderen für den wallfahrenden Aufstieg zum Tempel (vgl. Ps 122,4; Jes 2,3 u. ö.). Die Verwendung dieses Verbs an dieser Stelle setzt nicht notwendig eine Tempelperspektive voraus. Ebenso wie die Schilderung des Chaos und der Todesbedrohung, die in vielen Texten der Lebensordnung des Tempels entgegengesetzt werden, bietet sie aber Anknüpfungsmöglichkeiten für die Erweiterung durch die Verse 3.5.8.10 (und 9).[533]

Ausgehend von der Beobachtung, dass die Motivkreise des Psalms nicht nur in Jon 2 nebeneinander verwendet werden und dass die Verse durchgängig aus dem Psalter zitieren, werden neben den dargestellten literarkritischen Überlegungen zum Psalm des Jona auch Ansätze formuliert, in dem Psalm eine Kompilation überkommener Einzelverse zu sehen.[534] Mit V. 6 f. hat diese Kompilation jedoch einen Nukleus, von dem her sich die besondere Struktur des Psalms gut verstehen lässt. Ursprung dieses Psalms ist eine Bedrohungs- und Rettungsnotiz eines Beters, der sich weit vom Bereich des Lebens fortbewegt hat und sich bereits in der Sheol sieht, abgeschnitten vom Land der Lebendigen. V. 4 deutet das Geschick als strafendes Handeln JHWHs. Mit den Versen 3.5.8.10 wird die Rettung dieses Beters ausdrücklich an sein Gebet, seine Ausrichtung auf den Tempel zurückgebunden. Aus dem Bericht über die Rettung ist eine – zumindest virtuelle – Todahfeier geworden.

Form

Den deutlich literarisch entstandenen Text einer Gattung und damit einem Sitz im Leben zuzuweisen, der anderes ist als sein Sitz in der Literatur, erscheint wenig sinnvoll.[535] Gleichwohl ist es von Belang, dass Elemente traditioneller Psalmen

---

533 Ein weiterer Hinweis für die Zusammengehörigkeit der beiden Motivkreise ist die enge Verbindung des Psalms mit Ps 42. Vgl. die Interpretation im Kontext.

534 Vgl. Mathys, Dichter und Beter, 220, sowie Jakob Wöhrle, *Der Abschluss des Zwölfprophetenbuches: Buchübergreifende Redaktionsprozesse in den späten Sammlungen*. Beihefte zur Zeitschrift für die Alttestamentliche Wissenschaft 389. Berlin u. a.: de Gruyter, 2008, 376.

535 Anders Jeremias, der ohne Zaudern die Beheimatung des Psalms im Dankgottesdienst annimmt (Jeremias, Die Propheten Joel, Obadja, Jona, Micha, 91). Vgl. ebenfalls anders Opgen-Rhein, Jonapsalm und Jonabuch, 147 f., der eine sehr klare Vorstellung vom Sitz im Leben dieses

nicht nur zitiert, sondern tatsächlich in einer Anordnung präsentiert werden, die der Anordnung überkommener Psalmen entspricht. Grob findet sich die für Klagepsalmen und Dankpsalmen übliche Abfolge von Beschreibung des Elends und Lobversprechen. Anders als in der Klage hebt das Gebet aber mit der Nennung des theologischen Gegenstands dieser Zeilen an: die Erhörung des Gebets. Diese Rahmung legt es nahe, hier einen Dankpsalm zu vermuten, wenn auch der ausdrückliche Dank nicht wie sonst üblich bereits am Beginn des Psalms verheißen wird, sondern erst an seinem Ende (wo auch die meisten reinen Klagen Lob singen). Ungewöhnlich ist für ein Danklied auch, dass das Gebet weitgehend im Qina-Rhythmus der Klage formuliert ist.[536]

Verglichen mit anderen Dankpsalmen tritt im Psalm des Jona die berichtende Rede über JHWH zurück. Aufgrund der Situierung des Psalms in einem Fisch, in dem eine Gemeinde, die das Berichtete aufnehmen könnte, offensichtlich fehlt, lässt sich diese Zurückhaltung mit der Situation begründen. Crüsemann hält die berichtenden Sätze für ein „Weiterleben der alten Form", das im vorliegenden Falle fehl am Platze sei.[537] Weimar verwendet dieses Argument als literarkritischen Hinweis darauf, dass die berichtenden Sätze spätere Zufügungen seien.[538]

In der Strukturanalyse ließ sich dagegen nahelegen, dass die drei berichtenden Sätze, V. 3a.8b und 10b drei Lehrsätze darstellen, die die theologische Aussage dieses Psalms in seiner überarbeiteten Fassung zusammenbringen. Diese drei Sätze richten sich als Aussagen an die Leser und Hörer, die ein schriftlich

---

Textes hat. Vgl. aaO., 175: „Als wesentlicher Teil des Privatkults, vom offiziellen durch die Priesterschaft getragenen Kult streng getrennt, muß sie [die Form] sich zur Integration des Gedankenguts neuer, ‚fernstehender' Gruppen besonders angeboten haben." Für Mathys, Dichter und Beter, 220, ist diese Erkenntnis vor allem ein Hinweis darauf, dass es sich an dieser Stelle um ein „Kunstprodukt" handelt.

536 Vgl. Jeremias, Die Propheten Joel, Obadja, Jona, Micha, 93. Zu diesem Metrum als Hinweis auf die Gattung der Klage vgl. Klaus Seybold, *Poetik der Psalmen*. Poetologische Studien zum Alten Testament 1. Stuttgart: Kohlhammer, 2003, 170.

537 Vgl. Opgen-Rhein, Jonapsalm und Jonabuch, 173. „Gattungstypisch ist der bekenntnishafte Abschluß des Psalms in V. 10b." Vgl. Ps 3,9; 38,23; Jes 38,20 und Gen 49,18.

538 Vgl. Weimar, Jonapsalm und Jonaerzählung, 57. Anders begründet Frank Crüsemann, *Studien zur Formgeschichte von Hymnus und Danklied in Israel*. Wissenschaftliche Monographien zum Alten und Neuen Testament 32. Neukirchen-Vluyn: Neukirchener Verlag, 1969, 247f., die Dopplung zu Beginn und am Ende des Psalms (248): „Diese Dopplung ist folglich nur sinnvoll zu erklären als ein Weiterleben der alten Form, in der der Bericht über die Errettung in beiden Teilen der Dankpsalmen zu Hause war... im ganzen Psalm wird kein Kreis deutlich, dem diese Sentenz oder dem etwa V. 10b zugerufen sein könnte. So ist anzunehmen, daß die Verse im Er-Stil hier nur noch formale Reminiszenz an die ursprüngliche Sprache der Dankpsalmen sind." Das Zurücktreten des Berichts ist seiner Meinung nach Hinweis auf die fortgeschrittene Spiritualisierung, die jedoch für das Setting im Jona-Buch als passend empfunden worden sei (249).

festgehaltener Psalm hat. In der überwiegenden Anzahl von Versen dagegen kommen diese nicht als „Publikum" in den Blick, sondern als Mit-Betende. Insofern wird, anders als Crüsemann annimmt, durchaus ein „Forum" vorausgesetzt, aber eines, das Teilhaber des Textes wird, nicht Rezipient bleibt.[539]

Das Ende des Psalms im Kohortativ ist vorgebildet in einer Reihe von Psalmen.[540] Es trägt dem Umstand Rechnung, dass das Gebet des Sprechers zwar im Tempel ankommt, der Beter selbst aber noch entfernt ist.[541]

Stellung im Buch

Der Psalm Jon 2,3 – 10 ist, vermutlich zusammen mit seiner Einführung in V. 2, mit großer Wahrscheinlichkeit nachträglich in seinen Zusammenhang eingetragen worden.[542] Dabei scheint er zumindest teilweise im Kontext formuliert zu sein.[543]

---

539 Vgl. Crüsemann, aaO., 249.

540 Vgl. Ps 7,18; 13,6; (17,15); 18,50; 21,14; 22,23; 27,6 (Opfer); 43,4; 45,18; 54,8 (freudige Opfer); 59,18; 61,9; 69,31; 145,1.2.5; 146,2. Gerade im Gegenüber zum Tun der Seeleute in Jon 1,16 wird diese Redeweise Jona gerne als Schwäche ausgelegt, weil er nur verspräche, was jene täten. Anders deutet Crüsemann, der aus dieser Formulierung schließt, dass „an ein wirkliches Opfer nicht mehr gedacht" sei: „Die alten Opferformeln leben nur noch als Lobformeln, denn allein so haben sie hier als Ankündigung weiteren, dauernden Lobes Sinn." (aaO., 248).

541 Vgl. Lux, Jona, 180.

542 Die in V. 7 noch einmal formulierte Rede von „JHWH, seinem Gott" und vor allem die nur hier verwendete Femininform von „Fisch" (דָּגָה) deuten darauf hin, dass das Gebet in einen Kontext gestellt wurde, der auch V. 2 nicht kannte. Dass hier das Kollektivnomen verwendet wird, weiß Sîmôn, Jona, 98. Der Zusammenhang von „Fressen" und „Ausspeien" ist kaum Kommentar zu diesem späteren Gebet. Anders urteilt Friedemann W. Golka, *Jona*, 2. Aufl. Calwer Bibelkommentare. Stuttgart: Calwer, 2007, 73: „Nach Jonas schmissiger Schlußzeile ‚Vom Herrn kommt die Rettung', ‚muß der große Fisch kotzen' [...] Jona, der unverdauliche Prophet, wird ohne viel Federlesen ausgespieen ‚auf das Festland' [...], als dessen Schöpfer er früher seinen Gott YHWH bekannt hatte (1,9)." Bereits Jonathan Magonet, *Form and Meaning: Studies in Literary Techniques in the Book of Jonah*. Beiträge zur biblischen Exegese und Theologie 2. Bern u. a.: Lang u. a. 1976, 53, betont die ironische Spannung zwischen dem betendem Bekennen Jonahs und seinem von JHWH veranlassten Ausgespieenwerden. Er hält in diesem Sinne den Psalm für ausdrücklich ursprünglich mit dem Buch entstanden und als ironisch zu lesen (vgl. aaO., 54). Tatsächlich ist der Ausdruck nicht Hinweis darauf, dass Fisch oder JHWH das Gebet Jonas' nicht goutieren. So stellt Hiob 20,15 Verschlingen und Ausspeien als gegenläufige Bewegungen nebeneinander. Dieser Vers reicht m. E. aus zu zeigen, dass 2,1 und 2,11 sehr wohl einen guten Zusammenhang bilden und nicht einer weiteren Motivation für JHWHs Handeln bedürfen. Nogalski, Redactional Processes, 262, geht davon aus, dass V. 2 zum ursprünglichen und unterbrochenen Rahmen gehört. Wolff, Obadja und Jona, 105, nimmt an, dass der Vers mit dem Gebet zusammen nachträglich eingefügt worden sei. Jeremias und andere halten die Ausscheidung des Verses allerdings für geeignet, den kunstvollen Aufbau der ursprünglichen

Seine Funktion im Kontext besteht aber nicht darin, die Person des Jona darzustellen – ob nun ironisch oder verteidigend. Vielmehr wird dem Leser/ Beter die
Möglichkeit gegeben, an der Lösung des Konflikts zu partizipieren.

Die Verbindung des Psalms zum zweiten Buchteil, zu Jonas Prosagebeten
(4,2f.9), ist gering.[544] Einzig V. 9 dürfte auch vor dem Hintergrund der dort zitierten
Gnadenformel (4,2) formuliert sein. Fällt einer vom JHWH-Glauben ab, so verrät er
auch die dort als dauerhaft beschriebene Gnade JHWHs.

Auffällig ist, dass im Verlauf der so gegensätzlichen Gebete die preisende
Rückkehr ins Leben (Jon 2) vor dem Todeswunsch steht (Jon 4,8).[545] Es hat den
Anschein, als habe Jona nur zur Anrufung JHWHs und zum Gehorsam zurück-
gefunden, um noch ausdrücklicher von JHWH weg in den Tod fliehen zu können.
Diese Beobachtung widerspricht der Erwartung einer linearen Entwicklung des
Propheten und wird als Unregelmäßigkeit von den Vertretern einer literarkritischen Option angeführt, um die Nachträglichkeit des Psalms aufzuzeigen. Vertreter einer Ursprünglichkeit des Psalms im Kontext deuten die Spannung ironisch
und verlegen sie in das Innere des Protagonisten. Entschärft wird die Spannung
durch keine der beiden Argumentationen. Hilfreicher scheint es deshalb, hier auf

---

Verse zu zerstören; anders Krüger, der V. 2 ausscheidet (Krüger, Literarisches Wachstum, 65f.).
Auch wenn er richtig beobachtet, dass „Verschlingen" an anderen Stellen eine Vokabel des
Strafgerichtes ist, gibt es doch ausreichend Belege für eine Verwendung des Verbs ohne Ge-
richtsanklang, dass hier nicht zwingend von einem Fressen zum Gericht ausgegangen werden
muss, zumal es schlechterdings kein Verb gibt, das an dieser Stelle passen könnte (wenn denn
ausgedrückt werden soll, dass Jona vom Fisch verschlungen wird) und nicht auch in Zusammenhängen des Gerichtshandelns verwendet würde. Eine solche Doppelbedeutung ist entsprechend nicht zu vermeiden und sollte deshalb nicht überbewertet werden.
543 Anders urteilt Jeremias, Die Propheten Joel, Obadja, Jona, Micha, 91: „In jedem Fall aber ist
der Psalm kaum für seinen Kontext gedichtet worden." Jeremias nennt lediglich V. 3 „Zufügung
für den Kontext". Auch Nogalski, Redactional Processes, 254, hält den Psalm für nicht für den
Kontext formuliert, weil Jona zum Zeitpunkt des Gebets nicht mehr im Wasser schwimmt,
sondern im Fisch sitzt, und weil aus dem Wurf der Seeleute der Wurf JHWHs gemacht wird. Vgl.
aber zur Abfassung im Buch Mathys, Dichter und Beter, 223.
544 Anders urteilt Lux, Jona, 194: „Was Jona betet und klagend zur Debatte stellt, das steht
zwischen dem Erzähler und seinen Adressaten zur Debatte, das ist keineswegs ein vergangenes,
sondern ihr aktuelles Problem. Insofern kann man in beiden Gebetsteilen des Jonabuches seinen eigentlichen hermeneutischen Schlüssel sehen, den der Erzähler lieferte." Ähnlich formuliert Jeremias, Der Psalm des Jona, 213f., der für beide Abschnitte das gemeinsame Problem der
Gnade JHWHs gegenüber der herrschenden Macht annimmt.
545 Sinnvoll verbindet dies Erzählabschnitte Jeremias, ebd.: „Gleich ist, daß Jona in seinem
Kampf gegen Gottes Güte mit Ninive den eigenen Tod mit einplant, ob er sich nun wissentlich so
weit von Gott entfernt, daß der Tod die logische Konsequenz ist, oder aber seinen Todeswunsch
offen ausspricht."

eine ausdrückliche Verbindung der Gebete zur Darstellung der Prophetenpersönlichkeit zu verzichten.[546]

Wenn der Verfasser des Psalms an Jona als Person weniger interessiert gewesen ist, fällt es nicht schwer, die Widersprüche zwischen Jona und Beter zu klären. Wenn nun aber die Charakterisierung Jonas, Anklage oder Entschuldigung, nicht das wesentliche Thema des Psalms ist, was trägt das Gebet für das Verständnis des Jonabuchs dann aus? Dieser Frage geht das folgende Kapitel nach, in dem Linien des Gebets in den näheren und weiteren Kontext verfolgt werden sollen.

Interpretation im Kontext

Die Verse 6f. und 4 sind als möglicher Grundtext des Psalms herausgearbeitet worden, der mit den Versen 3.5.8 und 10 um einen deutlichen Tempelbezug und die Thematisierung des Gebets ergänzt worden sein dürfte. Eine weitere Ergänzung im Duktus des Dodekapropheton findet sich in V. 9.

V. 6f. verwenden zwar etliche Vorstellungen und Ausdrücke aus dem Psalter, die Anspielungen bleiben aber zumeist auf einzelne Worte beschränkt. Entsprechend findet sich kein zweifelsfrei zu erweisendes Zitat. Die überkommenen Motive sind das Wasser, das „bis zur Kehle" steht (מַיִם עַד־נֶפֶשׁ V. 6a) und so nur hier und in Ps 69,2 zu finden ist, die Heraufführung (עלה hif.) des Lebens (חַיִּים) aus der Grube (שַׁחַת V. 7b), die, allerdings mit einem anderen Verb, auch in Ps 103,4 erlebt wird, und die Rettung aus dem Verderben als Heraufführung (V. 7b), die sich ähnlich in Ps 40,3 findet. Das Motiv der Umzingelung oder Umgebung (סבב V. 6a) findet sich mit identischen Verben in Ps 18,5f. (vgl. auch Ps 116,3), dort allerdings umgeben keine Wasserfluten, sondern „Stricke des Todes".[547]

In der Verbindung dieser Motive gehen die Verse 6f. sehr weit. Die Radikalität der Todesaussagen, die ausdrückliche Entfernung des Beters aus dem Bereich des Lebens, ist in alttestamentlicher Literatur in dieser Intensität kaum wieder zu finden. Anders als in V. 4, geht die Bedrohung in V. 6f. von der Wasser- und Un-

---

546 Vgl. ähnlich, aber mit eigener Zuspitzung Jeremias, aaO., 213, der beide Bewegungen als Teile eines pädagogischen Prozesses deutet: „Jona muß mühsam lernen, daß ihm von Gott keine Existenz in permanentem göttlichem ‚Schatten', d. h. in idyllischer Ruhe und Selbstzufriedenheit beschieden ist."

547 Vgl. Lux, Jona, 176f. Zu Recht vorsichtig in der Frage, ob hier wirklich Ps 18 zitiert werden soll (immerhin haben wir lediglich eine Ein-Wort-Übereinstimmung), ist Magonet, Form and Meaning, 47.

terwelt selbst aus, die Initiative JHWHs ist in V. 6 f. auf die Initiative als Retter beschränkt (V. 7b).[548]

Unter den motivischen Anspielungen, die alle aus dem reichen Fundus an Todes-, Gegenwelt- und Sheolbildern schöpfen, fällt neben deutlich am Psalter orientierten Formulierungen die Rede vom „Abstieg" (Wurzel ירד) ins Auge, handelt es sich dabei doch um ein in Jon 1 gleich dreimal für den „Abstieg Jonas" verwendetes Verb (V. 3.5).[549] Die Häufigkeit des Verbs im Zusammenhang mit Todesaussagen im Psalter legt allerdings zunächst vor allem nahe, dass bereits in Jon 1 bewusst ein mehrdeutiges Verb verwendet wurde. Die Verwendung des Verbs innerhalb des Gebets ist nicht überraschend, gewinnt aber vor dem Hintergrund von Jon 1 an Kontur. Wie diese Wiederholung gedeutet wird, hängt davon ab, als in welcher Stimmung gesprochen der Gebetsvers wahrgenommen wird.[550] Spricht der Beter das fromme Urteil über die Tödlichkeit seiner Flucht bewusst? Und findet sich damit in diesem Vers das implizite, aber entschiedene Schuldbekenntnis eines Beters, der weiß, dass sein nahezu tödliches Abenteuer von ihm selbst verschuldet ist? Oder beschreibt ein selbstbewusster und zugleich etwas „begriffsstutziger" Beter seine Todesgefahr, ohne zu merken, dass er sein eigenes vorher beschriebenes Handeln genau damit unabsichtlich als Sünde markiert?[551] So wie zu Recht die Polyvalenz von Erzählungen betont wird, ist hier auch die Polyvalenz der Anspielungen oder Ironie offenzuhalten. Wichtig ist, dass beide Deutungen, das implizite Schuldbekenntnis und das unwillkürliche Schuldeingeständnis, sich theologisch in derselben Beobachtung treffen: Der Abstieg Jonas, der im ersten Kapitel beschrieben wird, ist ein Abstieg von JHWH weg und damit ein Abstieg in den Tod.[552] Selbst wenn dem Betenden dies nicht gewahr wäre,

---

548 Vgl. Jeremias, Die Propheten Joel, Obadja, Jona, Micha, 94: „Das ist nicht zufällig, denn das Totenreich galt lange Zeit in Israel als ein Bereich, der von Gott trennt. Jetzt handeln die Wasser selber..."

549 Vgl. ebd.

550 Opgen-Rhein, Jonapsalm und Jonabuch, 113, geht von der Entlarvung aus. Lux, Jona, 214, nimmt an, das Schuldbekenntnis liege bereits in 1,11 f. vor und sei hier deshalb nicht mehr notwendig.

551 Vgl. zu dieser ironischen Deutung Magonet, Form and Meaning, 52, und Golka, Jona, 67: „Ironisch ist der Psalm insofern, als Jona für sein eigenes Anliegen eine fromme Sprache gebraucht, aber kein Wort des Bedauerns über seine nicht ausgeführte Mission nach Ninive äußert."

552 Jerome T. Walsh, „Jonah 2:3 – 10: A Rhetorical Critical Study." in *Biblica* 63/2 (1982): 219 – 229, 229, thematisiert in seiner Interpretation des Psalms das Problem der Vernichtung des Schuldlosen. Für sich genommen mag der Psalm so gelesen werden. In seinem Kontext verstanden ist jedoch, zumindest in der vorliegenden Fassung, deutlich die Schuld des Betenden thematisiert.

gölte, dass das Gebet (und mit ihm der aufmerksame Leser) hier eben mehr erfährt und weiß als er. Fraglich ist, ob diese Aussage, die ja beide Leseweisen zutage fördern, wirklich von dem triumphierenden „Ertappt!" ersetzt werden sollte, das bei der Beschreibung dieser Verse als „ironisch" zuweilen im Zentrum der Aufmerksamkeit steht.[553] Da über die Innensicht des Jona nur das verlautet, was er äußert, dürfte es hilfreich sein, mit Annahmen über die Selbstsicht des (sowieso immer fiktiven) Jona möglichst vorsichtig umzugehen.

Über diese Schwierigkeit hinausgehend ist es in diesem Fall zumindest vorstellbar, dass das Verb nicht vor allem als Anspielung zwischen Jon 1 und Jon 2 verwendet wurde, sondern als Aufnahme des psalmistischen Motivs des Abstiegs, wie er auch in Berichten über die Wegführung in die Gefangenschaft verwendet wird.[554] Diese Deutung liegt zumal aus dem Grund nahe, dass im anschließenden Versteil das Pendant zum Abstieg, das Verb der „Heraufführung" (עלה), verwendet wird. Dem tiefsten Abstieg wird in V. 7 die ausdrückliche Rettung durch JHWH entgegengesetzt.[555] Mit derselben Zusammenstellung der Verben preist Hanna in 1 Sam 2,6 JHWHs Lebensmacht, dort allerdings ist die Sheol der Ort von Bedrohung und Befreiung.[556] Die Heraufführungsmotivik im zweiten Versteil (V. 7b) erinnert zudem an den Exodus. Der Beter dieser Zeilen würde sich damit mit dem geretteten, heimgeführten Israel identifizieren.[557]

Diese mögliche Aufnahme des Exodus ist vor allem deshalb interessant, weil der Beter des Jonapsalms sich in anderen Anspielungen an das Geschehen im Umfeld des Exodus gerade nicht in die Rolle des geretteten Israel hineinzuver-

---

553 Magonet, Form and Meaning, 52 f., und Golka, Jona, 67.

554 Vgl. zur Erkenntnis, dass der Abstieg sogar ohne weitere Richtungsangabe als Ausdruck des Sterbens verwendet wird: Opgen-Rhein, Jonapsalm und Jonabuch, 168 f.

555 Die Entschiedenheit, mit der die Riegel der Unterwelt als hinter dem Beter geschlossen dargestellt werden, muss jedoch außerdem auch als Hinweis auf die Ernsthaftigkeit dieser Klage verstanden werden. Faktisch haben wir es hier mit den Toren zu tun, die auch in Jes 38 erwähnt werden; dass hier aber von Riegeln die Rede ist, wird darauf zurückgeführt, dass das Eingeschlossensein betont werden soll. Vgl. Opgen-Rhein, aaO., 161: Der Vers „rührt an die Grenzlinie, an der allein YHWHs Schöpferkraft dem tosenden Chaos Einhalt gebietet."

556 Vgl. zudem Ps 30,4.

557 Zur Lösung (dort גאל) aus der שַׁחַת vgl. nur noch Ps 103,4 (Opgen-Rhein, aaO., 167). Allerdings stört an dieser Deutung, dass das „Grab" (שַׁחַת) sonst nicht im Zusammenhang mit Exil oder Exodus begegnet. Aus dieser Not eine Tugend macht Opgen-Rhein, der hier die Verbindung von individueller Motivik (Grab) und gemeinsraelitischer Perspektive (Heraufführung) in dem Sinne deutet, dass individuelles Schicksal mit überindividuellen Deutungsmustern verstanden wird. Vgl. aaO., 168: „Die Psalmtexte gehen noch einen Schritt weiter: Nicht nur die Heimkehr aus dem Exil bedeutet eine Aktualisierung des Exodus, vielmehr wird die befreiende Macht des Exodusgottes je und je erfahren, wenn ein Einzelner aus dem Bereich des Todes gerettet wird. Der Einzelne partizipiert an der geschichtlichen Erfahrung seines Volkes."

setzen scheint, sondern stattdessen das Schicksal der ägyptischen Streitkräfte erleidet. So mag die Erwähnung des Schilfs (סוף V. 6) an das Geschehen im Schilfmeer erinnern.[558] Wer so berichtet und um wessen Haupt sich das Schilf windet, ist der Besiegte. Auf diese Weise deutet der Beter eine Identifikation mit dem von JHWH vernichteten Feind an.[559] Bereits in V. 4 wird eine Anspielung auf Exodusmotive vermutet. Der oft als Vergleich genannte Meerwurf der Feinde beim Meerwunder wird in Ex 15 anders formuliert, aber in Neh 9,11 mit fast identischer Formulierung[560] erinnert (הִשְׁלַכְתָּ בִמְצוֹלֹת). Aus diesem Grund wird eine Anspielung auf dieses Ereignis durchaus beabsichtigt sein.[561] Auf diese Weise schreibt sich der Beter die Rolle der Feinde Israels zu.[562] Heilsgeschichte wird als Unheilsgeschichte erinnert.[563] Auch über diese spezifische Anspielung hinausgehend klingt im Werfen (שׁלך) JHWHs die Möglichkeit der „Verwerfung" an.[564] Die Tiefe (מְצוֹלָה)[565], aber auch die ausführliche Wassermetaphorik erinnern an Ps 69.[566] Die Funktion

---

558 Die weitaus überwiegende Zahl, wenn nicht gar alle Belege der Vokabel sind (in verschiedenen Graden der Intensität) mit der Erzählung vom Meerwunder in Ex 14 verbunden. Vgl. u. a. Neh 9,9. Das Schilfmeer wird außerdem mit der Tᵉhôm identifiziert. Vgl. Ex 15,5.8; Ps 106,9; Jes 51,10; 63,13. Vgl. Golka, Jona, 70 f.: „Die Bedeutung aller drei Teile (Wasser, Urflut, Schilfgras) ist die gleiche: Jona ist von großen Urfluten bedroht, aber er ist durch YHWH geschützt wie seine Vorfahren, die Exodusgruppe (Ex 15,8)." Opgen-Rhein, Jonapsalm und Jonabuch, 157, formuliert einen ähnlichen Gedanken: „Auf der anderen Seite begründet dieses Geschichtsdenken für den in Todesnot geratenen Einzelnen die Hoffnung, daß die grundlegenden Heilsereignisse der Vergangenheit auch in der Gegenwart wirksam sind und YHWH seine chaosbändigende und lebenstiftende Macht aufs neue erweist." Zu berücksichtigen ist Lux, der die Erinnerung an das Schilfmeer mit dem Grund zurückweist, dass in der Exodusperikope das Meer ja gerade zurückgewichen sei (Lux, Jona, 177 Anm. 68). Diese Differenz mag jedoch durchaus intendiert sein.
559 Diese Identifizierung mit dem Feind muss der Anspielung auf Israel nicht widersprechen. In den Klageliedern (2,4 f.) oder in Jes 63 f. ist die Vorstellung von JHWH als Feind seines Volkes im Gebetskontext belegt.
560 Hier singularisch, dort pluralisch.
561 Vgl. Opgen-Rhein, Jonapsalm und Jonabuch, 180 f.
562 Vgl. Opgen-Rhein, aaO., 181: „Den frommen Beter hat das Geschick der Feinde Israels getroffen, aus der für Israel grundlegenden Rettungstat am Schilfmeer wird in Jona 2,4 eine Tat der Vernichtung."
563 Vgl. Opgen-Rhein, aaO., 180 f.
564 Vgl. das Werfen JHWHs als Verwerfung in Ps 51,13; 71,9 und Ps 102,11; 2 Kön 13,23; 17,20; 24,20 = Jer 52,3; Jer 7,15; 2 Chr 7,20.
565 Vgl. zur Tiefe auch Ps 88,7.
566 Die motivische Nähe zu Psalm 69 und die vielen thematischen Übereinstimmungen sind durchaus auffällig. Beim Vergleich der Texte scheint es jedoch am ehesten so zu sein, dass die Texte ähnlichen Kreisen entstammen und entsprechend ähnliche Themen ansprechen und mit vergleichbaren Motiven hantieren. Eine Abhängigkeit in die eine oder andere Richtung lässt sich kaum beweisen. In diesem Psalm wird in der vorliegenden Fassung von einem Knecht JHWHs (69,18) gesprochen, der von JHWH geschlagen wurde (69,27), um JHWHs Willen Schmach litt

der zur doppelten Bestimmung führenden Glosse dürfte darin bestehen, die Verbindungen des Verses zu unterschiedlichen Texten noch zu erhöhen. Auch das Herz der Meere ist ein aus Ex 15,8 (dort allerdings singularisch[567]) und den Psalmen bekannter Ausdruck (Ps 46,3), der zugleich die Situation des Beters Jona aufnimmt.[568] Umzingelung (סבב) und Sheol sind Ps 18,6 ähnlich.[569] Die metaphorische Redeweise dieser Zeilen lässt sich kaum von einem Verweis in „mythische Bereiche" unterscheiden.[570]

Außer dem „Abstieg" gibt es in den Versen 4.6 f. keine wörtliche Aufnahme des Kontextes. „Wurf" und „Wassermotivik" erweisen sich als auch über das Jonabuch hinaus geläufige Formulierungen, weshalb es nicht notwendig zu sein scheint, von einer ursprünglichen Verbindung zwischen V. 4.6 f. und dem unmittelbaren Kontext auszugehen.

Sind die in V. 4a gesammelten Anspielungen ebenso vielfältig wie unsicher, so ist die Verwandtschaft zwischen V. 4b und Ps 42,8 nicht zu leugnen.[571] Dort wie hier wird die Erfahrung der Feindlichkeit JHWHs beschrieben.[572] Dort wie hier wird im Kontext Sehnsucht nach dem Tempel formuliert (42,5), nach dem Angesicht JHWHs, das der Beter zu sehen wünscht (42,3.6.12; 43,5). Wie in Jon 2 wird die Stimme des Danks erwähnt (42,5), jedoch anders als bei Jona im Rückblick und nicht in Erwartung.[573] Geht man davon aus, dass Ps 42,8 zum Zeitpunkt der Ab-

---

(69,8.10) und von zahlreichen Feinden verfolgt wird (69,5). Der „David" zugeschriebene Psalm ist sehr nah an der Zeichnung Jeremias in den Konfessionen bzw. an den Gottesknechtsliedern. Die abschließenden Verse 36 f. deuten ihn auf den Zion. Wir haben hier also eine sehr typische Verbindung von leidendem Gerechten (wobei der Sprecher auch auf seine Schuld hinweist: V. 20), prophetischem Schicksal und Kollektivierung. Besonders ist, dass auch in diesem Psalm ein „Verschlingungsmotiv" zu finden ist, das geradezu nahelegen könnte, Ps 69 sei aufgrund von Jon 2 formuliert und nicht andersherum.

567 Vgl. Opgen-Rhein, aaO., 181.

568 Der Ausdruck steht wohl für die hohe See. Auffällig ist die häufige Aufnahme in Ez 27 (V. 4.25.26.27) und Ez 28 (V. 2 und 8), wo es um mächtige Selbstdarstellung und Selbsterhöhung und um den Sturz von Tyros geht. Vgl. dazu Magonet, Form and Meaning, 80 – 82. Laut Opgen-Rhein, Jonapsalm und Jonabuch, 181, wird hier bewusst mit dem Thronen im Herzen des Meeres und dem Beginn des Untergangs im Herzen des Meeres gespielt.

569 Vgl. Wolff, Obadja und Jona, 109.

570 Vgl. Jeremias, Die Propheten Joel, Obadja, Jona, Micha, 94.

571 Ps 42/43 ist nicht zufällig zitiert worden. Anders als Ps 69 handelt es sich jedoch wie Ps 120 nicht um einen Psalm, der eine kollektive Interpretation von sich aus nahe legen würde. Vielmehr scheint der Beter durchaus als Individuum gezeichnet. Vgl. Opgen-Rhein, Jonapsalm und Jonabuch, 183 f.

572 Vgl. Opgen-Rhein, aaO., 183.

573 Vgl. Opgen-Rhein, aaO., 184.

fassung von Jon 2 bereits so vorlag, wäre mit diesem Zitat erstmals die „Tempel-
motivik" aufgenommen, die in der folgenden Schicht ausgeführt wird.

Unabhängig von dieser Frage nach dem Ort der Entstehung ist die Funktion
dieses ersten Psalms im Kontext durchaus deutlich. Der Abstieg Jonas wird als
Abstieg in die Unterwelt, weg von JHWH, gedeutet. Die durch die Sturmszene
angelegte Wassermotivik wird vertieft und als Todeserfahrung pointiert. Ein neuer
Horizont öffnet sich durch die Anspielungen auf das Exodusgeschehen. Durch sie
wird die Deutung des Textes als Gebet Israels nahegelegt.

Mit der Zeichnung JHWHs als Urheber des Elends werden ausdrücklich Todes-
und Lebenserfahrung an die Macht JHWHs zurückgebunden. JHWH hat den Beter
nicht allein den Mächten des Todes preisgegeben, indem er seine lebensspen-
dende Gegenwart zurückgezogen hätte[574], sondern hat ihn aktiv ins Verderben
befördert.

Ob die Unterschiede zwischen Psalm und Kontext in der Wortwahl „bewussten Abstand" zwischen Psalm und Geschichte setzen oder als Hinweis für
eine Genese des Psalms außerhalb des Jonabuches zu interpretieren sind, wird
unterschiedlich gedeutet.[575] Vor dem Hintergrund, dass der Psalm gehäuft zitiert,
wird weniger der Unterschied zum Kontext gewählt worden sein als vielmehr die
Nähe zu den zitierten Versen.

Die Perspektive auf den Tempel hebt in V. 3 mit dem deutlichen Zitat aus Ps
120,1 an. Hier wird in leicht veränderter Wortstellung[576] der Anfang des soge-

---

[574] Vgl. dazu die Auslegung von Ps 22 durch Hermann Spieckermann, *Heilsgegenwart: Eine
Theologie der Psalmen*. Forschungen zur Religion und Literatur des Alten und Neuen Testaments
148. Göttingen: Vandenhoeck & Ruprecht, 1989, 246: „Gottes Entfernung ist Preisgabe an spot-
tende Voyeure, an Stiere, Löwen, Hunde, kurz: an die mythologisch schillernden Repräsentanten der Gegenwelt Gottes, die ebenso real ist wie die seine..."
[575] Vgl. Opgen-Rhein, Jonapsalm und Jonabuch, 180. Er geht vom „bewussten Abstand" aus,
den der Psalm durch die entsprechenden Vokabeln nehme. Lux, Jona, 174, nimmt an, dass der
Unterschied mit der Anlehnung an Ps 102,11 zu tun habe; ebenso Golka, Jona, 69. Tatsächlich
kann festgehalten werden, dass das in Jon 1 verwendete Verb zwar mehrfach im *corpus propheticum* verwendet wird, um das Gerichtshandeln JHWHs zu beschreiben, dass das Verwerfen
JHWHs im Psalter aber nie mit טול und dafür einige Male mit שלך ausgedrückt wird. Vgl. Wolff,
Obadja und Jona, 109.
[576] Aus dieser Umstellung eine (womöglich noch ungehörige) Fokussierung auf das betende
Subjekt zu erschließen, scheint überinterpretiert, zumal das Subjekt nicht besonders betont
wird, sondern das Verb und gerade im Zusammenhang mit der vorangegangenen Erzählung eine
Betonung des Verbs nahelegt, ist es doch das Rufen, das Jona empfohlen wird und das er
verweigert. Anders deutet Magonet, Form and Meaning, 47, und in seiner Folge die Beobachtung
noch weiter zuspitzend Golka, Jona, 68f. Für die Deutung, das „Rufen" werde in Aufnahme von
1,6.14 bewusst hervorgehoben vgl. Wolff, Obadja und Jona, 109. Die Anordnung, nach der in den
beiden Zeilen die Antwort JHWHs vor dem Hören kommt, zeigt, dass es sich bei diesem Vers

nannten „Wallfahrtsbüchleins" wiederholt. Deshalb ist es naheliegend, das Gebet in einer Perspektive auf den Zion hin zu lesen.[577] Dass einem im Bauch eines Fisches Betenden ein Wallfahrtspsalm in den Mund gelegt wird, mag zunächst irritieren, wird aber im Verlauf der Verse 5.8 und 10 sinnvoll wieder aufgenommen. Ausdrücklich und mit erkennbarem pädagogischem Impetus thematisiert sich das Gebet selbst in der Zuordnung von Schrei und Erhörung[578], Ausrichtung auf den Tempel und Annahme des Beters.[579] Der Schrei, der Jona in Jon 1 immer wieder nahegelegt wurde (קרא in Jon 1,2.6, vgl. den Schrei der Seeleute V. 14), liegt nun in der Vergangenheit und ist, so die Themenangabe und Überschrift des überarbeiteten Psalms (V. 3), gehört worden.[580]

Die Ausrichtung auf den Tempel setzt in der Situation des Betenden ein. Er beschreibt sich (V. 3b) als einen, der aus dem „Schoß der Scheol" heraus schreit. Dieser Ausdruck (מִבֶּטֶן שְׁאוֹל) findet sich allein im Jonabuch. Durch die Verwendung der identischen Präposition מִ werden die Eingeweide des Fisches (מֵעִים) in V. 2 mit der Not (צָרָה), aus der der Beter schreit, und mit dem Schoß (בֶּטֶן) der Sheol identifiziert.[581] Dass derjenige, der versucht, der Präsenz JHWHs zu entkommen, sich schließlich in der Sheol wiederfindet, ist folgerichtig.[582] Ruf und Leiblichkeit der Sheol weisen auf die enge Verbindung des Verses zu seinem Kontext. Zugleich wird schon im ersten Vers eine eigene Thematik eröffnet: die Aufforderung zum

---

tatsächlich um einen synonymen Parallelismus handelt, nicht um den Bericht einer Abfolge unterschiedlicher Geschehnisse. Vgl. Jack M. Sasson, *Jonah*. The Anchor Bible 24B. New York u. a.: Doubleday, 1990, 168.

577 Vgl. Opgen-Rhein, Jonapsalm und Jonabuch, 177. Zum Ausdruck „Wallfahrtsbüchlein" s. Erich Zenger, *Ich will die Morgenröte wecken: Psalmenauslegungen*. Freiburg i. Br. u. a.: Herder, 1991, 128.

578 Vgl. Opgen-Rhein, Jonapsalm und Jonabuch, 177 f.

579 Vgl. Jeremias, Die Propheten Joel, Obadja, Jona, Micha, 93, und Sasson, Jonah, 168.

580 Der Ruf nimmt wörtlich ein Leitwort des Jonabuches auf. Jonah soll gegen Ninive rufen (1,2; 3,2.4), und er wird aufgefordert, zu seinem Gott zu rufen (1,6). Während er diesen Ruf zunächst verweigert, rufen an seiner statt die Seeleute (1,14) JHWH an, die Bewohner von Ninive rufen ein Fasten aus (3,5), und der König befiehlt gar, zu Gott zu rufen (3,8). Vgl. Lux, Jona, 174, der hier von einer „Wiedereingliederung" des Beters „in die Gemeinde der Beter Israels" spricht. Als „Überschrift" deutet V. 3 auch Jeremias, Der Psalm des Jona, 205.

581 Vgl. Wolff, Obadja und Jona, 108 f., und Phyllis Trible, *Rhetorical Criticism: Context, Method, and the Book of Jonah*. Guides to Biblical Scholarship. Old Testament Series. Minneapolis: Fortress Press, 1994, 166. Anders löst Opgen-Rhein, Jonapsalm und Jonabuch, 179, der annimmt, dass die im zweiten (und seiner Ansicht nach ursprünglichen) Psalmteil geschilderte „Hadesfahrt" mit diesem Begriff aufgenommen würde. Das ist sicher richtig, da die einleitenden Verse das Geschehen der folgenden vorabbilden, gleichwohl ist die Verbindung zur Situationsangabe „im Fisch" hier wohl noch stärker zu beachten. Sasson, Jonah, 172, weist zudem darauf hin, dass auch der Bauch des Schiffes als Parallele für diesen Ausdruck angesehen werden kann.

582 Vgl. Trible, Rhetorical Criticism, 166.

Gebet, verbunden mit dem Hinweis, dass die Beziehung zwischen Beter und JHWH auch dort bestehen bleibt, wo der Machtbereich JHWHs einmal endete.[583] Die bleibende betende Beziehung wird dadurch unterstrichen, dass die „Stimme" des Beters (V. 3 קוֹלִי), die hier klagend aus der Sheol ertönt, als Stimme des Dankes (V. 10 בְּקוֹל תּוֹדָה) am Ende des Psalms im Opfer- und Lobversprechen wieder aufgenommen wird. Zudem bilden Ruf (קָרָאתִי) und Stimme (קוֹלִי) des Betenden eine *inclusio*, die mit dem gleichen Buchstaben beginnt und mit der gleichen Endung schließt.[584]

Kaum hat JHWH den Beter in den Tod geworfen (V. 4), sehnt sich dieser ausgerechnet nach dem Blick JHWHs, von dem er nach Auskunft von V. 5 – dem vernichtenden Handeln JHWHs in V. 4 zum Trotz – nur Gutes erwartet.[585] Diese vertrauensvolle Rede ist Zitat aus Ps 31,23a, einem Danklied des Einzelnen.[586] Im Unterschied zum unmittelbaren Kontext von V. 5 (v. a. V. 4) ist in diesem Psalm JHWH ausschließlich als Helfer beschrieben, sein Rückzug bewirkt das Leid des Beters. Dieser rechnet sich einer Gruppe von Gottesfürchtigen zu, „die YHWHs Schutz erfahren haben und auf seine zukünftige Hilfe gerade in Jerusalem hoffen."[587] Die Sorge aus dem Sichtbereich JHWHs herausgenommen zu sein, nimmt unter umgekehrten Vorzeichen das Ansinnen Jonas in Jon 1,3 auf, vor JHWHs Zugriff zu fliehen.[588]

Sichtbares Pendant zum Blick JHWHs ist der Tempel in V. 5b, auf den sich der Blick des Beters richtet. Weniger die „Wende zur Not" als vielmehr die Beharrlichkeit des Beters ist Inhalt der zweiten Hälfte dieses antithetischen Parallelis-

---

583 Vgl. Janowski, Konfliktgespräche mit Gott, 230 f., und Christoph Barth, *Die Errettung vom Tode: Leben und Tod in den Klage- und Dankliedern des Alten Testaments,* neu herausgegeben von Bernd Janowski. Kohlhammer-Studienbücher Theologie. Stuttgart u. a.: Kohlhammer, 1997, 92.
584 Vgl. Trible, Rhetorical Criticism, 165.
585 Zur literarkritischen Auswertung dieses etwas abrupten Stimmungswechsels siehe oben.
586 Als ein solches identifizieren den ersten Teilvers Lux, Jona, 175; Wolff, Obadja und Jona, 110; Golka, Jona, 67. Vgl. auch Opgen-Rhein, Jonapsalm und Jonabuch, 184 f. Lux, Jona, 175, geht davon aus, dass der Beter dadurch „erinnernd eine Klage der Gemeinschaft der Beter Israels" übernimmt. Mit seiner Argumentationsweise ist jedoch jedes Psalmenzitat eine Kollektivierung. Diese These geht etwas weit. Dass ausgerechnet die „Flucht" (נפח) aus metrischen Gründen ausgeschieden wird aus dem Zitat, ist einigermaßen auffällig, ist doch der betende Jona als „Fliehender" beschrieben worden (wenn auch mit anderen Worten). Vgl. Opgen-Rhein, Jonapsalm und Jonabuch, 184, und Wolff, Obadja und Jona, 110.
587 Frank-Lothar Hossfeld und Erich Zenger *Psalm 1–50.* Neue Echter Bibel Kommentar zum Alten Testament 29. Würzburg: Echter, 1993, 193.
588 Vgl. Opgen-Rhein, Jonapsalm und Jonabuch, 113: „War Jona dort vor YHWHs Angesicht geflohen, um seinem Auftrag zu entgehen, so berichtet er hier, am Endpunkt seiner Flucht, von seiner Angst, aus YHWHs Augen verstoßen und damit dem Tod übergeben worden zu sein."

mus.[589] Dabei kann die Beharrlichkeit des Beters mit Trible als Ausdruck großer Demut ebenso verstanden werden wie als Zeichen von Aufsässigkeit.[590] In beiden Fällen wäre das Festhalten an der Perspektive auf den Tempel eine dem Verworfensein entgegengesetzte Aktivität des Beters, die seiner inneren Umkehr entspricht.[591]

Zu dieser Deutung, im „Schauen zum Tempel" eben keine gnädige Vision der Gottesgegenwart zu vermuten, führt neben dem „Dauer" anzeigenden Verb auch die Beobachtung, dass נבט an keiner Stelle das Erleben Gottes am Tempel bezeichnet. Vielmehr wird es für das bewusste Achten auf etwas verwendet, für die Ausrichtung einer Person in eine bestimmte Richtung oder den Blick eines Menschen, der eine Gottesschau intendiert.[592]

Im Anschluss an die nun folgenden Verse über den Weg des Beters in die Tiefe der Sheol und seinen Aufstieg aus ihr wiederholt V. 8 die bereits formulierte Rettung mit Motiven der Tempeltheologie und unterstreicht damit ein weiteres Mal die von V. 3 an thematisierte Notwendigkeit des Gebets als Voraussetzung der Rettung. Die Erinnerung (זכר) an JHWH ist eine vielfach formulierte Konfliktbewältigungsstrategie.[593] Sie gehört originär zum Kult, zum Tempel als „Orientierungspunkt der Gebetsrichtung und Ort sicherer Gebetserhörung".[594] Auffällig ist

---

589 Vgl. dazu Wolff, Obadja und Jona, 105, der die gegenläufige Bewegung in V. 7αα²βb als „Wende der Not" beschreibt.

590 Vgl. auch Sasson, Jonah, 179 f. Auch er schwankt zwischen einer trotzigen und einer demütigen Leseweise. Trible, Rhetorical Criticism, 167, nimmt wohl zu Recht an, dass beides gemeint sein kann.

591 Vgl. die kurze Darstellung der Versionen in Jeremias, Die Propheten Joel, Obadja, Jona, Micha, 95. Wolff, Obadja und Jona, 102, übersetzt mit Septuaginta und betont, dass die hebräische Fassung wörtlich nicht „wieder" bedeuten würde, sondern eher ein „Fortfahren" bezeichnet. Beachtenswert Trible, die wie Wolff das Verb nicht mit „wieder" übersetzt, sondern mit „weiterhin tun". Trible, Rhetorical Criticism, 167. Die Spiritualisierung des Tempels löst an dieser Stelle kein Problem. Vgl. dazu Mathys, Dichter und Beter, 222.

592 Opgen-Rhein, Jonapsalm und Jonabuch, 186 f., hat dieselbe Beobachtung, deutet diese jedoch nicht weiter aus. Zur Gottesschau vgl. Sasson, Jonah, 181, und Ex 3,6; Num 12,8; mit der besonderen Bedeutung des Schauens auf die Manifestationen göttlicher Macht in Ps 119,6; Num 21,9 und Jes 5,12. Golka, Jona, 70, sieht hier wiederum vor allem den Kontrast zur Flucht Jonas in Jon 1.

593 Vgl. u. a. Ps 42,8 sowie Jes 63,7.11, Letzteres spielt auf die Ambivalenz der Erinnerung an, wie sie auch in Ps 77, 4 deutlich wird. Opgen-Rhein, Jonapsalm und Jonabuch, 172, sieht den Unterschied zwischen Ps 77 und Jona 2 darin, dass das Gedenken dort Belastung, hier aber Entlastung bringe. Anders Lux, Jona, 178.

594 Vgl. Opgen-Rhein, Jonapsalm und Jonabuch, 171. Vergleichstext ist das Tempelweihgebet Salomos in 1 Kön 8,23 – 53.

die Reihenfolge der Worte, die gerade entgegen der immer wieder betonten „Ich-Zentrierung" des Psalms JHWH in den Fokus rückt.[595]

Der letzte Vers des Gebets (V. 10) bindet dieses noch einmal eng mit seinem Kontext zusammen. Die Seeleute schlachten Opfer und spenden Gelübde (1,16). Sie werden nun auch vom Beter versprochen. Nimmt man an, dass das Gebet Vorlage und Einstimmungsstück des Lesers ist, dann bedeutet diese Wiederaufnahme: Was die Seeleute vorgemacht haben, macht der Leser des Psalms nun nach. Er stimmt in das Gebet der Seeleute ein.[596] Bei der Darstellung des Opfers wird in der Regel davon ausgegangen, dass hier nicht mehr ein blutiges Opfer gemeint sei, vielmehr wird die Ankündigung als „spiritualisiert" verstanden.[597] Gerade der häufig in dieser Richtung interpretierte Kohortativ lässt sich jedoch auch anders verstehen. Das Gebet des Beters hat den Tempel auch ohne seine körperliche Präsenz erreicht. Das Opfer jedoch braucht den Tempel, der ja das Ziel aller Wallfahrt bleibt, durchaus noch, weshalb es nur versprochen, nicht sprechend eingelöst werden kann.[598]

In den letzten beiden Worten (יְשׁוּעָתָה לַיהוָה) liegt noch einmal ein recht deutliches Zitat aus Ps 3,9 vor. Allerdings wird die Wortreihenfolge umgedreht. Auf diese Weise liegt das Gewicht auf der Nennung des Gottesnamens. Die beiden Worte fassen den Inhalt des Psalms zusammen – alle Rettung liegt allein bei JHWH. Die Zuordnung der Rettung zu JHWH ist dabei gerade in dem vorliegenden Psalm, der die rettende *und* die vernichtende Macht JHWHs beschreibt, mit dem Wissen verbunden, dass es einzig im Ermessen JHWHs liegt, wer gerettet wird.[599]

---

595 Die Reihenfolge der Worte lege den Ton auf JHWH, vermerkt Trible, Rhetorical Criticism, 169.

596 Vgl. Mathys, Dichter und Beter, 222. Vgl. ähnlich Jeremias, Die Propheten Joel, Obadja, Jona, Micha, 96, der davon ausgeht, Jona wolle sich von den „heidnischen Matrosen" nicht „beschämen lassen".

597 Es ist u. a. Crüsemann, Studien zur Formgeschichte, 248, (und ihm folgt Mathys, Dichter und Beter, 222, der hier davon ausgeht, dass u. U. von einem blutigen Opfer (dem Wortlaut entgegen) nicht mehr die Rede sei. Wolff, Obadja und Jona, 113, betont, dass die Dankstimme ganz einfach zur Todah-Feier dazugehöre.

598 Vgl. Jeremias, Der Psalm des Jona, 209, der das Dankgebet „proleptisch" nennt und davon ausgeht, es sei noch ein Dank in Jerusalem zu erwarten: „Gebet aus der Ferne und Jerusalemer Gottesdienst schaffen beide den Kontakt mit Gott; aber sie sind darum noch keineswegs gleichwertig."

599 Vgl. Douglas Stuart, *Hosea-Jonah*. Word Biblical Commentary 31. Waco, Tex.: Word Books u. a., 1987, 478. Wolff, Obadja und Jona, 114, hingegen interpretiert die beiden letzten Worte des Psalms als „lapidares" Zeugnis des Psalmisten darüber, „wie er das von ihm vorgefundene Jonabuch verstanden hat: Auf Jahwes Rettungswillen ist unbedingt Verlaß, sogar für einen widerspenstigen Jona."

Eine letzte Zuspitzung erfährt der Psalm des Jona, indem er mit der Einfügung von V. 9 die Opfer des Betenden von dem Kult der Falschgläubigen abgrenzt. Da es sich bei den Beschriebenen insofern sie die Gnade JHWHs verlassen können kaum um Heiden handelt, greift die ironische Deutung nicht, nach der der betende Jona sich über gerade die beschwert, die im Gegensatz zu ihm bereits in 1,16 die richtigen Schlüsse gezogen hätten.[600] Vielmehr trägt sich an dieser Stelle der rechtgläubige Beter in den Text ein, der (einigen) Volksgenossen unterstellt, JHWH für Fremdkulte verlassen zu haben.

Schluss

Im Gebet des Jona wird JHWH als Urheber des Leids (V. 4) *und* der Rettung (V. 3.7.8.10) präsentiert. Die Entscheidung, wem er Hilfe angedeihen lassen will, liegt einzig bei ihm (V. 10).[601]

Die Beschreibung der Gefahr durch Wasser, Tod, Chaos und Sheol nimmt einen großen Raum innerhalb des Gebets ein. Die Bedrohung des Beters wird einerseits als von JHWH ausgehend beschrieben (V. 4), andererseits in einer gewissen selbsttätigen Eigendynamik dargestellt (V. 6), der der Beter sich ausgeliefert sieht. Auf diese Weise wird mit dem Gebet die Frage nach der Kompetenz JHWHs im Totenreich thematisiert. Dass die aus der Sheol ertönende Stimme bis zu seinem Tempel dringt (V. 8) und JHWH Leben aus der Grube heraus retten kann

---

600 Einen sehr spezifischen Weg schlägt in diesem Zusammenhang Golka, Jona, 72, vor, der in dieser „Belehrung" den Gipfel aller gegen Jona gerichteten Ironie entdeckt. Wer jedoch die „Gnade" (חֶסֶד) JHWHs verlassen kann, wird aller Wahrscheinlichkeit nach zuvor in Verbindung mit ihm gestanden haben. So deutet auch Jeremias, Die Propheten Joel, Obadja, Jona, Micha, 96. Dies ist eine Aussage, die über „Heiden" gerade nicht gemacht werden kann. Die Polemik richtet sich also, ganz im Stil anderer Fremdgötterpolemiken, gegen Israeliten, die vom Weg „abgekommen" sind, nicht gegen Heiden, die ihre Götter anrufen (1,5). Golka, Jona, 72, nimmt hier an, der Beter polemisiere gegen Heiden. Eine Überheblichkeit, die ihm angesichts betender Seeleute in Jon 1 tatsächlich nicht gut zu Gesicht stünde. Auch Opgen-Rhein, Jonapsalm und Jonabuch, 115, geht von dieser Deutung aus und belegt mit 1,5, dass die nachmals frommen Seeleute zunächst als Götzendiener dargestellt worden seien: „Der Kontrast zwischen dem lyrischen Ich des Psalms, dessen Rolle Jona so selbstverständlich für sich reklamiert, und dem Propheten der Prosaerzählung wirkt an dieser Stelle geradezu grotesk. Die Art und Weise, wie Jona – heils- und selbstgewiß zugleich – auf sich und seine Rettung fixiert ist, macht ihn blind für ‚die wirkliche Lage'." Als Rede gegen untreue Israeliten versteht den Vers auch Wolff, Obadja und Jona, 113. Aus diesem Grund ist die ironische Spannung hier gering. Fremdgötter und die Warnung vor ihnen sind in Jona eben gerade kein Thema. Möglicherweise ist das der Grund für die Einfügung eines Verses, der in dieser Hinsicht Eindeutigkeit schaffen wollte. Ein Hinweis für diese Herkunft der Polemik ist die späte Rede vom „Windhauch" als Ausdruck für Fremdgötter.
601 Vgl. Stuart, Hosea-Jonah, 478.

(V. 7b), zeigt, wie weit JHWHs Macht nach Erfahrung der Verfasser dieses Gebets reicht.

Das Gebet Jonas thematisiert sich als Gebet selbst und formuliert die These „Beten hilft" in vielfacher Variation und mit unterschiedlichen Akzenten (V. 3.5.8.10). Diese Thematik wird auch dadurch akzentuiert, dass das Gebet ungewöhnlich wenige „berichtende" Zeilen enthält bzw. dass – positiv ausgedrückt – die Anrede an JHWH intensiv geübt wird.[602] Verbunden mit der Ausrichtung des Gebets auf JHWH ist der Fokus auf den Tempel, der explizit (V. 5.8) oder implizit (V. 3.10) Erwähnung findet. Dabei legt sich im Fortschritt von V. 5 zu V. 8 die Möglichkeit nahe, dass Gebete zum Tempel vordringen können, auch wenn die Beter selbst nicht den Tempel erreichen. Weil JHWH hört, kann aus der Klage-Stimme, die aus der Sheol dringt (V. 3), die Stimme des Lobopfers werden (V. 10).

Der Beter dieser Zeilen ist kein isolierter Beter oder – negativ gesagt – kein origineller Schreiber. Einige der Verse sind Psalmzitate, nur die wenigsten Formulierungen scheinen aus seiner Feder zu stammen. Mehrfach klingen Motive der Exoduserzählung an. Auf diese Weise aktiviert der Beter die Tradition des betenden Israels als Basis und Muster des Gebets im Jonabuch.

Diese bewusste Aufnahme der Gebetstradition Israels kann als Hinweis darauf verstanden werden, dass es Jonas Rolle sei, als Platzhalter für den betenden Israeliten zu fungieren.[603] Im Schicksal Jonas kann Israel erkannt werden, das sich von JHWH abkehrt, das von Fremden, die Werkzeug JHWHs sind, bestraft (und auf den rechten Weg gesetzt) wird, im Exil Sehnsucht nach dem Tempel hat und den Lobpreis im Tempel als Abschluss der Vertreibungsgeschichte antizipiert.[604] Die beiden Deutungen sollten nicht als einander ausschließende aufgefasst werden, hat doch der einzelne Leser/ Beter Anteil am betenden Israel.[605]

Tatsächlich bietet das Gebet Jonas eine Deutung des Jonabuches an, indem Leser und Jona betend zu einer Person werden und das Schicksal des Propheten

---

602 In dieser Hinsicht unterscheidet es sich wesentlich von Jes 38.

603 Vgl. Lux, Jona, 194: „Was Jona betet und klagend zur Debatte stellt, das steht zwischen dem Erzähler und seinen Adressaten zur Debatte, das ist keineswegs ein vergangenes, sondern ihr aktuelles Problem."

604 Vgl. Nogalski, Redactional Processes, 271.

605 Vgl. zu dieser Deutung bereits Gerhard von Rad, *Der Prophet Jona*. Nürnberg: Laetare-Verlag, 1950, 14, der im Gebet den leidenden Gerechten, nämlich Israel selbst im Wort sieht. Der entscheidende Unterschied liegt hier in der Frage, wie „unschuldig" bzw. „gerecht" die Beter gedacht werden. Vgl. auch Mathys, Dichter und Beter, 225: „Daß der Psalm Jonas Lage nur teilweise entspricht, braucht nicht zu erstaunen: Sein Verfasser hat nicht nur sie im Blick, sondern jeden frommen Beter, der sich in seiner Not an Gott wendet." Vgl. zudem Scoralick, Gottes Güte und Gottes Zorn, 183.

das Schicksal Israels abbildet.[606] Dabei ist Jona nicht als Person interessant, ja nicht einmal als Prophet, sondern als Hebräer (1,9) und damit als Identifikationsfigur des lesenden Beters, der um seinen Abstieg aus der Nähe Gottes weiß. Ein Interesse an der Darstellung Jonas, wie es alle ironischen Deutungen des Gebets nahelegen, ist im Gebet nicht zu erkennen.[607]

Dabei liegt es nicht in erster Linie im Interesse des Einfügers, die Frage der Schuld – Israels oder Jonas – zu traktieren. Sie wird angedeutet in der Aufnahme des in Jon 1 Motiv gebenden „Abstiegs". Sie ist insofern vorausgesetzt, aber nicht eigens thematisiert.[608] Stattdessen hält der Psalm eine Gebetsanleitung für das Leben in Fremde, Ferne und Bedrängnis vor, in der sich der Betende eher für den Feind JHWHs hält als für einen Vertreter des von ihm erwählten Volks.[609]

Wie verhält es sich nun aber mit der Nähe des Gebets zum Gebet Hiskias (Jes 38)? Sie dürfte wohl instruktiv zu nennen sein, ist doch beim Gebet des Königs

---

606 In diese Aussage passt auch das bereits erwähnte Zitat aus Jon 2,4, das in Mi 7,19 wieder aufgenommen wird und das Jonas mit dem Schicksal Israels verbindet (Nogalski, Redactional Processes, 278). Vgl. Jeremias, Die Propheten Joel, Obadja, Jona, Micha, 91: „Auch für Ausleger, die wie ich zur literarkritischen Lösung neigen, gilt also, dass das Jonabuch – zumindest im Endstadium – mit dem Psalm (und eher dann sogar: von ihm her) gedeutet werden muss."
607 Vgl. Opgen-Rhein, Jonapsalm und Jonabuch, 118: „Der flüchtende Prophet setzt ihm vorgegebene, traditionell geprägte theologische Texte für seine Zwecke ein, wie es ihm jeweils notwendig und passend erscheint. Im Gesamtzusammenhang des Buchs erweisen sich diese Texte freilich als prophetisch inspirierte Texte, als Schlüsseltexte, die eben jenes Geschehen beleuchten, gegen das Jona opponiert."
608 Das Thema des Rettungshandelns JHWHs ist auch Thema des Psalms. Allerdings besteht hier kein Interesse an der Rettung anderer Völker oder Städte. Vielmehr geht es um die Rettung des Frommen, mit den Worten Nogalskis um die Verantwortung und Umkehr Israels. Vgl. Nogalski, Redactional Processes, 271: „The psalm is not concerned with these questions, but reflects Israel's responsibility for its own judgment, and its need to return to YHWH."
609 Ähnlich aber vor dem Hintergrund des gesamten Buches nennt Jeremias, Der Psalm des Jona, 211, das verhandelte Problem: „Gottes Güte gegenüber der gewalttätigen Weltmacht verlängert und verstärkt Israels Leid." Anders deutet das Schweigen von der Schuld Golka, Jona, 67: „Ironisch ist der Psalm insofern, als Jona für sein eigenes Anliegen eine fromme Sprache gebraucht, aber kein Wort des Bedauerns über seine nicht ausgeführte Mission nach Ninive äußert." Dagegen deutet Opgen-Rhein, Jonapsalm und Jonabuch, 116: „So sehr Jona sich mit dem, was er singt, widerlegt, so zutreffend interpretiert er mit seinem Psalm das Heilshandeln des Gottes, an den er sich wendet. Die Ironie trifft Jona und sein Psalmbeten, nicht den Inhalt des von ihm gewählten Gebetsformulars." Wer entsprechend davon ausgeht, dass das Interesse an der Person des Jona nicht groß ist, widerlegt sich an dieser Stelle nicht selbst. Vgl. auch Norbert Lohfink und Erich Zenger, *Der Gott Israels und die Völker: Untersuchungen zum Jesajabuch und zu den Psalmen*. Stuttgarter Bibelstudien 154. Stuttgart: Verlag Katholisches Bibelwerk, 1994, 110: „Indem das Buch von Anfang bis Ende biblische Darstellungsmuster parodiert, läßt es sie doch auch zugleich ihre normale Funktion ausüben."

schon länger erkannt worden, dass hier nicht allein Hiskia dargestellt, sondern mit dem bedrohten und genesenden König auch das leidende und genesende Volk ins Gebet gebracht wird. Die Einfügung der Gebete an diesen Stellen ist deshalb noch etwas mehr als die Möglichkeit „zu zeigen, wie sich ein frommer Mann in (äußerster) Not zu verhalten hat"[610]. Sie bieten den Lesern/ Betern die Möglichkeit der frommen Partizipation am Geschehen. Dass in beiden Gebeten die Todesumschlungenheit thematisiert wird, ist bewusste Koordinierung von persönlichem Ergehen und Volksbefinden. Insofern ist der Beter auch mehr als der inspirierte Prophet. Der Prophet inspiriert den Beter/ Leser zur eigenen Adaption der theologischen Ausgangslage.[611] Diese stellt die adaptierbare Wahrheit dar, die in Jon 3f. problematisiert wird. Die bereits von Bosshard-Nepustil erkannte Strukturparallele von Jes 36 – 39 und Jona wird von dieser Erkenntnis unterstützt.[612]

Neben einer rein individuellen Deutung des Gebets ist es also möglich, die vor allem in V. 5 angesprochene Tempelferne vornehmlich als konkrete Klage des vom Tempel vertriebenen Israel nach 587 zu deuten.[613] Auf diese Weise könnten die beiden expliziten Erwähnungen des Tempels als Lösung eines Problems verstanden werden. Der Klagende beschreibt in V. 5, dass, obwohl JHWH seine Augen von ihm abgewendet habe, er selbst seinen Blick weiterhin auf den Tempel, das bedeutet seine Aufmerksamkeit auf JHWH richte. Diese Ausrichtung auf den Tempel wird in V. 8 als lohnend beschrieben, weil das Gebet des Beters in JHWHs heiligen Tempel vorgedrungen ist und er entsprechend gerettet wird. Die Abfolge der beiden Verse könnte so das Problem klären, inwieweit die Entfernung vom Tempel aufgehoben ist in dem Wissen, dass auch das in Entfernung geäußerte Gebet JHWH erreicht und damit seinen heiligen Tempel.[614]

---

610 Vgl. Mathys, Dichter und Beter, 229.

611 Als inspirierten Propheten beschreibt den Beter Opgen-Rhein, Jonapsalm und Jonabuch, 117: „Dort finden sich traditionell geprägte Texte, die querstehen zu den Angaben auf der Erzählebene, durch die sie eingeleitet werden. Sie sind Jona nicht als handelnder Person, sondern als inspiriertem Propheten in den Mund gelegt." Vgl. aaO., 118: „Er ist Träger einer Botschaft, die ihn übersteigt."

612 Vgl. Bosshard-Nepustil, Rezeptionen von Jesaia 1– 39, 425f. Dass in Jes 38,14 Hiskia explizit „wie Jona" (כְּיוֹנָה) klagt, mag unbeabsichtigt sein, fügt sich aber durchaus in das Bild der beiden so ähnlichen Texte.

613 Vgl. Nogalski, Redactional Processes, 266f, der den Schluss zieht (267): „Hence, for the redactor, Jonah *represented* someone whom YHWH had expelled from the temple."

614 Vgl. Nogalski, aaO., 267. Eine sehr bedenkenswerte Deutung des Miteinanders von V. 5 und V. 8 bietet Jeremias, der davon ausgeht, dass V. 5 die Unmöglichkeit thematisiert, den Tempel aufzusuchen, wohingegen in V. 8 das Gebet (ohne die leibliche Anwesenheit des Beters) diesen Weg gegangen ist. Vgl. Jeremias, Die Propheten Joel, Obadja, Jona, Micha, 96: „Diese Gewissheit soll Menschen Mut machen, die keine Möglichkeit zum Besuch Jerusalems haben." Anders deutet er den Gegensatz im Konnex des Buchs. Die Rettung sei Hinweis für die Gebetserhörung,

3.3 Dann wirst du sagen: Ich preise dich! – Jes 12

Das Gebet Hiskias ist einem König der Vergangenheit in den Mund gelegt, der seine Klage als gegenwärtige Rede einführt („ich sage" אָמַרְתִּי). Zukünftig bleibt in Jes 38 der Aufstieg des Beters zum Tempel und damit die vollständige Restitution. Auch der Beter in Jon 2 behält den Tempel im Blick und erlebt sein Gebet als vom Tempel her gehört, sein eigener Aufstieg zum Tempel steht jedoch noch aus. Der in Jes 12 überlieferte Psalm wird mit dem gleichen Verb eröffnet wie Jes 38, hier wird die Rede aber insgesamt für die Zukunft verheißen („du wirst sprechen"), und als Sprecher ist ein nicht näher definiertes „Du" vorgesehen. Dieses anonyme „Du" bietet Raum für den Leser dieser Zeilen, der intensiv in das Geschehen einbezogen wird, indem er lesend die verheißenen Verse aktualisiert. Der Jes 38 voranstehende, aber mit einiger Sicherheit später eingefügte Text in Jes 12 verheißt, dass „an jenem Tag" ein Psalm gesprochen wird, der geradezu als Prototyp eines Gebets anlässlich der Restitution angesehen werden kann. Die Wiederherstellung der Gottesbeziehung in Ansprache und Hymnus wird vom betenden Leser tatsächlich nicht nur behauptet, sondern betend durchgeführt.

Ausgelöst wird die Restitution durch die Wende des Zorns, die Voraussetzung für alle vertrauensvolle Ansprache JHWHs ist. Dass diese Voraussetzung nicht grundsätzlich gegeben ist, zeigt der bereits untersuchte, zugleich in der Redaktionsgeschichte des Jesajabuchs spätere Text Jes 63 f., in dem die Wende erfleht, aber nicht erlebt wird. Das Gebet in Jes 12 bildet den Abschluss des ersten Abschnitts des Jesajabuches und blickt doch bis zu Texten wie Jes 55 voraus. Es handelt sich um einen späten Text, der nach dem Modell der jesajanischen Hymnen die verheißene Heilswende lobpreisend antizipiert.

Übersetzung

12,1 An jenem Tag wirst du sagen:
    Ich preise dich, JHWH,
    denn du hast mir gezürnt,

„die Wiederherstellung einer vollgültigen Existenz Jonas im Dankgottesdienst Jerusalems" steht dagegen noch aus. Vgl. Wolff, Obadja und Jona, 112: „Was in den Klageliedern Ps 88,3; 102,2 noch erfleht wurde, wird mit ganz ähnlichen Worten hier als Geschehnis berichtet. Die Kraft von Jahwes Gegenwart im Heiligtum läßt auch den Schrei aus fernen Meerestiefen zum Ziel gelangen."

615 Vgl. zur Differenz zwischen MT und LXX die textkritischen Überlegungen im Abschnitt zu „Text und Struktur".

dein Zorn kehrte um,
und du hast mich getröstet.[615]

2   Siehe, der Gott meines Heils[616]
ich vertraue und zittere nicht,
denn meine Kraft und (mein) Gesang (ist) Jah[617], JHWH,
und er wurde mir zum Heil.

3   Und ihr werdet Wasser schöpfen in Freude
aus den Quellen des Heils.

4   Preist JHWH,
ruft an seinen Namen,
tut kund unter den Völkern seine Taten,
bringt in Erinnerung, dass sein Name erhaben ist.

5   Singt JHWH,
denn Erhabenes hat er getan,
bekannt sei dies im ganzen Land.

6   Jauchze und jubele, Bewohnerin Zions!
Denn groß ist in deiner Mitte der Heilige Israels!

Text und Struktur

Jes 12 verheißt dem Angesprochenen, „an jenem Tag" (בַּיּוֹם הַהוּא) den formulierten Psalm anlässlich der Wende des Gotteszorns zu sprechen. Diese Einführung präsentiert den Text als Merkmal realisierter Verheißung. Anzunehmen ist, dass ein solcher Psalm die zukünftige Gegenwart als Ist-Zustand beschreibt. Dieser

---

616 Hier betont Mathys, Dichter und Beter, 181 Anm. 2, dass sowohl übersetzt werden kann „Siehe, Gott ist mein Heil" (Nominalsatz) als auch „Siehe, der Gott meines Heils". Inhaltlich unterscheiden sich diese beiden Formen des Vertrauensbekenntnisses nicht wesentlich.

617 Zwei Handschriften sowie Septuaginta und Vulgata lassen den ersten, verkürzten Gottesnamen aus. Dasselbe wird auch für vorliegende Stelle vorgeschlagen. Auch Beuken, Jesaja 1–12, 328, fasst die gegenwärtige Diskussion entsprechend zusammen. „Jah" sei entweder als pränominales Suffix von זִמְרָת zu verstehen oder entsprechend einer „alten liturgischen Nennung Gottes". Kaiser, Jesaja 1–12, 254 Anm. 5: „Das Jāh ist als eine in alten Kultrufen und Formeln erhaltene Namensform geschützt; das Jahwe gemäß 2Mose 15,2 und Ps 118,14 als Zusatz zu beurteilen." Mathys, Dichter und Beter, 181 Anm. 3, streicht nicht die Kurzfassung Jah, sondern das Tetragramm als Dittographie des folgenden Narrativs. Er schließt sich damit der Lösung von Hans Wildberger *Jesaja 1–12*, 2. Aufl. Biblischer Kommentar Altes Testament 10/1. Neukirchen-Vluyn: Neukirchener Verlag, 1980, 478, an. Hier, wie in Ex 15, ohne Streichung.

Erwartung entspricht der in Jes 12 überlieferte Text jedoch nur teilweise. Die auffälligste Abweichung von der Fiktion der zur Zeit des Gebets gegenwärtig gewordenen Verheißung findet sich in V. 1b des Masoretischen Textes und in V. 3–4aα nach allen Überlieferungen.

V. 1b liest nach dem Masoretischen Text Prekativformen. Die Wende des Zorns und der Trost stehen noch aus und werden „herbeigebetet". Wörtlich etwa „du hast mir gezürnt, nun wende sich dein Zorn und du tröste mich". Septuaginta, Syriaca und Vulgata bleiben dagegen im Duktus des rückblickenden Gebets der Zukunft.

In der Entscheidung zwischen diesen beiden Möglichkeiten der Übersetzung können mit dem Argument der *lectio difficilior* beide Varianten als ursprünglichere bestimmt werden. Schwieriger in dem Sinne, dass die logische Stringenz abhandenkommt, ist die Variante des Masoretischen Textes, wenn man bedenkt, dass mit dieser Formulierung an einem zukünftigen Tag des Heils nur ein Bittgebet um Vergebung gesprochen werden soll. Befürworter der Ursprünglichkeit dieser Textfassung sprechen von ihrer „nonkonformistischen Kühnheit".[618]

In anderer Hinsicht kann jedoch auch die rückblickende Perspektive als schwierigere Fassung wahrgenommen worden sein und wurde deshalb unter Umständen nachträglich geändert. Wer den Text liest, der spricht und betet ihn zugleich, auch wenn ausweislich der Überschriften ein zukünftiges Gebet formuliert ist. Gerade in der Situation des erlebten göttlichen Zorns mag es den Schreibenden nicht möglich gewesen sein, von diesem Zorn dankend im Rückblick zu sprechen, nicht einmal in einer fiktiv noch zu erwartenden Situation. Hier trägt sich eine spätere Generation ein, die gleichwohl noch immer auf das Heil wartet und diesem Umstand betend Ausdruck verleiht.[619] Wie in der Übersetzung zu ersehen wird die Fassung der Masoreten als nachträgliche Relativierung der Verheißung und weniger ursprüngliche Textfassung angenommen.

Die zweite Unebenheit im verheißenen Gebet findet sich in V. 3 und in der wiederholten Ankündigung zukünftiger Rede in V. 4aα. Dort wird der zitierte Text verlassen und, eingebettet in hymnische Rede, eine weitere Verheißung formu-

---

618 Vgl. Wildberger, aaO., 477.

619 Vgl. Kaiser, Jesaja 1–12, 254 Anm. 1: „Trotz des Eintretens von Wildberger für die prekativen Formen von M wird man sie als Folge sekundärer Textänderung durch eine spätere Generation beurteilen müssen, die immer noch auf das Heil wartete, und dem Kontext gemäß ein *wajjāšåb* lesen." Mathys, Dichter und Beter, 181 Anm. 1, findet diese Lösung „elegant", was ihn aber nicht daran hindert, beide Möglichkeiten aufzuführen. Vgl. Williamson, The Book Called Isaiah, 119 Anm. 9, der schreibt: „The recasting of the verbs at the end of verse 1 as jussives has parallels at 42: 6 and 51: 2, and is to be explained as 'a dogmatic emendation [sc. by the Masoretes] ... in order to represent historical statements as promises', no doubt because of what was perceived as a problem of non-fulfillment; cf GK §107b n.2."

liert: „Ihr werdet Wasser schöpfen...". Streng genommen kündigt diese Zeile innerhalb des verheißenen Rahmens eine auf die im Gebet gegenwärtige Zeit folgende Erwartung an – „du wirst sagen... ihr werdet schöpfen". Gemeint ist an dieser Stelle aber wohl eher eine die Verheißung zukünftigen Dankgebets ergänzende Verheißung freudigen Wasserschöpfens.[620] V. 4a leitet von der Verheißung in den hymnischen Text zurück.[621]

Der antizipierte Lobpreis Jes 12* ist nun nach einem deutlich erkennbaren Prinzip aufgebaut, das auch an der jeweiligen Rederichtung oder Adressierung der Reden ersehen werden kann. Die Rede beginnt in der intimen Ansprache JHWHs und der Selbstaufforderung zum Lobpreis wie im Danklied des Einzelnen.[622] Bereits im Übergang von V. 1 zu V. 2 ist ein Wechsel zu beobachten. V. 1 spricht allein JHWH an, V. 2 spricht das Vertrauensbekenntnis in einer Form, die weitere Zuhörer vorstellbar macht. Damit beginnt schon im Wechsel von V. 1 zu V. 2 eine Öffnung, die in den beiden folgenden Psalmversen, V. 4aβ-5, noch weiter wird.

So fordern V. 4 f. eine nicht näher definierte Gruppe zum Lobpreis und Gesang auf, ja, die Größe JHWHs soll unter allen Völkern, seine Hoheit auf der ganzen Erde bekannt gemacht werden.[623] Erst im letzten Vers (V. 6) ist, wie zu Beginn des Textes, ein einzelnes Individuum Adressat des Hymnus: die Bewohnerin Zions. Alldieweil sie zugleich eine kollektive Größe ist, werden mit ihrer Ansprache singularische und pluralische Rede innerhalb des Psalms zusammengeführt. Auch die Bewegung aus dem intimen Gespräch zwischen Beter und Gott hin zu den Völkern und Rändern der Erde wird in diesem letzten Vers abgerundet. Zentrum aller sich verbreitenden Lobpreisungen ist die Gegenwart des heiligen Gottes in Jerusalem. Nach der Bewegung vom einzelnen Beter über lobpreisende und verkündigende Gruppen bis hin zu den Völkern wird nun alle Äußerung wieder zu ihrem Zentrum zurückgeführt – und das ausdrücklich, geht es doch um den „Heiligen Israels", der in der *Mitte* Zions groß ist.

---

620 Mehr dazu unter dem Stichwort „Wachstum".

621 Auch Klaus Seybold, „Der Jesajapsalm: (Jes 12,1–6)." in *Studien zu Sprache und Stil der Psalmen*, hrsg. von ders. Beihefte zur Zeitschrift für die Alttestamentliche Wissenschaft 415. Berlin u.a.: de Gruyter, 2010: 207–217, hält V. 3 an dieser Stelle nicht für ursprünglich, geht jedoch nicht von einer späteren Eintragung in den Text aus, sondern von einer Vertauschung der ursprünglichen Versfolge. Ursprünglich habe der Vers zwischen V. 4 und V. 5 gestanden. Seybold rekonstruiert aus den umgestellten Versen eine ursprüngliche Stufenstruktur.

622 Das hält Kaiser, Jesaja 1–12, 255, für einen möglichen Grund dafür, dass das Gebet singularisch beginnt: Er nennt dies eine „Nachwirkung davon [...], daß es in Israel ursprünglich nur ein Danklied des Einzelnen als besondere Gattung gegeben hat, während die Rolle des Volksdankliedes durch den Hymnus, das Gotteslob, besetzt war."

623 Kaiser, ebd., spricht von einem „imperativische[n] Hymnus".

Der Text endet mit der Rede vom „Heiligen Israels" (קְדוֹשׁ יִשְׂרָאֵל). Seine Anwesenheit inmitten Zions ist Ausblick und *movens* zugleich. Aber nicht erst dieser
pointierte Abschluss verdeutlicht, dass alle Bewegung von JHWHs Handeln
ausgeht, dies lassen bereits die ersten beiden Verse erkennen. Der Lobpreis in V. 1
wird ermöglicht, weil JHWH zürnt, seinen Zorn wendet und tröstet. Ausgang allen
Preisens ist sein Handeln. Auch dass die in V. 2aβ geäußerte Vertrauensaussage
bzw. die Selbstaufforderung zum Vertrauen von der Erwähnung der Hilfe JHWHs
gerahmt ist, weist darauf hin, dass dieses Vertrauen sich in JHWHs vorangehendes
Handeln eingebettet weiß. Die Feststellung, der Beter vertraue und zittere nicht
(lautlich schön ist die Zusammenstellung der ähnlich klingenden Formen אֶבְטַח וְלֹא
אֶפְחָד)[624], gelingt nur im Rahmen der Hilfe Gottes. JHWHs Handeln, die Wende
seines Zorns und sein Trost, ist die Hilfe, aufgrund derer Gottvertrauen und Ruhe
möglich sind. Im Rahmen dieses Verses wird deutlich, dass nicht der Betende von
sich aus vertraut, sondern veranlasst von der ihn umfangenden Hilfe, die JHWH
ist. Wie in V. 1 zeigt sich in dieser Formulierung also die Wende zum neuen Gottesverhältnis. Wie dort ist diese Wende aber offensichtlich nicht Leistung des
Betenden, sondern Frucht göttlicher Hilfe, die sich in der Beziehung Gottes zum
Betenden realisiert.

Eine eindeutige Identifizierung eines Sprechers oder einer Sprecherin findet
nicht statt. Nahegelegt werden unterschiedliche Deutungen. Die Ansprache der
Bewohnerin Zion im letzten Vers wird von einigen Auslegern als Hinweis darauf
verstanden, dass bereits in V. 1 Zion Adressatin sei.[625] Die Annahme, angesprochen
werde in V. 1 der Prophet, scheitert daran, dass der Prophet nicht Gegenstand
göttlichen Zornes ist.[626] Beuken will deshalb eine Figur mit „mehrfachem Be-
zugsrahmen" an dieser Stelle sehen.[627] In der „Ausweitung seines ‚Ichs'" trage der

---

624 Assonanzen sind auch sonst in Jes zu finden; vgl. Mathys, Dichter und Beter, 190. Hier
„wohl zum Zeichen dafür, wie wenig es bedarf, um von der Angst zum Vertrauen zu gelangen –
und umgekehrt." (Seybold, Der Jesajapsalm, 13).
625 Vgl. dazu auch Berges, Das Buch Jesaja, 134, der bereits in V. 1 Zion als Adressatin sieht.
Dagegen Beuken, Jesaja 1–12, 330 Anm. 5: „Aber das Zusammenspiel der Aktanten lässt vermuten, dass dies erst durch die Einladung zur Teilnahme am Loblied des Propheten der Fall
ist..." Er selbst stellt aber fest, dass die letzte Ansprache eines „Du" sich an Zion richtet (Jes
10,24). Vgl. aaO., 332.
626 Anders Beuken, aaO., 329: „Nimmt man den Unterschied zwischen der Sprechrichtung im
Singular von V 1 und der im Plural von V 4 ernst, so kann es in V 1–4a nur der Prophet sein, der
spricht. Er setzt das zu Beginn von Kap. 1–11 sprechende ‚ich' des Sehers Jesaja fort."
627 Beuken, aaO., 330: „Sie [die Figur des Sprechers] ist der Prophet, der aus dem Volk genommen und zu ihm gesandt ist, um den moralischen Verfall anzuklagen (Kap. 1–11). Sie ist der
gleiche Prophet, der eine Gruppe von Gleichgesinnten um sich versammelte, um auf JHWH zu
harren (8,11–18). Diese Figur eröffnet nun den Aktanten aus Kap. 1–11 die Möglichkeit, in sein

Prophet „den Zorn über das Volk mit".[628] Kaiser sieht hier den in Jes 11,16 ge-
nannten „Rest des Volks" als Sprecher[629], diese Lösung lässt sich, bedenkt man die
Heilsperspektiven im Jesajabuch, ohne weiteres mit einer Identifizierung mit der
Bewohnerin Zions verbinden. Wichtig für das Verständnis des Gebets und seiner
Funktion im Kontext ist, dass, welche nähere Identifizierung des Adressaten auch
je naheliegt, der Angesprochene auf anderer Ebene zugleich der implizierte Leser/
Hörer des Textes ist.[630]

Wachstum

Die Einheitlichkeit von Jes 12 ist nicht unumstritten. Nach der Verheißung in der
Überschrift des Psalms „Du wirst sprechen" wirken die Prophezeiungen in V. 3 und
vor allem die Wiederholung in V. 4 f. wie nachträglich angehängt, zumal sie den
Zusammenhang des eigentlich angekündigten Psalms unterbrechen.

Die anstößige Wiederholung der Überschrift und der Wechsel von singulari-
scher zu pluralischer Rede werden unterschiedlich gedeutet. Oft wird angenommen, hier seien zwei, unter Umständen ursprünglich unabhängige Psalmen
nachträglich durch V. 3 zusammengebunden worden.[631] Andere sprechen von
einem aus „zwei Sprechakten einer Lobpreisung" bestehenden Psalm.[632] Dabei sei
der zweite Sprechakt im ersten verankert. Insofern werde der Psalm vor allem
durch die „Rollenverteilung der Sprecher und Angeredeten bestimmt".[633] Auch
thematische Unterscheidungen der Teile eines Psalms als „Jahwes Handeln an den
Israeliten" und „Israels Dank dafür" werden erwogen.[634] Einen eigenen Vorschlag

---

Loblied einzustimmen. In Übereinstimmung mit seiner Predigt situiert der Prophet die Zuhörer
in Jerusalem [...] dadurch wird auch Zion selbst zur Sängerin dieses Lobliedes..."
628 Beuken, ebd., verweist zudem auf die Hinweise in Jes 6,5 und 6,7 sowie 8,11, die deutlich
machten, dass der Prophet durchaus nicht sündlos gesehen werde: „Darum kann der Prophet als
jemand dargestellt werden, der den ‚Zorn', der über die Führer Judas und über das Volk kam,
mitgetragen hat, aber der in seinem Namen auch das ‚Heil' inauguriert."
629 Kaiser, Jesaja 1–12, 255.
630 Anders Archibald L. H. M. van Wieringen, „Isaiah 12,1–6. A Domain and Communication
Analysis." in *Studies in the Book of Isaiah*, hrsg. von Jacques van Ruiten und Marc Vervenne.
Bibliotheca Ephemeridum Theologicarum Lovaniensium 132, Leuven: Leuven Univ. Press, 1997:
149–172, 169, der keine explizite Verbindung der Ansprache mit dem impliziten Leser sieht.
631 Vgl. u. a. Blenkinsopp, Isaiah 1–39, 269.
632 Vgl. Beuken, Jesaja 1–12, 330.
633 Beuken, aaO., 331. Als formgeschichtliche Versatzstücke erkennt er: Danklied des Einzelnen, Gelübde in einer Volksklage (V. 3), Einladung zum Lob (V. 4–5).
634 Vgl. die Gliederung von Mathys, Dichter und Beter, 183, der die Unterabschnitte Aufforderung zum Dank, „Rückblick" auf das Gericht, Konstatierung des „Heils" im ersten Abschnitt
und Kundgabe der Heilstaten Jahwes an die Völker, Kundgabe der Größe Jahwes auf der ganzen

präsentiert Seybold, der an dieser Stelle Verse umstellt, um in Jes 12 einen Stufenpsalm hin zum Zion zu erhalten.[635]

Die Erklärung der ungewöhnlichen Rede dürfte hier jedoch eine andere sein. Die betonte Rede von der Hilfe JHWHs in V. 2, in der der Name des Propheten (יְשַׁעְיָ֫הוּ) anklingt, hat die Einfügung von V. 3 provoziert, durch den in das bereits als Teil einer Verheißung formulierte Gebet noch ein eigener Verheißungstext eingeschrieben wird. V. 4aα hat die Funktion, nach der Einfügung wieder in den verheißenen Psalm zurückzuführen.[636]

Innerhalb des Textes kommt es jedoch durch diese Dopplung zu einer verwirrenden Multiplikation: Zwei Pluralgruppen werden genannt, die unmittelbaren und die mittelbaren Adressaten der Rede. Mit den Völkern als denen, die in Kenntnis gesetzt werden sollen, wird sogar noch eine dritte Gruppe angesprochen.

Insofern dürfte sich V. 4aα als Einfügung zur Verbindung von ursprünglichem Psalm und Einschub von V. 3 erklären lassen.[637] Die Wiederaufnahme der Verheißung für die Rede „an jenem Tag" wird pluralisch formuliert. Die Wahl des Numerus wird sich aus Kongruenz mit der pluralischen Ansprache in V. 3 (und V. 4) erklären lassen.

Der Versuch Seybolds, durch eine Umstellung von V. 3 eine dreifache Treppenstruktur zu konstruieren, vermag nicht zu überzeugen, da V. 3 zwischen den Versen 4 und 5 die Aufforderungen zum Jubel unterbricht und entsprechend keinen guten Ort hat. Der Vers ist kaum als Aufforderung zum liturgischen Vollzug zu verstehen. Er ist Verheißung. Will man also einen ursprünglich im Tempel und nicht im Prophetenbuch beheimateten Psalm rekonstruieren, so dürfte dies nur gelingen, wenn man neben den verheißenden Versen 1aα und 4aα auch V. 3 ausschiede. Insofern liegt es nahe, dass es sich bei V. 3 (und als Wiederaufnahme und Anknüpfung bei V. 4aα) um eine nachträgliche Einfügung in den Kontext handelt. Zudem wird in der Annahme einer Entstehung des Psalms außerhalb des Buchs seine enge Verknüpfung mit Motiven des Jesajabuchs zu wenig berücksichtigt.

Welt, Jubel wegen der (beständigen) Gegenwart Jahwes im zweiten Abschnitt erkennt. Diese Gliederung geht auf die eigentlichen Besonderheiten des Textes kaum ein.

635 Vgl. Seybold, Der Jesajapsalm, 211 f.

636 Auch Seybold, aaO., 15, sieht die Zusammenstellung der Anklänge an den Prophetennamen, er hält sie für den Grund der Umstellung der Zeilen.

637 Anders löst dies Mathys, Dichter und Beter, 191: „Der einleitende Satz in V. 4 [...] verstärkt die eschatologische Ausrichtung des Liedes noch einmal, ruft sie gewissermaßen in Erinnerung. Dem Verfasser von Jes 12 liegt sie offensichtlich am Herzen. Sonst würde er die Israeliten in ihrem Gesang nicht unterbrechen und diesen Kommentar anbringen."

Form

Der Versuch, die einzelnen Teile formgeschichtlich zu bestimmen, hat Kommentatoren zu den unterschiedlichsten Thesen veranlasst.[638] Tatsächlich trägt Jes 12,1–6 alle Kennzeichen eines individuellen Danklieds in der Gunkelschen Prägung des Begriffs.[639] Dabei wird jedoch das Formular dieser Lieder dort verlassen, wo „statt der üblichen Belehrung der Mitfeiernden, auch die große Gemeinde im Ganzen (V. 3 f.) und sogar die ‚Bewohner von Zion', d.i. die Stadt Jerusalem", angesprochen werden.[640] Die Mischung unterschiedlicher Formen rührt daher, dass Jes 12* ein schriftgelehrter Text ist, der mit hymnischen und betenden Elementen den Heilsverheißungen eine späte und ganz eigene Krönung gewährt.[641]

Stellung im Buch

Die den Text eröffnende Konjunktion mag als störend empfunden werden, verdeutlicht aber die Verbindung des Psalms mit dem vorangehenden Text.[642] Bereits in Jes 11,11 wird für „jenen Tag" ein neuer Exodus verheißen. In diese Verheißung fügt sich der Psalm ein.[643] Jes 12 dürfte hier die letzte Fortschreibung zum bereits in sich gewachsenen Text Jes 11 sein.[644] Auch die auf Jes 12 folgenden Kapitel sind bei der Interpretation zu berücksichtigen.[645] Der Psalm leitet auf sie hin und legt eine spezifische Leseweise der Völkersprüche nahe. Diese werden durch Jes 12 und Jes 24–27 mit Aussagen gerahmt, in denen die Völker Adressaten der Botschaft

---

638 Nach einem kurzen Versuch in dieser Richtung resümiert Beuken: „Die Schlussfolgerung lautet, dass literarische Formen aus der hymnischen Tradition Israels hier für eine Danksagung in prophetischer Perspektive benutzt worden sind." (Beuken, Jesaja 1–12, 331 f.). Kritisch betrachtet werden kann die Zuordnung zu einer bestimmten Gemeinschaft (aaO., 332): „Das Zusammenspiel der Akteure und der zeitliche Verlauf weisen das Loblied einer prophetischen Gemeinschaft inmitten Israels und der Völker zu."
639 Vgl. Beuken, aaO., 333.
640 Vgl. Seybold, Der Jesajapsalm, 12.
641 Anders bspw. Blenkinsopp, der hier von zwei ursprünglich unabhängigen Psalmen (1–2 und 4–6) ausgeht, die von V. 3 verbunden würden, in dem an das Schöpfen von Wasser während Sukkoth erinnert werde (Blenkinsopp, Isaiah 1–39, 269). Problematisch an diesem Vorschlag ist, das erwähnt B. selbst (270), dass beim Ritual des Wasserschöpfens gerade nicht aus Quellen geschöpft wird, sondern aus dem Siloam.
642 Vgl. Beuken, Jesaja 1–12, 329.
643 Der in 11,16 erwähnte Tag ist dagegen ein Tag der Vergangenheit und Gegenstand der Erinnerung.
644 Vgl. auch Seybold, Der Jesajapsalm, 9.
645 Vgl. Vermeylen, Du Prophète Isaïe, 280–282. Beuken, Jesaja 1–12, 332, betont, dass die Rede von den Völkern in Jes 12 auf Dtjes zurückgeht.

vom Heil durch JHWH sind (Jes 12) bzw. an diesem Heil sogar teilhaben können (Jes 24 – 27*).

Jesaja 12 fügt sich in das bereits in den Hymnen Deuterojesajas zu beobachtende Schema des antizipierten Jubels.[646] Besonders die drei Stufen, in denen Jes 12 verkündet, passen zum deuterojesajanischen Gedankenmodell: Phase des Leids, Phase der Rettung, Proklamation der Rettung für die Nationen.[647] Gleichwohl ist es sehr weitgehend, aus dieser Nähe von Hymnen und Deuterojesaja die deuterojesajanische Verfasserschaft des Textes zu behaupten.[648] Auch die häufig vorgenommene Zuordnung zu den Ergänzungen des Jesajabuches, die „tritojesajanisch" genannt werden, ist jedoch nicht unproblematisch.[649] So fehlt in Jes 12 die charakteristische Unterscheidung in Knechte und Verworfene. Kaum vorstellbar erscheint es, dass Jes 12 nach der eindringlichen Bitte um eine Umkehr JHWHs in Jes 63 f. kommentarlos und ausschließlich die im unmittelbaren Kontext verankerte Wende des göttlichen Zorns verkünden sollte.[650] Wahrscheinlicher ist es, dass Jes 63 f. eine Reaktion darauf ist, dass die antizipierten Hymnen und Gebete, unter ihnen Jes 12, noch immer nicht erlebte Realität wiedergeben.

Dass Jesaja 12 so viele unterschiedliche Texte vorwiegend der Psalmen zitiert, ist ein Hinweis auf schriftgelehrte Arbeit, wie sie im und für das Buch formuliert

---

646 Vgl. Westermann, Das Buch Jesaja: Kapitel 40 – 66, 20, und Williamson, The Book Called Isaiah, 120. Vgl. Mathys, Dichter und Beter, 200: „Die Kapitel 1– 12 bilden für sich genommen ein kleines, vollständiges Jesajabuch, nicht zuletzt dank des systematischen Abschlußkapitels, für das man keinen passenderen Platz findet – gerade nicht bei Deuterojesaja: Die Kapitel Jes 40ff sind redaktionell unter anderem bereits durch eschatologische Loblieder gegliedert."

647 Vgl. Williamson, The Book Called Isaiah, 120 f.

648 Williamson, ebd., weist für das Motiv des Trostes neben Dtjes vor allem auch auf Threni 1,2.9.16.17.21 hin. Gleiches gilt für den Hintergrund der „Rettung" יְשׁוּעָה als Vokabel. Sie sei an keiner Stelle „alt": „Similarly, the implication of chapter 12 that the new time of salvation will be reminiscent of the first exodus is a well-known feature of Deutero-Isaiah, but again forms no part of the written deposit of Isaiah of Jerusalem." Vgl. zum Wasser in der Wüste: Jes 41,17 – 18; 43,19 – 20; 44,3 – 4; 48,21; 49,10. Vgl. auch die Rolle der Freude in Dtjes und in 12,3.6.

Mit der Rückführung des Textes auf Dtjes nimmt Williamson, aaO., 124 f., eine gewisse Frühdatierung des Textes vor und bemerkt dazu, dass alle Texte, von denen Jes 12 abhängig ist, nicht mit Sicherheit später zu datieren seien.

649 Über den als einen der zentralen Texte gekennzeichneten Text Jesaja 12 heißt es bei Steck, er sei als Teil der „Fortschreibung III", also als sogenannte Schlussredaktion des Großjesajabuches eingefügt worden. Er nimmt an, dass 12,1– 6 und 65 f. zur selben Redaktion gehören (Odil Hannes Steck, *Der Abschluß der Prophetie im Alten Testament: Ein Versuch zur Frage der Vorgeschichte des Kanons*. Biblisch-Theologische Studien 17. Neukirchen-Vluyn: Neukirchener Verlag, 1991, 29).

650 Vgl. zu dieser Anordnung der Texte u. a. Goldenstein, Das Gebet der Gottesknechte, 230.

wurde.[651] Auch wenn die Hinweise auf die Ursprünglichkeit dieses Textes in Jesaja deutlich sind, wird immer wieder die Entstehung außerhalb des Buchs erwogen.[652] Zusammengefasst sind die Hinweise auf die originäre Zusammengehörigkeit mit dem Buch folgende: der Dreiklang von Zorn, Zorneswende und Trost, das Spiel mit dem Namen „Jesaja", das im Kontext angelegte Zitat von Ex 15, die Wasser- und Freudenmotivik, die besondere Berücksichtigung der Hoheit JHWHs, die Rede vom Heiligen und das Resümee auf dem Zion.[653] Die zwei Abschnitte des Psalms, in die V. 3 und V. 4aα später eingefügt worden sind, unterscheiden sich voneinander, gleichwohl setzt die zweite Bewegung die erste fort, weshalb hier unterschiedlicher formaler Hintergründe zum Trotz durchaus von einem Text gesprochen werden kann.[654] Es ist entsprechend Seybold Recht zu geben, der mit dem Psalm die Leserschaft angesprochen sieht. Anders als er es vermutet, ist jedoch die Leserschaft des Jesajabuchs von vornherein Adressat des für den Kontext verfassten Psalms gewesen.[655]

Interpretation im Kontext

Die verheißene Rede ist Kennzeichen „jenes Tages" (בַּיּוֹם הַהוּא). Diese Formulierung ist, wie beschrieben, im unmittelbaren Kontext in Jes 11,11 vorgebildet.[656] Auch die Erwähnung in Jes 11 ist jedoch eingebunden in eine wiederholte, vergleichbare Rede im Jesajabuch. Die Rede von einem zukünftigen Tag kann geradezu als Lieblingsformulierung im Jesajabuch bezeichnet werden.[657] Sie begegnet in keinem Prophetenbuch so oft wie in Jes 1– 39.[658] Der zukünftige Tag, der wohl in der Tradition des Tags JHWHs steht, wird vor allem im Zusammenhang mit Ge-

---

651 Für die Abfassung des Textes für den Kontext: Fohrer, Jesaja 24 – 39, 172 – 175; Odil Hannes Steck, *Die Prophetenbücher und ihr theologisches Zeugnis: Wege der Nachfrage und Fährten zur Antwort.* Tübingen: Mohr Siebeck, 1996, 40 f.; Mathys, Dichter und Beter, 181 ff.

652 Vgl. u. a. Crüsemann, Studien zur Formgeschichte, 55 f.227 f., und Seybold, Der Jesajapsalm, 215.

653 Vgl. Williamson, The Book Called Isaiah, 123.

654 Vgl. Williamson, aaO., 119: „...consequently, it is now regarded as more likely that the chapter is a unity, but comprised of two parts with different, though related, content; the first concentrates on praise for God's salvation, while the second moves on to proclaim this universally and so to summon the whole earth to join in worship. Form-critically, the chapter is thus something of a mixture, but, since even within its constituent parts it combines more than one form, that in itself is no argument against compositional unity."

655 Vgl. Seybold, Der Jesajapsalm, 14 f.

656 Vgl. Beuken, Jesaja 1– 12, 333.

657 Vgl. Mathys, Dichter und Beter, 185.

658 Vgl. Jes 2,11.17.20; 3,7.18; 4,1.2; 5,30; 7,18.20.21.23; 10,20.27;11,11 u. ö.

richtsansagen verwendet, bezeichnet aber auch allgemeiner den Zeitpunkt, an dem die Verirrungen der Gegenwart aufgehoben sind.[659] Mit der Situierung der Gebetsfragmente „an jenem Tag" (בַּיּוֹם הַהוּא) wird hier ein Gebet zur Weissagung. Wer diesen Text laut liest, für den ist der kommende Tag angebrochen, denn er spricht genau das, was ihm für den kommenden Tag in den Mund gelegt wird.[660]

Noch umfassender ist der Bezug der vier Verben (נחם, שׁוב, אנף, ידה) in Jes 12,1 zum Jesajabuch. Lobpreis, Zorn, Zornesumkehr und Trost – diese vier Motive sind ein Kondensat (deutero-)jesajanischer Geschichtstheologie.

Die Rede vom Lobpreis (Wurzel ידה; Nomen תּוֹדָה Jes 51,3) ist in Jes 12 mit Erwähnungen in Vers 1 und Vers 4 recht prominent und findet sich darüber hinaus in allen drei größeren „Gebetskomplexen" innerhalb des Ersten Jesaja: mit zwei Erwähnungen im Gebet Hiskias in 38,18 f. und, einmal, im ebenfalls antizipierten Hymnus in Jes 25,1. Die preisende Erkenntnis Hiskias, dass der Lobende lebt bzw. einzig der Lebende loben kann (Jes 38,19), wird dem Gesang bereits vorgelegen haben. Die Wiederaufnahme des Motivs in Jes 12 setzt damit geradezu im Moment des Wiederauflebens Hiskias an und öffnet die dort dem König in den Mund gelegte Bewegung des Lobpreises ausdrücklich für die Leser. Jes 25,1 wird wohl zur Wirkgeschichte von Jes 38 und Jes 12 gerechnet werden können. Wiederum hat dort das Subjekt, das lobsingt, gewechselt.[661] Inhaltlich ist der „Lobpreis" die reguläre Reaktion des aus der Todesgefahr Befreiten. Er beschreibt am besten das Gottesverhältnis „an jenem Tag" der „Rettung".

Die folgenden drei Verben formulieren nun den Grund für den sich selbst anempfohlenen Lobpreis. JHWHs zu preisendes Handeln wird mit dem Dreischritt des Zürnens, der Umkehr vom Zorn und des Trostes beschrieben. Alle drei Beschreibungen göttlichen Handelns sind im Jesajabuch verankert.

---

659 Vgl. etwa Jes 2,11.17.20.
660 Vgl. ähnlich Jean-Pierre Sonnet, „'Tu diras ce jour-là...' (Is 12,1)." in *L'Écriture âme de la théologie: Actes du Colloque tenu à Bruxelles du 17 au 19 septembre 1989*, hrsg. von René Lafontaine u. a. Collection de l'Institut d'Études Théologiques 9. Brüssel: Institut d'Études Théologiques, 1990: 163–187; sowie Beuken, Jes 1–12, 329: „Die angesprochenen LeserInnen des Jesajabuches werden in diesem Kapitel dazu eingeladen, Gott für seine Taten Dank zu sagen [...] Am Ende werden sie mit der ‚Bewohnerin Zion' (V 6) gleichgestellt." Vgl. auch ders., „A Prayer for the Readers of the Book of Isaiah: A Meditation on Isaiah 12." in *Calvin Theological Journal 39* (2004): 381–386, 382: „At the very moment when God's anger is both present in reality and past in confidence, the prophet anticipates the promised comfort in gratitude."
661 Wesentlicher Unterschied zwischen den Texten ist die Rollenzuschreibung an die Völker, die in Jes 12 vorbereitet wird, aber in Jes 25 ausdrücklich weitergeht. Näheres zur Stelle (C 3.2).

Ohne vergleichbare Vorlage ist der in V. 1 formulierte Lobpreis des Zorns.[662] Mathys hält zu Recht fest, dass der Hinweis auf Gottes Zorn im Kontext eines Dankliedes störend ist. Diese Störung sei als Weiterführung des vorangehenden Textes Jes 11,11–16 durchaus gewollt: „Fast ist es, als sagte der Psalmist in V. 1: Nicht zu schnell, rekapitulieren wir: Erst auf das Gericht folgt das Heil, die Rückkehr der Zerstreuten."[663] Die Feststellung, dass JHWH zürne und sein Zorn sich gerade *nicht* gewendet habe, ist in 5,25; 9,11.16.20 und 10,4 bedrohlicher Kehrvers. In diesen Versen begegnet auch die mit dem Verb in Jes 12,1 (אנף zürnen) verwandte Rede vom Zorn (אַף). Die drohende Aussage, JHWHs Zorn habe sich nicht gewendet (בְּכָל־זֹאת לֹא־שָׁב אַפּוֹ)[664], wird in diesem Gebet aufgehoben.[665]

Die Umkehr (שׁוב), die Wiederherstellung des guten Ausgangszustands oder die Beseitigung eines Missverhältnisses wird in Jesaja häufig thematisiert. Dabei zeigt sich, dass es drei Motivstränge gibt, die untereinander verbunden sind: die Rückkehr zu JHWH[666], die Rückkehr zum Zion[667] und die Umkehr des Zorns JHWHs[668]. Die Verwendung des Verbs שׁוב in Jes 12 und Jes 63f. verdeutlicht eine Auffassung, nach der eine Rückkehr nicht frei unternommen werden kann, sondern zunächst von JHWH ermöglicht werden muss. Jede Umkehr bleibt von der Gnade JHWHs abhängig. Der Entzug dieser Möglichkeit ist Hinweis auf die Verstockung, deren Zweck nach Jes 6,10 gerade darin besteht, eine Umkehr der Menschen zu verhindern.

Die Rede vom Trost (נחם) weist nicht auf die vorangehenden Kapitel, sondern vor allem auf Beginn und Quintessenz Deuterojesajas (Jes 40,1). Tatsächlich scheint das Gebet in Jes 12 geradezu die Ausführung einiger hymnischer Sätze aus Dtjes zu sein (vgl. v. a. Jes 51,3).[669] Zentral wird die Rede vom Trost auch im letzten

---

662 Vgl. zum Lobpreis des Zorns eines Gottes Hermann Spieckermann, „Ludlul bēl nēmeqi und die Frage nach der Gerechtigkeit Gottes." in ders. *Gottes Liebe zu Israel: Studien zur Theologie des Alten Testaments.* Forschungen zum Alten Testament 33. Tübingen: Mohr Siebeck, 2001: 103– 118, 105.

663 Vgl. Mathys, Dichter und Beter, 185.

664 Vgl. den Tag des Zorns in Jes 13,13 und 66,15. Belege außerhalb des Jesajabuches gibt es für diese Formulierung reichlich. JHWH als Subjekt des Zorns begegnet in: Ex 32,12; Num 25,4 par. Dtn 13,18; Jos 7,26; 2 Kön 23,26; 2 Chr 12,12; 28,11; 29,10; 30,8; Esr 10,14; Hi 9,13; 14,13; Ps 78,38; 85,4; Prov 24,18; 29,8; Jer 2,35; 4,8; 23,20; 30,24; Dan 9,16; Hos 14,5. In Jon 3,9 begegnet die Verbindung von „Gott kehrt um" und „sein Zorn kehrt um", also genau die Verbindung, die in Jes 12 und Jes 63f. vorgebildet ist.

665 Vgl. neben den genannten Stellen Jes 66,15 (nur dort im Hifil).

666 Vgl. Jes 1,26f.; 6,10; 9,12; 19,22; 31,6; 44,22; 55,7; 59,20.

667 Vgl. Jes 35,10; 51,11; 52,8.

668 Vgl. Jes 5,25; 9,11.16.20; 10,4; 66,15.

669 Vgl. Jes 40,1; 49,13; 51,3.12.19; 52,9 und 54,11. An der letztgenannten Stelle und in Jes 22,4 wird betont, dass Trost aktuell unzeitgemäß sei. In Tritojesaja wird die Vokabel aufgenommen in

Kapitel des Jesajabuches (Jes 66,13–15). Dort heißt es zugleich, JHWH werde seinen „Zorn" (חֵמָה) zurückbringen (שׁוּב hif.). So häufig in Gebeten und prophetischen Texten Bitte und Hoffnung formuliert werden, JHWH möge seinen Zorn umkehren, gibt es keine vergleichbare Stelle, an der mit identischem Vokabular die „Rückkehr des Zorns" verheißen wird. Aus diesem Grund liegt es nahe, hier von einer bewussten Aufnahme von Jes 5; 9 und 12 in Jes 66 auszugehen. Die Rückkehr zum Zorn wird dort mit einer Scheidung von Gerechten und Frevlern verbunden. Wo Jes 12 geradezu Allversöhnung verspricht, wird in Jes 66 ausdrücklich differenziert: Erleben die einen vollständige Tröstung, müssen sich andere auf die Wiederkehr des Zorns vorbereiten. Jes 66 ist damit eine Weise des Umgangs mit dem Wissen, dass die Verheißung Jes 12 nicht eingetroffen ist. Aus der allein auf JHWHs Handeln fußenden Versöhnung wird vor diesem Hintergrund der Neueinsatz, der das Handeln bzw. die ethische Prädisposition in Bezug auf verheißene Tröstung oder Bestrafung wieder neu berücksichtigt.

V. 2 nimmt das Motiv des Exodus in Jes 11 auf,[670] liest den überkommen Text jedoch unter jesajanischen Vorzeichen. Die Rede von der Hilfe/ dem Heil in JHWH eröffnet und schließt den Vers.[671] Die Wiederholung der Hilfe (יְשׁוּעָה) spielt auf den Namen Jesaja an.[672] Aus diesem Zusammenhang schließt Blenkinsopp, das erste Gedicht sei an Jesaja selbst gerichtet als „the principal actor" und „representative of the people".[673] Aber auch über diese Verbindung zum Namen gebenden Propheten hinaus wird die Vokabel in vielen Gebeten oder Gebetskontexten des

---

57,6 (wo es um die Reue JHWHs geht); 57,18 (נִחֻמִים); 61,2 (Ein Tag der Rache und des Trostes) und 66,13 (wie einen eine Mutter tröstet).

670 Vgl. Beuken, Jesaja 1–12, 329: „Das Thema des Auszuges, das in Jes 11,11–16 auf die Rückkehr aus dem Exil zugeschnitten war, beherrscht jetzt dieses Kapitel, und zwar verstärkt durch das Zitat aus Ex 15,2 in V 2." Vgl. auch Blenkinsopp, Isaiah 1–39, 270.

671 Vgl. zum „Gott meiner Hilfe" Ps 88,2 und Ps 25,5b. Mathys, Dichter und Beter, 191, folgert: „Der vorangehende Abschnitt, Jes 11,11–16, entwirft ein imposantes eschatologisches Gemälde, in dessen beiden letzten Versen der neue Exodus zur Sprache kommt. Es ist fast zu erwarten, daß bei ihm ein ähnliches Danklied angestimmt wird wie beim ersten Exodus, um so mehr, als sie miteinander in Beziehung gebracht werden. Eine vergleichbare Redaktion hat in beiden Fällen dafür gesorgt, daß auf die Rettung der Israeliten (Ex 14; Jes 11,11–16) ihr Dank folgt (Ex 15; Jes 12)."

672 Vgl. Blenkinsopp, Isaiah 1–39, 269f. „...thereby forming an inclusio with the prophet's name at the beginning of the book. It encapsulates a message in the last analysis more basic than the message expressed in the names of the three children who are featured in the course of these chapters." Beuken, Jesaja 1–12, 328, nennt den Namen gar „Theologoumenon": „Damit ist dieses Kapitel ein Schlüssel zum Verständnis der vorausgegangenen Kapitel und fasst die Bedeutung des Propheten und seiner Verkündigung im breitesten Sinne zusammen."

673 Vgl. Blenkinsopp, Isaiah 1–39, 270. Die zweite Hälfte von Jes 12 sei dagegen an die bewahrte Gemeinschaft gerichtet.

Jesajabuches verwendet und ist somit gut im Jesajabuch verwurzelt.[674] In der programmatischen Feststellung in Jes 30,15 werden Vertrauen (בְּטְחָה), Ruhe (שׁקט) und Gelassenheit (נחת) noch als Voraussetzung der Hilfe (ישׁע nif.) benannt. Hier dagegen ist die gewährte Hilfe Grund für Vertrauen und Jubel.[675]

Vertrauen (בטח) wird im Jesajabuch sonst selten ohne das Objekt des Vertrauens angesprochen wie hier. Nicht das Vertrauen als solches, sondern die Frage, auf wen sie vertrauen, unterscheidet Menschen und Völker, und es wird als wesentlicher Fehler beschrieben, wenn das Vertrauen sich nicht allein auf JHWH bezieht, sondern auch auf eigene Kraft oder etwa die Hilfe Ägyptens.[676] Das Vertrauen auf JHWH ist insofern an anderer Stelle weniger dankbar hingenommenes Geschenk als vielmehr die entscheidende ethische Weichenstellung.

Das dem Vertrauen entgegengesetzte Zittern (פחד) wird vor allem in Protojesaja angesprochen (9 der 13 Verse, in denen es erwähnt wird) und ist nur einmal in Tritojesaja zu finden (Jes 60,5). Ein Gegenbegriff zum Vertrauen ist es an keiner Stelle. Es bezeichnet das JHWH gegenüber angemessene Verhalten des ehrfürchtigen Bebens.[677] Zittern ergreift aber auch all diejenigen, die sich dem Gerichtshandeln JHWHs gegenübergestellt sehen.[678] Zittern müssen allein die Sünder (Jes 33,14), ja, es unterscheidet die Menschen, ob sie angesichts JHWHs

---

674 Vgl. in Jes 12, aber auch in Jes 25,9; 26,1 und 18; 33,2; 37,20; 38,20; in 59,1 als Kontext des dortigen Kurzgebetes und in Jes 63,8.9; 64,4. Vgl. zu dieser Retter-Gebets-Thematik auch Jes 19,20.

675 So ist es auch in Jes 26 zu lesen. Auch dort wird mit lautlichen Anspielungen an das „Vertrauen" gearbeitet (V. 2 פְּתַח und V. 4 בְּטַח), was den Eindruck verstärkt, die beiden Texte seien nicht unabhängig voneinander zu lesen.

676 Die ausdrückliche Aufforderung in Jes 26,4, für immer auf JHWH zu vertrauen, dürfte zu den nach Jes 12 eingefügten Texten gehören. In Jes 31,1; 32,9–11 werden die gescholten, die falsches Vertrauen haben. In 32,17 werden Ruhe und Sicherheit verheißen (הַשְׁקֵט וָבֶטַח); in Jes 36f. ist das Vertrauen ein wesentliches Leitwort (mit sieben Belegen בטח). Dieser Begriff ist schon innerhalb von Protojesaja von zentraler Bedeutung, dabei geht es um die Frage, auf wen vertraut wird, wobei ein Vertrauen auf die Hilfe Ägyptens dem Vertrauen auf JHWH gegenübergestellt wird. Die vier Belege für die Wurzel in Deuterojesaja sind ganz ähnlich: Die ersten drei (42,17; 47,8.10) attackieren das falsche Vertrauen, erst in Jes 50,10 wird das richtige Vertrauen gegenüber diesem abgesetzt. Auch in Jes 59,4 wird wiederum das falsche Vertrauen gerügt. Vor dem Hintergrund, dass Sorglosigkeit und falsches Vertrauen solche wichtigen Themen in Jes sind, ist es eigentlich sehr merkwürdig, dass in Jes 12 nun ein absoluter Begriff von Vertrauen verwendet wird, der sich zwar auf Stellen wie auf Jes 30,15 stützen kann, aber auf nicht viel mehr.

677 So bezeichnet es in Jes 60,5 das positive Beben des Herzens angesichts der Gottesnähe.

678 Vgl. 19,16f.: Zittern (פחד) als Begleiterscheinung des Gerichts: auch in Jes 24,17f. Jes 33,14 weiß wiederum von dem Zittern der Gottlosen. Deuterojesaja hat drei Verwendungen: in 44,8 die Aufforderung nicht zu erschrecken, weil JHWH Gott ist; in 44,11 die Versicherung, dass die Gefährten zittern werden und zu Schanden kommen; 51,13 rügt, dass der, der angesprochen wird, vor dem Bedränger zittert und nicht vor JHWH.

Handeln erschrecken müssen oder nicht (Jes 44,8.11). Dass der Sprecher des Psalms Jes 12 nicht zittert, deutet auf die ausdrückliche Abwesenheit jeden Strafgerichts für ihn hin.

Diese beiden Verse, Jes 12,1–2, bilden die erste kurze Einheit des Textes. Um einen eigenen, ursprünglich unabhängigen Psalm wird es sich dabei eher nicht handeln. Von der ungewöhnlichen Einbindung des Zorns JHWHs als Gegenstand des Dankes über die in Jes 5 und 9 vorgebildete Rede von der Wende des Zorns zum Trost (der vor allem aus Deuterojesaja bekannt ist) bis hin zur gerade an dieser Stelle passenden Anspielung auf das Moselied im Exodusgeschehen fügen sich die Verse so perfekt in ihren Kontext, dass eher von einer Formulierung für die Stelle ausgegangen werden muss.

Innerhalb der beiden Verse ändert sich dabei die Rederichtung. V. 1 übernimmt die großjesajanische Geschichtskonzeption als Abfolge von Zorn, Wende und Trost betend, in der Ansprache an JHWH. V. 2 dagegen ist hymnisches Bekenntnis vor bzw. zu JHWH.[679] Ein solcher Wechsel von Anrede und „Rede über" ist auch im Psalter nicht ungewöhnlich. Innerhalb des vorliegenden Kontextes mag es für den Adressatenwechsel zwei Gründe geben. Zum einen ist die Vorlage in Ex 15 entsprechend formuliert. Zum anderen besteht der Unterschied zwischen an JHWH adressierter Rede wie in V. 1 und vor ihm gesprochenem Lobpreis in dem stärkeren Verkündigungscharakter der „Rede über". Die Bewegung dieser beiden Verse geht so vom in der Zweisamkeit zwischen Gottheit und Beter formulierten Dank zu einem Lobpreis, der sich nach außen an eine mögliche Zuhörerschaft wendet. Diese Bewegung wird von den folgenden Versen weitergeführt.

V. 3 unterbricht den Fortgang des Psalms mit einer weiteren Verheißung, die sich in die Rede des (verheißenen) Psalms kaum einfügen lässt (s. o.). Umstritten ist, wie die Motive dieses Wasserschöpfens gedeutet werden sollen. Innerhalb des Kontextes ist zunächst deutlich, dass es sich durchaus in das mehrfach zitierte Geschehen des Exodus einfügt, wo auf den Auszug der Durchzug durch die Wüste mit unterschiedlichen „Wasserwundern" berichtet wird.[680]

Über diese motivliche Stringenz hinaus wird gerne und häufig ein liturgisches Geschehen als Hintergrund der Zusage angenommen. So wurde die „Quelle des Heils" auf die Gihonquelle bezogen und damit auf einen im Talmud überlieferten Ritus des Wasserschöpfens während des Laubhüttenfestes. Dass es sich bei die-

---

[679] Dieser Wechsel in der Rederichtung bewirkt, dass Anfang und Ende der beiden Verse zwar motivisch mit Ps 118,21 übereinstimmen, von einem „Zitat" jedoch kaum gesprochen werden kann.

[680] So versteht es Beuken, Jesaja 1–12, 329, der auf Ex 17,6 und Num 20,11 verweist. Beuken hat aber zugleich die „literarische Bedeutung" der Quelle stark gemacht. Vgl. auch die Erwähnung von Elim in Ex 15,27.

sem Festbestandteil um einen freudigen handelt, wird in der Regel mit einem Zitat des Josephus unterstrichen. Dass jedoch im betreffenden Traktat des babylonischen Talmud Sukkâ, Laubhütte, auf Jes 12,3 angespielt wird (fol. 50b), kann kaum als Beweis dafür gelten, dass die Stelle für sich bereits eine Anspielung auf dieses Fest ist.[681] Die ältesten Belege für das bezeichnete Fest sind wesentlich jünger als Jes 12, was jegliche Annahme einer Anspielung sehr hypothetisch macht. Neben dem Ritus zum Laubhüttenfest wird teilweise das bittende Wasserausgießen vor JHWH als Begleitung eines Fastens in 1 Sam 7,6 als Hintergrund des Verses angenommen.[682] Diese Annahme wird jedoch durch die Beobachtung unwahrscheinlich, dass in V. 3 gerade kein Fasten vorhergesagt wird, „denn Freude und nicht Buße bestimmt Jes 12,3"[683]. Entsprechend kann die Anspielung auf einen historischen Ritus weder bewiesen noch widerlegt werden. Für die Interpretation der Rede an dieser Stelle bieten Parallelen innerhalb des *corpus propheticum* verlässlichere Hinweise.

Sowohl die „Freude" als auch die Versehung mit „Wasser" sind prominente Motive im Jesajabuch.[684] Vergleichbar ist in Deuterojesaja die Versorgung des Volks mit Wasser eines der wesentlichen Heilsmotive.[685] Die Rede von durch JHWHs Handeln blühenden Steppen und aufbrechenden Wassern in der Wüste flankiert die Heilsverheißungen. Sprechende Beispiele sind etwa Jes 35, wo Freude

---

681 Kaiser, Jesaja 1–12, 256, vgl. *Sukkâ* IV, IX; V, IIIff. und Jos. Ant. Jud. XV, 50 f. sowie das gerne gebrachte Zitat aus *Sukkâ* V, II (Übersetzung nach Kaiser, 256): „Wer die Lustbarkeiten der Wasserprozession nicht gesehen hat, hat im Leben keine Lustbarkeiten gesehen." Kaiser bemerkt dazu (ebd.): „Da Ps 118 nach V. 27 an diesem Fest gesungen zu sein scheint, ist sein Aufruf durch den Dichter in V. 1 und V. 2 sicher nicht zufällig." Vgl. Corinna Körting, *Der Schall des Schofar*. Beihefte zur Zeitschrift für die Alttestamentliche Wissenschaft 285. Berlin u.a.: de Gruyter, 1999, 259.327.
682 Vgl. Wildberger, Jesaja 1–12, 482.
683 Mathys, Dichter und Beter, 189.
684 Vgl. ebd.: „Das Wort *mjm* gehört zum theologischen Vokabular Deuterojesajas – auch im Zusammenhang mit dem neuen Exodus."
685 Vgl. Jes 48,21, wo die unmittelbare Versorgung des geretteten Volkes mit Wasser verheißen wird. In Jes 51,3 wird die Rede vom Trost verbunden mit einer Neuerweckung der Wüste zum fruchtbaren Land. Wüste und Steppe werden wieder zu Garten und Kulturlandschaft.
Wasser, das JHWH ist oder gibt, womit er zugleich rettet und Leben ermöglicht, wird erwähnt in Jes 8,6; 21,14; 33,16; 35,6 f.; 41,17 f.; 43,20 und 44,3.4; 48,21; 49,10; 55,1; 58,11. Nach Jes 22,9.11 ist es frevelhaft, sich selbst Wasser besorgen und halten zu wollen, ohne an JHWH zu denken.
Die Rede von der Quelle (מַעְיָן) findet sich im Jesajabuch nur hier und in Jes 41,18. Da der spezifische Begriff insgesamt im *corpus propheticum* nur viermal verwendet wird (außer Jesaja noch Hos 13,15 und Jo 4,18) halte ich es für unwahrscheinlich, dass die Übereinstimmung völlig zufällig ist. Sicherlich ebenfalls als Hintergrund anzusehen sind Aussagen wie Ps 84,7; 87,7 oder 114,8.

und üppige Wasserversorgung miteinander verbunden werden und die „Steppe", kümmerliche Reste des gerichteten Landes (Jes 64,9), erquicken, aber auch Jes 51,3.10 und 55,1, wo die Adressaten als „Dürstende" angesprochen und zum Wasser gerufen werden.[686] Jes 8,6 macht deutlich, dass metaphorisch die „Wahl des Wassers" der „Wahl des Gottes bzw. der Kraft, auf die vertraut wird" entspricht. Damit klingt in dem Vers an, was etwa Jer 2,13 und 17,13 berichten, wenn sie JHWH als „lebendige Quelle" beschreiben, von dem sich das Volk abgewendet habe.[687] „So weist der Dichter wohl mit seinem Verweis auf die eschatologische Festprozession und ihrem großen Dankopfer auf den Gott hin, der die Hilfe seines Volks ist, durch den es auch ferner leben wird und dessen helfende Macht es erkennen wird, wenn es dann erneut in den Weissagungen dieses Buchs liest, dessen Prophet den Namen ‚Es half Jahwe' trägt."[688]

Es ist möglich, in der Interpretation der „Quellen des Heils" noch einen Schritt weiterzugehen. Der Name des Propheten „Jesaja" (יְשַׁעְיָהוּ) – „JHWH hat geholfen" – wird als Anlass einer Anspielung verstanden. Nimmt man mit guten Gründen an, dass der Namensanklang beabsichtigt ist, dann kann durchaus bei den Quellen des Heils auch an das Buch Jesaja selbst gedacht sein.[689] Die „vorliegenden" Quellen entsprechen den vorliegenden Schriften.[690]

Tatsächlich lässt sich diese Verbindung aus einer genaueren Lektüre des bereits erwähnten Kapitels Jes 55 und aus Erwähnungen in der weisheitlichen Literatur und in Qumran erschließen. In Jes 55 wird die Aufforderung, den Durst zu stillen, parallelisiert mit der Aufforderung „zu hören" (55,3). Gleichzeitig wird das „Wort" mit Regen und Schnee verbunden, die die Erde fruchtbar machen (55,10 f.). Dem fruchtbringenden „Hören" wird zudem der Auszug (יצא) in „Freude" zugesellt

---

[686] Vgl. Jes 35,1.10; 51,3; 51,11; 61,3.10; 62,5; 64,4; 65,18 f.; 66,10.14.

[687] Vgl. Jer 2,13 und 17,13, dort aber formuliert mit מָקוֹר. Vgl. ebenfalls Ps 36,10 und Ps 68,27.

[688] Vgl. Kaiser, Jesaja 1–12, 257.

[689] Vgl. Beuken, Jesaja 1–12, 329: „Da der mit dem Namen des Propheten Jesaja verwandte Begriff ‚Heil' gleich dreimal und somit als theologisches Programm vorkommt, spielt der Ausdruck ‚die Quellen des Heils' auf seine Verkündigung an, wie sie im Buch Jesaja festgehalten ist. Die Leser sind dazu aufgerufen, immer wieder Heil aus diesem Buch zu schöpfen, da es die Prophetien dessen umfasst, der nicht nur Verkündiger von Unheil war, sondern auch von JHWHs Mühewaltung um den Fortbestand Israels." Auch Seybold, Der Jesajapsalm, 15, hält fest, dass „auf dieser Ebene mit der metaphorischen Verwendung des Ausdrucks ‚die Quellen des Heils' möglicherweise auch die Quellenschrift, eben das Buch ‚Jesaja' d. h. Jes 1–12 selbst gemeint oder mitgemeint sein könnte. Das wäre eine beachtliche theologische Übertragung eines Topos, dessen realer Hintergrund wohl in Vergessenheit geraten war, und ein Hinweis auf eine neue Einschätzung der Offenbarung, dass nunmehr ohne Tempel und Wasserkult inskünftig das Lesen prophetischer Schriften der Vermittlung des Heils dienen wird."

[690] Mathys, Dichter und Beter, 189, und Beuken, Jesaja 1–12, 335.

(55,12). Ähnlich lebensspendend und „wasserreich" werden im Proverbienbuch die Lehren und Worte von Weisen dargestellt. So sind die Weisung oder der Mund des Weisen „Quelle des Lebens" (Prov 13,14; 10,11).[691] In den Hodayot aus Qumran ist ebenfalls eine ähnliche Vorstellung nachzuweisen.[692]

In dem anschließenden Vers 4 wird zu dem aufgefordert, was die einzelne Person, von der das Gebet ausgeht, mit den ersten beiden Worten tut: Sie ruft den Namen JHWHs an und lobpreist ihn (אוֹדְךָ יְהוָה). Diese Bewegung wird nun vom Einzelnen in die Gemeinschaft getragen. Die doppelte Erwähnung des „Namens" in V. 4 wird ergänzt durch die Erwähnung des Tetragramms im folgenden Vers. Auf diese Weise wird wiederum die Anrufung des Namens nicht nur empfohlen, sondern auch praktiziert. Auch spätere Gebetstexte in Jesaja thematisieren die Anrufung des JHWH-Namens, sei es wie in Jes 26 als Sehnsucht nach dem Namen JHWHs, sei es wie in Jes 64,6 als das, was der im Zorn JHWHs gottlos gewordenen Gemeinde fehlt.[693] Der Name JHWHs soll angerufen werden und seine Erhabenheit verkündet. Ziel der verheißenen Rede ist, Gebet (Namensanrufung) zu wecken und JHWHs Taten auch unter den Völkern zur Kenntnis zu geben. Verheißen ist also die Aufforderung zur Verkündigung unter den Völkern – und damit das, was in Jes 49,6 der Gottesknecht tut. Die Anrufung wird verbunden mit der Verkündigung (ידע hif.) seiner Taten (עֲלִילָה) unter den Völkern (עַמִּים).[694] Mit einer Ausweitung der Botschaft von einer allein für Israel und auf Israel bezogenen hin zum Heil für die Völker (vgl. Jes 49,6) befinden wir uns in einer Entwicklung der deuterojesajanischen Theologie, die einen Höhepunkt gleichwohl außerhalb von Jes 40 – 55 in Jes 24 – 27* findet. Zudem wird auch in Jes 38,19 die Verkündigung mit dieser Formulierung beschrieben. Eine Umdeutung ergibt sich in Jes 64,1, wo von JHWH selbst eine solche Verkündigung erhofft wird.[695]

---

691 Vgl. ähnlich Sir 24,30 – 34; 39,6.13; 50,27

692 Vgl. Helmer Ringgren, „Art. מקור māqôr." in *Theologisches Wörterbuch zum Alten Testament* IV (1984): 1125 – 1128, 1128: „Im Danklied 1 QH 8, 4ff. bezeichnet sich der Sänger als ‚eine Quelle von Rieselfluten im Trockenen (Jes 44, 3) und ein Wasserquell [...] im dürren Land (Jes 35, 7; vgl. 41, 18), d.h. seine Lehre schenkt den Gläubigen Leben [...] Auf das Öffnen der Quelle wird mehrmals Bezug genommen, z.B. 1 QH 2, 18 ‚du hast mich unterrichtet [...], um den Verständigen die Quelle der Erkenntnis zu öffnen', 18, 10 ‚eine Quelle hast du geöffnet durch den Mund deines Knechtes...'" Vgl. zu dem Bild auch Sir 24,30 – 34 u.ö.

693 Siehe jeweils zur Stelle.

694 Diese und die Hoheit des Namens sind zwei Details, die in Ps 105,1 identisch angesprochen werden, innerhalb des Jesajabuches jedoch einen ganz eigenen Klang und eine eigene Bedeutung erhalten. Vgl. Beuken, Jesaja 1– 12, 332.

695 Im alttestamentlichen Befund insgesamt zeigt sich, dass sich ידע hif., wie zu erwarten, am häufigsten im Psalter findet (16 Belege), daneben in Hiob und in Ezechiel. In Hiob sind alle Stellen in den Gesprächen, Anreden an JHWH etc. angesiedelt und sind mit dem hier vorlie-

Unmittelbar auf Jes 12 folgt in den Kapiteln 13–23 das sogenannte Völker-
orakel. Indem diesen Versen eine Aufforderung vorangestellt wird, die Völker zu
Hörern des Gotteslobs zu machen, werden die Verse des Gerichts an den Völkern,
zusammen mit der positiven Erwähnung der Völker in Jes 24–27, durch die umgebenden Texte neu gedeutet.[696] Die Gerichtsansagen haben nicht mehr das letzte
Wort.

Auch die Rede von der „Erinnerung" verbindet die Gebete des Jesajabuches
miteinander. Sie ist Gegenstand der Sehnsucht in Jes 26,8 und Anlass der Klage in
63,7.[697] Die Erinnerung an die Erhabenheit des göttlichen Namens ist an dieser
Stelle besonders zu berücksichtigen. Einzig dieser Teilvers ist nicht mit der Vorlage
in Ps 105,1 identisch. Entsprechend wichtig ist die Beobachtung, dass es sich bei
beiden Worten und Motiven um solche handelt, die innerhalb von Jes eine gewisse
Verbreitung haben. Die Erhabenheit JHWHs setzt sich gegen den Stolz aller
Hochmut durch.[698]

Der Aufforderung zum Lobpreis folgt die Aufforderung zum Singen.[699] Die
Reihenfolge der Verse 5 f. nimmt die Ordnung des Lobpreises in Jes 25 und des
Liedes in Jes 26 vorweg. Die Aufforderung zum Singen führt kurz das Zitat aus
Ps 105 weiter.[700] Das Verb, das hier für „singen" verwendet wird, könnte ein
Hinweis darauf sein, dass der Verfasser von Jesaja 12 im Zitat aus Ex 15 „meine
Kraft und mein Gesang" verstanden hat, wie es die Übersetzungen nahelegen,
nicht „meine Kraft und meine Stärke", denn hier wird eben diese Wurzel (זמר) als
Verb verwendet. Das allein wäre vielleicht noch kein Hinweis auf eine Verbindung
von V. 5 zu V. 2 und über V. 2 zu Ex 15. Hinzu kommt jedoch die Rede von der von
JHWH geübten Hoheit (גֵּאוּת). Hier mag durchaus die in Ex 15 gleich zweimal

---

genden „hymnischen Kontext" kaum überzubringen. Interessanterweise gibt es im Psalter
etliche Belege für ein Kundtun Gottes (gen. subj.). Die Kundgabe der Treue (אֱמוּנָה) Gottes durch
den Beter wird in Ps 89,2 angesprochen (vergleichbar Jes 38,19, wo ebenfalls die Treue, hier אֱמֶת,
verkündet wird), dabei ist das in Jes 38 aufgenommene Motiv, der Belehrung der Kinder vor
allem ein Motiv des Deuteronomiums (Dtn 4,9). Ferner findet sich die Kundgabe seiner Taten (Pl.
von עֲלִילָה) in Ps 105,1 (=1 Chr 16,8; =Jes 12,4) und die Kundgabe seiner mächtigen Taten (145,12 Pl.
von גְּבוּרָה). Unter den Stellen, an denen, wie in Jes 64,1, JHWH Subjekt der Kundgabe ist, findet
sich eine vergleichbare Kundgabe des Namens in Ez 39,7; sinngemäß Jer 16,21 und indirekt Ps
106,8 (er aber rettete sie um seines Namens willen, um kundzutun seine Macht). Die verkündeten und wohl aus Ps 105 übernommenen Taten (עֲלִילָה Pl.) gibt es innerhalb Jesajas nur hier.
696 Vgl. Ps 9,12; 45,18; 66,8; 67,5 f.; 77,15. 96,3.5.7.10.13.
697 Die Verwendungen in 66,3 und 48,1 zeigen, dass die Erinnerung dort bereits als eine Art
liturgischer Terminus verstanden werden konnte.
698 Vgl. Jes 2,11.17; 9,10; 26,5; 33,5.
699 Aufforderung zum Singen finden sich in Ps 9,12a; 30,5a; Ps 105,2.
700 Vielleicht nicht als Quelle, aber als ausführlichere Parallele vgl. Zeph 3,14 f. So Kaiser,
Jesaja 1–12, 255.

verwendete Wurzel bestimmend gewesen sein für die Wortwahl. Ebenso lässt sich die „Hoheit" (גֵּאוּת) mit dem gerade auch in Jes 2 oder 24 – 27 mehrfach traktierten Thema der Hoheit JHWHs und der Demütigung aller vormals Hohen verbinden.[701] Es zeichnet die Frevler aus, JHWHs Hoheit nicht zu sehen (26,10), wohingegen der fromme König sich betend selbst demütigt (38,14).

Die Rede vom ganzen Land bzw. von der ganzen Erde (בְּכָל־הָאָרֶץ) erinnert an Jes 6,3, wo eben dieses „ganze Land"/„die ganze Erde" voll ist von JHWHs Ehre.[702] Die Ausweitung in alle Welt wird zusammengeführt in der Ansprache Zions als Ort der Gegenwart JHWHs. Seine Zugänglichkeit und Anwesenheit wird gefeiert. Die in Jes 6 formulierte ferne Heiligkeit ist überwunden.

Mit neuen Verben, die vom Duktus her deutlich die bisherige Rede des Textes weiterführen, wird in V. 6 wie in V. 1 eine Einzelperson angesprochen und aufgefordert, zu jauchzen (צהל)[703] und zu jubeln (רנן).[704] Jetzt allerdings wird sie identifiziert, und es handelt sich bei dieser Person um die kollektive Größe Zion.

---

701 Die ähnliche Form (גָּאוֹן) findet sich öfter, sowohl als Aussage über JHWHs Hoheit (2,10 – 19.21; 24,14) als auch als Terminus für Hochmut (13,11.19; 14,11; 16,6; 23,9) oder die Hoheit der Geretteten (4,2; 60,15). Es zeigt sich, dass alle Stellen, in denen von JHWHs Hoheit die Rede ist, auf die eine oder andere Weise verbunden sind mit Gebeten: Jes 2; 24 und 26; vgl. Ps 9,12; 148,13.
702 Bei dem umfassenden Ausdruck handelt es sich um einen, der vor allem mit dem Gebet in Jes 37 und mit der Vision in Jes 6 sowie mit der Weissagung in Jes 11,9 verbunden werden kann. Die ganze Erde ist nach Jes 6 der Ort von JHWHs Herrlichkeit, nach Jes 10,14.23 der Ort des Gerichts. Vgl. Jes 11,9; 37,16.20; 54,4, aber auch 14,7 und 25,8.
703 Gejauchzt (צהל) wird nur an vier Stellen des Jesajabuches, derer zwei in Gebetskontexten stehen (12,6 und 24,14), deren dritte (54,1) eine Aufforderung zum Lobpreis ist. An der verbleibenden vierten Stelle (Jes 10,30) ist der Schrei ein Schrei des Schreckens oder des Schmerzes. Tatsächlich gibt es das Verb nur noch an weiteren fünf Stellen außerhalb des Jesajabuches in Est 8,15; Jer 5,8, wo brünstige Hengste am Wiehern sind und Jer 50,11, wo es die wilde Freude der Feinde über gelingende Einnahme des Erbbesitzes JHWHs bezeichnet sowie in der sehr ähnlichen Formulierung in Jer 31,7. Esther dürfte der jüngste Text sein. Ein erster Blick auf Jes 12,6; 24,14; 54,1 und Jer 31,7 zeigt, dass alle vier neben dem Verb (צהל) als weiteres Verb „Schreien" verwenden (רנן). Darüber hinaus sind diese Freudenkundgebungen in zwei Fällen (Jes 12 und Jes 54) dezidiert mit einem weiblichen Subjekt verbunden. In Jes 12 ist diese die Bewohnerin Zions in Jes 54 die Kinderlose. An allen Stellen ist das Schreien mit dem Handeln oder der Präsenz JHWHs (bzw. hier des Heiligen Israels) verbunden.
704 Die Aufforderung zum Jubel entspricht hier u. a. der Redeweise in den Hymnen Deuterojesajas. Den Jubel (רנן) gibt es in 14 Versen des Jesajabuches. Einige Belege sind bereits bekannt. Jes 24,14 und 26,19 gehören wiederum zur eschatologischen Fortschreibung. 35,2.6 ist das Verknüpfungskapitel zwischen Proto- und Deuterojesaja; 42,11 ein Hymnus in Dtjes; ebenso (bzw. im Kontext) 44,23; 49,13; 52,8 f. und 54,1. In Tritojesaja sind es die negative Weissagung in 61,7 und zuletzt in der Antwort auf das Gebet der Gottesknechte in 65,14 die Zusage, dass „meine Knechte" jubeln werden. Dort ergreift der Jubel also ausschließlich die Knechte.

Die Bewohnerin Zions hat im Großjesajabuch ein recht wechselvolles Schicksal.[705] Jes 12,6 steht Jes 54,1 am nächsten, wo die Kinderlose erwähnt wird, ebenfalls eine Personifikation der entleerten und nach der Rückkehr der Exilierten plötzlich wieder mit Kindern, d. h. Bewohnern, bevölkerten Stadt Jerusalem/ Zion.[706] Anders als in Jes 54, ist in Jes 12 der wesentliche Grund für den Jubel nicht die Wiederbevölkerung, sondern, ganz dem Duktus des Textes Jes 12 entsprechend, die Anwesenheit JHWHs.[707] Die Anwesenheit JHWHs in der Mitte des Zion wird näher bestimmt durch seine Größe."[708]

Dass JHWH hier nicht mit seinem Namen genannt, sondern als Heiliger Israels bezeichnet wird, ist ebenfalls der Theologie des Jesajabuchs geschuldet.[709] Die Heiligkeit JHWHs klingt dem Leser des Buchs spätestens seit der Tempelszene in Jes 6 in den Ohren. Ertönt der Ruf der Heiligkeit JHWHs dort in einem Zusammenhang, in dem die empfindliche *Scheidung* von Israel und JHWH verhängt wird, so ist es hier gerade seine Heiligkeit, die als im Volk *gegenwärtig* beschrieben wird. Die Rede vom Heiligen *Israels* betont diese Verbindung von JHWH und Volk noch einmal und führt sie auf das geschichtlich überlieferte Verhältnis von JHWH und Volk zurück.[710]

---

705 Ein Blick in den weiteren Kontext zeigt, dass es die solchermaßen Wohnende vor allem in den anderen Prophetenbüchern gibt. Offensichtlich die häufigste Erwähnung findet die „Bewohnerin" im Jeremiabuch (Jer 10,17; 21,13; 22,23; 46,19; 48,18 f.; 51,35). Auffällig sind noch die vier Belege in Ezechiel (Ez 16,46; 26,17; 27,3); die vier in Micha (1,11.12.13.15) und die vier Belege in Sacharja (1,11; 2,11; 5,7; 7,7). Dazu kommen jeweils ein Beleg in Threni (4,21), Nahum (3,8) und Zephanja (2,15). Es handelt sich hier um das Motiv der Tochter Zion. Die Bewohnerin Zions findet sich in Jes 54,1 bzw. 40,9. Vgl. auch Jer 51, ein Kapitel, das häufiger mit Dtjes Verbindungen aufzeigt.

706 Vgl. auch die Freudenbotin Zion in Jes 40,9.

707 Vgl. Mathys, Dichter und Beter, 195; Williamson, The Book Called Isaiah, 123.

708 Vgl. Matthys, Dichter und Beter, 194 f.: „In V. 6 greift der Verfasser wichtige Theologoumena aus der Jerusalemer Kulttradition auf, allerdings stark abgewandelt. Groß ist Jahwe inmitten der Zionsgemeinde. Wo das Adjektiv *gdwl* Gott sonst beigelegt wird, [...] enthält es häufig eine Näherbestimmung. Eine solche fehlt hier – wie auch sonst im Zusammenhang mit dem Zion (Ps 48,2; 99,2): An jenem Tag wird Gott alles in allem sein, eben groß. Die Theologie wird chiffrehaft."

709 Der Heilige Israels ist „die jesajanische Gottesbezeichnung par excellence" formuliert Mathys, aaO., 196. Vgl. Wildberger, Jesaja 1–12, 23–25.

710 Vgl. Kaiser, Jesaja 1–12, 257: „Dabei verbirgt sich in seinem Beinamen als des Heiligen Israels das Geheimnis der Erwählung des Volkes, das darin besteht, daß sich der aller Welt überlegene Gott um seines Offenbarwerdens vor den Völkern dieses zerschlagenen Israels bedienen wird."

Schluss

Jes 12 ist ein Text, der die Dynamik des Heils „hin zu den Inseln" (vgl. Jes 42) nachvollzieht. Die Bewegung geht von einem Gebet eines Einzelnen aus und wird von einer Gruppe bis hin zu Völkern und über die Erde weitergetragen. An den Rändern der Erde versickert dieses Heil jedoch nicht, sondern wird im letzten Vers auf die Anwesenheit des Heiligen in seinem Volk zurückgeführt.

Jes 12 präsentiert sich damit als eine späte Adaption wesentlicher Stränge der jesajanischen Theologie.[711] Dabei liegt der Schwerpunkt allerdings auf dem Verhältnis von Jes 12 und Deuterojesaja.[712] Steck versteht Jes 12 als Teil einer auch die tritojesajanischen Fortschreibungen buchabschließenden Redaktion.[713] Der Vergleich des Gebets mit den von ihm genannten Texten zeigt jedoch unterschiedliche Schwerpunkte.

In der Verheißung eines zukünftigen Gebets kann, ohne dass dies lange umschrieben wird, eine positive Entwicklung der Beziehung Beter-JHWH dargestellt werden.[714] Durch den Akt des Lesens werden die Texte (und damit die mit ihnen verheißene Erneuerung) aktualisiert.[715] Das Urteil über die Gegenwart (und unter Umständen einen Teil der Zukunft) „Du zürnst" wird zu einem überschaubaren, endlichen Moment und damit zu einem zu bewältigenden Schicksal

---

711 Vgl. Mathys, Dichter und Beter, 197 f.: „Jes 12 enthält fast alle Elemente, welche die drei Teile des Jesajabuches miteinander verbinden – der beste und zugleich einzige Beweis dafür, daß das Kapitel zu den spätesten Teilen innerhalb des Jesajabuches gehört." Interessanterweise wird als zusammenfassende Meinung über den Text gerne eine Höhenmetapher verwendet: „Somit hat der Schlussredaktor unter Zuhilfenahme seiner Schriftgelehrsamkeit das Kap. 12 zu einer Art Aussichtsplattform über das gesamte Jesajabuch gestaltet." Vgl. Beuken, Jesaja 1–12, 329, der sich bei dieser Einschätzung auch auf Berges, Das Buch Jesaja, 133–136, bezieht.
712 Vgl. als wesentliche Studie Williamson, The Book Called Isaiah, 118–125, der jedoch zu dem Ergebnis kommt, dass Jes 12 zur deuterojesajanischen Redaktion gehört, die auch den protojesajanischen Textbestand überarbeitete.
713 Vgl. Steck, Der Abschluß der Prophetie, 197, und Steck, Studien zu Tritojesaja, 197, dem sich auch Mathys, Dichter und Beter, 199 f., anschließt, der allerdings letztlich nur die Verbindungen zu Dtjes berücksichtigt. Bei Steck gehört Jes 12 zur allerletzten Redaktion. Vgl. differenzierend Goldenstein, Das Gebet der Gottesknechte, 230, der Jes 12 auf einer Ebene mit der Antwort in Jes 65* sieht. Vgl. Beuken, Jesaja 1–12, 332.
714 Vgl. Beuken, aaO., 337: „In diesem Danklied der Erlösten wird der Prophet zum exemplarischen Beter, der seinem Volk im Vertrauen auf JHWH und im Lobgesang vorausgeht."
715 Vgl. Kaiser, Jesaja 1–12, 254 f.: „So versetzt er die eigene, immer noch unter dem Exilsgeschick leidende Gemeinde des zweiten Tempels in die Stunde, in der sich die ihr in 10,5–11,16 gegebenen Weissagungen erfüllt haben, die Weltmacht vernichtet, das Reich des Friedenskönigs angebrochen und das zerstreute Gottesvolk in die von der Fremdherrschaft befreite Heimat zurückgekehrt ist. Mit der Einfügung dieses Liedes gab er den in den Kapiteln 1–11 enthaltenen Weissagungen über das eigene Volk einen kräftigen, sie gegen die folgenden Kapitel 13–23 (33) mit ihren Fremdvölkersprüchen absetzenden Punkt."

auf Zeit. Wo dies nicht möglich scheint, werden die Gebete aktualisiert. (So wird wie in Jes 12,1 der Dank zur Bitte).

Dabei bleibt an der Einbindung des Zorns zu erkennen, dass in Texte eingefügte Gebete nicht einfach Gebetsformulare für fromme Leser sind. Sie sind Aktualisierung und Interpretation ihres Kontextes und ermöglichen eine Personalisierung und Intensivierung des Verkündeten. Nicht allein wird ein neuer Exodus verheißen. Wer Jes 12 liest, spricht mit den Worten des Mose und schlüpft in seine Rolle.[716]

Die späte Einfügung von V. 3 an dieser Stelle deutet an, dass Gebete in prophetischen und anderen berichtenden Texten Teil einer Entwicklung zu einer Hochschätzung und eigenen kultischen Dignität des Buchs sind. Seine Fortsetzung findet der Lobgesang Jes 12 in den ebenfalls antizipierten Psalmen in Jes 25 und 26.[717] Vor allem wegen der Differenz in der Rolle der Völker ist jedoch nicht davon auszugehen, dass die Texte gleichzeitig eingetragen wurden. Jes 12 wird mit hoher Wahrscheinlichkeit eine Vorlage der in Jes 24–27 eingetragenen Städtelieder sein.

Die Beter von Jes 12 blicken vom Moment des Jubels über die Rettung durch JHWH aus auf die Geschichte von Abfall, Zorn und Restitution zurück. Sie sprechen JHWH als persönlichen Gott des Einzelnen an, verharren jedoch nicht im unmittelbaren Gespräch mit ihm, sondern tragen die Botschaft über die Hilfe und die Erhabenheit des göttlichen Namens bis hin zu den Völkern. Ihr Jubel kulminiert in der Ansprache Zions, auf die die Aufmerksamkeit der so Sprechenden gerichtet ist. Zion selbst wird aufgefordert, zur Mit-Lobenden zu werden. Die Präsenz und Größe JHWHs in ihr lässt selbst die vormals geschändete Frau Zion zu einer Stimme des lobenden Schlusschores werden.

Der angesprochene und bejubelte Gott ist der Gott, dessen Zorn das überstandene Gericht initiiert hat. Aus dem Kontext des Psalms ist zu erfahren, dass die Wende des Zorns lange erwartet wurde und lange verweigert blieb. Die Verfasser dieses für die erhoffte Zukunft vorab verfassten Gebets nehmen die Wende des Zorns vorweg und beweisen damit ihr Vertrauen darauf, dass der Zorn nicht von Dauer sein werde. Das Ende des Zorns bedeutet dabei nicht allein das Wegfallen der tödlichen Verfolgung, sondern ist zugleich Neubeginn der hilfreichen und rettenden Beziehung JHWHs zum Volk, der, wie schon zur Zeit des ersten Exodus,

---

716 Eigentlich keine Funktion billigt Mathys, Dichter und Beter, 200, dem Text zu: „Sein Verfasser leistet sich den Luxus, die Botschaft des ganzen Jesajabuches zusammenzufassen. Er geht davon aus, daß sie einheitlich und widerspruchsfrei ist und einen inhaltlichen Schwerpunkt aufweist: Jahwe, der inmitten der Zionsgemeinde weilt, bedeutet für Israel (immerwährendes) Heil."

717 Vgl. Beuken, Jesaja 1–12, 338.

Kraft und Gesang derer ist, die auf ihn vertrauen. Gegner der Beter werden in Jes 12 nicht erwähnt. Die Völker kommen allein als Empfänger der Jubelbotschaft vom erhabenen Namen JHWHs in den Blick.

C Gebete von Gerechten

Während die Gebete von Sündern der Hoffnung auf Restitution Ausdruck verleihen – oder sie antizipierend besingen –, ist das Thema der Gebete über Sünder, hier als Gebete von Gerechten bezeichnet, die Hoffnung auf die Aufrichtung der göttlichen Gerechtigkeit in den Zusammenhängen der Welt.[1] Die so beten, fürchten das Gericht nicht oder zumindest übertrifft ihre Hoffnung auf das Eingreifen JHWHs ihre Furcht. Sie sehnen sein richtendes Erscheinen mit Blick auf eine vor Augen stehende, zu richtende Gruppe herbei. Diese Sehnsucht nährt sich aus der bedrängenden Opposition der gerechten Beter zu ihrem Umfeld.

Sie unterscheiden sich von ihren Feinden dadurch, dass sie ein noch ausstehendes Handeln JHWHs (Jes 26) erwarten und sich in den gegenwärtigen Herrschaftsverhältnissen nicht einrichten mögen. Sie leiden unter der alles Recht unter die Füße tretenden Verkommenheit der Mächtigen (Hab 1) und stehen für ein JHWH-Wort ein, das stabilisierenden, beruhigenden Worten von Priestern und Heil verkündenden Propheten diametral entgegensteht (Konfessionen Jeremias). Über diese Opposition zu Institutionen des eigenen Volkes lösen sich in den Argumentationen dieser Beter teilweise ethnische Kategorien zugunsten von ethischen auf. Gericht und Heil treffen nicht nur Israel, sondern alle Völker. JHWHs Gericht wird für die ganze Erde erwartet, Anspielungen auf die Sintflut untermauern die alles Leben bedrohende Gewalt des erwarteten göttlichen Handelns (Jes 24). Nicht nur das Gerichtshandeln ist jedoch entsprechend völkerumspannend, sondern auch die mit dem Gericht zusammen erwartete Neueinrichtung der Welt. Geläuterte und Gerechte aller Herkunft können letztlich auf die Einladung zum Festmahl auf dem Zion hoffen (Jes 25).

Bereits in Mi 7 und Jes 12 war in den Sündergebeten eine ähnliche Öffnung der Perspektive hin zu den Völkern wahrzunehmen gewesen, und die Anliegen und theologischen Programme der Sündergebete und der Gebete über Sünder greifen auch in anderen Hinsichten immer wieder ineinander. Besonders deutlich ist diese Nähe darin zu erkennen, dass beide Betergruppen das Handeln JHWHs erhoffen und sich mit dem *status quo* nicht zufriedengeben. Die in Jes 26 beschriebenen Feinde der Beter sind also nicht etwa mit den Betern der Sündergebete zu identifizieren. Zählen sich jedoch die Sprecher von Jes 26,7–10 betend zu den Gerechten und überlegen, welch positive Wirkung das Gericht auf die Erziehung von Frevlern haben kann, so bekennen die Beter in Dan 9 „Wir haben gefrevelt". Sind sich die Beter in Jes 63 f. darin einig, dass das göttliche Zürnen sie immer weiter von JHWH weg und in die Sünde hineintreibt, fürchten die Beter der Konfessionen

---

1 Zum Verhältnis von „Gerechten" und „Sündern" in dieser Arbeit vergleiche die Einleitung.

Jeremias, an JHWHs Weigerung zugrunde zu gehen, dieses Zürnen auszuagieren (Jer 15,15).

Beide Gruppen beten um die Lösung desselben Konfliktes. Der wesentliche Unterschied zwischen den beiden Gebetsgruppen besteht in der Selbstsicht der Betenden, die sich einmal mit unter das Gericht stellen und ein andermal darum bitten, JHWH möge die Schuld ihrer Gegner nicht vergeben – wobei eigene Schuld nicht in den Blick genommen wird. Aus dieser Differenz erwächst eine unterschiedliche Wahrnehmung von göttlichem Zorn und Gericht.

Wie den Anliegen der Sünder ist auch den Anliegen der gerechten Beter nie umfassend entsprochen worden – oder zumindest wurde kein solches Erleben in die Gebete der Prophetenbücher eingeschrieben. Visionen von einem alles zu Recht bringenden Gericht werden in antizipierenden Gebeten formuliert, nicht im Rückblick. Auch die in diesem zweiten Abschnitt untersuchten Gebete haben insgesamt die Funktion, die Situation der Lesenden und Betenden gegenüber göttlichem Handeln zu öffnen. Wo in den Prophetenbüchern gebetet wird, wurde das erwartete Handeln JHWHs noch nicht erlebt.

Drei Textgruppen gehören zu den Gebeten der Gerechten. Sie alle sind in ihren jeweiligen Kontexten sehr jung. Es handelt sich um die Konfessionen Jeremias, jene Klagen des von JHWH vereinnahmten Propheten, in dessen Worten sich auch spätere Generationen von Gerechten wiederfinden, um die Gebete in der sogenannten Jesajaapokalypse, Jes 24–27, einem späten und vielschichtigen dramatischen Textgebilde, dessen theologische Themen vom Gericht an der Erde bis zur Macht JHWHs im Tod reichen, sowie um Klage und Jubel im Habakukbuch, Gebete, die die Gebete Jeremias und Jesajas fortschreiben und in der Tradition der Konfessionen stehen.

Vor allem innerhalb von Jes 24–27 lassen sich ganz unterschiedliche Gebetsanlässe und Situationen erkennen, die auf das in der Einleitung zu vorliegender Studie beschriebene Wachstum der Kapitel schließen lassen. Die enge Verbindung der Gebete untereinander und ihre ganz unterschiedliche Gestimmtheit begründen die Notwendigkeit, einzelne Gebetsteile separat zu besprechen, und verweisen zugleich auf die Schwierigkeit, diese zur Analyse voneinander abzugrenzen.

1 Erwartung

Die Erwartung des Gerichts prägt die Kapitel Jes 24–27. Der exakte Inhalt der Erwartung, wem es also vor allem droht, was genau mit dem Gericht verbunden wird und welche Konsequenzen sich aus dem Gerichtserleben ergeben, differiert jedoch zwischen einzelnen Textabschnitten. Aufmerksamkeit heischt eine Besonderheit in Jes 26,11 f., weil in diesen Versen bereits die Frage, ob ein Gerichtshandeln JHWHs zu erwarten sei oder nicht, die Menschen unterscheidet. In diesen Versen trägt sich entsprechend eine Gruppe in den Text ein, deren spezifisches Verhältnis zum erwarteten Gericht sie von ihren Nachbarn abgrenzt. Bereits die Stellung zur Erwartung des Gerichts wird zur entscheidenden Frage für das Bestehen desselben. Mit dieser Zuspitzung sind diese Verse prädestiniert, an ihnen die Erwartung der über Sünder Betenden zu untersuchen.

1.1 Deine Hand ist erhoben! – Jes 26,7 – 12

In Jes 26,11 teilt JHWHs zum Gericht erhobene Hand die Menschen in zwei Gruppen. Die einen sehen seine erhobene Hand als Vorzeichen des Gerichts, harren darauf und verhalten sich entsprechend. Die anderen erwarten kein Handeln JHWHs und werden deshalb von den Betenden als „Blinde" bezeichnet. Die Ignoranten werden mit den „Feinden JHWHs" gleichgesetzt, die im Gericht beschämt und vernichtet werden sollen.

Der extremen Naherwartung in V. 11 f. stehen die Verse 26,1 – 6 und 7 – 10 voran. Jes 26 beginnt mit einem für einen zukünftigen Tag erwarteten Lied über den Einzug der Gerechten, formuliert also, wie noch zu sehen sein wird, die Lösung durch das erwartete und nun eintreffende Gericht. In diesen Versen wird das Lied angestimmt, das nach dem in V. 11 erhofften Gericht erklingen soll. Die unterschiedlichen Zeitperspektiven (Naherwartung und antizipierter Rückblick) legen es nahe, die beiden Texte, V. 1 – 6 und V. 11 f., verschiedenen Händen und Ergänzern zuzurechnen. Die zwischen diesen Abschnitten liegenden V. 7 – 10 sind ein Brückentext. Indem sie die Rede vom Gericht, wie sie in V. 11 zu finden ist, und die Unterscheidung von Gerechten und Frevlern, wie sie in V. 1 – 6 vorausgesetzt wird, miteinander verbinden, präsentieren sie das Gericht als notwendigen Übergang zur umfassenden Neuordnung. Die sorgfältige Stichwortverknüpfung der Abschnitte untereinander gibt dem Text eine einheitliche Erscheinung.[2]

---

2 Die Stichwortverknüpfungen bzw. motivischen Anspielungen sind: אֹרַח (V. 7.8); מִשְׁפָּטֶיךָ (V. 8.9); צֶדֶק (V. 9.10); Erhabenheit/ Höhe (V. 10 גֵּאוּת und V. 11 רוּם).

Übersetzung

7 Der Weg für den Gerechten (ist) Geradheit,
gerade[3] der Pfad des Gerechten, du bahnst (ihn).

8 Wahrhaftig, der Weg deiner Gerichte[4],
JHWH, wir hofften auf dich[5].
Nach deinem Namen
und nach deinem Gedächtnis[6]
(steht) das Verlangen der[7] Seele.

9 Meine Seele, ich begehre dich des Nachts,
wahrhaftig mein Geist in mir[8] – ich suche dich,
denn wann immer deine Gerichte die Erde (treffen),
lernen die Bewohner des Erdkreises Gerechtigkeit.

10 Wird ein Frevler begnadigt,
lernt er keine Gerechtigkeit.
Im Land des Rechts begeht er Unrecht[9]
und wird die Erhabenheit JHWHs nicht sehen.

11 JHWH, deine Hand ist erhoben[10].
Sie sehen[11] es nicht,

---

3 יָשָׁר wird in der Septuaginta ausgelassen. Der Text wird dadurch vereinheitlicht, weshalb dieser Änderung nicht entsprochen werden muss, zumal zugleich das Verb als Passivpartizip formuliert ist (παρεσκευασμένη) und entsprechend die Ansprache JHWHs ganz fehlt.

4 Die alternative Übersetzung ist mit Nitsche, Jesaja 24–27, 72, die Rede von den „Rechtssatzungen".

5 Septuaginta, 1QJes[a], Syriaca und Targum überliefern das Personalsuffix nicht. Stattdessen wird die Hoffnung unmittelbar auf den nachfolgenden Namen und das Gedächtnis bezogen.

6 Hier hat 1QJes[a] ולתורתך. Die „Weisung" ist an dieser Stelle als theologische Interpretation ohne textkritischen Wert anzusehen.

7 Septuaginta, Syriaca und Targum lesen hier נַפְשֵׁנוּ. Die damit erfolgende Personalisierung der Hoffnung nimmt MT bereits durch das den Vers eröffnende Verb vor.

8 Hier schlägt BHS vor, man könne statt *in mir* (בְּקִרְבִּי) *am Morgen* (בַּבֹּקֶר) lesen. Diese Änderung ist mit Kaiser, Jesaja 13–39, 168, und seinem Hinweis auf Ps 39,4 und 55,5, als unnötig zu bezeichnen.

9 Hendrik Jan Bosman und Harm W. M. van Grol, „Annotated Translation of Isaiah 24–27." in *Studies in Isaiah 24–27*, hrsg. von Hendrik Jan Bosman, Harm van Grol und Johannes C. de Moor. Oudtestamentische Studiën 43. Leiden u.a.: Brill, 2000: 3–12, 9, u.a. schlagen als alternative Übersetzung vor: Im Land verdreht er Redlichkeiten. Beide Übersetzungen sind möglich, inhaltlich differieren sie wenig.

10 Vgl. 25,1.

11 Vgl. zur emphatischen Form Joüon/ Muraoka, Grammar, §44e.

sie sollen sehen –
und sollen beschämt sein –
den Eifer für das Volk.
Wahrhaftig, das Feuer für deine Feinde wird sie verschlingen.[12]

12 JHWH, du wirst uns Heil geben,
denn auch alle unsere Taten hast du uns gewirkt.

Text und Struktur

Die Verse Jes 26,11 f. werden von der ausdrücklichen Anrufung JHWHs gerahmt. Beide Ansprachen formulieren Erwartungen an das Tun und Handeln JHWHs, dass nämlich sein Gericht (V. 11a) unmittelbar bevorstehe und er für die Sprechenden Heil wirken werde (V. 12a). Die Anrufungen teilen den Text in einen Abschnitt über die Gegner und ihr Erleben des Gerichtes (V. 11) und die gute Erwartung der Betenden selbst (V. 12), die ihr ganzes Handeln auf JHWH zurückführen. Der Schwerpunkt liegt bei der Gerichtserwartung, in der die Gruppe der Gegner der Betenden vorgestellt wird. Werden sie zunächst lediglich als die eingeführt, die die erhobene Hand nicht zu sehen in der Lage sind, wird zuletzt JHWHs Eifer als vernichtendes Feuer für seine Feinde erwartet. Die Formulierung lässt offen, ob die Feinde JHWHs identisch sind mit der zuvor beschriebenen Gruppe derer, die das Handeln JHWHs nicht erwarten. Diese Offenheit dürfte beabsichtigt sein.

Das Stichwort der erhobenen Hand (V. 11 רום) bzw. der Erhabenheit (V. 10 גֵּאוּת) sowie die wiederholte Rede vom Sehen (V. 10 ראה; V. 11 חזה) verbindet V. 11 f. mit den vorangehenden Versen. Die jeweilige motivische Übereinstimmung bei gleichzeitiger Varianz der verwendeten Wurzeln legt einen bewussten Bezug der Verse V. 11 f. und V. 7–10 aufeinander nahe.

V. 7–10 sind konzentrisch aufgebaut. Die Verse 7 und 10 stellen Frevler und Gerechte einander gegenüber. Im guten, gottgewirkten Ergehen der Gerechten (V. 7) spiegelt sich der Einzug in die Stadt der Hilfe aus den vorangehenden Versen wider. In Vers 10 wird erläutert, weshalb JHWHs Gnade im Gericht ausgesetzt

---

12 Anders Nitsche, Jesaja 24–27, 73, der „das Feuer deiner Feinde" die verzehren lässt, die nicht sehen. Er unterscheidet also die Gottesfeinde als Strafwerkzeug und die nicht sehenden Feinde der Beter innerhalb des Volkes. Der Begriff der Gottesfeinde ist jedoch auf Stellen begrenzt, an denen JHWH gegen diese agiert und nicht mit ihnen gegen andere. Entsprechend ist die übliche Übersetzung, nach der eine Gleichsetzung von „Nicht-Sehenden" und Gottesfeinden naheliegt, wahrscheinlicher.

werden muss.[13] Der Frevler wird als einer präsentiert, der das Zusammenleben von Menschen durcheinanderbringt und JHWHs Gottheit nicht wahrnehmen kann. Die von ihm nicht erkannte „Erhabenheit JHWHs" bildet dabei einen Kontrast zur Herabsetzung der hohen Stadt in 26,5.[14]

In der eingeschlossenen inneren Klammer (V. 8a.9b) wird deutlich gemacht, dass es des Gerichts um des Frevlers[15] willen bedarf. Schließlich sind es die Gerichtswege JHWHs, auf denen die Gerechtigkeit gelernt und damit Teilhabe am Heil gewonnen werden kann.[16] „Eindeutig ist hier der pädagogische Charakter der göttlichen Gerichte herausgestellt..."[17]

Diese beiden Versteile schließen sachlich so gut aneinander an, dass die im wiederum umschlossenen Innenteil gelegenen Verse, 8b-9a, den Eindruck erwecken, erst nachträglich Innerlichkeit in das Gebet eingetragen zu haben. Es ist jedoch zu beachten, dass gerade die ausdrückliche Gottesbindung, die sich in diesen Versen zeigt, einen Bogen von dem in V. 3 f. geforderten Vertrauen zur ausschließlichen Bindung an JHWH in V. 13b schlägt und damit im gegenwärtigen Text eine wichtige Brückenfunktion übernimmt. Jes 26,7–10 ist als Brückentext zwischen Jes 26,1–6 und Jes 26,11 ff. zu identifizieren.

Sachlicher Kern der Verse 7–10 ist das Warten der „Wir-Gruppe" auf das Gericht JHWHs mit dem Ziel der Gerechtigkeitsbelehrung der Erdbewohner. Damit wird das Harren in V. 11 spezifiziert und zugleich mit der Erwartung der Verse 1–6 verbunden, die vom Einzug der Gerechten singen. Dieses Warten wird in V. 8b-9a vertiefend als Sehnsucht nach rechtem Gottesdienst dargestellt. Dass Frevler durch das Gericht und nicht durch Barmherzigkeit lernen, ist ein Argument gegen eine weitere Verzögerung des dringend erwarteten Eingreifens JHWHs. Anders als

---

13 Das verweigerte Erbarmen findet sich noch in 27,11, dort wohl am ehesten in Abhängigkeit zu 26,10.

14 Nach Brian Doyle, *The Apocalypse of Isaiah Metaphorically Speaking: A Study of the Use, Function, and Significance of Metaphors in Isaiah 24–27*. Bibliotheca Ephemeridum Theologicarum Lovaniensium 151. Leuven u.a.: Leuven Univ. Press: Peeters, 2000, 293, ist die „Hoheit" JHWHs Macht in seinem Rechtshandeln bzw. als „er selbst".

15 Frevler sind durchaus Thema im gesamten Jesajabuch (3,11; 5,23; 9,17; 11,4; 13,11; 14,5; 26,10; 48,22; 50,9; 53,9; 54,17; 55,7; 57,20 f.; 58,4.6). Ein Gericht an den Frevler verspricht zum einen die Herrschaft des angekündigten Königs in 11,4 und zum anderen die Ankündigung des Gottesgerichtes in 13,11 (vgl. 14,5). Die Vorstellung einer möglichen Rückkehr des Frevlers hat 55,7. Anders dagegen Jes 48,22 und 57,21, in denen festgehalten wird, dass es für den Frevler keine Gnade gibt.

16 Nitsche, Jesaja 24–27, 82, sieht V. 8 als Interpretation von V. 7 an, zählt aber V. 7 zu V. 1–6.

17 Wildberger, Jesaja 13–27, 989. Anders Doyle, The Apocalypse of Isaiah, 296, der eine bleibende Unbelehrbarkeit der Frevler annimmt.

in V. 1– 6, wird JHWH in V. 7– 10 durchgängig angesprochen, dafür wechselt nun der Sprecher von der Mehrzahl in den Singular.[18]

Stellung im Nahkontext

Die Verse Jes 26,7– 12 sind eng mit dem Kontext verbunden. Die Stichwortverbindungen verknüpfen auch thematisch voneinander unterschiedene Verse und lassen den Text einheitlich wirken. Die formalen Anbindungen verbergen jedoch nicht, dass in diesen Versen inhaltlich sehr Unterschiedliches verhandelt wird.

Das Kapitel Jes 26 hebt mit dem Lied für den verheißenen Tag zum Einzug der Gerechten in die Stadt der Gerechtigkeit an. Nimmt man die Überschrift ernst und berücksichtigt, dass nach 26,1 keine weitere Überschrift folgt, so müssten auch die Verse 7 ff. zum verheißenen Lied gehören. Diese Zuordnung der Verse ist jedoch nicht für alle möglich. V. 7– 10 formulieren in den Rahmenversen eine Art weisheitlicher Lehre über den Zusammenhang göttlichen Tuns und menschlicher Gerechtigkeit. Diese Verse für sich genommen passen auch wegen des gemeinsamen Themas der Gerechtigkeit zu den Liedzeilen in V. 1– 6. Allerdings wechselt der Sprachduktus vom Hymnus zur weisheitlichen Belehrung. V. 7 und V. 10 formulieren allgemeine Regeln und sind weder Verse der Erwartung noch des Rückblicks, sondern fügen sich in beide Aussagerichtungen ein.[19] Diese doppelte Anschlussfähigkeit gilt auch für die umschlossenen Verse 8 f., was im Folgenden darzustellen ist:

In V. 8 stellen sich die Betenden, parallel zu Jes 25,9, selbst vor. Sie beschreiben ihr bisheriges Handeln und Streben. Der Vers enthält dadurch einen Aspekt des Rückblicks. Er ist von Gerechten singbar, die mit V. 1– 6 bereits das rettende Handeln JHWHs erfahren haben, kann aber ebenso von denen gesprochen werden, die mit Hinweis auf ihr harrendes Vertrauen sein Heilshandeln erbeten.

Der sich inhaltlich eng an V. 8 anschließende V. 9 zitiert die Stimme des Wartenden als gegenwärtig Harrenden. Dadurch, dass die plötzliche Aufnahme einer Einzelstimme im Gebet der „Wir-Gruppe" wie ein Zitat wirkt, kann diese Äußerung der Sehnsucht jedoch auch als Zeugnis der durch Ausharren geprägten Vergangenheit verstanden werden.

Tatsächlich vermag der Abschnitt Jes 26,7– 10 beides: Er fügt sich sowohl in ein antizipiertes Gebet für den Zeitpunkt des ersehnten Handelns JHWHs als auch in eine dieses Handeln erst noch erwartende Klage. Auf diese Weise bilden 26,7– 10

---

18 Nitsche, Jesaja 24– 27, 96, nimmt den Wechsel von Plural zu Singular als Hinweis dafür, dass in diesen Versen Frau Zion spreche.
19 V. 7 verortet Blenkinsopp, Isaiah 1– 39, 369, in die Nähe der sog. Torapsalmen.

einen Übergang von dem Lied „jenes Tages" in V. 1–6 zur Klage um das ersehnte Eintreffen desselben Zeitpunktes in Jes 26,11 f. Mit keinem der beiden Texte sind 26,7–10 deckungsgleich, haben aber gleichwohl ausreichend Anknüpfungspunkte zu beiden.

Für die Verknüpfung der V. 7–10 mit dem nachfolgenden Gebet ist die Häufung der Konjunktion אַף von Interesse. Sie setzt die Gerichtswege JHWHs (V. 8aα), das Verlangen des Betenden (V. 9aβ) und die erwartete Vernichtung der Feinde JHWHs (V. 11bβ) in Beziehung zueinander.[20] Der ersehnte Gott ist, in Erweiterung von Jes 25, wo der einladende und zugängliche Königsgott des Zion erwartet wird, der strafende Gott, der durch sein Gericht Gerechtigkeit schafft.[21]

Sinn und Zweck der göttlichen Strafe ändern sich mit dem Übergang von V. 9 f. zu V. 11. V. 9 f. nehmen das Gericht vor allem als JHWHs pädagogisches Handeln wahr, das selbst Frevlern eine Möglichkeit der Umkehr verschafft. V. 11 ist dagegen an der Vernichtung der Feinde JHWHs interessiert. Zwischen V. 10 und V. 11 findet sich zwar eine motivische Nähe, wie sie auch die nun folgenden Verse verbindet, gerade an dieser zeigt sich jedoch wiederum eine recht unterschiedliche Ausrichtung der Verse. Spricht V. 10 selbst sehr allgemein von der Erkenntnis der „Erhabenheit" JHWHs (גֵּאוּת יְהוָה), so beklagt V. 11, dass eine als „JHWH-Feinde" beschriebene Gruppe das drohende Gericht, dargestellt durch die „erhobene (רוּם) Hand" JHWHs, nicht erkenne. Die Gegner in V. 10 sind also, in Kontinuität zur Rede von Jes 26,1–6, diejenigen, die JHWHs Gottheit und Größe nicht sehen und nicht anerkennen. In V. 11 dagegen ist es die Blindheit für das bevorstehende Gerichtshandeln JHWHs, das die „Feinde" von der „Wir-Gruppe" unterscheidet.

In V. 13 wird das Gebet mit einer erneuten Anrufung JHWHs weitergeführt. Bekenntnis und Klage gehen in der Feststellung, es habe andere Herren gegeben, ineinander über. Wiederum leisten V. 13–15 eine Konkretisierung des in V. 11f. erwarteten Gerichts, in diesem Fall als Gericht an allen Israel-feindlichen Mächten.

---

20 Auf die Beziehung der Verse durch אַף verweist u. a. Doyle, The Apocalypse of Isaiah, 291.
21 Aufgrund dieser Zuordnung ist die Annahme von Wildberger, die Gerichtswege würden das gegenwärtige Gerichtserleben der Betenden bezeichnen, eher unwahrscheinlich. Vgl. Wildberger, Jesaja 13–27, 988: „So hart solche Erfahrungen sind, sie können Israel nicht von Gott wegtreiben, die Gerichte können sein Bekenntnis nicht außer Kraft setzen, auch aus den Gerichten heraus streckt es sich erwartungsvoll Gott entgegen, sozusagen vom deus absconditus zum deus revelatus hin".

Wachstum

Anders als in V. 7–10, die vor allem allgemeine Regeln formulieren, wird ab V. 11 das Handeln JHWHs herbeigebetet. Von ihren Gegnern unterscheidet die in V. 11 klagenden Beter ihr eschatologisches Bewusstsein. Die Opposition der beiden Gruppen setzt voraus, dass das erwartete Gericht noch nicht eingetreten ist, da andernfalls die als feindlich erlebte Gruppe kaum noch Grund hätte zu zweifeln, bzw. längst vernichtet worden wäre. Spätestens die Klage in V. 11 fügt sich nicht mehr unter die Überschrift, die das Gebet zu einem Gesang für die verheißene, mit dem Lied antizipierte Zukunft macht.[22] Entsprechend ist davon auszugehen, dass auch 26,7–10 ein eigener Abschnitt des Textes ist, der das frühere Gebet in 26,11 ff. mit dem Lied in Jes 26,1–6 bzw. mit der Theologie in Jes 25 verknüpft.[23]

Interpretation im Kontext

Wer seine Hand (יָד) erhebt (רום), steht im Begriff zu handeln (vgl. Num 20,11), oft strafend oder vernichtend (Mi 5,8). JHWH setzt mit dieser Geste ein Zeichen seines erwarteten Tuns (Jes 49,22) und wird als starker und handlungsfähiger Gott erkannt (Ps 89,14). Die Rede von der erhobenen Hand JHWHs ist Zeichen für das Handeln und Beginn des Handelns zugleich. Im Zusammenhang mit Jes 24 ist diese Rede so zu verstehen, dass die Betenden das dort Beschriebene als unmittelbar bevorstehendes Schicksal ansehen. Dieses Zeichen wird nicht von allen wahrgenommen (חזה). Dass diese fehlende Wahrnehmung nicht mit der Wurzel ראה formuliert wird, die in V. 10 verwendet wird, sondern mit חזה, deutet darauf hin, dass hier nicht vornehmlich auf die Verstockungsaussagen in Jes 6 angespielt werden soll, sondern unterschiedliche prophetische Aussagen in Konkurrenz stehen, bezieht sich doch das verwendete Verb im Jesajabuch häufig auf die Schauung des Propheten.[24]

Mit der Nicht-Wahrnehmung der erhobenen Hand geht eine Geringschätzung des göttlichen Eifers (קִנְאָה) einher, der anders als die erhobene Hand von allen geschaut werden soll und die zuvor nicht Schauenden beschämt. Der Eifer JHWHs

---

22 John D. W. Watts, *Isaiah 1–33*, revidierte Auflage. Word Biblical Commentary 24. Nashville u. a.: Nelson, 2005, 402, macht zu Recht darauf aufmerksam, dass der jubilierende, vertrauensvolle Beginn von den nachfolgenden Versen (ab V. 11) konterkariert wird.

23 Entsprechend entscheidet Wilhelm Rudolph, *Jesaja 24–27*. Beiträge zur Wissenschaft vom Alten und Neuen Testament 62. Stuttgart: Kohlhammer, 1933, 42 f.: „Nun gehört V. 11 aufs engste mit den vorhergehenden Versen, besonders V. 9b-10, zusammen [...], so daß für den ganzen Abschnitt von V. 7 an dasselbe zu sagen ist: mit V. 7 beginnt ein neues Stück, das ein Eingreifen Jahwes erst erhofft, nicht schon voraussetzt..."

24 חזה findet sich in Jes 1,1; 2,1; 13,1; 30,10; vgl. auch 33,17; 47,13; 48,6.

löst die Änderung von Situationen aus.[25] Eben diesen Eifer vermissen die Betenden in Jes 63,15. Die unbedingte Erwartung des göttlichen Eifers in Jes 26,11 und die ihr widersprechende Feststellung in Jes 63,15, er sei kaum wahrnehmbar, treten miteinander in Dialog. Da die Gebete zu den spätesten Einfügungen des Jesajabuches gehören, ist anzunehmen, dass diese Opposition bewusst formuliert ist. Die Beter in Jes 26 und die Beter in Jes 63 sind theologische Gegner. Die Rede vom Volk (עם) als Adressat des Eifers ist durch die Verwendung der Vokabel in Jes 24–27 offen für einen ethisch bestimmten Volksbegriff. Auch diese Offenheit widerspricht den in Jes 63 f. verwendeten Begriffen und weist auf eine inhaltlich differierende Ausrichtung der Betenden.

Die Verbindung von (visionärer) Wahrnehmung (חזה) und Beschämung (בוש) wird nur in diesem Vers so ausdrücklich vorgenommen. Der Moment der Wahrnehmung ist der Moment der Beschämung. Noch einmal wird dadurch unterstrichen, dass die Wahrnehmung bzw. die Deutung derselben die wesentliche Differenz ist, die die Sprechenden von ihren Gegnern trennt. Die erwartete Beschämung der Feinde kann als Standard-Reaktion der Feinde bzw. des gerichteten Volks auf das Handeln JHWHs beschrieben werden.[26]

Das verzehrende Feuer (אש) als Teil göttlichen Gerichts wird nicht nur an dieser Stelle erwähnt.[27] Gegenüber den eher an die Sintflut erinnernden Versen in Jes 24 bildet es einen eigenen Schwerpunkt. Die vom Feuer verzehrten Feinde (צר) JHWHs werden in der Gerichtsansage in Jes 1,24 erwähnt. Die Erfüllung des dort Angekündigten steht nach Wahrnehmung der hier Betenden noch immer aus.[28] Dieses ausstehende Gerichtshandeln wird der Erkenntnis entgegengesetzt, dass alles entscheidende Wohlhandeln Handeln JHWHs an Israel gewesen sei. Einer Befreiung und Erlösung aus eigener Kraft wird ausdrücklich eine Absage erteilt.

Das gemäß V. 12 von JHWH verursachte Heil (שלום) wird im unmittelbaren Kontext in Jes 26,3 erwähnt. Auch dort ist JHWH der Urheber des Heils derer, die auf ihn vertrauen und dabei unerschütterlichen Sinnes sind.[29] Bereits in älteren

---

25 קנאה wird verwendet in Jes 9,6; 37,32. Vgl. zum Handeln JHWHs noch Jes 42,13 und 59,17.
26 Vgl. בוש in Jes 1,29; 19,9; 20,5; 23,4; 24,23; 26,11; 29,22; 30,5; 37,27;41,11; 42,17; 44,9.11; 45,16 f.24; 49,23; 50,7; 54,4; 65,13; 66,5.
27 Vgl. Dtn 4,24; 1 Kön 18,38; 2 Kön 1,10; Ps 50,3; Jes 29,6; 30,30; 33,11 f.14 sowie Ps 18,13 f.; 29,7; 97,3 mit Kaiser, Jesaja 13 – 39, 170.
28 Auch Jes 59,18 erwartet die Bestrafung der Feinde JHWHs. In Jes 63,18 ist noch von den Feinden der Beter die Rede, Jes 64,1 deutet diese als Feinde JHWHs. Siehe zur Stelle B 2.2.
29 Jes 27,5 räumt die Möglichkeit ein, mit JHWH Frieden zu schließen. Ein unmittelbarer Zusammenhang besteht hier nicht.

Abschnitten in Jesaja ist der Friede Teil der Verheißung.[30] An sie knüpft der Vers an, wohingegen V. 3 gerade diese Erwartung als bereits erfüllt ansieht.

Einen tieferen Einblick in die Theologie der Beter von Jes 26,11 f. bietet die abschließende Feststellung, JHWH selbst habe die Taten (מַעֲשֶׂה) der Betenden vollbracht (פעל). Die zugrunde liegenden Wurzeln werden in Jes 5,12 und 59,6 parallelisierend verwendet und bezeichnen das Werk JHWHs, das die Menschen nicht beachten (5,12), und das frevlerische Werk der Menschen (59,6). Am Verhältnis zum Werk (מַעֲשֶׂה) unterscheiden sich diejenigen, die anbeten, was sie vollbracht haben (Jes 2,8; 44,12.15), von denjenigen, die auf das Werk JHWHs achten (5,12). Dass die Beter dieser Zeilen hingegen jedes ihrer Werke als eigentlich von JHWH selbst getan ansehen, unterstreicht, dass hier die Frommen und Rechtschaffenen beten. Sie unterlassen nicht nur, wie gefordert, die Anbetung der eigenen Werke, sondern verzichten sogar darauf, sich überhaupt eigene Werke zuzurechnen.[31] Diese Geste der Demut ist zugleich eine Absicherung für ein etwaiges Gericht nach Werken (vgl. Jes 59,6).[32]

Dem Gebet, das das Gericht JHWHs noch erwartet, wird mit den Versen 7–10 nun ein Gebet vorangestellt, in dem die Sprechenden betonen, sie hätten sich während des Gerichts recht verhalten. Der Abschnitt beginnt in V. 7, dessen Parallelismus das wesentliche Moment dieses Weges, nämlich ihn zu einem wirklich begehbaren Weg zu machen (פלס), als nur durch JHWH realisierbar darstellt.[33] Theologisch unterscheidet sich der Vers nicht wesentlich von späten weisheitlichen Überlegungen, wie sie beispielsweise in Prov 16 formuliert werden.[34] Er

---

30 Zum שׁלוֹם in Jes vgl. etwa Jes 9,5 f.; 32,17 f. Aber auch im Gebet Hiskias in 38,17 und im nachfolgenden Kapitel in 39,8, bei der Verheißung des endenden Wohlergehens. Siehe zur Stelle B 3.1.

31 Vgl. die Verheißung in Jes 17,8 und die Polemik in Jes 37,19; 41,29. Auch das Gericht kann als Werk JHWHs bezeichnet werden. Diese Formulierung bildet einen wohlgesetzten Kontrapunkt zur Wertschätzung des eigenen Werkes, das Opfer dieses Gerichtes wird; vgl. Jes 10,12; 28,21.

32 Zum Gericht nach den Werken vgl. Jes 29,15; 59,6. In der Rede von den Taten wird die Macht JHWHs besungen (41,4; 43,13), dessen Werk die Menschen sind. Vgl. Jes 29,16.23; 45,9.11; 60,21; 64,7; 66,18. Ihr wertloses Tun wird seiner Macht gegenübergestellt (41,24). In 45,9.11 sind die Menschen das Werk der Hände JHWHs.

33 Wie beispielsweise auch bei der Auslegung von Prov 5,21 ist hier zu diskutieren, ob פלס als „wägen/ beobachten" oder als „ebnen/ bahnen" wiedergegeben werden sollte. Die Entscheidung für letztere Bedeutung verbindet sich mit der Einsicht, dass auch die aufmerksame Sichtung des Weges durch JHWH einer Ebnung dieses Weges gleichkommt. Anders trennt den Text Nitsche, Jesaja 24–27, 108 f., der V. 7 für eine passende „Zusammenfassung" der vorangehenden Verse hält.

34 Vgl. Alexa Friederike Wilke, *Kronerben der Weisheit: Gott, König und Frommer in der didaktischen Literatur Ägyptens und Israels.* Forschungen zum Alten Testament, Reihe 2, 20. Tübingen: Mohr Siebeck, 2006, 158–178.

beschreibt das Ineinander weisen Wohlergehens und göttlicher Fürsorge, die das Gelingen des Lebens nicht mehr allein vom Rechtverhalten abhängig machen, sondern die Angewiesenheit des Menschen auf JHWHs Wohlwollen hervorheben. Die weisheitliche Rede vom Weg (אֹרַח und מַעְגַּל) in V. 7 deutet den „Pfad der Gerichte" in V. 8 (אֹרַח מִשְׁפָּטֶיךָ). Durch die Wiederaufnahme wird mit diesem Ausdruck sowohl das Gerichtshandeln JHWHs angesprochen als auch der weisheitlich bestimmte Weg seiner Gebote und Satzungen.[35] Bereits V. 7 hebt hervor, dass sich die Geradheit des gerechten Weges nicht aus der Kraft des Gehenden allein ergibt. Der Kontext interpretiert nun das positive Wirken und Bahnen JHWHs in V. 7 durch sein Richten in V. 8. Zugleich nimmt der gebahnte Weg in V. 7 den Weg des gerechten Volks in V. 2 wieder auf.[36]

Das Ende des Abschnitts in V. 10 bildet eine weisheitlich formulierte Variante der kurzen Bitte in Jes 2,9b, den beschriebenen Übeltätern nicht zu vergeben. JHWH soll Pfade der Gerechtigkeit bahnen.[37] Dass dazu auch die Vernichtung der Feinde JHWHs gehört, wie es im anschließenden V. 11 heißt, ist bereits in Jes 24 f. angelegt. Die geläuterten Nationen, die zum Zion ziehen, sind um Frevler und Gottesfeinde dezimiert.[38]

---

35 Vgl. B. Johnson, „Art. משפט mišpāṭ." in *Theologisches Wörterbuch zum Alten Testament* V (1986): 93–107, 103: „Wenn *mišpāṭ* das Festgestellte, das Gesetz bezeichnet, steht dafür meistens der Plural. Gottes *mišpāṭim* sind die einzelnen Gebote sowie auch die Zusammenfassung des gesamten Gesetzes." Auch der hier erwähnte Pfad meint an allen anderen Belegstellen im Jesajabuch das Verhalten des Menschen/ des Volkes in Bezug auf die Satzung JHWHs. Vgl. Jes 2,3; 3,12; 30,11; 33,8; 40,14; 41,3. Doyle, The Apocalypse of Isaiah, 291, nimmt den „Gerichtspfad" als Metapher und setzt ihn mit Atem und Kehle in einen Zusammenhang, den er aus der Wiederholung des אף schließt. Vgl. aaO., 292: „The way of your judgments is my breath." Duhm, Jesaja 1968, 185, hält gerade die Rede vom „Weg der Gerichte" für einen Übergang aus dem Vorangehenden. Die Formulierung sorge dafür, dass auch JHWH einen Weg habe, „nämlich den der Gerichte."

36 Vgl. Hallvard Hagelia, *Coram Deo: Spirituality in the Book of Isaiah, with Particular Attention to Faith in Yahweh.* Coniectanea Biblica Old Testament Series 49. Stockholm: Almqvist & Wiksell International, 2001, 201, sowie Wildberger, Jesaja 13–27, 987: „D.h., es ist Jahwe, der den Gerechten auf den rechten Pfad stellt."

37 Und es ist m. E. nicht ausgeschlossen, dass sich die Sprechenden in die Notwendigkeit dieses Unternehmens mit einbezogen wissen. Immerhin weiß Daniel 9,5 durchaus um den Status der Betenden als „Frevler" und das Gebet dieser Frevler ist Umkehr im Flehen um Gnade (Dan 9,3.17 f.20.23).

38 Die Rede von Gottesfeinden (צָרֶיךָ) ist durchaus auffällig, da sie vergleichsweise selten ist. Lässt man die extremen Beispiele weg, wie die von den Betern empfundene Feindschaft Gottes gegen sein Volk (Hi 19,11; Jes 63,10b und Thr 2,4), so bleiben Dtn 32,41.43; Jes 1,24; 59,18; Jer 46,10 und Nah 1,2 sowie Ps 97,3 und Jes 64,1. Beispiele wie Jes 1,24 und 59,18 zeigen, dass es sich bei der Rede von den Feinden JHWHs durchaus um Gegner in der eigenen Gemeinde handeln mag. Der Text Jes 1,21–26 wird als redaktionelle Einleitung des aus Mi 4,1–5 übernommenen Orakels

In der Selbstvorstellung von V. 8 betonen die Beter, sie hätten auf JHWH ge-hofft (קוה). Sie setzen sich damit von all denen ab, die mit einem Handeln JHWHs nicht mehr rechnen oder versuchen, sich selbst zu helfen. Die Hoffnung auf JHWH ist, wie sich schon im ersten Abschnitt dieser Arbeit gezeigt hat, ein wesentliches Thema der Gebete, Selbstverständnisse und Belehrungen im Jesajabuch.[39] Zumal in den Deuterojesaja zugerechneten Versen wird denen, die auf JHWH hoffen, seine Zuwendung verheißen.[40] Die späte Rede in Jes 64,2f. lässt ahnen, dass diejenigen, die auf JHWH hoffen und harren, eine eigene Gruppe bilden, die sich eben auch in Jes 25,9 und hier in 26,8 zu Wort meldet.[41]

Der zweite Versteil beschreibt, worauf die Sprechenden hoffen. Sie haben Verlangen nach dem Namen JHWHs (שֵׁם) und nach seinem Gedächtnis (זֵכֶר). Name und Gedächtnis sind Kurzformeln für den Gottesdienst.[42] Sie zeigen die so Be-tenden als Menschen, die sich nach dem Gotteslob sehnen.[43] Anrufung und Na-

---

in Jes 2,2–5 verstanden. Die Feinde JHWHs sind die, die Jerusalem zu einer ungerechten Stadt und zum Zentrum der Zerstörung gemacht haben. Sie haben aus der guten Stadt die böse gemacht. Es ist dieser Gedanke, der dafür sorgt, dass das Klagelied vom Fall der Stadt in Jes 24 nicht zum Gegensatz, sondern zur Vorbedingung, zur *conditio sine qua non* der Wallfahrt zum Zion wird. Erst vor dem Hintergrund von Jes 1–3 zeigt sich auch die Entwicklung der hier beschriebenen Szene. Dabei lassen sich die Texte nicht einfach gegeneinander aufrechnen. So fehlt in Jes 1–3 m.E. das weltumspannende Gerichtshandeln JHWHs, aber das Schicksal der Stadt Jerusalem wird anhand dieser Parallele einsichtig gemacht. Diese Leseweise löst auch die Ambivalenz, die zwischen der Vernichtung der Feinde und ihrer Belehrung besteht. Vom Ziel her gesehen sind beide Lösungswege gleich: Sie sorgen für die notwendige Gerechtigkeit der Stadt, wie sie auch in Jes 60 vorausgesagt wird.

39 Besonders muss für die Bedeutung dieses Motivs die Selbstaussage in Jes 8,17 hervorgeho-ben werden, in der der Sprecher auf die Erfahrung des Gerichts mit bleibender Ausrichtung und Hoffnung auf den sein Antlitz verbergenden Gott reagiert. Im kurzen Gebet in Jes 33,2 wird die Hoffnung auf JHWH geradezu als Grund für seine erbetene Gnade angegeben. Motivisch ist zu diesen Versen Jes 30,15 hinzuzunehmen. Im anschließenden Vers wird deutlich, dass es die auf ihn Wartenden sind, die hier beten und hoffen (Parallelbegriff חכה).

40 Vgl. vor allem die Kraft (כֹּחַ) für diejenigen, die auf JHWH hoffen, in Jes 40,31 und die Zusage, die, die auf JHWH hoffen, würden nicht zu Schanden (בוש), in Jes 49,23. Das Warten auf die Ausweitung der Nachricht vom rechtschaffenen Handeln JHWHs auch für die Inseln (אִיִּים) wird ebenfalls mit diesem Verb beschrieben (Jes 51,5 und 60,9).

41 Die Relativierung der Hoffnung findet sich in der Klage in Jes 59,9.11, wo nach dem Vorbild von Jes 5 die enttäuschte Hoffnung der Harrenden benannt wird. Eine Verschärfung des Hoff-nungsmotivs findet sich wiederum in Jes 63f. Die Sprecher von Jes 64,2 erbeten das nicht (mehr) Erhoffte. Sie nehmen dadurch zwar Bezug auf die Hoffenden des Jesajabuchs, verdeutlichen jedoch, dass das anhaltend ausbleibende Handeln JHWHs einen größeren Eingriff erfordert als lediglich die Erfüllung alter Hoffnungen.

42 Vgl. zum Gedächtnis als liturgische Rezitation Blenkinsopp, Isaiah 1–39, 369.

43 Vgl. Spieckermann, Heilsgegenwart, 291, der über das Zusammenspiel von „ethischer Qua-lifikation" und „Gnade" im Zusammenhang mit dem Zugang zum Tempel spricht.

men werden auch in Jes 63 f. thematisiert. Dort hebt das Gebet als Erinnerung der Heilstaten JHWHs mit großer Geste an, um im Vollzug die Wirkungslosigkeit der Erinnerung zu erleben und die eigene Zeit als eine zu beschreiben, in der der Name JHWHs eben nicht mehr angerufen wird (64,6). In einer ähnlichen Situation scheinen die hier Betenden zu sein, die JHWH zwar ausdrücklich anrufen, aber gleichwohl den über dem Volk ausgerufenen Namen fern wähnen.

Ist V. 8b noch allgemein gehalten und könnte deshalb auch von einer Wir-Gruppe gesprochen werden, wird die dort angedeutete Sehnsucht im anschließenden V. 9a im Stil von Individualpsalmen dramatisiert. Der so spricht, ist ein Begehrender (אוה)[44] und Suchender JHWHs (שחר).[45] Dass es die Nacht ist, in der er dieser Sehnsucht besonderen Ausdruck verleiht, passt in die Motivik der Klagelieder des Einzelnen, in der grundsätzlich die Nacht die Zeit der Bedrohung und entsprechend der intensivierten Klage nach JHWHs Eingreifen ist.[46]

Ungewöhnlich ist nun der Übergang von diesem innerlich und intensiv formulierten Verlangen nach JHWH zur im zweiten Versteil anschließenden Begründung: An JHWHs Handeln lernen die Bewohner der Erde Gerechtigkeit. Wie bereits erwähnt, fügt sich diese Begründung hervorragend zu V. 8a und legt entsprechend nahe, dass es sich bei den beiden zwischen diesen Versen stehenden Halbversen um Einschübe handelt. Nimmt man den Zusammenklang der Verse auf, wie er durch das Wachstum entstanden ist, ist es die innige Sehnsucht nach dem Gericht und der Lehre von der Gerechtigkeit, die die Betenden sprechen lässt.

Die über die Erde kommenden Gerichte JHWHs (מִשְׁפָּטֶיךָ) schließen an den Weg der Gerichte an, die in V. 8 dem Hoffen auf JHWH entsprechen. Die Gerichte JHWHs bezeichnen so die vergangenen Gerichte, in denen sich die Sprecher als standhaft Hoffende erwiesen haben (V. 8) und an denen Gerechtigkeit (צֶדֶק) gelernt werden

---

44 Vgl. die Verwendung des Verbs in Ps 45,12; 106,14 und 132,13 f. An keiner Stelle wird mit diesem Wort die positive Gottessehnsucht formuliert. Vielmehr ist es ein Begriff für die Gier des Menschen (vgl. etwa Dtn 5,21). Mit dieser weitgehend negativen und immer mit starkem Begehren assoziierten Redeweise wird die Intensität dieses Gottesverlangens pointiert formuliert. **45** Das „Suchen" wird im Psalter zweimal verwendet, beide Male recht zugespitzt als das Suchen Gottes durch den Frommen (Ps 63,2 und 78,34). Das Hoffen auf JHWH ähnelt dem Hoffen der Inseln, vgl. Jes 60,9. Der Name begegnet bereits in 24,15 und 25,1. Vgl. Wildberger, Jesaja 13 – 27, 988: „Wenn der Text richtig überliefert ist, gilt dieses Verlangen dem שם und dem זכר Jahwes, d.h. natürlich Jahwe selbst, aber mit dem Erwähnen seines Namens ist der Kontakt mit dem fernen Gott hergestellt, ja Gott ist heilvoll schon da." Den Wechsel von Plural zu Singular rechnet Wildberger dem Dichter zu, der sich erst mit der Gruppe identifiziere und erst dann als Einzelner spreche. **46** Vgl. zur Dunkelheit als Motiv der Gottesferne Ps 88,13.19 und Hi 10,20 – 22 (Janowski, Konfliktgespräche mit Gott, 62).

kann (V. 9). Sie markieren eine Zeit, in der auf JHWH gehofft wird, weil sie nicht sinnloser Erweis seines Zornes sind, sondern einen erzieherischen Wert haben und Frevler Gerechtigkeit lehren, die von sich aus nichts sehen.

Inhaltlich zeigt sich damit die große Nähe zur ursprünglichen Aussage von Jes 25,1– 5*, wo preisend erzählt wird, wie im Richten JHWHs aus Unholden JHWH-fürchtige Pilger zum Zion werden.[47] Mit vergleichbarer Dynamik wird in diesen vier Versen in weisheitlicher Terminologie nachbuchstabiert, wie JHWHs Gericht nicht nur Vernichtung des Freveltuns, sondern positiv Rechtsetzung bei den Bewohnern der Erde bedeutet. Diese Erdbewohner können als Antagonisten zu den Bewohnern der Höhe verstanden werden.[48]

Schluss

Die Beter der Verse 26,11 f. erwarten ein dem in Jesaja angekündigten Gericht ähnliches Handeln JHWHs. Sie sehen sich dabei Menschen gegenübergestellt, die diese Erwartung nicht teilen und deren Wahrnehmung der Zeichen JHWHs nicht den Schluss auf ein nahe bevorstehendes Gericht zulässt. Mit dieser von der Sicht der Beter abweichenden Annahme machen sie sich zu ihren Feinden, und ihre Identifizierung mit den in den Gerichtsansagen angesprochenen Feinden JHWHs wird nahe gelegt. Die Betenden selbst werden als Gerechte gezeichnet. Sie sind weit davon entfernt, ihre eigenen Werke anzubeten. Im Gegenteil halten sie sich auf ihre Werke nichts zugute, sondern rechnen sie JHWH zu.

Wer so betet, hat eine klar umrissene Vorstellung von einer Gegenpartei und von den zu erwartenden Ereignissen im anstehenden Gericht. Dieses Gericht wird nicht als bedrohlich empfunden, zumindest nicht für die eigene Existenz. Vielmehr bedeutet es Beschämung der Feinde und Wohlergehen für die Betenden.

Der Gott, zu dem hier gebetet wird, unterscheidet in seinem nahe bevorstehenden Gericht zwischen denen, die das drohende Gericht sehen und sich entsprechend verhalten, und den anderen. Er straft seine Feinde und belohnt diejenigen, die ihre gesamte Existenz als auf ihn geworfen leben. Das Gebet kann gut in einem frühen Stadium der Genese von Jes 24 – 27 auf die Gerichtsbilder in Jes 24 gefolgt sein. Es ist die Bekräftigung dessen, was dort gesehen wird, und die Bitte darum, dass es geschehen möge. Die frohe Erwartung des Gerichts hängt damit

---

47 Siehe C 3.
48 Ein ähnlicher Gedanke schließt sich in Jes 29,24 an. Dort lernen die verirrten Geister Einsicht. Dabei weist diese „Verirrung" aber auf die in die Irre Geführten in 3,12 und 9,15 bzw. auf die Taumelnden in 28,7. Diese Gedanken nehmen womöglich die Rede vom „Schüler des Herrn" vorweg, die in 50,4 für eine Person anklingt, in 54,13 für das ganze Volk.

zusammen, dass das eigene Tun und Ergehen dem Gericht enthoben zu sein scheint.

Anders als diese beiden älteren Verse blicken die vorangehenden Verse 7–10 bereits auf das Verhalten der Betenden zur Zeit des Gerichts. Das Gericht ist jetzt eine Zeit der Bewährung und des Ausharrens. Die Hoffnung auf JHWH hat die hier Betenden auch zur Zeit des Gerichts begleitet, weil sie im Gericht nicht nur den Zorn JHWHs erfahren haben, sondern das Gerichtshandeln wegen seiner reinigenden und lehrreichen Wirkung schätzen. Die Rede von der Hoffnung auf ihn ist nun Vorlage eines doppelten Einschubs über die Sehnsucht der hier Sprechenden nach JHWH, nach seinem Namen und Gedächtnis. Dieses Verlangen wird durch die Zusammenstellung der Verse zum Verlangen nach einem neuerlich richtenden Eingreifen JHWHs, durch das Gerechtigkeit werden soll.

Der hier angesprochene Gott ist einer, dessen Gerichtshandeln die Welt und die Frevler dieser Welt zurechtrückt und Gerechtigkeit lehrt. Sein Umgang mit Frevlern hat entsprechend nicht vorrangig das Ziel, diese zu vernichten, sondern sucht, sie zu belehren und zu bessern. Aus dem Verlangen nach einer entsprechenden Besserung der Welt heraus hoffen die hier Betenden auf JHWHs Handeln zum Gericht.

Die Beter sind zugleich diejenigen, die von sich selbst sagen können, sie hätten auch im überstandenen Gericht nicht aufgehört, auf den Gott, der sein Antlitz abgewandt hat, zu hoffen. Sie bleiben standfest und wissen sein Richten zu schätzen, fügen sich also ganz und gar in sein Handeln. Die Hoffnung auf JHWH, die zunächst vor allem zur ethischen Auszeichnung der hier Sprechenden als sogar in der Bedrohung Hoffende erwähnt wird, gewinnt bei den fortschreibenden Betern eine Eigendynamik. Mit Nachdruck verlangen und suchen sie nach ihm, seinem Namen und seiner Erinnerung, nach allen Formen seiner Präsenz im Volk also. Die so beten, rechnen sich nicht zu den Frevlern, sondern zu den Gottesfürchtigen, die die Abwendung JHWHs im Gericht um des hohen Ziels der Lehre von der Gerechtigkeit und der Zurechtsetzung der Welt willen ertragen. Für sie selbst ist solches Gericht nicht Zeit der Bedrohung, sondern Zeit der Anfechtung, in der die Gottesferne betend ertragen werden muss.

Die Gegner solcher Beter sind all diejenigen, die das Gericht zum Anlass nehmen, an JHWH zu zweifeln, die das Gericht nicht schätzen, sondern beklagen. Sie sind die notorischen Gottesfeinde, die Frevler. Von beiden setzen sich die Betenden ab und erweisen sich in ihrer Hochschätzung des Gerichts und in ihrer beharrlichen Hoffnung auf JHWH als solche Gerechte, wie sie im vorangehenden Text in die Stadt einziehen dürfen.

Die Verbindung zu den nachfolgenden Versen (V. 11 f.) zeigt, dass dort die Gegner der Betenden vor allem die sind, die das Gericht JHWHs nicht kommen sehen, die die Zeichen der Zeit nicht erkannt haben. Nicht nur der Nutzen des Gerichts, auch das Bevorstehen desselben ist hier entscheidender Glaubensinhalt.

Die Situation, in der gebetet wird, ist aus den V. 7–10 nicht zweifelsfrei zu ermitteln. V. 8 zeigt, dass die Sprechenden das Gericht Gottes bereits erleben. Gemäß V. 8b-9a leiden sie unter der Abwendung seines Antlitzes. Zugleich wird ein auch alle Zweifler überzeugendes Handeln JHWHs noch erwartet. Mit dieser Beschreibung der Situation wird einmal mehr eine Parallele zu dem Gebet in Jes 63f. aufgetan. Beide Gebete werden in der Situation des Gerichts gesprochen und zeigen sich gerade dadurch als Texte sehr unterschiedlicher Sprecher. Während die Beter in Jes 63f. an der stetigen Verschlimmerung der Situation verzweifeln, nehmen die in Jes 26 Sprechenden an, dass die Wende durch das Handeln JHWHs unmittelbar bevorstehe. Das Gebet dient in dieser Situation wesentlich der Selbstvergewisserung derer, die zu den auf Gott Hoffenden gehören und sich deshalb eine gute Zukunft ausmalen dürfen.

2 Verzögerung

Der Hoffnung auf JHWHs baldiges Eingreifen, von den gerechten Betern dringlich erwartet, wird nicht entsprochen. Die gute Zukunft bricht nicht an. Im Gegenteil scheinen diejenigen Recht zu behalten, die die erhobene Hand JHWHs nicht sehen und sein richtendes Eingreifen nicht erwarten. Die Situation scheint ihnen auf ganzer Linie Recht zu geben. Sie leben gut und erfolgreich und verlassen sich auf überkommene Institutionen der Macht und des Kultus. Dem Augenschein nach setzt JHWH ihr Leben und ihre Sicht ins Recht. Ausgehend von einer Korrelation von Tun und Ergehen müsste man sie für die Gerechten halten.

Die anlässlich der Verzögerung formulierten Gebete werden gegen diesen Augenschein formuliert. Sie klagen JHWHs Eingreifen ein und entwerfen im Ausbleiben seines Handelns eine ganz neue Zuordnung von Wohlergehen und Erwählung. Anstelle des Ansehens und des Erfolgs wird das Leiden um des Wortes und um der Gerechtigkeit willen zum Erkennungszeichen des Gerechten. So wird eine Theologie formuliert, in der Armut nicht Makel ist, sondern Zeichen demütiger Gotteserwartung.[49]

---

49 Vgl. Johannes Un-Sok Ro, *Die sogenannte ‚Armenfrömmigkeit‘ im nachexilischen Israel*. Beihefte zur Zeitschrift für die Alttestamentliche Wissenschaft 322. Berlin u.a.: de Gruyter, 2002, 206.

2.1 Konfessionen Jeremias

Sie sind die ersten Texte, die in der Regel genannt werden, wenn von den Gebeten der Propheten die Rede ist: Die sogenannten Konfessionen Jeremias.[50] Die prophetischen Klagen in den Kapiteln 11 f.; 15; 17; 18 und 20 des Jeremiabuches haben mit ihrer Intensität und Abgründigkeit Generationen von Lesern fasziniert und in das Gebet des Propheten hineingezogen. Der hier betende literarische Jeremia lässt sich aufgrund dieser Wirkungsgeschichte mit Wellhausen als „Vater des wahren Gebets" bezeichnen.[51] Der Unterschied zwischen dieser Beurteilung Wellhausens und den hier unternommenen Überlegungen besteht nicht in der Einschätzung der Wirkung der Texte, sondern in der Wahrnehmung ihrer Entstehung und Literarität.

Deutlich häufiger als andere prophetische Gebete sind die Konfessionen Jeremias als persönliche Äußerungen des historischen Propheten verstanden worden.[52] Das große Interesse des Jeremiabuches an dessen Leben und Leiden unterstützt diese Rezeption, zumal die Zeichnung des Propheten im Buch und die Selbstbeschreibung des Betenden durch wiederholte Motivaufnahmen miteinander verbunden sind.[53] Neben dieser biographischen Verknüpfung wirkt die erwähnte Intensität der Gebete. Der Betende spricht so nachdrücklich von Wunden, Verfolgung und Verzweiflung, dass man lange Zeit dachte, mit den Konfessionen öffne sich ein unmittelbarer Einblick in die Psyche des tragischen Propheten. Die Feier des sich in diesen Zeilen aussprechenden „Genies" wurde jedoch vom Einwand Baumgartners beendet, der die Texte als „Klagegedichte" identifi-

---

[50] Die Bezeichnung der Texte als „Konfessionen" geht auf Julius Wellhausen, *Israelitische und jüdische Geschichte*, 10. Aufl. Mit einem Nachwort von Rudolf Smend. Berlin u. a.: de Gruyter, 2004, 140, zurück. Sie ist immer wieder kritisiert worden, hat sich aber im Sprachgebrauch durchgesetzt. Mit Wellhausen wird im Folgenden verkürzt von den Konfessionen 11; 12; 15; 17; 18 und 20 gesprochen.

[51] Wellhausen, aaO., 141.

[52] Vgl. jüngst Schmidt, Das Buch Jeremia: Kapitel 1–20, 235, der die Konfessionen im „Kern" auf Jeremia zurückgehen lässt. Ein Beispiel für die biographisch-psychologisierende Deutung des Propheten liefert Duhm, Jeremia, XII: „Von seinen Gedichten machen einige den Eindruck, als habe der Prophet sie mehr für sich selber, als für andere niedergeschrieben, aber hat sie ja doch selbst veröffentlicht." Sowie ebd., XIII: „Von den prophetischen Dichtungen des vorhergehenden Jahrh.s unterscheiden sich die jeremianischen vor allem dadurch, dass in ihnen viel mehr als in jenen das eigene Ich, die Gefühle und die oft meisterhaft zum Ausdruck gebrachte Stimmung des Propheten zu Worte kommen."

[53] Vgl. dazu die Analysen. Die Erzählungen finden sich vor allem in den Kapiteln 26–45 und 52. Im Vergleich etwa zu Jesaja wird also allein schon an der Menge des im Prophetenbuch überlieferten, erzählenden Materials deutlich, dass auf der Person des Propheten ein besonderes Augenmerk liegt.

zierte und ihre Motive als „gattungskonform" beschrieb.[54] Diese gattungskritische Entzauberung der Konfessionen, die Erkenntnis, dass die Erzählungen über den Propheten allererst als narrative Theologie wahrzunehmen sind (und nicht historische Berichte sein wollen), und die Wahrnehmung, dass diese Theologie das Ergebnis vielschichtiger Prozesse ist, sind dieser Studie zugrunde gelegt. Vorausgesetzt werden näherhin die Ergebnisse jüngerer redaktionskritischer Untersuchungen der Konfessionen, die für diese Texte eine Grundschicht und unterschiedliche Ergänzungsschichten herausgearbeitet haben.[55]

2.1.1 Ich werde deine Rache an ihnen sehen – Jer 11f.

Zwei Stimmen erheben sich in Jer 11,18 – 12,6 zum Gebet. Sie sind miteinander und mit dem Kontext verbunden und formulieren doch ganz unterschiedliche Positionen. Die erste Stimme, in Jer 11,18 – 20, spricht in ungestörtem Vertrauen zu und über JHWH. Der Sprecher sieht sich einem Angriff auf sein Leben ausgesetzt, dem er hilflos gegenübersteht, und vertraut sich JHWH an. Die Antwort JHWHs (Jer 11,21 – 23) verheißt die Bestrafung der Gegner dieses Beters, die als „Männer von Anatot" bezeichnet werden. Gebet und Verheißung passen in die Gerichtsansage des Kontextes. Die Identifikation des Beters dieser Zeilen mit dem Propheten Jeremia erfolgt erst durch die Antwort JHWHs, nicht durch das Gebet selbst.

Die zweite Stimme, in Jer 12,1 – 3.4bβ, spricht nicht von Verfolgung und Todesgefahr, klagt aber gleichwohl mit unverminderter Intensität. Sie problematisiert nicht vordringlich das eigene schlimme Schicksal, sondern fremdes gutes Ergehen. Das üppige Leben von Frevlern und Treulosen steht dem Beter dieser Zeilen vor Augen und treibt ihn zu Klage und Vergeltungsbitte. Dass diejenigen, die JHWH nur dem Schein nach nah sind und vor allem darauf bauen, dass er ihr übles Tun nicht sieht (V. 4bβ), sorglos und fruchtbar leben können, lässt ihn an der Gerechtigkeit JHWHs zweifeln. Mit Hinweis auf seine eigene Lauterkeit tritt er gegen JHWH an und klagt die gerechte Bestrafung der Übeltäter ein. Die Antwort JHWHs auf diese Klage verspricht keine Änderung. Sie verschärft die Situation,

---

54 Walter Baumgartner, *Die Klagegedichte des Jeremia*. Beihefte zur Zeitschrift für die Alttestamentliche Wissenschaft 32. Gießen: Töpelmann, 1917, 27.

55 Vgl. Bezzel, Konfessionen Jeremias, 284 – 292. Nach Bezzels Untersuchung sind folgende Verse zur sogenannten Konfessionengrundschicht zu zählen (vgl. aaO., 285): Jer 11,18 – 23; 15,15 – 16a.17 – 20; 17,14 – 18; 18,18 – 19.20b-23; 20,7.8b-11. Zu redaktionskritischen Überlegungen vgl. u. a. auch O'Connor, The Confessions of Jeremiah, und A. R. Diamond, *The Confessions of Jeremiah in Context: Scenes of Prophetic Drama*. Journal for the Study of the Old Testament Supplement Series 45. Sheffield: JSOT Press, 1987.

indem sie dem Beter vor Augen führt, dass die angeprangerte „Treulosigkeit" auch ihm selbst von seiner eigenen Familie droht (V. 6).

Übersetzung

18   Und[56] JHWH ließ mich erkennen und ich erkannte[57];
damals hast du mich ihre Taten sehen lassen.

19   Und ich (war) wie ein zutrauliches Lamm, das zum Schlachten geführt wird;
und ich erkannte nicht, dass sie Pläne gegen mich schmiedeten:
„Wir wollen den Baum in seinem Saft[58] verheeren,
und wir wollen (ihn) abschneiden aus dem Land der Lebendigen,
und seines Namens soll nicht mehr gedacht werden."

20   Aber JHWH Zebaoth richtet recht;
er prüft Nieren und Herz.
Ich werde deine Rache an ihnen sehen,
denn dir habe ich meine Rechtssache offenbart[59].

---

56 Der Anfang mit Kopula ist auffällig und wird häufig ausgeschieden. Septuaginta bietet hier die leichter zugängliche Anrufung, die aber gerade wegen ihrer Eingängigkeit als Glättung angesehen werden kann. Trotz der Widerständigkeit des Textes dürfte die Verknüpfung zum Vorangehenden beabsichtigt sein, mit ihr erklärt sich auch der Wechsel von „Rede über" JHWH zur „Ansprache JHWHs" in einem Vers. Vgl. Franz D. Hubmann, *Untersuchungen zu den Konfessionen: Jer 11,18–12,6 und Jer 15,10–21*. Forschung zur Bibel 30. Würzburg: Echter, 1978, 51; Bezzel, Konfessionen Jeremias, 13. Anders Rudolph, Jeremia, 70 f.; Schmidt, Das Buch Jeremia: Kapitel 1–20, 236; wiederum anders Page Kelley in Peter C. Craigie et al., *Jeremiah 1–25*. Word Biblical Commentary 26. Waco, Tex.: Word Press u. a., 1991, 174 f., der hier und in V. 20 die Kopula als Hinweis auf den Vokativ liest.
    Auch im Fortgang präsentiert LXX einen Vers, der nicht am vorangehenden anschließt, sondern ausdrücklich als Gebet, mit der Bitte an JHWH beginnt. (γνώρισόν μοι: „lass mich erkennen"). Es dürfte sich bei dieser Variante um eine Änderung handeln, die stärker das Gebet als betbaren Text betont.
57 Rudolph, Jeremia, 70, punktiert hier anders als MT und erhält anstelle des Kohortativs ein Objektsuffix. Vgl. ebenso O'Connor, The Confessions of Jeremiah, 9; Craigie, Jeremiah 1–25, 174 f.
58 Konjektur zu בְּלֵחֹה mit Friedrich Giesebrecht, *Das Buch Jeremia*. Handkommentar zum Alten Testament III/2. Göttingen: Vandenhoeck & Ruprecht, 1907, 71; Rudolph, Jeremia, 70; Craigie, Jeremiah 1–25, 174 f.; Schmidt, Das Buch Jeremia: Kapitel 1–20, 236; Duhm, Jeremia, 113, und der Mehrzahl der Exegeten. Vgl. die Diskussion bei Bezzel, Konfessionen Jeremias, 14.
59 BHS emendiert zu גִּלּוֹתִי. Liest also גלל statt גלה. Duhm, Jeremia, 113, verweist auf Ps 22,9 und 37,5 und hält es für unsinnig, dass der Beter JHWH einen Rechtsfall „offenbart", den dieser ihm überhaupt erst entdeckt hat. Anders O'Connor, The Confessions of Jeremiah, 9; Bezzel, Konfessionen Jeremias, 15: „Nun wird tatsächlich in der ganzen Bibel außer an der Parallelstelle 20,12 ein רִיב weder ‚gewälzt' noch ‚aufgedeckt', eine direkte Vergleichsstelle kann für eine

21 Deshalb: So spricht JHWH: „Über die Leute von Anatot,
die nach deinem[60] Leben trachten, indem sie sagen:
‚Du darfst nicht im Namen JHWHs weissagen,
sonst stirbst du durch unsere Hand.‘"

22 [Deshalb: So spricht JHWH Zebaoth:][61]
„Siehe, ich suche es an ihnen heim.
Die jungen Männer[62] werden durch das Schwert sterben;
ihre Söhne und ihre Töchter werden an Hunger sterben.

23 Und es wird kein Rest von ihnen bleiben,
denn ich werde Übel kommen lassen zu den Männern von Anatot,
das Jahr ihrer Heimsuchung."

12,1 Im Recht bist du, JHWH,
wenn ich gegen dich streite.
Doch will ich über Rechtssachen mit dir reden:
Warum gelingt der Weg der Frevler?
(Warum) sind sorgenfrei alle, die treulos trügen?

Entscheidung also nicht angeführt werden [...] Die Konjektur ist somit ein typisches Beispiel für eine unnötige ‚Verbesserung' und als solche wissenschaftshistorisch zu archivieren."
60 Der unverbesserte Text der Septuaginta liest hier das Suffix der ersten Person Singular, also eine Ich-Aussage statt einer Anrede JHWHs. BHS schließt sich diesem Textverständnis an; vgl. Rudolph, Jeremia, 72, und O'Connor, The Confessions of Jeremiah, 10. Dabei dürfte es sich jedoch eher um eine Glättung handeln. Vgl. Craigie, Jeremiah 1–25, 174 f.; Bezzel, Konfessionen Jeremias, 15 f., und Schmidt, Das Buch Jeremia: Kapitel 1–20, 236.
61 Diese Wiederholung der Redeeinleitung fehlt in der Urfassung der Septuaginta und mag als Glosse identifiziert werden. Bezzel, Konfessionen Jeremias, 16, nennt den Teilvers „explikative Ergänzung". Vgl. bereits J. Gerald Janzen, *Studies in the Text of Jeremiah*. Harvard Semitic Monographs 6. Cambridge MA.: Harvard University Press, 1973, 85, und O'Connor, The Confessions of Jeremiah, 10, sowie Schmidt, Das Buch Jeremia: Kapitel 1–20, 236.
62 Hier gibt es mit „jungen Leuten", „Töchtern" und „Söhnen" sehr viele junge Menschen. Rudolph, Jeremia, 82, geht davon aus, dass die „jungen Männer" (הַבַּחוּרִים) sich einer Dittographie verdanken, weshalb sie ausgeschieden werden sollen. Vgl. Paul Volz, *Der Prophet Jeremia*, 3. Aufl. Tübingen: Mohr, 1930, 136, und Artur Weiser, *Das Buch Jeremia*, 8. Aufl. Das Alte Testament Deutsch 20. Göttingen: Vandenhoeck & Ruprecht, 1981, 94. O'Connor, The Confessions of Jeremiah, 10, behält den Text bei und unterscheidet die jungen Männer als Krieger von den jüngeren Mädchen und Jungen. Diese Einschränkung vermeidet die Septuaginta, indem sie das Possessivsuffix der dritten Person Plural nicht nur auf die Töchter und Söhne, sondern auch auf die jungen Männer bezieht. Bezzel, Konfessionen Jeremias, 16, erkennt darin zu Recht eine nachträgliche Glättung des Textes in der Übersetzung, übersetzt gleichwohl dennoch mit LXX (aaO., 11).

2   Du hast sie gepflanzt, sie haben auch Wurzeln geschlagen,
     sie wachsen[63], sie tragen sogar Frucht;
     nah bist du in ihrem Mund,
     aber fern von ihren Nieren.

3   Du aber, JHWH[64], kennst mich,
     [Du wirst mich sehen][65] und hast mein Herz bei dir geprüft.
     Reiß sie weg wie Kleinvieh zum Schlachten[66]
     und sondere sie aus für den Tag des Mordens.

4   Wie lange soll das Land vertrocknen?
     Und das Kraut des ganzen Feldes verdorren?
     Wegen der Bosheit derer, die darin wohnen, sind Vieh[67] und Vogel dahin-
     geschwunden.
     Denn sie sagen: „Er sieht unsere Wege/ unsere Zukunft[68] nicht."

---

63 Nicht nur die vorher erwähnte „Verwurzelung" bewirkt, dass „gehende" Bäume als ungewöhnlich angesehen werden. ἐτεκνοποίησαν in der Septuaginta als „Kinder haben" würde zurückgeführt auf יִלְדוּ in der hebräischen Vorlage. Hos 14,7 bietet jedoch eine Vergleichsstelle für
die Wurzel הלך im Zusammenhang mit dem Sprossen von Zweigen. Entsprechend ist eine
Emendation nicht notwendig. Vgl. Giesebrecht, Jeremia, 72; O'Connor, The Confessions of Jeremiah, 10; Bezzel, Konfessionen Jeremias, 17.
64 Hier geht Rudolph, Jeremia, 82, von einer nachträglichen Ergänzung aus und will das Tetragramm streichen, das steht allerdings in Verbindung mit der kompletten Umstellung aller
Verse, die er vornimmt.
65 Dieses Verb fehlt in der Septuaginta, unkorrigierte Fassung, was ein Hinweis auf die ursprünglichere, kürzere Textfassung sein mag, zumal das Tempus des Verbs sich nicht in den
Kontext einfügt. Vgl. bereits Duhm, Jeremia, 115; O'Connor, The Confessions of Jeremiah, 10;
Bezzel, Konfessionen Jeremias, 17.
66 Dieser Teilsatz fehlt in der Septuaginta, ist aber in einigen Versionen zu finden, da er zudem
mit dem nachfolgenden Teilsatz einen perfekten Parallelismus bildet. Es spricht wenig dafür,
ihn hier auszuscheiden. Vgl. Rudolph, Jeremia, 82; O'Connor, The Confessions of Jeremiah, 19;
Craigie, Jeremiah 1–25, 174 f., sowie Bezzel, Konfessionen Jeremias, 17, und Schmidt, Das Buch
Jeremia: Kapitel 1–20, 237. Masoretisches Sondergut erkennt hier dagegen Stipp, Das masoretische und alexandrinische Sondergut, 107.
67 Wörtlich Plural, wird von einigen Handschriften als Singular wiedergegeben, was aber eine
Glättung sein dürfte. Vgl. Craigie, Jeremiah 1–25, 175 f.
68 Septuaginta liest hier nicht die Zukunftssicht, sondern ὁ θεὸς ὁδοὺς ἡμῶν. Es ginge also um
den Topos der Frevler, die freveln, weil sie davon ausgehen, dass JHWH ihre Wege nicht sieht
(vgl. bspw. Ps 10). Ein Blick in 4QJer^a zeigt, dass dort mit einiger Wahrscheinlichkeit ein Tetragramm gestanden hat, was der Erwähnung Gottes als Subjekt des Satzes in der Septuaginta
entspricht, weshalb die Einfügung des Subjektes zumindest nicht allein der Septuaginta zugeschrieben werden kann. Qumranfragment und Septuaginta zeugen also für die Rede von JHWH
an dieser Stelle. Ob das Objekt des Sehens die Zukunft ist, wie in MT, oder die Wege der

5   Wenn du mit Fußgängern läufst und sie dich ermüden,
     wie willst du mit Pferden wetteifern?
     Im Land des Friedens bist du einer, der sich sicher fühlt,
     aber wie willst du im Dickicht des Jordan handeln?

6   Denn auch deine Brüder und das Haus deines Vaters,
     auch sie haben treulos gegen dich gehandelt.
     Auch sie rufen dir laut[69] hinterher.
     Traue ihnen nicht,
     wenn sie Gutes mit dir reden.

Text und Struktur

Der Abschnitt 11,18 – 12,6 besteht aus zwei Teilen (11,18 – 23; 12,1 – 6), die in sich noch einmal zweigeteilt sind. Beide sind aus Gebet (11,18 – 20; 12,1 – 4) und göttlicher Antwort (11,21 – 23; 12,5 f.) gebildet. Der erste Teil beginnt mit der Erkenntnis des Propheten über seine Situation, eine Erkenntnis, die er unter Ansprache JHWHs als göttliche Offenbarung der Bedrohung deutet (V. 18b). Ihr schließt sich eine Selbstbeschreibung des Betenden (V. 19a) und eine Darstellung der Pläne seiner Feinde an (V. 19b). Diese Pläne umfassen drei Komponenten, die parallel zusammengestellt werden. Ihnen wird das ausdrückliche Vertrauensbekenntnis zu JHWH als gerechtem Richter gegenübergestellt, mit dem der Gebetsabschnitt endet (V. 20).

Lediglich V. 18b und V. 20b sind als Anrede an JHWH formuliert. Dennoch bilden die Verse 18 – 20 einen zusammengehörenden Abschnitt. Der Wechsel zwischen Rede über JHWH und direkter Ansprache ist in V. 18 und V. 20 regelmäßig. Die von den beiden Versen umfangene Beschreibung der gegnerischen

---

Übeltäter, kann anhand des Qumranfragmentes nicht entschieden werden, da der nachfolgende Text nicht lesbar ist. Die Rede davon, dass „er" das „Danach" nicht sehen könne, passt zum Spott über den Propheten, nicht zur Ignoranz gegenüber JHWH (vgl. Bezzel, Konfessionen Jeremias, 19 f.). Entsprechend dürfte die ursprüngliche Lesart im Stil von Ps 10 geschrieben sein. Die im MT überlieferte Variante interessiert sich dagegen noch stärker für das Vermögen des Propheten. Beide Varianten fügen sich logisch in den Kontext ein. Duhm, Jeremia, 115, streicht den Schlusssatz des Verses.

69 Septuaginta liest hier ἐπισυνήχθησαν, was als „sie versammelten sich hinter deinem Rücken" übersetzt werden kann. Vgl. zur Übersetzung „laut" Jer 4,5. Entsprechend bereits Giesebrecht, Jeremia, 73; Bezzel, Konfessionen Jeremias, 23, und Schmidt, Das Buch Jeremia: Kapitel 1 – 20, 237; vgl. zum Verständnis als Zitat Hubmann, Untersuchungen zu den Konfessionen, 97 – 106. Craigie, Jeremiah 1 – 25, 176, betont, alle Deutungen seien unsicher und Interpretationsleistung. Zur Verschwörung vgl. u. a. Rudolph, Jeremia, 70, der findet, lautes Herrufen würde der Heimtücke in V. 6b nicht gerecht.

Umtriebe gehört als Erkenntnisinhalt zu ihnen. Die Antwort JHWHs setzt sich zusammen aus einer weiteren Beschreibung der Situation des Beters, der darin als Prophet in Anatot erkennbar wird (V. 21), und dem göttlichen Gerichtswort (V. 22f.). Metrisch geben die drei Verse des ersten Gebets kein einheitliches Gepräge zu erkennen. Zugleich ist jedoch in allen drei Versen ein bewusster Umgang mit Wortrhythmus und Wort- oder Klangwiederholungen zu beobachten.[70]

Der zweite Teil beginnt mit einer Anrede JHWHs (V. 1a), in der betont wird, dass dieser im Recht sei. Diese Aussage wird in der anschließenden Themenangabe des Gebets aufgegriffen. Es geht im Folgenden um Rechtssachen und um JHWHs Gerechtigkeit. Problematisiert wird das gute Leben der Frevler und Treulosen, das im nachfolgenden Vers ausführlicher dargestellt wird. Zunächst hinsichtlich seiner Prosperität (V. 2a), sodann hinsichtlich seiner Gottesferne (V. 2b). Anschließend wendet sich der Beter an JHWH und hebt hervor, dass er selbst, wie erwiesen, Gott nahe sei (V. 3a). Ausgehend von dieser Entgegensetzung der eigenen Gottesnähe und der Gottesferne der Frevler wird in V. 3b die ausdrückliche Vernichtungsbitte formuliert. Sie wird in V. 4bβ ein weiteres Mal mit dem Hinweis auf die Gottvergessenheit der Kontrahenten begründet. V. 4abα trägt eine klagende Frage ein, die den elenden Zustand des Landes den Übeltätern anlastet. Mit der Antwort JHWHs wird die Angemessenheit der Klage des Beters (V. 5) bezweifelt und eine Verschlechterung seiner Situation angekündigt (V. 6). Die Verse sind im Gegensatz zum ersten Gebet in der BHS als Poesie gesetzt. Ein einheitliches Metrum findet sich jedoch genauso wenig wie im ersten Gebet.[71]

Die Form der beiden Abschnitte ist wenig konventionell. Die betende Ansprache hebt unversehens ohne Anrufung an, und auch im Fortgang präsentieren sich Gebete und Antworten nicht nach überkommenem Schema. Jer 11,21–23 kann noch als Heilsbotschaft *sub contrario*[72] beschrieben werden, wohingegen das „alles wird schlimmer" in 12,5–6 eindeutig negativ ist. Einen positiven Ausblick, etwa im Lobgelübde, wagen diese Zeilen nicht.

Auffällig ist der sachliche Unterschied zwischen Jer 11,20 und Jer 12,1. In Jer 11,20 ist JHWH der Vertraute des Betenden. Die göttliche Gerechtigkeit steht außer Frage, der Beter begreift seine Situation durch göttliche Hilfe und legt ihm den Streit mit seinen Feinden im Vertrauen auf sein rächendes Eingreifen vor. Im ersten Atemzug widerspricht Jer 12,1 diesem Szenario nicht. „Im Recht bist du, JHWH", beginnt das Gebet in Aufnahme und Fortführung von Jer 11,20. Und doch wird unmittelbar deutlich, dass sich Wesentliches geändert hat. Kontrahent im

---

70 Vgl. Lundbom, Jeremiah 1–20, 633f.
71 Anders Duhm, Jeremia, 114, der von „vierhebigen Vierzeilern" spricht.
72 Bezzel, Konfessionen Jeremias, 33.

Rechtsstreit ist nun JHWH selbst. Als Rechtsgegner ersetzt er die Opponenten des Beters nicht, tritt aber im doppelten Sinne an die Seite seiner Feinde.

Die Rede vom Rechtsstreit verbindet die beiden Abschnitte nicht nur formal, sondern trennt sie zugleich inhaltlich. Jer 11 und 12 sind über eine Reihe von Motiven miteinander verbunden, die jeweils mit unterschiedlicher Schwerpunktsetzung verwendet werden. Der Beter, der von sich feststellt, er sei ein argloses Lamm, das zum Schlachten bereitstehe (11,19), erbittet in 12,3, dass die Bestraften Kleinvieh sein sollen, das zum Schlachten geholt wird (beide Male טבח). Der, dessen Gegner ihn fällen wollen wie einen Baum (V. 19), fragt nun (V. 2), weshalb Frevler und Treulose in JHWHs Huld wachsen können. Die Rache, deren Kommen er in 11,20 noch ruhig erwartet, betet der Beter in 12,3 herbei. Er konstatiert, wie sehr sein Ergehen und das Ergehen der Frevler und Betrüger einander widersprechen, und fordert für seine Gegner ein Ergehen, das dem angemessen ist, was ihm von ihnen widerfahren ist. Aus dem Jahr der Heimsuchung (11,23) wird dabei der ausdrückliche Tag des Mordens (12,3).

Das sich verändernde Verhältnis zu JHWH wird durch den Wechsel des „Streitgegenübers" angezeigt. Dass sich auch die Einschätzung des Verhältnisses zwischen JHWH und dem Beter sowie seinen Feinden ändert, zeigt sich an der jeweils gebrauchten Rede von Herz und Niere. Jer 11,20 weiß, dass der gerechte Richter JHWH Herzen und Nieren prüft. Der sich aus seinem Handeln ergebende Eindruck in Jer 12 ist ein anderer. Diejenigen, denen es in ihrem Übeltun so auffallend gut ergeht, sind JHWH mit dem Mund nahe, mit den Nieren, das bedeutet mit dem Inneren, aber fern (12,2). Das Herz des Beters dagegen hat JHWH geprüft.[73] Aus dieser Prüfung dürfte es nur eine Konsequenz geben: Die Gruppe der Gegner muss selbst erleben, was Jeremia droht, sie sollen wie Kleinvieh zur Schlachtung geführt werden (12,3). Diese Konsequenz steht jedoch noch aus. Aus diesem Grund hat sich das Verhältnis des Beters zu JHWH maßgeblich geändert. Erwartet er im ersten Gebetsteil Gerechtigkeit von ihm, klagt er sie im zweiten gegen ihn ein.[74] Darüber hinaus wechselt auch die Beschreibung der menschlichen Gegner. In Jer 11 ergibt sich die Rolle der Opponenten aus ihrem Tun gegen den Beter. In 12,1–6 handelt es sich nicht speziell um die Feinde des Beters, sondern, da sie mit

---

73 Jer 11,20 hat eine Parallele in Jer 20,12, die dort spezifisch abgewandelt ist. Anhand dieser beiden Vertrauensbekenntnisse mag man einen gedanklichen Bogen innerhalb der Konfessionen nachvollziehen. Aus dem in Frage stehenden gerechten Richter in Jer 11 wird in Jer 20 die Prüfung des Gerechten durch JHWH. Diese Prüfung lässt sich als Deutung der in den Konfessionen beklagten Leiden des Beters verstehen.
74 Vgl. Bezzel, aaO., 40 f.: „Der zweifache Redegang des Endtextes erhält so eine gewisse dramatische Zuspitzung, wenn die Klage *vor* Gott der Konfession 11 mit der Konfession 12 durch eine Klage *gegen* Gott fortgeführt wird."

allgemein verwendbaren Namen wie Frevler (רשע) und Treulose (בגד) bezeichnet werden, vornehmlich um Gegner der gerechten Ordnung, mithin um Gegner JHWHs.

Auch die beiden JHWH-Reden unterscheiden sich sehr voneinander. In der ersten (11,21–23) wird deutlich, wie genau JHWH auf den Beter Acht hat, in der zweiten (12,5 f.) hingegen wird die kritische Notiz des Beters aufgenommen und zurückgespielt.[75]

Eine Sonderrolle im Aufriss der Texte spielt 12,4abα. Die Motivik des Verses ist auffallend andersartig gegenüber dem Vorhergehenden. Zwar bleibt die Rede dem schon mehrfach angesprochenen Bereich der Botanik verhaftet, aber bis auf diese Übereinstimmung gibt es keine Ähnlichkeiten. Gerade blühen und fruchten die Frevler noch, und schon liegt das ganze Land wüst und trocken. Das in diesem Vers klagend vorgebrachte Problem ist ein neues. Nicht das Wohlergehen der Frevler wird problematisiert, auch nicht mehr das Leiden des Beters, sondern das ganze Land seufzt unter den Folgen des Übeltuns der Landesbewohner, die entweder dem Propheten (MT) oder JHWH (LXX) nicht viel zutrauen.

In 11,18–21 und 12,1–4 wechseln Passagen, in denen JHWH angesprochen wird, mit Reden über ihn. In den Wechsel zwischen Selbstbericht und Anrede JHWHs werden die Leser bzw. Hörer dieser Worte anders in den Text einbezogen als in einer rein auf JHWH bezogenen Gebetssprache.[76] So werden die Leser vor allem als Auditorium, nicht aber als Gebetsgenossen angesprochen.[77]

In beiden Gebetsabschnitten finden sich in der Septuaginta Varianten, die vor allem über die spätere Glättung des ursprünglichen Textes Auskunft geben, der vermutlich inhaltlich oder sprachlich als anstößig wahrgenommenen wurde. So vereinfacht die Septuaginta in V. 18 das auffällige Gefüge des Verses. Indem sie die Ansprache mit Bitte um Erkenntnis beginnt, hebt schon hier ein Gebet an, das auch im weiteren Verlauf ausdrücklich JHWH ansprechend weitergeführt wird

---

75 Vgl. Diamond, The Confessions of Jeremiah, 50 f.; O'Connor, The Confessions of Jeremiah, 26; Bezzel, Konfessionen Jeremias, 38.

76 Gerade an dieser Form der Einbeziehung, sowie am bewussten Konnex mit dem Kontext, dem die Stringenz als Gebet zum Opfer fällt, zeigt sich im Vergleich zu anderen Prophetengebeten, dass zum Zeitpunkt der Einfügung dieser Verse die Leser oder Hörer nicht als „Mitbetende" in den Blick kommen, sondern vor allem als Publikum. Stärker am Gebet als Ganzem ist bereits die Septuagintafassung interessiert.

77 Das ändert sich jedoch in den weiteren Texten, in den Fortschreibungen und in der Septuagintafassung, die viel stärker zum „Mitbeten" gestaltet sind. Ganz anders deutet Lundbom den Wechsel der Anrede im ersten Abschnitt. Er geht davon aus, dass hier nicht JHWH angesprochen werde, sondern ein Vertrauter des Propheten, der ihm sein Schicksal offenbart habe. Vgl. Lundbom, Jeremiah 1–20, 635 f.

(V. 20). Die Wechsel von JHWH-Anrede und Bericht aus dem hebräischen Text finden sich also in der Septuaginta nicht.

In V. 21a setzt die Septuaginta die Rede des Beters fort, der nach dieser Fassung selbst berichtet, dass ihm die „Leute von Anatot" nach dem Leben trachten. Damit wird die JHWH-Rede auf das Versprechen der Heimsuchung begrenzt. Diese Übersetzung korrespondiert vermutlich mit dem Phänomen der fehlenden Dopplung der JHWH-Spruchformel in V. 21 und V. 22, wodurch es nicht leicht zu entscheiden ist, wo genau die JHWH-Rede anhebt und wo der Beter spricht. Sinnvoll scheint es daher, die Dopplung der JHWH-Spruch-Formel im hebräischen Text als einen späten Versuch der Vereindeutigung zu werten, den die Septuaginta-Vorlage noch nicht kannte. Die in der Septuaginta vorliegende Interpretation von V. 21 als vom Beter gesprochen stellt dementsprechend einen alternativen Weg dar, die wechselnden Redepartien klarer zuzuordnen. Aus diesem Grund wird V. 21a mit dem Masoretischen Text übersetzt und V. 22aα mit Septuaginta als Glosse verstanden.

Im zweiten Gebet in Jer 12,1–3 muss kein Eingriff die Betbarkeit erhöhen, weil es bereits durchgängig in Ansprache JHWHs formuliert ist. In V. 3 lässt die kürzere Septuaginta-Fassung vermuten, dass ihr eine ursprünglichere Textfassung zugrunde liegt. Die Aussage: „Du wirst mich sehen", wird in der griechischen Übersetzung nicht überliefert. Bei dieser Einfügung mag das Interesse, die Abschnitte nachträglich stärker zu verbinden, im Hintergrund stehen, werden doch auch in 11,18 die beiden Verben „sehen" und „erkennen" verwendet. Durch die Verwendung der Präformativkonjugation (im Unterschied zum Umfeld) trägt das Verb das noch Ausstehende des Vertrauensbekenntnisses ein.[78]

In Jer 12,4 lassen die beiden Varianten in der Septuaginta und im Masoretischen Text erkennen, dass hier die Frage, ob die Bewohner der Erde in ihrer Selbstrechtfertigung über JHWH sprechen oder über den Propheten, nicht einheitlich entschieden wurde. Septuaginta liest gemäß der Vorstellung, Frevler würden ihr Tun mit dem Hinweis relativieren, dass JHWH ihre Wege nicht sehe.[79] Dieses Verständnis liegt in einem so weisheitlich geprägten Abschnitt nahe. Für die Septuagintafassung als ursprüngliche spricht, dass 4QJer^a ein Tetragramm an dieser Stelle überliefert – also eine Gottesaussage anzunehmen ist. Der Masoretische Text, der eine Aussage über den Propheten macht und statt der Wege das „Danach" sehen lässt, ist wohl einer Haplographie zu verdanken, die sich jedoch in der vorliegenden Variante sehr gut in die Theologie des Jeremiabuches einfügt,

---

78 Weniger nachvollziehbar ist allerdings die Auslassung von V. 3aβ nach Septuaginta. Dass mit der Auslassung die Parallelität der Zeilen gestört wird, macht es unwahrscheinlich, dass diese die ursprünglichere Fassung wiedergibt.
79 Vgl. etwa Ps 10,11; Ps 59,8 u. ö.

unterstellen die so Sprechenden Jeremia doch, er sei nicht in der Lage, ihre Zukunft zu entziffern.

Stellung im Buch

Die die beiden Konfessionstexte umgebenden Stücke fügen sich zu einem ursprünglichen Zusammenhang.[80] In 12,7 spricht JHWH davon, sein Haus zu verlassen und seine Geliebte (יְדִדוּת) ihren Feinden preiszugeben. Diese Abschiedsszene ist konsequente Folge des bösen Ansinnens (מְזִמָּה) dieser Geliebten im Haus desselben Sprechers (11,15).[81] Der Zusammenhang der beiden Szenen ist offenkundig.

Der eingefügte Anschluss in 11,18 ff. nimmt die Baummetapher aus V. 16 auf und verwendet sie für die Auslöschung des Propheten durch seine Verfolger.[82] In V. 16 steht sie für das angesprochene „du", Zion/ Jerusalem, das von JHWH selbst vernichtet wird. In der Fortsetzung der Konfessionen planen im ersten Gebet die Feinde des Beters die Vernichtung des Baums (11,19). Im zweiten Gebet wird das Wachsen und Gedeihen der Frevler beklagt und JHWH zum Einschreiten aufgefordert. Der Einschub in V. 4 schließlich berichtet von einer Situation, in der die im Kontext verheißene Vernichtung und Verwüstung Realität geworden ist.

Wesentlich für das Verständnis der Einfügung der Konfession an dieser Stelle ist die Nähe zur Klage JHWHs in 12,7, aber vor allem auch das kurz zuvor ergangene Fürbittenverbot, das eine massive Gerichtsansage gegen Israel und Juda abschließt. Die Halsstarrigkeit des Volkes wird als Grund für unabwendbares Gericht angeführt (11,8). Der Prophet, der nicht mehr fürbittend zwischen die Parteien tritt, erhält eine neue Position als zeichenhaft am Gericht Leidender, an dem sich die Strafverfallenheit des Volkes ablesen lässt.

Jer 11,18 beginnt parallel zu V. 17 (וַיהוָה). Dennoch wechselt die Rede von einer Unheilsansage (V. 17) zum Bericht über die durch JHWH ermöglichte Erkenntnis des Sprechers (V. 18). Dass ein neuer Text beginnt, zeigt sich auch am Sprecherwechsel. Ähnlich gestaltet sich der Übergang am Ende des eingeschobenen Textes.

---

80 Vgl. Wanke, Jeremia 1,1–25,14, 122.124.

81 Vgl. Karl-Friedrich Pohlmann, *Die Ferne Gottes – Studien zum Jeremiabuch: Beiträge zu den ‚Konfessionen' im Jeremiabuch und ein Versuch zur Frage nach den Anfängen der Jeremiatradition.* Beihefte zur Zeitschrift für die Alttestamentliche Wissenschaft 179. Berlin u.a.: de Gruyter, 1989, 45. Zur nachträglichen Einfügung des Textes vgl. Wanke, Jeremia 1,1–25,14, 124, sowie Bezzel, Konfessionen Jeremias, 31.

82 Bezzel, aaO., 14: „Die Baummetapher knüpft gezielt an das Bild vom grünen, schönen, fruchtbaren Ölbaum von 11,16 an und wird in der ‚Reprise' der ersten Konfession in 12,2 erneut aufgenommen." Vgl. auch Duhm, Jeremia, 113.

Nimmt man an, dass in Jer 12,5 f. JHWH selbst auf die Klage des Propheten antwortet, so führt 12,7 diese JHWH-Rede weiter. Aber wie in 11,17 f. ist die Ausrichtung der Rede eine andere. Bis V. 6 konzentriert sie sich auf den einzelnen Sprecher der Klagen, ab V. 7 hingegen wird das Handeln JHWHs gegenüber Israel thematisiert und schließt so wieder an das Thema von 11,17 an.

Wachstum

Die in der Strukturanalyse herausgearbeiteten unterschiedlichen Problemlagen legen es nahe, in Jer 11,18 – 12,6 verschiedene Theologen am Werk zu sehen. Alle drei Textschichten beziehen sich auf die den Text umgebende Metaphorik des Blühens und Wachsens (vgl. 11,15 – 17). Berücksichtigt man die motivischen Wiederaufnahmen und Verschärfungen im zweiten Text, wird 12,1 – 3 am besten als „relecture" von 11,18 – 20 zu lesen sein.[83] Thematisch wechselt dabei das Interesse von der Frage nach dem Selbst-, Welt- und Gottesverhältnis des Propheten und der Betonung seiner Abhängigkeit von JHWH zu einer Auseinandersetzung mit den Frevlern. Der Beter wird mit diesem Wechsel vom Verfolgten zum Verfolger. Nicht mehr der Prophet steht im Zentrum des Interesses, sondern allgemeiner das Schicksal von Frevlern und Gerechten sowie die an ihrem Ergehen sich entzündende Frage nach der Gerechtigkeit Gottes.

Eine wiederum neue Problematik wird in 12,4abα angesprochen. Dort befindet sich das Land im Zustand der Verwüstung. Weder Frevler noch Gerechte prosperieren, nun aber ergibt sich anlässlich des Gerichts, das das ganze Land trifft, eine neue Frage: Wann wird es wieder ein Leben jenseits des Gerichts geben? Die Selbstwahrnehmung und Zeitansage einer so sprechenden Gruppe erinnert an Jes 26* oder 63 f. Es sind Betende zur Zeit des Gerichts, die nun neues, heilsames Handeln von JHWH erbeten. Sie beklagen das Gericht, das der Großteil des Gebets erst noch herbeisehnt. Dieser Teilvers ist entsprechend später eingefügt.[84]

Interpretation im Kontext

Im ersten Gebet werden JHWHs und des Beters Agieren durch die Verwendung desselben Verbs (ידע) in unterschiedlichen Stammesmodifikationen als einander

---

[83] Bezzel, Konfessionen Jeremias, 40. Nachträglichkeit von Jer 12,1 – 6 bereits bei Duhm, Jeremia, 114.

[84] Anders Hubmann, Untersuchungen zu den Konfessionen, 55; vgl. aber bereits Rudolph, Jeremia, 71; Craigie, Jeremiah 1 – 25, 180; Bezzel, Konfessionen Jeremias, 46. Den ganzen Vers als Einfügung sieht Lundbom, Jeremiah 1 – 20, 641.

entsprechend dargestellt:[85]„Du hast mich erkennen lassen – ich habe erkannt." Tun und Wirken beider Parteien greifen unmittelbar ineinander. Die Rede von der Erkenntnis setzt die Entdeckung (מצא) der Pläne der Männer von Juda und Jerusalem in Jer 11,9 fort. Die dort erwähnte Verschwörung wird dem Planen der Männer gegen den Beter parallelisiert. Zudem weist die Wurzel (ידע), wenn sie für das Verhältnis zwischen Prophet und JHWH verwendet wird, bis zur Berufung des Propheten zurück (1,5). Dort allerdings geht es, wie auch in allen anderen Erwähnungen der Erkenntnis innerhalb der Konfessionen (15,15; 17,16; 18,23), um das Wissen JHWHs.[86] Nur hier wird von der göttlichen Teilgabe am Wissen berichtet.[87] JHWH verhilft dem Beter durch diese Teilhabe zu einer präzisen Wahrnehmung der Gegenwart. Doch bedarf es tatsächlich göttlicher Offenbarung, um zu sehen, dass Jeremia Feinde hat, die ihn beseitigen wollen?[88] Die in der JHWH-Rede zitierte Rede der Feinde (11,21) deutet darauf hin, dass die Gegner nicht heimlich vorgehen, sondern Jeremia offen drohen.[89] Von selbst ist der Prophet dennoch nicht in der Lage, diese Schliche zu entdecken.

---

85 Der logische Konnex wird durch die Verwendung des Kohortativs in der Beschreibung des Propheten verstärkt. Vgl. Joüon/ Muraoka, Grammar, § 116. Lundbom, Jeremiah 1–20, 636, spricht vom Multiclimatum und nennt als weitere Beispielstellen für diese Form Jer 15,19; 17,14; 20,7; 31,4.18 und 30,16. Vgl. bereits Duhm, Jeremia, 112.

86 Schmidt, Das Buch Jeremia: Kapitel 1–20, 239, verweist auf 17,14 und 20,7. Er erkennt das Ineinander von Rezeptivität und Aktivität des Propheten als typisch. Vgl. auch Fischer, Jeremia 1–25, 421, der etliche Beispielstellen anfügt, ohne darauf einzugehen, dass JHWHs Offenbarungshandeln in der Regel etwas gewichtiger scheinende Themen hat als das kriminalistische Aufdecken von Verschwörungen.

87 ידע hif. findet sich noch in Jer 16,21, dort allerdings lässt JHWH seine Gewalt und Kraft erkennen. Es geht also nicht um ein „Entdecken", sondern eher um eine Demonstration.

88 Vgl. zum Gebrauch von ראה hif. als Einführung von Visionen Jer 24,1; 38,21 und bereits Am 7,1.4.7; 8,1 und wohl in Abhängigkeit von Jer 11 in Hab 1,3. Die Entdeckung der Pläne wird wie eine Vision eingeführt.

89 Als Zitat der Erkenntnisrede von Jer 1,5 ist die Formulierung in 11,18 vor diesem Hintergrund an der Grenze zur Ironie, noch dazu, weil sich die Erkenntnis, zu der ihm JHWH verholfen hat, rein auf den Bereich des persönlichen Ergehens bezieht. Die eindringliche Formulierung scheint einen Beter zeigen zu wollen, der alles Erkennen als Offenbarung versteht und damit jedwede Wahrnehmung von JHWH abhängig macht. Die Verschwörung gegen JHWH (11,9) wird entdeckt, die Pläne gegen den Beter ihm von JHWH zur Kenntnis gebracht. Das Verhältnis der Menschen zum Beter bildet ihr Verhältnis zu JHWH ab. Vgl. Fischer, aaO., 422: „Der Gegensatz zwischen arglosem Nicht-Wissen und der Absicht, ihn zu vernichten, gleicht das Schicksal des Propheten dem Gottes an. Wie Gott (V. 9 ‚Verschwörung') muß auch Jeremia erkennen, daß Menschen heimlich gegen ihn vorgehen und ihm schaden wollen."

Verstärkt wird der Eindruck der prophetischen Schwäche und Abhängigkeit im folgenden Vers, in dem der Beter seine Hilflosigkeit betont.[90] Die Zutraulichkeit des Lammes muss nicht auf eine besondere Naivität des Opfers weisen, sondern kann mit Ps 55,14 oder Prov 2,17 betonen, dass die Anschläge auf den Beter nicht von Fremden, sondern von ehemaligen Vertrauten ausgeführt werden. Der Vergleich des Beters mit einem Lamm (כֶּבֶשׂ) lässt wegen der Häufigkeit der Verwendung des Terminus im Opferkontext nicht unbegründet an ein Opfertier denken.[91] Das Verb (טבח) jedoch, das nur für profanes Schlachten (und metaphorisch für göttliches Gerichtshandeln) verwendet wird, ruft eine andere, unkultische Bildwelt auf. Eine Deutung der geplanten Ermordung des Propheten als Opfer ist entsprechend nicht angelegt. Lediglich von Jes 52f. herkommende Interpretationen können an dieser Stelle ein entsprechendes Verständnis naphelegen.[92] Eine sinnvolle Aufhebung der Situation wie in Jes 52f. wird aber gerade nicht präsentiert. Im Bild von der Schlachtung des Lammes kulminiert der Frevel der Feinde. Seine Ahnungslosigkeit unterstreicht zum einen ihre Heimtücke, zum anderen die Notwendigkeit göttlicher Wissensteilgabe, die ihn wiederum in besonderer Weise als Werkzeug JHWHs qualifiziert. Hierin bildet sich, in Aufnahme von Jer 1,6 und in Fortschreibung der „Unfähigkeit" des Propheten zu seinem Amt, die völlige Abhängigkeit des Propheten von JHWH, sein „Werkzeugsein" ab. Eigene Erkenntnis ist es nicht, die ihn zu seiner Stellung qualifiziert. Nur so ist gewährleistet, dass er nicht eigene Weisheit verkündet, sondern Wort JHWHs.

Die offenbarten Pläne der Gegner werden, vor allem durch die Dreizahl der parallelisierten Beschreibungen, als umfassend und bedrohlich dargestellt.[93]

---

90 Jeremia berichtet von der Zeit vor der Erkenntnis und von seiner eigenen Naivität, so auch Schmidt, Das Buch Jeremia: Kapitel 1–20, 240. Lundbom, Jeremiah 1–20, 636, verbindet den Text mit Ps 55,14. Josef Schreiner, *Jeremia 1–25,14*. Neue Echter Bibel Kommentar zum Alten Testament 3. Würzburg: Echter, 1981, 82, unterscheidet die Ahnungslosigkeit an dieser Stelle von der Ergebung in Jes 53,7. Zur Verbindung mit dieser Stelle bereits Duhm, Jeremia, 113.

91 112 der 130 Belege bezeichnen das Opfertier. Volz, Der Prophet Jeremia, 138, schließt aus dieser Übereinstimmung auf eine im Text angelegte Kritik des Opferkultes. Diese These geht jedoch zu weit.

92 Wanke, Jeremia 1,1–25,14, 125, weist darauf hin, das Bild werde „sonst für die Ergebenheit eines Menschen in sein Geschick (Jes. 53,7) oder für das rettungslose Ausgeliefertsein an ein unheilvolles Los (Jer. 51,40; Ps. 44,23) verwendet."

93 Vgl. unter Hinweis auf Dtn 29,19f. Fischer, Jeremia 1–25, 422: „Was selbst bei der Belagerung einer feindlichen Stadt verboten ist, unternehmen diese Gegner bildhaft gegen den Propheten [...] Solche sinnlose Zerstörung kommt der des Ölbaums in V. 16 nahe, ist hier jedoch anders motiviert." Die Rede vom „Baum" ist zunächst im unmittelbaren Kontext in V. 16 angelegt, weist im Jeremiabuch aber noch über das Kapitel hinaus. Eng verbunden ist der Text mit Jer 17, wo derjenige, der auf JHWH vertraut, mit einem gut wachsenden, behüteten Baum verglichen wird. Eine sicher in Zusammenhang der Konfessionen eingetragene Erweiterung in V. 10 kündigt dort

Auch in anderen Konfessionen ist der Beter Opfer frevlerischer oder teilweise auch göttlicher Pläne.[94] Bereits die Gerichtsaussagen über das Volk verurteilen entsprechendes Tun und Trachten.[95] Ebenso bilden jeremianische Gerichtsszenen auch den Hintergrund der zur Kenntnis gebrachten Taten der Feinde (מַעֲלָל).[96] Das Tun der Übeltäter am Propheten erhält so noch stärker exemplarischen Charakter.[97] Die Gegner Jeremias sind die, gegen die ihre Strafe schon beschlossen ist. Sie handeln und planen sich selbst zum Gericht.

Die Gegner wollen den Beter abhauen wie einen Baum, ihn aus dem Land der Lebenden ausrotten und sein Vergessen bewirken.[98] Der Anschlag auf den Baum nimmt die Vernichtung des Olivenbaums in 11,16 auf. Die so planen, wollen dem Beter ein Geschick angedeihen lassen, das für Frevler und Gottesverräter adäquat ist.[99] Ihm droht, was ihnen gebührt. Diese „Tilgung aus dem Land der Lebenden" wird im vierten Gottesknechtslied wieder aufgenommen (Jes 53,8b). Dort ist angedeutet, dass die Vertreibung von Gott selbst verfügt worden sei. Auch in Jes 38,11 ist JHWH Urheber der drohenden Entfernung des Beters aus dem Land der Lebenden, das dort als Gegend der Gegenwart JHWHs identifiziert wird. Was die Gegner gegen ihn planen, lässt den Beter aussehen wie einen, der von Gott selbst gestraft wird.

Gleiches gilt für den zuletzt genannten Plan des „Vergessen-Machens". Vergessen zu werden ist im Alten Orient die radikalste Form der Auslöschung, weil sie die Gegenwart einer Person, ihre Vergangenheit und ihre Zukunft in der Erinnerung der Nachgeborenen verhindert. Sie weist gerade im Kontext eines Prophetenbuchs auf die besondere Bedrohlichkeit der Pläne, ist doch zumindest für die Einschreibenden der Konfessionen die Erinnerung an Jeremia so wichtig, dass

---

auch diesem Baum die Überprüfung seiner Früchte an. Auffällig ist dabei, dass diese Prüfung eine Prüfung der Nieren (כְּלָיוֹת) ist, die so außer in den Konfessionen nur an dieser Stelle vorkommt. Zur hier wie dort angesprochenen Prüfung (בחן) vgl. Jer 6,27 und 9,6. Zum Gericht an Baum und Frucht vgl. auch Jer 7,20.

94 Vgl. zu den Plänen gegen den Beter Jer 18,18. Siehe dort die Verknüpfung mit den Plänen JHWHs im Kontext (Jer 18,8.11 f.). Es handelt sich um ein auch sonst häufiges Motiv in Jeremia (Jer 26,3; 29,11; 36,3; 49,20; 49,30; 50,45; 51,29).

95 Vgl. Jer 4,14; 6,19.

96 מַעֲלָל in Jer 4,4.18; vgl. auch wiederum Jer 17,10.

97 Vgl. auch zur Vernichtung (שׁחת) bspw. das Werk der Hirten im unmittelbaren Kontext Jer 12,10. Zugleich wird gerade mit dieser Wurzel auch das Gericht angesagt, vgl. etwa Jer 13. Bereits in Jer 2,30 beschreibt sie jedoch das Schicksal der Propheten.

98 Schmidt, Das Buch Jeremia: Kapitel 1–20, 240.

99 Vgl. Diamond, The Confessions of Jeremiah, 34: „The prophet's enemies plot for him the fate appropriate to the wicked."

sogar neue Erinnerungen hinzugefügt werden.[100] Mit diesem zweiten ist in
Jer 23,27 ein dritter Plan (wiederum חשב) überliefert, der in die Deutung des
Teilverses einbezogen werden sollte. Die dort planen, wollen JHWHs Namen
vergessen machen, ebenso wie die hier Planenden die Erinnerung an den Propheten tilgen wollen.[101] Wie in der Parallele zu Jer 11,9 speist sich das drohende
Schicksal des Propheten aus zwei Quellen: Er erleidet, was JHWH erleidet, und
ihm droht, was Frevlern drohen sollte.

Das abschließende Vertrauensbekenntnis richtet sich nachdrücklich an
JHWH. Er hat geprüft und weiß, was die Opponenten des Beters tun und hat es ihm
mitgeteilt (V. 18). Diese enge Verzahnung der Erkenntnis des betenden Propheten
mit dem Erkennenlassen JHWHs zeigt den Beter als eine Gestalt, die nicht von sich
aus agiert. Dieses Motiv hebt auch der anschließende Vers 11,20 hervor, in dem der
Beter der Rache JHWHs alles überlässt und ein eigenes Handeln jenseits der
Vorstellung liegt:[102] JHWH hat ihn die Bedrohung erkennen lassen, nun soll er ihn
auch die Rache sehen lassen.[103] So wird JHWH richtend Recht schaffen.[104] Der
Rechtsstreit (ריב), den der Beter JHWH überlässt, kann als Erkennungsmerkmal der

---

100 Vgl. Schmidt, Das Buch Jeremia: Kapitel 1–20, 240: „Dass das Ziel der Gegner, Dasein und
Wirkung zu beseitigen, nicht erreicht wird, Jeremia mit seiner Botschaft nicht der Vergessenheit
anheimfällt, bezeugt eben das Buch." Wanke, Jeremia 1,1–25,14, 126, sieht das Vorbild für
Auslöschung des Gedächtnisses in Ps 83,5. Dort wird die Auslöschung des Gedenkens an ganz
Israel angesprochen. Berücksichtigt man, dass die Gebete des Jeremia eher eine Entwicklung
von der Individual- zur Kollektivdeutung durchlaufen haben, wäre eine umgekehrte Abhängigkeit ebenso vorstellbar.
101 Die Zerstörung des Gedächtnisses des Namens (זכר) ist zunächst vor allem auf das vereitelte
„Weiterleben" des ermordeten Propheten bezogen. Im Laufe der Konfessioneneinschreibung
wird der so bedrohte Beter jedoch immer wieder das Gedächtnis JHWHs einfordern, ähnlich
auch das klagende Volk (14,21; 15,15; 18,20). Deutlich ist, dass das Gedächtnis JHWHs (so es
nicht, wie in 14,10, Erinnerung der Sünde ist) als lebensförderlich angesehen wird und als
JHWHs Motivation, positiv einzugreifen. JHWH selbst ist Gegenstand der Erinnerung in 20,9 und
51,50.
102 Das Bedürfnis nach Rache äußert sich wiederum wesentlich in den Konfessionen in 11,20;
15,15 sowie 20,10.12. Es wird aber auch schon vorher erwähnt, geradezu als Refrain in 5,9.29 und
9,8, wo deutlich wird, dass es sich bei dem Begriff der Rache um eine Rechtsinstitution handelt,
nicht um etwaige niedere Rachebedürfnisse. Fischer, Jeremia 1–25, 423: „Das nur hier mit
Rechtsstreit verbundene גלה Pi ‚enthüllen' zeigt erneut die enge Verbundenheit des Propheten
mit Gott, der diesem (betont ‚dir' voran) Alles (*sic!*) überläßt."
103 Vgl. Walter Brueggemann, *A Commentary on Jeremiah: Exile and Homecoming*, Nachdruck
der 1. Aufl. Grand Rapids, Mich. u.a.: Eerdmans, 2003, 116.
104 Zum Versagen weltlicher Richter vgl. 5,28 und zu JHWHs Ausrichtung auf Gerechtigkeit
vgl. 9,23.

Konfessionen bezeichnet werden. Der Streit hat als Indikator für die Abweichung des Volkes jedoch ältere Wurzeln im Buch.[105]

Dass erst JHWH dem Beter seine gefährliche Situation offenbart, betont die Abhängigkeit dieses Propheten von seinem Gott. Das erwähnte Zusammensein von JHWH und Beter als Ergehensgemeinschaft wird in den Klageliedern des Einzelnen als höchstes Ziel und in jedem Danklied als höchstes Glück gepriesen. Greifbar wird diese gegenseitige Anteilnahme in der in 11,21f. überlieferten Antwort JHWHs. Die Bedrohung des Propheten, dargestellt innerhalb der Rede JHWHs, hebt hervor, dass JHWH die Gefährdung des Beters wahrgenommen hat. Die anschließenden Gerichtsaussagen über die Feinde des Beters sind deutlich und stark.[106]

Die Einheit von Beter und JHWH ist in den Versen 11,18–23 demnach ungetrübt – und doch ist bereits hier erkennbar, dass dieser Prophet durch seine vollständige Angewiesenheit auf die Offenbarung und Zuwendung JHWHs, der das Planen der Feinde gegenüber steht, zum Narren wird. Diese Abhängigkeit ist es, die an seinem Elend Schuld trägt, wie aus der Rede der Aggressoren ersichtlich wird, die ihn hindern wollen, JHWHs Wort zu verkünden. Die gescheiterte Umsetzung dieser Forderung wird der Beter in Jer 20 präsentieren. Dass es die Männer von Anatot sind, die ihn bedrohen, bildet hier einen Rückbezug auf den Anfang des Buches und auf die Erwählung des Propheten.[107] Dieser Rückbezug illustriert die Vertrautheit des Lammes mit seinen potentiellen Schlächtern vor dem Hintergrund der Biographie des Propheten.

Der zweite, fortschreibende Abschnitt hebt mit einem Motiv aus dem vorangehenden an, doch wird er dort in sein Gegenteil verkehrt. Der Rechtsstreit (רִיב) wird JHWH nicht mehr offenbart, sondern gegen ihn angestrengt.[108] Zugleich wird seine Gerechtigkeit in Frage gestellt. Im zweiten Gebet geht es nicht mehr um das Ergehen des Propheten, sondern um das Ergehen der Gemeinschaft, der Gerechten

---

105 In Jer 2 streitet JHWH mit dem Volk (V. 9) bzw. das Volk ohne Grund mit ihm (V. 29). Zu JHWHs Streit mit den Nationen vgl. Jer 25,31; 50,34 und 51,36.

106 Fischer, Jeremia 1–25, 424: „Um das Ausmaß des Gerichts anzuzeigen, werden die *Auswirkungen auf die Hoffnungsträger* genannt."

107 Bezzel, Konfessionen Jeremias, 44: „Seiner Herkunft nach ist er beides zugleich, gewissermaßen ‚Erwählter und Gequälter', das eine von Mutterleib an, das andere von Vaterstadt her. Und wie es die Elternmetapher bereits impliziert, ist dadurch – ebenfalls von Anfang an – das eine unlöslich mit dem anderen verbunden."

108 Vgl. zu dieser Formulierung bereits Jer 2,29, wo es das Volk ist, das mit JHWH rechtet. Darüber hinaus ist die Verwendung der Präposition אֶל zur Bezeichnung des Rechtsgegners noch in Ri 21,22 und Hiob 33,13 zu finden. Damit ist die These von Lundbom, Jeremiah 1–20, 643, der wegen der Formulierung mit der Präposition אֶל nicht den Gegner des Streites, sondern eher den Zuhörer vermutet, ohne Grundlage.

und Ungerechten.[109] Vorgetragen wird nun das Leiden an einer Ordnung, die den Frevler und den Treulosen[110] aussehen lässt, als sei er von JHWH selbst gepflanzt und gehegt. Die Fortschreibung klagt daher die Durchsetzung des Gottesgerichts, wie es zuvor als Vernichtung des Olivenbaums für Jerusalem und Juda angekündigt wurde, für Frevler und Treulose ein.[111]

Die Rede gegen die Frevler schließt sich an andere Erwähnungen an, in denen die Feindschaft zwischen ihnen und Gott thematisiert wird.[112] Ihr Wohlergehen legt die Frage nach der Gerechtigkeit Gottes nahe,[113] da sie wie Menschen wirken, denen JHWH selbst das Gelingen schenkt. Diese Darstellung steht im Kontrast zum Bild des wachsenden Baumes, das die beschreibt, die JHWH vertrauen, wie es in Jer 17,8 und Ps 1,3 zu finden ist. Nun aber beschreibt es das Ergehen von Frevlern und Treulosen.[114] Überhaupt lässt sich die Feststellung, die so Handelnden würden gepflanzt sein und Wurzeln schlagen, kaum ohne Seitenblick auf Jer 17

---

109 Fischer, Jeremia 1–25, 430, deutet die Wiederaufnahme des Gebets trotz der Antwort JHWHs damit, dass es ‚Jeremia' nicht um sich selbst gehe, sondern „um *grundlegende Anliegen*, die Gemeinschaft und Land betreffen." Liest man diese Entgegensetzung auf literarhistorischer Ebene, so trifft sie exakt den Grund, warum an dieser Stelle ein zweites Gebet in den Kontext eingearbeitet wurde.

110 Der Vorwurf der „Treulosigkeit" erklingt in den ersten Kapiteln des Jeremiabuches mehrfach in 3,8.11.20; 5,11 und 9,1. Nicht zu übersehen ist, dass nach Auskunft der Antwort JHWHs in 12,6 auch am Beter treulos gehandelt wird. Wiederum teilt er das Schicksal JHWHs in seinem Volk.

111 Duhm, Jeremia, 114, hält fest, dass die „Gottlosen" selbst „Juden" seien: „Sie führen Jahwes Namen und Gesetz oft im Munde, aber ihre Frömmigkeit ist nur Schein."

112 Vgl. Jer 5,26. In Jer 23,19 und 25,31 agiert JHWH gegen Frevler bzw. gegen Nationen und Frevler.

113 Vgl. Fischer, Jeremia 1–25, 430.

114 Dass das Bauen und Pflanzen (נטע) auch über die reine Baummetaphorik hinaus zum Repertoire des Jeremiabuches gehört ist in 1,10; 2,21 und 11,17; 24,6; 31,28; 32,41; 42,10 und 45,4 zu lesen. Das Einpflanzen ist die positive und Dauer verschaffende Zuwendung JHWHs zu seinem Volk. Der Auftrag an den Propheten (1,10) bzw. die Darstellung in Jer 45,4 zeigen jedoch, dass jedem Einpflanzen ein mögliches Ausreißen gegenübergestellt wird. „Yet the problem is no (*sic!*) different from what has happened with the nation as a whole, about which the prophet has also expressed himself. Yahweh did the planting there, too, and something went terribly wrong (2:21; cf. Isa 5:2)." (Lundbom, Jeremiah 1–20, 645). „‚Frucht bringen' kehrt in positivem Sinn bei 17,8 wieder, für den auf Gott vertrauenden Menschen." (Fischer, Jeremia 1–25, 431). Vgl. zur Frucht noch 6,19, wo das Gericht die Gedankenfrucht ist, und Jer 17,10, wo jeder Mensch die Frucht seiner Taten empfängt – eine Weiterentwicklung der Rede von der Frucht begegnet in 17,8. Sie ist mit der Anfrage in Jer 12 zusammenzulesen. Zur Frucht der Taten vergleiche auch noch 21,14 und 32,19. Rein positiv und im unmittelbaren Kontext (11,16): Die Früchte des Ölbaums, der Israel einmal war.

lesen.[115] Die Umkehrung der Verhältnisse entsetzt den Beter, weil ein prüfender Blick JHWHs (12,3)[116] genügen müßte, um die Frevler ihrer inneren Gottesferne zu überführen.[117] Auch für die Beschreibung der Gottesferne werden bekannte Motive neu zusammengestellt. Nicht die Frevler sind JHWH mit dem Mund nahe, sondern er ist in ihrem Mund nahe.[118] Die Formulierung akzentuiert die innere Ferne der Frevler als Vorwurf an JHWH, der ihre Worte hört und ihr Wesen ignoriert.

Das nun erbetene Gericht entspricht dem, was in 11,18–23 dem Propheten angetan werden sollte, und erinnert an JHWHs Gerichtsversprechen. Der so betet, will also kein neu erdachtes Gericht oder Schicksal heraufbeschwören, sondern erhofft nur, was längst angekündigt war.[119] Der Begriff der Rache (נְקָמָה) ist in diesem Kontext als Terminus der Rechtssprache anzusehen. Ebenso wie das Flehen nach Vergeltung zugleich Unschuldsbeteuerung ist.[120] Die Bitte setzt mit einer ausdrücklichen Hinwendung zu JHWH ein, die noch immer und trotz seines alles Vertrauen strafenden Agierens sein gutes Handeln zu erwarten scheint. Dass die Gegner zum Tag des Mordens hin geheiligt werden sollen, versieht den Text mit einer bittersüßen Note, denn es ist Jeremia, der in seiner Berufung zu seinem Dienst geheiligt wird (Jer 1,5).[121] In 11,15 versuchen die dort Angesprochenen mittels „heiligen Fleisches" dem Gericht zu entkommen. Die Bitte, die Frevler zu heiligen, macht sie nun selbst zu „heiligem Fleisch". Kein Opfer soll an ihre Stelle treten, sie selbst sollen einstehen für ihre Untaten. Beendet wird das Gebet wohl ursprünglich mit einer weiteren, topischen Gerichtsbegründung. Die Frevler und Treulosen gehen davon aus, dass all ihr Tun JHWH nicht zu Gesicht kommen wird. Das Geschick des Propheten untermauert die gottlose These. Orientierte man sich nur am ersichtlichen Ergehen, müsste man die Frevler für Gerechtfertigte halten.

---

115 Wurzeln (שׁרשׁ) nur hier und in 17,8.

116 Vgl. ebd.: „Implizit will Jeremia damit sagen, daß seine Gesinnung lauter ist. Selbst Gottes bis in die Tiefe vordringender Blick kann nichts Unrechtes entdecken."

117 „Das singuläre ‚fern von ihren Nieren' zeigt [...] den Abstand der innerlich in ihrer Einstellung besteht." (ebd.).

118 Vgl. auch in Jer 9,7 die weisheitliche Beschreibung der Unholde als solche, die mit dem Mund friedfertig reden, im Inneren aber einen Hinterhalt legen; vgl. motivisch Jer 20,10.13. S. auch Lundbom, Jeremiah 1–20, 645

119 Das Morden (הרג) als Strafe des Gerichts vgl. in Jer 4,31; 7,32; 15,3; 18,21, 19,6.

120 Vgl. Wanke, Jeremia 1,1–25,14, 126.

121 Die ursprüngliche Verwendung von קדשׁ hif. mag im Zusammenhang mit dem Opferkult gesehen werden, wenn etwa Tiere zum Opfer bestimmt werden. Vgl. Lev 27,14–26; Num 3,13; 8,17. Vgl. aber auch die Heiligung des Tempels durch JHWH in 1 Kön 9,3.7. Näher ist diese Redeweise dem heiligen Krieg in Jer 6,4; 22,7; 51,27 f. vergleichbar. Weitere Bezüge sind das „heilige Fleisch" (בְּשַׂר־קֹדֶשׁ) in 11,15, aber auch Israels Heiligkeit in 2,3, die das „Fressen" des Volkes zu einem Straftatbestand macht.

An dieser Stelle endet das ursprüngliche Gebet und wird mit einem Vers weitergeführt, der eine neue Situation und eine neue Problemstellung formuliert. Das Motiv der Dürre ist geläufig für die Kennzeichnung des Handelns JHWHs als Hüter von Recht und Lebensordnung. Das Land seufzt unter seiner Bestrafung.[122] Die beiden Verben finden sich identisch in Amos 1,2 (יבשׁ und אבל).[123] In der Logik des vorangehenden Gebets wäre die in V. 4 beklagte Situation insofern zu begrüßen, als sich an ihr das Handeln JHWHs zu mehr Gerechtigkeit zeigte. Der Vers entstammt einer Gegenwart, in der nicht mehr das Warten auf das Gericht schwerfällt, sondern das Ertragen des dauernden Gerichts.

Die Antwort auf das Gebet ist brüsk. Nicht nur wird keine Heilung verheißen, vielmehr verschlimmert sich die Situation des Propheten.[124] Dass es die Vertrauten des Beters sind, von denen ihm in V. 6 Unheil droht, lenkt den Blick noch einmal auf die Selbstdarstellung des Beters als vertrauensvollem Lamm am Beginn des Gebets.

Schluss

Gebet und Gottesantwort in 11,18–23 und das in ihnen erzählte Prophetenschicksal weisen die Rechtmäßigkeit des im Kontext dieser Reden angekündigten Gerichts nach und verbinden Schuldaufweis und Bestrafung mit dem Verhalten gegenüber dem Propheten. Jer 11,18–20 ist das Gebet eines Menschen, der verfolgt

---

122 Vgl. Ps 107,34.

123 Vgl. Lundbom, Jeremiah 1–20, 646.

124 Schmidt, Das Buch Jeremia: Kapitel 1–20, 242: „Schon die Nachricht 11,21, erst recht deren Verschärfung 12,6 wirken wie eine erzählende Bestätigung oder persönliche Zuspitzung der allgemeinen Anklage 9,3f. Innerhalb engerer oder engster Gemeinschaft ist keine Vertrauensmöglichkeit mehr gegeben. Selbst die Verwandten stellen sich Jeremia entgegen; so steht er einsam da." Anders Fischer, Jeremia 1–25, 433: „Wichtiger als die von Jeremia vorgetragenen Rechtssachen ist die gänzliche Entfremdung zwischen Gott und seinem Erbe, bis hin zu Haß. Vor diesem grundlegenden, die Wurzel bildenden Konflikt sind die von Jeremia benannten Probleme sekundär, und Gott relativiert sie durch die beiden Vergleiche seiner Gegenfragen, die zusammen mit V 6 den Übergang zu den höchst emotionalen folgenden Versen bilden." Vgl. dagegen Brueggemann, Jeremiah, 119, der die Antwort JHWHs als Überraschung kennzeichnet, weil Jeremia die Unterstützung durch JHWH verweigert wird. Zur Deutung der familiären Schliche vgl. auch Bezzel, Konfessionen Jeremias, 45: „Wenn selbst die Mitglieder der eigenen Familie zu jenen ‚Frevlern' gerechnet werden müssen, die ‚treulos handeln', und denen der verzweifelte Zorn des Beters gilt, so ist damit ein Grad der Vereinsamung erreicht, der weit über die Feindschaft der ‚Männer von Anatot' aus der Konfession 11 hinausgeht." Ähnlich Fischer, Jeremia 1–25, 423: „Daß die Leute aus dem eigenen Heimatdorf, d.h. seine Bekannten, Nachbarn, sogar die Angehörigen (12,6), so gegen ihn vorgehen, macht es für Jeremia besonders bitter."

wird und dieser Verfolgung nicht nur unschuldig, sondern auch ungläubig und unvorbereitet gegenübersteht. Die Naivität und Hilflosigkeit des prophetischen Beters führt alles – Wort, Macht und Erkenntnis – auf JHWH allein zurück. Die Heimlichkeit der Gegner unterstreicht die Hilflosigkeit des betenden Propheten und stellt alle, die sich gegen dieses Wort richten, in eine Reihe mit heimtückischen Verfolgern Unschuldiger. Der Versuch, den Propheten zum Schweigen zu bringen, ist der Versuch, das Wort und damit JHWH selbst zu ignorieren. Wer gegen das Wort Jeremias opponiert, wird so zu einer Gruppe von Übeltätern gerechnet, die die faire Auseinandersetzung scheuen. Die Aggression geht von den Opponenten aus, nicht vom Propheten. Die Einfügung einer Klage ermöglicht es, zwei ineinandergreifende Bewegungen in den Text einzutragen: Die betende Existenz des Propheten, die sich nur in JHWH gründen kann, wird den Opponenten entgegengestellt, deren Bestrafung erwartet wird.

In diesem Gebet spricht ein Mensch, der alles, sein Erkennen, Tun und Überleben, JHWH anheimstellt. Er wendet sich an JHWH als an seinen vertrauten Gott, von dem er Rettung und Recht erwartet.[125] Seine Gegner sind heimtückische Unholde, die mit ihren Plänen, Jeremia auszurotten, ihre eigene Ausrottung heraufbeschwören.[126] Die Funktion des Gebets im Kontext ist eine dreifache: die Verknüpfung von Prophetenbiographie und Gerichtsansage, die ausdrückliche Rückbindung des Prophetenworts an JHWH und die Präsentation des Propheten als frommen Beter. Gegenüber den Prophetenerzählungen werden die Frömmigkeit des Propheten und die Heimtücke seiner Gegner stärker hervorgehoben. Wer gegen das Wort des Propheten opponiert, ist nicht legitimer Gesprächspartner, sondern einer, der es sich mit JHWH und mit dem Beter zur gleichen Zeit verdirbt. Das Gebet wird erst in der Antwort JHWHs zweifelsfrei auf Jeremia bezogen und ist offen dafür, von Lesern mitgebetet zu werden. Gleichzeitig ist diese Möglichkeit des Mitbetens und der Identifikation nicht die wesentliche Funktion des Gebets, was an der Mischung von Anrede JHWHs und Anrede eines anonymen Auditoriums deutlich wird. Sie deutet an, dass die wesentliche Funktion dieser Zeilen die Verächtlichmachung der Feinde Jeremias, die Begründung des Gerichts und die Unterscheidung des frommen Propheten von seinem Umfeld ist. Seine Hinwendung zu JHWH wird im Gebet beschrieben, vor allem aber ist das Gebet als Gebet Zeichen und Mittel dieser frommen Ausrichtung.

Der zweite Beter nimmt die im ersten Gebet gelegte Spur auf, konturiert aber alle im ersten Gebet angesprochenen Beziehungen neu – die zwischen Beter und

---

125 Diamond, The Confessions of Jeremiah, 35: „On the contrary, these two occupy positions of solidarity."
126 Vgl. ebd.

JHWH, die zwischen dem Beter und seinen Opponenten und die zwischen ihnen und JHWH.[127] Das Vertrauen des Beters ist erschüttert. Er wendet sich zwar noch eindringlicher und ohne die Anrede auszusetzen an JHWH, aber aus der vertrauensvollen Klage wird die zweifelnde Anklage. Es spricht einer, der die Verhältnisse zwischen Menschen und Gottheit genau überprüft. Er achtet auf die Ausgewogenheit von Tun und Ergehen, unterscheidet geheuchelte und wahre Frömmigkeit und nimmt JHWH in die Pflicht, gerechte Lebensordnung zu schaffen. Er wendet sich an einen Gott, den er auf der Seite der Gerechten wähnt und von dem er ein Handeln erwartet, das Gerechte fest gründet und blühen lässt und Treulose und Frevler vernichtet. Dieses dem Gott nahegelegte Bild seiner göttlichen Pflicht entspricht nicht der Erfahrung des Betenden. Auch die Antwort auf das klagende Gebet unterstützt seine Sicht der göttlichen Ordnung nicht. Ein einfacher Ausgleich von Tun und Ergehen wird nicht verheißen.

Die Gegner des Propheten sind nicht vornehmlich seine persönlichen Gegner, sondern die, die er als Feinde rechter Ordnung und Frömmigkeit wahrnimmt. Selbst dem geübten Auge sind sie kaum als Übeltäter erkennbar. Sie gedeihen, wie Gerechte gedeihen sollten, und sprechen eine fromme Sprache. Mit frommer Maskerade wähnen sie, nicht nur Menschen, sondern JHWH selbst täuschen zu können. Will man die literarisch geformten Figuren in eine soziale Wirklichkeit zurückverfolgen, so liegt es nahe, in ihnen Menschen zu sehen, die in Tempel und Gesellschaft das Sagen haben.

Das zweite Gebet ist nicht an das spezifische Ergehen eines Propheten gebunden, sondern lässt sich von jedem Menschen sprechen, der sich in Fragen der Frömmigkeit und Lebensführung auf der richtigen Seite und von JHWH gesehen und geprüft wähnt. Die ihm folgende Gottesrede ist für den, der sich in dieses Gebet hineinziehen lässt, nicht die Lösung des Problems. Stattdessen wird deutlich (V. 6), dass nicht nur die Frevler gedeihen, sondern zudem der betende Gerechte Verfolgungen erleben muss, die sogar von seiner eigenen Familie ausgehen. Die Gegner sind nicht mehr identisch mit dem Volk, sondern werden spezifisch als Frevler und Treulose bezeichnet.

Mitten in Ansage und Begründung von Gericht (11,15 – 17; 12,7 – 11) wird mit diesen Gebeten die Sehnsucht nach einem Gericht formuliert, das eine Ordnung stabilisiert, die dem Betenden als göttliche Ordnung und Gerechtigkeit vor Augen steht. So soll das angekündigte Gericht forciert und einer neu definierten Gegnergruppe zum Verhängnis werden. Wer diese Verse spricht, stellt sich damit auf die Seite derer, deren Reden, Denken und Tun mit der erwarteten Ordnung überein-

---

127 „Instead of God and prophet against the nation, Yahweh is depicted in collusion with the enemy and the primary threat to the prophet." (Diamond, aaO., 51).

stimmen. Dabei wird der Theodizee-Konflikt mit Gebet und Gottesantwort keiner einfachen Lösung zugeführt. Die Anklage an JHWH bleibt bestehen.

Ebenfalls klagend, aber aus einer ganz anderen Situation sprechend, erhebt sich die Stimme in V. 4abα. Es spricht ein Beter, der nicht die Ausrottung eines einzelnen Baumes (seiner selbst) befürchten und auch nicht das Blühen der falschen Bäume hinnehmen muss, sondern der eine Situation erlebt, in der das ganze Land das angekündigte Schicksal erleidet. Er wendet sich nicht ausdrücklich an JHWH, sondern stellt die Frage nach dem Ende des Gerichts allgemein. Seine Gegner sind die Bösen im Lande, die das Gericht mit ihrer Bosheit heraufbeschworen haben. Sein Opponent ist aber zugleich JHWH, der dem Gericht kein Ende zu setzen scheint. Die Funktion dieses Gebetsstücks ist es, das Gebet, das ursprünglich in einer Zeit des vorgeblichen Friedens gesprochen worden zu sein scheint, auch für die Zeit erlebten Gerichts zu öffnen.

2.1.2 Raffe mich nicht für deine Langmut dahin – Jer 15

Mit der in Jer 16 verfügten Sozialabstinenz wird Jeremia mit seinem Leiden zum Zeichen für das drohende Gericht.[128] In der vorangestellten Klage, Jer 15,10 – 18, wird dem Beter diese Zeichenexistenz zum Fluch, weil die Geduld JHWHs über die Kraft des Propheten geht. Sein Erleben stört sein Gottesverhältnis. Gegenüber den beiden bisher besprochenen Konfessionsgebeten (Jer 11; 12) schlägt die Konfession in Jer 15 einen neuen, schärferen Ton an.

Wie in Jer 11 f. wechseln sich die Rede des Beters und die Rede JHWHs je zweimal ab. Anders als dort ist die erste Klage in diesem Fall nicht an JHWH gerichtet, sondern wendet sich mit der Geste der Selbstverfluchung an die Mutter des Propheten. Lediglich Jer 15,15 – 18 sind im engeren Sinne als Gebet zu bezeichnen. Diese Verse bilden zusammen mit der darauf folgenden Antwort JHWHs den anzunehmenden Kern des weiteren Wachstums.

Übersetzung

15,10 Weh mir, meine Mutter, dass du mich geboren hast,
einen Mann des Streites und einen Mann[129] des Haders für das ganze Land.
Ich habe nicht verborgt und niemand hat mir geborgt:
Sie alle[130] fluchen mir.

---

128 Vgl. Ahuis, Gerichtsprophet, 92.
129 Wird in der Septuaginta ausgelassen, dabei handelt es sich wohl um eine stilistische Verknappung. Vgl. O'Connor, The Confessions of Jeremiah, 28.

11   Es sprach[131] JHWH:
      „Wahrlich, ich habe dich zum Guten gelöst.[132]
      Wahrlich, ich habe auf dich treffen lassen[133] in der bösen Zeit
      und in der Zeit der Bedrängnis den Feind.[134]

12   Kann man Eisen zerbrechen, Eisen aus dem Norden und Erz?[135]

13   Dein Vermögen und deine Schätze werde ich zur Plünderung geben,
      [ohne][136] Kaufpreis und für alle deine Verfehlungen und in deinem ganzen Gebiet.

14   Und ich lasse dich deinen Feinden in einem Land dienen[137], das du nicht kennst;
      Denn Feuer brennt in meiner Nase – gegen euch[138] brennt es."

---

130 In der Septuaginta wird der Text an dieser Stelle erweitert. Durch Änderung der Wortabtrennung wird im hebräischen Text בָּלָהֶם קְלְלוּנִי gelesen. Vgl. Wilhelm Gesenius, *Hebräische Grammatik*, 7. Nachdruck-Auflage der 28., vielfach verbesserten und vermehrten Auflage Leipzig 1909. Hildesheim u. a.: Olms, 1995, § 61 h. 94c Anm. 1; Duhm, Jeremia, 134.

131 Die Variante der Septuaginta γένοιτο würde hier אָמֵן als Vorlage voraussetzen. Beide Varianten sind mit erheblichen Schwierigkeiten belastet. Dem Masoretischen Text wird eine etwas höhere Wahrscheinlichkeit eingeräumt. Vgl. die ausführliche Diskussion bei Bezzel, Konfessionen Jeremias, 63–65.

132 Dieses singuläre Verb wird sehr unterschiedlich, aber letztlich nie befriedigend erklärt. Hier mit Qere auf שׁרה zurückgeführt. Vgl. Hi 37,3; Dan 5,16.

133 פגע hif. an dieser Stelle als „jemanden treffen lassen", oft auch verstanden als „eintreten für", wobei dann der Feind (אֶת־הָאֹיֵב) am Ende des Satzes nicht zu erklären wäre.

134 Die beiden Worte אֶת־הָאֹיֵב fügen sich kaum in das Verständnis des Textes ein, auch sonst bleibt die Übersetzung ausgesprochen hypothetisch. Vgl. die Einschätzung bei Fischer, Jeremia 1–25, 492; Bezzel, Konfessionen Jeremias, 69.

135 Wie der vorangehende Vers ist auch V. 12 nicht verständlich zu machen. Vgl. zur Diskussion textkritischer Überlegungen und Rekonstruktionsversuche Bezzel, aaO., 70 f. Duhm, Jeremia, 134, zum MT: „Das ist heller Unsinn". Er emendiert und erhält einen Satz über die Kraftlosigkeit des Beters. Stipp, Das masoretische und alexandrinische Sondergut, 38, erläutert, dass die Dopplung im MTJer häufig zu finden sei. Dagegen nimmt O'Connor, The Confessions of Jeremiah, 29, an, dass in LXX eine Haplographie vorliege.

136 Die Verneinung fehlt in der LXX und dürfte hier nachträglich eingefügt sein. Vgl. bereits Giesebrecht, Jeremia, 90, sowie O'Connor, The Confessions of Jeremiah, 30.

137 Wegen zahlreicher Handschriften, die hier עבד lesen und LXX sowie TJon, wird eine Fortsetzung der Drohung und entsprechend nicht „Wegzug", sondern „Dienst" angenommen. Vgl. Bezzel, Konfessionen Jeremias, 60.87, und Ferdinand Hitzig, *Der Prophet Jeremia*, 2. Aufl. Kurzgefaßtes exegetisches Handbuch zum Alten Testament 3. Leipzig: Hirzel, 1866, 119. Anders Schmidt, Das Buch Jeremia: Kapitel 1–20, 275: „Aber deine Feinde lasse ich gehen in ein Land, das du nicht kennst..." Ebenfalls anders Fischer, Jeremia 1–25, 493: „Und ich werde ziehen lassen deine Feinde in ein Land, [das] du nicht kennst..."

138 Hier wird von einigen Handschriften gelesen „für immer" (עד־עולם).

15 Du weißt es, JHWH,
gedenke meiner und suche mich heim
und räche mich an meinen Verfolgern!
Raffe mich nicht für deine Langmut hin.
Erkenne, dass ich deinetwegen Schmach trage.

16 Fanden sich deine Worte, so verzehrte ich sie.
Dein Wort[139] ward mir zum Jubel und zur Freude meines Herzens,
denn dein Name ist über mir ausgerufen, JHWH, Gott[140] Zebaoth.

17 Nicht habe ich im Kreis der Lachenden gesessen und frohlockt,
durch deine Hand saß ich allein, denn du hast mich mit Groll gefüllt.

18 Wozu währt mein Schmerz endlos und ist meine Wunde unheilbar?
Sie weigert sich zu heilen.
Du bist mir wirklich wie ein Trugbach geworden,
(wie) Wasser, die unzuverlässig sind.

19 Deshalb, so spricht JHWH:
„Wenn du umkehrst, will ich dich zurückbringen, vor mir sollst du stehen.
Und wenn du Kostbares äußerst ohne Leichtfertiges, wirst du wie mein Mund sein.
Sie werden zu dir umkehren, und du sollst nicht zu ihnen umkehren.

20 Und ich mache dich diesem Volk zur ehernen, unzugänglichen Mauer.
Und sie werden gegen dich kämpfen und nicht gegen dich obsiegen.
Denn ich bin mit dir, dir zu helfen und dich herauszureißen, Spruch JHWHs.

21 Und ich werde dich herausreißen aus der Hand von Bösen.
Und ich werde dich loskaufen aus der Faust von Gewalttätigen."

Text und Struktur

Die Selbstverfluchung in der Anrede an die Mutter (V. 10), eine JHWH-Rede als
Gerichtsrede (V. 11–14), die Klage des Beters (V. 15–18) und die Antwort JHWHs
(V. 19–21) bilden die Struktur des unmittelbaren Textzusammenhangs. Gebet im
engeren Sinne sind V. 15–18. Gebetsähnlich, weil klagend, ist die Eröffnung des

---

139 Nach dem Verb als Singular emendiert, wird angenommen, dass hier der Plural der Worte
aus V. 16aα weitergewirkt hat. Vgl. bereits Giesebrecht, Jeremia, 91. Ebenso entscheiden Bezzel,
Konfessionen Jeremias, 92f., und Schmidt, Das Buch Jeremia: Kapitel 1–20, 275. Anders Duhm,
Jeremia, 135f., der דְּבָרְיךָ aus inhaltlichen Gründen als „unrichtige Glosse" bezeichnet, „denn die
Unheilsbotschaft ist für Jeremia keine Wonne und Herzensfreude, sondern Qual."
140 Fehlt in LXX und wird entsprechend ausgelassen von O'Connor, The Confessions of Jeremiah, 30.

Abschnitts, die Verfluchung der eigenen Geburt in V. 10. Der Fokus der Analyse liegt auf den zusammenhängenden Gebetsversen. Sie werden in Bezug auf den engeren Kontext (Selbstverfluchung und göttliche Antwort) untersucht.

Die Verse 15–18 bestehen aus einer Aufmerksamkeit fordernden Ansprache, der Bitte um Verschonung des Betenden und deren Begründung (V. 15). Der bittenden Eröffnung folgt eine zweigliedrige Schilderung des Tuns des Beters gegenüber JHWH (V. 16) und gegenüber seinem sozialen Umfeld (V. 17). V. 18 schließt das Gebet mit klagender Frage (V. 18a) und Vorwurf (V. 18b) ab. Das ebenfalls klagende Ende führt unmittelbar in die in V. 19–21 formulierte Gottesantwort hinüber.

Der Auftakt dieses Gebets ist wenig ebenmäßig. Die Anrufung JHWHs wird „nachgereicht", v. a. aber scheint der Beter darin zu schwanken, ob JHWH bereits erkannt hat (15aα יָדַעְתָּ) oder noch erkennen muss (15b דַע). Diese Dopplung fügt sich wegen der ungewöhnlichen Reihenfolge (zunächst die Feststellung, JHWH habe erkannt, dann erst die Aufforderung zu erkennen) nur schwer in einen einheitlichen Gedankengang. Dieser wird erst nach den ersten beiden Worten mit der Bitte um JHWHs Gedenken in Anrufung und Bitte eröffnet (V. 15aβ).[141] Die Bitte ist dreiteilig und nimmt die wesentlichen Themen des folgenden Gebetes vorweg. Es geht um das gefährdete Verhältnis zwischen JHWH und Beter (gedenke meiner זכר – raff mich nicht hinweg לקח) und um das erwartete Handeln Gottes an denen, die dem Beter zusetzen (räche mich נקם).

Die auf die Bitte folgenden V. 16 ff. beschreiben die besondere Situation des betenden Propheten, der ganz auf JHWH fokussiert ist und gerade in und wegen dieser engen Beziehung zu ihm aus der menschlichen Gemeinschaft ausgegrenzt wird. Auffällig ist dabei der Stimmungswechsel. Bewirkt die Beziehung zum Wort JHWHs zunächst lauter Entzücken (V. 16), so wird in der Trennung vom Kreis der Lachenden erkennbar, dass die Aufnahme des Wortes den Beter mit JHWHs Grimm angefüllt und vereinzelt hat. Die Verse schließen klagend (V. 18). Auch die Klage ist zweigeteilt. Fragt der Beter vorerst nach dem Ziel des ihm zugefügten und scheinbar endlosen Schmerzes (Formulierung mit לָמָּה), blickt er also auf sich, so richten sich Blick und Klage im zweiten Versteil auf JHWH. Der, dessen Wort in V. 16 noch erfreuliche Speise ist, verspricht keine Erquickung mehr. Im Gegenteil, der Erquickung versprechende Schein trügt.

Betrachtet man die Form des Gebets als Abfolge von Bitte, Motivation und Klage vor dem Hintergrund üblicher Strukturen von Klagegebeten, so fällt auf,

---

141 Brueggemann, Jeremiah, 146, deutet die Voransetzung der zwei Worte אֶת־הָאֹיֵב als möglichen Tadel „to Yahweh, who knows and yet does nothing on behalf of the one who suffers innocently."

dass es nicht lobend endet. Es schließt mit einer Klage, deren Massivität den Ton des vorangehenden Gebetes weit übersteigt. Bereits in V. 15 wird gefürchtet, JHWH könne den Beter hinwegraffen (תִּקָּחֵנִי). Ausgerechnet seine Langsamkeit zum Zorn (לְאֶרֶךְ אַפְּךָ) steht in Gefahr, den Beter das Leben zu kosten. Aus den so präsentierten Umständen wird nun im letzten Halbvers eine Schlussfolgerung für das Gottesverhältnis des Beters gezogen: Der an seiner Wunde leidende Prophet nimmt JHWH nur noch als Trug wahr, als Versprechen von Erquickung, wo nur Darben ist.

In der griechischen Version fehlt der merkwürdig gedoppelte Auftakt, was den Vers eingängiger und seinen Aufbau logisch nachvollziehbar macht. Die markanteste Änderung gegenüber dem Masoretischen Text in V. 15 besteht aber darin, dass es nicht die Langmut JHWHs, ja, auch nicht JHWH selbst ist, die den Beter hinwegzuraffen drohen. Stattdessen wird lediglich um ein Handeln an den Gegnern gebeten, das sich nicht in Geduld erschöpfen solle. Inhaltlich wird damit auch in der Septuaginta gegen eine ausufernde Geduld JHWHs gesprochen. Im Masoretischen Text wird allerdings diese Geduld zur Bedrohung des Beters, während in der griechischen Übersetzung die göttliche Geduld begrenzt werden soll, aber nicht selbst als gefährlich dargestellt wird.[142]

Im Fortgang bilden die Freude des Propheten am Wort JHWHs und die Verachtung dieses Wortes durch die Feinde einen starken Kontrast. Die Erquicklichkeit des Wortes ist nach Septuaginta nicht Teil einer Rückschau, sondern sie beschreibt eine erwartete Zukunft, die mit der Bestrafung aller Verächter des Wortes beginnt. Die Entgegensetzung von Wortverächtern und Wortgenießern wird in V. 17 weitergeführt, wo die Versammlung der Lachenden auf die vorangehend erwähnte Gruppe der Wortverächter bezogen wird. Durch die Übersetzung der Septuaginta ἀλλὰ εὐλαβούμην (sondern hatte Ehrfurcht) ist es nicht mehr die Hand JHWHs, die den Betenden vereinzelt. Diese Variante ist jedoch mit einiger Wahrscheinlichkeit nicht einem spezifischen Willen zur Interpretation, sondern lexikalischen Schwierigkeiten geschuldet.[143] Dass der Beter nicht bei den Lachenden sitzt, liegt nicht an einer von JHWH zu verantwortenden Isolation, sondern an der Sündhaftigkeit der Scherzenden.[144] Der den Beter in der griechischen Übersetzung erfüllende Zorn (πικρία) ist die Bitterkeit eines Hiob (Hi 7,11; 9,18; 10,1 LXX) und nicht als göttlicher Zorn erkennbar, der vom Beter Besitz ergriffen hätte. Auch die theologische Spitze in V. 18 wird in der Septuaginta gemildert. Nicht JHWH, sondern die Verwundung (πληγή) wird für den Propheten

---

142 Vgl. A. R. Diamond, *The Confessions of Jeremiah in Context: Scenes of Prophetic Drama.* Journal for the Study of the Old Testament Supplement Series 45. Sheffield: JSOT Press, 1987, 36.
143 Vgl. Stipp, Das masoretische und alexandrinische Sondergut, 29.
144 Bezzel, Konfessionen Jeremias, 94: „Die Einsamkeit, die im MT Gegenstand der Klage ist, wird mehr zu einer trotzig bekannten und bejahten Selbstabsonderung."

trügerisch.[145] V. 15 wird in der Septuaginta stilistisch geglättet. Theologisch bedeutsam erscheinen zudem die Eliminierung der Bedrohung des Beters durch die göttliche Geduld und der Darstellung JHWHs als einer trügerischen, wasserlosen Quelle.

Wachstum

Der unregelmäßige Anfang des Gebetes ist schon bedacht worden. Die beiden ersten Worte in V. 15 scheinen eine Einfügung in den Text zu sein. Die Klage über die Geburt ist nicht ausdrücklich an JHWH, sondern an die Mutter gerichtet und wird durch die beiden Worte in ein Gebet überführt. Zieht man sie zu 15,10, wird deutlich, dass der Einschub zum einen Klage und Gebet verbindet und zum anderen am Motiv des Wissens Gottes anknüpft. Die sich in V. 15 anschließende Aufforderung zu erkennen, die als Unterstellung eines Nichtwissens JHWHs ausgelegt werden könnte, erfährt hierdurch eine Abmilderung.

Genaueres zur Zugehörigkeit dieser Verse wird im Abschnitt über die Kontextbezüge ausgeführt werden. Dort wird auch der Hintergrund von V. 16b zu bestimmen sein. Der Vers ergänzt das Verhältnis von Wort und Beter um den Namen JHWHs, der über dem Beter ausgerufen sei. Mit dieser Ausrufung wird in der Regel die Zugehörigkeit des Tempels teilweise auch des Volkes oder eines Menschen zu JHWH bezeichnet. Das Motiv verbindet den Text mit den vorangehenden Versen 15,11–14.

Die nun ertönende Antwort JHWHs ist zweigeteilt. Bleibt V. 20 ganz und gar im Sprach- und Vorstellungsduktus der Berufungsszenerie, so kennt V. 21 als Gegner des Beters neben dem dort genannten Volk noch Böse (רַע) und Gewalttätige (עָרִיץ), die nicht mehr in die Auseinandersetzung mit dem Volk als Ganzem, sondern in die Auseinandersetzung mit Gruppierungen von Frevlern gehören. Der zweite Teil der Antwort ist entsprechend zu den weisheitlichen Fortschreibungen der Konfessionen zu rechnen.[146]

---

145 Vgl. Diamond, Jeremiah's Confessions in the LXX and MT, 37.

146 Vgl. Bezzel, Konfessionen Jeremias, 125, der von einer nachträglichen Rahmung der Konfession durch die Verse 15,10 und 15,21 ausgeht. Vers 10 fügt sich nicht ganz so leicht in die gleiche Schicht ein, wie sie sich nach Bezzel in 12,1–3.4bβ-6 findet. Dort ist fraglos das individuelle Schicksal der sog. Grundschicht weisheitlich klagend ausgeweitet zur Frage nach der Gerechtigkeit der Lebensordnung. Eine solche Zuspitzung ist in der Erweiterung der sogenannten Grundschicht 15,15–18 in 15,10 kaum zu erkennen. Zwar wird hier das unverdiente Elend des Beters thematisiert und damit die Frage der Gerechtigkeit Gottes angesprochen, aber es fehlt in 15,10 jegliche Anspielung auf eine Gruppe von Frevlern als Gegner des Beters. Insofern ist m. E. der These über das Wachstum von Jer 15,10 ff. zuzustimmen. Die Zuordnung der Schichten will jedoch nicht ohne weiteres gelingen, weil der Typus des „leidenden Gerechten",

Jer 15,15 – 18 werden nach vorne hin um 15,10 (und den Übergang 15,15a) sowie um die nur schwierig zu deutenden Verse 15,11 – 14 erweitert. Das Kernproblem des ursprünglichen Gebetstextes ist die verhängnisvolle Interdependenz von Beter, JHWH und Verfolgern des Beters. Diese Problematik wird erweitert um die Rede eines Klagenden, der zu Unrecht zum Gegenüber von Streit und Hader geworden ist.[147]

Stellung im Buchkontext

Das Verbot der Fürbitte und das daran sich anschließende Lied über die Zerstörung Jerusalems (15,1 – 4.5 – 9) sowie die Aufforderung zur zeichenhaften Sozialabstinenz (16,1 – 9) bilden einen Zusammenhang, der von der Konfession unterbrochen wird. Aus den Zeilen über die Isolation speist sich die vertiefende Konfession. In ihr geht es weniger um das durch die Sozialabstinenz des Propheten Bezeichnete als vielmehr um Ergehen des Propheten selbst.[148]

Nicht ganz unproblematisch stellt sich die Verbindung von Gebet und Gottesantwort dar. V. 19 nimmt die vorangehende Motivik auf. Wird aber dort von der ausbleibenden Heilung gesprochen, so wird hier Umkehr und damit Heilung zugesagt.[149]

---

den Bezzel hier wie zu Recht in Hab 1,4 erkennt, nicht in Erscheinung tritt. Vgl. ebd. Zur Unterschiedlichkeit der weisheitlichen Einzeleinschreibungen vgl. die Zusammenfassung 2.1.6.

147 Wanke, Jeremia 1,1 – 25,14, 153, deutet sehr spezifisch: „Offenbar beschuldigt man ihn verbotener Wuchergeschäfte."

148 Bezzel, Konfessionen Jeremias, 115: „Im Zentrum stehen nun nicht mehr die Ursachen und Folgen des vom Gerichtspropheten verkündeten Unheils für das Volk, sondern (u. a.) die Folgen des gerichtsprophetischen Daseins für den Propheten selbst."

149 Erst in V. 19b wird wieder der Gegensatz zwischen dem Propheten und seinem Umfeld sichtbar, wie er in V. 17 vorausgesetzt ist. Entsprechend könnte man in Bezug auf das Wachstum des Textes fragen, ob V. 18 – 19a nicht spätere Ergänzungen der Konfessionengrundschicht sein könnten, die nicht vornehmlich am Propheten als Propheten interessiert sind, sondern bereits das Volk im Blick haben, dem gelingende Umkehr zugesagt wird und damit Heilung für eine Wunde, die nicht heilen zu wollen scheint. Die Zusage der Umkehr wird in Jer 31,18 vergleichbar erbeten. Dort betet Efraim: „Bring mich zurück, damit ich zurückkehren kann."

Anders deutet Duhm, Jeremia, 136: „Aus der gestellten Bedingung [...] geht hervor, dass Jeremia V. 18 mit von Jahwe abgewandtem Gesicht gesprochen hat, wie einer, der sich zurückziehen möchte..." Duhm liest hier aber auch einen „Tadel wegen der vorher [...] von ihm gesprochenen Worte" (137).

Interpretation im Kontext

Der nachträgliche Einsatz des Gebets mit der Feststellung „Du weißt es" verbindet das ursprüngliche Gebetsstück mit der vorgeschalteten Klage in 15,10.[150] Dort beschreibt sich der Sprecher als einen, dessen Leben ohne Schuld bedroht ist. Die Worte: „Du weißt es", leiten von der nicht spezifisch adressierten Klage zur Ansprache JHWHs über und knüpfen dabei zugleich an Jer 11 an, wo es JHWH ist, der dem Betenden dessen (soziale) Situation der Verfolgung offenbart. Aber die mit diesen beiden Worten eröffnete Klammer geht noch weiter, bis zum Wissen und Kennen JHWHs von Anfang an (Jer 1,5).[151]

Die Bitte um das Gedenken JHWHs eröffnet das Gebet mit einer vergleichsweise konventionellen Formulierung (gedenke meiner – זָכְרֵנִי)[152]. Mit der von den Feinden geplanten Ausrottung der Erinnerung an den Beter ist die Rede vom Gedächtnis auch anderwärts in den Konfessionen verankert.[153] Der Vergleich mit anderen Stellen zeigt, dass es neben einem absoluten Gebrauch des „Gedenkens" vielfach ein Gedenken an die Taten oder Eigenschaften des Betenden ist, zu dem JHWH aufgefordert wird.[154] Dieses Gedenken in Ansehen der Person und Leistung ist wohl auch hier erwünscht, wird doch auf die ganz spezifische Situation des betenden Propheten hingeführt, dessen Elend ihm aus seiner JHWH-Treue erwächst.

Erinnerung, Heimsuchung und Rache[155] werden zu einer Bittentrias verbunden.[156] Im Vergleich zur sonstigen Verwendung der Wurzeln זכר, פקד und נקם fällt

---

150 Vgl. Diamond, The Confessions of Jeremiah, 68 f.; Lundbom, Jeremiah 1–20, 741 f.; Bezzel, Konfessionen Jeremias, 89.

151 Vgl. zum Wissen um JHWHs Wissen auch Jer 17,16 und 18,23. Die Redeweise bezieht sich auch dort auf Jer 1,5. Zugleich ist die Vorstellung aber auch im Psalter zu finden. Das Wissen JHWHs ist nicht Argument gegen die Notwendigkeit des Gebets („er weiß es ja alles schon!"), sondern im Gegenteil Voraussetzung der Möglichkeit zum Gespräch. Vgl. Ps 40,10 (JHWH kennt den Lobpreis des Beters); 69,6 f. (JHWH kennt die Schuld des Beters); 139,2; 142,4 (JHWH kennt den Beter und seine Wege) oder 1 Kön 8,39 (JHWH, der allein das Herz des Menschen kennt).

152 Zu „Gedenke meiner" als Anrufung JHWHs vgl. die wohl später eingefügte Bitte um JHWHs Gedenken in Jer 14,21, die sicher mit diesem Vers in Verbindung zu bringen ist. In Jer 18,20 wird JHWH noch einmal aufgefordert, sich zu erinnern. Dort allerdings nicht des Beters, sondern spezifischer der Fürbitte des Beters. Vgl. zur Gebetsbitte um das Gedenken JHWHs Ri 16,28; 1 Sam 1,11; Neh 5,19; 13,14.22.31; Ps 25,7 (differenziert das Gedenken an die Schuld und das Gedenken gemäß der göttlichen Gnade); Ps 74,2 Gedenke deiner Gemeinde; Ps 106,4.

153 Vgl. Jer 11,19.

154 Vgl. etwa die differenzierte Bitte in Ps 25,7 oder aber Jes 38,3.

155 Dass das Gebet um Rache nicht niederen Instinkten entspringt, wird immer wieder betont. Vgl. Schmidt, Das Buch Jeremia: Kapitel 1–20, 280: „So enthält die Bitte eine Selbst-Einschränkung, einen Verzicht." Siehe bereits Reventlow, Liturgie und prophetisches Ich bei Jeremia, 219.

die Verknüpfung der Objekte ins Auge: JHWH soll sich des Beters erinnern, ihn heimsuchen und an seinen Verfolgern Rache nehmen.[157] Die Zuordnung der Heimsuchung (פקד) zum Beter ist bemerkenswert, da die Wurzel in der prophetischen Literatur, und vor allem bei Jeremia, überwiegend verwendet wird, um JHWHs Handeln im Gericht zu beschreiben, und das Objekt des Verbs in der Regel das Objekt des Gerichtshandelns ist.[158] Zu erwarten wäre also, dass JHWH die Verfolger heimsuchen und an ihnen Rache nehmen soll. Dass hier der Beter heimgesucht und die Verfolger bestraft werden sollen, rückt das Schicksal der beiden Parteien nebeneinander. Entsprechend wird das Verb auch an dieser Stelle, gerade in Verbindung mit der Bitte um Rache (נקם), nicht allein als „sich um jemanden kümmern" gedeutet.[159] Hier gehen die Bitte um das Eingreifen JHWHs gegen andere (vgl. Ps 59,5 f; 80,15) und die um das Einstehen für den Betenden (vgl. Ps 8,5; 65,10) ineinander über.[160] Rache (נקם) und Heimsuchung (פקד) nehmen Motive der ersten Konfession auf (11,20; 11,22 f.). Zusammen mit der erneuten Rede vom Gedächtnis wird so ein starker Konnex zwischen der Konfession 11 und der Konfession 15 hergestellt.

Die in diesem Dreiklang dem Beter Gegenübergestellten sind Verfolger (רֹדְפַי). Sachlich treffen wir sie bereits in Jer 11, ausdrücklich werden die Opponenten nur hier sowie in Jer 17,18 und 20,11 so bezeichnet. Darüber hinaus begegnen die „Verfolger" vor allem als Feinde im Psalter.[161]

Folgen die ersten Worte dieses Verses noch einer in anderen Psalmen zu findenden Logik, nach der JHWH um Hilfe gegen die Feinde gebeten wird und

---

156 „Heimsuchen" (פקד) und „Rächen" (נקם) beschreiben in Jer 5,9.29 und 9,8 das ausstehende Gerichtshandeln JHWHs. Die „Erinnerung" (זכר) JHWHs an die Schuld des Volkes führt zur „Heimsuchung" (פקד) in Jer 14,10. Die Aufnahme dieses Vokabulars in der Bitte des Beters identifiziert einmal mehr die Rettung des Propheten mit der Strafe des Volkes.

157 JHWHs Rache(-tag) gegenüber den Feinden Israels, die als Feinde JHWHs dargestellt werden; vgl. Jer 46,10; 50,15; 51,36.

158 Vgl. André Gunnel, „Art. פקד pāqad." in *Theologisches Wörterbuch zum Alten Testament* VI (1989): 708–723, 716–719.

159 Vgl. Gunnel, aaO., 713 f. Positive Konnotation in Ps 8,5; als Sorge JHWHs für das Land vgl. Ps 65,10. Vgl. für das Handeln JHWHs am Volk in Ex 4,31 als Rückverweis auf Ex 3,16 ebenso Ruth 1,6. Auf die Rettung in Ägypten spielt Gen 50,24 f an. Hi 7,17 f. nimmt das Motiv negativ auf und beschreibt damit die Bedrängung durch JHWH.

160 Von besonderer Bedeutung dürfte neben den vielen Gerichtsaussagen, die mit פקד formuliert sind, Jer 23,2.4 sein, wo die Heimsuchung das Gericht an den nachlässigen Hirten ebenso bezeichnet wie die ausgebliebene (und nun vollzogene) Sorge um die Herde. Vgl. André Gunnel, *Determining the Destiny: PQD in the Old Testament.* Coniectanea Biblica Old Testament Series 16. Lund, Uppsala: Gleerup, 1980, 151.

161 Vgl. Ps 7,2.6; 31,16; 35,3; 69,27; 71,11; 109,16; 119,84.86.150.157.161; 142,7; 143,3. Fischer, Jeremia 1–25, 507, betont, dass die Rede von den Verfolgern die Aktivität der Feinde unterstreicht.

unmissverständlich klar ist, von welcher Seite Gefahr droht, nämlich von den Verfolgern, und von welcher Seite Hilfe erwartet wird, nämlich von JHWH, so werden in V. 15aβb nun alle Erwartungen durcheinandergebracht. Von einem Teilvers zum nächsten sind es plötzlich nicht mehr die Verfolger, die den Beter bedrohen, sondern JHWH selbst steht im Begriff, den Beter „hinzuraffen".[162] Und das ausgerechnet um seiner Langmut willen, die an sich geeignet ist, Menschen vor dem göttlich verfügten Tod zu schützen.[163] Die Geduld Gottes wird zur Gefahr, wo der Beter zwischen die Fronten gerät.[164] Mit dieser Zuspitzung wird die Wahrnehmung Gottes neu konturiert und zugleich werden überkommene Theologumena kritisch betrachtet. Mit wenigen Worten wird so eine ungewöhnliche Situation vorgeführt: Langmut, die den Falschen gilt, bedroht diejenigen, die keinen Zorn erregt haben. Unterstützt wird diese Deutung vom abschließenden Appell: JHWH soll erkennen, dass das Leiden den Propheten um seinetwillen ergriffen hat. Die Aufforderung an JHWH zu erkennen, ist in dieser Konstellation auffällig, richtet sich der entsprechende Imperativ doch im Jeremiabuch sonst ausschließlich an das Volk, das seine Schuld erkennen soll, und zeichnet sich JHWH ansonsten eben gerade durch sein alle Zeiten umgreifendes Wissen aus, das den Beter Jeremia umfasst – und das schon vor dessen Geburt.[165]

Die Bitte um JHWHs Erkenntnis unterstellt allerdings kaum Unwissenheit, sondern heischt, wie es auch sonst in Klagen getan zu werden pflegt, göttliche Aufmerksamkeit und erfleht das entsprechende Handeln für den Beter. Dass für diese Aufmerksamkeitsbitte allerdings die Wurzel ידע verwendet wird, dürfte als Aktualisierung der Berufungsgeschichte zu verstehen sein.

Auch der „Schmach" (חֶרְפָּה), die der Beter trägt, haftet im Jeremiabuch eine doppelte Zuspitzung an. Sie ist Teil des ergehenden Gerichts (vgl. Jer 23,40; 29,18 und öfter) aber zugleich Lebensumstand des klagenden Propheten. JHWH soll wahrnehmen, dass die Schande um seinetwillen auf dem Propheten liegt. Die Nähe zu JHWH geht nicht mehr selbstverständlich mit Ehre einher. Im Gegenteil wird die gesellschaftliche Ehre der Schande um JHWHs willen geradezu entge-

---

162 Zu קלה für „töten" vgl. Fischer, ebd., der auf Gen 5,24; Jes 53,8; Ps 73,24 verweist. Im Sinn von „gewalttätig nehmen" oder „wegführen" vgl. Jer 20,5; 38,6; 44,12. Brueggemann, Jeremiah, 146, weist darauf hin, dass der gleiche Begriff in Am 7,15 den Ruf ins Prophetenamt umschreibe, gleichwohl nimmt auch er hier den Bezug zum Tod als wesentlich an.

163 Vgl. andererseits Jer 17,15, wo die Gegner das Kommen des Wortes ironisch herbeiwünschen.

164 Auch Schmidt, Das Buch Jeremia: Kapitel 1–20, 279 f., geht davon aus, dass Jeremia hier eine bekannte Gottesprädikation zitiert. Duhm, Jeremia, 135, streicht תִּקָּחֵנִי: „Wie könnte Jer sagen: raffe mich nicht nach deinem langsamen Zorn hin!"

165 Vgl. in Jer 2,19.23; 3,13 und 6,18. Fischer, Jeremia 1–25, 508: „Eine solche Aufforderung an Gott (‚wisse/ erkenne!') hat Ps 139,23 als einzige Parallele, dort mit ‚Herz, Gedanken' als Objekten. Hier soll Gott jedoch Jeremias Geschmähtwerden um seinetwillen wahrnehmen."

gengestellt. Das Wort JHWHs verheißt in der Welt nicht nur keine Ehre, sondern wird vom Volk sogar als Schande wahrgenommen (Vgl. Jer 6,10; 20,8). Auf diese Weise erfahren das Wort JHWHs und mit ihm sein Träger, der klagende Prophet, das Schicksal, das letztlich dem Volk blüht, das das Wort verachtet.

Mag auf den ersten Blick der Übergang von der Bitte, zu sehen und zu handeln, zur Beschreibung der Liebe des Propheten zum Wort JHWHs in V.16 abrupt erscheinen, so ist der Vers mit dem vorangehenden über die Rede von der Schande, die der Prophet um JHWHs willen trägt, verbunden. Er trägt sie, weil er sich das Wort JHWHs so nachdrücklich zu eigen macht.[166]

In einem Bild berichtet der Beter über den Jubel, den jedes Finden des Gotteswortes bei ihm auslöst. Die Rede vom „Finden" gehört nicht zum üblicherweise verwendeten Vokabular für den Wortempfang. Als Hintergrund für den Vers können vor allem zwei Textstellen angenommen werden zum einen die Auffindung des Gesetzesbuches im Tempel[167] und zum anderen, verbunden mit dem Aspekt des Jubels über JHWH, der sich finden lässt, Jer 29.[168] Auffällig ist der Jubel insofern, als das Wort JHWHs bei Jeremia in der Berufungserzählung nicht gerade entsprechende Freude auslöst. Hier wird die Zeichnung der Figur des Jeremia um eine Wort-Affinität ergänzt, die in den Erzählungen nicht angelegt ist. Dass jedoch die beiden möglichen Hintergründe des Verses dessen Bedeutung kaum ganz erfassen können, zeigt sich im Blick auf seine Fortführung. Das Essen der Worte entspricht ihrer Verinnerlichung, wie sie auch in Ez sinnbildlich vorgeführt wird.[169] Über die Symbolik des Jeremia in den Mund gelegten Wortes (1,9) hinausgehend wird hier eine „Verinnerlichung" durch Verkostung beschrieben. Nimmt man zudem das Sozialverbot in Jer 16,8 in die Überlegungen auf, wird deutlich, dass die Speise „Wort" und das Speisen in Gemeinschaft einander ausschließen.

Die so verspeisten Worte rufen beim Sprecher Frohlocken (שָׂשׂוֹן) und Freude (שִׂמְחָה) hervor. Die Freude über die Aufnahme des Gotteswortes tritt an die Stelle der im Gericht verstummenden Stimmen des Frohlockens (25,10 שָׂשׂוֹן) und der Freude (שִׂמְחָה) in Gemeinschaft (16,9), derer sich der Prophet enthalten soll. Dem

---

166 Vgl. zur Schande in ähnlicher Formulierung Ez 36,15; Mi 6,16; Ps 69,8.

167 Oft gesehen wird die Verbindung des Auffindens von Worten mit 2 Kön 22,13; 23,2, also das Auffinden des Gesetzbuches im Tempel. Vgl. Fischer, ebd.: „Das hohe Maß an Zitaten aus anderen biblischen Texten und Anspielungen darauf in Jer läßt jedenfalls auch an schriftliche Gottesworte denken."

168 Möglich scheint es hier, die Umsetzung des guten Gotteswortes (29,19) und das Finden JHWHs in Jer 29,13 f. als Weiterführung bzw. Voraussetzung des Gedankens aufzunehmen.

169 Vgl. Jer 5,14, wo das Wort im Mund des Propheten den Angesprochenen zum Verderben wird. Hintergrund mag auch 9,14 sein, wo dem Volk Wermut und giftiges Wasser zu essen gegeben werden.

gerichtlich angedrohten Ende des Frohlockens steht das Frohlocken als Antwort auf JHWHs Heilshandeln (31,13 und 33,9.11) gegenüber. Die Freude (שִׂמְחָה) weist in ähnliche Zusammenhänge. Sie endet mit dem Gericht (7,34; 16,9; 25,10; 48,33) und wird für die Zeit der Rettung (31,7; 33,11) positiv verheißen. Die Freude, die Jeremia am „Genuss der Worte" hat, entspricht der Wonne der Befreiten in Zion.[170] Sie ist im Erzählkontext Rückblick auf eine Zeit der positiven, überschwänglichen Gottesnähe. Der den Propheten so sprechen lässt, sieht im Verhältnis zum Wort JHWHs bereits alle Bedürfnisse nach Jubel und Freude erfüllt. Freude und Jubel werden durch den eingeschobenen Teilvers (V. 16b) mit ausdrücklicher Zugehörigkeit zu JHWH verbunden. Der Name JHWHs ist ausgerufen über dem Propheten. Dieser Ausdruck begegnet sonst nicht im Zusammenhang mit Einzelpersonen, sondern eher zusammen mit dem Tempel oder mit Jerusalem.[171]

Der positiven und innigen Gemeinschaft mit dem Gotteswort wird im folgenden Vers nun ausdrücklich die Sozialabstinenz (16,8), die versagte menschliche Gemeinschaft entgegengesetzt. Die Teilnahme am Kreis der Lachenden (סוֹד־מְשַׂחֲקִים) ist dem Beter untersagt und mit ihr alle Fröhlichkeit. Die innere Bindung an das Gotteswort vereinsamt ihn[172], an Stelle der Freude füllt den Betenden Gottes Zorn.[173] Die Wortgenügsamkeit des so Sprechenden hat eine beachtliche Kehrseite. Mit dem Einverleiben des Gottesworts wird er zugleich zum Träger des göttlichen Zorns. Die Hand, die dem Propheten das Wort eingab, wird vor diesem Hintergrund zu einer Belastung, die gleichwohl die Freude am Wort nicht aufhebt. Die Belastung durch die Hand JHWHs fühlen auch andere Beter.[174] An dieser Stelle ist die Rede auffällig, weil in ihr auch die positive Konnotation der

---

170 Jes 35,10 und 51,3.11 bzw. Jes 30,29 und Ez 36,5; vgl. Fischer, ebd.

171 Vgl. Jer 7,10 f.14.30; 32,34; 34,15 bzw. 25,29. Ebenso vom Volk in 14,7.9 eingebracht. Vgl. darüber hinaus 2 Sam 12,26 – 28.

172 Allein sein (בָּדָד): Das ist die Isolation des Kranken (Lev 13,46). Es ist das Erleben des isoliert Klagenden (Ps 102,8; Thr 3,28). Für die kollektivierende Rede gibt es das Motiv der Einsamkeit des Gottesvolkes, vgl. u. a. Mi 7,14 in B 1.2.

173 Die Beteuerung, nicht im Kreis der Fröhlichen gesessen zu haben, nimmt die Sozialabstinenz in 16,8 auf (und wird wiederum aufgenommen von Ps 1). Die Rede vom Kreis (סוד 6,11; 23,18.22) bezeichnet eine soziale Zugehörigkeit zum Guten wie zum Bösen. Das Scherzen (שׂחק), mit dem sie sich vergnügen, trifft in 20,7 (שׂחוֹק) den Beter selbst, ab 30,19 wird positiv davon gesprochen, dass JHWH wieder für Lachen sorgt (vgl. auch 31,4), eine Sonderstellung hat die Wurzel zudem in der Rede von Moab, dessen Freude wiederum beendet werden soll (48,26 f.39). Zum Jubeln (עלז) vgl. Jer 11,15, unmöglicher Jubel; 50,11, falscher Jubel und 51,39 die Rede von den jubelnden Säufern: Insgesamt zeigt sich, dass das Verb in den Psalmen den ganz positiven Jubel vor Gott bezeichnet (außer 94,3, wenn die Frevler frohlocken). Vgl. auch Hab 3,18 und Zeph 3,14 als positive Beispiele. In Jes und Jer dagegen ist es zumeist das Jubeln der Unbekümmerten, über die unerwartet das Gericht kommt.

174 Hi 6,9; 19,21; 30,21 u. ö.

Hand JHWHs aus der Berufungsgeschichte widerscheint (Jer 1,9), mit der er den Mund des Propheten berührt und ihm sein Wort in den Mund legt.[175] Mit dem so verinnerlichten Wort füllt sich der Prophet nun allerdings auch mit göttlichem Zorn.[176]

Im letzten Vers wechselt noch ein weiteres Mal die Bildebene, wiederum wird ein Motiv aufgenommen, das im Buch bereits begegnet. Das Leiden des Propheten an der Situation wird als Schmerz und Wunde bezeichnet, die sich zu heilen weigern und so dauerhaft, ja unheilbar scheinen. Wiederum ist kein Wort dieses Verses unabhängig vom Kontext zu verstehen. Der Schmerz des Propheten (כְּאֵב) entspricht dem durch das angesagte Gericht hervorgerufenen Schmerz des Volkes. Die Rede vom Schmerz verbindet das Leiden des Propheten mit dem des Gottesknechts und mit dem Hiobs.[177] Während sein Leiden also auch von anderen Gerechten im Alten Testament empfunden wird, ist die Wunde (מַכָּה) speziell mit

---

175 Vgl. aber auch den unmittelbaren Kontext, in dem JHWHs Hand zum Gericht ausgestreckt wird (Jer 15,6; für die Hand als Sinnbild für die Gewalt der prophetischen Vision vgl. Jes 8,11; vgl. Duhm, Jeremia, 136).

176 Zum mit Grimm (חֵמָה) gefüllt sein (מלא) vgl. 6,11. Der Begriff für Zorn (זַעַם) findet sich ausschließlich zur Bezeichnung göttlichen Grimms. Vgl. Jer 10,10 und 50,25. Das Substantiv wird an allen Stellen (22 Verse), das Verb an den meisten von JHWHs Zorn verwendet und bezeichnet den Zorn in seiner fluchbringenden Wirksamkeit. Auch dies bestätigt die Annahme, dass nicht etwa eigener Zorn den Propheten ergriffen hat. Vgl. 13,12f., wo der Ihr-Gruppe angedroht wird, sie mit Trunkenheit zu füllen.

177 Der Schmerz, כְּאֵב, findet sich in dieser Form nicht noch einmal in Jeremia, aber von der gleichen Wurzel stammt der Ausdruck מַכְאוֹב, der in Jer 30,15; 45,3 für den Schmerz Israels/ Zions und Baruchs verwendet wird. Die Wurzel כאב ist im Alten Testament ein Begriff, der geradezu alle melancholischen Themenstellungen verbindet. Von den 14 Versen, in denen das Substantivum verwendet wird, stehen vier in Hiob, zwei in den Psalmen ([weisheitliche] Klagen 39,3 und 69,30) und einer in Prov 14,13. Vor allem auch der kurze Vers in Prov 14,13, der darauf hinweist, dass ein Herz Schmerzen haben kann, selbst wenn der Mensch lacht, eröffnet eine durchaus spannungsvolle Thematik. So findet sich der Schmerz auch in der Rede vom Gottesknecht (Jes 53,3.4). Interessant und für die Deutung der Beterfigur von Belang ist die Rede vom Schmerzen des Volkes oder vom Schmerz Zions, wie sie in Ex 3,7 zu lesen ist, aber auch in Thr 1,12.18. Vgl. den Schmerz Babels in 51,8. In Jes 17,11 ist der „Tag des Schmerzes" Synonym für den Tag JHWHs. In Jes 65,14 ist das Herzensleid das Schicksal der Ihr-Gruppe, die nicht gerettet wird. Ez 28,24 verheißt das Ende der Schmerzen für das „Haus Israel". Nimmt man diese Formulierungen auf, so wäre allein von der „Schmerzensrede" her die Möglichkeit gegeben, im Beter an dieser Stelle die Identifikation des Zion/ des Volkes/ der Tochter zu sehen, die unter Strafe Schmerzen leidet; zugleich ist die Terminologie des leidenden Gerechten verwendet. Der Prophet erleidet vorab das, was das Volk nach ihm ereilt.

dem Jeremiabuch verbunden und bezeichnet das Leiden des Volkes.[178] Jeremia erlebt an sich das Schicksal der Gemeinschaft.[179]

Auch die Unmöglichkeit, Heilung zu finden, ist motivisch bereits an anderer Stelle vorgebildet, wo die versagte oder zumindest verlangsamte Heilung des Volkes bzw. der Tochter Zion beschrieben wird.[180] Dass an dieser Stelle jedoch die Heilung nicht einfach nur „nicht gelingt", sondern die Wunde sich „weigert" (מֵאֵן) zu heilen, ist einmalig „und unterstellt der durch den Schlag entstandenen Wunde gleichsam einen Widerstand gegen Besserung."[181] Sprechend wird diese Unterstellung durch die parallele Rede von der „Weigerung" in Beschreibungen der Gemeinschaft.[182] Die Wunde des Propheten korreliert mit der Weigerung des Volkes umzukehren. Diese Deutung entspricht auch dem an anderer Stelle in Jeremia vertretenen Konzept von Heilung (רפא). In den meisten Fällen bezeichnet die Wurzel die von der Umkehr der „Kinder" (3,22) abhängige Heilung. Nur die durch Friedensboten angekündigte Pseudoheilung wird ohne Umkehr, Gericht und Änderung versprochen.[183]

Die an anderer Stelle vorgebildete Rede von den Wunden des Propheten legt es nahe, dass der Prophet der Konfessionen nicht als historische Person gezeichnet wird, sondern als auf die Geschichte JHWHs, die Geschichte des Wortes und die Geschichte des Volkes hin transparent. Bereits V. 17 vollzieht das zeichenhafte Gericht, und nun trägt der Prophet in V. 18 auch die Wunden. Doch überschreiten die Wunden des Propheten bloße Zeichenhaftigkeit. Er erlebt tatsächlich das Gericht an sich und zwar so lange, bis es des Zeichens nicht mehr bedarf, weil das Gericht eingetroffen ist oder das Volk aufhört, sich zu weigern. Aus dem Zeichen für das Volk wird so das Zeichen für JHWH, der an das noch ausstehende Gericht erinnert wird. In diesem Sinne ist auch die Antwort JHWHs zu interpretieren: Es bricht dem Gebet allzu schnell die Spitze ab und nimmt vor allem die Bedeutung der Umkehr im Jeremiabuch wenig ernst, wenn die Aufforderung zur Umkehr in

---

178 In Jer 6,7; 10,19; 14,17; 19,8; 30,12.14 wird die Wunde/ der Schlag (מַכָּה) des Volkes/ Zions angesprochen; vgl. Fischer, Jeremia 1–25, 510. Die Verbindung zu Jer 30 ist auch deshalb wichtig, weil dort die Unheilbarkeit der Wunde mit demselben Wort formuliert wird (אָנוּשׁ). Vgl. zur Unheilbarkeit im Kontext der Konfessionen auch Jer 17,9.16.

179 Mit anderer Zuspitzung formuliert Fischer, ebd.: „Wie sie [die Gemeinschaft] ist auch Jeremia schwer getroffen und erlebt keine Genesung."

180 Jer 8,22; 14,19: Vgl. Fischer, ebd. Vgl. auch Dtn 28,27.35, Schlag und Verwundung als Teil der göttlichen Strafe.

181 Ebd.

182 Sich zu weigern (מאן) ist das Verhalten des Volkes in Jer 3,3; 5,3; 8,5; 9,5; 11,10; 13,10. Sie weigern sich zu hören und umzukehren. Und vergleichbar weigert sich hier nun die Wunde zu heilen. Der beabsichtigte Konnex ist offensichtlich.

183 Heilspropheten versprechen Frieden Jer 6,14; 8,11; 51,8f.

V. 19 als „bedingte Heilszusage" und zurechtweisende Antwort auf das Gebet verstanden wird.[184] Die Umkehr und die Ermöglichung der Umkehr sind mehr als ein gnädig akzeptiertes Verstummen kritischen Gebets.[185] Die Umkehr ist der einzige Weg des Volkes zu seiner Heilung, der nur dann gelingt, wenn sie von JHWH ermöglicht wird.[186]

Die Erwartung von Umkehr und Heilung stehen für den klagenden Beter jedoch noch aus. In der abschließenden Anklage Gottes nimmt er das ebenfalls im Buch vorbereitete Motiv der Wasserversorgung auf. Es wird hier verwendet, um JHWH tödliche Unzuverlässigkeit vorzuwerfen.[187] Zentral ist dafür der Vers 2,13 (vgl. 17,13), in dem Israel angeklagt wird, dass es seinerseits JHWH als Lebensquelle verworfen und wasserlose Brunnen an seiner statt gesucht habe. Die Kehrseite dieser Klage findet sich in Jer 31,9, dem Vers, in dem JHWH zusagt, das Volk selbst zum Wasser zu führen.[188] Wieder ist der Beter zwischen die Parteien geraten. Für ihn birgt JHWH keine Erquickung, gerade weil er nicht von ihm abgewichen ist. Eine einfache Verrechnung von Tun und Ergehen wird immer schwieriger, die Vorzeichen haben sich verkehrt. Die Schwere des Vorwurfs im Abschluss dieses Gebetsabschnitts kommt gerade vor diesem Hintergrund zum Tragen: Der Beter legt nahe, dass die Heilsfähigkeit JHWHs nicht größer sei als die

---

184 Schmidt hält dafür, dass die angesprochene Umkehr die Umkehr von der unmittelbar vorhergehenden Klage betreffe. Schmidt, Das Buch Jeremia: Kapitel 1–20, 283. Vgl. Hubmann, Untersuchungen zu den Konfessionen, 289. Ähnlich Fischer, Jeremia 1–25, 516: „Wo Gott so an die Seite der Götter mit deren Unbeständigkeit gestellt wird [...], da hat den Menschen die Dynamik seines Klagens zu weit getragen, und er muß sich Korrektur gefallen lassen."
185 „Die Umkehr, die der Prophet vollziehen soll, wird zugleich als von Gott geschenkte Möglichkeit, als eine durch ihn erneuerte Hinwendung begriffen." (Schmidt, Das Buch Jeremia: Kapitel 1–20, 283f.).
186 Vgl. ähnlich Lundbom, Jeremiah 1–20, 751: „This oracle also has a message for the audience hearing it recited publicly. It rebukes them as well, setting forth conditions by which they may be delivered from pain and made to stand before Yahweh in proper worship. They need to repent, and here are confronted not with another message but with an example. Jeremiah, they learn, was required to do precisely what he has been telling others to do. Assuming that he did return, people will now be under added obligation to do likewise."
187 Die verneinte Verlässlichkeit des Wassers (אמן nif.) nimmt negativ das Attribut göttlicher Beständigkeit auf, vgl. der treue Gott in Dtn 7,9; ein Haus, das Bestand hat in 1 Kön 11,38 u.ö.; Wahr-werden-Lassen des göttlichen Wortes bzw. Bestehen durch ihn in 1 Chr 17,23f.; 2 Chr 1,9; 6,17; 20,20. Vgl. Schmidt, Das Buch Jeremia: Kapitel 1–20, 281f.: „Jeremia ist von tiefen, sein Prophet- wie sein Menschsein treffenden Anfechtungen bewegt [...] Die – kaum überbietbare – Klage wird Gott selbst vorgetragen. In überraschender Weite des Gebets bleibt Raum für Einwände, Klage oder Anklage – soweit mit der Ausschließlichkeit des Glaubens die Ausrichtung gewahrt ist."
188 Vgl. das Vertrauenslied Ps 23.

der konkurrierenden Retter. JHWH wird als Götze dargestellt.[189] Der Vorwurf an Gott hat seinen ersten Höhepunkt erreicht.[190]

Schluss

Es spricht ein Beter, der um JHWHs willen außerhalb der Gemeinschaft steht. Die Innigkeit und Freude des Gottesverhältnisses wird einer Entfremdung von menschlicher Gemeinschaft parallelisiert. Das Gottvertrauen des Betenden ist jedoch angefochten. Er hat auf einen Gott gesetzt, der hinsichtlich des ange-drohten Gerichts Wort hält, doch fürchtet er nun, der göttlichen Langmut zum Opfer zu fallen. Der mit göttlichem Zorn übervolle Beter erträgt die Verzögerung kaum und erinnert seinen Gott an Zorn und Gericht. Wie dem Beter in Jer 11 das Schicksal der Gerichteten droht, trägt auch dieser Beter die Wunden, die eigentlich seine Verfolger schmerzen müssten. Die Konfession in Jer 15 zeigt, auch durch die wiederholte Anspielung auf den Berufungsbericht in V. 10.12 und V. 20, eine starke Fokussierung auf den Propheten und sein Amt.[191]

Der Prophet wendet sich an einen Gott, dessen Wort eine Freude und dessen Zorn grausam ist. JHWHs zögernde Umsetzung des aus dem Zorn resultierenden Handelns zum Gericht lässt ihn unzuverlässig erscheinen und nimmt dem Gott-vertrauen seinen Grund. JHWH nimmt mit seinem Zögern in Kauf, dass der Beter an der göttlichen Langmut leidet und zugrunde geht. Entsprechend wird er vom Beter als ein Gott angesprochen, dem er sich erst wieder in Erinnerung rufen muss – in der Hoffnung, ihn so zum Handeln zu bringen. Die göttliche Antwort geht zwar auf die Anklage des Beters kaum ein, bestätigt jedoch seinen Weg und bekräftigt die schon in der Berufung formulierte Rettungszusage.

Die Feinde des Beters sind seine Verfolger, die die Zeit des aufgeschobenen Gerichts zum Anlass nehmen, dem Propheten nachzustellen. In Unkenntnis ihrer Bedrohung finden sie sich lachend und scherzend zusammen. JHWH scheint den so Agierenden Recht zu geben und damit selbst zum Feind des Beters zu werden.[192] Die gegen den Beter Kämpfenden werden mit dem Volk im Ganzen gleichgesetzt.

---

189 Diamond, The Confessions of Jeremiah, 75: „In effect, the accusation reduces Yahweh to the status of Israel's idols…"

190 Schmidt, Das Buch Jeremia: Kapitel 1–20, 282, spricht folgerichtig von einer der „härtesten Aussagen des Alten Testaments." Lundbom entschärft die Aussage, indem er sie als Frage übersetzt (Lundbom, Jeremiah 1–20, 740). Duhm, Jeremia, 136: „Ein starker Vorwurf!"

191 Als „Verlängerung des Berufungsberichts" beschreibt Hubmann, Untersuchungen zu den Konfessionen, 319, die Konfession.

192 „The prophet stands against both Yahweh and the nation." (Diamond, The Confessions of Jeremiah, 77).

Der eingeforderten Rache an ihnen entspricht der antwortende Gott nicht. Zugesagt werden aber die Rettung des Beters und die Ermöglichung der Umkehr des Volkes.

Das gänzlich als Ansprache an JHWH formulierte Gebet ist nicht allein vom Propheten zu beten, sondern kann von jeder Person gesprochen werden, die sich aus Gründen der Gottestreue am Rand der Gesellschaft findet, eine innige Beziehung zum Wort JHWHs unterhält und unter der Verzögerung des zugesagten Gerichts leidet. Die Verbindung von Klage und Antwort JHWHs dient den so Betenden als Bestätigung ihres Weges, zur bewussten Positionierung in der Nähe zu Gott und in Distanz zur Gesellschaft sowie zur Ermunterung, in der Zeit bis zum Gericht auszuharren. Was schon in Jer 12 anklingt, wird in diesem Gebet und in der überlieferten Antwort verstärkt: Mit dem Schicksal des Propheten wird die Ineinssetzung von Ergehen und Gottesverhältnis nicht nur aufgelöst, sondern umgekehrt. In Einklang mit JHWH und auf ihn hin zu leben, ist gerade nicht mehr mit dem sozialen und körperlichen Wohlergehen verknüpft, wie es die Klagen als ursprüngliche Riten der Rückführung des Separierten in die Kultgemeinschaft implizieren. Im Gegenteil trennt das enge Gottesverhältnis von Glück und Gesundheit. Dass am Ergehen und gesellschaftlichen Stand einer Person ihr Gottesverhältnis nicht mehr ablesbar ist, stellt gegenüber überkommener Theologie eine Neuerung dar und ist zugleich wesentliche Voraussetzung jeder Armentheologie (und der Fortschreibung des Gottesverhältnisses u. a. im Neuen Testament).[193] Gerade weil diese „Kündigung" ursprünglicher Allianzen so neu ist, ist es für die hier Betenden von wesentlichem Belang, dass nicht eigene Überzeugungen, sondern allein das köstliche Gotteswort und der fremde Gotteszorn in diese Vereinzelung getrieben haben. Neu gegenüber den Jeremia-Erzählungen ist dabei die Begeisterung des Sprechers für das Gotteswort und seine Verinnerlichung, die den Rückschluss auf das fromme Selbstverständnis der Verfasser dieser Zeilen zulassen.[194]

2.1.3 Heile mich und ich genese – Jer 17

Klagt in Jer 15 der sozial abstinente Jeremia, so kommt er nach Jer 17 wieder in Kontakt mit Menschen. Wiederum geht es dabei um das Gerichtswort JHWHs. Nun aber fordern die Verfolger selbst spöttisch dessen Eintreffen. Dass es zugleich in Jeremias Ergehen zeichenhaft realisiert ist, hilft in dieser Auseinandersetzung

---

193 Vgl. thematisch Ps 69, wo ebenfalls Beter „um deinetwillen Schmach" tragen und also für ihre Überzeugung so weit gegangen sind, die Grenzen der Sozialität zu verlassen.
194 Diamond, aaO., 75.

wenig. Ausdrücklich weist der Beter darauf hin, dass es seine Gegner sind, die nach dem Gericht schreien, und nicht er selbst. Jer 17 ist die erste Konfession, der keine göttliche Antwort folgt.[195] Zwar speisen sich die Gebete aus der JHWH-Rede, halten aber zugleich präzise die Nichteinlösung der göttlichen Zusagen fest. Andererseits fällt in dieser Konfession die ausdrückliche Verbindung aller Bitten mit Vertrauensbekenntnissen auf. Der Beter trägt dadurch die Antwort auf seine Bitte schon mit vor.

Übersetzung

17,12 Thron der Herrlichkeit, Höhe von Anfang an,
Ort[196] unseres Heiligtums!

13 Hoffnung Israels, JHWH!
Alle, die dich verlassen, werden zu Schanden.
Abtrünnige von mir[197] werden auf die Erde geschrieben,
denn sie haben die Quelle lebendigen Wassers verlassen – JHWH.

---

195 Brueggemann, Jeremiah, 164 f., verbindet dieses Fehlen der göttlichen Antwort mit der immer intensiver werdenden Klage: „The faithful poet prays an unanswered prayer. The hostility he faces from human agents is matched by the silence of God. No theological explanation is given for the silence on God's part." Anders Bezzel, Konfessionen Jeremias, 178 f.: „Weder die Grundschicht von 17,14–18 noch eine ihrer Ergänzungen hat der Klage eine göttliche Antwort folgen lassen wie bei den vorangehenden Konfessionen. Anders als der Prophet, der in den Kapiteln 18 und 20 noch einmal seine Stimme erheben wird, hat JHWH mit 15,21 offensichtlich alles gesagt, was es aus seiner Sicht zum Thema zu sagen gibt. Die Rettung des Propheten, des Gerechten, des erwählten Volkes wird von ihm nicht mehr erneut bestätigt, sie findet im Fortgang des Buches wie der Geschichte einfach statt."

196 In der Septuaginta fehlen diese beiden Worte (מֵרֹאשׁוֹן מְקוֹם). In 4QJer[a] ist der Text fragmentarisch belegt. Es wird sich um eine Haplographie aufgrund einer *aberratio occuli* handeln. Ebenso als Haplographie deuten Duhm, Jeremia, 147; William McKane, *A Critical and Exegetical Commentary on Jeremiah: Vol. 1: Introduction and Commentary on Jeremiah I-XXV. The International Critical Commentary.* Edinburgh: T. & T. Clark, 1986, 403; O'Connor, The Confessions of Jeremiah, 46; Bezzel, Konfessionen Jeremias, 144 Anm. 44.

197 Sowohl Qere (וְסוּרַי – „und die von mir abweichen") als auch Ketib (יְסוּרַי seltene Form „meine Abweicher") und 4QJer[a] lesen hier JHWH-Rede, vorgeschlagen wird die Emendierung וְסוּרֶיךָ vgl. Rudolph, Jeremia, 116, und ihn aufnehmend etwa O'Connor, The Confessions of Jeremiah, 46. Bezzel, Konfessionen Jeremias, 144 Anm. 46, deutet den Text unter Verweis auf die unsuffigierten Formen in Septuaginta und Vulgata als *status constructus*, wobei er die ungewöhnliche Stellung der Form vor Präposition mit Hinweis auf Gesenius, Hebräische Grammatik, § 130 a, begründen will. Anders als in Bezzels Übersetzung gehen in den dort angegebenen Beispielen die *constructa* allerdings enge Verbindungen mit dem nachfolgenden präpositional bestimmten Wort ein. Wollte man den Text so deuten, müsste es hier als Übersetzung heißen: „Abtrünnige auf der Erde, sie werden geschrieben", was wenig sinnvoll scheint. Das Suffix der ersten Person Singular wird als *lectio difficilior* beibehalten.

14 Heile mich, JHWH, so werde ich geheilt.
  Hilf mir, so wird mir geholfen,
  ja, mein Lobpreis[198] bist du.

15 Siehe, sie sagen zu mir:
  „Wo ist das Wort JHWHs? Es soll doch kommen!"

16 Ich aber, ich habe nicht hinter dir her gedrängt wegen des Unheils[199].
  Und den unheilbaren[200] Tag habe ich nicht herbeigesehnt – du weißt es.
  Der Ausspruch meiner Lippen war vor deinem Antlitz.

17 Werde mir nicht zum Schrecken,
  meine Zuflucht (bist) du am Tag des Unheils.

18 Es sollen zu Schanden werden meine Verfolger
  Ich aber möge nicht zu Schanden werden;
  Sie, sie sollen erschrecken,
  ich aber, ich möge nicht erschrecken.
  Lass über sie einen Tag des Unheils kommen.
  Und zerschmettere sie mit doppelter Zerschmetterung.

Text und Struktur

Der Text beginnt mit einem Preis des Tempels (V. 12), der in eine Anrufung JHWHs (V. 13a) und in eine bekenntnisartige Abgrenzung von allen Abweichlern mündet (V. 13b). Ohne an die beiden vorangehenden Verse anzuschließen, hebt V. 14 mit einer vertrauensvollen Bitte an. V. 15 legt klagend die Lage des Beters dar und verdeutlicht, dass es seine zutiefst mit JHWH verbundene Situation ist, die er ihm zum Eingreifen vorlegt. V. 16 betont die Unschuld oder Indifferenz des Beters und

---

198 BHS schlägt mit Duhm, Jeremia, 148, vor, zu תֹחְלָתִי (mein Hoffen) zu emendieren, weil der MT „keinen rechten Sinn gibt und besten Falls nur eine leere Phrase ist." Die Konjektur ist jedoch unnötig. Vgl. Bezzel, Konfessionen Jeremias, 137.

199 Aquila, Symmachus und Theodotion lesen ἀπὸ κακίας, was als Vorlage מֵרָעָה entspräche und hier als ursprüngliche Punktierung angenommen wird, in inhaltlicher Entsprechung zu 15,11 und 18,20. Vgl. auch Duhm, Jeremia, 148, sowie Schmidt, Das Buch Jeremia: Kapitel 1–20, 303: „Ich aber habe dich nie gedrängt wegen des Unheils".

200 Septuaginta (Syriaca und Vulgata) lesen hier ἀνθρώπου, was in der Vorlage אֱנוֹשׁ bedeuten würde. Diese Textänderung ist wohl mit der in 17,9 zu verbinden, wo ebenfalls MT als „un-heilbar" punktiert ist, aber von Septuaginta als „Mensch" gelesen wird. Es handelt sich am ehesten um ein lexikalisches Problem des Übersetzers. Vgl. Stipp, Das masoretische und alex-andrinische Sondergut, 31.

leitet über zur zweiten, eindringlicheren (Unterlassungs-)Bitte in V. 17 f., in die ein Vertrauensmotiv (V. 17b) und ein Fluch (V. 18b) eingebunden sind.[201] Ausdrücklicher als in den Konfessionen 11; 12 und 15 verbindet der Beter in Jer 17 sein Ergehen mit dem Gericht. Zugleich wird seine ursprüngliche Indifferenz gegenüber dem Gericht betont. Eine Abwehr des Gerichts, Fürbitte etwa, wird in dieser Konfession nicht erwähnt.

Die Preisung des Tempels und die Anrufung JHWHs gehen in den ersten Versen so ineinander über, dass sie beinah gleichgesetzt erscheinen.[202] Die anhebende Wir-Rede passt zur betenden Anrede im nachfolgenden Vers. Aus diesem Grund kann nicht abschließend entschieden werden, ob die preisenden Verse bereits Teil des Gebets sein sollen oder nicht. Diese Doppeldeutigkeit der Formulierung scheint bewusst gewählt zu sein.[203] An die Vokation in V. 12–13aα schließt sich mit V. 13aβb ein Bekenntnis an, das inhaltlich 17,5–8 weiterführt, indem es Fluch (V. 5 f.) und Segen (V. 7 f.) einen weiteren Fluch hinzufügt.[204]

---

201 Baumgartner nennt „v.14 Bitte, v.15 Klage [...], v.16 Unschuldsmotiv, v.17 Bitte und Vertrauensmotiv, v. 18 Bitte und Fluch" (Baumgartner, Klagegedichte, 43).

202 Vgl. Martin Metzger, „‚Thron der Herrlichkeit'. Ein Beitrag zur Interpretation von Jeremia 17,12 f." in *Prophetie und geschichtliche Wirklichkeit im alten Israel*, hrsg. von Rüdiger Liwak und Siegfried Wagner. Stuttgart u. a.: Kohlhammer, 1991: 237–262, 253 f.; Brueggemann, Jeremiah, 161, hat hier wenig Schwierigkeiten mit der Gleichsetzung: „In V. 12 Yahweh is celebrated as enthroned."

203 Vgl. Fischer, Jeremia 1–25, 541, der das Gebet in V. 12 anheben lässt, aber (aaO., 557) betont, dass eine eindeutige Bestimmung dieses Verses nicht möglich sei: Ob die Anrede „den Tempel oder Gott selber meint, läßt sich nicht mehr sicher entscheiden [...] Letztlich aber kommt die Hochachtung, die Gottes Heiligtum zuteilwird, ebenso ihm selbst zu." (Fischer, 557). Anders Schmidt, Das Buch Jeremia: Kapitel 1–20, 301 Anm. 41: „Die drei gleich konstruierten Wortverbindungen (V. 12) lassen sich außer als Aussagesatz (vgl. Ps 48,2f) auch – ähnlich dem dreifachen ‚Der Tempel Jahwes...' (Jer 7,4) – als Ausruf verstehen. Weniger wahrscheinlich stellen sie schon – bildlich – Vokative, Anrufungen Gottes, dar; mit V. 13 wechselt das Bild." McKane, Jeremiah 1–25, 402f., sieht hier den Vokativ; Wanke, Jeremia 1,1–25,14, 166, einen Nominalsatz. Reventlow beobachtet, wie an dieser Stelle „verschiedene Chöre aufeinander antworten" (Reventlow, Liturgie und prophetisches Ich bei Jeremia, 231). Ebenfalls an eine Liturgie denkt Schmidt: „Die Prädikation des Zion mit dem Heiligtum, die Anrufung Gottes, die Beziehung zur Liturgie Kap. 14 lassen sich am ehesten verstehen, wenn V. 12f aus dem Gottesdienst stammen. Sie sind mit Absicht der folgenden Klage vorangestellt, bilden als ihre Einleitung einen deutenden Rahmen, verbinden die individuelle Äußerung so stärker mit der Glaubenstradition und nehmen Jeremias Konfession in das gottesdienstliche Geschehen der Gemeinde hinein." (Schmidt, Das Buch Jeremia: Kapitel 1–20, 303). Lundbom, Jeremiah 1–20, 792–794, trennt V. 12–13 voneinander.

204 Schmidt, Das Buch Jeremia: Kapitel 1–20, 302, über V. 13: „Es folgt eine Gerichtsansage mit Begründung."

Auffällig ist die Dopplung der Bitten am Anfang und am Ende der Konfession. V. 14 bittet positiv um Rettung und Heilung. V. 17 f. erfleht dagegen die Abwendung bösen Schicksals. Letzteres soll die Verfolger treffen, nicht den Beter. Der Wechsel von der positiven Bitte um Heilung zur Bitte um Verschonung vom Bösen und zur Verfluchung seines Gegners entwickelt eine ganz eigene Dynamik. Ist JHWH in V. 14 noch derjenige, der den Beter wiederherstellen kann, befürchtet dieser in V. 17, dass eben dieser Arzt zum „Schrecken" wird. Dass Gutes wie Böses von Gott zu erwarten ist, wird in diesem Gebet pointiert formuliert. Die Bitte des Beters wird mit Fortschreiten des Gebets immer dringlicher. Die wiederholte Rede vom „Schrecken" (מְחִתָּה und Wurzel חתת) in V. 17 f. verdeutlicht, dass das Ergehen des Beters und sein Gottesverhältnis eng mit dem Verhalten Gottes gegenüber seinen Gegnern zusammenhängen.

Zwischen den Bitten wird eine Situation beschrieben, deren Ironie augenfällig ist (V. 15 f.). Die nicht näher beschriebene Gruppe der Gegner drängt nach dem „Kommen des Wortes" (V. 15) und damit nach dem Gericht über sie selbst. Im Gegensatz zu ihnen betont der Beter, das Unglück seinerseits nicht herbeigesehnt zu haben.

Mehr noch als in allen anderen Konfessionen fallen in Jer 17 die Wiederholungen und Paronomasien auf. Die Dopplungen der Heilung (רפא) und der Hilfe (ישׁע) in V. 14 stehen den Dopplungen der Schande (בושׁ) und des Schreckens (חתת) in V. 18 gegenüber. Das Handeln am Beter und das Ergehen seiner Opponenten werden auf diese Weise explizit in Beziehung zueinander gesetzt.[205] Auch die Rede vom „Tag" (יום) bestimmt den Text insgesamt. Der „heillose Tag" in V. 16 (יוֹם אָנוּשׁ) wird in der doppelten Rede vom „Tag des Unheils" (יוֹם רָעָה) weitergeführt (V. 17 f.). Die im letzten Vers geäußerte Bitte, der böse Tag möge über die Verfolger kommen (בוא hif.), bindet die so zusammenhängenden Verse an V. 15 zurück, wo die Gegner des Beters nach dem Kommen des Wortes fragen. Sie sollen bekommen, was sie erbeten haben, das zeigt die Verwendung des identischen Verbs. Das ausstehende Wort und der angedrohte oder erbetene Tag bezeichnen das gleiche Geschehen.[206]

Wachstum

Wie oben dargestellt zeigt sich zwischen der allgemeinen Regel in V. 13 und der Bitte um Heilung in V. 14 ein Bruch. V. 14 setzt den vorangegangenen Vers nicht eigentlich fort.[207] Zudem schließt Jer 17,14 deutlich an Jer 15,18 an,[208] eine Be-

---

205 Bezzel, Konfessionen Jeremias, 170 f., spricht von der „Dreierbeziehung".
206 Vgl. Diamond, The Confessions of Jeremiah, 85.
207 Diamond, aaO., 81, nimmt V. 12 f. und 14 – 18 als „two distinct formal units".

zugnahme, die V. 12f. nicht bieten.[209] Entsprechend liegt es nahe, in den beiden Versen eine nachträglich eingefügte, stärker am unmittelbaren Kontext orientierte Ausweitung des Lobpreises zu sehen (תְּהִלָּה). Diese Nachträglichkeit ist auch deshalb wahrscheinlich, weil diese Verse inhaltlich darin von den nachfolgenden differieren, dass sie eine Unterscheidung von Abtrünnigen in den Text eintragen. Auch das tempeltheologische Interesse dieser Zeilen ist innerhalb des Jeremiabuchs auffällig, lässt sich aber mit den ab V. 19 anschließenden Ermahnungen zur Heiligung des Sabbats verbinden.[210]

Innerhalb der Verse 14–18 gibt es weder formal noch inhaltlich stichhaltige Gründe, eine literarkritische Scheidung vorzunehmen.[211] Zwar wird von einigen Exegeten die Spannung zwischen den Stimmungen, in denen V. 14 und V. 18 gesprochen sind, als Hinweis für ihre nachträgliche Verbindung genommen, aber die beiden Verse bezeichnen zwei Seiten der einen Problemlage.[212] Die durch diese Verse betonte Verknüpfung zwischen dem Ergehen des Beters und dem Ergehen seiner Verfolger wird gerade durch diese Spannung differenziert.[213] Sie sollte nicht als Hinweis für nachträgliche Einfügungen gesehen werden, zumal auch eine Streichung von V. 14 aus dem Grundbestand die enge Verknüpfung von Beterergehen und Ergehen der Botschaft bzw. seiner Verfolger nicht aufheben kann.[214] Zudem verbindet genau diese Bitte um Heilung die Konfession mit der vorangehenden. Das entspricht der schon an der Wiederaufnahme der Konfession Jer 11 in Konfession Jer 15 beobachteten Bezugnahme der Anfangsverse einer Konfession auf die jeweils vorangegangene.

---

208 O'Connor, The Confessions of Jeremiah, 49; vgl. Bezzel, Konfessionen Jeremias, 168: „Das Zwiegespräch der Konfession 15 bildet daher den unmittelbaren Verständnishintergrund für 17,14."

209 Brueggemann, Jeremiah, 161f., zählt V. 12f. ausdrücklich nicht zum folgenden Gebet, sondern zu den vorangehenden weisheitlichen Überlegungen (17,5–13).

210 Fischer, Jeremia 1–25, 558.

211 Diamond, The Confessions of Jeremiah, 82; Bezzel, Konfessionen Jeremias, 171.

212 Duhm, Jeremia, 148, sieht V. 18 als Ergänzung an.

213 Vgl. Schmidt, Das Buch Jeremia: Kapitel 1–20, 305: „Die Situation der Anfechtung kommt auf doppelte Weise zum Ausdruck – zunächst im spöttischen Zitat. Außerdem ist, was zuvor (v.13) wie eine Regel erscheint, hier (v.18) nur ein Wunsch: die Bestrafung der Gegner." Für Wanke, Jeremia 1,1–25,14, 169, ist die Bitte „das Ergebnis der Anfechtung eines Menschen, der die Spannung zwischen der im Jahwewort angekündigten Wirklichkeit und zwischen der ihr widersprechenden eigenen Gegenwart aushalten muß."

214 Renate Brandscheidt, „Die Gerichtsklage des Propheten Jeremia im Kontext von Jer 17." in *Trierer Theologische Zeitschrift* 92 (1983): 61–78, 70, bestimmt V. 12–14 als sekundär. Sie nennt den Rest „Mittlerklage" und zu dieser passt die Bitte um Heilung nicht.

Stellung im Buchkontext

Wie die anderen Konfessionen ist auch Jer 17 mit den umgebenden Zeichenhandlungen verbunden. Die Zeichenhandlung in Jer 16,1–9* war in den vorangehenden Konfessionen schon antizipiert worden und bildet nun auch die Voraussetzung des 17. Kapitels. Es geht in ihr um die zeichenhafte Sozialabstinenz des Propheten und eine Ankündigung des Gerichts. Letztere wird ursprünglich fortgesetzt in V. 16 f. und 21, die sich beide durch die Wiederholung des „Siehe" (הִנֵּה) an die Gerichtsankündigung in V. 9 anschließen. Nach hinten hin wird der Abschnitt durch die Zeichenhandlung in Jer 18,1–6, die Töpferszene, begrenzt.[215]

In 16,10–13 wird ein Dialog über die Ursache des Gerichts eingetragen, in dem die Sünde der Vorfahren neben der Sünde der angesprochenen Generation erwähnt wird. Sie besteht in der Verehrung der Fremdgötter. Dieses Thema nimmt Jer 16,18 auf und sagt eine doppelte Vergeltung von Schuld und Sünde an, wie sie in Jer 17,18 wiederholt wird. An diese Gerichtsreden schließt sich die ursprüngliche Konfession Jer 17,14–18 an. Sie ist unmittelbarer Reflex der Gerichtsrede. Spätere Bearbeiter ergänzten die Konfession um die Gebetseröffnungen V. 12 f.

Innerhalb ihres unmittelbaren Kontextes sind Jer 17,14–18 vergleichsweise alt. Die vorangehenden Verse in Kapitel 17 nehmen in weisheitlicher Rede unterschiedliche Aspekte des Gebets und der Gerichtsrede auf. Die Verse 5–8 geben das aus Jer 11 f. und dort im Kontext gut verwurzelte Bild vom gedeihenden Baum wieder. Anders als in den weisheitlichen Versen in Jer 12, wird in Jer 17 jedoch die Gesetzmäßigkeit, nach der der Weise gedeiht und der Frevler verdorrt, nicht in Frage gestellt. Die Rede von der Prüfung von Herz und Nieren durch JHWH und die Rede von der Unheilbarkeit des Herzens in V. 9 versehen die spätere Heilungsbitte mit einer neuen Note.

Interpretation im Kontext

Die vertrauensvolle Bitte um Heilung (רפא) eröffnet das Gebet in V. 14 und knüpft damit unmittelbar an der in Jer 15 zu findenden Vorstellung vom Beter als Verwundeten an. Das Ergehen des Beters bildet nach dieser Deutung das erwartete Schicksal des Volkes ab wie in einer intensivierten Zeichenhandlung.[216] Die Bitte um Heilung ist damit mehr als nur der Wunsch um göttlich verfügte Gesundung einer Einzelperson, sie ist die Bitte um Umkehr und Rettung des Volkes. Somit zielt die Heilungsbitte auf die Überwindung des störrischen Willens des Volkes und auf

---

215 Die vorangehende Mahnung zur Heiligung des Sabbats dürfte jünger sein, verbindet sich aber gut mit der Fortschreibung in V. 12. Vgl. Bezzel, Konfessionen Jeremias, 161.
216 Dass der Beter, der hier vorgestellt wird, der Heilung bedarf, hat er mit dem Beter in Jer 15,18 gemeinsam.

die Durchsetzung des Gerichts, das dafür Sorge tragen soll, dass nur noch die wahren Übeltäter verwundet werden.[217]

Auch die Bitte um Hilfe (ישע hif.) hat eine vergleichbare Vorgeschichte. In der Antwort JHWHs in Jer 15,20 wird sie bereits verheißen. Insofern besteht wiederum ein enger Konnex zur vorangehenden Konfession. Auf diese Zusage beruft sich der Beter. Verheißene und vorenthaltene Hilfe werden auch darüber hinaus innerhalb des Jeremiabuches eng mit Strafe und Erbarmen JHWHs verbunden.[218]

Die Anrede JHWHs als „Lobpreis" zitiert die Aussage in Dtn 10,21, nach der ein Blick in die Heilsgeschichte Israels zeigt, dass JHWH Lobpreis Israels genannt zu werden verdient.[219] Weitergeführt wird dieser Gedanke im Lobpreis JHWHs in

---

217 Die Heilung wird im Buchkontext mehrfach zitiert. Der Vorwurf an die Heilspropheten besteht darin, dass sie Heilung versprechen, wo keine Heilung ist (6,14; 8,11). JHWH selbst kündigt Heilung an, die aber von der Umkehr des Volkes abhängig gemacht wird (3,22; 30,17; 33,6). Die Erfahrung ist, dass die Heilung nicht voranschreitet (8,21 f.; 15,18). Dem entspricht die zeichenhafte Ankündigung, bei der das Tongefäß „unheilbar" zerbrochen wird (19,11). Der verletzte Beter scheint mit Jer 8,21 selbst von der Botschaft getroffen zu sein, „die er auszurichten [...] hat." (Schmidt, Das Buch Jeremia: Kapitel 1–20, 304).

218 Hilfe und Heilung gehören zusammen (vgl. 8,20–22). Anders als die Bitte um Heilung ist die Bitte um Hilfe nicht in den bisherigen Klagen der Konfessionen angelegt, sondern nimmt ein Motiv der göttlichen Antwort in 15,20 auf. Aber auch darüber hinausgehend ist die Rede von der Hilfe tief im Jeremiabuch verankert. In Jer 2,27 f. lehnt JHWH Hilfeleistung ab, weil das Volk erst in der Bedrohung von den Götzen, die nicht helfen, zu ihm flieht (vgl. auch die nicht vorhandene Hilfsfähigkeit der Götzen in 11,12). Voraussetzung der Hilfe ist die Reinigung des Herzens (Jer 4,14). Dem betenden Volk kommt es jedoch so vor, als sei JHWH selbst außerstande zu helfen (14,8 f.). Ab Jer 23,6 wird das Thema Hilfe (30,7.10.11; 31,7; 33,16; 42,11; 46,27) allerdings kaum mehr von Umkehr abhängig gemacht, sondern rein als Zusage angesprochen, bis hin zum Jubel 31,7. Innerhalb des Buches wird das Gebet auf diese Weise eindrücklich beantwortet. Hilfe widerfährt Juda/ Israel/ Zion. Nimmt man an, dass die Konfessionen und die Volksklage in Jer 14 jünger sind als die Zusagen in Jer 23 ff., dann ergibt sich aus der Spannung dieser Texte nicht nur die „Erfüllung" der Bitten im zweiten Buchteil und in den Zusagen, sondern auch eine Differenzierung hinsichtlich der Wünschbarkeit voraussetzungslosen Erbarmens. Die in Jer 23 ff. angekündigte Hilfe geht über die in den Konfessionen erwartete Hilfe für den Gerechten hinaus.

219 Wer so betet, entspricht der Aufforderung in Jer 9,22 f., sich JHWHs und nicht der eigenen Weisheit zu rühmen (vgl. seine Rolle als Ruhm der Nationen in 4,2; 33,9). In Jer 13,11 wird deutlich, dass umgekehrt Israel als Ruhm JHWHs gedacht war und dieser Rolle nicht entspricht. Helmer Ringgren, „Art. הלל hll." in *Theologisches Wörterbuch zum Alten Testament* II (1977): 433–441, 440 f.: „Gott ist der Gegenstand dieses Lobens, seine Taten sind dessen Grund... Möglicherweise kann *tᵉhillāh* hier auch das bezeichnen, wessen man sich rühmt." In 33,9 wird der zu lobende Name Israels wieder von JHWH hergestellt. Dort wie in 13,11 ist also nicht JHWH Lobpreis des Volkes, sondern das Volk ist der Lobpreis. Es „handelt [...] sich um den Ruhm und die Ehre, die Israel unter den Völkern zuteilwerden bzw. die es JHWH als dem Gott Israels verschafft." (aaO., 440). Vgl. den Jubel über Jakob, über die Rettung des Restes durch JHWH in Jer 31,7 sowie JHWH als Lobpreis des Betenden in Ps 109,1. Neben den vielen Beziehungen

Jer 20,13 und 31,7. Zugleich wird der „Lobpreis" innerhalb des Jeremiabuches als Ausdruck für das Volk Israel verwendet und weist auf Vergangenheit und Zukunft, näherhin auf die ursprünglichen Pläne JHWHs für sein Volk (13,11) und auf seine Pläne für eine noch ausstehende Rettung (33,9). Das Volk soll JHWH zum Lobpreis werden, wie er es für den Beter dieser Zeilen ist, der dadurch wiederum zum Lobpreis JHWHs geworden ist.

Die Rede der Gegner (V. 15), die hier als anonyme Gruppe agieren, führt zwei Stränge zusammen. Die in Klagen überlieferte Spott-Frage: „Wo ist dein Gott?"[220], die dem hilflosen Beter gestellt wird, wird verbunden mit dem Motiv des Prophetenworts, das am Eintreffen oder Nichteintreffen als wahr oder falsch erwiesen wird. Nimmt man das Prophetengesetz ernst, so ist die Erfüllung des Wortes eine Frage auf Leben und Tod, weil der als falscher Prophet Erwiesene sterben muss.[221] Obwohl der Prophet also in Todesgefahr schwebt, sollte das Angekündigte nicht eintreffen, betont er, die Erfüllung seines Wortes nicht herbeigeredet zu haben (V. 16). Durch die Betonung der Absichtslosigkeit des Beters wird die Art der Verbindung von Prophet und Botschaft vereindeutigt. Zwar nimmt die Botschaft vom Propheten Besitz, doch bleibt er ihr gegenüber indifferent. Es ist JHWH, der das Gericht verhängt und damit verantwortet, nicht der Prophet.[222] Wer so betet, ist in der Lage, größte Aggression auszudrücken, ohne sich selbst als Aggressor bezeichnen zu müssen. Der Text dient dazu, zugleich Theologie und Identifikationsbildung zu betreiben.[223] Die demütige Unterordnung der Betenden dient deshalb auch der Abgrenzung gegenüber weniger Demütigen und zur Hervorhebung des eigenen besonderen Gottesverhältnisses. Gegner sind alle, die nicht mehr auf ein ausstehendes Wort JHWHs warten (vgl. Jes 26,11).

---

innerhalb des Jeremiabuchs ist natürlich die Verbindung zu Ex 15 zu berücksichtigen, wo ebenfalls der Aufforderung von Jer 9 entsprochen wird.

220 Zur Frage „Wo ist dein/ ihr Gott?" vgl. Ps 42,4.11; 79,10; 115,2.

221 Jer 11,8; 25,13; 28,9; 39,16; sie zitieren das Prophetengesetz Dtn 18,22; vgl. zudem Ri 13,12.17.

222 Vgl. Fischer, Jeremia 1–25, 562: „Jeremias Aufforderungen an Gott mögen nicht ‚christlich' erscheinen, und sie erhalten auch, zumindest vorläufig, keine direkt inhaltlich darauf eingehende Antwort von Gott. Doch nimmt sein Gebet in sehr dichter und markanter Weise Motive aus dem unmittelbaren Zusammenhang des Kapitels sowie aus dem Ende seiner Bestellung in Jer 1 und der früheren Klage in Kap. 15 auf. Unter dieser Rücksicht führen V 14–18 *die Themen des verkehrten Herzens und des Vertrauens auf Gott zu einem trefflichen Abschluß.*"

223 Die Funktion, die der Text für die Binnenlogik hat, bleibt dabei gleichwohl erhalten. Vgl. Bezzel, Konfessionen Jeremias, 169 f.: „Daß der Prophet in V. 16 beteuert, er habe kein Unheil herbeigesehnt, steht dazu in keinerlei Widerspruch, sondern verstärkt gewissermaßen den moralischen Druck auf Gott: Der Beter hat im Namen JHWHs – gegen den eigenen Willen – seine Pflicht erfüllt, nun ist dieser an der Reihe, seinen Teil des Vertrages einzuhalten."

Der nicht erwünschte schlimme oder heillose Tag ist nun wiederum eng in seinen Kontext eingebunden. Der Begriff אָנוּשׁ findet sich in mehr als der Hälfte der raren Belege im Jeremiabuch.[224] Es ist wahrscheinlich, dass er zunächst für das Bild von der Wunde verwendet wurde und erst in Kombination unterschiedlicher Motive auch den Tag des Gerichts bezeichnen kann. Im Fortgang des Gebets in Jer 17 wird der Gerichtstag noch zweimal aufgenommen (V. 17.18). Dort wird er allerdings als „Tag des Unheils" (יוֹם רָעָה) bezeichnet. Dass hier in Unterscheidung und gleichwohl in Anknüpfung einmal vom „unheilbaren", ein andermal vom „bösen" Tag die Rede ist, lässt Gerichts- und Wundenmetaphorik ineinander übergehen.

Auf die Gegenwartsbeschreibungen folgen die abschließenden Bitten, die wiederum im Wesentlichen im Jeremiabuch verwurzelt sind. Wie beschrieben unterscheiden sie sich in ihrer Fokussierung: In V. 17 geht es vornehmlich um das Verhältnis von JHWH und Beter, in V. 18 dagegen wird das Verhältnis von Beter und Gegnern bedacht. Die Vorordnung von V. 17 verdeutlicht dabei, dass es auch bei der so oft problematisierten Bitte von V. 18 letztlich um das dort angesprochene Gottesverhältnis des Beters geht.

Jeremia bittet JHWH, ihm nicht zum Schrecken (מְחִתָּה) zu werden, und betont, er sei seine Zuflucht (מַחֲסֶה) am Tag des Unheils (יוֹם רָעָה). Durch die Ähnlichkeit der beiden Vokabeln für „Schrecken" und „Zuflucht" wird erkennbar, wie schnell der Wechsel von einem Gott der Zuflucht zu einem Gott des Schreckens vollzogen ist. Die Bezeichnung JHWHs als Zuflucht des Beters ist im Jeremiabuch sonst nicht verwendet. Hier wird Psalmensprache gesprochen, mit der das Motiv des Vertrauens auf JHWH in Jer 17,7 sachlich aufgenommen und weitergeführt wird.[225] Der Grund für die Übernahme der Vokabel wird wohl im Gleichklang mit dem Schrecken liegen, der sehr wohl im Jeremiabuch einen Ort hat. Das Erschrecken wird bereits in der Berufung Jeremias' prominent erwähnt (חתת Jer 1,17b).[226] Dort wird Jeremia davor gewarnt, vor den Menschen zu erschrecken, um nicht von JHWH erschreckt zu werden. Die Sorge, JHWH könne zum Schrecken werden, ist also bereits in der Berufung angelegt und droht dort als Strafe für zu geringes

---

224 אָנוּשׁ hat insgesamt acht Belege, von denen sich fünf in Jeremia finden. Hiob 34,6 spricht metaphorisch von einer tödlichen Verwundung. In Jes 17,11 wird ein Gerichtstag als Tag des unheilbaren Schmerzes (אָנַב) beschrieben. Dieses Wort steht in Verbindung zu Jer 15,18 (siehe auch zur Stelle). In Jer 17,9 wird die Unheilbarkeit des Herzens beschrieben. Diese Unheilbarkeit der Wunde wird in Jer 30,12.15 wieder aufgenommen und der Genesung (30,17) zugeführt. In Micha 1,9 sind es die Wunden Jakobs, die entsprechend unheilbar und schlimm sind. Die zugehörige Verbalwurzel אנשׁ begegnet nur einmal in 2 Sam 12,15.

225 Vgl. Ps 14,6; 46,2; 61,4; 62,8 f.; 71,7; 73,28; 91,2.9; 94,22; 104,18; 142,6; Prov 14,26 und Jes 4,6; 25,4; 28,15.17; Hi 24,8 sowie Jo 4,16.

226 Vgl. zum Leben ohne Schrecken Jer 23,4 und 30,10.

2 Verzögerung —— **295**
Vertrauen. Nach Ansicht des Beters in Jer 17 ist es nicht sein eigenes Gottvertrauen, das darüber entscheidet, ob der Schrecken ihn ergreift, sondern JHWH entscheidet unabhängig vom Verhalten des Beters. Der Gott, der den Schrecken verhindert und in Jer 30,10 bzw. 46,27 ausdrücklich eine schreckenslose Zeit zuspricht, ist selbst nah daran, zum Schrecken zu werden. Wiederum wird damit verdeutlicht, dass die Verfolger des Beters auch eine Bedrohung für dessen Gottesverhältnis darstellen.[227]

Durch etliche Wiederholungen und Motivaufnahmen ist nun auch der letzte Gebetsvers (V. 18) eng mit seinem unmittelbaren Umfeld und mit dem Buch insgesamt verbunden. Am vorhergehenden knüpft er durch die Rede von der Schande (בוש)[228] an, die in 17,13 erwähnt wird. Außerdem verbindet er sich mit V. 17 mittels der Wiederaufnahme des „Unheilstages" (יוֹם רָעָה) und der im „Schrecken"[229] liegenden und in V. 18 gleich doppelt wieder aufgenommenen Wurzel חתת. Die doppelte Erwähnung des „Unheilstages" macht die doppelte Bedeutung dieses Tages ersichtlich: Es ist der Tag, an dem und durch den sich JHWH als Zuflucht des Beters erweist, an dem er die Gegner des Beters zerschmettert und damit das angekündigte Gericht ausführt. Das „Kommen" (בוא) verbindet V. 18 mit der ironischen Frage der Gegner in V. 15. Dass die Gegner als „Verfolger" dargestellt werden, nimmt Motive der voranstehenden Konfessionen auf (vgl. 15,15). Zuletzt verbindet sich der Vers über die Rede vom Bruch (שׁבר/שִׁבָּרוֹן) mit dem in Jeremia

---

227 Fritz Maass, „Art. חתת ḥātat." in *Theologisches Wörterbuch zum Alten Testament* III (1982): 296–302, 298, verbindet Berufungsauftrag und Jer 17 miteinander. „[D]as ist antithetischer Parallelismus." Vgl. noch Jer 30,10 par. 46,2.

228 Scham und Schande (בוש) werden im Jeremiabuch in 27 Versen angesprochen. Erfragt der Prophet hier die Beschämung oder Schande des Volkes, so erbittet er nur das, was bereits wiederholt als Gericht angekündigt worden ist. Über diese bereits erfolgte Ankündigung geht dieses Gebet jedoch an einer Stelle hinaus, weil es deutlich macht, dass auch die Unversehrtheit des Propheten in dieser Frage nach der Scham mit enthalten ist. Wenn das Volk nicht bestraft und nicht beschämt wird, dann wird er beschämt. Scham und Schande erlebt, wessen Botschaft und Selbstverständnis eben nicht von JHWH kommt. Wer im Recht ist, wird nicht beschämt. „Jeremia setzt die Tradition seiner Vorgänger fort, unterscheidet sich von ihnen aber darin, daß er seine persönliche Existenz ganz in die Katastrophe seines Volkes verflochten sieht und sich daher sehr unmittelbar mit der Volksklage auseinandersetzt." (Horst Seebaß, „Art. בוש." in *Theologisches Wörterbuch zum Alten Testament* I (1973): 568–580, 573). Vgl. Jer 9,1; 12,13; 14,4; 15,9; 31,19 sowie zuvor Jer 3,24f.

229 Die Aufforderung, nicht zu erschrecken, ist die göttliche Präzisierung und Ethisierung der Beistandszusagen (Jer 1,17; 10,2). Erschrecken müssen alle, denen das Gericht droht (8,9; 48,1.20.39; 49,37; 50,2.36; 51,56). Entsprechend ist das nach dem Gericht angekündigte Erbarmen JHWHs der Beginn neuer Zeitrechnung (Jer 23,4; 30,10; 46,27).

für das Gerichtsgeschehen verwendeten Motiv[230] und knüpft vor allem an die Gerichtsreden und an die nahezu unmittelbar folgende Töpferrede (19,11) an. Dass die Verfolger nicht nur zerbrochen, sondern „doppelt" zerbrochen werden sollen, erinnert innerhalb des Buches an die doppelte Sünde des Volkes in Jer 2,13[231] sowie an die doppelte Strafe in Jer 16,18, die die Verfolger des Beters mit den Feinden JHWHs identifiziert.[232]

Wie fügen sich nun die vorangestellten Verse in den beschriebenen Kontext? Beide haben unterschiedliche Schwerpunkte und gehen zugleich unmittelbar ineinander über. V. 12 reiht drei Formulierungen für den Tempel aneinander. V. 13 verbindet die Anrufung JHWHs mit der Ausgrenzung Abgewichener. Beide Verse beschwören die Verlässlichkeit göttlichen Handelns, die im ursprünglichen Gebet noch erbeten wird. Durch die Zusammenstellung dieser Texte wird jedoch auch für diese Verse nahegelegt, was durch die Einfügung der Konfessionen für alle Rettungsaussagen des Buches gilt, dass es sich bei der besungenen Lebensordnung noch um ein Sein im Werden handelt und nicht um zuhandene Glückseligkeit.[233]

Der Preis des Tempels in V. 12 ist im Zusammenhang des nicht tempeltheologisch orientierten Jeremiabuches durchaus auffällig.[234] Die Anrufung JHWHs und des Ortes seiner majestätischen Gegenwart nehmen die positive Verortung des Menschen in Gottesnähe auf, die vorher in der Rede vom Baum am Wasser in V. 7 und V. 8 anklingt.[235] Die vorangehend angesprochene Abkehr (עזב und סור) wird hernach in V. 13aβb weitergeführt. Die Betenden übernehmen also die Aussage der Verse 5 – 8 und eignen sich die entsprechende Unterscheidung von Gottesan-

---

230 Vgl. Jer 4,6.20; 6,1.14 u. ö. „Ohne die vorherige Feststellung aufzuheben, kann gefragt werden, ob Jer 19,11 ein Reflex der Übernahme von Zerbrechens-Aussage in die religiöse Rede ist: Das Novum, daß JHWH [dieses Volk/ Israel] zerbricht, wird erläutert durch den Hinweis ,wie man Töpfergeschirr zerbricht'." (Burkhard R. Knipping, „Art. שׁבר šāḇar." in *Theologisches Wörterbuch zum Alten Testament* VII (1993): 1027–1040, 1038 f.)

231 Bezzel, Konfessionen Jeremias, 148.152. Allgemeiner deutet dagegen Duhm, Jeremia, 149, „...die Drohung mit doppelter Strafe lieben die Späteren vgl. 16,18."

232 Vgl. ebd.; Fischer, Jeremia 1–25, 562; Bezzel, Konfessionen Jeremias, 152, u. ö.

233 Für die Interpretation der Stelle auf diese Weise vgl. Bezzel, aaO., 173.

234 Vgl. Schmidt, Das Buch Jeremia: Kapitel 1–20, 302 f., der den Vers in die Nähe der Zionspsalmen rückt. Alle Belegstellen legen nahe, dass hier vom Tempel/ Zion die Rede ist. Vgl. Jer 14,21; 1 Sam 2,8 und Jes 22,23. Die Höhe (מָרוֹם) bezeichnet auch den Zion, an dem sich das zerstreute und wieder gesammelte Israel findet (Jer 31,12). Dazu ist vor allem der Begriff „von Anfang her" wichtig, weil Stellen wie Jer 33,7.11 deutlich machen, dass „früher" auch eine Zeit bezeichnet, in der zwischen JHWH und seinem Volk noch alles gut ist, zu der man also zurückkehrt. Vgl. Schilo in Jer 7,12, wo einst JHWHs Name wohnte.

235 Vgl. Bezzel, Konfessionen Jeremias, 176.

hängern und Abweichlern an.[236] Im Anschluss an die Konfession wird in V. 26 ein positiv konnotierter Tempel als Zentrum der Huldigung in Aussicht gestellt.

Die eigentliche Anrufung JHWHs trägt wesentliche Aspekte der Konfessionen zusammen und grenzt sich gegenüber den Abweichlern als die Gruppe ab, die sich auf JHWH als Hoffnung Israels verlässt.[237] JHWH als Hoffnung seines Volkes steht im Verlauf des Buches der trügerischen Hoffnung gegenüber, die die Heils- oder Falschpropheten wecken.[238] Dass die Sprechenden die Abkehr (עזב) einer von ihnen unterschiedenen Gruppe beklagen, weist darauf, dass innerhalb des Volkes zwischen Rechtgläubigen und denen, die JHWH verlassen, differenziert wird.[239] Ähnlich sind auch die Abweichler (סור) zu bestimmen.[240] Die Sicherheit, alle Abweichler würden letztlich zu Schanden kommen und vergehen, betont eine Ordnung, um deren Umsetzung im nachfolgenden Gebet erst noch gerungen wird. Zugleich wird nahegelegt, dass die Betenden sich selbst ohne Zweifel auf die Seite der „Nicht-Abweichler" stellen.[241]

Ganz offensichtlich eng mit dem Jeremiabuch verbunden ist die abschließende Feststellung, die Abweichler würden die Quelle lebendigen Wassers (מְקוֹר מַיִם־חַיִּים) verlassen. Eine besondere Dynamik entwickelt das aus Jer 2,13 übernommene Bild im Kontext der vorangehenden Konfession Jer 15, in der der Beter

---

236 עזב auch unmittelbar vorher in Jer 17,11.

237 Duhm, Jeremia, 147, verfolgt die Bestandteile dieses Verses folgendermaßen zurück: 14,8; 1,28f. und 2,13.

238 Vgl. Jer 8,15; Jer 14,8.19.22; Jer 50,7.

239 Schmidt, Das Buch Jeremia: Kapitel 1–20, 303: „Jetzt redet nicht mehr der Einzelbeter mit seinem persönlichen Schutzgott, sondern es stehen sich Gemeinde/ Volk und JHWH, der Gott Israels, gegenüber. Das Volk hat JHWH schuldhaft verlassen." Mit Erhard S. Gerstenberger, „Art. עזב ʿāzab." in Theologisches Wörterbuch zum Alten Testament V (1986): 1200–1208, 1207, erkennt er die in dieser Formulierung anhebende „konfessionelle Strukturierung der Gesellschaft."

240 Im unmittelbaren Kontext ist die Erwähnung der Abweichung in Jer 17,5 von Bedeutung. Vgl. Jer 2,21, wo JHWH sagt, er habe Israel als Edelrebe gepflanzt, sie habe sich aber in סוּרֵי הַגֶּפֶן verwandelt, einen „entarteten Weinstock". „In Jer 5,23 und Ps 14,3 wird סור absolut gebraucht. Der Prophet sagt, daß das Volk einen widerspenstigen Sinn hat..." (Lambertus A. Snijders, „Art. סור sûr." in Theologisches Wörterbuch zum Alten Testament V (1986): 803–810, 808). Vgl. auch Jer 6,28.

241 Bezzel, Konfessionen Jeremias, 175f.; Duhm, Jeremia, 147f., zu 17,12f.: „Die beiden Verse müssen in einer Zeit entstanden sein, wo viele Juden in Palästina ihre Religion verleugneten, vielleicht also erst im 2. Jahrh., obgleich in vereinzelten Fällen dergleichen auch früher vorgekommen oder doch einzelnen von ihren Gegnern nachgesagt sein mag."

JHWH eben nicht als Quelle, sondern nur als Scheinquelle erlebt.[242] Die kritischen Töne dort werden hier mit Nachdruck zurückgenommen.

In Jer 17,12 f. spricht der Beter Gott im Zusammenhang mit einem Lobpreis des Heiligtums an und trägt so eine neue theologische Tendenz in den Gebetszusammenhang ein. Die Parallelisierung, ja mögliche Identifikation Gottes mit dem Heiligtum machen ihn zum einzig legitimen Kristallisationspunkt frommer Hinwendung.[243]

Schluss

Es spricht ein verwundeter Beter, der sich Rettung und Heilung von JHWH verspricht. Sein Verhältnis zu JHWH ist eng, er rühmt sich nicht seiner eigenen Stärke, sondern JHWHs.[244] Die Dringlichkeit seines Gebets ist hoch, er sorgt sich, vernichtet zu werden, und fürchtet Gott fast ebenso wie seine Verfolger. Doch in Bezug auf das in den Gebeten oft eingeforderte Gericht wäscht er seine Hände in Unschuld. Nicht er habe nach dem Unglückstag gedrängt. Nun aber, da die Situation sich so zugespitzt hat, dass nur noch die Alternative bleibt, selbst vernichtet zu werden oder die Vernichtung der Verfolger zu sehen, fordert er die Umsetzung des angedrohten Gerichts und damit die Vernichtung der Feinde. Dass diese Vernichtung die Heilung des Propheten bedeutet, streicht die Ambivalenz der Situation deutlich heraus.[245]

Der Beter wendet sich an einen Gott, der die Macht hat, zu heilen und zu vernichten, zu helfen und zu zerschlagen. Je nach souveräner, göttlicher Entscheidung wird JHWH dem Beter zum Schrecken oder zur Zuflucht. Dass nicht entschieden ist, wie sich JHWH zeigen wird, gibt dem Gebet seine Brisanz.

Gegenüber den Aussagen in den vorangehenden Kapiteln wird das Problem hier noch weiter getrieben. Wird JHWH in Jer 15 vorgeworfen, nutzlos und trügerisch zu sein wie ein Abgott, nähert sich der Beter dieser Zeilen der dunklen Seite eines Gottes, der Heil und Unheil souverän und uneinsehbar zuteilt. Im Bewusstsein der Gefahr wendet sich der Beter diesem Gott zu und bittet ihn, sein

---

242 „Jeremias Aufforderung 2,10 – 13, nach der Gott selbst ‚Ehre, Ruhm' heißt (V. 11), ist das Bild ‚Quelle lebendigen Wassers' mit dem Vorwurf, Gott zu ‚verlassen' (V. 13), entlehnt." (Schmidt, Das Buch Jeremia: Kapitel 1–20, 302).

243 Fischer, Jeremia 1–25, 557, schließt, es sei nicht endgültig zu klären. Er votiert eher für den Tempel und betont zugleich, dass die Ambivalenz bestehen bleibe.

244 Die Betonung der Beziehung und Nähe mag gerade auch an der wiederholten Rede vom „du" (V. 14.16.17) und „ich" (V. 16.18a.b) zu erkennen sein. Vgl. Diamond, The Confessions of Jeremiah, 81.

245 Diamond, aaO., 86: „This lends even more (ironic) force to the prophet's petition, for his 'healing' (i.e. vindication, V. 14) will mean the 'breaking' (V. 18b) of the nation."

gnädiges Antlitz ihm zuzuwenden und seine Worte und die Zusagen der Berufung zu bestätigen.[246] Dabei ist das gnädige Antlitz, nach dem der Beter verlangt, das Antlitz, das zugleich seine Verfolger zornig anblickt.

Die Verfolger des Beters nehmen dessen Schreckensbotschaft nicht ernst und halten ihn wegen des ausbleibenden Gerichts für einen Lügenpropheten. Sie haben Schuld auf sich geladen, bleiben aber selbstbewusst, weil das Gericht nicht eintrifft und sie sich mangels anderen Anhalts für schuldlos halten können. Das Gerichtshandeln macht Gott nicht zum Schrecken, sondern zur Zuflucht des Beters. Der Schrecken für die vielen bedeutet Zuflucht für die Elenden. Das fast gänzlich in Anrede JHWHs formulierte Gebet ist nicht allein vom Propheten zu beten, sondern von jedem Beter, der sich mit dem Wort JHWHs in religiös-sozialer Opposition zu einer Gruppe „Ungläubiger" sieht. Wer diese Worte betet, stellt sich in die Reihe derer, die das von Jeremia angekündigte Gericht als einen Tag des Unheils erwarten. An ihm wird den Opponenten, die keinen solchen Tag erwarten, der Untergang bereitet. Denjenigen aber, die so beten, wird JHWH genau an diesem Tag zur Zuflucht.

Die Parallelisierung von Tempel und JHWH in den nachträglich vorangestellten Versen 12 f. ermöglicht es, in der betenden Hinwendung zu JHWH einen literarisch verfassten Ort des wahren Gottesdienstes zu finden, der auch den in Opposition zum Tempel stehenden Frommen Heimat werden kann. Ihre Gegner mögen zwar am tatsächlichen Tempel amtieren, werden aber gleichwohl als Personen beschrieben, die JHWH – und damit die Quelle des Lebens – verlassen haben.

2.1.4 Achte auf mich, JHWH – Jer 18

In der Konfession 18 werden die Gegner des Beters noch einmal als Gruppe von Menschen erkennbar, die sich auf die überkommenen religiösen Institutionen stützen und sich – auf dieses Vertrauen gegründet – nicht von Jeremia irritieren lassen wollen. Als Verfolger des Propheten werden sie so gezeichnet, wie im Psalter heimtückische Feinde dargestellt werden.

Auch die Tätigkeit Jeremias wird in dieser Konfession noch einmal klarer konturiert. Er stellt sich selbst als ursprünglichen Fürbitter vor. Die Beziehung zwischen dem Fürbitter und seinen Verfolgern ist auf ihrem Tiefpunkt, wenn

---

246 „Wie es bereits bei den Klagegebeten in Kapitel 11 und 15 beobachtet werden konnte, so bildet auch hier wieder die Bestellung zum Propheten auf zweierlei Weise den Grund der Konfession. Sie ist letzten Endes die Ursache für das Leiden des Beters – aber sie bietet auch die Basis, auf der er gegenüber Gott argumentieren und von ihm die – aus Konfessionensicht zweimal – zugesagte Errettung einklagen kann." (Bezzel, Konfessionen Jeremias, 171 f.).

Jeremia JHWH bittet, ihre Schuld nicht zu vergeben und ihre Fehler nicht zu tilgen.[247] Diese prophetische Antifürbitte nimmt das vierte Fürbittverbot in Jer auf und führt es logisch weiter zu einem Gebet, das in der Wirkungsgeschichte Anstoß und Nachahmung provoziert hat.[248] Das Verhältnis des Beters zu JHWH wird in dieser Konfession nicht thematisiert. Die Möglichkeit, er könne den Bitten des Beters nicht entsprechen, wird nicht in Erwägung gezogen. Darin unterscheidet sich das Gebet von der vorangehenden und der folgenden Konfession.

Übersetzung

18,18 Sie aber sprachen:
>„Kommt und wir wollen Pläne schmieden gegen Jeremia,
>denn es wird nicht verloren gehen Weisung dem Priester,
>Rat dem Weisen und Wort dem Propheten.
>Kommt, wir wollen ihn mit der Zunge[249] schlagen
>und nicht[250] auf all' seine Worte achten."

19 Achte auf mich, JHWH,
und höre auf die Stimme meiner Widersacher[251].

---

247 Fischer, Jeremia 1–25, 576, spricht von „radikalen Verschärfungen", die „in allen Bereichen" zu beobachten seien. „Für Jeremia nähert sich die Krise ihrer Klimax – in Kapitel 20 wird sie erreicht." (Bezzel, Konfessionen Jeremias, 214).

248 Vgl. Lundbom, Jeremiah 1–20, 835, der ein Gebet Elie Wiesels anlässlich des 50. Jahrestages der Befreiung von Auschwitz zitiert.

249 Mit Syriaca wird hier בִלְשׁוֹנוֹ als Emendation vorgeschlagen (BHS). Jeremia würde so nicht mit der Zunge geschlagen, sondern auf seine Zunge. Da in Jer 11 erwähnt wird, dass Jeremias Rede ihm verboten werden soll, ist auch diese Interpretation nicht unsinnig, hier scheint aber eher die aggressive Rede der Gegner gemeint.

250 Verneinung fehlt in der Septuaginta. Verstanden wird wohl, genau auf seine Worte zu achten, um ihn bei unbedachter Äußerung zu besiegen. Vgl. Bezzel, Konfessionen Jeremias, 181: „Ihre Lesart hebt den Rechtsstreit zwischen dem Beter und seinen Gegnern hervor, während der hebräische Text mehr den Umkehrpropheten Jeremia im Kontext des ganzen Kapitels im Blick hat."

251 Septuaginta hat die „Stimme meines Rechtsstreites", τοῦ δικαιώματός μου, woraus auf רִיבִי geschlossen wird. Inhaltlich wird so stärker auf das im nachfolgenden Vers präsentierte Problem fokussiert und weniger auf die Verfolgung des Beters. Vgl. Bezzel, aaO., 182f. Mit LXX lesen Giesebrecht, Jeremia, 107, und O'Connor, The Confessions of Jeremiah, 54.

20 Wird Gutes mit Bösem vergolten?
Denn sie haben meinem Leben eine Grube gegraben![252]
Gedenke meines Stehens vor dir, um Gutes über sie zu reden,
um deinen Zorn von ihnen abzuwenden.

21 Deshalb gib ihre Kinder dem Hunger preis,
und gib sie hin der Gewalt[253] des Schwertes,
ihre Frauen sollen kinderlos werden und zu Witwen,
ihre Männer sollen Pestopfer sein,
ihre jungen Männer vom Schwert Erschlagene im Krieg.

22 Geschrei soll aus ihren Häusern gehört werden,
wenn du plötzlich eine Horde über sie kommen lässt.
Denn sie haben eine Grube[254] gegraben, um mich festzusetzen,
und Klappnetze für meine Füße verborgen.

23 Du aber, JHWH, du kennst all ihr Planen gegen mich zum Tode
bedecke ihre Schuld nicht, und ihre Verfehlung tilge nicht aus vor dir!
Sie sollen Gestrauchelte sein[255] vor dir,
zur Zeit deines Zorns handle an ihnen!

Text und Struktur
Der Text wird eröffnet mit einem Vers (V. 18), der noch nicht zum Gebet gehört, der
aber inhaltlich und stilistisch vom vorangehenden Bericht zum nachfolgenden
Gebet überleitet. Das Gebet selbst ist gänzlich in Ansprache an JHWH formuliert.
Es wird mit einer Aufmerksamkeitsbitte eröffnet (V. 19), an die sich der begrün-
dende Verweis auf das eigene ursprüngliche Handeln anschließt (V. 20). Es folgt
eine ausführliche erste Gerichtsbitte (V. 21–22a) mit Begründung (22b). Eine
zweite, theologisch differenzierte Gerichtsbitte (V. 23) beschließt das Gebet.

---

252 Die Septuagintafassung (ῥήματα) legt nahe, dass eine Verwechslung von שׁיחה und שׁוחה,
Grube und Worte, stattgefunden hat. Zudem wird der Vers in der Septuaginta erweitert (Septuaginta liest: ὅτι συνελάλησαν ῥήματα κατὰ τῆς ψυχῆς μου καὶ τὴν κόλασιν αὐτῶν ἔκρυψάν μοι,
also etwa „denn sie haben besprochen Sprüche gegen mein Leben, und ihre Vergeltung haben
sie mir verborgen"), hierbei dürfte es sich um eine protoseptuagintarische Glosse handeln (vgl.
Bezzel, Konfessionen Jeremias, 184 f.). Duhm, Jeremia, 158, streicht die Variante von V. 22.
253 Eigentlich Plural „den Händen des Schwertes".
254 Viele Handschriften entsprechen hier dem Qere, das wie V. 20 von der Grube spricht.
Septuaginta hat λόγον, was dem Ketib שׁיחה entspricht.
255 Ketib ist יִהְיוּ, Qere יִהְיוּ. Perfekt consecutivum ist gegenüber dem Imperativ Plural vorzuziehen. Septuaginta überliefert Imperativ Singular, γενέσθω. Mit Qere liest Duhm, aaO., 159.

Innerhalb des Berichtes wird ausdrücklich das Handeln gegen Jeremia angesprochen. Entsprechend kann für das Nachfolgende geschlossen werden, dass er es ist, der betet. Die berichteten Pläne sind ungewöhnlich und haben in den Varianten zu allerlei Spekulationen geführt: Jeremia soll mit der Zunge geschlagen werden und man will ihm nicht zuhören. Das Selbstbewusstsein für ihr Tun ziehen die Intriganten aus der Tora der Priester, dem Rat der Weisen und dem Wort der Propheten – religiösen Institutionen, die als intakt und belastbar wahrgenommen werden und sie gegen prophetische Angriffe immunisieren. Von der Verderbtheit gerade dieser Institutionen weiß bereits Jer 2,8.[256]

Der Aufmerksamkeitsruf (V. 19) lenkt JHWHs Hören auf den Beter und seine Gegner. Die für den Beter selbst geforderte Aufmerksamkeit nimmt die versagte Aufmerksamkeit der Gegner aus V.18 wörtlich auf (קֶשֶׁב). Von JHWH erwartet der Beter, was ihm seine Kontrahenten versagen.

Eine rhetorische Frage eröffnet den Kern des Gebets (V. 20) und führt sogleich in eine der wesentlichen Problemlagen ein. Als wäre es angemessen, Gutes mit Bösem zu vergelten, vergelten die Gegner dem Beter sein Eintreten als Fürbitter damit, dass sie ihm nachstellen, ihm „eine Grube graben". Die kurze Feststellung: „Sie haben mir eine Grube gegraben" wird in V. 22 wiederholt.

In V. 21–22a folgt nun die umfassende Beschreibung des über die Kontrahenten herbeigewünschten Gerichts. Strafen und Bestrafte werden geradezu enzyklopädisch aufgelistet. Ein gewisses Missverhältnis ergibt sich danach mit V. 22b. Nach dem vollmundigen Herbeibeten des Gerichts wirkt die nachträglich formulierte Begründung für die Strafe dürftig. Nimmt man den Text für sich, betet hier ein Beter, dass Tod, Hunger und Krieg über Menschen kommen sollen, die ihm als Einzelperson übel mitgespielt haben. Erst vor dem Hintergrund, dass hier der Prophet spricht und er noch immer in der Zeit vor dem Gericht steht, können die Bitte um Gericht und der Anlass für diese Bitte nachvollziehbar verknüpft werden.

Auf die Bitte um Gericht und die Begründung folgt im letzten Vers des Gebetsabschnitts (V. 23) die vertrauensvolle („Du weißt es bereits") Übergabe des Rechtsfalls an JHWH. Als Höhepunkt des Frevels wird der Plan der Kontrahenten, Jeremia zu töten, erwähnt. Ihm entspricht die Anti-Fürbitte[257], die das Gebet abschließt. Der Beter von V. 23 will dafür sorgen, dass nicht mehr Gutes mit Bösem vergolten wird, sondern Böses Böses nach sich zieht. Ausdrücklich bittet er darum,

---

256 Vgl. Lena-Sofia Tiemeyer, „The Priests and the Temple Cult in the Book of Jeremiah." in *Prophecy in the Book of Jeremiah,* hrsg. von Hans M. Barstad und Reinhard G. Kratz. Beihefte zur Zeitschrift für die Alttestamentliche Wissenschaft 388. Berlin u.a.: de Gruyter, 2009: 233–264, 242–244.

257 Bezzel, Konfessionen Jeremias, 201, spricht von dem „Negativ einer Fürbitte".

„keine Vergebung" walten zu lassen und die Sünden der Übeltäter nicht zu be-
decken.

Wachstum

Die Dynamik des Textes bewegt sich von der Beschreibung der Pläne der Kontrahenten (V. 18) über die Erinnerung an die Fürbitte Jeremias (V. 20) zur doppelten
Vergeltungsbitte (V. 21–23). Auch wenn sich auf den ersten Blick die Frage nach
der Verhältnismäßigkeit von berichtetem Vergehen und beschworener Strafe stellt
(s. o.), ist die Entwicklung nachvollziehbar und ohne Brüche zu lesen. Auffällig ist
die angesprochene Wiederholung der Feststellung, die Gegner hätten eine Grube
gegraben (V. 20aβ.22b).[258] Die Zeile ist an den beiden Stellen unterschiedlich gut in
ihren Kontext eingebunden. In V. 22b steht sie parallel mit einer anderen Darstellung der hinterhältigen Schliche der Gegner, zur Grube kommt das Klappnetz
hinzu. Die Begründung für die vorangehende Vergeltungsbitte führt zudem zur
Aufforderung an JHWH hinüber, von dem der Beter weiß, dass er die Schliche
seiner Gegner erkannt hat. Weniger gefällig ist die Einbindung der Zeile in V. 20a.
Hier wird die Rede von der Grube, die auch in Ps 35,7 erwähnt wird, mit der
ebenfalls aus Ps 35 (V. 12) bekannten Problematisierung verknüpft, dass dem Beter
Gutes mit Bösem vergolten würde. Diese Formulierung nimmt das hernach berichtete Fürbitten des Beters vorweg und stellt es dem bösen Handeln seiner
Feinde entgegen. Das Reden zum Guten, die Fürbitte des Propheten (V. 20b), derer
JHWH gedenken soll, fasst dieser Vers als das „gute Handeln" des Propheten auf,
dem das üble Tun der Kontrahenten nicht adäquat ist.[259] Genauer betrachtet interpretiert der Teilvers 20a das in den umliegenden Versen formulierte Problem
neu: Bilden zuvor Fürbitte und Vergeltungsbitte die beiden Pole prophetischen
Handelns, so wird die Fürbitte nun zum Auslöser der Frage nach einer grundlegenden Ordnung in Gerechtigkeit. Die Frage nach der Entsprechung von Tat und
Ergehen, mithin die weisheitlich-skeptische Frage schlechthin, deutet die Darstellung prophetischer Existenz zwischen Fürbitte und Vergeltung.[260] Da V. 20a

---

258 Diamond, The Confessions of Jeremiah, 94, liest die Dublette nicht als literarkritischen
Hinweis, sondern als variierten Refrain. Wanke, Jeremia 1,1–25,14, 177, schließt V. 20aα an V. 22b
an und nimmt eine nachträgliche Einfügung sowohl des Bezugs auf die Fürbitte als auch der
ersten Vergeltungsbitte an.
259 „Während im Rahmen der Unschuldsbeteuerung von V. 20b das ‚Gute' das ist, was den
Inhalt des prophetischen Eintretens in der Vergangenheit ausgemacht hatte, so ist nach V. 20a
die Handlung als solche die ‚gute Tat'." (Bezzel, Konfessionen Jeremias, 212).
260 „Der Prophet tritt zurück, die Beurteilung seiner Auftragserfüllung als ‚gerecht' dagegen in
den Vordergrund." (ebd.).

zudem die Reihe der an JHWH gerichteten Imperative unterbricht, ist es naheliegend, ihn als nachträglich eingefügten, eine weisheitliche Überlegung nach
dem Vorbild von Ps 35 in den Text eintragenden Teilvers zu verstehen.[261] Vergleichbare Fragen nach der Gerechtigkeit der Lebensordnung waren bereits in der
Fortschreibung der ersten Konfession zu beobachten (Jer 12,1–3).[262]

Stellung im Buchkontext

Die Konfession Jer 18 steht im Spannungsbogen zwischen den Zeichenhandlungen
in Jer 18 und Jer 19.[263] In Jer 18,1–6 führt JHWH dem Propheten einen Töpfer vor,
der misslingende Gefäße zu neuen Gefäßen formt, und formuliert seine Bereitschaft, ebenso mit dem Haus Israel zu verfahren. In Jer 19,1–2a*.10f. wird der
Prophet selbst zur Zeichenhandlung bestellt. Er soll einen Krug kaufen und öf-
fentlich zerstören, um damit das bevorstehende Unglück darzustellen. Die Möglichkeit eines Neuanfangs ist nicht mehr gegeben.[264] Bereits in der ersten Zeichenhandlung ist das Motiv der Reaktion des göttlichen Handelns auf das gute
oder schlechte Verhalten der Menschen zu finden. Diese Nuance wird in Jer 18,7–
10 verstärkt. Ein entsprechender Aufruf zur Umkehr (18,11) stößt auf aggressives
Desinteresse der Hörer (18,12), die ihren eigenen Plänen verschrieben bleiben.

Auf diese Weigerung hin ertönt ein weiteres, unerbittliches Gerichtswort
(18,13–17), das ursprünglich unmittelbar in die zweite Zeichenhandlung übergeht.
Die nachhaltige Weigerung des Volkes bildet den Anlass für die nachfolgende
eindeutigere Zeichenhandlung. Erst aus diesem Kontext, in dem die Möglichkeit
zur Umkehr ursprünglich eingeräumt, aber vehement abgelehnt wurde, wird die
Absage an jedwede Möglichkeit der Schuldvergebung innerhalb des Gebets
nachvollziehbar. Die Möglichkeit zur Umkehr bestand und wurde ausgeschlagen.
Die „Halsstarrigkeit" des Volkes ist die notwendige Lesevoraussetzung für die
Konfession.[265]

---

261 Vgl. Bezzel, aaO., 211.
262 Bezzel ordnet beide Abschnitte (12,1–3 und 18,20a) einer Fortschreibung zu, was thematisch angemessen erscheint. Vgl. Bezzel, aaO., 211f.
263 Vgl. Bezzel, aaO., 186–198.
264 Vgl. O'Connor, The Confessions of Jeremiah, 1440; Fischer, Jeremia 1–25, 585: „Aus dem
zuvor noch modellierbaren Gefäß wird ein gebranntes, nur noch zu verwerfendes."
265 Bezzel, Konfessionen Jeremias, 213, spricht vom „Zenit der ‚Halsstarrigkeit'".

Interpretation im Kontext

Das Töpfergleichnis formuliert die mögliche Widerrufbarkeit von Gericht und Zuspruch. JHWH kann seinen Plan für ein Volk ändern, weil sein Handeln mit den Taten der Menschen in kausaler Verbindung steht. In V. 11 f. wird die Umkehrforderung mit einem „Nichts da" beantwortet (שׁוֹאנ). An die darauf folgende Gerichtsansage schließt sich die Konfession mit dem Narrativ in V. 18 an. V. 18 legt damit nahe, dass die zitierten Feinde des Beters mit der Gruppe der Umkehrunwilligen zu identifizieren sind. Diese These erhärtet sich im Blick auf die Beschreibung beider Gruppen.

Die nicht näher vorgestellte Gruppe nimmt sich vor, „Pläne" (מַחֲשָׁבוֹת) zu schmieden (V. 18), und knüpft damit an die Pläne (V. 12) des Volkes an, an denen es gegen besseren Rat festhalten will und die es zum Gericht überführen.[266] Auch das Planen JHWHs wird im Kontext erwähnt (18,8.11) und ist bei der Deutung zu berücksichtigen. Der Plan JHWHs wird kommuniziert, um eine Möglichkeit zur Umkehr zu geben, die aber nicht ergriffen wird.[267] Der Beter wird Opfer der gottlosen Pläne seiner Gegner – und die Umsetzung der Pläne Gottes zum Gericht steht weiter aus.

Die Begründung der Kontrahenten Jeremias für ihr Tun ist außer in Jer 18,18b so an keiner anderen Stelle der Konfessionen zu finden. Entlarvt werden mit diesen Worten jene Stimmen des Volkes, die in der Auseinandersetzung um die wahre Gottesverehrung die unverwüstlichen Institutionen der Glaubens- und Lebensführung als Argument anführen.[268] Dass das Volk – und mit ihm alle religiösen Institutionen – entgegen der hier geäußerten Sicherheit untergehen wird (אבד), wenn es tut, was in JHWHs Augen böse ist, ist im unmittelbaren Kontext zu erfahren (18,7).[269] Deshalb wird im Vertrauensbekenntnis der Gegner erkennbar, dass sie ihrem Plan, der Rede Jeremias keine Beachtung zu schenken, nachkommen. Hätten die so Sprechenden ihm zugehört, hätte ihre Ansicht nicht mit einer solchen Sicherheit formuliert werden können, haben doch die erwähnten

---

266 Planen JHWHs in 26,3; 36,3. Dass JHWH auch zum Heil planen kann, weiß Jer 29,11. Böse Pläne der Menschen – allerdings gegen JHWH – sind noch zu finden in Jer 23,27. Nationen planen Unheil gegen Nationen in 48,2; 49,30; JHWH plant gegen Nationen in 49,20; 50,45.

267 In Jer 6,19 wird ausdrücklich das dem Volk zugedachte Unheil als Frucht seiner Pläne bezeichnet. Bereits in der ersten Konfession erfahren wir von den Plänen (11,19), und in der Rede gegen die falschen Propheten in Jer 23 ist es deren heimlicher Plan, JHWH vergessen zu lassen (23,27).

268 Lundbom, Jeremiah 1–20, 827 f., beschreibt die Dynamik dieser Eröffnung: „…a contrast emerges between Jerusalem's learned elite, who refuse to heed prophetic preaching, and a confident Jeremiah, who believes that Yahweh can be counted on to pay him heed."

269 Vgl. auch 31,28: JHWH wacht über die Zerstörung wie über das Heil.

Institutionen längst ihre Gewährleistungskraft verloren.[270] Denn im ersten Buchteil ist bereits zu erfahren, wie der Wert und die Zukunftsprognosen der Priester und Propheten (Jer 6,13–15) sowie der Weisen (Jer 8,9) einzuschätzen sind.[271]

Aus ihrer vermeintlichen Sicherheit heraus planen die Feinde nun den Angriff. Auf verbaler Ebene soll Jeremias Rede abgewehrt und er selbst angegriffen werden. Die Fokussierung auf den Bereich des Wortes wird vor dem Hintergrund zu verstehen sein, dass es bei der Rede vom Schicksal des Propheten eigentlich um das Schicksal des Prophetenwortes geht. Dass Jeremia „mit der Zunge" geschlagen werden soll, ist ungewöhnlich und fügt sich doch in die Beschreibung einer bestimmten Gruppe von Gegnern, deren Sprachwerkzeug als gefährliche Waffen beschrieben wird.[272] Ihr Opfer soll der Prophet sein. Sie werden ihn mit Worten zu vernichten suchen und ihm zugleich alle Aufmerksamkeit versagen. Insofern Jeremia Träger und Künder des Gotteswortes ist, ist die versagte Aufmerksamkeit ihm gegenüber die verweigerte Aufmerksamkeit auf JHWHs Wort.[273] Die Verfolger zeigen damit, dass sie eindeutig zu denen gehören, die das Gericht treffen soll und wird.

Der Aufmerksamkeitsruf des nun Betenden nimmt seine Situation im Volk auf und bringt sie implizit als Begründung dafür, dass JHWH besonders auf den Beter achten müsse.[274] Die Bitte um Aufmerksamkeit ist eine gängige Form der Gebetseröffnung. Hier lenkt der Beter die Wahrnehmung auf sich, aber zugleich auf seine Kontrahenten, deren Tun und Sein im Fokus dieses Gebets stehen. Die Gegner werden als Rechtsgegner (יְרִיבַי) bezeichnet (V. 19), wie in einer Reihe von

---

270 Vgl. etwa Jer 2,8, wo festgehalten wird, dass Priester, Propheten und Hirten nicht nach JHWH gefragt haben. Einzig die Weisen werden dort nicht erwähnt. Dass die Weisung verlassen wurde, wird immer wieder betont (vgl. 6,19; 9,12; 16,11; 26,4; 44,10.23), weshalb es falsch ist, wenn das Volk sich auf den „Besitz" der Weisung zurückzieht (8,8). Entsprechend bekennt es das Gebet in Jer 32,23. Der Zustand des Heils ist hingegen da, wenn die Weisung inmitten des Volkes ist (31,33).

271 „Wollen sich die Gegner Jeremias auf diejenigen ‚Institutionen' stützen, die samt ihren Trägern aufgrund ihrer manifesten Abkehr von JHWH bereits dem Untergang geweiht sind, so geben sie damit von vornherein zu erkennen, wes Geistes Kind sie sind – und welchen Endes sie deshalb gewärtig sein müssen." (Bezzel, Konfessionen Jeremias, 205 f.).

272 Vgl. zur Zunge als Waffe Jer 9,2.4.7 und 23,31. Ähnliche Motive finden sich in Ps 52,4; 57,5 und 64,4 sowie Hi 5,21 und Sir 28,17 f. Vgl. Benjamin Kedar-Kopfstein, „Art לָשׁוֹן lāšôn." in *Theologisches Wörterbuch zum Alten Testament* IV (1984): 595–605, 603 f.

273 Nicht achtzugeben (קשׁב) ist geradezu konstitutiv für das zu bestrafende Volk (Jer 6,10.17.19), wohingegen der wahre Prophet auf JHWH achtgibt (23,18). In Jer 8,6 wiederum gibt Gott acht. Genau diese Rollenzuschreibung wird in der Wiederaufnahme in 18,18 f. aktualisiert.

274 Lundbom, Jeremiah 1–20, 830; Fischer, Jeremia 1–25, 586; Bezzel, Konfessionen Jeremias, 199.

Konfessionen auch (11,20; 12,1; 15,10 und 20,12).[275] Bis auf Jer 12 ist der Beter im Rechtsstreit mit seinem Umfeld. Auch außerhalb der Konfessionen wird der Streit thematisiert, einige Male als Rechtstreit JHWHs mit seinem Volk oder mit den Völkern, an anderer Stelle als Zusage JHWHs, den Rechtsstreit der Angesprochenen zu führen.[276]

Der weisheitliche Einwurf V. 20a lenkt den Blick auf die Verkehrtheit des Verhaltens der Rechtsgegner. Die rhetorische Frage nach der Vergeltung (שׁלם)[277] von „Gut" und „Böse" verbindet das Gebet eng mit dem vorangehenden Text, in dem JHWH beschreibt (Jer 18,10), wie gutes und böses Tun eines Volkes Einfluss auf sein Handeln haben. Diese unmittelbare Wirkung menschlichen Handelns auf die Vergeltung JHWHs wird bezweifelt. So wie die Gegner nicht dankbar auf die Fürbitte des Beters reagieren, antwortet auch JHWH selbst weder auf das gute Handeln des Beters noch auf das böse Handeln seiner Rechtsgegner. Die sich anschließende Aufforderung zur Strafe fügt sich so logisch in die bereits in Kapitel 18 formulierte Ankündigung derselben.

Das „Gute", das Jeremia seinen Kontrahenten getan hat, ist seine Fürbitte, die an dieser Stelle dem Inhalt und der Form nach beschrieben wird. In weiten Teilen des restlichen Buches wird sie untersagt.[278] Und auch hier soll JHWH sich der prophetischen Fürbitte nicht etwa ihres Inhalts oder der mit ihr beabsichtigten Wirkung wegen erinnern, sondern sie dient ganz im Gegenteil als Vorbereitung für die Aufforderung zum Gericht.[279] Unterstellt wird in dieser Zeichnung des Propheten, dass an sich die Fürbitte, das Reden zum Guten gegen den Zorn JHWHs,

---

275 Siehe Näheres in der Besprechung von Jer 20,12.

276 In 2,9.29 rechtet JHWH mit seinen „Kindern" und sie grundlos mit ihm. Jer 25,31 spricht von JHWHs Rechtsstreit mit den Nationen; die Zusage, auf die sich die Bitten der Konfessionen beziehen könnten, stehen in Jer 50,34 und 51,36. Dort wird zugesagt, dass JHWH selbst den Rechtsstreit für die Angesprochenen führt, dort aber gegen die Feinde von außen, nicht gegen die Gegner innerhalb des Volkes.

Dass der Beter sich als „Mann des Streits für das ganze Land" (15,10) bezeichnet, steht in zweierlei Tradition. Zum einen wird darin die Rede der Klagelieder des Psalters aufgenommen, in denen JHWH um Beistand im Rechtsstreit angegangen wird. Ps 18,44; 35,1.23; 43,1 u.ö. Zum anderen bezieht der Beter damit innerhalb des Buches das Verhältnis JHWHs zu seinem Volk auf sich. Nicht in der Weise, dass er an die Stelle des Volkes tritt, sondern so, dass er an die Stelle Gottes tritt, mit dem sein Volk streitet. Solange JHWH nicht eingreift, sind die Verhältnisse verkehrt, und dem Betenden geschieht von Seiten des Volkes, was dem Volk gerechterweise selbst von JHWH her widerfahren sollte.

277 Vgl. Jer 16,18: JHWH vergilt die Schuld.

278 Vgl. Jer 14,11 u.ö.

279 Vgl. zum Motiv der Erinnerung den Abschluss der Arbeit.

sein Anliegen gewesen sei.[280] Mit dieser Fürbitte geht Jeremia, im näheren Kontext betrachtet, über das Handeln JHWHs hinaus und setzt der einlinigen Logik von Tun und Ergehen, wie sie in Jer 18,1–12 vermittelt wird, die Möglichkeit des Einspruchs entgegen. Diese Erweiterung der Möglichkeiten wird im Folgenden nachdrücklich eingeschränkt. Der Beter steht nicht vor JHWH, um zum Guten für sein Volk zu reden, sondern er betet das Unheil herbei und fügt sich damit in die Logik des vorangehend Angekündigten. Auslöser für diesen Wandel ist an dieser Stelle nicht primär das Fürbittenverbot, sondern die Halsstarrigkeit der Gegner, mit der die eröffnete Möglichkeit zum Heil ausgeschlagen wird, wenn die Nutznießer der Fürbitte ihre Pläne gegen den Fürbitter planen.

Wer so schreibt, geht davon aus, dass jede Fürbitte eine Grenze hat, und hält das angekündigte Gericht JHWHs für angemessen. Die Fürbitte wird als Teil der Erinnerung lediglich aktualisiert, um das Bild des Fürbitters zu zeichnen. So wie die Fürbitte Protest gegen das Gericht Gottes ist, der ihn an seine Barmherzigkeit erinnert, ist dieses Gebet eine Bestätigung seines Gerichtszorns und Protest gegen Gottes Geduld. Der Beter dieser Konfessionen bewegt sich damit ganz im Bereich der Gerichtsansagen im Jeremiabuch, und die erbetenen Gerichtsszenen sind nicht der kranken Phantasie eines beleidigten Propheten entsprungen.[281] Gleichwohl gilt: Wer diese Zeilen formuliert und dem Propheten in den Mund legt, beendet die Tradition des fürbittenden Propheten zugunsten eines Propheten, der das Gericht, das er ansagt, auch umgesetzt sehen will. Die Formulierung des Gerichts erinnert hier an die im Nachgang zum letzten Fürbittverbot erklungenen Gerichtsansagen (15,7–9).[282] Durch diese implizite Anspielung identifiziert sich der Beter dieser Zeilen mit dem Verbot der Fürbitte und den sich ergebenden Konsequenzen. Hinter der Formulierung dieses Gebets steht demnach eine weitreichende theologische Entscheidung.

---

280 Die „Wendung" (שוב) des Zorns ist nach Ps 106,23 die Leistung des Mose. Vgl. die Bitte in Dan 9,16.

281 „Es drängt sich angesichts dieser pleonastischen Aneinanderreihung der Eindruck auf, der Beter stelle alle nur denkbaren und aus der Jeremiaüberlieferung bekannten Unheilstopoi zusammen und destilliere daraus so etwas wie das allumfassende Gerichtswort schlechthin, das stellvertretend für alle anderen zu stehen vermag." (Bezzel, aaO., 207).

282 Wanke, Jeremia 1,1–25,14, 178: „Die V. 21–22a beziehen sich auf bekannte Unheilsworte der Jeremiaüberlieferung [...] und setzen sie in Bitten um [...] Diese Unheilsbitten sind nicht der Ausdruck maßlosen Rachebedürfnisses, sondern beabsichtigen, Jahwe dazu zu bewegen, die Verkündigung des Propheten, nämlich Jahwes eigenes Wort, ins Recht zu setzen (vgl. 17,17 f.)." Vgl. Bezzel, Konfessionen Jeremias, 207.

Vor dem Hintergrund, dass das geforderte Gericht bereits angesagt und ausführlich begründet worden ist, bedarf es keiner weiteren Gerichtsbegründung.[283]
Allerdings nimmt die gleichwohl formulierte Erklärung hier einen ganz spezifischen Anlass zum Gericht auf. Die Feinde des Beters haben Gruben (שׁוּחָה)[284] für
ihn gegraben und Netze (פַּח)[285] für seine Füße (רַגְלַיִם) ausgelegt.[286] Mit dieser
Tätigkeit gehören sie zu den klassischen Frevlern.[287]

Der Aufruhr gegen den Propheten erweist seine Gegner durch die motivischen
Übereinstimmungen und Anspielungen als Frevler. Diese Identität legt die mas-
siven Gerichtsaussagen bereits nahe. Darüber hinaus ist jedoch das kolportierte
„Nein!" der Gegner zur möglichen Umkehr wesentliches *movens* des massiven
Gerichts. So ist bei der Abfassung der Konfession besonders der Einfluss von Jer 2
spürbar. 2,25 ist neben 18,12 die einzige Stelle, an der das „Nein!" gegenüber der
Umkehrforderung artikuliert wird (נוֹאָשׁ). In 2,27f. verweigert sich JHWH in der
Situation des Gerichts der Bitte um Hilfe. 2,29 wirft dem Volk vor, grundlos gegen
JHWH zu streiten (רִיב). 2,30 thematisiert die Tötung der Propheten, ein Werk, das
in Jer 18 geplant wird. Danach zeigt Jer 2,35, wie das angeklagte Volk sich selbst mit
dem Argument freispricht (נקה), der Zorn JHWHs habe sich gewendet. Eine solche
Abwendung des Zorns ist Inhalt der prophetischen Fürbitte (18,20b). Hat sie Er-
folg, so die in Kapitel 2 und wohl auch Jer 18 zugrunde liegende These, führt sie
beim Volk zu noch größerem Abfall, denn es verwechselt das Nichteintreten von
Gericht mit eigener Schuldlosigkeit. Das Eintreffen des Gerichts ist unter diesen
Umständen ohne Alternative.

Auch im Zusammenhang einer Theologie des Alten Testaments ist es auffällig,
mit welcher Intensität Jeremia am Schluss des Gebets gegen eine mögliche Vergebung der Sünden angeht. Selbst in den sogenannten Rachepsalmen findet sich

---

283 Vgl. zum Tod durch Schwert und Hunger Jer 5,12; 11,22; 15,2; zur Witwenschaft Jer 15,8; zum
Tod durch Erschlagen Jer 15,3; 7,32 und 19,6; zum Straucheln als Zeichen des Gerichts Jer 6,15.21;
8,12 aber auch 18,15.

284 Vgl. Ps 57,7; 119,85 (dort jedoch שִׁיחָה) oder Ps 7,16; 9,16; 35,7; Prov 26,27 (שַׁחַת).

285 Vgl. Ps 69,23; 91,3; 119,110; 124,7; 140,6; 141,9; 142,4; vgl. Prov 7,23; 22,5; Hi 18,9; 22,10; Koh 9,12
und Hos 9,8.

286 Vgl. auch die Gerichtsansage gegen Moab, wo eben dieses Ergehen des Beters, Grauen und
Grube und Netz, dem feindlichen Volk angekündigt wird: Jer 48,43f.

287 Vgl. Ps 9,16; 31,5; 35,7f.; 64,6; 140,6; 142,4. Diese Tätigkeit, die nach Auskunft von V. 23 auf
den Tod des Beters hinzielt, lässt sich nicht nur im Psalter und in den Proverbien, sondern auch
innerhalb des Buches weiterverfolgen. In Jer 5,26 werden Frevler der Menschenfängerei be-
zichtigt. Wir befinden uns mit diesem Vers in einem Abschnitt, der nicht das ganze Volk anklagt,
sondern die „Frevler", die „Fetten", die sich auf Kosten der „Armen" bereichern.

einzig in Ps 109,14 f. Ähnliches.[288] Jer 2 führt vor, welche Argumente hier im Hintergrund stehen mögen.[289]

JHWH wird in V. 23 gebeten, zur Zeit seines Zorns (בְּעֵת אַפֶּךָ) zu handeln. Der Begriff für Zorn (אַף) korrespondiert in diesem Fall mit der Gewissheit der straflos Davongekommenen, sein Zorn habe sich gewendet (2,35). Daneben nimmt Jer 18,23 ausdrücklich weitere Motive des Buches auf und ist entsprechend nicht jenseits prophetischen Niveaus.[290] So verneint Jer 4,8 die These von der Abwendung des Zorns und ruft zur Klage auf, und der Beter in Jer 15,15 fürchtet, von der Langmut JHWHs hingerafft zu werden. Die Zeit des Zorns ist der endlich eingetroffene Zeitpunkt, auf den hin sich dieser Beter richtet.[291] Es handelt sich hier um eine neue, ganz eigene Form der prophetischen Theologie.[292] Ihre Wirkung lässt sich bis zu Nehemia verfolgen, wo die Mauerbauer gegenüber den Spottenden in einem ergänzten Gebet ein ebenso unbarmherziges Vorgehen fordern (Neh 3,37).[293] Die Wirkungsgeschichte im Nehemiabuch deutet an, dass es eine bestimmte Gruppe von rechtgläubigen JHWH-Anhängern ist, die sich nicht die Theologie der Langmut, sondern die Theologie des Gotteszorns und des gerechten Gerichtes zu eigen macht.

Schluss

Wer so betet, steht seinen Feinden in einiger Ambivalenz gegenüber. Er hebt die eigene Fürbitte hervor, allerdings als ein Werk der Vergangenheit, und wünscht dann alles angesagte Gericht auf seine Gegner herab. Wer so betet, ringt um die Aufmerksamkeit JHWHs und hat die Aufmerksamkeit des Volkes verloren. Wer so

---

288 Mit anderer Zuspitzung, aber kaum weniger Heftigkeit wird in Ps 109,14 gefordert, die Schuld der Eltern der Feinde nicht zu vergessen.

289 Brueggemann, Jeremiah, 173: „Finally the issue is not the well-being of the prophet, but the validity of the judgment against Jerusalem."

290 Dies zeigen auch wieder die Übereinstimmungen der Gerichtsbitten mit Gerichtsreden JHWHs: Dass die so dem Zorn Überantworteten straucheln sollen (כשׁל), ergibt sich bereits aus Jer 18,15, wo die Götzen sie straucheln lassen. Wiederum wird erbeten, was die gegnerische Gruppe sich durch eigenes Handeln längst selbst zugezogen hat. Ähnlich Jer 6,15.21; 8,12; 20,11. Nicht straucheln werden dagegen die, die JHWH führt (Jer 31,9).

291 Die Zeit des Zorns (בְּעֵת אַפֶּךָ) findet sich in dieser Formulierung nur hier. Sonst wird zumeist von der Zeit der Heimsuchung (בְּעֵת פְּקֻדָּתָם Jer 8,12; 10,15), der Zeit der Not (בְּעֵת רָעָתָם 2,27 f.; 11,12 u. ö.) oder einfach „in dieser Zeit" gesprochen. Vgl. als Gegenbegriff die Zeit der Heilung (עֵת מַרְפֵּה 8,15; 14,19).

292 Und damit ist der Impuls, dem Duhm, Jeremia, 158, folgt, der den Vers streichen will, zwar literarkritisch nicht die richtige Entscheidung, aber inhaltlich nachvollziehbar.

293 Lundbom, Jeremiah 1–20, 833; Fischer, Jeremia 1–25, 589; Bezzel, Konfessionen Jeremias, 210 f.

betet, opponiert gegen die Möglichkeit der Sündenvergebung und hofft darauf, dass die Zeit des Zorns gekommen sei. Er wendet sich an einen Gott, von dem er annimmt, dass Fürbitte und Antifürbitte vor ihm nicht ohne Folgen bleiben. Es ist ein Gott, der wahrgenommenes Unrecht ahndet, der aber auch die Möglichkeit zur Vergebung hat. Diese Vergebung auszuschließen, ist wesentliches Ziel des Gebets in Jer 18.

Die Gegner dieses Beters verlassen sich auf die Institutionen der Macht und des Kultes, ignorieren den Propheten und seine Botschaft und werden gegen ihn gewalttätig. Aus dem unerschütterten Vertrauen der Opponenten auf die Institutionen des Tempels mag auf eine Affinität der Rechtsgegner des Konfessionen-Jeremia zum Tempel rückgeschlossen werden.

Fürbitte und Antifürbitte stehen in diesem Gebet nebeneinander. Dabei besteht der Zweck der Erinnerung an die Fürbitte nicht darin, das beschworene Gericht abzumildern. Im Gegenteil verschärft die Erinnerung die Schwere des Vergehens und der Verworfenheit. Das Gebet kann, sofern die Fürbitte nicht als ausschließlich prophetische Redeform angenommen wird, wozu keine Veranlassung besteht (vgl. Jer 29,7), von jedem mit- und nachgebetet werden, der von einer Gruppe verfolgt wird, die sich durch ihre Nähe zu den Institutionen der Macht auszeichnet.[294] Durch die Einfügung des Gebets in Kapitel 18 wird die Weigerung zur Umkehr, von der im Kontext die Rede ist, ernst genommen. Wer diese Zeilen mitbetet, steht denen, die sich auf den Tempel verlassen, obwohl Jeremia gegen ein solches Vertrauen gesprochen hat, feindlich gegenüber. Die Verfasser einer solchen Anti-Fürbitte sind Theologen, denen die Vergebung der Sünden eine suspekte Lösung ist, so sie für diejenigen gelten soll, die vorhandene Umkehrmöglichkeiten ausgeschlagen haben.

2.1.5 Du hast mich betört – Jer 20

Die letzte Konfession steht am Übergang vom ersten in den zweiten Buchteil, also zwischen den Kapiteln, in dem Jeremia selbst spricht, und denen, in denen verstärkt „über" Jeremia gesprochen wird. Konfession 20 bietet ausdrücklich Worte aus dem Munde Jeremias. Das Gebet geht eine enge Verbindung mit den Prophetenerzählungen ein, die in ihm neu gedeutet werden. Wesentliche Momente sind die ambivalente Darstellung JHWHs, der Versuch des Beters, dem Amt zu entgehen, die Deutung des Amtes als Rede und Erinnerung, die Selbsttätigkeit des Wortes und die Lächerlichkeit des Propheten.

---

294 Vgl. zur Stellung der Fürbitte im Jeremiabuch die Einleitung A 3.3.

Jer 20,7–18 stellen eine Besonderheit dar, weil hinsichtlich der Frage nach dem Gebet sehr unterschiedliche Schlüsse gezogen werden können. Anrede an JHWH bieten einzig V. 7a und V. 12b. Alle anderen Verse sprechen JHWH nicht an, sondern berichten in der Form der dritten Person über ihn. Der Beter wendet sich ab V. 8 vor allem an sein Auditorium, die Leserschaft. Ganz anders als etwa in Jer 18 stellt der Text somit nicht die Möglichkeit zur Verfügung, mit Jeremia ins Gebet zu kommen, sondern der Text bietet eine neue Reflexion über Schicksal und Botschaft des Propheten.

Anlass der letzten Konfession ist Jeremias Zusammenstoß mit den Repräsentanten der Tempelbehörde (Jer 20,1–6). Besonders an dieser Konfession ist der vierfache Schluss, wobei drei Schlüsse eine Wendung zum Jubel oder zur Hoffnung einschließen, der letzte sich jedoch erdrückend deutlich in völliger Perspektivlosigkeit erschöpft.

Übersetzung

20,7 Du hast mich betört, JHWH, und ich bin betört,
    du hast mich überwältigt und hast obsiegt.
    Ich bin zum Gelächter geworden den ganzen Tag,
    jeder[295] verspottet mich.

8   Denn, wann immer[296] ich rede, schreie ich: „Gewalttat und Verheerung",
    muss ich rufen,
    Ja, das Wort JHWHs ist mir zu Schmach und Spott geworden den ganzen Tag.

9   Und ich sprach:
    „Ich will seiner nicht gedenken und nicht mehr reden in[297] seinem Namen."
    Und es war in meinem Herzen[298] wie brennendes Feuer,
    eingeschlossen[299] in meinen Knochen,
    und ich habe mich gemüht, es zu ertragen, aber ich vermochte es nicht[300].

---

295 Septuaginta liest hier eine Perfektform von כלה und damit die Treue des Propheten, der den Tag beendet (διετέλεσα), während er verspottet wird.

296 Septuaginta liest hier „bittere Worte", Hintergrund dürfte eine Dalet-Resch-Verwechslung sein.

297 Septuaginta geht hier noch weiter. In ihr spricht der Prophet davon, den Namen JHWHs nicht mehr nennen zu wollen. Vgl. dazu Diamond, The Confessions of Jeremiah, 36: Dies geschehe, „to render the speaker of the passages more general, and less clearly identified with a prophetic persona." Bezzel, Konfessionen Jeremias, 219 f.: „Der Versanfang wurde von LXX also nach dem Maße ihres offensichtlich tendenziell kollektiv-exemplarischen Verständnisses der Konfessionen und der daraus resultierenden Interpretation von Jer 20,9aβ eher frei gestaltet denn tatsächlich übersetzt."

10 Denn ich hörte Nachrede vieler, Grauen[301] ringsum:
„Zeigt an und lasst ihn uns anzeigen!"
Jeder Mensch meines Friedens lauert auf mein Straucheln.
„Vielleicht lässt er sich betören, und wir können ihn überwältigen,
und unsere Rache an ihm nehmen."

11 JHWH aber (ist) bei mir wie ein gewaltiger Held,
deshalb werden meine Verfolger straucheln und nicht obsiegen,
sie werden sehr beschämt werden, keinen Erfolg haben,
ewige Schmach, sie wird nicht vergessen werden.

12 JHWH Zebaoth aber prüft den Gerechten,
er sieht Nieren und Herzen.
Ich werde deine Rache an ihnen sehen,
denn dir habe ich meine Rechtssache offenbart.

13 Singt JHWH, preist JHWH,
denn er hat das Leben eines Elenden aus der Hand von Übeltätern herausgerissen.

14 Verflucht der Tag, an dem ich geboren wurde,
der Tag, an dem meine Mutter mich geboren hat, soll nicht gesegnet sein.

15 Verflucht der Mann, der meinen Vater benachrichtigte, indem er sagte:
„Geboren (ist) dir ein Sohn, ein Knabe!"
Sehr hat er ihn erfreut.

16 Jener Mann aber sei
gleich den Städten, die JHWH umgestürzt hat,
und (derer er) sich nicht erbarmt hat.
Er höre Geschrei am Morgen
und Lärmen zur Mittagszeit.

17 Weil[302] er mich nicht getötet hat aus dem Mutterleib heraus,
so dass meine Mutter mein Grab geworden wäre
und ihr Schoß ewig schwanger.

---

298 Fehlt nach LXX.

299 LXX lässt das Feuer weiterhin brennen und nicht „eingeschlossen" sein.

300 LXX ergänzt an dieser Stelle φέρειν – liest also „ich vermochte nicht mehr *es zu tragen*". Die Formulierung hat Stipp, Das masoretische und alexandrinische Sondergut, 148, als Anpassung an Jer 44,22 erwiesen.

301 Die Nennung der „Verschwörer" in der LXX lässt sich an dieser Stelle damit erklären, dass מָגוֹר vom Übersetzer nicht richtig verstanden wurde (Stipp, aaO., 30).

302 Zur kausalen Bedeutung des אֲשֶׁר an dieser Stelle vgl. Giesebrecht, Jeremia, 114.

18   Wozu bin ich denn aus dem Mutterleib hervorgegangen?
      Mühsal und Kummer zu sehen,
      und meine Tage enden in Scham.

Text und Struktur

Auch die fünfte und letzte Konfession ist durch Wort- und Motivaufnahmen strukturiert und zeigt sich als wohl komponiert. Sie wird in der Regel insgesamt als poetischer Text wahrgenommen, wobei ein einheitliches Metrum fehlt.

Der erste Abschnitt umfasst die Verse 7–13. Näherhin lässt er sich gliedern in einen Vorwurf an JHWH (V. 7a), der als Anrede fungiert, und eine klagende Selbstbeschreibung, in der die Folgen der Inanspruchnahme des Propheten durch JHWH (V. 7b-8a) mit Begründung (V. 8b) skizziert werden, einen Bericht über den gescheiterten Versuch zu entkommen (V. 9) und die Legitimation des Versuchs mit dem sozialen Ergehen (V. 10). Dieser Bericht wird recht abrupt beendet von einem Vertrauensbekenntnis mit dem Schwerpunkt auf dem kommenden Gericht JHWHs (V. 11) und einem weiteren Vertrauensbekenntnis mit dem Gewicht auf der Gerechtigkeit und Rache JHWHs (V. 12). Ein den Bogen endgültig beendender Aufruf zum Lobpreis (V. 13a) wird begründet mit der göttlichen Rettung des Elenden (אֶבְיוֹן). Verglichen mit den anderen Konfessionen (und anderen Klagen) fällt auf, dass in diesem Text das Element der Bitte vollkommen fehlt. Das Nichtvorhandensein der Bitte verbindet sich mit der zurückgenommenen Ansprache an JHWH. Das betende Selbst stellt sich JHWH nicht mehr mit eigenem Anliegen entgegen, sondern gliedert sich ein in das Handeln JHWHs.

Thematisch wird in diesem Gebet die Stellung des Beters zwischen JHWH und Volk aufgegriffen. Das Agieren der beiden Parteien, denen der Beter ausgeliefert ist, scheint austauschbar. Die Gewalt, die von ihnen ausgeht, ist vergleichbar. Gleichwohl ist die Parallelisierung zwischen Gott und Feind durch die Erwartung des zukünftigen Geschehens begrenzt. Einzig das Handeln JHWHs wird erfolgreich sein, so bekennt es der Beter auch noch in der Anfechtung.

Groß ist die Diskrepanz zwischen Anrufung und Vertrauensbekenntnis. JHWH hat den Betenden betört (פתה), ihn überwältigt (חזק) und ist überlegen (יכל V. 7a). Er hat damit getan, was die Verfolger dieses Propheten erst noch planen (פתה, יכל V. 10b). Die Rache (נְקָמָה), die ihnen dabei vor Augen steht, erwartet der Beter nun aber von seinem Gott, dem er seinen Fall anvertraut hat (וְקָמָה V. 12b). Auf diese Weise befindet sich der Betende zwischen den Zeiten: Betörung und Überwältigung des Propheten liegen hinter ihm, die Rache erwartet er. Die Wiederholungen bilden die grundlegende Struktur des Textes.

Nach Auskunft von V. 8b ist es das Gotteswort, das dem Beter zum Hohn wird. Durch die Verbindung zu dieser nachstehenden Beschreibung wird die Darstellung des Prophetenwortes in V. 8a zur Beschreibung des Gotteswortes, das ihm Schande bereitet. Statt klare Rede zu äußern, schreit der Prophet Zeter und Mordio.[303] Die Botschaft des Propheten und der Schrei des Verfolgten werden auf diese Weise in eins gesetzt. Der Prophet kann das Wort nicht zurückhaltend präsentieren. Es entwickelt eine Eigendynamik, die sich mit der Selbstachtung des Beters kaum vermitteln lässt und ihn in ständige Alarmbereitschaft versetzt. Konsequent ist deshalb die Schlussfolgerung, die er aus diesem Erleben zieht: Erinnerung (זכר) und Rede (דבר) sollen eingestellt werden.[304]

Nun zeigt sich aber, dass die Eigendynamik des Wortes noch stärker ist als angenommen und es sich nicht verschweigen lässt.[305] Er kann es nicht verhindern, dass sich das brennende Wort JHWHs seinen Weg aus seinem Mund bahnt. In V. 9b wird damit – angezeigt durch das wieder aufgenommene Verb יכל – der Moment der Überwindung des Beters durch JHWH dargestellt. Das Vermögen JHWHs (V. 7) steht dem Unvermögen des Beters gegenüber. Dass er spricht, ist Zeichen seiner Überwindung.

An das zweigeteilte Gebet Jer 20,7–13 schließt mit 20,14–18 die Verfluchung des Tages der Geburt des Sprechers und die Verfluchung des Boten seiner Geburt an. Diese Klage ist gänzlich ohne Anrede JHWHs formuliert.

Wachstum

Jer 20,7–18 werden durchgängig von einem Sprecher geäußert, dessen Stimmungen und Adressaten jedoch in auffälliger Weise wechseln. Den betend gesprochenen Versen der Klage (V. 7–12) folgen ein Lobpreisvers (V. 13) und eine Selbstverfluchung (V. 14–18). Diese Wechsel sind es, die die Frage nach einem Wachstum der Verse nahelegen.

Die Aufforderung zum Lobpreis in V. 13 schließt die Klage in V. 7–12 in ungewöhnlicher Variation eines Lobversprechens ab.[306] Die plötzliche Erwähnung

---

303 Vgl. in der Kontextanalyse die Erkenntnis, dass er sich damit in die Reihe vom Gericht getroffener Personen im Jeremiabuch einfügt.

304 In der Septuaginta wird statt der Erinnerung die Nennung des Namens Gottes eingestellt. Damit wird an dieser Stelle der Terminus זכר als Beschreibung des Gebets gedeutet.

305 Vgl. Ps 39,3 f. sowie dazu Wanke, Jeremia 1,1–25,14, 185.

306 Streng genommen wären am Ende einer Klage ein „Lobgelübde" oder „berichtendes Gotteslob" zu erwarten (Westermann, Lob und Klage, 48). Eine Aufforderung zum Lobpreis findet sich zwar in einigen Psalmen, ist jedoch nicht üblich. Vgl. O'Connor, The Confessions of Jeremiah, 67, sowie Bezzel, Konfessionen Jeremias, 242.

der Rettung des Armen und die Aufforderung einer anonym bleibenden Gruppe zu Gesang und Lobpreis verlassen den Duktus der voranstehenden Verse.[307] Entsprechend scheint es sich bei diesem Vers um eine spätere Einfügung zu handeln, die dem Gebet einen kultisch angemessenen Abschluss verschafft und theologische Verknüpfungen zur sogenannten Armentheologie bildet. Einen gegenüber den vorangehenden Versen gänzlich neuen Bogen eröffnen die sämtlich nicht unmittelbar an JHWH gerichteten Klageworte in V. 14–18 mit dem Thema der Verfluchung des Tags der Geburt.[308]

Aber bereits in Jer 20,7–12 kann mit Textwachstum gerechnet werden. So fügt sich der Schrei des Beters in V. 8a kaum in seinen Kontext. Die beiden umgebenden Teilverse thematisieren die Lächerlichkeit des Propheten und des von ihm übermittelten Wortes. Durch die Ergänzung des Teilverses V. 8a wird die Differenz zwischen Beter und Umfeld inhaltlich spezifiziert. Das Thema der Lächerlichkeit wird ergänzt durch die Gewalt, die der Prophet anklagt und erlebt.[309]

„Der Herr aber" (וַיהוָה) beginnen V. 11 und V. 12. Die Wiederholung der Formulierung ist ein Hinweis auf ein mögliches Textwachstum. Inhaltlich bietet V. 12 – ähnlich V. 8a – eine inhaltliche Zuspitzung auf den Kontrast zwischen dem gerechtem Beter und seiner frevelhaften Umwelt.[310] Die Darstellung des Konfessionen-Jeremia als Gerechten gehört zu einer Reihe von Versen, die der Grundschicht später zugefügt wurden und in denen die Auseinandersetzung zwischen dem Gerechten und dem Frevler zum Gegenstand gemacht wird.[311]

V. 8a und V. 12 konkretisieren den Konflikt zwischen Beter und Verfolgern als einen, in dem es um das Fehlhandeln der Gegner nicht nur an Jeremia, sondern auch gegenüber Frömmigkeit und Gerechtigkeit geht. Von Interesse ist in diesen Versen die Frage nach der Gerechtigkeit der Handelnden, weniger aber das

---

307 Vgl. Schmidt, Das Buch Jeremia: Kapitel 1–20, 338. Diese Hinwendung an eine Gruppe ist ausschlaggebend für Wanke, Jeremia 1,1–25,14, 184, den Vers als „jungen Nachtrag" zu beurteilen.

308 Vgl. zum Neueinsatz in V. 14 Schmidt, Das Buch Jeremia: Kapitel 1–20, 338 f., sowie Lundbom, Jeremiah 1–20, 865.

309 Bezzel schreibt V. 8a und 12 entsprechend der kollektiv-exemplarischen Konfessionenredaktion zu (vgl. Bezzel, Konfessionen Jeremias, 247 f.). Anders u. a. Michael Fishbane, „‚A Wretched Thing of Shame, A Mere Belly'. An Interpretation of Jeremiah 20:7–12." in *The Biblical Mosaic: Changing Perspectives*, hrsg. von Robert Polzin und Eugene Rothman. Semeia Studies 10. Philadelphia, Pa.: Fortress Press u. a., 1982: 169–183, 171. Er spricht von einem autobiographischen Stück mit Ringstruktur.

310 Mit V. 12 wird ein Bogen zur ersten Konfession in Jer 11,20 geschlagen. Gleichwohl ist die Differenz zwischen den beiden Versen zu beachten: In Jer 11,20 richtet JHWH gerecht (שֹׁפֵט צֶדֶק), in Jer 20,12 prüft er den Gerechten (בֹּחֵן צַדִּיק).

311 Vgl. Bezzel, Konfessionen Jeremias, 244 f.

Schicksal des Propheten und sein Verhältnis zum Wort JHWHs, wie es in den Versen 7–11 der Fall war, aus denen der ursprüngliche Kern des Textes besteht.

Stellung im Buchkontext

Streng betrachtet ist die Konfession in Jer 20 fehl am Platze. Dominierte bis Jer 19 die Perspektive des Propheten, wird in Jer 20,1 erstmals aus der Außenperspektive über den Propheten berichtet. Dem steht die konsequent aus der Binnenperspektive gesprochene Konfession entgegen, die ein letzter Überhang der ersten Kapitel im nun folgenden Berichtsteil zu sein scheint. Und tatsächlich unterbricht die Konfession einen ursprünglichen Zusammenhang:[312] Die Namensgebung gegen Paschhur in Jer 20,3 (Schrecken ringsum) wird in den Versen 4a und 6abα (Stichwort: Grauen מָגוֹר) und in 21,14b (Stichwort: ringsum כָּל־סְבִיבֶיהָ) erläutert. Durch zahlreiche Erweiterungen (nicht nur durch die Konfession) ist dieser Zusammenhang gegenwärtig kaum noch wahrzunehmen.

Zur Einfügung der Konfession an dieser Stelle können verschiedene Gründe beigetragen haben. In Jer 20,6 wird Paschhur als Falschprophet angezeigt. Seine Prophezeiungen sind nicht nur falsch, sondern tödlich. Dass darauf eine innere, betende Auseinandersetzung mit dem Thema der Prophetie eingeschoben wird, ist nachvollziehbar. Zudem wird erstmals innerhalb einer Erzählung dargestellt, welchen Schwierigkeiten Jeremia begegnet. Wie schon aufgrund der Darstellung seiner Feinde in den Konfessionen zu erahnen, besteht seine Gegnerschaft auch nach Auskunft der Erzählung aus Vertretern der religiösen und politischen Macht. Der von dem predigenden Propheten selbst verursachte Ausschluss aus der Gottesdienstgemeinschaft kann durch das Gebet kompensiert werden. In ihm allein lässt sich die Rückversicherung unternehmen, dass der Ausschluss aus der Kultgemeinschaft nicht gleichbedeutend ist mit dem Verlust des Kontaktes zu JHWH.

Die letzte Konfession steht am Übergang zu den Erzählungen.[313] Richten sich die umgebenden Stücke stärker auf die nun folgenden Texte aus, bringt Jer 20,7 ff. das Thema der Konfessionen, das innige und problematische Verhältnis von Prophet, Wort, Gott und Umfeld, verdichtet zur Sprache. Die Verknüpfung der Abschnitte des Jeremiabuches zeigt dabei aber eben auch, dass die Konfessionen über Jer 20 hinaus orientiert sind.[314]

---

312 Vgl. zur Stellung der Konfession im Buchkontext insgesamt Bezzel, aaO., 238–240.
313 Vgl. Bezzel, aaO., 240: „Die Konfession 20 steht somit an einer Nahtstelle: Sie schließt den Zyklus der Klagen ab und führt, über ihren Kontext, in die *passio* des Propheten ein."
314 Nach Bezzel, ebd., ist diese Orientierung zum einen auf die Leidensgeschichte des Propheten, zum anderen aber auch auf seine Restitution und Rettung gerichtet, weshalb den letzten

Interpretation im Kontext

Der Beter dieses Textes präsentiert sich als einer, der von JHWH betört wurde (פתה in V. 7) und nun angefeindet und ausgelacht wird von Menschen, die ihrerseits versuchen, ihn zu betören (V. 10). Von Betörung wird auch, aber nicht nur im Zusammenhang erotischer Verführung gesprochen.[315] Immer geht es bei der Verwendung dieses Verbs darum, dass einem Menschen ein Verhalten nahegelegt wird, das seinem vorab gefassten Willen widerspricht und das nicht zu seinem Besten dient.[316] Die Verwendung der Vokabel an dieser Stelle unterstreicht die schon in der Berufung anklingende Besonderheit des Prophetenamtes Jeremias, letztlich gegen seinen Willen zum Propheten gemacht worden zu sein.[317] Die Redeweise weist zudem darauf hin, dass er unter dem Amt, zu dem er überredet wurde, leidet. Er beschreibt sich als einen, der von JHWH betört und besiegt wurde (V. 7 פתה und חזק) und nun im Begriff steht, auch noch von seinen Gegnern betört und überwältigt (פתה und יכל) zu werden (V. 10).[318] Der Beter sieht sich in der aussichtslosen Lage, dass sein Gott und seine Feinde ihm auf gleiche Weise nachzustellen scheinen. Ein Zusammenhang mit der Berufungsgeschichte Jeremias besteht insofern, als dass dort (1,19) der Versuch der Gegner, Jeremia zu bekämpfen, vorhergesagt wird – allerdings mit der Zusage, dass dieser Versuch nicht gelingen werde (וְלֹא־יוּכְלוּ).

Das Lachen, das der Beter auf sich zieht (שְׂחוֹק), erinnert innerhalb der Konfessionen daran, dass er sich in Gehorsam gegenüber dem Gebot der Sozialab-

---

Konfessionen keine Antworten JHWHs angeschlossen seien. Anstelle solcher Antworten sei die Zusage JHWHs und das sich klärende Geschick des Propheten in Jer 20 ff. zu lesen. Es ist sicher richtig, Jer 1–20 auf diese Weise mit dem Nachfolgenden zu verbinden. Nimmt man aber (mit Bezzel) an, dass die Konfessionen zu den spätesten Einschüben des Buches gehören, dann ist es nicht nur die positive Lösung, die mit Jer 20 ff. auf die Klagen folgt und die Funktion der Heilszusage übernimmt. Umgekehrt werden diese Heilsansagen von den vorab formulierten Klagen auch in Frage gestellt, vor allem da, wo wie in Jer 30–32 die Schuldvergebung wesentliche Voraussetzung eines Neuanfangs ist und der Beter zuvor gegen jegliche Vergebung betet.

315 Rudolf Mosis, „Art. פתה pth." in *Theologisches Wörterbuch zum Alten Testament* VI (1989): 820–831, 829, bevorzugt für Jeremia die Bedeutung, JHWH habe ihn „zu einem ‚Narren' gemacht".

316 Vgl. Mosis, aaO., 820–831. Vgl. Ez 14,9 vom betörten Propheten; Hos 2,16 positive Verführung des Volkes durch JHWH; Hos 7,11 die Torheit des Volkes, das vielen Stimmen folgt.

317 Gerhard von Rad, „Die Konfessionen Jeremias." in *Gesammelte Studien zum Alten Testament II,* hrsg. von ders. Theologische Bücherei Altes Testament 48. München: Kaiser, 1973: 224–235, 230, nennt die Berufung Jeremias nach Darstellung von Jer 20 eine Frage von Macht und Gewalt.

318 Vgl. Jer 1,19; 15,20: Seine Gegner vermögen nichts gegen den Propheten, JHWH dagegen sehr wohl.

stinenz von der Runde der Lachenden ferngehalten hat (vgl. Jer 15,17). Zugleich ist Gelächter im Jeremiabuch und darüber hinaus Hinweis auf Versagen, Blamage und Verlust.[319] Gelächter und Spott (לעג) bezeichnen an allen Stellen diejenigen, die ihre gesellschaftliche Stellung, verloren haben.[320] In diese Bedeutung fügen sich auch der in V. 8b verwendete Ausdruck für Spott (קֶלֶס)[321] und vor allem die zuletzt angesprochene Schande (חֶרְפָּה), die der Beter auf sich liegen spürt. Seit Jer 15,15 ist deutlich, dass der Prophet seine Schmach um JHWHs willen trägt. Er vollzieht mit seiner Schande das Schicksal des Wortes Gottes an sich selbst nach (Jer 6,10). Zugleich ist die Schande Teil des ergehenden göttlichen Gerichtes (23,40; 24,9), das der Prophet zeichenhaft erträgt.[322]

Neben der Betonung der Schande des Propheten wird eine ganz anders geartete Beschreibung seiner prophetischen Existenz vorgestellt. Dem Propheten, der zu reden (דבר) versucht, gelingt nach V. 8a keine ruhige Mitteilung. Stattdessen äußert er sich schreiend (זעק) und stellt sich damit in eine Reihe mit all denen, die, von Gericht oder anderer Bedrohung getroffen, ihrem Unglück Luft machen.[323] Die Selbstbeschreibung dieses Propheten ähnelt dem Ergehen derer, über die das Gericht angekündigt ist. Gleichwohl ist auch in dieser Konfession gerade nicht das Gericht, sondern sein Ausbleiben Grund für das Unglück des Propheten, sieht er sich doch mit einer Welt konfrontiert, in der Gewalt (חָמָס) und Verheerung (שֹׁד) herrschen.[324]

Seine Situation als Ausgelachter und Beschämter erweckt in dem Propheten den Wunsch, still zu werden, nicht mehr im Namen JHWHs (בִּשְׁמוֹ) zu reden (דְּבָר), sich nicht mehr zu erinnern (זכר). Er will es aufgeben, als Prophet zu wirken. Es ist das Wort, das den Propheten auszeichnet, und beide, wahre wie falsche Pro-

---

319 In Jer 48,26 f.39 findet sich die vergleichbare Ankündigung an Moab, es werde zum Gelächter. Eine andere, positive Konnotation hat der Begriff im Gelächter der Befreiten in Jer 30,19 und 31,4.

320 So in 2 Chr 30,10; Ps 2,4; 59,9 sowie in Prov 1,26.

321 Vgl. Ps 44,14; 79,4; Ez 16,31; 22,5; Hab 1,10.

322 Zur Schande siehe die Besprechung von Jer 15,15.

323 Insgesamt zeigt sich, dass der Schrei ein verlässlicher Hinweis dafür ist, dass der Schreiende Opfer göttlichen Gerichts geworden ist. Jer 11,11 f.; 18,22; 20,16; 25,34; 30,15; 47,2; 48,4.20.34; 49,3; 50,46; 51,54.

324 Gewalt (חמס) und Verheerung (שֹׁד) werden in dieser Zusammenstellung im Jeremiabuch nur noch in Jer 6,7 erwähnt, wo damit das ethische Fehlhandeln des Volkes beschrieben wird. Vgl. aber auch Hab 1,3; 2,17 sowie Jes 60,18; Ez 45,9 und Am 3,10; dort jeweils an Stellen, die betend oder anklagend eine Situation beschreiben oder (Jes 60,18) mit der Abwesenheit von Gewalt und Verheerung die gute Zeit nach dem Ende des Gerichts beschreiben bzw. ethische Normen formulieren, nach denen sie zu unterlassen sind (Ez 45,9).

pheten, sprechen im Namen JHWHs.[325] Neu ist in diesem Zusammenhang das Element der Erinnerung. Zwar spielt die Erinnerung auch in den anderen Konfessionen eine Rolle, so soll die Erinnerung an den Propheten ausgelöscht werden (11,19) und JHWH soll sich des Propheten (15,15) bzw. seines Einsatzes für sein Volk erinnern (18,20). Die Frage, ob sich der Beter erinnert, wird jedoch nicht explizit thematisiert. Die Erinnerung ist selbst Teil des Prophetendienstes.[326] Aufgrund der Verwendung des Verbs im Kontext der Psalmen und der Übersetzung der Septuaginta liegt es nahe, hierin die Ankündigung zu sehen, Jeremia wolle nicht mehr im Namen JHWHs reden und darüber hinaus sich dieser Beziehung überhaupt nicht mehr erinnern. Die vielen Anspielungen gerade auf die Berufung des Propheten zeigen auf, wie wesentlich die Erinnerung für den Propheten ist.

Der Versuch, dem Prophetendienst zu entkommen, misslingt, weil das Wort längst so vollkommen Besitz vom Beter ergriffen hat, dass es ein Eigenleben führt und ihm, der sich dieser Dynamik entgegenstellt, empfindlich zusetzt. Die körperliche Präsenz des Wortes im Leib des Propheten erinnert an den ihn füllenden Zorn in Jer 6,11, wo ebenfalls beschrieben wird, wie unerträglich das Aushalten dieses Ergriffenseins ist (לאה und כול). Dort mündet diese Wahrnehmung in die Bitte um das göttliche Ausgießen des Zorns. Auch die Beschreibung des Brennens (בער) und die Erwähnung der Gebeine (עֶצֶם) verweisen auf andere Stellen, an denen nicht vom Wort, sondern vor allem vom Zorn JHWHs die Rede ist.[327]

Es gelingt nicht, das Prophetenamt zu vermeiden. JHWH ist stärker als der Beter. Anstatt dieses Faktum noch einmal ausdrücklich zu formulieren, lenkt der Text unmittelbar auf das Ergehen des Propheten zurück. Es ist die Nachrede (דִּבָּה) der vielen (רַבִּים), die dem Propheten zu schaffen macht. Sie wollen ihn anzeigen und in Verruf bringen. An dieser Stelle wird aufgenommen, was auch dem weiteren Verlauf der Berichte über Jeremia zu entnehmen ist. Immer wieder werden im Nachfolgenden Jeremias Worte und Handlungen als Bericht weitergetragen (נגד). So führt der Bericht über seine Worte, hier zusammengefasst als „Grauen ringsum", zu seiner Gefangennahme.[328]

Der Schrecken oder das Grauen (מָגוֹר) nimmt die Gerichtsansage gegen Paschhur aus dem unmittelbaren Kontext auf (20,3f.). Er ist Teil der jeremiani-

---

325 Zur Rede im Namen JHWHs vgl. Jer 11,21; 14,14 f.; 23,25; 26,9.16.20; 27,15; 29,9.21.23 und 44,16.
326 Hinweis darauf gibt etwa Jer 23,36, wo die Erinnerung an den Ausspruch des Herrn untersagt wird.
327 Vgl. sein brennender Zorn (4,4 und 44,6). Das Feuer in den Beinen ist, zusammen mit dem Netz, das aufgestellt wird, in Thr 1,13 genannt. Dort als Beschreibung des zornigen Handelns JHWHs. In Jer 23,9 zittern die Gebeine wegen der Worte JHWHs.
328 Vgl. Jer 36f.

schen Gerichtsbotschaft (Jer 6,25), die zuletzt die Völker trifft (46,5; 49,29).[329] Je nach textkritischer Präferenz wird mit diesem Ausdruck hier entweder die Einschätzung des Beters wiedergegeben oder seine Botschaft zitiert. Die Doppeldeutigkeit scheint beabsichtigt.[330]

Wie bereits erwähnt, ähneln die Pläne der Gegner in ihrer Formulierung den Vorwürfen gegenüber JHWH in V. 7. Die Gegnerschaft zwischen Jeremia und seinem Umfeld ist nichts Neues und in allen Konfessionen zuvor thematisiert. Neu ist an dieser Stelle die nun betonte Aussage, dass die Feinde nicht Feinde von jeher sind, sondern dass es sich um Menschen handelt, mit denen der Beter zuvor Frieden hatte. Dass ehemalige Vertraute zu Feinden werden, ist ein auch anderwärts in Klagen formuliertes Thema.[331] Dass diese früheren Freunde jedoch als „Friedens-Menschen" bezeichnet werden, ist keine übliche Formulierung. Der Grund für die Verwendung dieses merkwürdigen Begriffs findet sich in der Erwähnung des Friedens (שׁלום), in der ein enger Bezug der Klage zur Gerichtsbotschaft des Jeremia erkennbar wird. Das angekündigte Gericht lässt sich mit dem Ruf: „Kein Friede für alles Fleisch", (12,12) zusammenfassen. Die falschen Propheten sind dagegen daran zu erkennen, dass sie im vollen Widerspruch zur wirklichen Situation „Frieden, Frieden" zu ihrer Botschaft machen (6,14; 8,11; 14,13), obwohl doch JHWH selbst dem Volk seinen Frieden entzogen hat (16,5). Jeremia fungiert als Gegentypus zu den Heilspropheten. Während seine Gegner noch lästern, dass das von Jeremia angekündigte Gericht nicht kommt, das Wort JHWHs nicht eintrifft, erlebt der Beter dieses Gericht schon am eigenen Leibe, weil es für ihn keinen Frieden mehr gibt. Wieder trifft den Propheten das Schicksal, das seinen Feinden drohen sollte. Auf die Spitze getrieben wird diese Verkehrung der Verhältnisse mit dem zitierten Plan dieser Gegner, am Beter Rache (נְקָמָה) zu nehmen. Solche Rache hat JHWH mehrfach angekündigt (5,9.29; 9,8) und immer wieder hat der Beter selbst um sie gebeten (11,20; 15,15; 20,12).

Eine entsprechende Bitte fehlt in diesem Gebet völlig. An ihrer Stelle folgt in V.11 ein Vertrauensbekenntnis, das die üblichen Inhalte der Bitten in sich birgt und vom Beistand JHWHs und dem Untergang der Verfolger[332] berichtet, denen exakt das geschieht, was der Beter bereits lange für sie erbeten oder für sie vorhergesehen hat. Sie straucheln (כשׁל 18,23), werden beschämt (בושׁ vgl. 17,13.18) und

---

329 Auch in Jes 31,9 und 66,4 wird mit מָגוֹר die Situation des Gerichts beschrieben. Mehr als die Hälfte der Belege stehen im Jeremiabuch. Vgl. zudem die Parallelstelle in Ps 31,14. In Ps 34,5 hat JHWH aus dem Grauen befreit.

330 Ein ironisches Zitat lesen hier u. a. O'Connor, The Confessions of Jeremiah, 73, und Fischer, Jeremia 1– 25, 618.

331 Vgl. Ps 38,12f.; 41,10; 88,9.19; Hi 19,13 – 16; siehe dazu Wanke, Jeremia 1,1– 25,14, 186.

332 Vgl. zu dieser Wortwahl Jer 15,15; 17,18.

haben keinen Erfolg (שׁכל 10,21). Ihnen geschieht, was dem Beter anfänglich von JHWH zugefügt wurde oder was sie dem Beter zuzufügen versucht haben. Sie obsiegen nicht (יכל vgl. V. 7.9.10), und es ist ihre Schmach, die nicht vergessen wird.[333] Diese unvergessene Schmach (כְּלִמָּה) ist zunächst an den Anfang des Gebets (V. 9) zurückzubinden, an dem es heißt, dass der Beter aufhören will, sich zu erinnern. Sie lässt zudem einen weiten Bogen zur ersten Konfession in Jer 11 erkennen, in der die Gegner alles daransetzen, um den Beter in Vergessenheit geraten zu lassen.[334] Nach Ansicht des Bekenntnisses in Jer 20 scheitert dieser Plan der Verfolger. Der Beter bleibt im Gedächtnis, genauso wie die Schande seiner Gegner. Diese Entwicklung entspricht der Bitte des Beters aus den vorangehenden Konfessionen, hatte er doch alles daran gesetzt, alle Möglichkeiten der Schuldvergebung für seine Gegner auszuschließen (18,23). Dies alles passiert, weil JHWH endlich Rache an ihnen übt und sich des Rechtsstreits angenommen hat, den ihm der Beter offenbart hat.[335]

Der so eingreifende JHWH wird als Held (גִּבּוֹר) bekannt. Das allein wäre kaum ungewöhnlich.[336] Dass er jedoch als gewaltiger (עָרִיץ) Held bezeichnet wird, lässt seine Kraft mindestens ambivalent wirken.[337] V. 12a versöhnt in all diesen Überlegungen den Beter von Jer 12, der hier nun mit den fast identischen Worten aus Jer 11,20 bekennt, dass JHWH sehr wohl Herzen und Nieren sieht und prüft.[338] V. 12 interpretiert das üble Ergehen des Propheten als „Prüfung des Gerechten", damit nimmt er den Konflikt zwischen Tun und Ergehen auf und gibt ihm eine sinnvolle Deutung.[339]

---

333 Vgl. noch das Schuldbekenntnis in Jer 3,25 und Jer 51,51.

334 Vgl. Bezzel, Konfessionen Jeremias, 245: „Wenn man so will, kann man darüber hinaus eine antithetisch-ironische Brücke zur ersten Konfession in Kapitel 11 erkennen. Dort war es in 11,19 das Ziel der Gegner, daß ihres Opfers nicht mehr gedacht werde [...] – nun aber wird ihre eigene Schande auf ewig *nicht* vergessen werden..."

335 Brueggemann, Jeremiah, 183 Anm. 74, betont die „Rechtmäßigkeit" solcher Rache: „This vengeance is not arbitrary and undisciplined, but is the embodiment of the rule of law."

336 Diese Bezeichnung wird auch in dem Gebet in Jer 32 aufgenommen, während JHWH in Jer 14,9 mit einem „hilflosen Helfer" verglichen wird.

337 Immerhin sind es die Tyrannen (עָרִצִים), aus deren Hand in Jer 15,21 JHWH Rettung verspricht (vgl. ebenso Bezzel, Konfessionen Jeremias, 249). Anders deutet Duhm, Jeremia, 166, der die „neutrale" Bedeutung des Ausdrucks annimmt und daraus auf das hohe Alter des Verses schließt.

338 Vgl. Bezzel, Konfessionen Jeremias, 244: „Er greift 11,20 erneut auf und gibt dem ganzen Konfessionenzyklus damit einen Rahmen, der die Gerechtigkeit Gottes und sein zu erwartendes finales Einschreiten zugunsten des Supplikanten hervorhebt."

339 Vgl. die Parallele des Verses in Jer 11,20. Der Unterschied zwischen den beiden Varianten legt den Fokus in Jer 11 auf die Frage nach der Gerechtigkeit Gottes, wohingegen hier die Leiden Jeremias als Prüfung des Gerechten interpretiert werden. Vgl. Diamond, The Confessions of

Das Klagelied ohne Bitte schließt mit einem vollmundigen Jubelaufruf in V. 13, der einzigen Stelle innerhalb des Buches, an der vom Singen (שׁיר) gesprochen wird. Auch das hier verwendete Preisen (הלל) wird nur selten gebraucht und zumeist nicht in der Beschreibung von Lobpreis, sondern in der Aufforderung zum rechten Rühmen.[340] Besser fügt sich die besungene Rettungsaussage (נצל) in die Rede des Buches[341]. Dass er die Rettung aus der Hand der Bösen unternimmt, bedeutet, dass JHWH sein Versprechen eingehalten hat (15,21). Es bedeutet auch, dass der in Jer 15,21 angesprochene Beter von denen, die Jer 20,13 formulierten, als „Elender" verstanden wurde.[342] Die Rettung des „Armen"[343] findet sich so ausdrücklich jedoch nur an dieser Stelle.

Diesem tönenden Ausklang[344] wird nun ein ebenfalls klangvoller und doch ganz anders gestimmter Abschluss angefügt.[345] Im Stil von Jer 15,10, die dort formulierten Aussagen aber überbietend, verflucht der Sprecher seine eigene Geburt. Wie bereits in Jer 15,10 geschieht diese Verfluchung klagend, aber ohne JHWH anzusprechen, also nicht im engeren Sinne betend.[346] Der Prophet ist bereits im Mutterleib ausgesondert, entsprechend ist es nachvollziehbar, dass die einzige Vermeidung seiner Situation seine Tötung im Mutterleib gewesen wäre.[347] Die Rede von der Tötung „aus dem Mutterleib heraus" (מֵרֶחֶם) ist eine Erinnerung

---

Jeremiah, 113: „This rehearsal of Yahweh's treatment of the prophet and the prophet's unsuccessful struggle against and suffering under the prophetic task is now resolved by the interpretation of this ‚way' as the test and trial (בחן) of the righteous (צדיק) which will surely result in his deliverance."

340 Jer 4,2; 9,22f. bzw. falsches Rühmen 49,4; als Hinweis auf die Rettung Jer 31,7.

341 Als Teil der Berufungszusage in Jer 1,8.19, in Wiederaufnahme 15,20f. und 39,17; Rettungszusage an das Volk 42,11. Falsche Rettungsgewissheit im Vertrauen auf den Tempel 7,10.

342 Wanke, Jeremia 1,1–25,14, 186: „Dieser Hymnus ist die Antwort eines Menschen, der seine eigenen Erfahrungen durch die Erfahrungen Jeremias bestätigt sieht und angesichts der Treue Jahwes zu seinen Frommen das Lob auf den rettenden Gott anstimmt."

343 Der Arme (אֶבְיוֹן) wird bei Jeremia ansonsten in der Rolle des Unterdrückten als Teil des Schuldaufweises des sündigen Volkes erwähnt in 2,34; 5,28; in Jer 22,16 erweist die Sorge um den Armen den wahren König.

344 „Damit könnten die Konfessionen schließen", sagt Hans-Jürgen Hermisson, „Jahwes und Jeremias Rechtsstreit: Zum Thema der Konfessionen Jeremias." in *Studien zu Prophetie und Weisheit*, Forschungen zum Alten Testament 23. Tübingen: Mohr Siebeck, 1998: 5–36, 29, über 20,13.

345 Wohl weil das positive Ende der ursprünglichen Konfession (und ihrer Fortschreibung in V. 13) nicht geteilt werden konnte; vgl. Bezzel, Konfessionen Jeremias, 251f. Anders Fischer, Jeremia 1–25, 625–627, der hier alternative Schlüsse für von vornherein miteinander verbunden hält.

346 Brueggemann, Jeremiah, 185: „It is a wish hardly formed, not yet ready to be cast as a prayer." Vgl. Hiob 3.

347 Bezzel, Konfessionen Jeremias, 241.

an die Berufung des Propheten „von Mutterleib an" (מֵרֶחֶם Jer 1,5). Dass er den Boten seiner Geburt mit solcher Inbrunst verwünscht, mag eine ironische Anspielung auf den „Botendienst" des Sprechers sein.[348]

Mühsal (עָמָל), Kummer (יָגוֹן) und Scham (בֹּשֶׁת) wären dem Propheten erspart geblieben, wenn er das Leben hätte vermeiden können. Die Verbindung dieser drei Nomina ist bemerkenswert. Sie werden innerhalb des AT kein weiteres Mal in einem Satz kombiniert, nicht einmal zwei der drei. Die Scham (בֹּשֶׁת bzw. בוש) wird innerhalb des Jeremiabuches häufig angesprochen und wird auch in den Konfessionen thematisiert.[349] Ihre Aufnahme gleicht gegenüber dem vorab formulierten Lobpreis, in dem sich der Beter sicher ist, dass einzig seine Feinde sich werden schämen müssen, einer Art Rückfall.

Anhand der Rede vom Kummer (יָגוֹן) lässt sich ein Bogen über das Jeremiabuch schlagen. Der Kummer ist Reaktion auf das Gericht. In der Klage Jeremias in Jer 8,18 ist der Prophet voller Kummer wegen des bevorstehenden Schicksals seines Volkes.[350] In Jer 31,13 verspricht JHWH, Kummer in Freude zu verwandeln. In der vorliegenden Formulierung wird aus dem Kummer als Reaktion auf das Gericht der Kummer als Grundbedingung menschlicher Existenz.

Der Mühsal (עָמָל), die im Jeremiabuch sonst an keiner Stelle genannt wird, kommt eine prominente Rolle zu. Denn im *corpus propheticum* findet sie sich nur einmal an vergleichbar herausragender Stelle, im vierten Gottesknechtslied (Jes 53,11). Da Knecht und Beter an einigen Stellen ähnlich gezeichnet wurden, ist diese Übereinstimmung kaum zufällig.[351] Hier begegnet eine späte weisheitliche Strömung, die sich mit Anklang an Gedanken Hiobs und Kohelets in die Rede vom leidenden Propheten eingetragen hat.[352] Die dabei gewählte Form der Klage er-

---

348 Brueggemann, Jeremiah, 186: „As Jeremiah himself is rejected as a messenger, so Jeremiah would reject the messenger who caused him to be present and known in the world. Jeremiah knows all about messengers being rejected, and he wishes his birth message had never been delivered."

349 Vgl. Jer 17,13.18; 20,11.

350 Siegfried Wagner, „Art. יגה jāḡāh." in *Theologisches Wörterbuch zum Alten Testament* III (1982): 406–412, 407: „‚Kummer' ist das Gegenteil von Freude und Jubel." Vgl. Sp. 408 „…die Grundbestimmtheit des Lebens durch das Vorhandensein, Sichverwirklichen und Sichäußern eines mißlichen Tatbestandes."

351 Vgl. auch das Schuldbekenntnis in Jes 59,4. Wirkungsgeschichte beider Stellen dürfte sich in Hab 1,3.13 finden, wo das Elend zur Aufzählung des Erlittenen hinzugenommen wird. Der Anschluss dieser Stelle an Jer ist relativ deutlich.

352 „So ist dieser Jeremia schlicht der leidende Mensch", konstatiert Bezzel, Konfessionen Jeremias, 254.

innert im Abschluss der Konfessionen an ihre Vorlagen in Jer 1–10, die prophetischen Klagen, die sich ebenfalls kaum als Gebete identifizieren lassen.[353]

Schluss

Der Beter dieser Zeilen erlebt sich als von JHWH selbst aus dem Bereich der gesellschaftlichen Anerkennung und körperlich-seelischen Unversehrtheit vertrieben. Bei dem Versuch, sich schweigend und vergessend zu entziehen, wird er mit der Unbezwingbarkeit göttlicher Macht konfrontiert. Als Folge dieser Überwältigung bleibt der Beter versehrt und ausgegrenzt zurück, vertraut aber dennoch auf die Zusagen der Berufung, die das helfende Mitsein JHWHs verheißen.

Der Gott, an den sich dieser Beter wendet, ist ein „gewaltiger Held" (גִּבּוֹר עָרִיץ). Mit diesem Ausdruck wird seine Fähigkeit zum rettenden Eingreifen ebenso auf den Begriff gebracht wie die Erfahrung und Erwartung des Beters, dass das göttliche Handeln gewalttätige Züge trägt. Das Wort Gottes entwickelt nach Aussage dieser Zeilen eine unaufhaltbare Eigendynamik.

Die Gegner des Beters sind die Opponenten des Propheten, die sich anschicken, ihn wegen seiner Botschaft anzuzeigen und zu Tode zu bringen. Dabei sind diese Gegner nicht etwa fremde, nur halbbekannte Mächte. Es sind Menschen, mit denen der Prophet vormals in Frieden lebte, die sich nun zu seinen Gegnern entwickelt haben. Auch JHWH wird als Gegner des Beters gezeichnet. Er triumphiert über ihn, wie seine menschlichen Gegner über ihn zu obsiegen versuchen. Dabei ist die Rolle JHWHs im Gegenüber zum Beter jedoch nicht auf diese Gegnerschaft beschränkt. Er ist auch der Gott, auf dessen Hilfe er setzt.

Die Funktion des Gebets an dieser Stelle ergibt sich aus dem Zusammenspiel mit dem Kontext. Im Übergang zur Leidensgeschichte Jeremias erklingt noch einmal dessen betende Stimme. In Kurzfassung berichten die vorangehenden Verse 1–6 von der Auseinandersetzung zwischen Jeremia und seiner Umwelt, von der Gewalt, der er begegnet, und von der Unerbittlichkeit, mit der er dennoch das Wort JHWHs verkündet.

Alle Verse dieser Konfession, außer V. 9a, sind von einem Nicht-Propheten betbar. Die Rede „im Namen JHWHs" ist so eng mit dem Beruf und Auftrag des Propheten verbunden, dass diese Formulierung kaum für jemand anderen als für Jeremia adaptierbar ist. Das Gebet wird entsprechend als Gebet im Munde Jeremias eingetragen worden sein, als Information und Innenansicht über den Propheten und sein Amt und nicht als Text, der selbst betend nachvollzogen

---

353 Levin, Die Verheißung des neuen Bundes, 154 Anm. 22, und Levin, Das Wort Jahwes, 264 Anm. 29.

werden soll. Dieser Schluss der aus der Formulierung „Reden im Namen JHWHs" gezogen werden kann, wird unterstützt durch die Besonderheit auch dieser Konfession (vgl. Jer 11), dass sie allein an Anfang (V. 7a) und Ende (V. 12b) als Anrede JHWHs formuliert ist. Sie ist damit auch strukturell eher Bericht über JHWH und die Erfahrung des Propheten mit ihm als Ansprache an ihn. Die Leser dieser Zeilen werden weniger als intendierte Mitbeter angesprochen als vielmehr als Auditorium für das Ergehen und Erleben des Propheten, dessen Leidensgeschichte unter den Menschen die Geschichte des Leidens an Gott zur Seite gestellt wird.

Erst durch die Erweiterung in V. 8a.12 wird die Möglichkeit persönlicher Anknüpfung an dieses Gebet ausdrücklich eröffnet. In V. 8a wird die Botschaft des Propheten als ein Schrei zwischen Gegenwartsanalyse und Androhung eingetragen, wie ihn jeder an Ungerechtigkeit und Gewalt Leidende formulieren kann. Diesem Eintrag entsprechend wird in V. 12 ausdrücklich der צַדִּיק als positives Gegenüber zur Gruppe der Gegner angeführt. Die Rede von der „Prüfung des Beters" deutet das im Gebet berichtete Leiden als Voraussetzung der Rettung. Der Beter erwartet die Rache an der Gegnergruppe und vertraut darauf, dass sie geübt werden wird. Die Eintragung der Gruppe der Gerechten öffnet das Gebet für das Mitbeten, ihre gegenwärtige Situation wird wie auch das Leiden des Propheten als „Prüfung" interpretiert, die zwar die Gegenwart der Betenden trübt, aber zu einer Situation der Rache und Lösung führen wird.

Die in V. 12 ausgedrückte Erlösungsgewissheit wird vom sich anschließenden V. 13 noch einmal verstärkt, weil hier nicht die zukünftige Erwartung angesprochen wird, sondern die Erfahrung. Aus dem Gegensatz von Gerechten und Frevlern wird der Gegensatz von Armen und Übeltätern. Wie an anderen Stellen hat sich in V. 13 eine sich formierende Armentheologie eingetragen. Wesentlicher Unterschied gegenüber der ersten Erweiterung in V. 12 ist, dass die so Betenden auf die Rettung bereits zurückblicken. Sie sind Gerettete, die Grund zum Lobpreis haben, und der Gott, von dem sie sprechen, wendet ihnen sein freundliches Antlitz zu. Von dem vorangehend thematisierten dunklen Antlitz Gottes ist keine Rede mehr. Er ist der erbarmungsvolle Retter, der den Armen hilft. Durch das im Gebet berichtete schlimme Ergehen werden die Betenden zu den Armen, die der Rettung würdig sind. Die gepriesene Rettung des Armen wird zum bejubelten Ziel allen Elends und zur aktualisierbaren Hoffnung jedes Beters.

Die Gegner des so Betenden sind die Übeltäter, die Macht über den Armen haben. Wer so betet, identifiziert sich mit den von der Gesellschaft Marginalisierten und Entrechteten. Das um V. 12 und V. 13 erweiterte Gebet aktualisiert betend die Rettung des Armen. Das erlebte Elend wird zu einer Situation der Prüfung erklärt, die die Hilfswürdigkeit des gerechten Betenden erweisen soll. Auf diese Weise wird das Elend nicht mehr als Hinweis auf die Gottesferne des Betenden verstanden, sondern als geradezu sinnvoll gedeutet – und dadurch relativiert.

2.1.6 Zusammenfassung: Die Konfessionen

Die Theologie der Konfessionen ist kein Fremdkörper im Jeremiabuch. Zugleich stellt sie eine Weiterentwicklung einiger Aspekte des Buches dar; und da das Buch kein Entwurf aus einem Guss ist, gibt es andere Texte im Buch, zu denen die Konfessionen in Opposition stehen. Prophetenlegenden, Reden und Zeichenaufforderungen sind die Vorlagen für die Gebete und Gottesreden. Die Texte sind entsprechend eng mit dem restlichen Buch verbunden und setzen dennoch neue Akzente, indem einige Aspekte des vorher Berichteten betont und andere überhaupt erst in den Konfessionen zur Sprache gebracht werden. Wesentlich für die Theologie der Konfessionen ist das Missverhältnis von Sozialbeziehungen und Gottesbeziehung des Beters.

Die *Nähe* zwischen JHWH und Prophet wird bereits in der Berufung thematisiert: in der präkonzeptionellen Wahrnehmung und Heiligung des Propheten, in der Zusage der Begleitung, in der Lokalisierung der Gottesworte im Munde des Propheten. Diese Nähe greifen die Konfessionen auf und verstärken sie, problematisieren sie aber auch, wenn die Nähe JHWHs und die Verinnerlichung des Wortes den Propheten überwältigt und leiden lässt. Zugleich ermöglichen die Gebete es den Lesern, die Zeilen mitzubeten und so an der Nähe teilzuhaben.

Das *Leiden* des Propheten unter der Berufung JHWHs, sein Widerstand gegen sie wird bereits in Jer 1 und in Jer 6 angesprochen. Besonders nachdrücklich wird vom Leiden des Propheten ab Jer 20 berichtet. Entgegen überkommenen Gleichsetzungen von Wohlergehen, Ansehen und Gottesnähe geschieht in diesen Darstellungen etwas, das zur Grundlage etlicher theologischer Bewegungen wird: Wohlergehen, Ansehen und Gottesnähe werden nicht nur voneinander unterschieden, sie werden einander entgegengesetzt, da der Gehorsam gegenüber JHWH und die Freude an seinem Wort in die Situation des Leids führen. Etliche Figuren des Alten Testaments werden in diese Richtung interpretiert: der Fürbitter Mose, der unansehnliche Gottesknecht, Habakuk und eben auch Jeremia. Der Unterschied zu einer Hiobsgestalt liegt vor allem darin, dass dort die Frage umtreibt, ob Gottesfurcht „umsonst" (חנם) gewesen sein könnte, weil sich *trotzdem* Leid eingestellt hat. In Fortsetzung dazu ist die Erfahrung hier die, dass Jeremia *wegen* seiner besonderen Gottesnähe zum Leidenden wird und aus der Gemeinschaft des Volkes ausgeschlossen ist.

Diese Neuakzentuierung der Gottesnähe als Territorium des Leids und der Verfolgung hat wiederum Folgen für das angenommene Gottesbild. JHWH wird nicht allein als Retter und Richter erlebt, sein Handeln ist nicht nach einsehbaren

Regeln der Gerechtigkeit ausgerichtet. Vielmehr gerät er auch dem Gerechten zu einem wenig einschätzbaren Gegenüber – und gewinnt an bedrückender Souveränität.

Ebenfalls eng verbunden mit dem Leiden des Propheten ist dessen *Opposition* zum gesellschaftlichen Umfeld, zu Israel als Ganzem, zu den Institutionen der Regierung und des Tempels. Seine Gottesnähe hat ihn aus der Gemeinschaft vertrieben. Entsprechend predigt er gegen diesen Sozialverband und entwickelt in seinen Gebeten einen neuen, konfessionellen Status des Einzelnen, der nicht mehr vor allem Teil der Gemeinschaft zu sein hat, sondern an JHWH bleiben soll. Diese Verabsolutierung der Gottesbeziehung entfremdet den Einzelnen der Gemeinschaft. Das letzte Band, das den betend Vereinzelten mit der Gemeinschaft verbindet, sind Mitleid und Fürbitte. Auch dieses Band wird im Jeremiabuch zerschnitten. Die Konfessionen betonen die endgültige Entfremdung, heben jedoch zugleich hervor, dass die Rolle des Fürbitters die ursprüngliche Rolle der so Betenden gewesen sei. Sie unterstreichen damit, dass die Trennung des Beters von der Gemeinschaft nicht seinem eigenen Antrieb entstammt, sondern allein Werk dieser Gemeinschaft ist und eine Konsequenz aus seinem Gehorsam gegenüber JHWH. Verglichen mit der Solidarität des Klagenden in der Grundschicht von Jer 1– 10 zeichnet sich hier ein Wandel ab.

Opposition und Leiden verbunden mit der besonderen Gottesnähe des in den Konfessionen Betenden akzentuieren einen Typus der Gottesbeziehung, in dem die Nähe zu Gott nicht mit Wohlleben und sozialer Einbindung einhergeht, sondern sie sogar ausschließt. Pate für diese Abgrenzung mag der historische Prophet gewesen sein, der zu Lebzeiten Leid ankündigte, das nicht eintrat, und der zum Opfer seiner Botschaft wurde. Aus dieser historischen Person wurde in der Entwicklung des Buches der Typus des Gotteskämpfers, für den Wohlergehen und JHWH-Frömmigkeit unvereinbar gedacht werden.[354] Sozialbeziehung, Selbstbeziehung und Gottesbeziehung sind ausdrücklich im Ungleichgewicht.[355] Dass es der Arme ist, der gerettet wird, wird außer in Jer 20 an keiner Stelle formuliert, ist

---

[354] Brueggemann, Jeremiah, 187: „If the cry is only from the person of Jeremiah, then the poem has no larger or enduring interest. If, however, the poem is about the unwelcome unbearable power of the Word, about the seductive way of God with the messenger, about the capacity to praise the God who sends the Word, about the despair evoked among those who embrace the Word, then the poem is a theological disclosure which concerns the whole community of the Word. In this way, I submit, the poetry of the person may be appropriated and appreciated by the canonical community which continues to reflect on the message to the community."

[355] Vgl. zur Funktion der Darstellung des Propheten auch in den Konfessionen Kratz, Die Propheten Israels, 81f.

aber in den Versen bereits angelegt, in denen die niedere Stellung des Beters mit seiner besonders engen Gottesbeziehung verbunden wird.

Die Konfessionen sind dem Jeremiabuch erst nachträglich zugewachsen. Auffällig ist, dass auch die einer Schicht zugerechneten Texte keinen einheitlich konfigurierten Beter präsentieren. Die Brüche in der Figur des Beters sollen am Ende dieser Untersuchung dargestellt werden. Sie sind wesentlicher Teil der mit den Gebeten verbundenen Botschaft vom betenden Propheten.[356]

Das Gottesbild der anzunehmenden Grundschicht zeugt von einer betenden theologischen Reflexion. Das Verhältnis von Beter und Gottheit beginnt mit der Begeisterung über das Wort (Jer 15,16), mit der Hingabe an Gott, in der die Opposition zu den Gegnern noch durch die prophetische Fürbitte kontrastiert wird. Aus der Fürbitte wird der dringende Wunsch, JHWH möge die Schuld der Gegner eben nicht vergeben, die Antifürbitte. Im Kontext kann das Fürbittverbot zum Zeitpunkt der Einfügung der Konfessionen als bereits formuliert vorausgesetzt werden. Dieses Verbot wird in den Konfessionen nicht weiter thematisiert, aber gleichwohl umgesetzt. Der Wechsel von der Fürbitte zur Antifürbitte ergibt sich aus der Überzeugung des unumstößlich bevorstehenden Gerichtes, verbunden mit dem eigenen Leiden an der Situation des zeitweilig sistierenden göttlichen Richtens.[357]

Mit dem Verhältnis zu den Gegnern ändert sich auch die Wahrnehmung Gottes, ist es doch die Hingabe an ihn, die den Beter von aller menschlichen Gemeinschaft entfremdet. Was aus anderer Perspektive[358] als gute Eigenschaft JHWHs gepriesen werden kann, wird dem Beter dieser Zeilen zur Bedrohung. Gnade und Geduld für die Falschen ist eine Gefährdung der Ordnung und all derer, die sich ihr entsprechend verhalten. Ein Gott, der sich der Frevler erbarmt, scheint nicht zugleich der Gott der Gerechten sein zu können. Dabei kann sich der Beter dieser Zeilen nicht über mangelnde göttliche Aufmerksamkeit beklagen. Der Versuch, stumm und schnell aus dem exklusiven Verhältnis zu fliehen, gelingt nicht. Der göttliche Anspruch auf den Beter ist gewaltig und total. Der Beter muss die ganze Ambivalenz dieses Gottes ertragen und weiß, dass einzig in ihm seine mögliche Rettung liegt.

---

356 Brueggemann, Jeremiah, 186, über Jer 20,7–13 und 14–18: „These two poetic units are utterances of faith in tension."
357 Diese Opposition des Propheten gegenüber seinem Volk relativiert die These von Lundbom, Jeremiah 1–20, 350, der Prophet artikuliere „the hurt of the nation". Teilweise nimmt er in seinem Ergehen die Leiden des Volkes vorweg, aber darin erschöpft sich seine Darstellung kaum.
358 Vergleiche den gesamten ersten Teil der Untersuchung.

Diese kurze Zusammenfassung der Konfessionengrundschicht zeigt, dass hier zwar unterschiedliche Aspekte zusammengetragen worden sind, dass sich aus ihnen jedoch ein nachvollziehbares Bild ergibt, das einem Redaktor bzw. einer Autorengruppe zugerechnet werden kann, deren theologisches Profil und gesellschaftliche Situation erkennbar werden.

Ähnlich einheitlich wirken die Verse, die sich stärker an einem tempeltheologisch formulierten Gottesbild orientieren.[359] Dass der Name JHWHs über dem Beter ausgerufen ist (Jer 15,16) lässt den einzelnen Beter an die Stelle des Tempels oder des Volkes treten, dass der „Thron der Herrlichkeit" besungen wird (Jer 17,12) und JHWH singend gepriesen werden soll (Jer 20,13), deutet in die Richtung einer hymnisch formulierten Tempeltheologie, die zugleich nicht vom realen Tempel abhängig ist. In dieser Gleichzeitigkeit von Hochschätzung des Tempels und Unabhängigkeit vom vorfindlichen Tempel liegt eine Besonderheit einiger der in dieser Studie besprochenen literarischen Gebete. Sie weist auf eine Verfassergruppe dieser Texte, die entweder als Opposition vom Tempel ausgeschlossen ist oder in der Entfernung vom realen Tempel lebt.[360]

Anders verhält sich dies bei den mannigfachen, weisheitlich zu nennenden Einschreibungen in die Texte. Sie verwenden ähnliche Worte und Motivkreise und thematisieren in unterschiedlicher Weise das Problem der Gerechtigkeit, lassen aber daneben kaum den Schluss zu, hier werde kontinuierlich eine durchdachte Erweiterung in einem Geist eingetragen. Jer 12,1–3 etwa beschreibt gerade das Nicht-Gelingen der Ordnung, ähnlich, aber mit anderer Zuspitzung weiß Jer 15,10, dass dem, der nichts getan hat, die Rolle des Bösewichts zugeschrieben wird, wohingegen in Jer 17,5–8 und 20,12 eben diese dort ausgesetzte Ordnung wieder neu beschworen wird. Die Texte sind über ihre Themen und Motive miteinander verbunden. Sie jedoch deshalb einer kontinuierlich formulierten Schicht zuzuordnen, besteht wenig Anlass.[361] Es scheint sich vielmehr um weisheitliche Einzelfortschreibungen verschiedener Provenienz zu handeln.

2.2 Wie lange, JHWH, habe ich um Hilfe gerufen? – Hab 1

Wie mancher Psalm beginnt das kurze Buch Habakuk als Klage und findet seinen Schlusston im Jubel. Das kleine Prohetenbuch ist das einzige im biblischen Kanon, das mit einer betenden Hinwendung zu JHWH anhebt, und eines der wenigen,

---

359 Bei Bezzel, Konfessionen Jeremias, 53–59, ist dies die sogenannte kollektiv-repräsentative Fortschreibung.
360 Vgl. zum Ort in den Prophetengebeten den Abschluss der Arbeit (D 2).
361 Anders ebd.

dessen Abschluss als Gebet formuliert ist.[362] Man könnte wegen dieser Besonderheit und seiner Kürze versucht sein, das gesamte Buch eher als Gebet denn als Prophetenbuch zu bezeichnen. Die Überschriften deuten den Text jedoch anders. In Hab 1,1 wird geschaut (חזה) und auch in Hab 2,1 späht (ראה) der Sprecher nach einer Antwort JHWHs.[363] Erst Hab 3 wird auch in der Überschrift als Gebet bezeichnet (Hab 3,1 תְּפִלָּה לַחֲבַקּוּק הַנָּבִיא).

Der Vision des grausamen Fremdvolkes der Chaldäer (1,5–11.15–17) wird im letzten Kapitel das ebenso furchterregende (vgl. Hab 1,7: נוֹרָא mit Hab 3,2: יָרֵאתִי) und wirksame Kommen Gottes entgegengesetzt. Stichwortverbindungen zeigen, dass dieser Bogen sich nicht zufällig ergeben hat. Bevor jedoch der Jubel über JHWHs Kommen formuliert wird, entsteht in Hab 1 im Wechsel von Gebet und Beschreibung das Bild einer gottlosen Gegenwart, in der der betende Gerechte verraten ist und Gottes Volk zur leichten Beute wird. In diese Darstellung fließen prophetische Texte und Klagen ein und unterschiedliche Stränge prophetischer Gebete werden darin zusammengeführt. Mit dem Buch Habakuk liegt einer der Höhepunkte schriftprophetischer Gebetsliteratur vor.

Übersetzung

1,1 Der Spruch, den Habakuk, der Prophet, schaute.

2 Wie lange, JHWH, habe ich um Hilfe gerufen, und du hast nicht gehört?
Ich schreie zu dir „Gewalttat"[364], und du hilfst nicht.

3 Warum lässt du mich Unheil sehen, mich Mühsal ansehen?[365]
Verheerung und Gewalttat (sind) vor mir,
und es ist Streit, und Hader hebt an.[366]

---

362 Vgl. für den Abschluss mit Gebet Micha 7, den ursprünglichen Schluss von Hosea in Hos 14,2–4 und den angenommenen zeitweiligen Schluss des Jesajabuches mit dem Gebet Jes 63 f.
363 Hab 2,1 ist streng genommen keine eigene Überschrift. Die Verse dieses Kapitels stehen vielmehr unter derselben Überschrift wie Hab 1. Gleichwohl ist der Vers ein Neueinsatz, in dem das prophetische Warten auf JHWHs Wort noch einmal neu thematisiert wird.
364 Mit ἀδικούμενος sieht LXX nicht, dass es sich bei חָמָס um einen Ausruf, also um wörtliche Rede handelt. Die Übersetzungen sprechen stattdessen von der Gewalt, die dem Propheten widerfährt. Vgl. Rudolph, KAT 13,3, 200; Lothar Perlitt, *Die Propheten Nahum, Habakuk, Zephanja. Das Alte Testament Deutsch 25,1.* Göttingen: Vandenhoeck & Ruprecht, 2004, 48; Gelston, Anthony, Hrsg., *Biblia Hebraica Quinta: The Twelve Minor Prophets.* Stuttgart: Deutsche Bibelgesellschaft, 2010, 114*.
365 Dass nach MT JHWH selbst hier sehen soll, wird als Dopplung von V. 13 aufgefasst. pHab gibt keinen brauchbaren Hinweis zur Klärung der Stelle. Vgl. zur Änderung bereits Wellhausen,

4   Deshalb ist die Weisung schlaff,
    und es ergeht kein Recht mehr,
    denn der Frevler umzingelt den Gerechten,
    deshalb ergeht verdrehtes Recht.

5   Seht auf die Völker[367] und schaut,
    starrt einander an und erstarrt,
    denn ein Werk wirkt er[368] in euren Tagen,
    nicht glaubet ihr es, wenn es erzählt wird.

6   Denn siehe, ich lasse die Chaldäer aufstehen,
    das grimmige und ungestüme Volk,
    das zu weiten Räumen der Erde zieht,
    um Wohnungen einzunehmen, die ihm nicht gehören.

7   Grausam und furchtbar ist es,
    von ihm ergehen sein Recht und seine Majestät.

8   Seine Pferde sind schneller als Leoparden,
    schärfer als Wölfe am Abend,
    und es stampfen seine Reiter,
    seine Reiter[369], von Ferne kommen[370] sie,
    fliegen wie Adler schnell zu fressen.

9   Jeder kommt zur Gewalttat,
    ... ihre Gesichter gen Osten.[371]
    Es sammelt[372] Gefangene wie Sand.

Die kleinen Propheten, 34; Rudolph, KAT 13,3, 200, entscheidet gegen die „naheliegende Erleichterung".

366 Vgl. Perlitt, Die Propheten Nahum, Habakuk, Zephanja, 48: „Die Bedeutung des letzten Wortes ist mehr erwünscht als erwiesen..." LXX und Syriaca nehmen eine andere Satzteilung vor als MT, V und T. Vgl. BHQ, 115*.

367 Septuaginta liest οἱ καταφρονηταί, was der Vorlage בֹּגְדִים entspräche. Es wird sich bei dieser Variante aber um eine Deutung des Textes handeln, weshalb sie textkritisch nicht zu berücksichtigen ist. Vgl. Rudolph, KAT 13,3, 202f. Anders Nowack, Die kleinen Propheten, 276, der hier eine Ansprache an das frevelhafte Volk liest.

368 LXX formuliert mit ἐγώ explizite Ich-Rede JHWHs. MT lässt das Subjekt offen und wird beibehalten. Vgl. ebenso Perlitt, Die Propheten Nahum, Habakuk, Zephanja, 52.

369 Die gleich doppelt erwähnten Reiter in MT können in der Deutung von pHab vermieden werden, weil die Orthographie leicht abweicht (es fehlt jeweils das Plural-Jod, wodurch hier Perfekt gelesen werden kann) und die Konjunktionen anders verteilt werden. Aus diesem Grund liegt eine andere Textaufteilung nahe: פשו ופרשו פרשו „es stampfen und reiten heran seine Reiter von Ferne".

370 יָבֹאוּ fällt aus in pHab, was mit der anderen Textaufteilung, die dort naheliegt, verbunden sein dürfte und hier nicht berücksichtigt werden muss.

371 In pHab fehlt das h-locale.

10 Es spottet über die Könige,
und Fürsten sind ihm ein Gelächter,
über jede Festung lacht es[373]
und schüttet Erde auf und nimmt sie ein.

11 Dann fährt es dahin: ein Wind
und verweht und wird schuldig[374],
(so ist) der, wer seine Kraft zu seinem[375] Gott (macht).

12 Bist du nicht von jeher, JHWH, mein Gott, mein Heiliger?
Wir werden nicht sterben.[376]
JHWH, zum Gericht hast du eingesetzt
und (einen) Fels hast du gegründet, um zu züchtigen[377].

13 Zu rein die Augen, Böses[378] anzusehen
und Mühsal anzuschauen – du vermagst es nicht.
Wozu schaust du Treulosen zu,
schweigst, wenn der Frevler den Gerechteren[379] verschlingt?

14 Du hast den Menschen wie Fische des Meeres gemacht,
wie Gewürm ohne Herrscher.

---

372 Als Imperfekt vokalisiert vgl. Rudolph, KAT 13,3, 205.

373 In pHab schließt V. 10b mit Konjunktion an, was aber auch dadurch bedingt sein kann, dass hier wieder das Zitat des Habakuktextes anhebt.

374 Variante zum Verb in pHab וְיָשֶׂם (wohl von שׂים „setzen, stellen") statt וְאָשֵׁם (von אשם „schuldig werden") legt auch eine andere Textaufteilung nahe: Dieser hat seine Kraft zu seinem Gott *gemacht*. Vgl. BHQ, 116*, wo jedoch zugleich die Möglichkeit erwogen wird, dass pHab lediglich eine orthographische Variante derselben Wurzel präsentiert. Zur entsprechenden Lesung des Verbs vergleiche bereits den Vorschlag von Wellhausen, Die kleinen Propheten, 163, der allerdings einräumt: „Befriedigend geheilt werden allerdings dadurch die Gebrechen des Textes noch nicht."

375 LXX hat hier „meinen Gott", was am ehesten Fehllesung des Jod sein dürfte. Vgl. BHQ, 117*, sowie Rudolph, KAT 13,3, 205, der von einer Fehlinterpretation der LXX ausgeht.

376 Hab 1,12 wird in einigen Listen zu den falschen Verbesserungen der Schreiber gezählt. Vgl. Emanuel Tov, *Der Text der hebräischen Bibel: Handbuch der Textkritik.* Stuttgart, Berlin: Kohlhammer, 1997, 52–54, sowie BHQ, 117*. Rudolph, KAT 13,3, 209, nimmt an, hier habe tatsächlich ursprünglich לא תמות gestanden – „Du wirst nicht sterben" – das aus Scheu vor der Verbindung von JHWH und „Sterben" geändert worden sei. Anders u. a. Nowack, Die kleinen Propheten, 279, und Perlitt, Die Propheten Nahum, Habakuk, Zephanja, 57 f., mit Hinweis auf LXX und pHab.

377 In pHab ist hier jemand zu „seinem" Lehrer oder Züchtiger (למוכיחו) bestellt. Der Bezug des Suffixes ist jedoch unklar (vgl. Perlitt, aaO., 57).

378 Nach pHab mit Präposition (ברע) ohne Bedeutungsunterschied. Vgl. ebd.

379 In LXX fehlt ein Hinweis auf den Komparativ. Weil zudem der Gegensatz „Gerechter" – „Frevler" keiner Steigerung bedürfe wird er ausgelassen von Perlitt, ebd. Sachlich ist der Unterschied der Varianten gering.

15 Jeden zieht er am Angelhaken herauf,[380]
reißt ihn fort in seinem Schleppnetz
oder sammelt[381] ihn in seinem Stellnetz,
darüber freut er sich und jauchzt.

16 Deshalb opfert er seinem Schleppnetz
und räuchert seinem Stellnetz,
denn in ihnen ist sein Anteil fett
und seine Speise üppig.[382]

17 Soll er deshalb beständig[383] sein Netz[384] leeren,
um Völker ohne Mitleid zu erschlagen?[385]

---

380 In Kontinuität zum nachfolgenden Verb hat pHab auch hier Imperfekt (יַעֲלֶה) und bietet damit den Text „wohl richtiger" (Rudolph, KAT 13,3, 209).

381 In pHab wird nicht „gesammelt", sondern „hinzugefügt" (יסף).

382 Die Femininform ist an dieser Stelle auffällig. Vgl. alternativ pHab (ברי).

383 Hier hat pHab eine Variante, der der Vorzug zu geben ist. תמיד kann ohne Konjunktion zum Vorangehenden gerechnet werden.

384 Da in der zweiten Satzhälfte mit der Erschlagung der Völker das Bild des Fischfangs verlassen wird, ist es nicht verwunderlich, dass pHab bereits hier nicht mehr vom Fischernetz (חֶרֶם) spricht, sondern vom Schwert (חֶרֶב). Als ursprüngliche Fassung des Textes sehen diese Variante u. a. Wellhausen, Die kleinen Propheten, 35.163; Nowack, Die kleinen Propheten, 281; Jörg Jeremias, *Kultprophetie und Gerichtsverkündigung in der späten Königszeit Israels*. Wissenschaftliche Monographien zum Alten und Neuen Testament 35. Neukirchen-Vluyn: Neukirchener Verlag des Erziehungsvereins, 1970, 79, Rudolph, KAT 13,3, 209, an. MT wird beibehalten von Theodore H. Robinson, *Die Zwölf kleinen Propheten*. Handbuch zum Alten Testament 14. Tübingen: Mohr Siebeck, 1938, 61.

385 MT eröffnet den Vers mit der Fragepartikel הֲ. Diese wird weder von LXX noch von pHab bestätigt und entsprechend als Dittographie angesehen von Jeremias, Kultprophetie und Gerichtsverkündigung, 79. Perlitt, Die Propheten Nahum, Habakuk, Zephanja, 61, der die Fragepartikel ebenfalls streicht, argumentiert, die beiden Textzeugen seien so unterschiedlicher Natur, dass eine von beiden unabhängig voneinander vorgenommene Änderung des Textes kaum angenommen werden könne. Dies ist jedoch in diesem Fall durchaus naheliegend: In pHab sind die Eingriffe in den Text gerade hinsichtlich der JHWH gegenüber vorgebrachten Klagen relativ deutlich, weshalb dort auch eine intendierte Änderung angenommen werden kann, da die Feststellung anders als die Frage keine Vorhaltung an JHWH impliziert. In der LXX wird in den Versen 15–17 das Verhalten JHWHs als Richter der Völker beschrieben. Auch in diesen Zusammenhang fügt sich eine abschließende Frage nicht ein. LXX und pHab haben die Streichung der Frage wahrscheinlich beide vorgenommen, wenn auch aus ganz unterschiedlichen Gründen.

Text und Struktur

Das erste Kapitel des Habakukbuches wird vom Wechsel zwischen klagender JHWH-Anrede, die das erbärmliche Ergehen des Rechts und das gute Gedeihen des Frevlers anzeigt, und Beschreibungen eines feindlichen Volks geprägt, in denen teilweise JHWH spricht. Auf diese Weise verbinden sich Gebet und Ansage mit Berichten von versagender Gerechtigkeit und der Auslieferung an einen Feind von außen. Das erlebte und beschriebene Leid umfasst das im inneren des Volkes erlebte wie auch das von äußeren Feinden zugefügte Elend.[386]

Das erste Gebet (V. 2–4) geht von einem persönlichen Gebet (V. 2f.) in eine generelle Aussage zum Zustand der Gerechtigkeit in der Gegenwart des Beters über (V. 4). Dabei nimmt der Sprecher eine umfassende aber zugleich abstrakte Beschreibung des Elends vor, mit der er sich in die Gemeinschaft klagender Beter wie den Jeremia der Konfessionen und die Sprecher von Jes 24–27 stellt.

Die anschließende Beschreibung eines Fremdvolkes enthält Stichworte, die beide Texte miteinander verbinden. Das „Schauen" (נבט) und „Sehen" (ראה), zu dem in V. 5 aufgefordert wird, wiederholt das Schauen und Sehen des Beters, das ihn zur Klage reizt (V. 3). Dass vom beschriebenen Volk „sein eigenes Recht ausgeht" (V. 7b), nimmt die Beschreibung des erschlafften Rechts in V. 4 auf und führt sie weiter. Nicht nur, dass in Israel das Recht erschlafft ist, das drohend einbrechende Fremdvolk setzt selbstbewusst eigenes Recht an die gleiche Stelle. Höhe- und Schlusspunkt dieser Beschreibung ist die summierende Feststellung, das fremde Volk mache die eigene Kraft zu seinem Gott (V. 11).

Das anschließende zweite Gebet lässt sich nicht mit derselben Bestimmtheit abgrenzen. Über das Motiv der „Fischartigkeit" des Menschen sind der als Anrede JHWHs gestaltete V. 14 und die anschließenden Verse, in denen der Aggressor beschrieben wird (V. 15–17), eng miteinander verbunden. Es ist deshalb möglich, V. 15–17 als Teil der Klage zu begreifen.

Das Gebet schließt mit einer vergewissernden Frage an den vorangehenden Text an (V. 12). Sie wird von einem einzelnen Beter formuliert und richtet sich an den persönlichen Gott. Die Formulierung nimmt den unmittelbar vorangehenden Text auf, in dem ein Volk sich selbst vergottet, und stellt dieser Beobachtung die Frage nach der Gottheit JHWHs entgegen. Zugleich schließt die vergewissernde Rede jedoch auch ohne Schwierigkeiten an das erste Gebet, an V. 4, an.[387] Liest man die Verse 4 und 12 im Zusammenhang, so wird die Feststellung, Weisung und Recht seien erschlafft und verdreht, mit der Frage nach der Gottheit Gottes ver-

---

386 Die Verbindung der beiden Themen, „Bedrohung von außen" und „Auseinandersetzung zwischen Frevlern und Gerechten", wird häufig auf unterschiedliche Schichten oder Quellen zurückgeführt. Vgl. zuletzt Wöhrle, Der Abschluss, 302.317.

387 So u.a. auch Wöhrle, aaO., 300.

bunden. Das beklagte Versagen der Menschen würde so, wie in V. 3, mit dem Agieren bzw. dem unterlassenen Eingreifen JHWHs verbunden.

Die Frage wird im selben V. 12 selbstvergewissernd mit der Frage nach dem Gerichtshandeln JHWHs fortgeführt. Diese Rede von Gottes Gerichtshandeln lässt sich im vorliegenden Zusammenhang mit dem Fremdvolk verbinden, das so als Gerichtswerkzeug gedeutet wird.[388] Die Einsetzung zum Gericht könnte jedoch auch die Weiterführung der Problematik von V. 2–4 bezeichnen, nach der JHWH nicht, wie er es eigentlich müsste, züchtigend in das erlebte Elend völliger Rechtslosigkeit eingreift.[389] Auf ein entsprechendes Recht schaffendes Handeln warten die hier Betenden noch. Auch die V. 5–11 geben keine Antwort. Im Gegenteil verschlimmert das Volk, das sein eigenes Recht durchsetzt, die Situation der Rechtlosigkeit noch.

V. 12 ist bemüht, JHWHs gutes Tun und Wesen seit jeher nachzuweisen, oder fragt zumindest noch danach. V. 13 benennt die vom Beter erlebte Diskrepanz deutlicher. Dem Glaubenssatz, JHWH könne das Böse nicht ertragen, wird die konträre Erfahrung entgegengehalten, dass JHWH das von Frevlern und Treulosen verübte Unrecht duldet und es schweigend ansieht.

Die den Gedankengang vorläufig zu einem Ziel führende Schöpfungsaussage in V.14 löst das formulierte Problem nicht, sondern konstatiert eine neue, ernüchtert beschriebene Ordnung. Von Schöpfung an ist der Mensch ein wimmelnd herrscherloses Wesen. Auch JHWH regiert nicht über solche Kreatur und entsprechend ist sie leichte Beute für jeden, der sich ihrer bemächtigen will. Der Aggressor wird nun (V. 15–17) nicht mehr als einer beschrieben, der sich selbst vergottet, sondern als einer, der die Waffen seiner Unterdrückung und Ausbeutung zum Maß aller Dinge macht. Die in V. 12–14 formulierte Diskrepanz von Erleben und Gotteslehre wird im anschließenden Kapitel wieder aufgenommen, wenn der sich zum Orakelempfang vorbereitende Prophet von der Vorhaltung an JHWH spricht (תּוֹכַחְתִּי), auf die er noch Antwort erwartet (2,1).

Die ersten beiden Kapitel des Habakukbuches werden unter anderem im Pesher Habakuk überliefert. Diese Besonderheit ermöglicht es, einen Einblick in frühe Textgeschichte und Textdeutung zu nehmen. Auffällig ist vor allem die Umdeutung der Verse Hab 1,12–14. Anders als im Masoretischen Text wird der Text

---

388 Vgl. Wöhrle, aaO., 294.

389 Das Suffix der 3. P. Sg. m. würde sich in diesem Fall ohne Schwierigkeit auf das letzte Substantiv in V. 4 (מִשְׁפָּט) beziehen lassen. Auf die Feststellung hin, dass Tora und Recht verdreht werden (V. 4), vergewissert sich der Beter in V. 12, dass JHWH selbst dieses Recht als Recht eingesetzt hat. Auch die im letzten Versteil angesprochene Gründung (יסד) passt mit Ps 119,152 hervorragend zum von JHWH festgelegten Recht und Gesetz.

in pHab nicht durchgängig als an JHWH gerichtet aufgefasst. Reinen Auges (V. 13aα) ist nicht JHWH, sondern sind die, die seine Gebote gehalten haben.

Die klagende Frage in V. 13b (Wozu schaust du...) wird in pHab dem Haus Absalom gestellt und den Männern des Rates, die dem Lehrer der Gerechtigkeit nicht helfend zur Seite traten. Die Kritik an JHWH, das Problem, dass sein Handeln nicht der Lehre über ihn entspricht, wird auf diese Weise vermieden. Ähnlich vermeidet auch die Qumran-Fassung von V. 14 einigen Anstoß, wenn die Sprecher nicht mehr beklagen, die Menschheit sei ohne Herrschaft. Stattdessen wird die Ähnlichkeit der Schaffung von Menschen und Gewürm als Ausdruck der vollkommenen göttlichen Herrschaft aufgefasst. Die Argumentation wird auf den Kopf gestellt. JHWHs Herrschaft ist nicht etwa absent, sondern total. Die Änderungen der Verse 12–14 zeigen, wie sehr sich die im Masoretischen Text überlieferte Anrede JHWHs von der im Pesher unterscheidet. Die Kritik an JHWH wird zurückgenommen. Souveränität und Güte JHWHs werden gerade nicht in Frage gestellt.

Neben den textkritischen Beobachtungen ist die Identifizierung der einzelnen beteiligten Personen innerhalb des pHab von Interesse. Zweierlei Gegner werden dargestellt. In den Gebeten wird die Jerusalemer Oberschicht, genauer die Priesterelite angeklagt.[390] In den Fremdvolkbeschreibungen wird das Volk der Kittäer seines bösen Handelns überführt. Die Weiterführung in Hab 2 fokussiert gänzlich auf den Feind im Tempel und blendet die Frage der Fremdherrschaft aus.

Auch die Septuagintafassung des ersten Kapitels bietet eigene Deutungen und stilistische Verbesserungen. Inhaltlich von Interesse ist, dass der Beter in V. 3 beklagt, gegen ihn sei ein Streit entstanden (ἐξ ἐναντίας μου γέγονεν κρίσις). Diese Änderung bringt das im Masoretischen Text auffällig fehlende Schicksal des Beters mit in den Text und lässt durch die Opposition des Beters zu seinem Umfeld verstärkt an den Jeremia der Konfessionen denken, eine exakte Wortübereinstimmung fehlt allerdings (vgl. Jer 15,10 ἄνδρα δικαζόμενον καὶ διακρινόμενον πάσῃ τῇ γῇ).

Eine weitere wesentliche Änderung besteht darin, dass in V. 5 nicht auf die Völker (בַּגּוֹיִם) gesehen werden soll, sondern die Treulosen oder Verräter (οἱ καταφρονηταί) selbst schauen sollen. Mit dieser Übersetzung ist das Folgende als Strafe JHWHs an Übeltätern klassifiziert. Im Masoretischen Text werden die Völker dagegen eher als Opfer des unersättlichen Volks gezeichnet und entsprechend bleibt noch offen, wie JHWH zu dem Volk und zum Auftreten des Volks steht. Diese

---

390 Vgl. Nogalski, Redactional Processes, 139, der auf die Wirkungsgeschichte von Hab 1,4 in Zeph 3,4 verweist.

Offenheit wird in der Septuaginta beseitigt. Die Chaldäer werden durch die Näherbestimmung als „Krieger" zu einem Strafinstrument JHWHs.

Zu dieser Änderung passt auch die Umdeutung in V. 9, wo den Gottlosen (εἰς
ἀσεβεῖς) das Ende angekündigt wird und entsprechend das Tun des erweckten
Volks nicht als undifferenzierte Gewaltwelle präsentiert wird, sondern als Strafe
an denen, die Strafe verdienen. Die Deutung des angekündigten Volks als Instrument göttlicher Macht und Souveränität wird in V. 11 fortgeführt. Dort nimmt
Septuaginta ebenfalls eine erhebliche Änderung vor. In dem abschließenden
Teilvers 11b wird aus der Anklage das hymnische Bekenntnis der Kraft des persönlichen Gottes (αὕτη ἡ ἰσχὺς τῷ θεῷ μου). Auf diese Weise wird das Instrument
der göttlichen Strafe nicht der Selbstvergottung überführt, sondern alles das, was
von diesem Strafwerkzeug berichtet wird, kann zusammengefasst werden als „die
Kraft bei meinem Gott".[391]

In der Septuagintafassung von V. 12b tritt wiederum die Person des Beters
stärker hervor, zudem ist in dieser Variante der durchziehende Feind ganz aus-
drücklich Teil göttlicher Erziehung. Wie in der Qumranvariante liegt auch in der
Septuaginta in V. 14 der Schwerpunkt bei der Aussage, JHWH herrsche über die
Menschen wie Gewürm. Wie dort wird dadurch die Souveränität JHWHs befestigt.
Die in V. 13 vorangehende Klagefrage ist nach V. 14 hin offen. Das Schweigen
JHWHs zur Vernichtung des Gerechten wird nicht wie im Masoretischen Text
konstatiert, sondern in Frage gestellt. Der Beter gibt sich selbst eine Antwort.
JHWH wird herrschen (V. 14) – dabei scheint impliziert: Er wird den strafen, der
Strafe verdient hat. Und auch in den abschließenden, das Ende (συντέλειαν)
beschreibenden Versen (V. 15 – 17) ist es JHWH, der handelt, und nicht das uner-
sättliche Volk.

Wachstum

Grundsätzlich ist von einer Zweiteilung des Buchs auszugehen. Die redaktionellen
Abschnitte in Hab 3 verbinden dieses Kapitel mit den beiden vorangehenden.[392]
Der von den redaktionellen Versen gerahmte Theophaniepsalm wird treffend in
diesen Zusammenhang eingefügt, ist aber zumindest teilweise außerhalb des
Buchs entstanden und bildet somit einen eigenen Quellentext gegenüber
Hab 1– 2.[393]

---

391 Auf diese Weise wird im Septuagintatext ein deutlicher Bogen zum letzten Vers des Buchs,
Hab 3,19 geschlagen: κύριος ὁ θεὸς δύναμίς μου.
392 Siehe unten.
393 Siehe dazu zum Text.

Ist die Zweiteilung des Buchs und die unabhängige Entstehung des Theophaniepsalms noch ein relativer Forschungskonsens, der durch die auf Hab 1–2 beschränkte Überlieferung des Textes in einem Qumran-Pesher zusätzlich gestützt wird, so ist das „Ob-und-Wie" eines Wachstums innerhalb der ersten beiden Kapitel umstritten.[394] Das Ineinander der beiden zentralen Themen, „Tun und

---

394 Den Nachweis, dass Hab 1–3 einen sinnvollen Zusammenhang bilden, erbringt in jüngster Zeit Markus Witte, „Orakel und Gebete im Buch Habakuk." in *Orakel und Gebete: Interdisziplinäre Studien zur Sprache der Religion in Ägypten, Vorderasien und Griechenland in hellenistischer Zeit*, hrsg. von ders. und Johannes F. Diehl. Forschungen zum Alten Testament, Reihe 2, 38. Tübingen: Mohr Siebeck, 2009: 67–91, 90. Die Beobachtungen, die dazu führen, anzunehmen, Hab 1–2 und Hab 3 seien erst im Lauf ihrer Genese zusammengefügt worden und spiegelten ein allmähliches Textwachstum wider, werden von der Wahrnehmung der sinnvollen Gestaltung des vorliegenden Textes nicht tangiert. Die geordnete Gestalt des Textes ist Hinweis auf die Sorgfalt der Bearbeiter, die gleichwohl bestehenden thematischen und formalen Wechsel sind Hinweise für die sukzessive Entstehung des Textes. Zu unterschiedlichen literarkritischen Versuchen vgl. vor allem Peter Jöcken, *Das Buch Habakuk: Darstellung der Geschichte seiner kritischen Erforschung mit einer eigenen Beurteilung*. Bonner Biblische Beiträge 48. Köln, Bonn: Hanstein, 1977, 116–126. Zu neueren Überlegungen vgl. Oskar Dangl, „Habakkuk in Recent Research." in *Currents in Research* 9 (2001): 131–168, und Henrik Pfeiffer, *Jahwes Kommen von Süden: Jdc 5, Hab 3, Dtn 33 und Ps 68 in ihrem literatur- und theologiegeschichtlichen Umfeld*. Forschungen zur Religion und Literatur des Alten und Neuen Testaments 211. Göttingen: Vandenhoeck & Ruprecht, 2005, 114–128. Pfeiffer selbst geht von einer Komposition des Büchleins aus unterschiedlichen Traditionsstücken aus (aaO., 135). Er nimmt wie Eckart Otto, „Die Theologie des Buches Habakuk." in *Vetus Testamentum* 35/3 (1985): 274–295, 283, eine nachträgliche Umdeutung der ursprünglich positiv und als Antwort auf die Klage verstandenen Vision vom Kommen des grausamen Volkes an. Genauer geht er davon aus, dass ursprünglich Klage, Vision und Wehe so zusammengestellt gewesen seien, dass auf die Klage (Hab 1,2.3*) die Vision vom auf diese Situation antwortenden Gericht (Hab 1,6*.7*.8aα.b.9aβ.b.10) gefolgt sei und diesen Texten ein dreifaches Wehe über die angefügt worden sei, die in Hab 1,2 die Klage auslösen und durch das aufziehende Volk bestraft werden. Pfeiffer, Jahwes Kommen von Süden, 150, schreibt dazu: „Entstanden ist die Komposition in der Zeit der früheren Perser-Herrschaft, von der man sich auch Besserung im Innern erhoffte." Erst nachträglich sei diesem Text ein zweiter Gesprächsgang (Hab 1,12–2,5bα) als Ausweis späterer Ernüchterung zugewachsen, der um das die Gerechten tröstende Orakel in Hab 2 und Zusätze in den Weheworten ergänzt worden sei. Eine weitere Entwicklungsstufe habe die Selbstvergottung des Strafwerkzeugs thematisiert und deren Verfehlung auch zum Thema der Wehe-Rufe gemacht. Weitere Zusätze hätten das Buch im Dodekapropheton verortet (2,18 f.20). Schwierig an diesem in vielen Teilen zustimmungsfähigen Ansatz ist, dass die Extraktion einer ursprünglichen Fassung der Vision als positive Antwort auf die Klage kaum gelingen will. Auch in der von Pfeiffer vorgeschlagenen kurzen Fassung ist vor allem mit V. 7b, aber auch mit V. 10 ein Geschehen angekündigt, das kaum geeignet ist, auf eine Besserung der Verhältnisse hoffen zu lassen. Auch die Unterscheidung der beiden Gebete in 1,2f. und 1,12f. als unterschiedlichen Stadien der Textentstehung zugehörende kann nicht recht einleuchten. Die Nähe der ersten Gebetsverse zu anderen prophetischen Gebeten macht es schwierig, hier Verse zu erkennen, die „allgemeiner und dem Sprachgebrauch nach konven-

Ergehen von Frevlern und Gerechten" und „das Herannahen des grausamen Volks", wird im Nebeneinander von Anrede JHWHs und Bericht abgebildet. Betende Ansprache findet sich in den Versen 2–4 und 12–14. Die berichtenden (V. 15–17) oder JHWH selbst in den Mund gelegten Verse (V. 5–11) bieten in Bezug auf die in den Gebeten formulierten Fragen und Klagen weder Erleichterung noch Antwort, sondern lassen die innere Zerrüttung des Volks zum Auslöser gewalttätiger Bedrohung und Eroberung durch ein fremdes, in seiner Präsenz überwältigendes Volk werden.[395] Die enge Verknüpfung dieser Textabschnitte untereinander, wie sie im vorangehenden Abschnitt bereits nachgezeichnet wurde, lässt eine Komposition des Textes möglich erscheinen, die die unterschiedlichen Redeweisen von vornherein bewusst miteinander verband.[396] Der zweifache Wechsel von Ansprache und Bericht wäre damit als „dramatisch gestaltetes Textprofil" aufzufassen.[397]

Auf der Suche nach etwaigen Vorstufen des so gestalteten und in sich weitgehend stimmigen Textes ist es von Interesse, dass vor allem die Gebetsverse V. 2–4 und V. 12–14 der sie umgebenden Verse nicht bedürfen, um einen sinnvollen Zusammenhang zu bilden. Wie oben gezeigt, kann die V. 12 eröffnende Frage nach der Gottheit JHWHs gut an die Feststellung anschließen, die Tora sei erschlafft (V. 4).[398] Der Zusammenhang der Verse 5–11 und 15–17 lässt sich nicht

---

tioneller nicht sein" könnten (Pfeiffer, 136). Seine Beobachtung, nach der Hab 1,2f.* sich „gerade keiner prophetischen Rede" bedienten (Anm. 96), ist somit nicht ganz richtig. Die von ihm selbst zitierten Verse zeigen, dass wir es bei diesen Klagen sehr wohl mit später schriftprophetischer Rede zu tun haben.

395 Markus Witte, Orakel und Gebete im Buch Habakuk, 71, stellt fest, es habe wie in Hi 9,24 den Anschein, als sei die ganze Welt in die Hand des Gottlosen gegeben.

396 Vgl. zu dieser Annahme Witte, Orakel und Gebete im Buch Habakuk, 90.

397 Witte, aaO., 72.

398 Die literarkritische Scheidung von Hab 1,2f. gegenüber einem späteren V. 4 ist vor dem Hintergrund anderer prophetischer Gebete wenig wahrscheinlich. Auch V. 12–17 bedürfen in sich keiner weitergehenden literarkritischen Unterscheidungen. Anders u.a. Pfeiffer, Jahwes Kommen von Süden, 142, der in V. 14 einen deutlichen Neuanfang sieht. Tatsächlich hebt mit dem Narrativ in V. 14 ein neues Motiv an. Dieser Neueinsatz ist jedoch literarkritisch nicht auffällig. Selbstverständlich werden das gegenwärtige Handeln JHWHs und sein Schöpfungshandeln mit unterschiedlichen Tempora formuliert. Thematisch geht es in den V. 12–14 jedoch bleibend um die versagende Herrschaft JHWHs, die das Vakuum entstehen lässt, in die das grausame Volk in V. 15–17 einbricht. Auch innerhalb der Feindvolkklage in V. 15–17 unterscheidet Pfeiffer, ebd., verschiedene Stufen des Wachstums. Ursprünglich habe dieser Abschnitt mit V. 15 geendet, daran sei zuerst V. 17 und sodann V. 16 angefügt worden. Wie er richtig sieht, führt V. 17 das Fremdvolkmotiv stärker unter der Perspektive von V. 5–11 weiter. Weshalb diese Rückbindung nachträglich eingefügt sein soll, wird jedoch nicht deutlich. In V. 16 erkennt Pfeiffer dagegen „deuteronomistisch eingefärbte" Kultkritik. Zu Recht bringt er V. 11 und V. 16 thematisch zusammen. Zur nachträglichen Eintragung von V. 11 in den Kontext siehe oben.

so leicht nachweisen. Gerade die Verse 15 – 17 bedürfen der Schöpfungsaussage von V. 14.[399] Deshalb ließe sich ohne V. 14 ein auffälliger Bruch in der Metaphorik der beiden Textabschnitte konstatieren. Insofern gehören V. 15 – 17 mit einiger Wahrscheinlichkeit von vornherein zu den vorangehend gebeteten Versen oder sind ihnen später zugewachsen. Weniger klar sind die Verhältnisse in Bezug auf V. 5 – 11. Hier mag es möglich sein, einen ursprünglichen Kern der Vision zu eruieren, der älter ist als die umgebenden Gebetsverse. Die Annahme wird von der wiederholt geäußerten Beobachtung gestützt, dass sich V. 5 – 11 nicht ohne Schwierigkeiten in den Kontext einbinden lassen und stilistische Eigenheiten aufweisen, die im weiteren Buch nicht zu finden sind.[400]

Von diesem Kern wären die Formulierungen zu unterscheiden, die Übereinstimmungen zum betenden Kontext aufweisen und im Gebet besser eingebunden sind. Solche Erweiterungen finden sich innerhalb von V. 5 – 11 in der Aufforderung von V. 5aα, zu sehen und zu schauen, die die Klage aus V. 3a aufnimmt, sowie in der Beschreibung des fremden Volks als hinsichtlich seines Rechts autark (V. 7b), die das nicht mehr ergehende Recht in V. 4 verarbeitet und überbietet.[401] Auch V. 6bβ und die Erwähnung der von dem Volk verübten Gewalttat könnten als der Fremdvolkbeschreibung erst vom Kontext her zugewachsene Erweiterung aufgefasst werden.[402] Die redaktionelle Ergänzung in V. 7b trägt neben der Verbindung

---

399 Ebenso Nogalski, Redactional Processes, 144 f.

400 Als Wortspiele fallen ins Auge: V. 5: וְהִתַּמְּהוּ תְּמָהוּ und פָּעַל פֹּעַל, V. 6: הַגּוֹי הַמַּר וְהַנִּמְהָר, V. 8: וּפָשׁוּ פָּרָשָׁיו וּפָרָשָׁיו. Die oft propagierte Deutung der Verse als Gerichtsansage, die Reaktion auf die Klage sei (vgl. Nogalski, Redactional Processes, 136), ist zumindest dem Text selbst nicht zu entnehmen (dies beobachtet bereits Michael H. Floyd, „Prophetic Complaints about the Fulfillment of Oracles in Habakkuk 1:2–17 and Jeremiah 15:10–18." in *Journal of Biblical Literature* 110 (1991): 397–418, 403). Selbst Wöhrle, Der Abschluss, 303, spielt hier mit dem Gedanken, es könne in Hab 1,5–11 ein Traditionsstück vorliegen. Floyd, Prophetic Complaints, 403, ergänzt die These durch die Beobachtung, dass die V. 5–11 prägenden Wortspiele nur in diesen Versen vorkämen und entsprechend eine unabhängige, frühere Entstehung des Textes nahegelegt sei.

401 Beim Zusammenhang von V. 4 und V. 7 mag man auch eine umgekehrte Reihenfolge der Entstehung annehmen. Das von außen verfügte Schicksal, von einem Volk geknechtet zu sein, das sein eigenes Recht setzt, hätte dann den Effekt, dass innerhalb des Volkes das Recht nicht mehr ergeht. Da das Motiv des (vom Zion oder Gottesknecht) ausgehenden Rechts jedoch zu den bekannten Motiven der Prophetenbücher gehört, erscheint es wahrscheinlicher, dass die Beschreibung des Fremdvolkes dieses Motiv aufnimmt.

402 Die Feststellung, das Volk würde Wohnungen einnehmen, die ihm nicht gehören (לֹא־לוֹ), ist innerhalb einer Vision eines Eroberervolkes eher überflüssig. Da die gleiche seltene Formulierung auch in Hab 2 verwendet wird, zeigt sich hier, dass genauere Überlegungen zu einer Grundschicht von Hab 1 nur in enger Abstimmung mit Überlegungen zu Hab 2 geschehen können. Eine solche Untersuchung kann hier nicht im gebotenen Umfang geleistet werden. Zudem dürften das den Vers einleitende כִּי und die Spezifizierung des Volkes als Chaldäer nachträglich eingefügt worden sein.

mit dem Gebetskontext die Kritik an dem souveränen Volk in die Vision ein, das JHWHs nicht bedarf. Diese Kritik wird in V. 11 weitergeführt, einem Vers, der auch wegen seiner ausdrücklichen Verortung in der Vergangenheit im Kontext auffällig ist.[403] Entsprechend liegt es nahe, in der Suche nach einer ursprünglichen Vision vom Kommen eines furchterregenden Volkes, das das Land bedroht, auch das Motiv der Selbstvergottung auszuscheiden.[404] Eine von redaktionellen Einträgen befreite Vision würde entsprechend höchstens die Verse 5aβb.6*.7a.8.9aβb.10 umfassen.[405]

In den nachträglichen Einfügungen wird die Selbstvergottung des Volkes thematisiert sowie die Unabhängigkeit seines Gesetzes. Beide Themen verbinden die Vision eng mit dem umgebenden Gebet. Gerade die den zweiten Gebetsabschnitt eröffnende Frage nach der Gottheit JHWHs (V. 12) schließt sich an dieses Thema sinnvoll an.[406] Entsprechend hätte es einige Wahrscheinlichkeit für sich, dass an dieser Stelle eine ursprüngliche Vision von einem gewalttätig über das Land ziehenden Eroberervolk in den Kontext einer Klage gestellt wurde, die neben der widergöttlichen Eigendynamik dieses Volks auch die gesellschaftlichen Implikationen thematisiert, die das verweigerte Handeln JHWHs verursacht. Die Kritik am göttlichen Strafwerkzeug und die Klage über die gesellschaftlichen Zustände, die JHWHs Gesetz außer Kraft setzen, wären so zusammen formuliert worden.

---

403 Vgl. Pfeiffer, Jahwes Kommen von Süden, 140. Anders Nogalski, Redactional Processes, 142, der zwar durchaus die Andersartigkeit des Verses bemerkt, aber den Wechsel in der Bewertung des Volkes als innerhalb des Textes angelegt ansieht.

404 Dabei ist es auch möglich, hier eine ursprüngliche Fassung anzunehmen, die allein die Gewalt des Fremdvolkes betont. Die Selbstüberhebung und Vergottung der eigenen Macht, die vor allem in V. 11 und V. 16 thematisiert wird, wäre dann, wie von Pfeiffer, Jahwes Kommen von Süden, 140, und anderen angenommen, erst Thema späterer Ergänzungen. Anders als es beispielsweise Pfeiffer tut, müsste für eine solche ursprüngliche Fassung allerdings überlegt werden, ob nicht auch V. 10 später eingefügt wurde, ist doch das Motiv des Gelächters über Könige und Würdenträger der Gottesbeschreibung in Ps 2,4 so ähnlich, dass eine Anspielung durchaus naheliegt.

405 Ähnlich Pfeiffer, ebd., der allerdings einige Verbindungen mit dem Kontext anders wahrnimmt, auch weil er von einer ursprünglichen Verbindung von Gebet, Vision und Wehe ausgeht. Dazu trennt er, wie angedeutet, die Gebetsverse in Hab 1 in unterschiedliche Schichten, was kaum notwendig ist.

406 Anders Pfeiffer, ebd., der annimmt, V. 11 mache im Gegenteil „den gesamten zweiten Redegang 1,12–2,5 überflüssig." Tatsächlich provoziert die Selbstvergottung dieses Volkes jedoch genau die in V. 12ff. thematisierten Fragen.

Interpretation im Kontext

Die Gebetsabschnitte Hab 1,2–4 und 12–14 sind strukturell und inhaltlich miteinander und mit ihrem unmittelbaren Kontext eng verbunden. In beiden spricht ein einzelner Beter seinen persönlichen Gott an, verbindet jedoch die persönliche Klage mit der Situation von Gerechten und Frevlern, von Recht und Weisung, kombiniert also, ähnlich den Konfessionen, persönliches Ergehen mit der Situation im Volk.

Der in V. 2 und V. 13b gewählte Fokus auf den nicht gelingenden Dialog rahmt Verse, in denen die Wahrnehmung der Situation durch den Beter (V. 3) und durch JHWH (V. 13a) im Zentrum der Aufmerksamkeit steht. Der Beter schreit, JHWH hört nicht und schweigt (V. 2). Der Beter sieht, was ihn sein Gott sehen lässt (V. 3). JHWH kann den Anblick des Bösen eigentlich nicht ertragen, schaut jedoch gleichwohl dem Übel untätig zu (V. 13a) und schweigt (V. 13b).

Die Erfahrung von Gewalttat und Ungerechtigkeit, das Sehen des Elends und die Wahrnehmung des versagten Gesprächs gehören zusammen. Beide Ebenen werden in der Selbstdarstellung des sich auf den Orakelempfang vorbereitenden Propheten in Hab 2,1 wieder aufgenommen. Er stellt sich auf, um zu sehen (צפה und ראה), was JHWH auf die Vorhaltung (תוֹכַחַת) sagen (דבר) wird.

Der jeweils letzte Vers der kurzen Gebetsabschnitte (V. 4.14) formuliert die sich aus der gestörten Beziehung bzw. aus der Beobachtung von Tun und Ergehen ergebenden Konsequenzen für die Ordnung von Leben und Gottesbeziehung. Tora und Recht haben keine Gültigkeit mehr (V. 4), ja, die Menschen scheinen überhaupt nicht für eine Herrschaftsordnung geschaffen zu sein (V. 14).[407] Jeweils im Anschluss an diese Feststellungen der versagten Ordnung wird vom Einbruch des furchterregenden Volks berichtet, das im Gegensatz zu den beschriebenen Verhältnissen sehr wohl Recht setzt (V. 7) und das Vakuum fehlender Herrschaft leicht füllt (V. 15–17). Seine Vorstöße und Erfolge ergeben sich entsprechend unmittelbar aus der jeweils vorangehend beschriebenen Misere nicht gelingender Gottesbeziehung.

Eine weitere Strukturparallele zwischen den beiden Gebetsabschnitten ist die häufige Rede in Frageform. V. 2–4 beginnen mit zwei Fragen nach Länge (V. 2) und Grund oder Ziel (V. 3) des Erlebten. V. 12–14 fragen rückversichernd nach JHWHs Gottheit und Heiligkeit (V. 12) und im Stil von V. 2f. nach dem Grund für JHWHs stilles Zusehen (V. 13b). Die bereits durch die Rede vom Sehen und Schauen verbundenen V. 3 und V. 13 werden so auch durch das identische Fragepronomen aufeinander bezogen. Weder der Grund, aus dem JHWH den Beter Elend sehen lässt, noch der, warum er selbst zusieht und schweigt, ist dem Sprecher einsichtig.

---

407 Vgl. Jes 63,19a mit einer ganz ähnlichen Aussage.

Die Wahl der Frage als Form der Klage kann gut mit der Fortführung des Textes in Hab 2,1 verbunden werden. Ausdrücklich ist das Gebet eines, das JHWH wieder zurück in den Dialog ziehen will. Entsprechend bietet sich die Frage als eine das Gegenüber aktivierende Form der Rede an. Die vorgebrachten Vorhaltungen gegenüber JHWH wiegen schwer, die Realität des Erlebten wird jedoch nicht als letzte Wahrheit akzeptiert. Die Antwort JHWHs und sein erhofftes Recht setzendes Handeln bleiben im Blick.

In Hinsicht auf den weiteren Kontext sind für Hab 1,2–4 vor allem die Anklänge an andere Psalmen- und Prophetentexte auffällig. Der Beter dieser Zeilen spricht als Erbe des Konfessionen-Jeremias. Der Parallelismus in V. 2 stellt nachdrücklich die Situation des nicht erhörten Gebets dar. Die Äußerungen des Beters beinhalten den Schrei nach Hilfe (שוע)[408] und einen Gewaltruf (חמס).[409] Vor allem der seltene Gewaltruf verbindet die Stelle mit dem Jeremia der Konfessionen (Jer 20,8) und mit dem klagenden Hiob (Hi 19,7). Da auch der Hilfeschrei mit acht Belegen im Hiobbuch von insgesamt 21 auf diese weisheitliche Dichtung weist, kann Habakuk nicht nur mit Jeremia, sondern (wie die Konfessionen) auch mit dem klagenden Hiob verbunden werden. Die Thematisierung eigenen Leids im Zusammenhang gestörter Ordnung verbindet die Beter Hiob, Jeremia und Habakuk zudem inhaltlich eng miteinander.

Unheil (אָוֶן) und Mühsal (עָמָל), Verheerung (שֹׁד) und Gewalttat (חָמָס), Streit (רִיב) und Hader (מָדוֹן) muss der Beter ansehen, weil JHWH es ihn sehen lässt (ראה hif.). Alle drei Wortpaare haben vergleichsweise prominente Parallelstellen. So beschreibt der Beter von Ps 90,10 das Leben als Unheil (אָוֶן) und Mühsal (עָמָל), andere Stellen nennen diese als typische Begleiterscheinungen von Frevlern.[410]

Ein etwas selteneres Paar bilden Verheerung (שֹׁד) und Gewalttat (חָמָס).[411] Die auffälligste Parallelstelle ist der bereits erwähnte Vers Jer 20,8. Dort betet der Jeremia der Konfessionen und beschreibt mit diesen Worten seinen eigenen Schrei.[412] Auch Streit (רִיב) und Hader (מָדוֹן) weisen auf den Jeremia der Konfes-

---

408 Die Wurzel שוע wird vor allem im Buch Hiob verwendet. Vgl. Hi 24,12; 29,12; 30,20.28; 35,9; 36,13; 38,41; vgl. aber auch die Rettungsaussagen in Ps 18,7.(42); 22,25; 30,3; 31,23; 72,12; Jes 58,9; Jon 2,3 sowie die Erhörungsbitte in Ps 28,2 und Beschreibungen eigener Klage in Ps 88,14; 119,147; Thr 3,8.

409 Die Gewalttat חָמָס kann als einer der prägenden Begriffe in Hab bezeichnet werden. Fünf der insgesamt 59 Belege finden sich dort (1,2f.9; 2,8.17). Der Gewaltschrei חָמָס begegnet noch in Jer 20,8 und Hiob 19,7; Gewalttat sieht Ps 55,10. Jes 60,18 verheißt eine Zeit, in der von Gewalttat nichts mehr zu hören sein werde.

410 Vgl. Ps 10,7; 55,11; Hi 4,8; 5,6 und 15,35.

411 Verheerung (שֹׁד) und Gewalttat (חָמָס) werden zusammen genannt in Jes 60,18; Jer 6,7; 20,8; Ez 45,9.

412 Vgl. auch die prophetische Analyse in Am 3,10.

sionen, der sich mit JHWH und mit seinem Volk in einem Rechtsstreit befindet und sich selbst als Mann des Streits und des Haders bezeichnet (Jer 15,10). Zugleich sind diese beiden Vokabeln weisheitlich geprägte Begriffe, mit denen der törichte Streitsüchtige klassifiziert wird.[413]

Die lange Aufzählung der Facetten des Unheils, das der Beter sieht, verdeutlicht, dass er sich in einer von Frevlern beherrschten Situation befindet. Die Ordnung ist aus den Fugen geraten. Zwei der drei Wortpaare erinnern dabei an den anderen gerechten Beter, an den Jeremia der Konfessionen. Das vom Beter erlebte Unheil ist umfassend und insgesamt auf das üble Tun der Menschen zurückzuführen. JHWHs Verantwortung besteht allein darin, dass er nicht eingreift. Der Beter leidet nicht unter willkürlicher göttlicher Gewalt, sondern an einer Situation, in der Menschen die Ordnung nachhaltig stören. Zugleich verbindet die Feststellung, Gott lasse den Beter אָוֶן sehen (ראה hif.), Gebetstermini mit prophetischem Vokabular. Denn das von Gott bewirkte Schauen des Elends kann sowohl bedeuten, dass er es einen Menschen übel ergehen lässt, als auch das Vorausehen auf das kommende Elend durch einen Propheten bezeichnen.[414]

Die Tora (תּוֹרָה) ist erschlafft (פוג), Recht (מִשְׁפָּט) geht nicht mehr aus (יצא) oder wird verdreht (עקל). Die Verbindung von Weisung (תּוֹרָה) und Recht (מִשְׁפָּט) lässt in V. 4 nicht unbegründet an die schriftlich vorliegende Tora denken.[415] Im Rückbezug auf das *corpus propheticum* erinnert der Vers vor allem an das vom Gottesknecht ausgehende Recht und seine Weisung (Jes 42,4).[416] Auch die Feststellung, das Recht gehe nicht mehr aus (יצא), nimmt wörtlich die Rede vom Gottesknecht auf.[417] Zugleich ist an dieser Stelle die Wiederholung der identischen Formulierung in Hab 1,7 auffällig. Die vergleichsweise seltene Formulierung (zwölf Belege) bezeichnet in Hab zuerst das nicht mehr ergehende Recht und dann das von der fremden Nation gesetzte Recht. Diese Parallelität ist kaum Zufall. Vielmehr wird das nicht mehr ergehende und verdrehte Recht von fremdem Recht ersetzt, das autark gegeben und nicht von JHWH legitimiert ist.[418]

Dass die Tora schlaff wird, ist eine einmalige Formulierung. Das Verb (פוג) findet sich nur an vier weiteren Stellen und bezeichnet jeweils die Kraftlosigkeit

---

413 Vgl. Prov 15,18; 17,14.
414 Zur Formulierung, JHWH lasse Gutes und Böses schauen, vgl. Ps 4,7; 50,23; 59,11; 60,5; 71,20; 78,11; 85,8; 91,16; Mi 7,15. JHWH offenbart dem Propheten die Taten seiner Gegner in Jer 11,18 und lässt ihn Wort und Visionen schauen in Jer 24,1; 38,21; Ez 11,25; 40,4; Am 7,1.4.7; 8,1; Sach 2,3; 3,1.
415 Vgl. Lev 26,46; Num 15,16; Dtn 4,8; 17,11; 33,10; aber auch Mal 3,22.
416 Vgl. die Zusage in Jes 51,4.
417 Vgl. Jes 42,1.3 und wiederum die Zusage in Jes 51,4.
418 Floyd, Prophetic Complaints, 405, konstatiert zu Recht, dass ein „self-serving" Recht kein Recht sei.

eines Menschen.[419] Die Weisung wird selbst zum bedrohten, sterbenden Lebewesen. Grund für diesen beklagenswerten Zustand allen Rechts und aller Ordnung ist die Macht, die der Frevler (רָשָׁע) über den Gerechten (צַדִּיק) hat, den er umzingelt. Diese Bedrohung (כתר) wird an nur wenigen Stellen des Alten Testaments erwähnt und bezeichnet die Gefährdung durch übermächtige Feinde.[420]

Nachdrücklich wird in diesen Zeilen die Störung der Ordnung betont, wobei die Nähe zu Hiob und zu den Konfessionen Jeremias inhaltlich bedingt ist. Die Berührungen mit Jesaja zeigen zudem, dass mit der vorliegenden Störung der Ordnung Heilszusagen ihre Basis verloren haben. Mit diesen Anspielungen präsentiert sich der betende Habakuk als Schriftgelehrter mit einem weiten Blick auf die Überlieferung und zugleich als in Bezug auf seine Gegenwart gänzlich ernüchtert.[421]

Der zweite Gebetsabschnitt versucht nun noch einmal, das nicht gelingende Gespräch aufzunehmen. Dazu erinnert sich der Beter in der Anrede an JHWH als persönlichen Gott (אֱלֹהַי) von jeher (מִקֶּדֶם).[422] Leicht lässt sich der Vers mit dem vorangehenden V. 11 verbinden. Spätestens hier, wo von der Selbstvergottung des mächtigen Volks die Rede ist, muss die Frage nach der Gottheit JHWHs formuliert werden. Entsprechend ihrer theologischen Stellung wird die Frage wie eine Vergewisserung als Satzfrage eingeführt. Dieser Charakter der „Vergewisserung" wird durch die Verwendung bekannter Motive noch unterstützt. Dazu gehören die Anspielung auf Gottes Sein „von jeher", die Heiligkeit Gottes und die Anrede Gottes als „mein Gott", die an Bekenntnisstücke und Anreden in den Psalmen erinnern.[423]

---

419 Vgl. Gen 45,26; Ps 38,9; 77,3; Thr 2,18.
420 Ebenso benannt in Ri 20,43; Ps 22,13.
421 Als Schüler Jesajas wird Habakuk insofern kaum zu bezeichnen sein. Er ist schriftgelehrter Prophet in der Tradition Jesajas und Jeremias. Dominik Markl, „Hab 3 in intertextueller und kontextueller Sicht." in *Biblica* 85 (2004): 99–108, 107, sieht Habakuk als kritischen Nachfolger Jeremias. Vgl. zum Verhältnis zu Jesaja Walter Dietrich, „Habakuk – ein Jesajaschüler." in *Nachdenken über Israel, Bibel und Theologie,* hrsg. von Hermann Michael Niemann, Matthias Augustin und Werner H. Schmidt. Beiträge zur Erforschung des Alten Testaments und des Antiken Judentums 37. Frankfurt am Main, Berlin: Lang, 1994: 197–215, und die kritische Antwort von Jacques van Ruiten, „„His Master's Voice?'. The Supposed Influence of the Book of Isaiah in the Book of Habakkuk." in *Studies in the Book of Isaiah,* hrsg. von ders. und Marc Vervenne. Bibliotheca Ephemeridum Theologicarum Lovaniensium 132. Leuven: Leuven Univ. Press, 1997: 397–411.
422 45 der insgesamt 115 Belege für „mein Gott" im Alten Testament finden sich in den Psalmen. In den Prophetenbüchern hat Jesaja die meisten Erwähnungen (7 Belege), gefolgt von Daniel, bei dem sich die Belege alle auf das oben besprochene Bußgebet in Dan 9 beschränken.
423 Innerhalb der Prophetengebete begegnet diese Ansprache mehrfach im Bußgebet Daniels (Dan 9,4,18.19.20), in der Eröffnung des Gebets in Jes 25,1 und in der Rettungsaussage in Jon 2,7.

Schon in V. 5 war die Verwendung überkommener, positiver Beschreibungen göttlichen Handelns für sein drohendes Strafhandeln auffällig. Wie dort ist auch die hier präsentierte Bitte um Vergewisserung zweischneidig. Alle Erinnerung wird aufgeboten und gerät zugleich in Gefahr, unerheblich zu werden angesichts dieses wesentlichen Problems: Wo sind für den Beter Gottes Gegenwart und Macht, seine Heiligkeit und Zugewandtheit noch wahrnehmbar? Die Diastase von erinnertem Wesen Gottes und tatsächlichem Erleben wird in diesen Versen weit getrieben.[424]

V. 13 ist nun vor allem als Parallele zu V. 3 formuliert. Was der Prophet ansehen muss, kann JHWH eigentlich nicht ansehen. Er tut es aber und schweigt zum Elend. Auch dass der Frevler den Gerechten verschlingt (בלע), nimmt das feindliche Umzingeln aus V. 4 auf und verstärkt die von den Frevlern verursachte Drangsal, die nun ausdrücklich den Tod des Gerechten verschulden.[425]

Dass JHWHs Augen zu rein (טָהוֹר) sind, um Böses (רָע) anzusehen (ראה) und Mühsal (עָמָל) anzuschauen (נבט), ist eine Setzung, die so an keiner weiteren Stelle formuliert wird. Zwar gibt es wenige Verse, in denen die Reinheit des Wortes Gottes betont wird, aber dass von einer Reinheit JHWHs selbst gesprochen wird, bleibt ungewöhnlich.[426] Vor allem berichtet die Bibel nicht von einem Gott, dessen Reinheit ihm nicht gestatten würde, Bosheit und Mühsal zu sehen. Nach Hab 1 schaut (נבט) er auch die Treulosen (בגד) an und schweigt (חרש), wenn der Frevler (רָשָׁע) den Gerechten (צַדִּיק) verschlingt (בלע). Die Entgegensetzung wird hier so zu deuten sein, dass JHWHs Reinheit ihn dazu veranlassen sollte, alles Unreine sofort zu beseitigen, ähnlich der Aufforderung an sein Volk, mit eigener Heiligkeit der Heiligkeit ihres Gottes zu entsprechen (Lev 19,2) und daher nichts Unreines zu dulden.

In V. 12a-13a simuliert der Betende selbst eine Antwort. Er verbalisiert einen Teil des „seit jeher" bekannten Seins Gottes, wird dadurch aber umso nachdrücklicher auf die Frage zurückgeworfen, die in V. 13b gestellt wird. In diesem Zusammenhang wird auch gerade V. 12b zur eindringlichen Anfrage. Ausgerechnet das Volk, von dem es in V. 7 heißt, sein Recht würde von ihm selbst (und eben nicht

---

Dass der persönliche Gott zudem als „mein Heiliger" bezeichnet wird (קְדֹשִׁי), ist ohne Beispiel und mag zu Recht als Verschreibung angesehen werden. In jedem Fall weist die Rede von der Heiligkeit JHWHs wie die persönliche Ansprache „mein Gott" auf die Tempeltheologie und in das Jesajabuch. Gleiches gilt für die Ansprache JHWHs als Fels (צוּר) und JHWH als Felsgegend in Jes 26,4; 44,8. Vgl. auch Ps 18,3.32.47.

424 Nogalski, Redactional Processes, 144, spricht gar von Sarkasmus.

425 In Hi 2,3 verschlingt (בלע) JHWH, vgl. auch Hi 10,8; Ps 21,10; Thr 2,2.5. Ansonsten ist es jedoch das Tun des Frevlers oder anderer Feinde, das mit dieser Vokabel umschrieben wird, vgl. Hi 20,15.18; Ps 35,25; 124,3; Prov 1,12; Jer 51,34; Hos 8,7 f. Entsprechend ist die Ferne von Fressern eine Heilsansage (Jes 49,19).

426 Zur reinen Rede vgl. Ps 12,7 und 19,10.

von Gott, nicht vom Zion) ausgehen, von dem es weiter heißt, es würde seine Kraft als seinen Gott „setzen" (שׂים), wird durch die naheliegenden Bezüge des Verses auf V. 5 – 11 als Gesetz und Züchtigung gesetzt (לְמִשְׁפָּט שַׂמְתּוֹ).

Pointiert werden in der in V. 13b folgenden Klagefrage die beiden Ebenen der Wahrnehmung und der Kommunikation wieder zusammengenommen. JHWH sieht, aber er schweigt. Thematisch trifft der Vers sich, wie erwähnt, mit V. 3. Der Gott, der nicht antwortet und nicht hilft, ist derselbe, der das Elend ansieht und dazu schweigt. Anders als im Gebetsauftakt, geht es dezidiert nicht um das individuelle Geschick des Beters, sondern um die bereits in V. 4 angesprochene, gefährliche Liaison von Frevlern, deren Rotte nun noch um die „Treulosen" (בגד) erweitert wird. Die vier Begriffe, die hier aufgezählt werden, schaffen wiederum (teilweise bereits genannte) wesentliche Verbindungen. Das Üble (רע) nimmt einen Begriff aus dem Völkerlied auf (2,9), das Elend (עָמָל) schafft Verbindung zum Anfang des Gebets. In der klagenden Frage werden die Treulosen neben den Frevlern genannt. Die Treulosigkeit ist ein Vorwurf, der, wie der Frevel, nicht eigentlich an ein fremdes Volk erhoben werden kann. Beide, vor allem aber die Treulosigkeit, sind Beziehungsbestimmungen, die eine Relation zwischen Gott und den Schuldigen annehmen. Während V. 13a die Unfähigkeit JHWHs zu irgendeinem Übel schildert, werden die nachdrücklichen Fragen in V. 13b gerade in den Termini dieser Beziehung gestellt. Gottes Schweigen und Gottes tatenloses Zuschauen stellen die Beziehung in Frage. Diese Infragestellung liegt nicht allein an der Treulosigkeit des Volks, sondern vermittelt auch an der Treulosigkeit Gottes, der die Treulosigkeit anderer tatenlos mit ansieht und sich so nicht handelnd zu denen bekennt, die zu seinem Volk gehören.

Der nun folgende V. 14 fasst die vorangehenden Zeilen, vergleichbar V. 4, zusammen. Darin wird das Verhältnis von Menschheit (אָדָם) und Gott, sowie Menschheit und (staatlicher) Ordnung dargestellt. Beide Verhältnisse werden als gleichermaßen als von Schöpfung an inexistent beschrieben. Diese Formulierung fügt sich in ein Bild mit Jes 63 f. Dass die Betenden wie solche sind, „über die Gott nie geherrscht hat", bezeichnet in Jes 63,19 die äußerste Folge von Gottes Zorn und menschlicher Verrohung. Das Erschreckende an V. 14 als Ende dieses Gebetsgangs ist, dass hier der Mensch als beziehungsloses Wesen ohne Gott vorgestellt wird. Nicht nur fehlt ihm die innerweltliche Ethik, zudem fehlt ihm jegliche Bindung an ein Größeres als er selbst. Der Mensch ist nach diesem Vers so geschaffen wie einer, der die anfänglichen Gebete in Hab 1,2 – 4.12 – 14 niemals geäußert hätte.

Durch sein stummes Zusehen und nicht durch einen anfänglichen Schöpfungsakt macht Gott den Menschen zu einem beziehungslosen Wesen, das unbeherrscht und sinnlos in der Welt sein Dasein fristet. Die Stummheit des Menschen ist Folge des göttlichen Schweigens. Erst aufgrund dieses Beziehungsabbruchs kann der Mensch ganz und gar zum Opfer des Fremdvolks werden, und so bereitet V. 14 die nachfolgenden Verse vor. Dass nicht allein von der „Fischartigkeit des Menschen", sondern auch vom „Gewürm" gesprochen wird, ist hier wohl am ehesten als Verbindung zu entsprechenden Aussagen über herrschaftslose Strukturen in der Tierwelt zu verstehen.[427] Die Rücknahme der Schöpfung des Menschen als Beziehungswesen, das dem Höchsten gegenübersteht, geschieht nicht allein für Israel, sondern die Menschheit umspannend. Mit dieser Perspektive wird übergeleitet zum Völkerlied mit Weherufen, in dem die Verse 8b und 17b den Menschen als solchen als Opfer des Fremdvolks zeichnen.[428]

Die Beschreibung des drohenden Volks trägt unterschiedliche Facetten. Das Volk ist stark und verfügt über die besondere Kraft und Schnelligkeit, ein ganzes Land in seiner Weite zu überrollen. Es bedroht damit alle in diesem Land Wohnenden und ruft Schrecken hervor, wie es sonst fast ausschließlich von JHWH berichtet wird (36 von 44 Belegen). Wie er (Ps 2,4), so spottet es über Herrschende und Abwehrmaßnahmen, weil niemand seiner Kraft etwas entgegensetzen kann. Dabei betet das Volk seine eigene Kraft an und wird der Gewalttätigkeit angeklagt. Wird es sonst überwiegend wie eine göttliche Macht beschrieben, verbinden diese Versteile sein Handeln mit Kritik. Ambivalent ist das Verhältnis JHWHs zum fremden Volk: Er weckt es und bringt es herbei, aber das Werkzeug entwickelt eine Eigendynamik, macht sich vom göttlichen Plan los und vertraut auf sich selbst.

Angesichts der Selbstvergottung des von JHWH selbst zur Rechtssetzung erweckten Rechtswerkzeugs versichert sich der Beter der Gottheit Gottes und gerät dabei auch noch über die Frage in eine Krise, wieso dieser Gott, von dem es heißt, er könne Böses nicht ansehen, nicht nur zusieht, sondern schweigt und damit die Verbindung zu seinem betenden Geschöpf abbricht. Folgerichtig wird dieses Geschöpf zuletzt als ein Wesen dargestellt, das zu einer Beziehung zum herrschenden Gott nicht fähig ist.

Hab 1f. werden als geschauter Ausspruch (מַשָּׂא) überschrieben. Als Überschrift eines Prophetenbuchs findet sich der Begriff מַשָּׂא noch in Nah 1,1 und Mal 1,1. Jeweils neue Sammlungen werden mit dem Begriff in Sach 9,1 und 12,1 eröffnet sowie in der Fremdvölkerspruchsammlung ab Jes 13,1.[429] Die Schauung des Ausspruchs wird mit der gleichen Wurzel in Jes 13,1 und Nah 1,1 angesprochen, in Threni 2,14 werden Lügenaussprüche geschaut. Als Überschrift oder Einleitung eines Gebets fungiert מַשָּׂא an keiner anderen Stelle. Entsprechend der im Ab-

---

427 Vgl. Prov 6,7; 30,27, wo diese Herrschaftslosigkeit jedoch nicht negativ bewertet ist.
428 Floyd, Prophetic Complaints, 405, nimmt in Hab 1 gar eine Entwicklung von lokalem (V. 2–4), über internationales (V. 5–11) zu kosmischem (V. 12–17) Elend an.
429 Die These, die ähnlichen Überschriften seien auf eine ursprüngliche Sammlung der entsprechenden Prophetenbücher zurückzuführen widerlegt Wöhrle, Die frühen Sammlungen, 44, überzeugend.

schnitt „Wachstum" vorgestellten Überlegungen könnte die Überschrift zum ursprünglichen Kern der Vision in Hab 1,5 – 11 gehört haben und lediglich durch eine
spätere Einfügung der Gebetsverse von der eigentlichen Vision getrennt worden
sein. Eine andere Möglichkeit der Interpretation ergibt sich aus der Lektüre von
Jes 12 und Jes 25 f., in denen sich zeigt, dass Gebete Bestandteil von Verheißungen
sein können. Der Schritt dahin, aus ihnen genauso Teile drohender Vision zu
machen, ist nicht groß. Nimmt man die Überschrift wörtlich und versteht sie als
Überschrift aller Verse, so betet der Sprecher von Hab 1 nicht in der Gegenwart, in
der das Buch Habakuk formuliert wird, sondern in der geschauten Zukunft, in der
innen- wie außenpolitisches Elend herrscht und Gott schweigt.

Schluss

Der späte Prophet Habakuk betet mit den Worten Jesajas, Jeremias und Hiobs und
stellt sich damit in die Reihe betender Gerechter, die die Geduld JHWHs mit den
frevelhaften Zuständen ihrer Welt nicht hinnehmen können, steht aber auch den
Betern in Jes 63 f. nahe, denen aufgeht, dass JHWHs Gerichtshandeln nicht unbedingt Gerechtigkeit fördert, sondern sein Schweigen und die Zerstörung durch
ein fremdes Volk im Gegenteil die Entfremdung von Volk und Gott begünstigen.
Schließlich ist das angekündigte Kommen des stumm und bedrohlich heran-
stürmenden Volks kaum das dringend erwartete Gericht, zumal Recht und Gesetz
auch von diesem verachtet werden. Vielmehr hat JHWHs erstes Handeln zur
Zerstörung die Situation der Rechtlosigkeit noch verschlimmert. Die Betenden
warten auf das Handeln JHWHs, das seiner Gottheit entspricht, seine Herrschaft in
der Welt beweist und die notwendige Ordnung des Lebens wieder konstituiert.

Wer so betet, erlebt einen stummen Gott, der zur Gewalttat im Land und zum
verdrehten Recht keine Stellung bezieht. Sein Handeln hebt diesen Eindruck nicht
auf. Im Gegenteil verschärft das von ihm erweckte Volk mit seiner nicht auf Gott
gründenden Gesetzgebung und seiner Ausrichtung auf Gewalt die Situation. Sinn
und Ziel seines Handelns wird den Betenden nicht deutlich. Entsprechend ist es
konsequent, dass die Vision mit der Frage beginnt, wie lange der Beter schon
schreit, und mit der Frage endet, ob das grausame Wirken des widergöttlichen
Volks nun dauerhaft zum unabwendbaren Schicksal seiner Opfer wird. Angesprochen wird ein Gott, der zu lange die Antwort verweigert hat und an dessen
Stelle andere Mächte die Herrschaft übernommen haben. Im anschließenden
Kapitel ergeht endlich die Antwort JHWHs in Hab 2,1– 4. Sie hebt die Notwendigkeit des Wartens hervor und stellt dem Gerechten Rettung in Aussicht. In den
anschließenden Weherufen sind, wie in Hab 1, die Vergehen innerhalb der Gesellschaft und die Untaten eines unersättlichen Eroberers miteinander zu einem
Szenario des Schreckens verbunden, dessen Ende jedoch ausdrücklich bevorsteht.

Der Ruf „JHWH ist in seinem heiligen Tempel" (Hab 2,20) beendet alle Zweifel des Gebets mit einem Machtwort.

Wer so betet, gehört zur Gruppe derer, die sich mit fremder Macht und fremden Gesetzen nicht arrangieren, sondern an Gerechtigkeit und Gesetz JHWHs festhalten – den Betern von Jes 26 sehr ähnlich, die den inneren Frevel und die fremde Herrschaft als Situation notwendiger Glaubensbewährung deuten. Die Sprecher sehen sich mit dem Gerechten von Frevlern bedroht und erleben zudem ein Strafhandeln, das die bereits desaströsen Verhältnisse noch weiter in das Entsetzliche treibt, da das Werkzeug des Gerichts eigene Gesetze und Selbstvergottung mit sich bringt und die Gemeinschaft noch weiter vom Weg der Gerechtigkeit abbringt. Ihre Gegner sind die übermächtigen Frevler, die die Erschlaffung der Tora und den Tod des Gerechten verantworten und von außen kommende Machthaber, die sich um JHWHs Gesetzgebung nicht kümmern, sondern die eigene Stärke zum Objekt ihres Gottesdienstes erheben.

Die Darstellung des drohenden Volkes als sich selbst vergottendes verbindet sich mit den die Vision umgebenden Klagen. Dass diese thematische Erweiterung des Textes mit einem Wechsel zum Gebet verbunden wird, bewirkt, dass der Bezeichnung der feindlichen Gruppen (Frevler, das selbstvergottende Volk) eine positive Größe entgegengesetzt wird, die sich im Sprechen dieser Zeilen, in der Ansprache JHWHs konstituiert: Es sind die betenden Gerechten, die die Missstände anprangern, JHWHs Tatenlosigkeit beklagen und trotz seiner Abgewandtheit im Gebet bleiben und auf JHWHs Handeln warten. Durch die mehrfach bezügliche Überschrift ist Hab 1 sowohl das Gebet der gegenwärtig leidenden Gerechten als auch Gebetsformular für die Zeit kommenden Desasters.

3 Lösung

JHWH schweigt – und der Frevler frohlockt. Bis zum Äußersten reizt das ausbleibende Handeln JHWHs den Propheten, der schreiend Gewalt anklagt. Die unter C 2 versammelten Gebete sind Zeichen des Leids und der Beharrlichkeit zugleich. Diese Beharrlichkeit kommt ausweislich der Gebete in Jes 25,1–5; 26,1–6 und Hab 3 zu einem Ziel. Wieder unterscheiden sich die Ziel- oder Lösungsvorstellungen jedoch auffällig. Jes 25 erwartet den Sturz und die Umerziehung der Gewalttäter, Jes 26 den sicheren Hort der Gerechten und Hab 3 besingt ein Kommen Gottes zum Gericht, das allen Gottesfeinden überall den Garaus macht und den prophetisch-königlichen Beter zuletzt über alles und alle triumphieren lässt. Kontext und Überschriften erweisen die Texte als antizipierte Gesänge. Sie sprechen betend als Gegenwart aus, was noch erwartet wird.

3.1 Ich aber will frohlocken – Hab 3

JHWH schweigt – und was er tut, wenn er handelt und das fremde Volk zerstörerisch herrauführt, verschlimmert die Situation der Recht- und Gottlosigkeit im Volk (Hab 1). Dies hält ihm der betende Prophet vor und erwartet ein die Situation lösendes Orakel. Das Orakel ergeht, sichert dem Gerechten Schutz gegenüber dem Frevler zu (Hab 2,1–4) und mündet in ein großes Wehe über alle Übeltäter aus Hab 1 (Hab 2,5–19). Mit der beschworenen Präsenz JHWHs im Tempel, die alle Welt schweigen macht, hat die Klage des Propheten in Hab 2,20 eine erste Beruhigung gefunden.[430]

Diese Präsenz JHWHs im Tempel wird in den Versen des dritten Kapitels um eine Beschreibung seines Kommens zum Gericht erweitert. Der gebeteten Klage wird so eine zu großen Teilen gebetete Lösung gegenübergestellt, die eigene Akzente und neue Motive in das Prophetenbuch einträgt. Die unabhängige Überlieferung des Psalms und sein Fehlen im Pescher Habakuk mögen darauf hindeuten, dass Psalm und Buch nicht notwendig zusammengehören. Dazu gesellen sich inhaltliche Gründe, die es angeraten sein lassen, in Teilen des Schlusskapitels einen außerhalb des Buchs entstandenen Text zu sehen.

Übersetzung

1 Gebet Habakuks, des Propheten, nach Shiginot:

2 JHWH, ich habe deine Kunde gehört,
ich habe gefürchtet[431], JHWH, deine Tat.

---

430 Wiewohl die Funktion des Verses als redaktioneller Übergang zu Zeph ebenso zu berücksichtigen ist. Vgl. dazu Pfeiffer, Jahwes Kommen von Süden, 149.

431 Ausgehend von LXX und Barberini wird יְרֵאתִי teilweise zu רָאִיתִי geändert (vgl. Rudolph, KAT 13,3, 230.233). Da jedoch die beiden griechischen Fassungen den Vers auffalten und von Furcht und vom Sehen sprechen, ist diese Änderung nicht notwendig, sondern der Versuch, einen gefälligeren Text entstehen zu lassen. MT wird als *lectio difficilior* beibehalten. Vgl. ebenso Pfeiffer, Jahwes Kommen von Süden, 128.130.

432 Die Argumentation von Francis I. Andersen, *Habakkuk: A New Translation with Introduction and Commentary*. The Anchor Bible 25. New York u. a.: Doubleday, 2001, 278, der verwendete maskuline Plural könne nur für zählbare Jahre und nicht in einer hier verwendbaren Abstraktform verstanden werden, und es gebe keine Stelle, in der בְּקֶרֶב mit einer Zeitangabe verbunden würde, ist zu eng. Vor allem nimmt Andersen in seiner Lösung des einen Problems ein neues, schwerer wiegendes in Kauf: בְּקֶרֶב steht in der Hebräischen Bibel an keiner Stelle für sich. Entweder Andersen muss behaupten, es sei hier zweimal eine Personalendung ausgefallen, oder er macht aus einer ungewöhnlichen Formulierung eine ebenso schwierige und ungewöhnliche. Seiner Änderung ist nicht zuzustimmen. Alternativ schlägt Shmuel Aḥituv, „The Sinai Theo-

In der Mitte der Jahre[432] – erwecke sie zum Leben!
In der Mitte der Jahre – tu dich kund!
In der Erregung[433] gedenke des Erbarmens.

3   Gott kommt von Teman,
    und der Heilige vom Berg Paran. Sela
    Seine Hoheit bedeckt die Himmel
    und sein Lobpreis füllt die Erde.

4   Und ein Leuchten wie Licht entsteht,
    Strahlen (gehen aus) von seiner Hand.
    Und dort ist die Verhüllung seiner Stärke.

5   Vor ihm her geht Pest[434],
    und seinen Füßen folgt Seuche[435].

6   Er tritt hin – und misst[436] die Erde.
    Er blickt – und lässt Völker erzittern,
    und es zerbersten die uralten Berge.
    Es versinken die ewigen Hügel,
    seine ewigen Wege.

---

phany in the Psalm of Habakkuk." in *Birkat Shalom: Studies in the Bible, Ancient Near Eastern Literature, and Post-Biblical Judaism Presented to Shalom M. Paul on the Occasion of His Seventieth Birthday,* hrsg. von Chaim Cohen. Winona Lake, Ind.: Eisenbrauns, 2008: 225–232, 226, vor, hier das Verb קרב zu lesen „in the years drawing near, your deeds will be told and known." Übersetzung nach MT mit Rudolph, KAT 13,3, 230; Perlitt, Die Propheten Nahum, Habakuk, Zephanja, 84.

433 Es ist die Erregung der Seele des Betenden ἐν τῷ ταραχθῆναι τὴν ψυχήν μου, die nach LXX und Barb. das göttliche Erbarmen erregt. Da die gleiche Wurzel verwendet wird wie in V. 7 und V. 16 ist diese Verbindung relevant. Gleichwohl ist davon auszugehen, dass es sich um eine Änderung handelt, die ein Hinweis darauf ist, dass die Bitte um Erbarmen hier abrupt eingeführt wird. Sie gleicht den Versabschnitt an V. 16 an. Vgl. Perlitt, ebd. sowie Pfeiffer, Jahwes Kommen von Süden, 131.

434 Nach LXX geht dem Gott sein Wort (λόγος) voran. Die Übersetzung liest דָּבָר statt דֶּבֶר. Diese Variante scheint eine nachträgliche Deutung des seltenen Begriffs zu sein.

435 Das *hapax legomenon* רֶשֶׁף wird anhand des Gottesnamens als „Seuche" erkannt. Vgl. John Day, „New Light on the Mythological Background of the Allusion to Resheph in Habakkuk III 5." in *Vetus Testamentum* 29/3 (1979): 353–355, 353f., und Aḥituv, The Sinai Theophany, 230.

436 Robinson, Die Zwölf kleinen Propheten, 180, Rudolph, KAT 13,3, 234; Perlitt, Die Propheten Nahum, Habakuk, Zephanja, 85, lesen in Anlehnung an LXX und Targum wohl mit einigem Recht anstelle von מדד, „messen", das *hapax legomenon* מוד, „erschüttern."

7 Anstelle von Übel sah ich –
es erbebten die Zelte Kuschans,
die Zeltdecken des Landes Midian.

8 Ist gegen die Ströme entbrannt, JHWH, [oder gegen die Ströme][437] dein Zorn?
Oder gegen das Meer dein Grimm?
Dass du einherfährst mit[438] deinen Pferden,
deinen Siegeswagen?[439]

9 Ganz entblößt ist dein Bogen,
Eide, Stöcke, Spruch.[440] Sela
Es lässt die Erde Ströme hervorbrechen.[441]

---

437 V. 8 ist in der Fassung des MT überladen. Mindestens בִּנְהָרִים אִם sind als Glosse zu beschreiben. Eine Erklärung versucht Pfeiffer, Jahwes Kommen von Süden, 132, der אַפֶּךָ mit zur Glosse rechnet und davon ausgeht, sie sei notwendig geworden, um das fehlende Objekt von חָרָה zu ergänzen. Weshalb dazu allerdings alle drei Worte ergänzt wurden und ob es sinnvoll ist, hier so kurze Kola als ursprünglich anzunehmen, kann nicht geklärt werden. Gleichwohl ändert sich an der hier intendierten Aussage nichts.

438 Da nicht angenommen wird, dass JHWH reitet, ist עַל hier nicht mit „über" zu übersetzen. Hintergrund der Präposition dürfte sein, dass der im Wagen Stehende die Pferde überragt (Rudolph, KAT 13,3, 235, sowie Perlitt, Die Propheten Nahum, Habakuk, Zephanja, 88).

439 Pfeiffer, Jahwes Kommen von Süden, 154, liest hier den Vokativ, „deinen Wagen, oh Heil"; hier mit Wellhausen, Die kleinen Propheten, 36, Robinson, Die Zwölf kleinen Propheten, 180; Rudolph, KAT 13,3, 231; Perlitt, Die Propheten Nahum, Habakuk, Zephanja, 89, als substantivische Epexegese aufgefasst.

440 Die drei Worte, die das Kolon bilden, werden hier als Stichwortreihe übersetzt. Für eine Deutung von שְׁבֻעָה als „Beschwörung" fehlt die Grundlage. מַטֶּה wird in Kongruenz zum Kontext übersetzt. Vgl. Pfeiffer, Jahwes Kommen von Süden, 132. Möglich ist es auch, die ersten beiden Worte als *constructus*-Verbindung zu lesen. Vorgeschlagen wird zudem אֹמֶר zu תֹּאמַר zu emendieren, von der Annahme ausgehend, dass eine Haplographie des ת vorliegt und in Anlehnung an Barb. Die Übersetzung wäre in diesem Falle: „Beschwörungen über Pfeile ‚sprichst du'", Pfeiffer, aaO., 129.132. Auch mit dieser Änderung wird jedoch kein befriedigend zu deutender Text erhalten, weshalb auf diesen Eingriff zu verzichten ist. Meines Erachtens ist im unklaren V. 9 am sinnvollsten das Nebeneinander von Bogen (קֶשֶׁת) und Stock (מַטֶּה) als Basis des Parallelismus zu verstehen. Vgl. מַטֶּה als Mittel der Züchtigung in Jes 9,3; 10,5.15 u. ö. Der „Pfeil" ist ein nur für diese Stelle abgeleitetes Wort und 3,11 zeigt, dass innerhalb des Kapitels das gebräuchliche Wort für „Pfeil" (חֵץ) verwendet werden konnte. Deshalb ist es gut möglich, dass es hier um zwei Insignien von Gewalttat und Macht geht, die nicht unmittelbar aufeinander bezogen werden. Vgl. entsprechend Perlitt, Die Propheten Nahum, Habakuk, Zephanja, 88.

441 Vgl. zur Gliederung der folgenden Teilverse in zwei Trikola Pfeiffer, Jahwes Kommen von Süden, 132f. Zur Deutung dieser Form siehe in der Erläuterung der Struktur des Textes.

10 Es sehen dich, es kreißen die Berge,
eines Wolkenbruchs Wasser ist herangezogen.[442]
Die Urflut hat ihre Stimme erhoben,
die Sonne[443] hat ihre Hände hoch gereckt[444],

11 der Mond[445] ist eingetreten in die Wohnung.
Lichtvoll[446] fliegen deine Pfeile,
glanzvoll der Blitz deiner Lanze.

12 Im Groll beschreitest du die Erde,
im Zorn zerdrischst du Völker.

13 Du bist ausgezogen zur Hilfe für dein Volk,
zu helfen deinem Gesalbten.
Du zerschlägst den Dachfirst vom Haus des Frevlers,
legst das Fundament frei bis auf den Felsgrund[447]. Sela

14 Du hast mit seinen Stöcken den Kopf durchbohrt,
seine Anführer – sie werden verweht[448],
mich zu zerstreuen – ihre Lust,
wie um zu fressen den Armen im Versteck.

15 Du tratst auf das Meer mit deinen Pferden,
das Wogen großer Wasser.

---

442 Zur Formulierung זֶרֶם מַיִם vgl. Jes 28,2. Die Änderung nach Ps 77,18 zu זֹרְמוּ מַיִם עָבוֹת (Nowack, Die kleinen Propheten, 292, und Rudolph, KAT 13,3, 236) ist Hinweis auf die Prägekraft des Psalters und als nachträgliche Vereinfachung textkritisch irrelevant. Vgl. Perlitt, Die Propheten Nahum, Habakuk, Zephanja, 88; Pfeiffer, Jahwes Kommen von Süden, 133.
443 Die Sonne (שֶׁמֶשׁ) wird nach LXX als Teil von V. 10b gelesen.
444 Die Übersetzung von רוֹם ist umstritten. Mit Pfeiffer, Jahwes Kommen von Süden, 133, wird es als adverbialer Akkusativ (und Kurzform von מָרוֹם) übersetzt.
445 Pfeiffer, aaO., 157, hält die Textaufteilung des MT bei und hält die Rede vom Mond an dieser Stelle für eine Ergänzung des Textes nach Motiven der Rede vom „Tag JHWHs".
446 לְאוֹר und לְנֹגַהּ werden mit Pfeiffer, aaO., 129.133, als Casus-pendens-Konstruktionen aufgefasst.
447 MT צַוָּאר, Hals, ist an dieser Stelle kaum sinnvoll. Am ehesten scheint es wahrscheinlich, dass die Verschreibung aus צוּר dadurch begünstigt wurde, dass vor und nach dem Kolon vom Kopf, רֹאשׁ, die Rede ist und entsprechend eine Änderung zu einer weiteren Bezeichnung eines Körperteils nahelag. Änderung mit Rudolph, KAT 13,3, 237; Perlitt, Die Propheten Nahum, Habakuk, Zephanja, 89; Pfeiffer, Jahwes Kommen von Süden, 134.
448 Das Verb ist als Pual zu vokalisieren mit Rudolph, KAT 13,3, 237; Perlitt, Die Propheten Nahum, Habakuk, Zephanja, 92; Pfeiffer, Jahwes Kommen von Süden, 134.

16 Als ich es hörte, wurde mein Inneres aufgewühlt,
bei dem Laut gellten meine Lippen,
Fäulnis drang in meine Knochen ein,
und unter mir erbebte mein Schritt[449].
Ich will harren auf den Tag der Not,
der heraufzieht für das Volk, das uns befeindet.

17 Denn der Feigenbaum bringt keine Frucht,
und es ist keine Ernte an den Weinstöcken,
es trügt der Ertrag des Ölbaums,
und die Fluren tragen[450] nichts Essbares,
verschwunden ist das Kleinvieh aus den Hürden,
und es ist kein Rind in den Ställen.

18 Ich aber will frohlocken über JHWH,
will jauchzen über den Gott meiner Hilfe.

19 JHWH, der Herr, ist meine Stärke.
Er setzt meine Füße wie (die der) Hindinnen
und lässt mich auf meine[451] Bergeshöhen treten.
Für den Kantor mit meinem[452] Saitenspiel.

Text und Struktur

Das Gebet Habakuks beginnt mit der Gebetsnotiz eines einzelnen Beters (V. 2).
Dieser Beter rückt erst wieder ab V. 16, dann aber nachdrücklich in den Blick.
Innerhalb der abschließenden V. 16–19 wechselt die Stimmung des Sprechers von
Schrecken (V. 16a) über geduldiges Warten auf den Tag des Zorns (V. 16b) zu
Lobpreis und Jubel (V. 18 f.), unterbrochen von einem kurzen Vers, der nicht
ausdrücklich an JHWH gerichtet wird und das Erleben einer Dürrekatastrophe
thematisiert (V. 17). Die Beschreibung der Katastrophe wird am ehesten durch die
Rede vom „Tag der Bedrängnis" (לְיוֹם צָרָה) ausgelöst sein. Sie ist wenig geeignet,

---

449 Statt אֲשֶׁר wird in Anlehnung an LXX אָשֵׁר vokalisiert mit Robinson, Die Zwölf kleinen
Propheten, 182, und Rudolph, KAT 13,3, 238.
450 Der Flächenplural von שְׁדֵמָה wird mit einem Verb im Singular konstruiert, vgl. Jes 16,8.
451 Beibehalten als *lectio difficilior* mit Robinson, Die Zwölf kleinen Propheten, 182; Pfeiffer,
Jahwes Kommen von Süden, 135, anders mit LXX Nowack, Die kleinen Propheten, 297; Rudolph,
KAT 13,3, 239; Perlitt, Die Propheten Nahum, Habakuk, Zephanja, 95.
452 Ungewöhnlich ist die Personalisierung im liturgischen Hinweis zur Aufführung. Sie ist
vergleichbar in Jes 38,20 zu finden.

den abrupten Übergang von Schrecken und Geduld zu vollmundigem Lobpreis zu harmonisieren.[453]

Die von diesen Gebetszeilen eines Einzelnen umgebenen V. 3–15 weichen in Bezug auf ihre Rederichtung voneinander ab. Während V. 3–7 hymnisch über JHWH reden, sprechen V. 8–15 ihn an.[454] Der zweite Abschnitt verbindet sich durch diese Redeweise enger mit den Gebetsversen, die den Text umgeben. Gleichwohl lassen sich letztere leicht von ihm unterscheiden, weil sie nicht auf JHWHs Kommen und die Reaktion der Welt auf dieses Kommen fokussieren, wie es V. 8–15 tun, sondern vornehmlich die Reaktion des Beters in den Blick nehmen.[455]

Den Rahmen des ersten Abschnitts (V. 3–7) bilden die vier Ortsangaben[456], Teman und Paran (V. 3) sowie Kuschan und Midian (V. 7), wobei erstere die Herkunft, letztere das Ziel von Gottes Wirken bezeichnen. Gott (אֱלוֹהַ) „kommt von Süden" und sein Kommen erschreckt die dort wohnenden Völker. Innerhalb dieser Rahmung wird das Kommen Gottes mit Licht und Waffen (V. 4), mit Pest und Seuche (V. 5) und dem Erbeben von Menschheit und Land (V. 6) dargestellt.

Der zweite Abschnitt (V. 8–15) beginnt mit der Frage nach dem Zorn JHWHs und bedient sich dabei verschiedener Motive, die zumeist dem Bereich des Chaoskampfes zugeordnet werden (V. 8).[457] Nachfolgend werden die Waffen oder Herrschaftsinsignien JHWHs angesprochen (V. 9a) und die Reaktionen der Welt

---

453 Eine ähnliche Gliederung nimmt vor Aḥituv, The Sinai Theophany, 225, der den Text in Theophanie (V. 2–7), Seekampf (V. 8–16) und Epilog (V. 17–19) unterteilt.

454 Perlitt, Die Propheten Nahum, Habakuk, Zephanja, 82, unterscheidet zwischen Theophanieschilderung und Hymnus. Pfeiffer, Jahwes Kommen von Süden, 151–155, differenziert nach Redeart und Rederichtung, begrenzt den zweiten Abschnitt jedoch auf V. 8–12.

455 Zu den rahmenden Gebetsversen vgl. Pfeiffer, aaO., 152.162–164.

456 Perlitt, Die Propheten Nahum, Habakuk, Zephanja, 86, weist hier auf die bei Ausgrabungen in Kuntilet ʿAğrūd gefundenen Inschriften aus der ersten Hälfte des 8. Jh.s v.Chr. hin, bei denen in Segensformeln „Jahwe von Samaria" und „Jahwe von Teman" genannt werden. Vgl. Christoph Uehlinger, „Art. Kuntilet ʿAğrūd." in *Neues Bibel-Lexikon* 2 (1995): 566–568. Pfeiffer, Jahwes Kommen von Süden, 174–176, deutet die Verwendung der Ortsnamen auf ein aus dem Motiv des Edomgerichts entwickeltes Kommen JHWHs aus dem Süden zum Gericht. Er verabschiedet die angenommene Verbindung der südlichen Herkunft JHWHs mit dem Sinaigeschehen. Vgl. zu dieser ursprünglichen Ansicht Perlitt, Die Propheten Nahum, Habakuk, Zephanja, 88, und Witte, Orakel und Gebete im Buch Habakuk, 80 f. Letzterer führt als Hinweis auf die Verbindung von Paran und Sinai Dtn 33,2 an. Diese Stelle wird jedoch von Pfeiffer, Jahwes Kommen von Süden, 202, später angesetzt. Erst in Dtn 33 sei die Gerichtssignatur mit der kanonischen Vorgeschichte verbunden worden. Vgl. ebd.: „Hab 3,3 kennt eine solche heilsgeschichtliche Interpretation der Edom-Theophanie noch nicht."

457 Vgl. John E. Anderson, „Awaiting an Answered Prayer: The Development and Reinterpretation of Habakkuk 3 in Its Contexts." in *Zeitschrift für die Alttestamentliche Wissenschaft* 123/1 (2011): 57–71, 59–61.

auf sein Kommen beschrieben (V. 9b-11). Die Erwähnung weiterer Lichtphänomene, die mit der Herrschaft JHWHs verbunden werden, schließt einen ersten Gedankengang ab (V. 11). Nach diesen ersten Versen des zweiten Teils, die in der Perspektive des Chaoskampfes wiederholen und weiterführen, was V. 7–11 berichtet haben, wird in den V. 12–15 die Deutung dieses grimmigen Auftritts JHWHs vorgenommen. V. 12–13a interpretieren den Auszug JHWHs als zornigen Kampf gegen die Völker zugunsten seines Volks und seines Gesalbten. V. 13b-14 deuten den Auszug als Zerschlagung des Frevlers und als Rache an denen, die den Beter drangsaliert haben, der sich im gesamten Buch nur an dieser Stelle mit dem „Armen" (עָנִי) identifiziert. Die abschließende Vision in V. 15 spricht noch einmal JHWH als Chaoskämpfer an. Der Wechsel zwischen der Beschreibung der Reaktion (V. 8–11) und der Deutung des Handelns JHWHs als Handeln gegen Völker oder Frevler (V. 12–14) wird zum Teil als Hinweis auf eine Dreiteilung des Textes verstanden.[458] Da der zweite Abschnitt (V. 8–15) jedoch mit der Frage nach dem Zorn JHWHs eröffnet wird, die die V. 12–14 unterschiedlich beantworten, und V. 15 seinerseits die Motivik von V. 8b-11 wieder aufnimmt, würde eine Teilung des Textes in die Abschnitte V. 8–11 und V. 12–15 gleich doppelt Zusammenhänge unterbrechen. Der zweite Abschnitt des Psalms mag in sich Brüche aufweisen, weil er teilweise nachträglich ergänzt wurde, eine kompositorisch angelegte Zweiteilung ist jedoch nicht zu beobachten.

Form
Der zweigliedrige Kern des Kapitels, V. 3–15, kann am besten als Theophaniehymnus bezeichnet werden. Diese Beschreibung der Form ist nicht zu verwechseln mit einer Zuordnung des Textes zu einem kultischen Sitz im Leben. Als Teil des Prophetenbuchs wird damit vor allem seine poetische, betende Weise des Sprechens beschrieben. Wie bei einigen der prophetischen Gebete wird auch in Hab 3 insofern „prophetisch" geredet, als dass hier betend vorweggenommen wird, was noch erwartet wird. Ihn als „prophetische Schilderung" zu bestimmen, ist inhaltlich weitgehend gerechtfertigt, nimmt jedoch die Besonderheit der betenden Rede zu wenig in den Blick.[459] So ist es sicherlich richtig, dass der „theophane Ablauf [...] im Imperfekt dargestellt" wird und die Theophanie als „gegenwärtig vorgestellt"[460] wird. Gerade diese Gegenwärtigkeit des Beschriebenen ist jedoch, wie schon an anderen Textbeispielen zu sehen war, auch eine Leistung des lite

---

458 Vgl. Witte, Orakel und Gebete im Buch Habakuk, 81f.
459 Vgl. auf diese Weise Pfeiffer, Jahwes Kommen von Süden, 159.
460 Pfeiffer, aaO., 161.

rarisch verwendeten Gebets. Im Sprechen desselben wird der Beter mit dem Gesprochenen gleichzeitig und antizipiert das nach Ausweis der betenden Rahmung
V. 2.16 noch ausstehende Gerichtshandeln JHWHs als gegenwärtiges Geschehen.
Auch wenn der Text nicht als ursprünglich kultisch verwendeter angesehen
werden muss, ist er dennoch als Hymnus zu beschreiben, und die im zweiten Teil
verwendete Anrede JHWHs ist mehr als nur eine rhetorische Variation.

Wachstum

Wie beschrieben, unterteilt sich das Kapitel in die Überschrift (V. 1), eine Rahmung
(V. 2.16 – 19) und einen zweiteiligen Psalm (V. 3 – 7 und 8 – 15). Der hymnische Text
Hab 3,3 – 7 ist weitgehend einheitlich. Folgende Versabschnitte scheinen jedoch
mit einiger Sicherheit nachträgliche, theologische Kommentare zum Text zu sein.
V. 4b interpretiert die Strahlen aus V. 4a als Hülle der göttlichen Macht. Es handelt
sich um eine erläuternde Glosse. V. 6b deutet die vorangehend beschriebenen
Berge und Hügel als Wege der Gottheit. Die ergänzende Bestimmung trägt für den
Zusammenhang der Theophaniebeschreibung nichts aus.[461] V. 6b und V. 7aα sind
weitere Zusätze. Die ersten drei Worte in V. 7aα unterbrechen den Zusammenhang,
denn ohne Vorbereitung wird hier die Reaktion auf das Kommen JHWHs, das
Beben der Zelte Kuschans und Midians, als „anstelle von Unrecht" zu sehendes
Geschehen beschrieben (אָוֶן תַּחַת). In der Hab eröffnenden Klage lässt JHWH den
Beter אָוֶן sehen (Hab 1,3). Hab 3,7 nimmt diese Klage auf und zeigt, dass sich die
Situation mit dem Kommen JHWHs ändert. Die den Vers eröffnenden Worte
dürften als redaktionelle Einschreibung zum Zweck des Ausgleichs zwischen
Hab 3 und Hab 1 verfasst sein.[462]
Die nun anschließenden V. 8 – 15 setzen V. 3 – 7, genauer das Bild von JHWHs
bedrohlichem Kommen, voraus.[463] Sein richtendes Kommen ist Anlass für die
Frage nach JHWHs Zorn. Rederichtung und inhaltliches Interesse ändern sich in
V. 8 ff.* Die Verse scheinen eine Erweiterung des ursprünglich selbständigen
kurzen Psalms V. 3 – 7 zu sein.
Doch auch diese Verse (V. 8 – 15) sind nicht ohne Brüche. Wie bereits be-
schrieben, beginnt der Abschnitt mit einer Frage nach dem Zorn JHWHs (V. 8a), ihr
folgt die Beschreibung des Zorneshandelns und der Reaktion des Kosmos (V. 8b-

---

461 Vgl. Pfeiffer, aaO., 153.
462 Vgl. Pfeiffer aaO., 161.
463 Pfeiffer, aaO., 160 f., zeigt, wie eng V. 3 – 7 und V. 8 – 12 kompositorisch aufeinander bezogen
sind. Zu Recht schließt er damit eine unabhängige Entstehung der Abschnitte aus. Die Überbietung der zweiten gegenüber der ersten Strophe, die unterschiedlichen „Gottesprofile" (aaO.,
159) mögen gleichwohl Ergebnis späterer Fortschreibung sein.

11). Diese ausführliche Darstellung ist leider nicht in Gänze zu entschlüsseln, bietet in dem, was zu verstehen ist, jedoch noch keinen Anhalt für die Notwendigkeit, literarkritisch zu scheiden.

Anders verhält es sich in den folgenden, das Handeln JHWHs deutenden Versen. Dort werden die Objekte des göttlichen Zorneshandelns beschrieben. Nach V. 12 ist die Erde (אֶרֶץ) der Ort des göttlichen Handelns, und die Völker (גּוֹיִם) sind diejenigen, die von seinem Zorn vernichtet werden (דוש). Diese göttliche Opposition gegen die Völker ist im Tun und Klagen in Hab 1–2 nicht zu finden. In Hab 1 f. sind die Völker die hilflosen Opfer des maßlosen, feindlichen Volks (1,17), das aus diesem Grund angeklagt wird und Strafe zu befürchten hat (2,8). Einzig der Blick auf die Völker in Hab 1,5 lässt sich mit der Erwähnung der Völker in Hab 3 verbinden. Dort allerdings handelt JHWH zwar mittels des fremden Volks vernichtend an den Völkern, aber kaum zugunsten seines Volks, wie der Gedanke in V. 13 weitergeführt wird, und entsprechend passen die Aussagen dennoch nicht zusammen.

Anders verhält es sich mit der in V. 13b-14 formulierten Opposition zum Frevler (רָשָׁע), die damit verbunden wird, dass sich der Sprecher mit der Situation des Armen (V. 14b עָנִי) identifiziert. Diese Opposition harmoniert mit der Frontstellung in Hab 1 (vgl. Hab 1,4.13) und mit der kritischen Beschreibung der Ausbeutungs- und Bereicherungsmechanismen in den Weheversen von Hab 2.[464] Dieser Befund und der ungewöhnliche Wechsel von der Vernichtung der Völker zugunsten Israels, von der Hab 1–2 so nicht berichten, zur Vernichtung des Frevlers als Feind des Armen, die hervorragend zu Hab 1–2 passt, legen es nahe, in V. 13b-14 eine nachträgliche Erweiterung des Textes zu sehen, die den Psalm theologisch mit dem Rest des Buchs verknüpfen. Der den Gedankengang erstmals abschließende V. 15 führt V. 12 weiter und ist die ursprüngliche Fortsetzung des Textes.[465]

Eine ähnliche Aufgabe der Verbindung des Psalms mit den vorangehenden Kapiteln dürften auch die den Psalm umgebenden Verse 2.16 und 18 f. haben.[466] Dabei ist allerdings zu beachten, dass sie in sich kaum als einheitlich beschrieben

---

464 Pfeiffer, aaO., 158 Anm. 224: „Der Versuch, innere wie äußere Feinde unter dem Begriff des ‚Frevlers‘ darzustellen, wird in Hab vor allem in der redaktionellen Brücke zum Wehe-Zyklus 2,5bb-6a [...] greifbar." Die Armen (עני) werden in Hab 2 zwar nicht ausdrücklich erwähnt, aber die kritisierten Verhaltensweisen und Mechanismen werden ganz ähnlich auch in anderen, der sogenannten Armentheologie zugerechneten Texten angeprangert.

465 Anders Pfeiffer, aaO., 157–159, der V. 13–15 insgesamt für eine spätere Eintragung hält. Vgl. jedoch Perlitt, Die Propheten Nahum, Habakuk, Zephanja, 92: „V. 15 schließt, über 12–14 hinweg, an die Chaoskampf-Anspielungen in 8–11 an."

466 Pfeiffer, aaO., 82, nennt sie „Zeugnisse der Einfügung von Hab 3 in das Buch". Andersen, Habakkuk, 278, betont, dass es sich bei dieser Inklusion nicht um eine spätere Zufügung handele, sondern um eine originäre Rahmung.

werden können. Gemeinsam ist den Versen, dass sie die Theophanieverse 3 – 15 als persönliches Gebet des Propheten darstellen.

Dass der Beter in Hab 3,2 angibt, er habe JHWHs Botschaft gehört, und unmittelbar im Anschluss an den Psalm wiederholt vom erschreckenden Hören spricht (V. 16), rahmt den Theophaniepsalm mit einer Bezugnahme auf das Gebet in Hab 1. Auf diese Weise wird die Verbindung von Weltgeschehen und persönlicher Anteilnahme aus Hab 1 weitergeführt. Auch die weiteren Themen, das Warten auf ein Wort JHWHs, sein Tun und die Frage nach dem Zeitpunkt des göttlichen Handelns, werden in der kurzen Einführung (V. 2) und in V. 16 aufgenommen. V. 2b geht dabei weiter als Hab 1 f., indem er um Erbarmen bittet, und auch die am Beginn von V. 2a formulierte Furcht vor dem Tun JHWHs wird im ersten Buchteil nicht angesprochen. Diese neue Stimmungsbeschreibung wird im zweiten Rahmenvers, V. 16, weitergeführt. In diesem Vers erlebt der hörende Beter, wie sich der Gottesschrecken körperlich in ihm niederschlägt. V. 2b scheint gegenüber der ersten Eröffnung des Psalms nachträglich eingefügt. Er gehört auf eine Ebene mit V. 16a.[467] Erst durch V. 16b wird diesem Erleben das ruhige Warten des Beters auf den Tag der Not für das feindliche Volk entgegengesetzt. Auch die Erwähnung des ruhigen Wartens führt Motive aus Hab 1 weiter.

Auf einen das Gebet aktualisierenden Vers über das Erleben einer Dürrekatastrophe (V. 17) schließt sich in den V. 18 f. ein Lobversprechen an. JHWH wird darin zum Gott der Hilfe, zur Stärke des Beters. Der Preis Gottes in diesen abschließenden Versen bedient sich häufig gebrauchter Motivik.

Alle drei Verhaltensweisen, das Zittern in V. 16a, das ruhige Warten in V. 16b und der Jubel in V. 18 f., sind mögliche Reaktionen auf den Theophaniepsalm, die jedoch in ihrer Verbindung miteinander nicht harmonieren. Dass der Beter nach Vernehmen der Verse über das Kommen JHWHs ebenso bebt wie die Erde, ist nur verständlich. Auch dass sich dieser Schrecken mit dem Warten auf einen Tag der Not verbindet, ist nachvollziehbar, denn das Kommen JHWHs wird gleichzeitig als Tag der Hilfe für das Volk JHWHs und als Tag des Gerichts für Frevler und Völker dargestellt. Genau an dieser Stelle ergibt sich jedoch eine Inkonsistenz. Die Strafe für das feindliche Volk, auf die der Beter hier wartet, passt hervorragend zur Beschreibung eines unersättlichen, sich selbst vergottenden Volks in Hab 1 f. In Hab 3,3 – 15 wird jedoch nicht einem einzelnen feindlichen Volk Gericht angedroht, sondern ursprünglich den Völkern – und erst mit einer Fortschreibung den Frevlern. Das Motiv des einzelnen feindlichen Volks, das in Hab 1 – 2 so zentral ist, findet sich in Hab 3 nur im Rahmenvers 16b. So wie V. 13b-14 die Theophanie mit

---

467 Perlitt, Die Propheten Nahum, Habakuk, Zephanja, 84, befindet, dass dieser Vers, wenn er eine Glosse ist, von V. 16 her kommt. Vgl. Pfeiffer, Jahwes Kommen von Süden, 152.

der Opposition zu Frevlern in Hab 1 f. verbinden, trägt V.16b also die Gegenüberstellung zum drohenden Volk in den Text ein. Dem ursprünglichen Psalm, der in Hab 3 dem Prophetenbuch angehängt wurde, sind diese Gegner nicht geläufig. In ihm ist das Handeln JHWHs gegen die Völker gerichtet und geschieht einzig um seines Volkes willen. Mit dem Plan, auf den heraufziehenden Tag und die ausstehende Rache zu warten, könnte das Habakukbuch einmal geendet haben.[468] Dass der eben noch zitternd Wartende in V. 18 f. diesem schrecklichen Gott plötzlich freudig entgegenjauchzt, ist ein bemerkenswerter Wechsel, der eine nachträgliche Erweiterung des Psalms um die abschließenden Verse nahelegt.[469]

Stellung im Buch

Die Frage, ob Hab 3 oder wenigstens Abschnitte des letzten Kapitels von vornherein zum entstehenden Habakukbuch gehörten bzw. für das Buch geschrieben wurden oder in einem anderen Kontext entstanden sind, wird unterschiedlich beantwortet.[470] In den voranstehenden Überlegungen wurde herausgearbeitet, dass zumindest der Kern des Kapitels, Hab 3,3 – 15*, wenig enge Verbindungen zu den vorangehenden zwei Kapiteln aufweist, sondern teilweise in Widerspruch zu dem dort vermittelten Bild steht. Zwar finden sich einige Wortübereinstimmungen zwischen Hab 3,3 – 15* und den vorangehenden Kapiteln, diese sind jedoch so unspezifisch, dass sie kaum die Grundlage bilden können, um die beschriebenen Unterschiede vergessen zu machen und eine Entstehung auch dieser Verse im Buch zu behaupten. Aus diesem Grund liegt es nahe anzunehmen, das Gebet sei an anderer Stelle entstanden und erst im Nachhinein dem Habakukbuch zugewachsen und im Buch entsprechend erweitert worden.

Interpretation im Kontext

Ein einzelner Beter sieht das Kommen JHWHs zum Gericht und preist ihn ob seiner rettenden Gewalt. Dabei ist dieser Beter, der vor allem in den rahmenden Versen zu Wort kommt, mit sich selbst uneins in der Frage, ob das Kommen und Handeln JHWHs vor allem zu bejubeln oder ängstlich zitternd zu erwarten sei. Der von seiner Rede umgebene Gerichts-Hymnus besingt das Kommen JHWHs in zwei Aufzügen: Während V. 3 – 7 einen Bogen von Teman nach Midian schlagen und das ehrfurchtgebietende Auftreten Gottes ausführen, wird in V. 8 – 12.15 JHWHs Un-

---

468 Vgl. Pfeiffer, aaO., 165.
469 Vgl. Perlitt, Die Propheten Nahum, Habakuk, Zephanja, 83.
470 Zur Forschungsgeschichte vgl. Pfeiffer, Jahwes Kommen von Süden, 117–128.

terwerfung von Schöpfung und Chaos beschrieben. V. 13 f. deuten diese Opposition auf Frevler und all diejenigen, die den Armen unterdrücken. Diese Entsprechungen sind wie die Rahmungen eng mit den vorangehenden zwei Kapiteln verbunden. Die beiden Abschnitte des Gerichts-Hymnus dagegen schöpfen als ursprünglich unabhängig entstandene Texte aus dem reichen Fundus der Vorstellungen von Theophanie, Gericht, Schöpfung und Chaos. Eine Untersuchung der Verse innerhalb ihrer Kontexte zeigt, wie den in dem Entsetzen über die erschlaffende Tora und die Macht der Frevler gefangenen Betern in Hab 1 ein ganz neues Szenario vor Augen gestellt wird, in dem Untätigkeit und Schweigen JHWHs nicht mehr vorstellbar sind.

Teman und Paran werden als Herkunftsorte des kommenden Gottes bezeichnet. Am Ende des ersten Abschnitts (V. 3–7) werden diesen Angaben noch die zitternden Menschen in Midian und Kuschan an die Seite gestellt (V. 7). Da Gottes Kommen zur Theophanie mit einer Ortsangabe verknüpft wird, ähnelt der Vers der Rede vom Kommen Gottes von Norden in Ez 1,4 und Hi 37,22.[471] Die Herkunft aus dem Süden verbindet den Text mit Ri 5,4. Dort kommt JHWH von Seir, aus den Gefilden Edoms (V. 4). Im unmittelbaren Kontext wird JHWH als Gott vom Sinai beschrieben (V. 5). Sprachlich unterscheiden sich die beiden Stellen jedoch voneinander.[472] Die Herkunft des Gottes in Ri 5 wird mit dem Motiv des Edom-Gerichts verbunden.[473] Die Orte weisen auf eine Herkunft des Gottes aus dem Süden, dem Kernland Edoms, der Gegend des Sinai. Diese Richtungsangabe verweist jedoch entsprechend nicht auf das Sinaigeschehen, sondern zuallererst auf das mit dem Weltgericht verbundene Edomgericht.[474] Statt einer Anspielung auf die Vorgeschichte Israels wird das kommende Gericht mit Motiven einer chaotischen Endzeit dargestellt.

Der aus dem Süden kommende Gott wird als „Heiliger" bezeichnet. Damit nimmt der Vers den in 1,12 begegnenden Gedanken wieder auf, ohne auf die Schwierigkeiten einzugehen, die sich in Hab 1 mit der Anfrage der Heiligkeit Gottes verknüpft haben. Die dort fraglich gewordene Bestimmung wird hier nicht argumentativ eingeholt, sondern mit dem Kommen Gottes bekräftigt. Diese Verbin-

---

471 In beiden Fällen kommt der wie hier als „Wettergott" dargestellte Gott allerdings aus dem Norden. Vgl. Pfeiffer, aaO., 173.

472 Vgl. Pfeiffer, aaO., 174.

473 Vgl. ebd.

474 Vgl. Pfeiffer, aaO., 176: „Abweichend vom *sensus communis* enthält Hab 3* keine Anspielungen auf die kanonische Gottesgeschichte."

dung von Infragestellung und Theophanie wirkt wie eine Kurzfassung des Hiob-buches.[475]

Dem mit präzisen Ortsangaben verbundenen Kommen aus dem Süden wird in V. 3b ein Vers über die weltumspannende Gottheit Gottes angefügt. Diese Aus-dehnung der Gottesmacht ähnelt dem Szenario in Hab 2,14. Ist jedoch dort vor allem die Erkenntnis der Ehre Gottes in Aussicht gestellt, wird hier die Grundlage dieser Erkenntnis gepriesen, seine weltumspannende Ehre und Preiswürdig-keit.[476] Diese thematischen Verbindungen von V. 3 und Buchkontext mögen den Ausschlag für die Anfügung des Psalms an die Kapitel Hab 1–2 gegeben haben.

In den nun folgenden Versen bezeichnen V. 3b-5 im weitesten Sinne die „Aura" des kommenden Gottes. Sie besteht aus Licht (אוֹר) und Pesthauch (דֶּבֶר) und zeigt Vorzeichen, die dem Tag JHWHs vergleichbar sind. Beschrieben wird das Kommen Gottes zum Gericht.[477] Anlässlich seiner Präsenz und seines Blicks geraten Erde, Völker, Berge, Hügel und Pfade in Bewegung (V. 6). Für den Gott, der hier be-schrieben wird, ist die Möglichkeit, tatenlos den Verbrechen von Frevlern und Eroberern zuzusehen, wie es in Hab 1,13b beschrieben wird, nicht vorgesehen.[478] Seine Augen sind auch nicht so rein, dass ein Blick auf das Böse ihm unmöglich wäre (1,13a), sondern sein Sehen setzt die Welt in Bewegung. Die Vorstellungen vom Blick und Anblick Gottes in Hab 1 und 3 könnten kaum unterschiedlicher sein.

Umfassend ist die Zusammenstellung all dessen, was durch JHWHs Präsenz in Bewegung gerät. Die Völker werden ebenso zur Kulisse der Theophanie wie Berge, Land und Hügel. Der beschriebene Gerichtsauftritt Gottes umgreift alles.[479] Die uralten Berge (הַרְרֵי־עַד) und ewigen Hügel (גִּבְעוֹת עוֹלָם) werden auch im Segen Jakobs (Gen 49,26) und Moses' (Dtn 33,15) genannt.[480] Dort sind sie Hort des Segens und des Guten für Israel, hier erbeben sie vor dem zum Gericht kommenden Gott.

Die Erweiterung in V. 7aα verbindet Hab 3 unmittelbar mit dem Gebet in Hab 1. „Anstelle von Übel" (תַּחַת אָוֶן) sieht der Beter Kuschan und Midian zittern. Das

---

475 Zur übereinstimmenden Struktur von Habakuk und Hiob vgl. Witte, Orakel und Gebete im Buch Habakuk, 85.

476 Vgl. mit Perlitt, Die Propheten Nahum, Habakuk, Zephanja, 86, motivisch Ps 8,2; 148,13 und besonders Jes 6,1.

477 Vgl. Perlitt, aaO., 87: „Pest und Seuche, die in anderen Theophanien nicht vorkommen, hat er hier als Vortrab und Nachhut."

478 Vgl. mit Perlitt, ebd., motivisch Mi 1,3f. und Am 1,2.

479 Perlitt, aaO., 85, erinnert daran, dass die „alten Theophanie-Motive vom Kommen des für die Seinen kämpfenden Gottes [...] in Hab 3 und anderen Prophetenbüchern verwendet [werden], um die Errettung Israels/ Judas vor den übermächtig erscheinenden Feinden anzukündigen."

480 Vgl. aaO., 87: „Die ‚uralten Berge' und die ‚ewigen Hügel' kommen im Jakobs- (Gen 49,26) wie im Mosesegen (Dtn 33,15) vor. In Hab 3,6 fallen die ‚Völker' aus der Reihe Erde, Berge, Hügel heraus, aber der Text ist eindeutig."

Kommen zum Gericht bezeichnet hier das Ende des Übels, das aus dem Auftrumpfen des Frevlers hervorgeht. Wer die beiden Worte an dieser Stelle eintrug, hat das kommende Weltgericht als unmittelbare Antwort auf das im Gebet in Hab 1 formulierte Problem gelesen.[481] Dies ist auch deshalb möglich, weil sein Kommen den exemplarischen Feind im Süden erschüttert: Zelt (אֹהֶל) und Zeltdecke (יְרִיעָה) stehen vor allem in Jeremia für die erschütterbare menschliche Behausung.[482] Dieses sonst vornehmlich mit Israel und Zion verbundene Bild wird auf das Ergehen der Feinde übertragen.[483]

Der nun folgende zweite Abschnitt des Psalms (V. 8 – 15) lehnt sich strukturell an den vorgegebenen Abschnitt an. Bereits die Frage am Beginn (V. 8) nimmt auf die vorangegangenen Verse Bezug, deutet sie aber neu. Aus der Theophanie wird der Kampf mit dem (Chaos-)Wasser, aus dem Auftritt des Heiligen die Manifestation göttlichen Zornes.[484] Anders als in V. 3 – 7 wird mit der Ansprache erstmals wieder der Gottesname genannt.

Bereits in V. 8 wird mit der Rede von der Hilfe (יְשׁוּעָה) im letzten Wort des Verses die Kehrseite des Zorns, die Rettung, angesprochen und damit bestimmt, welches Ziel dieser Kampf hat. Das Motiv des gegen Chaos und Völker gerichteten Gotteszorns rahmt V. 8 – 12. Die durch diese Zusammenstellung formulierte Antwort auf die eröffnende Frage lautet: Nicht gegen Ströme ist JHWHs Zorn entbrannt und nicht gegen das Meer, sondern gegen die Völker (V. 12). In Hab 3,8 – 15 sind die Völker *massa damnata*. Auch in dieser Hinsicht verstärkt der zweite Abschnitt die Aussagen des ersten, denn dort sind die Völker lediglich Teil der vor Gottes Kommen zitternden Welt, nicht Objekte göttlichen Vernichtungshandelns.[485]

---

481 Vgl. Pfeiffer, Jahwes Kommen von Süden, 154: „Die Intention des Zusatzes ist deutlich: Er soll das hymnische Korpus mit dem gebetsartigen Rahmen verklammern."
482 Vgl. Jer 4,20; 10,20.
483 Kuschan ist Feind bzw. Gegner in Ri 3,8.10. Zu Midian vgl. Jes 9,3 und Jes 10,26f.
484 Pfeiffer, aaO., 154 Anm. 199, hält die Frage für rhetorisch. Er setzt die Antworten aus V. 12 und V. 8 gleich und geht so von einem „Ja" als intendierter Antwort aus: „Die rhetorische Frage von V. 8 intendiert durchaus eine bejahende Antwort [...] Meer und Völker sind identisch. Die Völker werden so als chaotische Größe stigmatisiert..." Gleichwohl bietet V. 12 einen Gedankenfortschritt, weil erst mit diesem Vers die angenommene Gleichsetzung formuliert wird. Anders Perlitt, Die Propheten Nahum, Habakuk, Zephanja, 91: „Die rhetorische Frage von V. 8 findet in 12 endlich die geziemende Zurückweisung: Nicht den Strömen gilt der Zorn des herannahenden Gottes, sondern den Völkern. Das ist das Ziel der gewaltigen Theophanie: Völkergericht."
485 So auch Pfeiffer, Jahwes Kommen von Süden, 160: „Die zweite Strophe überbietet die erste nicht nur durch den explizit universalen Horizont des Völkergerichts. Sie tut es auch, indem sie Jahwe als den aktiv gegen die Völker handelnden Gott darstellt."

So wie V. 8 und V. 12 aufeinander bezogen werden können, lassen sich auch V. 9 und V. 11 anhand der ähnlichen „Licht"- und „Waffen"-Motivik zusammenbinden. Beide Verse nehmen Motive aus V. 4 auf. V. 9b-11a führen die in V. 6 ein erstes Mal angesprochenen Schreckensreaktionen des Kosmos weiter.[486] Sie werden jeweils mit einer Bewegung von den unteren (Erde, Urflut) zu den oberen Regionen beschrieben (Regenguss, Sonne).[487] Die Erscheinung JHWHs fordert den Kosmos heraus.[488] Dadurch wird die über sich hinausgreifende Urflut zur Gefahr für die Sonne, die sich verbergen muss.[489] Die Schöpfung sinkt ins Chaos zurück.

V. 13a schließt an das Motiv der Rettung in 3,8 bzw. in 1,2–4 an und hebt hervor, dass die Vernichtung der Völker lediglich die Kehrseite der intendierten Rettung des Volks JHWHs ist.[490] In V. 13b wird die vorangehende Rede von „Völkern" umgedeutet zur „Vernichtung der Frevler", was den Psalm inhaltlich mit Hab 1–2 zusammenbindet und entsprechend als späterer Eintrag verstanden werden kann, der den Psalm und das Buch harmonisieren will. Auch die Stichworte „Haus" und „Frevler" verbinden den Text mit Hab 1–2.[491] In Hab 3,14 bringt sich hier erstmals wieder der Sprecher als „ich" ein, er ist ein Verfolgter, ein Armer, den „sie" im Verborgenen fressen.[492] Diese Formulierung passt zur Formulierung in V. 13b. Sie legt es nahe, dass es sich bei V. 13b-14 um Erweiterungen des Psalms im Sinn der Armenfrömmigkeit handelt. V. 15 übernimmt wieder die Perspektive des Chaoskampfes, mit der der Text eingeführt worden ist, und führt so V. 8 weiter.

---

486 Vgl. Pfeiffer, aaO., 156.

487 Vgl. ebd.

488 Letztlich bleibt offen, um welche Geste der Handerhebung es sich handelt. Hände werden erhoben zum Gebet (Ps 28,2), zum Schwur (Ez 20,5 f.), zum Segen (Lev 9,22) und zum Kampf (Ps 10,12). Ps 93,3–4 legt es nahe, hier die Kampfesmotivik angelegt zu sehen. Ebenso Pfeiffer, aaO., 156 f.

489 Vgl. Pfeiffer, aaO., 157.

490 Die Rede vom Volk JHWHs gibt es in Hab nur hier. In „dein Volk" und „dein Gesalbter" sieht Perlitt, Die Propheten Nahum, Habakuk, Zephanja, 91, „Spuren der Herkunft des Hymnus aus monarchischer Tradition". Pfeiffer nimmt wohl zu Recht an, es werde das Volk insgesamt als Gesalbter angesehen. Vgl. Pfeiffer, Jahwes Kommen von Süden, 157.

491 Den Versen „ist es insgesamt darum zu tun, in enger Anknüpfung an Hab 1–2 das universale Völkergericht von Hab 3 als eschatologisches Gericht über *alle* Gottesfeinde auszulegen, das einzig die Rettung eines von Frevlern gereinigten frommen Konventikels (‚dein Volk') mit königlichem bzw. messianischem (?) Anspruch (‚dein Gesalbter') vorsieht. Dieser ausdrückliche Bezug auf die Komposition Hab 1–2 macht es wahrscheinlich, dass hier die gleiche Ebene vorliegt wie in 3,2a." (Pfeiffer, Jahwes Kommen von Süden, 158).

492 Nur Hi 18,11 hat פחד in Bezug auf ein Singularobjekt.

In der Rahmung (V. 2 und V. 16) hat der Beter die Kunde (שֵׁמַע)[493] von JHWH gehört und fürchtet sein Tun (פעל). Die Erwähnung der Tat Gottes erinnert an sein Handeln in Hab 1,5 (פֹּעַל פֹּעֵל). Die Furcht, die die göttliche Tat erzeugt, wird im unmittelbaren Kontext in der Beschreibung der Gerichtstheophanie begründet, passt aber ebenso zum in Hab 1,5 angekündigten Handeln JHWHs.[494]

Die Bitte um die Realisierung seines Tuns korreliert nicht mit dem Handeln in Hab 1,5. Nach der Klage in Hab 1 ist eine Bitte, das dort angekündigte Handeln JHWHs in die Tat umzusetzen, unwahrscheinlich. Denkbar ist höchstens, dass die Rede vom Tun JHWHs hier beides bezeichnen soll: Die Heraufführung des fremden Volks, mit der die Situation eröffnet wurde, und das göttliche Gericht an den Völkern als seine notwendige Fortsetzung. Zugleich nimmt die erbetene Kundgabe (ידע hif.) das weltumspannende Wissen um die Ehre und Herrlichkeit JHWHs auf (2,14). Gott wird zum Handeln aufgerufen. Das geschieht durch eine der Klage in 1,2 entsprechende Bitte. Der Vorwurf, gerade Gottes Handeln sei teilweise für das Elend des Beters verantwortlich, wird in Hab 3 nicht wieder aufgenommen.

Das erbetene Handeln und Offenbaren JHWHs soll „inmitten der Jahre" (בְּקֶרֶב שָׁנִים) geschehen. Diese einmalige Formulierung nimmt auf die Zeitangaben in Hab 1,5 und 2,2–3 Bezug, die Taten „in Euren Tagen" ankündigen bzw. die Realisierung der Vision für eine „bestimmte Zeit". Beide Stellen sind wiederum mit Formulierungen bei Ezechiel und Daniel zu verbinden, in denen „das Ende der Jahre" (קֵץ שָׁנִים) als Zeitpunkt der Erfüllung einer Vision angegeben wird.[495]

Die geschilderte Ambivalenz des göttlichen Handelns wird vom Ergänzer von V. 2b als noch stärker wahrgenommen, weshalb er die Bitte, JHWH möge handeln,

---

493 Es geht um den Rumor JHWHs, vgl. Andersen, Habakkuk, 276. Die Kunde, שֵׁמַע, bezeichnet in der Regel nicht eine in Worten ergehende Antwort JHWHs, sondern vor allem das, was man über ihn gehört hat. Vgl. v.a. Hi 42,5; Jes 66,19.

494 Die Furcht vor der Tat Gottes ist nicht die Gottesfurcht, sondern die Chaldäerangst. Wenn die Furcht des Beters sich an der Tat Gottes aufhält und in der Anrede JHWHs nicht die Gottesfurcht thematisiert, sondern die Furcht seiner Taten, dann liegt die Annahme eines gewissen Bruchs in der Beziehung nahe. Man muss vielleicht die Zwischentöne aus Hab 1,5–11 kennen, um den Unterschied zwischen Sätzen wie Hab 3,2 und Ps 76,8 zu erkennen, in dem die Furchtbarkeit JHWHs auf den Punkt gebracht wird. Dass die Gottesfurcht Teil eines (Selbst-)Erkenntnisprozesses ist, zeigen nicht nur die vielen weisheitlichen Aussagen, in der die Gottesfurcht als Anfang der Weisheit gepriesen wird (Prov 1,7; 9,10; vgl. auch Prov 15,33), sondern etwa auch Ps 9,21, ein Vers, in dem die Selbsterkenntnis der Völker mit der furchtsamen Erkenntnis Gottes verbunden wird. Ps 40,4 macht mit der Verbindung von Sehen, Fürchten, Vertrauen auf JHWH vor, was später in Luthers kleinem Katechismus als Vorspann aller Gebote verwendet wird: „Gott fürchten und lieben." Vgl. *Die Bekenntnisschriften der evangelisch-lutherischen Kirche*, 13. Aufl. Göttingen: Vandenhoeck & Ruprecht, 2010, 507–510.

495 Auch diese Formulierung wird mit שָׁנִים gebildet. Vgl. Dan 11,6 bzw. קֵץ הַיָּמִין in Dan 12,13; Ez 38,8 בְּאַחֲרִית הַשָּׁנִים.

um eine Bitte um Erbarmen im Zorn ergänzt. Vers 2b nimmt das Zittern aus der Theophaniebeschreibung auf. Die Bitte um Erinnerung begegnet ähnlich in Ps 25,6. Der kühne Gebetsruf ist von V. 16 her zu verstehen. Der dort als zitternd Beschriebene hofft an dieser Stelle, dass in der durch die Theophanie formulierten Erregung Erbarmen das letzte Wort haben möge. Inhaltlich ist der Vers hier wenig erstaunlich, gleichwohl scheint der Beter sich selbst ins Wort zu fallen. Das Beben aus V. 7 wird nicht nur am Beginn der Rahmung (V. 2), sondern auch in V. 16 wiederholt (sogar zweimal). Dort ist es der Beter selbst, der zittert – wie es zuvor in V. 7 die Zelte derer tun, über die das Gericht einbricht (רגז).[496] Ursprünglich wird das Verb in V. 16 so nachdrücklich wieder aufgenommen worden sein, um zu zeigen, dass der Beter dieser Zeilen sich nicht aus dem Gerichtsgeschehen ausnimmt.[497]

V. 16b nimmt noch einmal das Motiv der verzögerten Zeit auf und gelobt, Ruhe zu bewahren.[498] Dass ein Tag der Not (לְיוֹם צָרָה) für ein einzelnes, feindliches Volk erwartet wird, widerspricht, wie oben ausgeführt, dem Inhalt des Psalms, passt dafür jedoch gut zur in Hab 1 beklagten Situation und schlägt zudem eine Brücke zum anschließenden Buch Zephanja.[499] Auf diese Weise schließt der Psalm mit einem Rückbezug auf den Anfang des Buchs und auf die nachfolgenden Schriften und bleibt betend offen für das ersehnte Eingreifen JHWHs.

Weniger offen, vielmehr ausdrücklich preisend, schließt das Gebet mit den V. 18–19. Der Jubel „über den Gott meiner Hilfe" (בֵּאלֹהֵי יִשְׁעִי) schlägt noch einmal eine Brücke zu dem seit 1,2 formulierten Thema der Klage und zum Gesang in V. 13. Der vormals stumme Gott, der Elend statt Recht schaffendes Tun hat sehen lassen, erweist sich letztlich doch als hilfreich und zugewandt.

Der Stimmungsumschwung ist später als V. 16 eingetragen und lässt an einen gottesdienstlichen Gebrauch des Psalms denken, der auf diese Weise einen or-

---

496 Vgl. die in Ps 4,5 ergehende Aufforderung „zu erbeben".

497 Bei Pfeiffer, Jahwes Kommen von Süden, 162, heißt es: „Die beiden Bikola beschreiben die bis an die Zersetzung der physischen Existenz gehenden Wirkungen der Offenbarung auf den Propheten." Anders deutet die Übersetzung der Version Barberini. Ihr zufolge erschrickt der Beter nicht über JHWH, sondern über das eigene Gebet."

498 Auch Perlitt, Die Propheten Nahum, Habakuk, Zephanja, 94, verbindet die Verse nach vorne. Bezöge man 3,16 nicht nur auf 3,2, sondern auch auf 2,3, so „fände die Komposition im Blick auf diese die Kapitel übergreifende Spannung mit 3,16 den erwünschten Abschluss."

499 Auch Pfeiffer, Jahwes Kommen von Süden, 162, sieht den Wechsel zwischen den zuvor befeindeten Völkern (die in V. 7 und 12, also in beiden Strophen, einmal angesprochen werden) zum „einen Volk, das uns bedrängt", womit, auch darin ist Pfeiffer recht zu geben, die Chaldäer aus Hab 1,6 gemeint sein dürften. Nach Pfeiffer ist in diesem Teilvers daher das Dodekapropheton im Blick. Vor allem die Rede vom „Tag der Not" sei Brücke zu Zephanja 1,15 (vorher durch 2,18–20) und Nah 1,7.

dentlichen Abschluss erhält, der weniger am Fortgang bei Zephanja als vielmehr an der Konsistenz des Psalms für sich interessiert ist.[500] Diese wird durch die Anfügung einer Art Lobgelübde gestärkt.[501] Aus dem zum individuellen Prophetengebet umgestalteten Theophaniehymnus wird durch diese Änderung ein nach dem Schema eines Individualgebets gestalteter Text.[502] Aus der das Buch gerade am Beginn prägenden Klage wird der abschließende Jubel.[503]

Schluss

Das Leiden am Erstarken der Frevler, an der Selbstvergottung eines als Gerichtswerkzeug heraufgeführten Volks und am dies alles stumm hinnehmenden Gott findet in Hab 3 eine nachdrückliche Antwort, die jedoch ursprünglich nicht als Fortsetzung von Klage und Wehe formuliert wurde. Diese haben in der Stille heischenden Präsenz JHWHs im Tempel (2,20) sowie in der Zusage von Leben für die einen (2,4) und Strafe für die anderen (2,5 – 19) bereits hinlänglich Antwort gefunden.

Der nachträglich angefügte Psalm nimmt, gerade in der Rahmung und einigen redaktionellen Erweiterungen innerhalb des Psalms, Motive der ersten beiden Kapitel auf und zeigt sich als bewusst ergänzt. Er führt neben seiner Antwort jedoch auch neue Themen und Visionen ein und schreibt das richtende Handeln JHWHs auf neue Weise fest.

Das Erde und Himmel in Bewegung setzende Erscheinen JHWHs zum Gericht ist Zentrum des Psalms. Das erwartete Gericht wird an den Völkern vollstreckt und geschieht zugunsten des Gottesvolks. Nach späterer Deutung ist es ein Gericht an den Frevlern zugunsten des Armen, der mit dem Sprecher des Gebets identifiziert wird. Diese nachträgliche Umdeutung des Gerichtshandelns nimmt zusätzliche Motive der Anfangskapitel auf. Die Inkonsistenzen zwischen Psalm und Buch lassen sich besonders gut an den Gegnern der Beter dieser Zeilen aufzeigen. Erst Rahmung und Erweiterungen vermitteln zwischen der dem Psalm ursprünglichen,

---

500 Vgl. zu diesem Stimmungsumschwung Perlitt, Die Propheten Nahum, Habakuk, Zephanja, 95: „Dass auf das Warten und Hoffen von 16b am Ende ein so volltönendes Gotteslob und uneingeschränkter Jubel folgen, wird nur durch die gottesdienstliche Verwendung von Hab 3 verständlich." Vgl. Perlitt, aaO., 83, wo er von einem „ungebrochenen Jubel" spricht, der „dem Verf. von V. 2. 16 zu seiner Stunde noch nicht erschwinglich" gewesen sei.
501 Vgl. Pfeiffer, Jahwes Kommen von Süden, 163.
502 Vgl. Pfeiffer, aaO., 164.
503 Pfeiffer, ebd.: „Auf diese Weise werden am Schluss des Buchs noch einmal die Klageelemente von 1,2f. und 1,12 – 17 aufgenommen, nun aber zu solennem Abschlussjubel weitergeführt."

gegen die Völker gerichteten Aktion JHWHs und der aus Hab 1 f. bekannten Opposition zum Frevler und zu dem einen Volk, das Israel bedroht.

Der Beter dieser Zeilen ist der Seher einer neuen Zeit, in der JHWH gegen die Völker zum Gericht schreitet. Er ist zunächst (V. 3–7*) hymnisch beschreibender Beobachter des Szenarios. In den späteren Versen (V. 8–15*) deutet er das Geschehen und verteilt in der Ansprache JHWHs die Rollen in diesem endzeitlichen Drama: JHWH handelt um seines Volks willen. Wie schon an anderer Stelle dient die Ansprache Gottes so auch der Identitätsbildung des Betenden. Der Beter steht im Dialog mit dem drohend zum Gericht kommenden Gott. Er deutet sein Handeln als gegen Völker und Frevler gerichtet und kann sich auf diese Weise sicher zu denen rechnen, die von dem göttlichen Handeln profitieren.

Rahmung und Einschübe machen aus dem Psalm einen von einer Einzelperson zu sprechenden.[504] Diese Deutung liegt im Psalm selbst nicht nahe, denn noch weniger als in Hab 1 f. bedenkt der Beter sein Einzelschicksal, vielmehr blickt er auf das Welt- und Volksergehen insgesamt. Die Stimme ist die Stimme des Propheten, der das Kommende beschreibt. In seine Deutung des göttlichen Handelns um seines Volks und Gesalbten willen kann jedoch jeder, der sich zu diesem Volk zählt, einstimmen.

Die Rahmung und die armentheologische Erweiterung in V. 14 thematisieren den einzelnen Beter, auch hier allerdings nicht in der Weise, dass ein Einzelschicksal in den Blick käme. Der Beter der Rahmung bietet für den einzelnen Leser die Möglichkeit der Adaption des Gebets, indem er zum Beter um JHWHs Eingreifen wird (V. 2.16) und bereits in die Zeit hineinbetet, in der JHWH im Sinne des Psalms gehandelt hat (V. 18 f.).

Der in diesem Gebet angesprochene Gott ist der Herr über Kosmos und Chaos und wird zürnend und richtend in einer Massivität präsentiert, die mit den Problemen in Hab 1 f. nicht zu vereinbaren ist. Er ist der richtende Gott, der von Süden kommt. Anders als nach Hab 1 f. vielleicht zu erwarten, wird sein Gericht nicht vorrangig als Recht schaffend präsentiert, sondern als gewaltsame Durchsetzung neuer Machtverhältnisse. Diese neuen Machtverhältnisse zeigen sich nicht in einem alle Welt zum Zion ladenden Festmahl, sondern in einem Gericht an allen Völkern.[505] Wie in den Texten, in denen der Zion Ort der Völkerwallfahrt ist, ist

---

504 Zu den Versen, die in Hab 3 eine betende Einzelperson implementieren, gehören V. 2.7aα.14b.16.18 f.

505 Vgl. Steck, Der Abschluß der Prophetie, 81–83. Weitere Belege in Jes 13; 24–27; 34; 51,1–8; 62,10–12; 63,6; 66; Jer 25,27–31; Jo 4; Ob 15 ff.; Mi 7,12 f. und Zeph 3,8. Die Notwendigkeit für eine solche Umkehrung sieht Pfeiffer mit Steck in der Zeit der Schlacht von Gaza (312 v. Chr.). Pfeiffer beruft sich auf Steck, wenn er schreibt, die Situation musste „als eine weltweite Festigung makedonischer Feindmacht erscheinen, die nur durch Jahwes kosmisch-weltweite Vernichtung

auch in Hab 3 die Königsherrschaft JHWHs zentrales Motiv;[506] sie wird mit der Vorstellung von JHWH als Wettergott[507] verbunden.

Der Wechsel in der Bestimmung der Feinde des Beters ist bereits angesprochen worden. Im ursprünglichen Psalm V. 3–7 ist die Gegnerschaft JHWHs fast ausschließlich durch die Orte beschrieben, von denen aus JHWH aufbricht und an denen das Zittern angesichts seines Aufbruchs am größten ist. In V. 8–15* werden ausdrücklich die Völker als Objekte des göttlichen Vernichtungshandelns beschrieben. Diese Deutung wird präzisiert durch die Rede vom Handeln JHWHs am Frevler und an dem bedrohlichen Volk – von Gegnern, die aus Hab 1f. bekannt sind und nun als dem Gericht ausgesetzte präsentiert werden. Diese Einschreibungen nutzen die Ansage des Gottesgerichts im Psalm dazu, die offenen Fragen aus Hab 1f. zu beantworten.

Die Funktion des Psalms, der das kurze Buch abschließt, besteht in eben dieser Verbindung des in Hab 1 formulierten Problems mit der Tradition des Völkergerichts von Süden. Anders als in Hab 2, wird zudem eine betende, adaptionsfähige Lösung des Problems geboten. Die Leser dieser Zeilen müssen nicht dabei stehen bleiben, ergriffen vor der Präsenz JHWHs im Tempel zu schweigen (Hab 2,20), sondern nehmen teil und können sich aktiv auf die Seite der durch das Gericht Geretteten stellen. Aus der Frage nach der Gottheit Gottes, die im Erleben des Beters von Hab 1 erklingt, wird so die Behauptung der Weltherrschaft JHWHs.[508]

3.2 JHWH, mein Gott bist du – Jes 25

„JHWH ist König geworden auf dem Zion und vor seinen Ältesten ist Herrlichkeit." In diesem Satz kulminiert die Thronbesteigung JHWHs in Jes 24,21–23. Das Szenario wird in 25,6 weitergeführt: „Auf dem Berg wird der Herr Zebaoth den Völkern

---

von Völkermacht zugunsten der Heilswende aufzubrechen war, zumal die Zielidee der Wiederherstellung der Einheit des Weltreiches Alexanders zu dieser Zeit nach wie vor virulent war." (Vgl. Pfeiffer, Jahwes Kommen von Süden, 168f.).

506 Vgl. Pfeiffer, aaO., 170: „Bei alledem scheint Hab 3,3 explizit jesajanischen Einflüssen zu unterliegen. Das ‚Fülle'-Motiv erinnert auffällig an Jes 6,3."

507 Ohne Frage ist das in V. 8–12 der Fall, in V. 3–7 wird wegen eines realistischen Rahmens auf die Wetterphänomene verzichtet. Gleichwohl dürfe hier die Solarität Gottes nicht überschätzt werden. Vgl. Pfeiffer, aaO., 172: „Der Dichter sah hier Wetterphänomene offensichtlich fehl am Platze."

508 Perlitt, Die Propheten Nahum, Habakuk, Zephanja, 83: „Es ist die bewundernswerte Tat des Verf.s von 3,2.16, Prophetie und Theophanie so verbunden zu haben, dass der Psalm als visionäre Erfüllung der Erwartung von 2, 1–3 verstanden werden konnte."

ein fettes Mahl zubereiten." JHWH ist König auf dem Zion und bewirtet dort die herzuströmenden Völker. Diese Vision der Zukunft ist der Zusammenhang, in den das Gebet Jes 25,1–5 eingefügt wird. Zu erwarten wäre an dieser prominenten Stelle der Gesang einer Gruppe, ein Ruhm des Königtums JHWHs, hymnische Rede.

Das Gebet Jes 25,1–5 entspricht einigen dieser Erwartungen, aber nicht allen. Überraschend ist, dass in den V. 1–5 die Gottesansprache einer Einzelperson formuliert wird. Dadurch wird das Thema des Königtum JHWHs auf ganz neue Weise aufgegriffen. Es geht um die Vernichtung einer Stadt, die Demütigung der Hochmütigen, aber auch um den Schutz für die Geringen. Die aufmerksame Lektüre des Gebets zeigt, dass die Frage, von welcher Stadt und von welchen Völkern, Fremden, Vermessenen und Tyrannen hier die Rede ist, bereits zur Zeit der Entstehung des Textes unterschiedlich beantwortet wurde. Alle Stadien der Textentstehung zeigen dabei enge Verbindungen mit anderen Texten, vor allem auch Gebeten des Jesajabuches. Diese Nähe macht es wahrscheinlich, dass das Gebet für den Kontext formuliert wurde.

Übersetzung Jes 25,1–5

1 JHWH, mein Gott bist du;
ich will dich erheben,
ich will deinen Namen preisen,
denn du hast Wunder-Pläne getan,
von weither zuverlässige Treue.[509]

2 Ja, du hast die Stadt[510] zu einem Haufen gemacht,
die unzugängliche Siedlung zu einer Ruine,

---

509 Nicht der Wortbestand, sondern die Einteilung der Worte steht im ersten Vers in Frage. Nach der Akzentuierung des MT werden in V. 1 ein Bikolon mit je drei Hebungen (V. 1a) und ein Trikolon mit jeweils zwei Hebungen (V. 1b) angenommen. Ebenso möglich ist es, den Vers als Abfolge zweier Bikola oder zweier Trikola zu verstehen. Vgl. Rudolph, Jesaja 24–27, 13. Zur Entscheidung steht dabei, ob JHWH „Wunder, Pläne von weither und zuverlässige Treue" tut oder „Wunderpläne und zuverlässige Treue von weither". Für die hier vorgenommene Einteilung als Bikolon (gegen MT) spricht, dass nur mit ihr die Anspielung auf den „Wunderrat" in Jes 9,5 erhalten bleibt.

510 Die Stadt, die zu einem Haufen gemacht wird, ist, wohl in Übernahme von V. 2bα, mit Präposition geschrieben, was den misslichen Effekt hat, dass dem Verb das Objekt fehlt. Vgl. Arie van der Kooij, „Isaiah 24–27. Text-Critical Notes." in *Studies in Isaiah 24–27*, hrsg. von Hendrik Jan Bosman, Harm van Grol und Johannes C. de Moor. Oudtestamentische Studiën 43. Leiden u. a.: Brill, 2000: 13–15, 13: „MT reading does not make sense; error probably due to the same

einen Wohnturm von Vermessenen zur Unstadt[511],
nie mehr (לְעוֹלָם לֹא) wird er wieder aufgebaut.

3 Deshalb ehren sie dich, ein starkes Volk;
[Die Siedlung][512] gewalttätige[r] Völker, sie fürchten dich.

4 Ja, du bist eine Festung des Geringen,
eine Festung dem Elenden in seiner Bedrängnis.
Eine Zuflucht vor Regen,
ein Schatten vor Hitze.
Ja, ein Sturm der Gewalttätigen
wie ein Wolkenbruch einer Mauer.

5 Wie Hitze im trockenen Land,
Brausen der Vermessenen wirst du demütigen,
Hitze im Schatten von Wolke,
Gesang der Gewalttätigen wird antworten/ sich demütigen.[513]

---

word in v.2c." Motivisch ist hier ohne Frage von der vollständigen Zerstörung einer Stadt die
Rede. Angespielt wird dabei auf die Zerstörung Damaskus' aus Jes 17,1.

511 Vgl. Kaiser, Jesaja 13 – 39, 158; sowie Bosman & van Grol, Translation of Isaiah 24 – 27, 6: „a
city no more". Zur entsprechenden Verwendung von מִן vgl. Joüon/ Muraoka, Grammar, §133e,
der auf 1 Sam 15,23 als Beispiel verweist. Anders entscheidet van der Kooij, Isaiah 24 – 27, 13, der
MT mit Septuaginta ändert.

512 In V. 3b wird auf unterschiedliche Weise eingegriffen, weil die Rede von der „Siedlung
gewalttätiger Völker" (auch metrisch) überladen zu sein scheint. Wieder zeigt sich an allen
Versionen und Überlegungen vor allem dies, dass es schwer fällt, die Stadt bzw. den genauen
Hergang des Gerichtshandelns zu identifizieren und damit auch die Rolle von Vermessenen,
Fremden, Tyrannen und Völkern. Vgl. zur Streichung der Stadt als „Nachexegese" auch Kaiser,
Jesaja 13 – 39, 159. Scholl, Die Elenden in Gottes Thronrat, 72, und Hibbard streichen die Völker.
Vgl. Hibbard, Intertextuality in Isaiah 24 – 27, 102: „By adding 'nations' the text contributes to the
discussion elsewhere in Isaiah about how peoples who are hostile to YHWH's own transform
their own disposition and behaviour." Beide Streichungen nehmen Impulse aus dem Kontext auf
und sind deshalb nachvollziehbar. Die Rede von den Völkern komplettiert den Parallelismus
zum ersten Versteil. Die Rede von der Stadt verbindet den Vers mit dem vorangehenden Bericht
über die zerstörte Stadt. Beide Verbindungen können durch nachträgliche Eintragung entstanden sein. Eine etwas größere Plausibilität hat es m. E., den Parallelismus innerhalb des Verses
(Volk-Völker) für ursprünglich und die Verbindung zur Rede von der Stadt für eine nachträgliche
Erläuterung zu halten.

513 Vgl. zu dieser alternativen Übersetzung den Abschnitt „Text und Struktur".

Text und Struktur

An das Bekenntnis zum persönlichen Gott und die Selbstaufforderung zum Lobpreis (V. 1aαβ) schließt sich eine Reihe von drei mit כִּי eröffneten Sätzen zur Motivation und Begründung dieses Lobpreises an (V. 1aγ; 2aα; 4aα), unterbrochen von der Feststellung, in den Lobpreis würde „ein starkes Volk" einstimmen (V. 3).[514] V. 4 kontrastiert das zerstörerische Handeln JHWHs mit der Rede von seinem bewahrenden Tun und Sein und bringt auf diese Weise ein neues Thema in den Zusammenhang ein. Der zerstörten Stadt wird der bewahrte Hort auch lautlich feinsinnig gegenübergestellt (V. 2 מֵעִיר; V. 4 מָעוֹז, מַחְסֶה). Der letzte Vers verbindet den zukünftigen Gesang noch einmal mit der demütigenden Macht JHWHs.

Zwei Themen vermischen sich in diesem Text. Das eine Thema ist die Zerstörung der fremden Stadt und die Demütigung ehemals Erhabener. Das zweite Thema fügt sich ganz von selbst als Kehrseite dieser Aussagen hinzu: Es ist die Rede davon, dass JHWH die Geringen und Armen beschützt und verteidigt. Grundsätzlich müssen diese beiden Themen nicht voneinander geschieden werden. Die besondere Dynamik des Demütigungsgeschehens, wie es hier berichtet wird, hat jedoch mit dem Ausklang im Gesang der Gewalttätigen (V. 5b) einen ganz eigenen Fokus, in den sich die Anliegen der Armen nicht gut einfügen, was im Folgenden zu erörtern sein wird.

Häufig wird der Text anhand der zwei Erwähnungen des Lobpreises (durch den Sprecher [V. 1] und das Volk [V. 3]) in zwei Abschnitte geteilt (V. 1f. und V. 3–5).[515] Misslich an dieser Gliederung ist, dass die mit עַל־כֵּן (V. 3) eingeleitete Folge eines Sachverhalts in der Regel nach diesem formuliert wird und nicht – wie es nach dieser Einteilung vorgestellt wird – vorab. Es ist wenig nachvollziehbar, warum an dieser Stelle, ohne Not statt des voranstehenden Grundes (V. 2) ein nachfolgender (V. 4abα) angenommen werden soll, der thematisch zudem nicht

---

514 Ebenfalls mit כִּי eröffnet und dennoch aus dieser Reihe auszunehmen ist V. 4bβ, der nicht das zu lobende Handeln JHWHs, sondern die Gefährlichkeit der Tyrannen betont.

515 Lohmann, Die selbständigen lyrischen Abschnitte in Jes 24–27, 20f., korreliert JHWHs Wundertun (V. 1b) mit der Gottesfurcht der Völker (V. 3). In seiner weiteren Zusammenstellung von Zerstörung der Stadt (V. 2a) mit der Zuflucht für die Armen (V. 4a), der Zerstörung des Palastes der Fremden (V. 2b) mit der Dämpfung ihres übermütigen Singens (V. 5) wird das Prinzip der „Entsprechung" extrem gedehnt, da Entgegensetzung, Konkretisierung und Parallelisierung als Gestaltungsprinzipien von nur zwei Strophen nebeneinandergestellt werden. Das Verständnis des Textes wird durch diese letztlich willkürliche Zusammenstellung der Themen – selbstverständlich haben alle Themen eines Gebets etwas miteinander zu tun, weiter gehen die hier behaupteten Korrelationen aber kaum – nicht befördert. Auch die Dreistrophigkeit, die Scholl in diesen Versen erkennt, entwickelt wenig Deutekraft. Unverständlich erscheint in beiden Deutungen, dass ein wesentlicher Einschnitt zwischen den Versen 2 und 3 gesehen wird. Vgl. Scholl, Die Elenden in Gottes Thronrat, 70–72.83–91.

näher liegt. Die Verbindung von V. 3 und V. 4 gemäß dem Gedanken: „die Völker sehen die Bewahrung des Gerechten und preisen JHWH dafür" scheint wenig belastbar.

Angemessener ist es, V. 2 – 3 als Zusammenhang anzusehen. JHWH zerstört die Stadt und den Hort der Vermessenen. Mit diesem Strafhandeln erwirbt er Ehre und Furcht bei den Völkern. Insofern ist V. 3 eine Sonderform der im Danklied häufigen Aufforderung zum Lobpreis an eine größere Gruppe. Besonders ist diese Umsetzung, weil nicht zur Gottesfurcht und zur Ehrung JHWHs aufgefordert wird, sondern beide als unmittelbare Folge göttlichen Handelns erklärt werden. Der Lobpreis in V. 1 und die Ehrung in V. 3 entsprechen einander, dennoch wird in V. 3 kein eigener Abschnitt eröffnet.

Von der Selbstaufforderung zum Lob über die Begründung des Preises bis hin zur Anerkennung JHWHs bei denen, die sich selbst an seine Stelle zu setzen gewohnt sind, beschreiben die Verse 25,1 – 3 bereits einen abgeschlossenen Gedankengang. Ziel des kurzen Textes ist es, die Einladung „aller Völker" auf den Zion vorzubereiten und dezidiert an ihre Rechtgläubigkeit oder zumindest untertänige Anerkennung JHWHs zu binden.[516] Nun ist in V. 3 zwar von Furcht und Ehre der Völker die Rede, ein der Lobaufforderung der Danklieder vergleichbarer *Lobpreis* fehlt im Mund dieser besonderen Klientel dagegen noch. Dieser findet sich erst im Schluss des letzten Verses.

In V. 5aβ und V. 5bβ geht es um die Lautäußerungen der Fremden bzw. der Vermessenen und Tyrannen und damit um die Protagonisten der Verse 2 und 3. Das chaotische Brausen (שׁאון) wird gedemütigt. Dieser Teilvers ist in der Übersetzung unproblematisch. Schwieriger scheint es seit jeher, den letzten Teilvers zu verstehen. Nimmt man den Text so, wie er von den Masoreten punktiert wurde, hat der Vers zwei mögliche Bedeutungen, von denen in der Regel nur eine berücksichtigt wird. So wie JHWH das Lärmen der Fremden unterdrückt, demütigt sich der Gesang der Tyrannen (ענה). Wegen des merkwürdig anmutenden Personenwechsels wird zumeist eine Änderung des Qal zum passivischen Nifal vorgeschlagen.[517] Formuliert wäre so keine Selbstdemütigung oder Antwort der Ty-

---

516 Furcht und Ehre nehmen dabei Jes 59,19 auf, wo bereits im Osten und im Westen von der Furcht JHWHs und der Ehre seines Namens die Rede ist, als Folge seines weltumfassenden Gerichtshandelns. Vgl. Zapff, Jesaja 56 – 66, 380: „Der in seiner Ursprünglichkeit umstrittene [18b] rechnet mit einer Ausweitung des Gerichtes Jahwes auf die Völkerwelt (‚Inseln'). Dem könnte auch [19a] entsprechen, der zumindest eine weltweite Wirkung des Einschreitens Gottes voraussetzt."

517 Die ebenfalls vorgeschlagene Änderung des Verbs zu einer zweiten Person Singular kann wohl als Angleichung an das Verb im ersten Teilvers und an die durchgängige Ansprache innerhalb des kurzen Gebets für die Textrekonstruktion außer Acht gelassen werden.

rannen, sondern das Bezwingen derselben durch den nicht genannten, aber anhand des ersten Teilverses doch als handelnd vorauszusetzenden JHWH. Der Wechsel in der Redeweise – von der Anrede zum Bericht – ist nicht ohne Beispiel. Durch diesen Wechsel verschiebt sich der Fokus vom demütigenden Gott als Ordnung schaffendem Gegenüber des chaotischen Brausens auf den Gesang der Tyrannen, der gedemütigt wird. Ausgerechnet dieser Gesang (זְמִיר) ist bei näherem Hinsehen bemerkenswert. Im Gegensatz zum „chaotischen Lärmen" der Fremden/Vermessenen hat der „Gesang" der Tyrannen keine nur negative Konnotation. Als Siegeslied von Gewaltherrschern, wie der Ausdruck durchgängig interpretiert wird, wird dieses Lied an keiner anderen Stelle verwendet.[518] Vielmehr handelt es sich bei allen mit dieser Wurzel bezeichneten Gesängen um Lieder des Lobpreises und der Anbetung.[519] Auch der altorientalische Vergleich verortet den Gesang der Tyrannen nicht etwa im selbstgenügsamen Jubel, sondern im Gegenüber zu Gottheiten.[520]

Bei der Deutung des Teilverses wird die übliche Verwendung der Wurzel ענה, „antworten", regelmäßig außer Acht gelassen. Ausgehend von der masoretischen Punktation als Qal ist dieser Teilvers doppeldeutig: Der Gesang der Tyrannen *demütigt* sich – und er *antwortet*. Ist es möglich, diese Offenheit des letzten Verbes in V. 5 als absichtliche Gestaltung aufzufassen? Für die vorgeschlagene Deutung oder zumindest für eine gewisse Offenheit des Textes für die Möglichkeit einer solchen Deutung spricht die bereits in V. 3 beschriebene Bewegung. Die Tyrannen, deren Gesang hier angesprochen ist, werden dort – als Reaktion auf göttliches Handeln – als Gottesfürchtige beschrieben.

In V. 2 lesen zwei hebräische Handschriften statt des auch in 1QJesᵃ überlieferten Fremden (זָר) die Vermessenen (זֵד), und die Septuaginta übersetzt entsprechend (ἀσεβής). Auch in V. 5 wird aufgrund von Septuaginta und Targum vorgeschlagen, זֵד zu lesen. Gehören die „Fremden" vornehmlich in die Rede von der Strafe an Israel (Jes 1,7; 17,10) bzw. vom strafenden Handeln JHWHs (Jes 28,21) und bezeichnet ihr Dienst an Israel daher gerade eine Vision vom Ende dieses Gerichts (Jes 61,5), so sind die „Vermessenen" in Jes 13,11 selbst Gegenstand des Gerichts. Beide Möglichkeiten fügen sich sinnvoll in den Text ein. Jes 29,5 und 13,11

---

518 Vgl. zum „übermütige[n] Lied von Gewaltmenschen" Kaiser, Jesaja 13–39, 160. Vgl. auch die deutliche Entgegensetzung des Gesangs, zu dem in Jes 12 aufgefordert wird, und des Gesangs der Gewalttätigen (s. dazu Beuken, Jesaja 13–27, 347).

519 Die einzige negative Konnotierung des „Liedes" findet sich in Am 5,23, dort allerdings nicht etwa als Siegeslied, sondern als kultischer Gesang, der jedoch als Ärgernis wahrgenommen wird.

520 Vgl. akkadisch *zamāru* mit Adolf Leo Oppenheim u.a. *The Assyrian Dictionary of the Oriental Institute of the University of Chicago. 21: Z.* Chicago, Ill.: Oriental Inst. u.a., 1961, 35–38.

zeigen, dass – zumindest im Masoretischen Text – zusammen mit Tyrannen sowohl die Fremden/ Anderen (29,5) als auch die Vermessenen (13,11) genannt werden können. Aus diesem Grund vereindeutigt die parallele Erwähnung der „Tyrannen" (עָרִיץ) in V. 5 das Verständnis nicht.

Der Befund legt nahe, dass wir es bei den Varianten nicht einfach mit Schreibfehlern zu tun haben, sondern zwei unterschiedliche Konzepte in diesem Text gefunden werden, die beide Anhalt im Jesajabuch haben. In einem Fall, der im Masoretischen Text wiedergegeben wird, wird die Zerstörung der Stadt vornehmlich mit der Fremdherrschaft über Israel verbunden. Ihre Zerstörung wird demnach als Befreiung von Fremdherrschaft verstanden.[521] Eine solche Vorstellung ist im Alten Testament mannigfach belegt. Eine Änderung des Textes von einer anderen, vorgegebenen zu einer solchen überkommenen Vorstellung wäre entsprechend leicht zu erklären und als *lectio facilior* zu bezeichnen. Im Kontext des in Jes 24 anhebenden Weltgerichts würde mit einer solchen Fokussierung jedoch eine sehr eigene Argumentation beschritten, da das Phänomen der Fremdherrschaft im Weltgericht, wie es in Jes 24 ins Auge gefasst wird, nur eine untergeordnete Rolle spielt. Es ist Herrschaft insgesamt, die hier gerichtet wird.[522] Liest man Jes 25,1–5 innerhalb seines Kontextes, so liegt es deshalb nahe, hier die „Vermessenen" zu lesen. Die Rede von der Fremdherrschaft ist an dieser Stelle dagegen ein neuer Akzent, der anlässlich der in 24,21–23 bestraften Herrscher und ihres endzeitlichen Endes aufgegriffen wird und in späteren Versionen aktualisierend verwendet wurde. In der ursprünglichen Fassung scheint die ethnische Identität dem hier Betenden kein wesentliches Paradigma zu sein.[523] Bei der Vernichtung der Wohnungen und bei der Demütigung des Brausens geht es vor allem um eine ethische Läuterung. Ein die Ausrottung der Vermessenen vorbildender Gedankengang findet sich in Dtn 17,12 f. Dort wird die Vermessenheit gegenüber Propheten und Richtern und damit das Böse aus Israel eliminiert. Es ist also von einer Bewegung die Rede, der die in Jes 25,1–5 angenommene entspricht.

---

521 Ist hier jedoch von einer fremden Stadt die Rede, dann ist die Zuordnung des Wohnturms zu Fremden eine Tautologie. Vgl. Duhm, Jesaja 1968, 179.

522 Vgl. Robert P. Carroll, „City of Chaos, City of Stone, City of Flesh: Urbanscapes in Prophetic Discourses." in *„Every City Shall Be Forsaken." Urbanism and Prophecy in Ancient Israel and the Near East*, hrsg. von Lester L. Grabbe und Robert D. Haak. Journal for the Study of the Old Testament Supplement Series 330. Sheffield: Sheffield Academic Press, 2001: 45–61, 51, der sinnvoll zusammenfasst: „Not identity but function should be the governing exegetical and interpretative principles for reading these poems because the writer has left their identities concealed by omission of name and identity."

523 Ohne Frage muss auch die Rede von den „Fremden" nicht das ethnisch Fremde, sondern kann das ethisch Andere bezeichnen. Dieses Verständnis von Fremdheit begegnet jedoch gerade im Jesajabuch nicht.

Durch Strafe wird ein Volk geläutert, mit dem Unterschied, dass das in Jes 25 gesammelte Volk nicht mehr (nur) Israel umfasst.[524]

Form

Besonders der Anfang des Gebets beinhaltet Anklänge an die Gattung „Danklied des Einzelnen". Typisch für diese Gattung ist die Selbstaufforderung zum Lobpreis mit dem Verb ידה. Diese Gattung wird jedoch in verschiedener Hinsicht transzendiert. Vor die im Danklied zu erwartende Selbstaufforderung (V. 1aβγ) ist ein den gesamten Vers thematisch bestimmender Bekenntnisvers gestellt, der im Kontext der Königsherrschaft Gottes auf dem Zion stimmig die Eröffnung von JHWH-Königsliedern imitiert, das gemeinsame Bekenntnis jedoch durch eine persönliche Ansprache verändert.

Eine im Danklied zu erwartende Darstellung des überwundenen Leids fehlt im Fortgang, in dem lediglich vom Handeln JHWHs berichtet wird. Der Rückschluss auf das mit diesem Handeln überwundene Leid bzw. Unrecht wird offengelassen. Es fehlt die Erwähnung des Ergehens eines Einzelnen und die bekennende Öffnung des Psalms nach außen. Das Lob der Völker wird nicht gefordert, sondern konstatiert. Es ist Teil des Danks, nicht Ziel des Gebets. Letzteres ist umso auffälliger, als die Gruppe, die hier zur JHWH-Furcht bekehrt wird, nicht die Gruppe der üblichen Mitfeiernden beim Danklied eines Einzelnen sein dürfte.[525]

Wachstum

Auffällig sind die unterschiedlichen Begründungen für den anfänglichen Jubel in den Versen V. 1aγ; 2aα; 4aα.bβ (jeweils mit כי eröffnet), die teilweise unterschiedliche Horizonte öffnen. V. 1aβ kann als Auftakt gelesen werden, mit dem die Treue JHWHs gepriesen wird, der wie im Exodus wundersam an Israel handelt. V. 2 bringt eine Konkretisierung dieses wundersamen Handelns, es besteht in der völligen Vernichtung einer nicht näher beschriebenen Stadt. Dem Vernichtungshandeln in diesem Teilvers auffällig entgegengesetzt ist das in V. 4 Berichtete, in dem nun die bergende Kraft JHWHs gelobt und das Schnauben der Gewaltigen beschrieben wird. Diese Begründung fällt auch deshalb auf, weil in V. 3 bereits die Argumentation weitergeschritten war. Aus dem wunderhaften Vernichtungshan-

---

524 Vgl. Hermann Barth, *Die Jesaja-Worte in der Josiazeit: Israel und Assur als Thema einer produktiven Neuinterpretation der Jesajaüberlieferung.* Wissenschaftliche Monographien zum Alten und Neuen Testament 48. Neukirchen-Vluyn: Neukirchener Verlag, 1977, 186.
525 Vgl. zur Aufforderung an die Umstehenden, in den Dank einzustimmen etwa Ps 30,5f. (Janowski, Konfliktgespräche mit Gott, 269).

deln hatte sich bereits die Reaktion des starken Volks und der Nationen ergeben. Der sich anschließende V. 4 erweist sich entsprechend thematisch und formal als nachträglich eingetragen. V. 4 ergänzt das Szenario um das Ergehen der Geringen und Armen.[526] Erst V. 5aβ.bβ nehmen mit dem Lärmen und dem Gesang der Tyrannen wieder die ursprüngliche Argumentation auf. Aus diesem Grund liegt es nahe, V. 4–5aα.bα als armentheologische Erweiterung von einer ursprünglichen Fassung des Gebets zu unterscheiden.

Mit V. 4 und mit Einzelfortschreibungen in V. 5 trägt sich eine Gruppe in den Text ein, die sich mit der Einzelperson in 25,1 identifiziert haben dürfte und als Gruppe der „Bewahrten" innerhalb des Gerichts dargestellt wird. Es handelt sich um die auch sonst im Jesajabuch, vor allem aber im Psalter erwähnte Gruppe der „Geringen"[527] und „Elenden"[528]. Die frömmigkeitsgeschichtlich wichtige Gruppe schreibt sich in etliche Psalmen und Texte ein und deutet diese im eigenen Sinne um.[529] Zu dieser erklärenden Ergänzung dürften V. 4bβ.5aαbα gehören. Der Vers 25,4 ist dabei nach dem Vorbild von Jes 4,6 gestaltet und ist armentheologischer schriftgelehrter Zusatz.[530] Wesentlicher Grund für die Schichtung ist hier denn auch kein formaler metrischer, sondern die Einsicht, dass ein neues Thema in den Vers eingefügt wird.[531] Wie die Rede von der Demütigung in V. 5 zeigen wird, ist

---

526 Anders Kaiser, Jesaja 13–39, 160: „Das Ereignis der Vernichtung der Weltstadt wird diese Wirkung auslösen, weil es offensichtlich zugunsten der hier als des Niedrigen und Armen gedachten Volkes Israel erfolgt, vgl. 14,30; Ps 72,13 und 82,4, dessen Gott sich in seiner Errettung als die wahre Zuflucht erweist, vgl. Ps. 27,1; 31,3; 90,1 und Jes. 4,6."

527 Der עני findet sich zunächst zweimal in Jes 24–27, meines Erachtens beide Male nachgetragen. In 26,6 will nicht ganz einleuchten, warum der עני hier noch „nachtritt" und in 25,4 wird die Bewahrung des עני später eingefügt, was dort an einer sich ändernden Einschätzung des Gewalttätigen ersichtlich wird. Drei weitere Stellen erwähnen den עני: Jes 10,2; 11,4 und 14,30. In Jes 10,2 geht es um eine Anklage von Führern, die die Armen benachteiligen („Wehe den ungerechten Richtern"). In 11,4 wird geradezu als Antwort darauf das positive Handeln des in Jes 11 verheißenen Immanuel an seinem guten Handeln für die Geringen gemessen. Jes 14,30 verspricht die Rettung des Armen durch JHWH. Das ist auch gedanklich eine interessante Entwicklung von der Erwartung „hienieden" zu der Erwartung einer unmittelbaren „Zuordnung" der Armen und ihres Schicksals zu JHWH.

528 Der Elende (אֶבְיוֹן) wird ebenfalls in 14,30 erwähnt. Dies möchte ein Hinweis dafür sein, diese Zusage JHWHs zur Vor- bzw. Grundlage der Erwähnung in Jes 25,4 zu machen. Weitere Erwähnungen vgl. Jes 29,19; 32,7; 41,17.

529 Einen spiritualisierten Armutsbegriff nimmt Barth an und zwar in 25,4 wie in 26,6. Vgl. Barth, Jesaja-Worte, 15; vgl. 14,30.

530 Vgl. auch Jes 14,32.

531 Gegen die allfälligen Streichungen von Glossen hebt Scholl, Die Elenden in Gottes Thronrat, 85, mit Irwin hervor, dass das Trikolon hier sehr regelmäßig sei und der Wortschatz durchaus dem Vokabular Jesajas entspreche. Die Feststellung, der verwendete Wortschatz entspreche dem Vokabular des Jesajabuches, ist wie so oft kaum ein für die Frage nach dem

jedoch die Eintragung der Armen innerhalb dieses Gebets durchaus thematisch vorbereitet. Nimmt man die „Demütigung" als Bedeutung für das Verb, so tun die Frevler hier genau das, was positiv von den Armen gesagt wird: Sie demütigen sich. Letztlich könnte man über sie oder könnten sie über sich sagen, was der Beter in Ps 119,67 formuliert: Vor der Beugung nur Irrweg.

Der Blick auf die Septuagintavariante dieses Textes zeigt, dass die im Masoretischen Text von Jes 25,1–5 auf V. 4 beschränkte Motivik der „Armen" sich in dieser Fassung verstärkt hat. Insofern führt die Septuaginta die mit den armentheologischen Einfügungen anhebende Entwicklung des Textes weiter. Vor allem die in der Forschung immer wieder versuchte einheitliche Lesung des Textes, die mit dem vorliegenden hebräischen Text nicht gelingt, wird in der Septuaginta-Variante ohne weiteres möglich. Dieser Befund legt es nahe, hier einen durch Wachstum uneben gewordenen Text anzunehmen, der in späteren Fassungen vereinheitlicht wurde.[532]

Stellung im Buch

Jes 24–27 werden von der Vision einer Vernichtung der Erde durch göttliches Gericht eröffnet. Als Höhepunkt wird JHWH selbst auf dem Zion inthronisiert und lädt die Völker zum Gastmahl.[533] Dieser Blick auf den Zion und auf JHWHs Thronen wird der Anstoß des Gebets in Jes 25,1–5 gewesen sein, das für den Kontext formuliert wurde. Dabei nimmt das Lied zahlreiche Motive anderer Gebete und Preislieder auf und ist doch mit seinem Fokus auf die zerstörte Stadt zugleich sehr eigenständig. Eine augenfällige Verbindung gibt es von Jes 25 zu Jes 12. Das

---

ursprünglichen Text hilfreicher Hinweis, weil es lediglich zeigt, dass der Text für das Jesajabuch formuliert wurde. Wer dies tat, wird dadurch nicht geklärt. Die Anspielung Jes 25,4f. auf Jes 4,5b-6 ist wichtig und wurde von Marvin Alan Sweeney, „Textual Citations in Isaiah 24–27: Toward an Understanding of the Redactional Function of Chapters 24–27 in the Book of Isaiah." in *Journal of Biblical Literature* 107 (1988): 39–52, 45f., gesehen: „In Isaiah 4, this refers to the protection that God will give to Jerusalem once the city is cleansed of its iniquity." Er geht davon aus, dass die Zusage von Jes 4 hier auf alle Nationen übertragen sei. Vgl. zudem auch Jer 32,15. Zum Zitat von Jes 32 schreibt er (aaO., 46): „In citing these verses, the writer of Isa 25,4–5 apparently intended to state that God will fill the role of the righteous rulers mentioned in this passage..."
532 Als midraschartige Erweiterung sieht die ergänzten, die Anspielung an Jes 4,5f. erweiternden Bilder Dominic Rudmann, „Midrash in the Isaiah Apocalypse." in *Zeitschrift für die Alttestamentliche Wissenschaft* 112/3 (2003): 404–408, 406f.
533 Vgl. Becker, Rezension: Scholl, 304, der davon spricht, das „Völkermahl auf dem Zion (25,6)" werde zur „Ausmalung der Königsherrschaft Jahwes (24,23)" verwendet.

dort angekündigte Danklied wird hier angestimmt.[534] Jes 24 – 27 gehören zu den jüngsten Texten in Jesaja. Das Gebet der Gottesknechte etwa (Jes 63 f.), ebenso wie die in der Antwort auf dieses Gebet formulierte Unterscheidung innerhalb des Volks in Jes 65 f., sind vorausgesetzt. Aus diesem Grund werden im Folgenden Texte des Jesajabuches grundsätzlich als Vorlage des Gebets angesehen und nicht als Teil seiner Wirkungsgeschichte.

Interpretation im Kontext

Wie erwähnt wird der Psalm doppelt eröffnet. Der für ein Danklied des Einzelnen zu erwartenden Selbstaufforderung zum Lobpreis in V. 1aβ geht eine einleitende, gebetete Prädikation JHWHs als persönlicher Gott des Beters voraus. Mit ihrer prominenten Stellung ist sie den Königs-Prädikationen vergleichbar, mit denen einige JHWH-Königspsalmen beginnen (Ps 93,1; 97,1; 99,1), oder mit deren Aufnahme und Umdeutung in anderen Psalmen, etwa am Beginn von Ps 23.[535] Die Parallele zu den Königspsalmen dürfte an dieser Stelle, zwischen der Inthronisierung JHWHs auf dem Zion (24,21 – 23) und dem daselbst ausgerichteten Mahl für die Völker (25,6 – 8), kaum zufällig sein. Wie Jes 6 und Jes 66 gehört Jes 25 mit dem Bekenntnis zum Königtum JHWHs auf den Zion.[536] Recht betrachtet wäre jedoch nach der Absetzung der Könige der Welt und mit der Inthronisation JHWHs auf dem Zion der Ruf „JHWH ist König" zu erwarten, nicht das Bekenntnis eines einzelnen Beters zu seinem persönlichen Gott. Dass dies hier gleichwohl erklingt, ist am ehesten textpragmatisch zu erklären. Das sprechende „Ich" gibt Raum für den Leser, der mit diesem Text teilhat an der Menge derer, die auf dem Zion zusammenkommen. Das Gebet ist im Tempel gesprochen. Diese Lokalisierung ist eine literarische. Sie erfolgt zum Zeitpunkt der Inthronisation JHWHs und der Zusammenkunft der Völker auf diesem Berg.[537] Der Text gibt dem Lesenden und Hörenden die Möglichkeit, auf das Thronen JHWHs auf dem Zion in der einzig richtigen Art zu reagieren, nämlich preisend.[538] Was in den umliegenden Versen nur beschrieben wird, geschieht hier. Indem er als „mein Gott" angerufen wird,

---

534 Beuken, Jesaja 13 – 27, 368 f.: „So schuf die Redaktion eine Entwicklung, die die Ausdehnung des Lobgesangs nachzeichnet: Vom Propheten zu den zum Gastmahl auf dem Berg Zion Geladenen und zur Wir-Gruppe in Juda."

535 Vgl. Spieckermann, Heilsgegenwart, 267.

536 Für die Annahme, der Text bilde einen Zusammenhang mit den anderen Tempeltexten in Jes 6 und 66, vgl. Watts, Isaiah 1 – 33, 387.

537 Watts, aaO., 386 f.: „Attention turns to Jerusalem. The vision of chap. 6 is recalled [...] The throne room of YHWH is portrayed on Mount Zion."

538 Jes 25,1 – 5 unterbricht den diesen Text umgebenden Zusammenhang der Verse 24,21 – 23 mit 25,6 – 8. Vgl. Scholl, Die Elenden in Gottes Thronrat, 111 f.

wird JHWH zum Gott des Beters, indem er als Gott prädiziert wird, entsteht der Raum des Lobpreises und damit der Raum seines Thrones, der Tempel. Der diesen Text Lesende sieht nicht mehr den beschriebenen Zion vor seinen Augen, wie es in 24,23 und 25,6 vielleicht geschieht, sondern lesend, und damit betend, steht er auf dem Zion vor JHWH, dem König und persönlichen Gott des Beters.

Der so Lobende reiht sich in einer Linie mit anderen Lobpreisversen (ידה) in Jes 12,1.4; Jes 38,18f. und Jes 51,3 ein. Allein Jes 38,18f. ist einer namentlich genannten Persönlichkeit der Vergangenheit in den Mund gelegt, und doch eröffnet auch dieses Gebet die Möglichkeit für den Leser lesend in den Lobpreis einzustimmen. Im Gebet des Hiskia wird die allem weiteren Beten zugrunde liegende Tatsache formuliert, dass allein der Lebende loben könne. Erst wer den Tod überwunden hat (vgl. 38,18), kann loben, wie es in Jes 51,3 verheißen ist und in Jes 12,1.4; 25,1 und 38,19 antizipiert wird.[539]

Grund für die Erhöhung des Gottesnamens und für das antizipierte Loben sind JHWHs Wundertun und seine Zuverlässigkeit. Auch die in diesem Zusammenhang verwendeten Begriffe führen das Thema der Inthronisierung JHWHs als König weiter. So knüpfen die Wunder-Pläne am Heilshandeln JHWHs im Exodus an (Ex 3,20; 15,11; Ps 77,15; 78,12 und 88,11.) und nehmen zugleich aus dem näheren Buchkontext die Verheißung des königlichen Wunderrats auf (Jes 9,5), die in diesem Gebet auf JHWH umgedeutet wird. Auch die Treue JHWHs (אֱמוּנָה) führt eine Königsverheißung weiter (Jes 11,5).[540] Der König JHWH selbst tritt an die Stelle des verheißenen irdischen Königs.

Auf die abstrakte Beschreibung des preiswürdigen Handelns JHWHs als königlichen und dem Exodus-Gott angemessenen Tuns folgt in V. 2 die des konkreten Gebetsanlasses. JHWH hat eine Stadt zerstört.[541] Die Identität der Stadt ist nicht eindeutig zu klären. Vielmehr werden durch die gewählte Redeweise alle Bezugsmöglichkeiten offengehalten.[542] Die Zerstörung erinnert an die Bedrohung Jerusalems (Jes 37,26) ebenso wie an das vorhergesagte Schicksal der Kittäer (23,13)

---

539 Vgl. auch den Dank des Geretteten in Jona 2,10.

540 Die Treue JHWHs ist zugleich wesentliches Theologoumenon in Jes 49,7.

541 Offensichtlich ist, dass sich in der Wahrnehmung des Beters Gottheit und Treue JHWHs in der Zerstörung äußern. Diese Verbindung ist vergleichbar in Jes 37,26 zu finden, wo die Zerstörung der befestigten Städte als wesentlicher Inhalt von JHWHs seit jeher verfügtem Plan beschrieben wird. Vgl. Kaiser, Jesaja 13–39, 160. Hier jedoch geht es um eine andere, zukünftig zu zerstörende Stadt. Dass hier von der bereits erfolgten Zerstörung die Rede ist, ist Teil des visionären Szenarios, nicht Gegenwartsbeschreibung.

542 Die Deutungsmöglichkeiten sind zahlreich, gerade deshalb scheinen jedoch zugespitzte Deutungen wenig Plausibilität für sich zu haben. Ein „Ende der Stadtkultur" nimmt an Watts, Isaiah 1–33, 389.

oder von Damaskus (17,1) oder Babylon (Jes 13 und 23).[543] Aber nicht nur exakt bestimmbare Städte werden erinnert. Besonders eng ist die Verbindung dieser antizipierten Rückschau mit der in Jes 2 und verwandten Versen vorhergesagten Erniedrigung aller Hohen und Hochmütigen (Jes 2,15).

Zudem erscheint es nicht sinnvoll, die Stadterwähnungen in Jes 24 und Jes 25 willkürlich gegeneinander abzugrenzen.[544] Die Zerstörung im Gericht gipfelt in Jes 24 in der Entthronung der Hohen (Könige) und wird in 24,23 zum Thronen JHWHs hingeführt, dem Thronen auf dem Zion, dem Ort, an dem die Völker zusammenkommen. Es gibt im Kontext entsprechend bereits beide Orte: Die Zerstörung in Jes 24 erinnert an Worte gegen Jerusalem. Jerusalem wird für die Sorglosigkeit bestraft und anschließend restituiert – und dies höher und besser, als es je zuvor möglich gewesen wäre.[545] Entsprechend ist der Moment der Vernichtung der erhabenen und gesicherten Stadt der Moment, in dem die Geringen und Elenden Zuflucht finden bzw. in dem das gerechte Volk einzieht. Es bleibt deshalb offen, ob nicht auch Jerusalem selbst in den Augen einiger Verfasser zumindest partiell als „Symbol aller gottfeindlichen Machtkonzentration"[546] verstanden werden konnte und die hier zerstörte Stadt ist. Mit Crüsemann könnte man als Hintergrund dieser Redeweise eine eschatologisch gesinnte Gruppe nennen, die die friedliche Koexistenz mit Fremdherrschern angreift.[547] Ausgehend

---

543 Vgl. Beuken, Jesaja 13 – 27, 345: „Selbstverständlich stellt Babel die Galionsfigur dieser Reihe dar [...] Aber auch Jerusalem, das JHWHs Versöhnungsangebot zurückwies (24,1 – 14), ist mit dieser namenlosen Stadt gemeint.".
544 Zur Stadt schreibt Beuken, aaO., 345 f., treffend: „Man kann nicht leugnen, dass die unterschiedlichen Passagen, die die Stadt behandeln, jeweils unterschiedliche Aspekte ihrer Unmoral und ihres Untergangs beleuchten. In 24,7 – 12 nimmt ihr sorgloses Dasein in Wohlstand ein Ende. In 25,2 – 5 fällt die Festung, die fremden Machthabern die Gelegenheit bot, wehrlose Einwohner zu unterdrücken. In 26,5 – 6 entspricht ihre Zerstörung ihrem Selbstvertrauen. In 27,9 – 10 entartet sie auf Grund ihrer Götterverehrung zum Ödland. Diese Unterschiede lassen sich literargeschichtlich auf einen je unterschiedlichen Kontext zurückführen."
545 Sehr konkret auf Jerusalem deuten hier Lindblom und in seinem Gefolge Scholl. Scholl, Die Elenden in Gottes Thronrat, 87, findet: „...dann bekommt der ‚Palast der Fremden', gesetzt den Fall, mit der Stadt ist Jerusalem gemeint, einen konkreten Beigeschmack." Lindblom, Die Jesaja Apokalypse, 32, hält den Palast für ein heidnisches Prachtgebäude. Bei den beiden Gruppen geht es nach Lindbloms sozialhistorischer Erklärung um die „Fremdherrscher" und um die „mit den Fremdherrschern kollaborierenden Gewalttäter"; vgl. Scholl, Die Elenden in Gottes Thronrat, 88.
546 Kaiser, Jesaja 13 – 39, 159 f.
547 Frank Crüsemann, „Israel in der Perserzeit: Eine Skizze in Auseinandersetzung mit Max Weber." in *Max Webers Sicht des antiken Christentums: Interpretation u. Kritik*, hrsg. von Wolfgang Schluchter. Suhrkamp Taschenbuch Wissenschaft 548. Frankfurt am Main: Suhrkamp, 1985: 205 – 232.

von einem solchen Hintergrund wäre eine Vernichtung auch des Zions, eine Läuterung dieses Ortes notwendig, um dort den Ort JHWHs entstehen zu lassen. Angesichts dieser Ambivalenz sind Zerstörung des Zion und „Königtum Jahwes ‚auf dem Berg Zion und in Jerusalem' (24,23)"[548] durchaus zu vereinbaren.

Die vernichtete Stadt wird zu Haufen (V. 2aα גַל) und Ruine (V. 2aβ מַפֵּלָה). Beide Begriffe nehmen Motive des Kontextes auf, ohne dass dadurch entschieden werden könnte, welche Stadt hier zerstört wird. Steinhaufen bleiben nach 2 Kön 19,25 par. Jes 37,26 übrig, wenn Sanherib über Städte herfällt.[549] Ruinen bleiben von Damaskus und Tyros (Jes 17,1; 23,13). Der nachdrückliche Hinweis, die Stadt werde nicht wieder aufgebaut, erinnert an die spätdeuteronomistische Vorstellung des Banns über vom JHWH-Glauben abgefallene Städte (vgl. Dtn 13,17).[550]

Zum möglichen kritischen Blick auf den Zion passt die Beobachtung, dass innerhalb des Gebets die Entstehung einer ganz eigenen Gemeinde von JHWH-Fürchtigen beschrieben wird. Ausgerechnet die Zerstörung der Stadt eröffnet dem starken Volk und der gewalttätigen Nation die vage Möglichkeit, selbst zu JHWH-Anbetern zu werden (V. 3).[551] Die Dämpfung durch JHWHs Gewalt macht aus dem chaotischen Brausen der Fremden die singende Antwort der Gottesfürchtigen (V. 5). Ausgehend von der Herrschaft JHWHs über das Chaos und von seiner Macht, das chaotische Tosen einzudämmen, wird nun in V. 3 und V. 5bβ die Möglichkeit eröffnet, dass JHWH sich aus dem chaotischen Lärmen einen Lobgesang bereitet. Aus Tyrannen und Vermessenen formt er sich seine Gemeinde, die auf dem Zion zusammenkommt, der nicht zufällig gefeierter Ort der heilsamen Gottesgegenwart *und* Gegenstand des Gerichtshandelns JHWHs ist. Im „starken Volk" (עַם־עָז) in V. 3 klingt dabei das „Volk mit dem harten Angesicht" (גּוֹי עַז פָּנִים) aus den Fluchworten in Dtn 28,50 nach. In Dtn ist damit fraglos ein fremdes Volk gemeint. Sollte diese Anspielung beabsichtigt sein, was bei der Nähe von Jes 24 – 27 zu den Fluchworten aus Dtn nicht auszuschließen ist, so ist dies bemerkenswert: Die in Dtn 28 noch als fremde Strafe Geschickten, gehören nun zu denen, die JHWH ehren. Ehre und Furcht sind es, die dem Namen JHWHs gebühren (Dtn 28,58). Sie umschreiben das angemessene Verhalten des JHWH-Fürchtigen.

---

548 Becker, Rezension: Scholl, 304.
549 Vgl. auch die Drohworte in Jer 9,10 und 51,37, Jerusalem und Babel zu Steinhaufen zu machen.
550 Beuken, Jesaja 13 – 27, 345: „JHWHs Vorgehen gegen diese Stadt klingt wie die Erfüllung eines Fluchs: ‚Sie wird nicht wieder aufgebaut' (Dtn 13,17; Jes 14,21; Ez 26,14; Ps 28,5; 127,1; Ijob 12,14; 20,19; Esra 4,21; Neh 4,4). Sie wird von der Bildfläche verschwinden, wenn ‚ein gerechtes Volk' in die Stadt JHWHs einzieht (26,1–2.5–6; 27,10)."
551 Vgl. Hibbard, Intertextuality in Isaiah 24 – 27, 102.

Die Besonderheiten des Psalms lassen sich auf zwei Beobachtungen zurückführen: Der Betende gedenkt nicht seines überwundenen Leids und wird nicht als identifizierbare Einzelperson gezeichnet, und der Lobpreis der Völker ist nicht allein die reguläre Fortsetzung bzw. Erweiterung des Gebets, sondern Teil des dankend besungenen Handelns JHWHs.[552] Er ist es, der die Starken dazu bringt, ihn zu ehren. Er ist es, der die Gewalttätigen in Furcht versetzt. Es sind also nicht einfach die Taten, die die Völker zur Reaktion veranlassen, vielmehr ist ihre Reaktion Teil des göttlichen Handelns, mit dem der König auf dem Zion sein Reich festigt.[553] Auf eine positive Deutung der Gottesfurcht, die über den Gottesschrecken hinausgeht, deutet der Parallelismus, der der Furcht die Ehrung zur Seite stellt (V. 3), und die sonst grundsätzlich positiv qualifizierte Rede von JHWH-Furcht im Jesajabuch.[554]

Mit der Gottesfurcht der Gewaltigen und der Ehrung der Starken beschreibt der Beter die Voraussetzung für die Wallfahrt der Völker zum Zion. JHWHs Handeln im Gericht bewirkt nicht allein Zerstörung, sondern auch die Reinigung der Völker zur

---

552 Vgl. Kaiser, Jesaja 13 – 39, 159: „Von seinem Anlaß her, einem nicht nur für einen einzelnen, sondern schließlich für die ganze Völkerwelt entscheidenden Ereignis, sollte man den Psalm als kollektives oder Volksdanklied ansprechen. Aber dagegen spricht, daß eine Einzelstimme das Lied anstimmt und die eigene Volksgemeinde nicht aufgefordert wird, in das Lob einzustimmen [...], schließlich kann man schwanken, ob man den Grundbestand von V. 5 als Vertrauensmotiv ansprechen oder, wie wir es getan haben, als Übergang zur Prophetie verstehen soll. So gewinnt man den Eindruck, daß es sich nicht um einen, aus einem anderen Zusammenhang genommenen, Dankpsalm handelt, sondern um eine eigens für seinen (sic!) jetzigen Ort bestimmte Komposition, ein prophetisches Danklied."
553 Vgl. Lindblom, Die Jesaja Apokalypse, 30: „Die oft vorkommende Mahnung an andere Menschen, an der Danksagung teilzunehmen, wird hier in eine Versicherung umgebogen, dass auch die Fremden Jahwe wegen seiner großen Taten preisen werden." Vgl. Scholl, Die Elenden in Gottes Thronrat, 84: „Statt der sonst in verwandten Texten üblichen Aufforderung an die Völker, Gott für seine Taten zu loben, wird in 25,3 der Lobpreis durch die Völker konstatiert. Diese Abweichung sollte ernstgenommen werden und ist vielleicht ein Ausdruck der schlagenden Evidenz des Tages JHWH's. Die in 24,21– 23 geschilderten Taten Gottes veranlassen die Völker ohne Aufforderung zum Jubel." Vgl. Beuken, Jesaja 13 – 27, 346: „Dass JHWHs Gegner diesen als ihnen überlegen anerkennen, fügt sich eher als ihr physischer Untergang zur universalistischen Aussageabsicht der Kap. 24– 27. Dieses Verhalten bildet einen sinnvollen Auftakt zum Gastmahl für alle Völker in V 6 – 8." Auch Hibbard, Intertextuality in Isaiah 24 – 27, 102, hält es gegenüber den anderen Erwähnungen der Gewalttätigen für den Fortschritt, dass diese hier als mögliche Gottesfürchtige angesehen und nicht einfach vernichtet werden. Vgl. ebd.: „...now they are envisioned as eventual YHWH worshipers themselves."
554 Vgl. zur Gottesfurcht der Völker Dtn 28,10; Jos 4,24; Jes 18,7; vgl. dagegen die mangelnde Gottesfurcht im Volk in Jes 29,13; 57,11; 63,17. Weitere Erwähnungen der Gottesfurcht in 11,2f.; 33,6; 41,5; 50,10; 59,19.

Partizipation am Kultmahl und am wahren Zugang zu einem unverschleierten JHWH. Diese Reinigung geschieht zeitgleich mit der Vernichtung der Stadt.

Wie an vielen Stellen, an denen die Macht JHWHs gegen das Hohe angesprochen wird, werden in den Text nun die Machtlosen und Armen eingetragen, die bei JHWH Zuflucht finden. Die Ansprache JHWHs als Festung (מָעוֹז)[555] und Zuflucht (מַחְסֶה)[556] bildet einen Kontrapunkt zu diesen Ruinen und nimmt zugleich die Vertrauensbekenntnisse der Psalmen auf. Besonders hilfreich für die Deutung der Zeilen ist die Parallele in Jes 4,6. Im Alten Testament begegnen nur in diesen beiden Versen Regen (זֶרֶם) und Hitze (חֹרֶב) nebeneinander.[557] Die allgemein gehaltene Bedrückung, vor der JHWH in 4,6 schützt, wird in 25,4bα wieder aufgenommen. Eine weitere, erklärende Hand erläutert, dass die Gewalttätigen eben diese Hitze und dieser Regen sind, vor denen JHWH schützt.

Schluss

Wer hier betet, sieht JHWH in aller Herrlichkeit auf dem Zion und erkennt in ihm seinen persönlichen Gott. Er kennt die Überlieferungen der Heilsgeschichte und sieht sein Erleben in die Kontinuität göttlichen Handelns seit jeher gestellt.

Im Untergang einer ehemals uneinnehmbar wirkenden Stadt sieht er JHWH selbst am Werk. Diese Vernichtung ist jedoch nur eines der Wunder, die JHWH tut. Noch erstaunlicher ist es, dass sein Vernichtungshandeln Gottesfürchtige gesammelt hat, wo zuvor nur Gottesfeinde zu finden waren. Der Beter erwartet auf dem Zion einen vielstimmigen Lobgesang, in den sich demütig auch ehemals wüst brüllende Stimmen mischen. In einem späteren Stadium der Textgenese sind es die Armen, die Gott als den Beschützer und Rächer preisen, auf den sie gewartet haben.

Der angesprochene Gott vernichtet und baut auf. Er vernichtet die Hochmütigen und schafft sich Lobpreis aus den Kehlen ehemaliger Gottesfeinde. Dabei

---

555 Zur Festung (מָעוֹז) als Bild für JHWH vgl. 2 Sam 22,33; Neh 8,10; Ps 27,1; 28,8; 31,3.5; 37,39; 43,2; 52,9; vgl. Prov 10,29; Jes 17,10 im Gegensatz zur unzuverlässigen Zuflucht an einem gesicherten Ort (V. 9). Vgl. auch die zerstörte Festung in Jes 23,14. Im Fortgang des Textes in Jes 27,5 wird denen, die bei JHWH Zuflucht suchen, Frieden verheißen. Vgl. noch Jer 16,19; Joel 4,16; Nah 1,7.

556 Vgl. zur Rede von JHWH als Zuflucht (מַחְסֶה) Ps 14,6; 46,2; 61,4; 62,8 f.; 71,7; 73,28; 91,2.9; 94,22; 142,6; alternative Zuflucht suchen die in Jes 28,15 Angesprochenen. Vgl. zu JHWH als Zuflucht außerdem Jer 17,17 und Jo 4,16.

557 Der starke Regen (זֶרֶם) ist ein in Jesaja überdurchschnittlich häufig verwendeter Terminus (fünf der neun Verse im MT finden sich in Jes, zwei in Psalmen, einer in Hab 3,10, einer in Hi 24,8). Oft ist der Regen Zeichen für Theophanie bzw. er begegnet im Zusammenhang derselben.

vergisst er in seinem Tun nicht diejenigen, die von Beginn an auf seiner Seite waren. Ihnen wird und bleibt er Zuflucht.

Die Gegner des hier Betenden werden entweder vernichtet oder bekehrt. Auf diese Weise ist das Festmahl der Völker auf dem Zion ein auch ethisch vertretbares Unterfangen. Das Handeln JHWHs hat rechtzeitig dafür gesorgt, dass nur Würdige mit ihm feiern.

Die Funktion dieses Gebets besteht zum einen in der nachträglichen Reinigung der Feiernden, zum anderen darin, den Leser mit hineinzunehmen in die Vision JHWHs auf dem Zion, ihn betend gleichzeitig werden zu lassen mit diesem Zukunftsbild, das mit Worten persönlicher Frömmigkeit entworfen wird und dem Königtum JHWHs so eine weitere Facette hinzufügt.

3.3 Das gerechte Volk vertraut auf dich – Jes 26

Wie in Jes 25,1–5 geht es auch in Jes 26,1–6 um eine Stadt und um ein Handeln JHWHs, das richtend und fürsorgend zwischen Gerechten und Hochmütigen unterscheidet. Anders als in Jes 25,1–5 wird das Lied ausdrücklich als zukünftiges Lied präsentiert. Die Ansprache JHWHs tritt hinter der Selbstaufforderung der hier sprechenden Gruppe und den Bericht über JHWHs Taten zurück. Mit den bereits besprochenen Versen 26,7–10 bildet dieses Lied eine Fortschreibung des älteren Gebets in 26,11f. Es ist kaum gleichzeitig mit Jes 25,1–5 in den Text eingetragen worden, sondern dient als ethische Deutung des früheren Gebets. Das Interesse an einer Konversion der Übeltäter zu JHWH ist in diesem Text gering. Stattdessen will der Text das Manifest einer Gruppe von Gerechten sein, die sich mit dem Lied in die gesicherte Stadt singen, die JHWH gibt und darstellt. Das Lied nimmt so das Motiv des wieder aufgerichteten und zum Zentrum der Wallfahrt gewordenen Zion auf und verbindet es mit der Rede von JHWH als Zuflucht der Betenden, wie sie in Jes 24f. begegnet.

Übersetzung

1 An jenem Tag
  wird dieses Lied gesungen

---

558 Marie-Louise Henry, *Glaubenskrise und Glaubensbewährung in den Dichtungen der Jesajaapokalypse: Versuch einer Deutung der literarischen Komposition von Jes. 24–27 aus dem Zusammenhang ihrer religiösen Motivbildungen.* Beiträge zur Wissenschaft vom Alten und Neuen Testament 86. Stuttgart: Kohlhammer, 1967, 185, übersetzt nach Akzenten: „Eine Stadt ist uns Stärke." Vgl. ähnlich Scholl, Die Elenden in Gottes Thronrat, 75: „Eine Stadt ist unsere Rettung."

im Land Juda:
Eine starke Stadt haben wir.[558]
Hilfe bereitet er/ bereiten
Mauern und Bollwerk.

2 Öffnet die Tore!
Dass einziehe ein gerechtes Volk,
das Treue hält[559],

3 gefestigtem Sinnen
bewahrst du Heil, Heil[560],
denn es vertraut auf dich.

4 Vertraut auf JHWH für immer,
ja, auf Jah[561], JHWH –
ein ewiger Fels.

5 Denn er hat erniedrigt
die Bewohner der Höhe.
Die hohe Stadt,
er stürzt sie hinab,[562]
er stürzt sie hinab zur Erde,
drückt sie in den Staub.

6 Es zertritt sie ein Fuß,
Füße des Armen,
Schritte der Geringen.

Text und Struktur

Mit der futurischen Markierung „an jenem Tag" und der Kennzeichnung des Folgenden als ein in „Juda" zu singendes „Lied" setzt ein neuer Textabschnitt ein,

---

559 Alternativ können sich dieser und der folgende Teilvers auf JHWHs Handeln beziehen: „Treue haltend und gefestigten Sinnes bewahrst Du Heil." Vgl. zu dieser Offenheit des hebräischen Ausdrucks Bosman & van Grol, Translation of Isaiah 24–27, 8, sowie den Abschnitt zu Text und Struktur.
560 Die Wiederholung wird beibehalten, anders entscheidet Kaiser, Jesaja 13–39, 165.
561 Die Dopplung des Namens wird beibehalten wie in Jes 12 mit van der Kooij, Isaiah 24–27, 14. Anders entscheidet u.a. Kaiser, Jesaja 13–39, 165.
562 Beuken, Jesaja 13–27, 363, schlägt vor, den Atnach auf יְשׁפִּילֶנָּה zu verschieben, und erhält so in V. 5a einen chiastischen und in V. 5b einen parallelen Aufbau. Der inhaltliche Akzent der beiden Möglichkeiten der Textaufteilung variiert nur leicht.

der inhaltlich und sprachlich eng mit den vorangehenden und mit den anschließenden Versen verbunden ist. Zwei einander kontrastierende Bewegungen stehen sich in den ersten sechs Versen des Kapitels gegenüber. 26,1–4 beschreiben eine Aufwärtsbewegung hin zur und in die Stadt, die Schutz und Hilfe verheißt, hin zum Gott, der Fels ist.[563] Die anschließenden Verse 26,5 f. setzen dieser Aufwärtsbewegung den Sturz der Höhenbewohner und der hohen Stadt entgegen, die von den vormals Niedrigen in den Staub getreten werden.[564]

Schwerwiegende Übersetzungsprobleme gibt es in Jes 26,1–6 nicht. Die Übersetzung einiger Teilverse lässt sich nicht mit völliger Sicherheit klären, dabei sind die zur Verfügung stehenden Alternativen einander aber so ähnlich, dass sich keine wesentlichen Bedeutungsverschiebungen ergeben.

In V. 1b ist umstritten, welches Subjekt das Verb יָשִׁית regiert. Die Stadt (עִיר) scheidet aufgrund ihres Genus aus, Mauern und Bollwerk bedürften eigentlich einer korrespondierenden Pluralform, wobei die Verbindung des voranstehenden Verbs mit Subjekten mit unterschiedlichem Numerus nicht unüblich ist,[565] die von Kaiser und anderen präferierte Leseweise lässt sich grammatikalisch damit plausibilisieren.[566] Da das Verb und vor allem die gesetzte Hilfe (יְשׁוּעָה) jedoch relativ häufig für das Handeln JHWHs verwendet werden, ist es ebenso nachvollziehbar, hier JHWH als „selbstverständliches Subj."[567] anzunehmen.[568] Auffällig ist das Spiel mit unterschiedlichen Ebenen der Rede. Stadt, Mauern und Bollwerk beziehen sich auf eine Beschreibung des Zion als Zuflucht der Sprechenden.[569] Die Rede von der Hilfe (יְשׁוּעָה) und von dem, der die Hilfe gibt, macht das Bild dagegen transparent für die agierende Gottheit, deren Charakter als

---

563 Das Heiligtum entspricht der Stadt und JHWH wohnt im Volk, vgl. 12,6; 14,32; 24,23 und 25,4.
564 Vgl. Blenkinsopp, Isaiah 1–39, 364 f.: „It begins rather like the psalms that are expressive of pride in Zion as the dwelling of the deity and a source of unbound confidence (Pss 48, 76, 84, 87, 122) but proceeds to contrast a well-fortified and divinely blessed Jerusalem with a city defeated and undone together with its inhabitants."
565 Vgl. Gesenius, Hebräische Grammatik, §145a.o, *constructio ad sensum*.
566 Vgl. Kaiser, Jesaja 13–39, 165; Lindblom, Die Jesaja Apokalypse, 43.
567 Gottfried Vanoni, „Art. שׁית šît." in *Theologisches Wörterbuch zum Alten Testament* VII (1993): 1296–1306, 1305. Ebenfalls JHWH als Subjekt nimmt an: Wildberger, Jesaja 13–27, 978.
568 Vanoni, Art. שׁית šît, 1305, der diese Lösung vorzieht, nimmt sowohl die Hilfe als auch Mauern und Bollwerke als (affizierte und effizierte) Objekte, indem er übersetzt: „Heil/ Hilfe [...] mach er [...] zu Mauern und Wall." Er widerspricht mit dieser Deutung seiner eigenen älteren Übersetzung (s. Gottfried Vanoni, *Literarkritik und Grammatik: Untersuchung der Wiederholungen und Spannungen in 1 Kön 11–12*. Arbeiten zu Text und Sprache im Alten Testament 21. Sankt Ottilien: EOS-Verlag, 1983, 199 Anm. 726).
569 Vgl. ebenso Scholl, Die Elenden in Gottes Thronrat, 100 f.

„Zuflucht" später in der Rede von JHWH als „Fels" kulminiert (V. 4).[570] Die beiden im Text angegebenen Varianten sind inhaltlich und grammatikalisch denkbar und sollten als Möglichkeit im Blick bleiben.[571]

Ebenfalls mehrbezüglich sind die Versabschnitte 2bβ und 3aα, die sich sowohl auf die gerechte Nation als auch auf JHWH beziehen können.[572] Bewahrt (שֹׁמֵר) JHWH in V. 2bβ seine eigene Treue (אֱמֻן vgl. אֱמוּנָה in Jes 25,1) oder seine Treuen (אֱמוּנִים Ps 31,24), oder wird hier die Nation als eine beschrieben, die Treue bewahrt? Ähnlich lässt sich in V. 3aα fragen, ob hier fester Sinn (יֵצֶר) gerühmt wird oder JHWH den Sinn der einziehenden Nation festigt.[573] Für die jeweils erstgenannte, zumeist angenommene Deutung spricht, dass auch an anderer Stelle die Toreinzugsliturgie verbunden wird mit der Frage, wer ethisch würdig sei, die Tore zu durchschreiten. Die erwähnte Offenheit der Formulierung mag jedoch gegenüber einer reinen Aufzählung von ethischen Voraussetzungen bewusst gewählt sein, um das Ineinander von göttlichem und menschlichem Handeln hervorzuheben.

Weitere Text-Auffälligkeiten ergeben sich in V. 3aβ.4bα.5bα und 6bα. An allen vier Stellen finden sich Dopplungen (V. 3aβ: שָׁלוֹם; 4bα: יָהּ/יְהוָה; 5bα: שָׁפֵל; 6bα: רֶגֶל), die in verschiedenen Überlieferungen unterschiedlich wiedergegeben und etwa in der Septuaginta ausnahmslos ausgeschieden werden. Dabei handelt es sich bei den wiederholten Wiederholungen um ein pointierendes Stilmittel, das in der griechischen Übersetzung nicht nachgeahmt werden konnte oder sollte.[574] Das

---

570 Doyle, The Apocalypse of Isaiah, 284, betont, dass die Rede von JHWH als Fels auf die vorangehende Rede von der sicheren Stadt zurückwirkt. Das wesentliche Unterscheidungsmerkmal zwischen der Stadt des Chaos und der sicheren Stadt ist das Verhältnis zu JHWH (vgl. aaO., 289). Hibbard, Intertextuality in Isaiah 24–27, 129, weist darauf hin, dass die Rede von JHWH als „Fels" zwar nicht selten, die Verbindung von „Fels" und „Vertrauen" an dieser Stelle jedoch einzig sei.

571 Mit den Übertragungen in Targum und Vulgata schlägt hier BHS vor, יוֹשַׁע zu lesen, und muss dafür, wenn auch nur geringfügig, in den Konsonantenbestand eingreifen. Vulgata bietet jedoch nicht allein ein anderes Verbalgenus, sondern ändert u. a. die „Hilfe" zum „Heiland" (*salvator*). Aus diesem Grund scheint sie nicht unbedingt die erste Instanz des ursprünglichen Textes zu sein. Auch im Targum ist der Text so verändert, dass er kaum als Anhalt zur Textrekonstruktion dienen kann.

572 Vgl. Bosman/van Grol, Translation of Isaiah 24–27, 8 f. Anm. 12.

573 Vgl. Beuken, Jesaja 13–27, 370 f.: „Nehmen wir zwischen ,Sinn' und ,Felsen' einen Zusammenhang an, so ist die Aussageabsicht der V 3–4, daß die verlässliche Gesinnung des Volkes JHWH als felsenfestem Zufluchtsort entspricht [...]."

574 Vgl. Doyle, The Apocalypse of Isaiah, 284 f., der von einem „parallel terrace pattern" spricht. Wildberger, Jesaja 13–27, 976, geht von einer notwendigen Umstellung von כִּי und בְּיָהּ aus und will so den Ausdruck noch zu V. 4a nehmen. Diese Änderung scheint nicht notwendig zu sein.

Fehlen der Wiederholungen in den Versen 5bα und 6bα nach 1QJes^a kann dagegen als Haplographie erklärt werden.

Wachstum

Die Bewegung der Verse Jes 26,1–6 ist in sich stimmig. Dennoch wird der Duktus an zwei Stellen auffällig unterbrochen. V. 4 verlässt als Aufforderung zum Vertrauen die Fiktion des verheißenen Liedes, denn jenseits des Gerichts und nach erfolgter Läuterung sollte eine Aufforderung zum Vertrauen nicht notwendig sein. Hier wird von späterer Hand die zuvor beschriebene Wichtigkeit des Vertrauens auf JHWH verstärkt. Dabei ist der Gleichklang der Aufforderung „Vertraut" mit dem vorangehenden „Öffnet" zu beachten und die gut in den Zusammenhang des Liedes passende Metaphorik. Wird im Kontext eine endzeitliche Stadt als Hort der Gerechten dargestellt, wird diese Beschreibung in V. 4 nun insofern spiritualisiert, als JHWH selbst zum sicheren Hort derer wird, die auf ihn vertrauen.

Die zweite Stelle, die der Überprüfung bedarf, ist der im gewissen Sinne gedoppelte Schluss des Liedes, in dem die einmal am Boden Liegenden nun noch nachdrücklich zertreten werden. Auch die Kollision der in diesen abschließenden Versen Handelnden ist auffällig. Hat JHWH bis V. 5 die Mühe der Entmachtung erfolgreich zu Ende gebracht, werden im letzten Vers plötzlich die Armen und Geringen aktiv. Dass die gestürzten Bewohner nach ihrem Fall noch von Armen in den Staub getreten werden, scheint einen neuen Aspekt in den Text einzubringen, der das Handeln JHWHs mit der Rache der Gedemütigten verbindet.[575] Dieser Wechsel, verbunden mit der doppelten Niedertretung der Besiegten, legt die Möglichkeit nahe, dass das Lied ursprünglich mit V. 5 endete und erst nachträglich um den armentheologischen Zusatz V. 6 erweitert wurde. Der doppelte Schluss kann jedoch auch von vornherein als solcher konzipiert worden sein, um die vollständige Erhöhung der Erniedrigten darzustellen und die Erniedrigung alles Hohen nachdrücklich vor Augen zu führen. Die Frevler und Gerechte einander gegenübersetzende Fortsetzung des Textes in Jes 26,7–10 lässt beide Lösungen zu.

Stellung im Buch

Die Überschrift unterscheidet das Lied zum einen als eigenständigen Text vom Vorangehenden und setzt die Verse zudem zu allen anderen Situationsangaben

---

575 Anders Rudolph, Jesaja 24–27, 45, der davon ausgeht, dass die Hohen erst jetzt so am Boden liegen, „daß die Armen und Elenden (d.h. die Juden, vgl. 25,4) sie zertreten können".

der Formulierung „an jenem Tag" (בַּיּוֹם הַהוּא) in Beziehung.[576] Die vorangehenden Bestimmungen „jenes Tages" werden durch den nachfolgenden Gesang neu gedeutet.[577]

Das Ende des hier anhebenden Liedes und damit das Ende der singenden Zukunftsvision wird unterschiedlich bestimmt. Als „Gebet" zu bezeichnende Verse finden sich bis 26,19. Angeschlossen wird eine Antwort JHWHs (V. 20 f.). Thematisch ergibt sich ein Bogen, der von der Öffnung der Tore (V. 2) zur (zeitweiligen) Schließung der Türen[578] (V. 20) reicht. Durch die wiederholte Rede von Tür und Tor wird der Text zugleich an 24,10 zurückgebunden, wo die Verschlossenheit der Stadt ein erstes Mal erwähnt wird. Vor allem 26,1–6 und 26,7–10 werden durch die gemeinsame Rede von „Gerechtigkeit" und „Hilfe" eng aufeinander bezogen.[579] Die Verse verbinden das Lied mit dem älteren Gebet in Jes 26,11 f.[580]

Die den Reigen von Jes 24–27 eröffnende Ankündigung eines Gerichts erwartet dieses noch ganz umfassend „auf der Erde", und die Identität der trauernden, verwüsteten Stadt bleibt in Jes 24,1–20 in der Schwebe. Sehr wohl identifiziert wird dagegen der dieser Stadt entgegengesetzte Ort der Inthronisierung JHWHs, der mit 24,23 als „Zion" zu bestimmen ist. Es ist diese Verortung auf dem Zion, auf die die Lokalisierung des Gesangs im Lande Juda in Jes 26,1 anspielt. Dass die nachfolgenden Zeilen als „Lied" beschrieben werden, verbindet sie mit vorangehenden Versen. In Jes 23,15 ertönt das Spottlied des verwüsteten Tyrus, das in Jes 26 durch das Vertrauenslied auf dem Zion kontrastiert wird, und in 24,9 wird in Anspielung an das Weinberglied in Jes 5 von einem Singen berichtet, dem der Wein und damit die Freude bzw., in Bezug auf Jes 5 gelesen, die segnende Gottespräsenz

---

576 Dabei dürften zwei der Erwähnungen „jenes Tages" in Jes 24–27 (24,21; 25,9) älter, die anderen (27,1.2.12.13) jünger sein als die Formulierung in 26,1.

577 Polaski, Authorizing an End, 219 f., spricht von einer „relecture" und stellt fest, dass allein durch die Rede von einem „Lied" im „Lande Juda" die „Universalität des Fluches" in Jes 24,6 bestritten werde. In Jes 24 wird die Menschheit insgesamt vernichtet, wohingegen in Jes 26 zwischen Frevlern und Gerechten differenziert wird. Doyle, The Apocalypse of Isaiah, 282, schreibt dazu: „Reversal of that alienation: YHWH has returned."

578 Eine zumindest gewisse Parallelität der beiden Ausdrücke, deren prominenterer das Tor ist, bietet Jes 45,1.

579 Vgl. Polaski, Authorizing an End, 207 f. Gunkel, Einleitung, 117, liest Jes 26 als Zusammenhang, streicht aber um der Einheitlichkeit willen einige Verse.

580 Vgl. C 1.

fehlt.[581] Diesen Liedern steht der Gesang über die Bergung und Ehrung der Gerechten als positive Aussage gegenüber.

Inhaltlich verbindet sich Jes 26,1–6 mit dem Gebet in Jes 25,1–5* und dem Jubelruf in 25,9–10a – insofern alle Texte die Sicherheit bei und Hilfe durch JHWH besingen – und mit den jeweiligen Berichten über die Herabsetzung des Hohen oder Überheblichen in Jes 25,1–5* und 25,10b-12. Vorgebildet ist diese wiederholte Entgegensetzung in 24,21–23, wo vom Einschluss des Himmelsheers und der Könige der Erde in Zisternen berichtet wird.[582] Diesem Sturz entspricht dort die Inthronisation JHWHs auf dem Berg Zion. Vor allem fügt sich Jes 26 mit der Motivik der Erniedrigung in das von Jes 2 vorgegebene Verstehensschema.[583] Die ab Jes 2 häufig zu findende Entgegensetzung von Erhöhung und Erniedrigung wird in diesen Texten mehrfach durchgespielt.

Interpretation im Kontext

Wie Jes 12 wird das Lied in Jes 26 als Gesang der zu erwartenden Zukunft „an jenem Tag" (בַּיּוֹם הַהוּא) präsentiert. Wer es singt, antizipiert den Jubel derer, die einst in die starke Stadt einziehen werden. Das Anstimmen des freudigen Liedes und die Öffnung der Tore nehmen dabei zudem Gerichtsaussagen aus Jes 24 auf und führen sie in ein positives Bild hinüber.[584] War in Jes 24,8 f.11 jedes Lied und jeder

---

581 Die Verse in Jes 24 nehmen die Motive aus Jes 28 auf und verbinden sich zugleich mit Jes 5. Diese Anspielung wird von Jes 27 wiederum weitergeführt, wo eine Heilung des Weinbergs des Herrn versprochen wird. Vgl. Beuken, Jesaja 13–27, 368.

582 Während in Jes 24 Höhe und Erde gestraft werden, wird in Jes 26 nur die Höhe angegriffen. Auf diese Weise ist in Jes 26 eine neue Scheidung innerhalb der Menschheit zu beobachten. Vgl. dazu Polaski, Authorizing an End, 222.

583 Vgl. Scholl, Die Elenden in Gottes Thronrat, 193, und Sweeney, Textual Citations in Isaiah 24–27, 51: „In this respect, the motif of the day of the Lord, which appears in isa 2:6–21 and 13: 1–22, appears to play an especially important role in the writer's hermeneutical approach to other texts from isaiah. This motiv, with its emphasis on YHWH's punishment of the earth and human beings in general, provides the conceptual framework for understanding the cosmic or universal significance of the texts that are cited." Scholl, Die Elenden in Gottes Thronrat, 191, bemerkt dazu: „Die Gott entgegenstehenden Städte werden in Jes 25; 26 auch mit dem Vorstellungskreis eines Schlüsselthemas im Protojesajabuch in Verbindung gebracht, mit dem der Demütigung des menschlichen Hochmuts [vgl. Jes 2,9–17...] Das alte Jesajawort 2,12–17, nach dem der menschliche Hochmut am Tage JHWH's zu Schanden, Gott dagegen allein hoch und erhaben sein wird, avancierte für spätere Ausleger zu einem Verständnisschlüssel für das gesamte Jesajabuch. Die genannten Worte haben den Verfassern von Jes 24–27 bereits vorgelegen." Vgl. Hibbard, Intertextuality in Isaiah 24–27, 133 f., der die Rede von einer „Erfüllung" der Vorhersagen von Jes 2 in diesen Kapiteln ablehnt, gleichwohl die motivische Nähe unterstreicht.

584 Vgl. Jes 24,9 f.

Jubel abhandengekommen, so wird nun wieder preisend gesungen.[585] Schlossen sich in 24,10 die Häuser, öffnet sich nun das Tor zur befestigten Stadt. Wie in Jes 25 singen auch hier diejenigen, die das Gericht überlebt haben und auf das Gericht als gerechtes Handeln JHWHs an den Überheblichen zurückblicken.[586]

Die ausdrückliche Feststellung, an jenem Tage werde „dieses Lied gesungen" (הַשִּׁיר־הַזֶּה), nimmt jedoch nicht nur Motive aus dem unmittelbaren Kontext auf, sondern erinnert zudem an „dieses Lied" (אֶת־הַשִּׁירָה הַזֹּאת), das nach Ex 15,1 Mose mit den Israeliten als Antwort auf das Wundertun am Schilfmeer sang.[587] Es knüpft damit an Traditionen der Heilsgeschichte an und sieht sie, ähnlich wie Jes 12, für die verheißene Zukunft erfüllt.

Anders als in Jes 25, werden in Jes 26 nicht vornehmlich die Taten JHWHs gepriesen. Es ist eine Stadt, die im Zentrum der Aufmerksamkeit steht, zumindest am Beginn des Liedes. Es wird im Land Juda gesungen, wohl also auf dem Zion. Etliche Hinweise, die sich der Sprache und Motivik des Jesajabuchs bedienen, deuten auf diesen Ort. So spiegelt die „starke Stadt" in V. 1bα die Anrede an Zion in Jes 52,1 wider, wo diese aufgefordert wird, sich in „Stärke" zu kleiden. Besonders eng sind die Zeilen mit den Verheißungen in Jes 60 verbunden.[588] In dem als Grundbestand der tritojesajanischen Fortschreibung identifizierten Text wird Zion auf eine Art und Weise Heil verkündet, die in Jes 25f. modifiziert aufgenommen wird.[589] Der Zug der Völker zum Zion kehrt dort vormalige Herrschaftsverhältnisse um. Die Tore der Stadt können dauerhaft geöffnet sein, weil keine Gefährdung

---

585 In Jes 42,10 wird das neue Lied erwartet, vgl. Ps 149,1 und Num 21,17 sowie Ex 15.

586 Anders Wildberger, Jesaja 13–27, 976, für den hier nur das gerettete Israel singt, eine ethnische Begrenzung der Singenden ist in diesem Text jedoch nicht angelegt.

587 Vgl. zu dieser Parallele, die auch die Nähe zu Jes 12 teilweise erklären dürfte, den Abschnitt zu Ps 118 am Schluss des Kapitels. Polaski, Authorizing an End, 221, hebt besonders hervor, dass es sich bei Ex 15 um einen für die ethnische Identität wichtigen Text handele, dessen Zitation in diesem Zusammenhang bedeutsam sei, weil gerade im hier überschriebenen Lied ethnische Grenzen fielen. Vgl. zu dieser Öffnung Hibbard, Intertextuality in Isaiah 24–27, 128: „Those who are spoken of are worshipers of YHWH regardless of ethnicity."

588 Die Anspielungen auf den Zion sind damit durchaus gewollt. Eine Unterscheidung von Jerusalem und „vergeistigtem Jerusalem" scheint nicht geraten. Anders Henry, Glaubenskrise und Glaubensbewährung, 188: „Der Wille zur Vergeistigung, der den Verfasser beseelt hat, zeigt sich zunächst daran, daß er als Gegenbild [...] in knappen, markanten Umrissen eine Gottesstadt schildert, ohne Jerusalem zu erwähnen oder Züge einzufügen, die als deutlicher Hinweis auf die Zionstadt empfunden werden müßten." Vgl. aaO., 189: „...ein ins Urbildhafte gesteigertes Jerusalem, die Gottesstadt als Ort der Geborgenheit schlechthin, für den die irdische Stadt nur Prototyp zu sein vermochte." Vgl. zur bewussten Anspielung und Weiterführung von Jes 60 an dieser Stelle auch Hibbard, Intertextuality in Isaiah 24–27, 125.

589 Rudolph, Jesaja 24–27, 45, geht davon aus, dass nur Israeliten Treue halten können. Allerdings findet sich in Jes 24,16b der Vorwurf der Treulosigkeit im Weltgericht.

droht, sondern im Gegenteil die zur Huldigung gebrachten Schätze der Völker Tag und Nacht durch sie in die Stadt kommen (V. 11).[590] Die Mauern (חוֹמָה) der Stadt können als „Rettung" (יְשׁוּעָה), die „Tore" (שַׁעַר) als „Lobpreis" (תְּהִלָּה) bezeichnet werden (60,18).[591] Mit der Darstellung der Stadt wird das neue, heilvolle Schicksal ihrer Bewohner beschrieben.

Sind in Jes 60 die verheißene Stadt und der die Verheißung realisierende Gott klar voneinander unterschieden, so verschwimmen die Angaben in Jes 26. Zwar wird ohne Frage eine Stadt beschrieben, in die die Gerechten einziehen sollen. Gerade die ersten Zeilen sind jedoch zweideutig. Die starke Stadt (V. 1bα) verweist auf den Zion, Mauern und Bollwerk (V. 1by) ebenso. Dass aber „er Hilfe bereitet" (יָשִׁית V. 1bβ), mit einer Formulierung, die nicht zur femininen Stadt vorab und strenggenommen nicht zum Plural im Folgenden passt, hält den Text offen für das Handeln JHWHs selbst, der in Jes 26,4 als Fels bezeichnet werden wird.[592] Sein schützendes Wirken kann mit Vokabeln beschrieben werden, die sonst einen Ort bezeichnen. Da zudem die „Hilfe" (יְשׁוּעָה) im Jesajabuch eine der wesentlichen Gottesgaben ist (vgl. u. a. Jes 12), ist der Text hier nicht nur auf Zion hin, sondern auch auf JHWH hin transparent.[593]

Die Öffnung[594] der Tore[595] erinnert zunächst an Toreinzugsliturgien, wie sie etwa in Ps 24 zu finden sind. Und auch in Jes 26 ist es das „gerechte Volk"[596], das

---

590 Vgl. Zapff, Jesaja 56 – 66, 385: „Während Babel in 45¹·³ hilflos der Plünderung des Kyros ausgeliefert ist, werden die Tore des ungefährdeten Zions nicht einmal bei Nacht geschlossen, damit die Schätze der Völker auch zu dieser ungewöhnlichen Zeit zu ihm gelangen können." Insofern trifft für diesen Text die Annahme zu, es werde hier Zion angesprochen. Vgl. auch Nitsche, Jesaja 24 – 27, 115: „In 25,9 – 12 und 26,1 – 7 haben wir es mit Reden zu tun, in denen zukünftige Lieder angekündigt und zitiert werden. Beide Reden werden wohl coram Frau Zion gehalten und zielen darauf ab, ihr ihre mögliche positive Zukunft vor Ohren und Augen zu führen."
591 Jes 60,10 weiß, dass die Mauern von Fremden aufgebaut werden. Vgl. dazu Henry, Glaubenskrise und Glaubensbewährung, 189. Mauern und Bollwerk sind Zionsmotive; vgl. Jes 22,11; 60,18 u. ö.; Ps 48,13 – 15 und 51,20 u. a. Vgl. auch Marvin Alan Sweeney, *Isaiah 1 – 39: With an Introduction to Prophetic Literature.* The Forms of the Old Testament Literature 16. Grand Rapids, Mich: Eerdmans, 1996, 339.335.
592 Vgl. JHWH als Zuflucht in 25,4.
593 Vgl. Henry, Glaubenskrise und Glaubensbewährung, 189: „Die schattenhaft auftauchenden Umrisse Jerusalems in Vers 1 sind also vorbedeutsamer Hinweis auf den dort geglaubten und dort auffindbaren Gott."
594 Für Kyros werden nach Jes 45,1 Türen (דֶּלֶת) geöffnet werden und die Tore (שַׁעַר) nicht verschlossen bleiben. Im unmittelbaren Kontext öffnen sich in Jes 24,18 die Fenster (אֲרֻבָּה) des Himmels, was aber durchaus keine positive Ansage ist. Sonst wird das Verb häufig in Zusammenhang mit Befreiung von Fesseln verwendet (Jes 51,14; 52,2; 58,6) oder mit der Öffnung von Augen, Ohren oder Mund (35,5; 48,8; 50,5; 53,7), was jedoch kaum in einem besonderen Zusammenhang mit Jes 26 steht.

Einlass findet. Wie andernorts bedarf es also einer bestimmten ethischen Qualifizierung, um einziehen zu können. Auch in Jes 60,21 wird ein gerechtes Volk beschrieben, das sich als das im Gericht dezimierte und geläuterte Israel erweist.[597] Anders als dort wird im vorliegenden Kapitel jedoch nicht der für Israel geläufige Ausdruck עַם verwendet, sondern das stärker auch für fremde Völker offene גּוֹי.[598] Zudem sind in Jes 26 die Tore nicht grundsätzlich geöffnet. Auch wohnen die Gerechten nicht bereits in der Stadt, sondern ziehen erst noch ein. An beiden Stellen geht es bei den angesprochenen Toren nicht um die Tore des Tempels, sondern um die Tore der Stadt. Gleichwohl bleibt die Nähe zur Einlassliturgie wahrnehmbar.[599]

Vom gerechten Volk erfahren wir, dass es Treue erhalte und gefestigte Sinne habe, oder ihm Treue (adj. אֱמֻנִים)[600] gehalten (שמר)[601] und die Sinne (יֵצֶר)[602] gefestigt

---

595 Vgl. das bedrohte Tor in Jes 22,7; Jes 28,6; das zerschlagene, verödete Tor in Jes 24,12; Die Mauern (חוֹמָה) werden Heil (יְשׁוּעָה) heißen, die Tore Ruhm (תְּהִלָּה) nach Jes 60,18. Wiederum ein Einzug durch die Tore wird verheißen in Jes 62,10.

596 Bereits in Jes 3,10 wird verheißen, dass es dem Gerechten wohlgehen wird. Im unmittelbaren Kontext heißt es in Jes 24,16 „Herrlichkeit (צְבִי) dem Gerechten"; nach dem vierten Gottesknechtslied ist allein dieser ein Gerechter (53,11), der Wechsel zu Jes 26 ist auffällig. Jes 60,21 verheißt eine Zeit, in der das ganze Volk (עַם) aus Gerechten bestehen werde. Der Begriff für Volk (גּוֹי) wird auf ähnlich positive Weise in dem Gebetsvers Jes 9,2 erwähnt, wo JHWH gepriesen wird, das Volk groß gemacht zu haben. In Verbindung mit Jes 24–27 würde dieser Vers bedeuten, dass JHWH aus den Völkern viele Gottesfürchtige und Gerechte gewonnen hat. Vgl. zu eben dieser Motivik auch Jes 26,15. Auch die gerufene Nation in Jes 55,5 scheint mit dem Bild hier in Verbindung zu stehen. In Jes 58,2 wird eine Nation (גּוֹי) genannt, die gerecht ist und JHWH sucht. Dies geschieht dort als Entlarvung Israels, das es wagt, JHWH zu suchen, als sei es gerecht, diese Gerechtigkeit aber eben nicht vorzuweisen hat. Ganz in diesem Duktus weiß auch Jes 60,12, dass die Nation (גּוֹי), die JHWH nicht dient, untergehen (אבד) wird. Vgl. zudem die Antwort auf das Gebet der Gottesknechte in Jes 65,1, in der JHWH feststellt, einer nicht nach ihm benannten Nation habe er geantwortet. Diese Formulierung nimmt den im Volk fehlenden Namen nach Auskunft des Gebets auf, lässt sich vor dem Hintergrund von Jes 24–27 aber auch auf die Offenbarung an die Völker hin verstehen.

597 Vgl. Zapff, Jesaja 56–66, 388 f. Der anschließende Vers 60,22 spricht von der Vermehrung dieses Volkes, wie sie in Gen 15,7 verheißen und in Jes 26,15 wieder aufgenommen ist.

598 Vgl. Henry, Glaubenskrise und Glaubensbewährung, 190. Anders argumentiert Scholl, Die Elenden in Gottes Thronrat, 101, der gegen eine Öffnung des Volksbegriffs in Jes 26 auf Jes 26,15 verweist. Auch dieser Vers ist jedoch nicht notwendig auf ein ethnisch umgrenztes Volk zu beziehen.

599 Vgl. Blenkinsopp, Isaiah 1–39, 365: „It is therefore noteworthy, that in this psalm the gates through which the righteous are to pass are the gates of the city, not of the temple, as in the processional psalms." Vgl. Hibbard, Intertextuality in Isaiah 24–27, 125.

600 In Jes begegnet dieser Ausdruck nur hier. Vgl. zum insgesamt seltenen Begriff (7 Belege) vor allem im Psalter Ps 12,2 und Ps 31,24, wo die Getreuen bedroht sind (Ps 12) bzw. sich über den besonderen Schutz JHWHs freuen können (Ps 31).

(סמך)[603] würden. Nach diesen offen formulierten Hinweisen, die entweder JHWHs Handeln am Volk oder (eher) die ethische Konstitution desselben beschreiben, wird in V. 3aβb der Wechsel von Ansprache und Objekt deutlicher. Es ist JHWH, der dem Volk das Heil (שָׁלוֹם) bewahrt (נצר)[604], und es ist das einziehende Volk, das seinerseits auf JHWH vertraut (בטח).[605] Mit diesen Worten sind in kurzen Zeilen wesentliche theologische Begriffe des Jesajabuches aufgenommen.

Das bereits an anderer Stelle hervorgehobene Vertrauen[606] wird nun auch in Jes 26 noch einmal pointiert erwähnt. In lautlicher Übereinstimmung mit der Aufforderung, die Tore zu öffnen (פִּתְחוּ), wird im nachgetragenen V. 4 ausdrücklich zum Vertrauen aufgefordert (בִּטְחוּ).[607] Wie beschrieben verlässt die Aufforderung den Duktus des zukünftigen Liedes und ist als Eintragung zu identifizieren. Gleichwohl fügt sich der Vers gut in das Lied ein. Entsprechend der das Lied prägenden Anspielungen auf Orte und Zufluchten wird nun JHWH selbst als „ewiger Fels" (צוּר עוֹלָמִים) beschrieben. Die einmalige Formulierung nimmt in ihrer Verbindung von צוּר und עוֹלָם zwei Begriffe aus dem Jesajabuch auf. Im Zusammenhang mit Jes 26 ist es dabei von besonderem Interesse, dass der Fels auch andernorts als Bild für die sichere Zuflucht bei JHWH verwendet wird. JHWH ist der (einzige) Fels für Israel, aber auch sein heiliger Berg, der Zion, kann als Fels JHWHs beschrieben werden.[608] V. 4 weist im Kontext nachdrücklich darauf, die Hoffnung nicht auf einen zukünftigen Ort, sondern einzig auf JHWH selbst zu setzen. Er nimmt dabei die bereits in den vorangehenden Versen zu beobachtende Doppeldeutigkeit auf, mit der die Hilfe von der Stadt und zugleich von JHWH selbst

---

601 Passend zur hier angenommenen Öffnung des Volksbegriffs werden in Jes 56 die gerühmt, die Recht und Gerechtigkeit bewahren und konkret am Sabbat festhalten (שׁמר), auch wenn sie Eunuchen sind oder aus fremden Nationen kommen (Jes 56,1.2.4.6). Sonst wird die Wurzel zur Bezeichnung der Wächter verwendet. Wie in Jes 26 wird auch die Rede von den Wächtern mit dem Partizip formuliert. Vgl. 21,11 f.; 62,6.

602 Wörtlich ist hier das „Gebilde" angesprochen, das vor allem in den Zusammenhang der Töpfermetaphorik gehört (vgl. 29,16).

603 Die Stütze (סמך) gibt es in fünf Versen im Jesajabuch. Vgl. Jes 36,6: Wer sich auf Ägypten stützt, wird verletzt. Wer sich dagegen auf JHWH stützt, wird in Jes 48,2 angesprochen.

604 Die positive Bewahrung findet sich in 27,3 und 42,6. Einen besonderen Akzent erhält die Vokabel in 49,6.8, wo mit dem Terminus die beschrieben werden, die das Gericht überstanden haben.

605 Siehe Jesaja 12,2.

606 Vgl. v. a. Jes 30,15.

607 Vgl. Scholl, Die Elenden in Gottes Thronrat, 99, und Sweeney, Isaiah 1–39, 335.

608 In Jes 2,10.19.21 wird denen, die das Gericht trifft, das Versteck im Felsen angeraten. Jes 17,10 weiß, dass JHWH der Fels der Zuflucht (מָעֹז) ist, der verlassen wurde. In 30,29 ist es dagegen der Zion, „der Fels Israels, der Berg des Herrn", zu dem die Angesprochenen singend kommen werden. JHWH ist der einzige Fels in Jes 44,8.

verheißen wird. Mit dem Lied, mit dem die Singenden sich zu den Geretteten zählen, wird noch einmal dargestellt, wer am Festmahl auf dem Zion (Jes 25) teilnehmen darf.[609] Da die ethnischen Grenzen nicht mehr gezogen werden, sind die ethischen oder theologischen Grenzen[610] umso wichtiger. Kommen dürfen allein die Gerechten, die Gerechten aber erweisen sich als solche einzig in ihrer vertrauensvollen Beziehung zu JHWH.[611]

Für den Übergang zu V. 5 ist es von Interesse, dass in Jes 60 wie im hier vorangehenden Kapitel Jes 25 zwischen den JHWH einst dienenden Völkern und denen unterschieden wird, die sich weigern, ihm zu dienen, und deshalb vernichtet werden. Anders als in Jes 60 wird die Heilsansage in Jes 26 nun aber (wie in Jes 12 und 25) den Betenden und Singenden in den Mund gelegt. Diejenigen, die den Text lesen, werden dadurch zu einem Teil der gerechten Nation, singen sich also in die Gruppe derer hinein, die aus dem Gericht gerettet werden, oder in die Gruppe derer, die in der Stadt vertrauensvoll die Ankunft des gerechten Volks erwarten.[612] Selbstversicherungen, in JHWH eine starke Stadt (עִיר עָז) zu haben (V. 1b) und ein Gegenüber, das Heil (שָׁלוֹם) bewahrt (V. 3), ermöglichen die Öffnung der Tore für fremde JHWH-Fürchtige (V. 2) und bedingen das Vertrauen (בטח) auf JHWH (V. 4).[613] Dargestellt wird mit diesem Lied die Situation nach Gericht und Läuterung beim Einzug der huldigenden Nation in die Stadt.[614]

Nimmt man an, dass die Tore für eine Gruppe von Gerechten geöffnet werden sollen, die teilweise oder ganz aus Angehörigen fremder, gleichwohl geläuterter Völker bestehen, so erklärt sich auch der Übergang zu V. 5–6.[615] Die Tore können

---

609 Vgl. Polaski, Authorizing an End, 224.226.

610 Dazu auch Hibbard, Intertextuality in Isaiah 24–27, 127 f., der nicht von einer prinzipiellen Öffnung ausgeht, aber im Sinne von Jes 60,21 annimmt, nicht nur Judäer hätten im Jerusalem der Gerechten ihren Ort gefunden. Hibbard konstatiert (128): „Those who are spoken of are worshipers of YHWH regardless of ethnicity." Auch Polaski, Authorizing an End, 223 f., geht davon aus, dass hier die Nationen gemeint seien.

611 Vgl. Polaski, aaO., 219.

612 Hibbard, Intertextuality in Isaiah 24–27, 134, schreibt dazu: „Isaiah 60 offered the author a future portrait of Jerusalem's righteous inhabitants..."

613 Vgl. die Aufforderung zum Vertrauen in Ps 4,6; 37,3.5; 62,9; 115,9.10.11 sowie Prov 3,5. Vorgebildet wird dieses Warten in Jes 25,9. In Jes 26,8 bezeichnet sich die singende Wir-Gruppe ausdrücklich als die Gruppe derjenigen, die entsprechend auf JHWH gewartet haben. Vgl. Hibbard, aaO., 125.129.

614 Anders als Rudolph, Jesaja 24–27, 45, annimmt, zieht hier also nicht die „Judenschaft" in Jerusalem ein, außer man fasst diesen Begriff weiter und bezeichnet mit ihm auch alle ethnisch „Fremden", die jedoch zur Gruppe der JHWH-Fürchtigen gerechnet werden.

615 Anders Vermeylen, Du Prophète Isaïe, 367, der die Verse 5 f. als Nachtrag versteht.

auch deshalb geöffnet werden, weil die Feinde, dargestellt durch die hochgebaute Stadt, besiegt sind.[616]

Die Bewohner der Höhe (26,5) werden mit einer Stadt, die als hoch[617] benannt wird, gleichgesetzt und bis in den Staub[618] erniedrigt (שׁפח hif.).[619] Die Begriffe und Vorstellungen weisen zurück auf das Hoheits- und Demutskapitel in Jes 2 und verwandte Verse.[620] Anders als dort (und in Jes 24) wird die positive, rettende Größe, die der herabgesetzten Stadt gegenübergestellt wird, hier weiter ausgeführt, wobei die Bezeichnung JHWHs als „Fels" motivisch an Jes 2 anspielt, wo die Angesprochenen aufgefordert werden, sich „im Fels" zu verbergen.[621] Die Höhe der Stadt nimmt auch den Lobpreis in 24,14 f. auf, wo konkurrierend JHWHs Hoheit gepriesen wird.

Thematisch zugespitzt wird die Rede von der Herabsetzung der Hochmütigen in ihrer Gegenüberstellung zu Armen und Rechtlosen (26,6 vgl. auch 25,4). Bereits in V. 1–5 werden in Protojesaja vorgebildete Worte über die Herabsetzung der Hochmütigen mit dem verheißenen Triumph derer verbunden, die ihre Zuflucht bei JHWH suchen. Sie werden über die Rede von Jes 24 f. hinaus als „Gerechte"

---

616 Blenkinsopp, Isaiah 1–39, 362: „...all three go on to state the reasons for praising and having confidence in God which, as is so often the case in the canonical psalms, has to do with the discomforting of enemies."

617 Die Höhe wird ebenfalls in Jes 2,11.17 verwendet. Auch die Demütigung hat Parallelen in Jes 2,9.11.17. Daneben im selben Zusammenhang in Jes 10,33; 13,11; 25,11 f. u.ö.

618 In den Staub (עָפָר) hinein sollen sich die Angesprochenen in Jes 2,10.19 verbergen. Die Erniedrigung in Jes 25,12 landet dort und in 26,19 stehen die Bewohner des Staubs auf. Nach 29,4 muss die Jungfrau Babel in den Staub kehren. Vgl. zu einer ähnlichen Demütigung Mi 7,17 und die Erläuterungen zur Stelle. Der Konnex dieser Rede mit Gen 2 f. liegt nahe.

619 Wie bereits erwähnt, hängt auch die Rede von der Erniedrigung eng mit Jes 2 zusammen (Jes 2,9.11.17). Dort ist es Ergebnis des Gerichts, dass jeder Mensch erniedrigt werde (vgl. auch Jes 5,15). Im unmittelbaren Kontext findet sich der Ausdruck in Jes 25,12, wo die befestigten Mauern niedergestoßen werden. Auch 29,4 stellt die Erniedrigung des Angesprochenen im Gericht in Aussicht. Ganz anders ist dagegen der Zusammenhang in Jes 60,14, wo die Angesprochenen die Demütigung der Kinder der Unterdrücker (מְעַנֶּיךָ) verheißen bekommen.

620 Vgl. Beuken, Jesaja 13–27, 371; Sweeney, Textual Citations in Isaiah 24–27, 47 f. Vgl. zudem 3,14 f; 14,11.32; 25,4. Hibbard, Intertextuality in Isaiah 24–27, 134, schreibt: „The overthrow of human pride depicted in Isaiah 2 is picked up and reused in Isaiah 26's portrait of the overthrown exalted city."

621 Vgl. Sweeney, Textual Citations in Isaiah 24–27, 48: „Thus, in the view of the author of Isa 26:1–6, the result of the Day of the Lord described in Isa 2:6–21 includes not only the downfall of the lofty city, symbolizing human pride, but YHWH's establishment of Jerusalem as well." Vgl. Jes 33,16: Felsenburgen als Zuflucht der Gerechten. Auch in Jes 2 hat der Fels eine Rolle, er ist dort der Ort, in den man hineingeht, um Schutz zu finden. Dort wird nur Zerstörung beschrieben, hier dagegen ist auch positiv die feste Stadt erwähnt. Vgl. auch Sweeney, Isaiah 1–39, 343.

bezeichnet. Dabei löst, wie in Jes 25, die ethische Unterscheidung die ethnische ab.[622] Das Volk, das in die sichere Stadt zieht, ist nicht notwendigerweise auf Israel beschränkt. Im letzten Vers werden anstelle dieser Gerechten die den Hochmütigen entgegengesetzten Gedemütigten aktiv und führen das göttliche Gericht weiter. Schritte und Füße (רֶגֶל) von Armen (עָנִי)[623] und Geringen (דַּל)[624] zertreten (רמס) die Gestürzten.[625]

Die gemeinsame Verwandtschaft der Texte mit Ex 15 wird auch einer der Hintergründe für die oft erwähnte Nähe von Jes 26 und Jes 12 sein. Hier wie dort ist die „Hilfe", die JHWH gibt, bzw. die „Hilfe", die JHWH ist, ein zentrales Thema. Gleichwohl fällt es schwer, einen unmittelbaren Bezug der beiden Texte aufeinander nachzuweisen.[626]

Immer wieder wird Ps 118 als Hintergrund von Jes 12 und 24–27 genannt.[627] Eine genauere Untersuchung zeigt jedoch, dass die angegebenen Texte zwar viele Übereinstimmungen aufweisen,[628] thematisch aber so weit voneinander entfernt sind, dass eine unmittelbare Abhängigkeit für keinen der Textkomplexe im Ganzen naheliegt.[629] Für eine Abhängigkeit des Psalms von den Texten in Jesaja fehlen Motive, die in Jes 12 und Jes 24–27 als typisch jesajanisch beschrieben werden könnten bzw. dem Text seine theologische Besonderheit geben. Es fehlen unter anderem die Ansage eines Weltgerichts bzw. die antizipierte Rückschau auf ein solches, die Gegenüberstellung von Hoheit und Demütigung, die ausdrückliche

---

622 Vgl. Polaski, Authorizing an End, 211, und Hibbard, Intertextuality in Isaiah 24–27, 128.
623 Zum besonderen Augenmerk auf die Armen/ Gedemütigten innerhalb des Jesajabuchs vgl. Jes 14,32; 32,7; 41,17; 49,13; 66,2. In 51,21 und 54,11 wird Frau Zion als Gedemütigte beschrieben.
624 Vgl. Jes 10,2; 11,4 der neue König nimmt sich der Geringen an; 14,30 auf meinen Bergen werden die Machtlosen sich lagern; schließlich Jes 25,4 und 26,6.
625 Vgl. Ro, Die sogenannte Armenfrömmigkeit, 45: „Also ist Jes 26,6 die einzige Stelle im Jesajabuch, nach der die Armen nicht lediglich als Opfer der Gewalttätigen oder als Empfänger göttlicher Hilfe auftreten, sondern selbst aktiv in Jahwes endzeitliches Niederringen der Feindmächte einbezogen sind. Wie bereits vermerkt ist die gleiche Sichtweise, die Vorstellung einer aktiven Beteiligung der ‚Armen' am Endzeitdrama, in 1QM 11,7ff festgehalten; die engen Berührungen zwischen 1QM 11,7ff und Jes 26,6 dürften sich so erklären, daß in der Jesaja-Apokalypse Spuren einer theologischen Vorgeschichte der qumran-essenischen Frömmigkeit enthalten sind."
626 Vgl. Hibbard, Intertextuality in Isaiah 24–27, 129–131.
627 Vgl. Hermann Gunkel, *Die Psalmen übersetzt und erklärt*, 4. Aufl. Handkommentar zum Alten Testament II/2. Göttingen: Vandenhoeck & Ruprecht, 1929, 504–511.
628 Vgl. die Aufzählungen in Frank-Lothar Hossfeld und Erich Zenger, *Psalmen 101–150*. Herders theologischer Kommentar zum Alten Testament. Freiburg i. Br. u.a.: Herder, 2008, 319 f.
629 Anders Zenger, der davon ausgeht, dass Ps 118 auf den „Zukunftsentwurf" in Jes 12 und 24–27 mehrfach wörtlich und motivisch anspiele. Vgl. Zenger, aaO., 320: „Durch diese Bezüge nach Jes 24–27 erhält der Psalm eine Zukunftsperspektive, die ihn zu einem Danklied der geretteten Gerechten (aus Israel und aus den Völkern) macht, die im Jerusalemer Tempel JHWHs universale Königsherrschaft feiern."

Ausweitung der Gruppe der Geretteten auf dem Zion über die ethnischen Grenzen Israels hinaus (im Gegenteil: Ps 118,10 nennt die „Völker" als Motiv der Bedrohung)[630], das Motiv einer Stadt als Sinnbild aller Gegenwelt, jegliche Anspielung auf das Weinberglied und die Vorstellung einer Überwindung des Todes. Nahezu alle Wortübereinstimmungen lassen sich dagegen durch den Rückgriff beider Texte auf Ex 15 erklären. Die frappierende Nähe ergibt sich dadurch, dass diese Motive aus dem Moselied und dem Mirjamlied in beiden Texten/ Textgruppen mit Motiven einer Toreinzugsliturgie verbunden werden. So bleiben lediglich die Verse Ps 118,19 f. und Jes 26,2, die auf eine engere Abhängigkeit voneinander untersucht werden können. Nun ist allerdings auch hier spezifisches Vokabular selten.

In beiden Fällen sollen „Tore" „geöffnet" werden, und es „treten ein/ kommen" „Gerechte". Die beiden Texte teilen also lediglich ein ähnliches Vokabular und eine Grundüberzeugung (der Durchzug durch die Tore ist Gerechten vorbehalten), die ähnlich auch in Ps 15; Ps 24 und Jes 33,15 ff. zu finden sind.[631] Das gerechte „Volk" (גּוֹי־צַדִּיק) hat in Ps 118 weder Vorbild noch Widerhall, und ebenso ist der in Ps 118 spezifische „Dank" entgegen anderer Behauptungen in Jes 26,1–6 gerade nicht zu finden.[632]

Schluss

Wer in Jes 26,1–6 singt, hat Toreinzugsliturgien im Ohr und ein Bild vom nach dem Gericht wieder erstrahlenden Jerusalem vor Augen. Auch wenn das Lied als zukünftiger Gesang eingeführt wird, liegt seine Funktion für die, die es in der Erwartung auf JHWHs Hilfe singen, auf der Hand. Die Singenden ermutigen sich selbst, indem sie sich mit ihrem Lied in die Gruppe derer stellen, die im Vertrauen auf JHWH gerettet werden. Diese Selbstermutigung wird im Aufruf von V. 4 so erweitert, dass ein zukünftiges Lied kaum noch behauptet werden kann. Vielmehr steht der Gesang als Selbstermunterung zu festem Vertrauen vor Augen.

Arme und Gerechte singen von einem Gott, der einen Ort hat, den Zion, der aber vor allem einen Ort der Zuflucht und der Verlässlichkeit gibt. Sein Handeln bewirkt die Sicherheit all derer, die auf ihn vertrauen, und den Sturz aller Hochmütigen, die höher sein wollen als JHWH selbst.

---

630 Vgl. Zenger, aaO., 328: „Einerseits ist V 19–21 als Teilgeschehen eines individuellen Dankpsalms verstehbar, andererseits ist vor dem Hintergrund des Danklieds von Jes 26,1–6, das in Ps 118 aufgenommen ist, das hier sprechende Ich (auch) kollektiv zu lesen: es geht um die Gemeinschaft der im neuen Exodus geretteten Exilierten – ja im Horizont von V 1–4 und Jes 24– 27 geht es sogar um die geretteten Gerechten aus Israel *und* den Völkern..."
631 Vgl. Zenger, aaO., 327: „Dieses Ritual hat seinen Sitz im Leben bei der offiziellen Zulassung zur Teilnahme an einer Tempelliturgie."
632 Anders Kaiser, Jesaja 1–12, 256, und Hossfeld/ Zenger, Psalmen 101–150, 319: „Das dann in Jes 26,1–6 gesungene Danklied auf JHWH, der die rettet, die auf ihn vertrauen und hoffen, wird als Lied einer ‚gerechten Nation' präsentiert, die dazu auffordert, ihr ‚die Tore' zu öffnen, damit sie dem Gott, der den Tod besiegt hat, huldigen kann (vgl. Jes 25,8; 26,19)."

Die Feinde der hier Singenden sind alle Herrscher und Hochmütigen. Anders als Jes 25 erwarten die Singenden für diese keine Konversion, sondern die Vernichtung. Sie werden gestürzt und entmachtet, und gleichzeitig mit ihrem Fall werden die Gerechten JHWHs zu Ehren kommen. Die Gruppe der Armen identifiziert sich mit der der Gerechten. Sie machen sich zu Werkzeugen des göttlichen Gerichts, indem sie von ihrem Anteil an der Vernichtung der Hochmütigen singen.

Jes 26,1–6 ist jünger als Jes 25,1–5. Als Nachtrag zum voranstehenden Gebet formuliert dieser Text die ethischen Voraussetzungen und Bedingungen des Wohlergehens im Gericht im Kontext der älteren Klage in Jes 26,11f.

Besonders eng ist Jes 26,1–6 innerhalb von Jes 24–27 mit dem Ausruf in Jes 24,14f. verbunden. Die hymnische Erwähnung des Gerechten in Jes 24,14f. erklingt von den Rändern der Erde aus. Jes 26,1–6 thematisiert den Eintritt der von dort heranziehenden Gerechten in die Stadt. Die gerechten Überlebenden des weltumspannenden Gerichts sind singend am Ziel angekommen.

D „Die allmähliche Verfertigung des Gedankens beim Beten" – Zusammenfassung

Die Gebete der Propheten sind Zeugnisse einer ständigen, an den vorgegebenen Textüberlieferungen und an der jeweiligen Erfahrung der Betenden orientierten Arbeit am Selbst- und Gottesbild. Durch die Abfassung und Eintragung in die Prophetenbücher sowie die Erweiterung um spätere Ergänzungen schreibt sich in ihnen Theologie als Rede zu Gott prozesshaft fort: „Der Unfertigkeit und Vorläufigkeit des Glaubens entspricht die allmähliche Verfertigung seiner Gedanken beim Beten."[1]

Zum Abschluss dieser Studie sollen die sich aus der Untersuchung der Gebete im *corpus propheticum* ergebenden Einblicke in Zeit- und Raumkonstellationen (D 1 und D 2) sowie die unterschiedlichen Perspektiven auf die anthropologischen Themen „Umgang mit Schuld" und „Identität" (D 3 und D 4) dargestellt werden. Die Fragen nach dem adressierten Gott, dem in den Gebeten immer wieder neu erarbeiteten Bild von ihm sowie nach der Bedeutung der Gottesansprache für ihren Kontext schließen die Zusammenfassung ab (D 5). Dabei wird in den systematisierenden Abschnitten nicht etwa versucht, die Summe aus den untersuchten Gebeten zu ziehen. Zu unterschiedlich sind dazu die Texte, die die Lesespuren verschiedener Theologen in ihrer Auseinandersetzung mit den Prophetenbüchern wiedergeben.[2] Aus diesem Grund sind wesentliche Ergebnisse der Studie den Einzeluntersuchungen zu entnehmen.

1 Zeiten – Erinnerung, Gegenwart und Hoffnung

Zwei Bewegungen sind in den untersuchten Gebeten zu beobachten, an denen die besondere Funktion in den Text eingefügter Gebete deutlich wird. Die eine Bewegung ist die der Erinnerung, die andere Bewegung die der Antizipation. Beide können unter dem einen Begriff der Vergegenwärtigung gefasst werden.[3] Ihre

---

1 Der in der systematisch-theologischen Auseinandersetzung mit Kleist und Ebeling formulierte Satz von Ringleben, Denken – Reden – Beten, 135, gilt auch für die untersuchten alttestamentlichen Gebete, insofern ihre Unabgeschlossenheit nicht ihre Unzulänglichkeit zeigt, sondern vielmehr die besondere Leistung des Gebets im Nachdenken über Gott darstellt.

2 Bereits Mathys, Dichter und Beter, 319, hält in seiner Untersuchung über die Unterschiedlichkeit der untersuchten Psalmen fest: „So viele es ihrer gibt, so viele unterschiedliche Theologien entwerfen sie."

3 Zur Gegenwartsbedeutung der Erinnerung vgl. Willy Schottroff, *Gedenken im Alten Orient und im Alten Testament*, 2. Aufl. Wissenschaftliche Monographien zum Alten und Neuen Testament

Bedeutung für die Gebete der Propheten ist im Folgenden im Zusammenhang darzustellen.

Die *Erinnerung* trägt in den untersuchten Texten unterschiedliche Facetten. JHWH selbst soll sich seiner Zusagen[4], seines Wesens[5] und der Betenden[6] erinnern. Es bedarf der Erinnerung Gottes an seine Güte[7], um seinen Zorn zu beenden, der Erinnerung an den guten Wandel eines Beters[8], um JHWH zum Handeln zu bewegen, und es braucht ein Ende der Erinnerung an die Schuld[9], um Versöhnung zu ermöglichen. Für die Gebete bedeutet dies, dass der als Helfer Erinnerte als Helfer angesprochen, der als barmherzig Geglaubte auf seine Barmherzigkeit hin befragt wird.[10] Dadurch, dass diese Aktualisierungen gebetet werden, finden sie nicht allein in den Überlegungen der Betenden statt, sondern werden Gott selbst angetragen, der sich wieder als Helfer, als Barmherziger, als Bewahrer seines Bundes mit dem Volk erweisen soll. Auf der anderen Seite wird JHWH betend aufgefordert, die Erinnerung an Schuld und Abfall des Volkes zu begrenzen, um eine Rückkehr des Volkes zu ermöglichen. Die Nichtbeachtung der Schuld wird als wesentliche Rettungserfahrung gepriesen.[11]

Da Erinnerung innerhalb einer Beziehung kein einseitiges Unterfangen ist, ist sie auch für die Betenden von Bedeutung.[12] Die Erinnerung an JHWH und an seine Heilstaten ist Anlass zum Beten und Inhalt der Gebete zugleich. Sie ist Anlass, insofern das Wissen von ihm, seinem rettenden Handeln und seinen Verheißungen, die Betenden bestärkt, ihn um Rettung und die Einlösung seiner Zusagen zu bitten. Inhalt hingegen ist die Erinnerung, insofern das Erleben seiner Hilfe

---

15. Neukirchen-Vluyn: Neukirchener Verlag, 1967, 339: „Die Erinnerung ergreift Vergangenes um seiner Gegenwartsbedeutung willen."

4 Vgl. die Bitte um Erinnerung an den Bund in Jer 14,21 und die Erinnerung an das Erbarmen in Hab 3,2.

5 Vgl. diese Aktualisierung der erlebten Wesenszüge JHWHs v. a. in Mi 7,18–20.

6 In Jes 38,3 bittet Hiskia JHWH, sich seines vorbildlichen Wandels zu erinnern. In Jer 18,20 verweist der betende Prophet auf seine Fürbitte für sein Volk, an die JHWH sich erinnern soll. Umfassender ist die Bitte in Jer 15,15, JHWH möge sich dieses Beters selbst erinnern.

7 Vgl. bspw. Mi 7,18–20.

8 Vgl. bspw. Jes 38,3.

9 Vgl. Jes 64,8.

10 Vgl. Jes 63,16 „Unser Erlöser ist dein Name." Als Bild nicht gelingender Aktualisierung siehe Jes 63,15: „Deine Barmherzigkeit hält sich hart gegen mich".

11 Vgl. die Bitte in Jes 64,8 und den Bericht in Jes 38,17. Erst die vergessene Schuld liegt tatsächlich im Rücken des Betrachters und nicht mehr vor seinen Augen.

12 H. Eising, „Art. זכר zāḵar." in *Theologisches Wörterbuch zum Alten Testament* II (1977): 571–593, 579: „Daß Gott und Mensch im gegenseitigen Gedenken wesentlich miteinander verbunden sind, führt hin zu der Beobachtung, daß der Bundesgedanke auch hier wesentlich ist." Vgl. auch Schottroff, Gedenken, 202–211.

oder die Erzählung seines Handelns preisend thematisiert werden.[13] Auf diese Weise ist die Erinnerung wesentlicher Bestandteil preisender Verkündigung und Anrufung.[14] Ein Sonderfall der Erinnerung ist die Nennung des Namens JHWHs.[15]

Die überwiegende Zahl der Prophetengebete beinhalten ausdrücklich Anrufungen des Gottesnamens JHWH.[16] Mit der Erwähnung des Namens Gottes geschieht zugleich die Vergegenwärtigung der allen Gebeten zugrunde liegenden Erinnerung an den Gott, mit dem die Vorfahren Erfahrungen gemacht haben. Das Erinnerte ist somit nicht vergangen, sondern in jeder Ansprache höchst gegenwärtig. Das Wissen vom göttlichen Gegenüber ist Voraussetzung jeder Ansprache Gottes als eines konkreten Adressaten. Ausgehend von der Kontinuität der Gottesbeziehung gibt es den Rahmen vor, in dem JHWH vorgestellt, sein Handeln erwartet und das betende Selbst – als Teil eines Volkes, einer Generation oder einer Gruppe von Frommen – konstituiert wird.[17]

Jon 2,8 zeigt, wie der Moment der Erinnerung an JHWH aus dem Moment der Todesnähe den der anhebenden neuen Heilsgewissheit werden lässt und die Schicksalswende des Beters einleitet. Das Gebet in Jes 63 f. führt dagegen vor, dass die Erinnerung nicht zwangsläufig der Beginn der Wende zum Guten ist.

Die Verbindung des Erzählten und Erinnerten mit der Gegenwart der Betenden zeigt sich besonders in Daniel 9. Das Gebet anlässlich der Entschlüsselung der jeremianischen 70 Jahre trägt in die Beschreibung des zerstörten Tempels die Erfahrung der Betenden ein, denen Zerstörung und Schändung des Tempels unmittelbar vor Augen stehen.[18] Auf diese Weise wird die Gegenwart in der Erinnerung sichtbar.

Ein besonderer Fall betender Gegenwart liegt in Jes 38 vor. Es ist ein Gebet, das sich formgeschichtlichen Zuweisungen entzieht, da Krankheit und Überleben nicht nur thematisiert, sondern betend nachvollzogen werden. Der Beter der dort überlieferten Zeilen steht betend sowohl an den Pforten der Unterwelt als auch am Tempel, er blickt also weder aus dem Elend heraus antizipierend zum Tempel, noch schaut er vom Tempelvorhof auf den beinahe vollzogenen Untergang zurück,

---

13 Vgl. die Geschichtsrückblicke in Jes 63 und Jer 32, aber auch die persönlichen Resümees des betenden Propheten in Jer 11; 12; 15; 17; 18 und 20.

14 Beweggrund der betenden Hinwendung in der Not und Ausdruck der Frömmigkeit ist die Erinnerung in Jon 2,8; Jes 26,8.13 und 63,7.11; 64,4. Vgl. auch der mit der verweigerten Erinnerung beabsichtigte Beziehungsabbruch in Jer 20,8. Preisende Verkündigung ist die Erinnerung v. a. in Jes 12,4.

15 Dass die Anrufung des Namens und die Erinnerung zusammengehören, zeigt z. B. Jes 26,8b.

16 Vgl. Schottroff, aaO., 341: „Der auf Gott sich richtende זכר ist der hymnische Lobpreis. Neben שם bezeichnet das Wort den ausgesprochenen Namen von Mensch und Gott."

17 Die Betenden als die, die sich erinnern, sind v. a. in Jes 26,8.13 erwähnt.

18 Vgl. dazu oben.

sondern betet an beiden Orten und zu beiden Zeiten, spricht in Krankheit und Gesundung, in Klage und in Lobpreis, und nimmt die Leser dieser Zeilen so in eine intensive Bewegung in die Tiefe und in die Höhe mit hinein.

Gebet ist, wie hieraus ersichtlich, nicht nur Vergegenwärtigung des Erfahrenen und Geglaubten, sondern schafft für den Mit-Beter die Gleichzeitigkeit zur Gottesbeziehung vorangegangener Generationen. Darüber hinaus wird in Gebeten Erwartetes antizipiert. Die Bewegung der Antizipation ist die zweite für die Prophetengebete wesentliche Form der Vergegenwärtigung im Gebet. Gerade hinsichtlich der Lobpreisschlüsse der Klagelieder ist der sogenannte Stimmungsumschwung ein bekanntes Phänomen.[19] Einige Gebete der Prophetenbücher gehen jedoch über diese Lobpreisungen noch hinaus. Ausdrücklich sind Jes 12 und Jes 26,1–6 Gebete, die erst in der Zukunft zu sprechen sind. Aber auch Jes 25,1–5, Hab 1 und Hab 3 können ausweislich ihres Kontextes zu den zukünftigen Gebeten gerechnet werden.[20] Wenn nun ein Gebet mit den Worten: „Dann wirst du sagen" eingeleitet wird, tritt in dem Moment, in dem das Gebet vom Leser des Prophetenbuches gelesen und gebetet wird, dieses zukünftige „Dann" ein, denn er spricht die zu erwartenden Worte im Moment der Gegenwart. Antizipierende Gebete realisieren in diesem Sinne das Erwartete im Augenblick des Gebets.[21] Wie sehr dies auch von den Lesern der Gebete empfunden wurde, zeigt sich am deutlichsten an den beschriebenen Varianten des Gebets in Jes 12, in denen aus dem ursprünglichen vorweggenommenen Rückblick auf das Handeln JHWHs ein Wunsch für die Zukunft wird.

Dieses erwartungsvolle Beten wird stets vom Widerspruch erlebter Realität kontrastiert. Dies zeigen die Gebete, die die Verzögerung göttlichen Handelns beklagen. In ihnen wird greifbar, dass die betende Aktualisierung der Gottesbeziehung durch Antizipation nicht immer gelingt. Vor allem der Jeremia der Konfessionen beklagt das ausbleibende Eingreifen JHWHs.[22] Dass es für das Handeln JHWHs schon zu spät ist, er also bereits hätte eingreifen müssen, treibt in Jes 63 f.

---

19 Janowski, Konfliktgespräche mit Gott, 77, nennt den jeweiligen „Gebetsprozeß" als Hintergrund des sog. Stimmungsumschwungs. Vgl. aaO., 80: „In dem Augenblick, da die Gewißheit der Rettung durch Gott neu erlangt wird, bleibt es für den Sachverhalt belanglos, ob sie unter dem Aspekt einer zum Abschluß gekommenen Handlung im *Perfekt* (‚du hast mir geantwortet') formuliert wird oder ob im *Präsens* die aktuell sich ereignende Antwort Gottes (‚Jetzt weiß ich, daß du mir geantwortet hast') im Vordergrund steht."

20 Vgl. auch den antizipierten Jubel in Jes 24,14–16.

21 Vgl. zu dieser Funktion von Gebeten Spieckermanns Ausführung über die liturgische Gestaltung von Ps 118 in Feldmeier/ Spieckermann, Der Gott der Lebendigen, 544: „Die liturgische Gestaltung versetzt den Betenden, wo immer er diesen Psalm zu seinem eigenen Gebet macht, in die Gegenwart Gottes und die Gemeinschaft der gottesfürchtigen Israeliten am Tempel."

22 Vgl. der ähnlich argumentierende Jona, vgl. aber auch Hab 1.

die Verzögerungsproblematik auf die Spitze. Dennoch trägt auch hier der Umstand, dass die Klagen gebetet werden, eine Öffnung der Perspektive in sich: Jes 64,11 endet mit einer offenen Frage und bereitet damit die Bühne für JHWHs Antworten und Eingreifen. Auch in Mi 7 und Hos 14 wird mit dem Gebet um Vergebung Raum für neues Handeln JHWHs eröffnet. Diese Ausrichtung des Gebets auf eine Antwort JHWHs lässt es an keiner Stelle lediglich Abschluss einer Bewegung sein. Vielmehr setzt jedes „Amen" einen Doppelpunkt.

Gebete als Gottesansprache sind nicht als Monologe konzipiert, sondern sind Teil eines Diskurses. Daraus folgt, dass sie dem Dialog keinen Schlusspunkt setzen, sondern auf eine Fortsetzung vonseiten Gottes angelegt sind. Mit dieser Grundeigenschaft von Gebeten hängt ein Teil ihrer Wirkung innerhalb der Prophetenbücher zusammen. Da sie nicht allein die Stimme des Beters, sondern zugleich die Voraussetzung für eine Antwort JHWHs in die Texte eintragen, versehen sie auch verfahrene Situationen mit der Verheißung zukünftigen Handelns. Besonders gut lässt sich diese betende Öffnung an den Gebeten beobachten, die fragend enden (Hab 1,17; Jes 64,11) und somit noch ausdrücklicher für eine Reaktion JHWHs geöffnet bleiben.

2 Räume – Tempel, Ferne und Schrift

Der Ort, auf den sich die Gebete des Alten Testaments ausrichten, ist der Tempel. An ihm und von ihm aus ist JHWH in der Welt präsent.[23] Zugleich beschäftigen sich alle Gebete in den Prophetenbüchern mit der Erwartung oder dem Erleben der Eroberung Jerusalems und der Zerstörung oder Schändung des Tempels. Aus diesem Grund wird die Frage nach dem Ort des Gebets und seinem Verhältnis zum Tempel immer wieder verhandelt. Wo ist JHWH, wenn der Tempel nur noch Ort erinnerten Lobpreises ist (Jes 64), weil er in Schutt und Asche liegt oder Übergriffen und Schändungen ausgesetzt ist (Dan 9)? Und wie wird die Beziehung zu JHWH sichergestellt, wenn der Gott im Tempel nur aus der Ferne adressiert werden kann (Jon 2)? Die Problematik ist eine doppelte: Der exilierte Beter ist weit vom Tempel entfernt, und zugleich steht die Präsenz JHWHs im Tempel in Frage.

Die fehlende Präsenz JHWHs im Tempel wird vor allem in Jes 63f. thematisiert.[24] Die Beter stellen den Tempel als Ort ehemaligen Lobpreises dar, der in-

---

23 Vgl. Spieckermann, Heilsgegenwart, 220.

24 Die Abwesenheit JHWHs wird auch in Jer 14,8f. beklagt. Dort entspricht sie wie in Jes 63f. der Verwerfung Judas und Zions (Jer 14,19). Vgl. zur Abwesenheit JHWHs auch die Abwesenheit seines Wortes in Jer 17,15, nach dem die Feinde des Beters ironisch fragen. Ihr steht die Gegenwart JHWHs in der Nähe und zum Schutz des prophetischen Beters in Jer 20,11 entgegen.

zwischen nur noch Bild der Verwüstung ist. Dabei gerät ihnen die in den Psalmen vornehmlich positive Kennzeichnung JHWHs als Himmelsthroner zum Problem. Sie sehen die Rede vom Thronen JHWHs im Himmel mit seiner Abwesenheit vom Zion verbunden. Jes 63,15 spricht JHWH in seiner entfernten Himmelsresidenz an, 63,19 und 64,2 stellen dieser Ferne JHWHs seine erhoffte Gegenwart entgegen, die die Berge zittern macht. Diese Gegenwart ist notwendig, weil die Präsenz JHWHs im Tempel Voraussetzung ist für das gelingende Gebet. Sein Fehlen macht den Tempel zu einem Ort, an dem das vormals ergehende Gebet verstummt (64,9 f.). Die Beter beklagen die Ferne JHWHs, der sich in seine himmlische Wohnstatt zurückgezogen und durch den Entzug seiner Gegenwart die Preisgabe seines Volkes und seines Tempels herbeigeführt hat. Die offene Frage am Schluss des Gebets ist der Versuch dieser Beter, JHWH zu einer Reaktion zu bewegen und ihn wieder für seinen Tempel und die Gegenwart der Beter zu interessieren.

Nicht die Zerstörung des Tempels oder die Ferne Gottes, sondern die Ferne des Beters thematisieren Jes 38, Jon 2 und auf eigene Weise etwa auch Dan 6,11. Bei Daniel wird geschildert, dass der betende Prophet Richtung und Stunde seines Gebets am Jerusalemer Tempelkult orientiert. Diese Ausrichtung auf den Tempel, den himmlischen oder irdischen, ist auch in anderen Prophetengebeten zu finden. So schaut der Beter von Jes 38,14 zur Höhe, und den lebendig Preisenden zieht es zum Lobpreis in den Tempel (Jes 38,20). Vor allem aber ist es der Beter Jona, dessen Gebet aus der Ferne bis zum Tempel vordringt. Er betet aus dem Inneren des Totenreichs (2,3), aus der Tiefe des Meeres (2,4). Sein Aufstieg zum Leben beginnt mit dem Blick zum Tempel (2,5), und seine Rettung geschieht erst in dem Moment, in dem sein Gebet im Tempel ankommt (2,8). Die Ausrichtung auf den Tempel ist die Ausrichtung auf die Gegenwart JHWHs auch aus der Ferne.

Die Rede von der Präsenz JHWHs auf dem Zion ist vor allem in den für den kommenden Tag verheißenen, futurischen Gebete zu finden. Die Anwesenheit JHWHs inmitten Zions bekräftigt Jes 12,6. Das Bekenntnis zur Präsenz JHWHs im Volk schließt in diesem Psalm eine Bewegung des Lobpreises und der Verkündigung bis zu den Rändern der Erde ab. Die Bewegung „nach außen" wird so in der Präsenz JHWHs im Tempel und inmitten seines Volkes gesammelt. Auch an anderer Stelle ist die Öffnung des Heils und der Heilsbotschaft für Länder und Völker eng mit der zentralen Bedeutung des Zion als Zentrum dieser Bewegung verbunden. Besonders gut ist dies in den Texten in Jes 24 – 27 zu beobachten, in denen die Völker zum Festmahl auf den Zion gerufen werden und die Zuflucht bei JHWH besungen wird. In Jes 24 – 27 wird jedoch in der Beschreibung eines Gegenorts zugleich die negative Rede über das verworfene und überhebliche Jerusalem aufgenommen. In Jes 25 ist dieser Gegenort vernichtet, und der Beter ist mit dem persönlichen Bekenntnis betend auf dem Zion angekommen. Die neue Pracht

Jerusalems ist die Pracht eines Ortes, an dem nicht allein Israel sich sammelt, sondern alle Gerechten Zuflucht und Heimat finden (24,14 – 16 und 26,1 – 6).

In der betenden Vorwegnahme dieser Situation wird der Beter in Jes 25,1 – 5 und Jes 26,1 – 6 unversehens auf dem Zion verortet. Auf diese Weise entsteht eine Tempelgegenwart, die sich wesentlich im Prozess des Lesens einstellt. Dass auf diese Weise die Schrift zum Ort der Gottesgegenwart werden kann, zeigen Jes 12,3, die Tempelpreisungen in den jeremianischen Konfessionen und der Ruf in Hab 2,20. Die Präsenz JHWHs im Tempel wird sprechend und schreibend verwirklicht. Mit dieser Bewegung beginnt, was auch in den Shabbatopferliedern zu beobachten ist: Die Rede von einem Tempel, der sich in der Schrift realisiert.[25]

3 Situationen – Schuld, Umkehr und Vergebung

Die Gebete im *corpus propheticum* sind sämtlich auf Situationen des Leids bezogen, die als von JHWH selbst verursachtes Gericht gedeutet werden. Gebetet wird in Erwartung dieses Gerichts, während seines Vollzugs oder in der Rückschau auf das Gericht.

In einigen Gebeten ist die Erwartung eines (endgültigen) Gerichts Gegenstand der Bitte. JHWH soll zum Eingreifen ermuntert werden, zugleich hat das Gebet im Angesicht des nahenden Gerichts die Funktion betender Selbstvergewisserung, denn die Betenden rechnen sich als Betende zu den Gottesfürchtigen und Gerechten, die vom Gericht Gutes erwarten können. Die Dringlichkeit, mit der eine Änderung der Situation erwartet wird, ist in diesen Gebeten vergleichsweise hoch. Denn wie im Blick auf die Konfessionen Jeremias zu sehen ist, erfahren sich die so Betenden in ihrer Opposition zum Volk als diejenigen, die vorweggenommen am eigenen Leib den Zorn des Gerichts spüren. Sie erleiden die Strafe, die eigentlich ihren Gegnern widerfahren müsste. Einzig das richtende Eingreifen JHWHs kann diese Situation beenden. Insofern sind gerade auch die Gebete in Jes 26,7 – 12, in Hab 1 und in den Konfessionen Jeremias als Gebete leidender Gerechter solche Gebete, die im Erleben des Gerichts und in Erwartung von JHWHs endgültigem Eingreifen gesprochen werden.

Das von diesen Gebeten über Sünder erhoffte Gericht am Volk ist in den Umkehrgebeten vorausgesetzt (Hos 14; Mi 7; Dan 9) und in Klagen über das unerwartete Eintreffen des Gerichts (Jer 14) oder über seine Dauer, die die ur-

---

25 Vgl. Die Darstellung eines im Singen entstehenden Tempels in Shabbatopferlieder aus Qumran: 4Q405 f19a-d; 4Q403 1i,39 – 44; 4Q174 col. III (f1,21,2),1 – 7; 1QMI, 13 – 15 (Zitiert nach einem Vortrag von R. Enzenauer).

sprünglich formulierten Zusagen für ein Ende des Leids und ein Ende der Abkehr JHWHs Lügen strafen (Jes 63 f.). Alle diese Gebete thematisieren eine notwendige Umkehr. Dabei liegt der Schwerpunkt entweder auf der Umkehr des Volkes oder auf der Umkehr JHWHs. Die Wende JHWHs zeigt sich vor allem in einer Wende seines Zorns.

Hos 14,2–4 formulieren ausdrücklich, dass die Hinwendung zu Gott im Gebet wesentlicher Teil der Umkehr des Menschen ist. Gleichwohl wird am Nichtgelingen der Umkehr im vorangehenden Buch und an der Fortsetzung des Textes in den Versen 14,5–9 deutlich, dass auch die im Gebet in Hos 14,2–4 versprochene tätige Umkehr als alleinige Voraussetzung für eine Wende der Situation nicht genügt. Die Umkehr muss von JHWH selbst ermöglicht werden. Diese Einsicht führt in Mi 7 zu einer Konzentration auf die Vergebungsmacht JHWHs. In Dan 9 gestehen die Betenden das Ausbleiben der eigenen Umkehr (V. 13) und setzen ihre Hoffnung allein auf eine Wende des Zorns JHWHs (V. 16).[26]

Wie sehr der Wille JHWHs zur Vergebung und zur Wende seines Zorns Voraussetzung eines Neuanfangs ist, wird vor allem in Jes 63 f. deutlich. Die Umkehr wird in diesem Gebet nur in einem Vers erwähnt. V. 17 bittet um die Umkehr JHWHs. Sie ist notwendig, weil sein Zorn und seine Ferne das Volk immer weiter in die Sünde und Abkehr von ihm hineintreiben. Die in Jes 56–59 so nachdrücklich geforderte Umkehr des Volkes ist für die in Jes 63 f. Betenden nicht möglich. Die Eigendynamik des göttlichen Zorns bewirkt ein Ineinander von Schuld und Verwerfung, aus der es aus menschlicher Kraft allein kein Entrinnen gibt.

Da der bedrohliche Zorn JHWHs sich an der Schuld der Beter entzündet, ist die Voraussetzung einer Wende die Beseitigung der Schuld durch Vergebung. Die Schuld wird metaphorisch wie ein Ding hinter den Rücken geworfen (Jes 38,17) oder im Meer versenkt (Jon 2,4). An anderer Stelle entwickelt sie eine eigene chaosgleiche Macht, gegen die nur JHWH ankommt (Mi 7,19). Die Überwindung der Schuld zeigt sich als Rückführung der Betenden ins Leben und impliziert das Gotteslob (Jon 2; Jes 38; Jes 12). Die Situation der Überwindung wird mit einem Rückblick auf das Handeln JHWHs verbunden und in Lobpreis und Dank formuliert.

Eine andere Form des Umgangs mit der Schuld und der Bereinigung der Situation schwebt den über Sünder Betenden vor (C 1–3). Für sie muss nicht die Schuld überwunden werden, sondern der Schuldige. Wesentliche Hindernisse dieser Lösung sind die Langmut oder das Zögern JHWHs. Dabei widersprechen sich die Konzeptionen des erbetenen Gerichts und der Bitte um ein Ende des

---

26 Vgl. zum Ausdruck vor allem Jes 12,1 in Aufnahme der wiederholten Beteuerung, JHWHs Zorn werde sich im Kontext nicht wenden.

Gerichts nicht wesentlich, wird doch um die Möglichkeit zur Umkehr, wie gezeigt, nicht vor, sondern im Gericht gebeten, zu einem Zeitpunkt also, an dem der Bitte der Gerechten nach Gericht längst entsprochen wurde.

4 Protagonisten – Beter, Feinde und Volk

Bereits im Aufbau der Arbeit ist die Frage nach den Protagonisten der Gebete bestimmend, weil die Selbstdarstellung der Betenden in ihrem Verhältnis zu Gott als Sünder oder als über Sünder Betende das erste Kriterium zur Unterscheidung der Gebete in der vorliegenden Studie ist. Wenn nun im Abschluss noch einmal von den Protagonisten der Gebete die Rede ist, dann geht es um die differenzierte Darstellung dieser Beter und zudem um andere Personen und Gruppen, deren Handeln und Sein den Sprechern der Gebete vor Augen stehen.

Diese anderen Protagonisten werden von den Betern in der Regel als feindlich beschrieben.[27] Zu den Gegnern der Beter gehören das eigene Volk in der Grundschicht der jeremianischen Konfessionen, die Frevler in deren Erweiterungen und in Hab 1 und Jes 26,7–10, die Nicht-Sehenden in Jes 26,11 f., das bedrohliche Volk in Hab 1, die Hochmütigen und Gewalttätigen in Jes 25 und 26, die den Tempel zerstörenden Feinde Gottes und der Beter in Jes 63 f. sowie die Völker in Hab 3 – um nur die wichtigsten der feindlichen Protagonisten zu nennen. In dieser Aufzählung können von außen das Volk bedrohende Feinde von denen unterschieden werden, die innerhalb des eigenen Volkes zu finden sind. Auffälligerweise gibt es nur einen Text (Jes 63 f.), in dem nur die äußeren Feinde erwähnt werden. Sie sind dort nicht eigentlich als Protagonisten gezeichnet, sondern eher als Symptom des eingetretenen Gerichts, vergleichbar dem über das betende Volk eingebrochenen Unheil in Dan 9.[28] In Hab 1 und 3 sowie Jes 24–27 wird von inneren *und* äußeren Feinden gesprochen. Alle anderen Texte, die überhaupt gegnerische Gruppen erwähnen, benennen nur innere Feinden. Die Rede von den inneren Feinden beschränkt sich auf die Gebete im Hauptteil C, was insofern wenig verwunderlich ist, als in ihm die „Gebete über Sünder" zusammengetragen werden. In allen Gebeten dieses Teils werden Personengruppen als den Betenden und gleichzeitig JHWH oder der gerechten Ordnung entgegengesetzt beschrieben. Die Begriffe „innere Feinde" und „Sünder" können insofern synonym gebraucht werden. Indem sie die auf unterschiedliche Weise als „Sünder" dargestellten Gruppen und

---

27 Die als Gegenüber des Gebets zentrale Person Gottes wird im letzten Abschnitt der Zusammenfassung (D 5) berücksichtigt.

28 Wenngleich die Feinde durchaus als Argument für das Eingreifen JHWHs erwähnt werden und damit durchaus eine wichtige Position innehaben.

Personen als Gegner beschreiben, positionieren sich die Beter dieser Texte auf der Seite der Rechtgläubigen.

In den im ersten Hauptteil der Arbeit untersuchten Gebeten wird nicht über Sünder gesprochen, sondern es sprechen die Sünder selbst. Das Verhältnis der Protagonisten zueinander zeigt sich bei einem exemplarischen Vergleich der Konfessionen mit dem Bußgebet in Dan 9 und den Volksklagen in Jer 14. In Dan 9 und Jer 14 spricht das Volk und bekennt implizit (Jer 14)[29] oder explizit (Dan 9), gesündigt und nicht auf JHWHs Boten, die Propheten, gehört zu haben. An beiden Stellen spricht also ein Volk, das genau in der Situation ist, in die hinein es nach dem Willen des Jeremia der Konfessionen geraten soll: Es erleidet das angekündigte Gericht und ist, zumindest in Dan 9, sogar in der Lage zu sehen, dass seine Schuld auch darin besteht, die Worte der Propheten konsequent nicht beachtet zu haben.[30] Wollte man die Gebete einer Erzählung zuordnen, so sprächen in den Umkehrgebeten des ersten Hauptteils die früheren Gegner Jeremias, die durch das Gericht zur Einsicht kommen. Demnach haben die genannten Gebete (Dan 9; Jer 14 und die Konfessionen) das Potential zu gegenseitiger Auslegung. Die Beter von Dan 9 und die Verfasser der Konfessionen könnten wegen der unterschiedlichen Rollen, die sie als Gerechte und Sünder innehaben, nicht das Gebet der anderen Gruppe sprechen. Aber das Bußgebet in Dan 9 sollte in etwa den Erwartungen der Beter der Konfessionen an eine Umkehr des von ihnen bekämpften Volkes als Ergebnis des Gerichts entsprechen, und umgekehrt müssten die Beter in Dan 9 akzeptieren, dass die Propheten, deren Botschaft nach eigener Aussage schuldhaft ignoriert wurde, den Texten der Konfessionen vergleichbar beten konnten. Diese konzeptionelle Anschlussfähigkeit der Gebete untereinander wird man damit zu erklären haben, dass sie grundsätzlich deuteronomistischen Erklärungsmustern entsprechen. So sehr auf der Erzählebene die Sprecher beider Textarten einander unvermischt als über Sünder Betende und Sünder gegenüberstehen, folgen die Gebete doch einer vergleichbaren Erzähllogik.

Die Gebete unterscheidet jedoch ihre Perspektive auf das Gericht. Die Buß- und Dankgebete der Sünder stimmen mit den Konfessionen darin überein, dass

---

29 Vgl. zur Stelle. Die Beter in Jer 14 zeigen durch ihre Anfragen, dass sie trotz der mahnenden und deutenden Worte des Propheten nicht in der Lage sind, ihr Tun und ihr Ergehen zusammen zu bringen. Daran zeigt sich, dass sie dem Propheten keine Aufmerksamkeit geschenkt haben. **30** Auch die Opposition zu Frevlern, die in C Thema der Gebete ist, wird in der Zusammenschau der Gebete als Opposition gegen Beter in B erkennbar. In Dan 9, Jer 14 und Jes 63f. sprechen bekennende Frevler. Implizit bekennen sich auch die Beter von Mi 7 und Hos 14 dazu, der Gruppe der Sünder anzugehören. In B beten also teilweise die Gegner der Beter in C und ihr Gebet ist ein Hinweis darauf, dass die Gebete der Gerechten erhört wurden. Das Handeln JHWHs ist eingetroffen.

das Fehlverhalten des Volkes zu Recht Gericht provoziert hat. Alle Sündergebete werden aus dem Erleben des Gerichts heraus gesprochen, und entsprechend kann die Annahme gelten, die Sünde sei mit dem Gericht gesühnt und es gäbe Möglichkeiten des Neubeginns.[31] Eine solche Möglichkeit steht in Jeremias Antifürbitte in Jer 17 oder in der Erwartung beschämter Gegner in Jes 26,11f. nicht vor Augen, lässt sich aber ähnlich im Dankgebet in Jes 25,1–5 vermuten, wo eine Möglichkeit zur Umkehr mit dem Gericht für alle Welt gegeben wird. Sündige und gerechte Beter in Dan 9; Hos 14; Mi 7; Jes 63f.; Jer 14 und Jes 25f.; Hab und den Konfessionen gehören zu einer Erzählung. Entsprechend lassen sich ihre Gebete logisch miteinander verbinden, wenn man akzeptiert, dass eine über das Gericht hinaus weisende Perspektive für einen umkehrenden Rest sich auf die Gebete der Sünder und Jes 25,1–5 beschränkt. Sie alle partizipieren an der verbindenden Deutung, nach der die Sünde des Volkes und ihre Nichtbeachtung der Propheten das Gericht provoziert hat.

Die bereits erwähnte Dynamik des literarisch gewordenen Gebets lädt Leser und Hörer ein, sich mit den impliziten Betern zu identifizieren. Im Folgenden werden die unterschiedlichen Beteridentitäten noch einmal differenziert.

Die im ersten Hauptteil betenden Sünder verbindet, dass in ihren Gebeten das ganze Volk bzw. der überlebende Rest als betend vorgestellt wird. Die jeweilige Perspektive der Gebete ergibt sich aus der Deutung der jeweiligen Situation des Volkes verbunden mit den theologischen und literarischen Vorgaben des Prophetenbuchs als Gebetskontext. Diese unterschiedlichen Voraussetzungen sind Grundlage sehr unterschiedlich zugespitzter Gebete. Bereits die betend Umkehrenden im ersten Abschnitt warten in ihrem Versuch, sich JHWH wieder zu nähern, mit verschiedenen Selbst- und Gottesbildern auf. Vor allem der Grad der Zerknirschung variiert erheblich. Die gedankliche Entwicklung innerhalb der Sündergebete geht von der Klage, die das Gericht noch nicht begreift (Jer 14), über die Umkehr (B 1) zur Erwartung der Restitution (B 3) wiederum zur Klage über die anhaltende Verstockung (Jes 63f.). Buchgenetisch betrachtet setzt die Klage in Jes 63f. den Jubel in Jes 12 und Jes 38 voraus. Gebete wie Jes 12 lösen das Problem in Jes 63f. nicht auf, sondern sie lösen es überhaupt erst aus oder verschärfen es, da das in ihnen so vollmundig erwartete und herbeigebetete Heil nicht kommt und die Quellen der Rettung (12,3) für die Betenden in Jes 63f. eben nicht sprudeln. Geringere Schwierigkeiten ergeben sich bei der Verbindung der Beter der anderen beiden Gebete der Restitution, Jon 2 und Jes 38, mit der Anfrage in Jes 63f., weil für sie das erlebte Heil vorläufig bleibt und vollmundiger Lobpreis wie in Jes 12 un-

---

31 Aus diesem Grund ist es so entscheidend festzuhalten, dass in Daniel 9 nicht das Volk für sich betet, sondern der Prophet spricht.

terbleibt. Die Gruppe der betenden Sünder ist, das zeigt selbst dieser kurze Überblick deutlich, disparat. Es lässt sich weder eine Schule noch eine Bewegung bestimmen, die mehr als eines dieser Gebete verantwortet hätte. Dafür sind die Gebete zu unterschiedlich in Bezug auf Situation, Erwartung und Sprache. Die Vergleichbarkeit der Beteridentitäten im ersten Hauptteil als von aus dem Elend sich JHWH Zuwendenden, vormals von ihm sündhaft Getrennten bleibt von dieser Präzisierung unberührt.

Die im zweiten Hauptteil untersuchten Gebete zeigen, dass die umfassend gewählte Rede von den Gebeten „Gerechter" nur einen Ausschnitt der in diesem Abschnitt angesprochenen Betergruppen beschreibt. In der Grundschicht der Konfessionen ist vor allem die Identität des Propheten von Interesse, die innerhalb der Gebete bezeichneten Gegner sind all diejenigen, die nicht auf seine Botschaft hören. In einigen Erweiterungen der Konfessionen Jeremias sowie in Hab 1 und Jes 26,1–12 beten die den Frevlern entgegengesetzten Gerechten. Später als diese Darstellung gerechter Beter und darauf aufbauend findet sich die Identifizierung der Betenden als Demütige bzw. Arme. Das Verhältnis von Gerechten und Armen lässt sich beispielhaft im Habakukbuch untersuchen. Der in Hab 1,4.13 und 2,4 angesprochene Gerechte (צַדִּיק) wird in Hab 3 nicht erwähnt. Nutznießer göttlichen Handelns ist zunächst das Volk insgesamt (V. 13), sodann der verborgene Arme (V. 14 עָנִי). Weder vom Volk als Adressat der Rettung noch vom Armen ist in Hab 1 die Rede. Eine ähnliche Verbindung in Jes 24–27, wo die Armen erst nachträglich in ursprünglich über „Gerechte" handelnde Texte eingefügt sind, legt es nahe, dass die Rede von den Armen eine Weiterentwicklung der Rede von den Gerechten ist. Die Gerechten werden in Jer 20,12; Jes 26,1–6.7–10 und Hab 1 erwähnt, die Armen in Jes 25,5; 26,6 und Hab 3,14. An allen drei Stellen ist es wahrscheinlich, dass die Erwähnung der Armen jünger ist als die Rede von den Gerechten. Insofern scheint hier eine Weiterentwicklung des Gedankens vorzuliegen. Mit dem elenden Geschick der leidenden Gerechten, mit denen sich weisheitlich argumentierende Beter identifizieren, werden diese, gerade vor dem Hintergrund betonter Demut vor JHWH und im Gegensatz zu den in Tempel und Herrschaft Ton Angebenden, zu den Armen, deren Spuren auch sonst im *corpus propheticum* und vor allem im Psalter begegnen. Gerade die erwähnte Demut macht nun aber jeglichen Versuch zunichte, aus den beiden Abschnitten dieser Arbeit zwei einander gegenüberge-stellte Gruppierungen zu gewinnen. Vor allem die Sprecher der Bußgebete, passen hervorragend zu einer Gruppe von sich selbst vor JHWH Demütigenden, ebenso der betende Hiskia in Jes 38, dessen elender Blick sich sehnsuchtsvoll zu Gott in der Höhe richtet.

Eine neben der Frage nach Sünde und Gerechtigkeit weitere für die Beter in den Prophetenbüchern wesentliche Identität deutet sich in der wiederholten Rede vom Vertrauen und von der Hoffnung auf JHWH an. Das Bekenntnis, zu denen zu gehören, die auf JHWH hoffen, findet sich in beiden Hauptteilen.[32] Wie im Psalter bezeichnet die Rede von denen, die auf JHWH hoffen oder vertrauen, einen dem Frevler und Treulosen entgegengesetzten Typus des Frommen.[33] Sowohl die um Gericht Betenden als auch die im Gericht Betenden tun dies als Hoffende. Die Wichtigkeit des Vertrauens auf JHWH wird sowohl in der Feier der Restitution durch die geläuterten Sünder (Jes 12,2) als auch im Lied der Gerechten (Jes 26,4) hervorgehoben. Und auch die mögliche Vergeblichkeit der Hoffnung wird in beiden Hauptteilen thematisiert. Jes 64,3 spricht vom Handeln JHWHs an dem, der auf ihn harrt (חכה) – und zugleich wird im vorangehenden Vers das Unerwartbare (לֹא נְקַוֶּה) erwartet. Jes 59,11 und Jer 14,19 berichten mit Jer 15,18 von der enttäuschten Hoffnung, während Jes 38,18 weiß, dass nur der auf JHWH hoffen kann, der von ihm im Leben gehalten wird. JHWH als Gegenüber und Grund der hoffenden Beter wird sowohl in den Erweiterungen der Konfessionen (Jer 17,13) als auch in der enttäuschten Volksklage in Jer 14,8 als „Hoffnung Israels" angesprochen. Diese Ansprache leitet über zu den Überlegungen zur Ansprechbarkeit Gottes in den Gebeten der Propheten.

5 „Herr, es ist Zeit" – die Ansprechbarkeit Gottes

Ansprache und Ansprechbarkeit Gottes werden in den Gebeten der Propheten nicht als selbstverständlich wahrgenommen. Die Ansprache droht zu verstummen, wenn andere Götter als JHWH angesprochen werden und wenn die Fähigkeit sich an JHWH zu wenden bzw. zu ihm zurückzukehren nicht gegeben ist. Zudem wird im Szenarium des Gerichts immer wieder die Ansprechbarkeit Gottes aufgekündigt. Sie ist Teil programmatischer Abwendung Gottes von seinem zu strafenden Volk.

Gebete sind das Mittel der Wahl, die Fähigkeit zur Ansprache Gottes, die aus unterschiedlichen Gründen verloren gegangen ist, wieder zu gewinnen. Eindrücklich geschieht dies in Jes 38. Dem in diesem Kapitel in Todesnähe sprechenden Kranken gelingt die Klage über seine Isolation von Gott und Mensch zunächst nicht als Anrede an einen Adressaten. Er bleibt sprechend auf sich selbst geworfen. Erst im Gebetsverlauf beginnt er, JHWH anzusprechen. Sein Weg aus der tödlichen Isolation hin zum neuen Leben in der Gemeinschaft der Lobpreisenden korreliert der Möglichkeit, JHWH im Gebet als Gegenüber anzurufen. Der Weg vom Tod zum Leben wird dabei nicht nur vorgestellt, vielmehr lässt das Gebet den Leser

---

32 Vgl. Jer 14,22 und Jes 26,8.
33 Vgl. Ps 25,3; 37,9; 69,7 u. ö.

(wie beschrieben) an der allmählichen Erringung der Gottesansprache im Prozess des Lesens teilhaben. Das Gebet entfaltet seine textpragmatische Wirkung derart, dass es den Leser vom Tod zum Leben führt. Ist in Jes 38 die Erringung der Ansprache im Vollzug zu erleben, so berichtet der Beter in Jon 2 davon, wie er die Ansprechbarkeit JHWHs aus Todesnähe und Entfernung zum Tempel errungen habe, indem er sich hartnäckig auf den Tempel ausgerichtet habe und mit seinem Anliegen erhört worden sei. Die Ansprechbarkeit JHWHs wird in diesem Gebet als eine vorgestellt, die errungen sein will, aber deren Erringung dem nachdrücklich Entschlossenen im Gebet möglich ist.

Die Annahme der Möglichkeit einer aus eigener Hartnäckigkeit ertrotzten Gebetserhörung wird nicht von allen Texten im *corpus propheticum* geteilt. So zeigt der fehlgehende Versuch in Hos 6,1, sich JHWH wieder zuzuwenden, dass der Entschluss zur Umkehr in einigen Fällen nicht ausreichend ist. Erst die autoritative Stimme, die in Hos 14 zum Gebet auffordert, sichert dem Rest, der das Gericht überstanden hat, implizit zu, dass die geforderte Umkehr möglich ist. Diese starke Abhängigkeit jeglichen Betens von der Ermöglichung durch Gott ist auch in Dan 9,3 zu erahnen, wenn der betende Prophet sich JHWHs Antlitz zuwendet, um zunächst das Gebet zu suchen (לְבַקֵּשׁ תְּפִלָּה).

Das Gebet muss gesucht werden, weil es nicht selbstverständlich zur Verfügung steht. Gerade im Gerichtsszenario ergänzen sich das vom irregehenden Volk nicht mehr formulierte Gebet und die Abwendung des zornigen Gottes auf perfide Weise zu einer Situation der Ausweglosigkeit, wie sie eindrücklich in Jes 63f. nachgezeichnet wird. JHWH selbst wird in diesem Gebet für die anhaltende Verirrung der Betenden zur Verantwortung gezogen. Es ist sein Zorn, der sie in die Irre führt (Jes 64,4). Sie selbst sind insofern Teil des Elends, als sie in eine Gegenwart gehören, in der der Name JHWHs nicht mehr angerufen wird (Jes 64,6). Eine vergleichbare Situation mag zugrunde liegen, wenn sich die Sprecher in Jes 26,8 nach JHWHs Namen und nach seiner Erinnerung sehnen. In knapper Form wird damit auch in diesem Vers eine Situation beschrieben, in der JHWH nicht angerufen, seiner nicht gedacht wird und er damit in seinem Volk nicht mehr präsent ist. In beiden Fällen ist das ausbleibende Gebet nicht allein Zeichen einer gebetsunwilligen Menschheit, sondern zugleich Auswirkung der im Gericht den Menschen entzogenen Gottespräsenz. Jes 26 und 63f. zeigen nun allerdings einmal mehr die besondere Wirkung des Gebets. Mit den Äußerungen der Sehnsucht oder der Klage strafen beide Gruppen ihre Klagen Lügen, weil sie sich sehr wohl betend an JHWH wenden und damit bereits einen Weg markieren, der aus dem Desaster heraus führen kann.

Es zeigt sich also, dass das Gebet als Gebet bereits zur Öffnung einer Situation zum Besseren hin beitragen kann. Zugleich wird der erbetene Wandel inhaltlich auf unterschiedliche Weise angebahnt. So erinnert das Gebet in einigen Fällen den angesprochenen Gott, und implizit zugleich die lesende und betende Gemeinschaft, an die überlieferten Versprechen und Wesenszüge Gottes, auf die die Betenden ihre Hoffnung setzen. In diesem Sinne kaprizieren sich die Umkehrwilligen auf JHWHs in Ex 34 versprochene Treue und Güte (Mi 7,20) und beschwören seine Vergebungsmacht (Mi 7,18 f.). Sie begründen die eigene Umkehr und die Hoffnung, die sie dabei treibt, mit ihrem Wissen um JHWHs Erbarmen (רחם; Hos 14,4). Sie beschreiben eine Gerechtigkeit, die die göttliche Barmherzigkeit umfasst und so ein Ende des gerechten Gerichts ermöglicht (Dan 9,16). Andernorts konzentrieren sich Betende, die auf JHWHs richtendes Eingreifen harren, auf seinen Willen zur Gerechtigkeit (Jes 26,7–10) und beschwören mit demselben Ziel seinen Eifer für sein Volk (Jes 26,11). Die wesentliche und zum Eingreifen nötigende Zusammengehörigkeit von Betern und Gott wird mit der Ausrufung des göttlichen Namens über einer Gruppe (Jer 14,7.9.21; Dan 9,18 f.) oder einem einzelnen Beter begründet (Jer 15,16).[34] Die Wirkungsabsicht solcher gezielter Ansprachen ist eine doppelte: Sie zielen auf JHWH, der seines Wesens und Versprechens gedenken und entsprechend agieren soll; sie zielen aber zugleich auch auf die Betenden selbst, die sich betend des Erbarmens und der Treue JHWHs versichern.

Ähnliche Themen wie die erinnernden Bitten finden sich in den rückblickenden Dankgebeten, die das Handeln JHWHs beschreiben und seine aus diesem Handeln ersichtlich gewordenen Wesenszüge. Die dankbar Geretteten besingen den thronenden Gott-König (Jes 25), den Herrn über Kosmos und Chaos (Hab 3) und den Retter aller Demütigen (Jes 25,4 f.; 26,6). Sie berichten von der Erfahrung mit einem Gott, der das Gebet aus Not und Todesbedrohung gehört hat, und weisen damit auf eine Ausweitung seiner Macht bis an die Pforten der Sheol (Jes 38 und Jon 2). Aller erlittenen Entfernung und Vertreibung zum Trotz bleibt er der Gott, der auf dem Zion thront, inmitten seines Volkes (Jes 12) oder inmitten aller Völker (Jes 25,1–5; 26,1–6).

Die im Rückblick dankenden Gebete thematisieren jedoch nicht allein die Rettung durch JHWH, sondern beschreiben auch das böse Ergehen des Beters als von JHWH verursacht oder zumindest gebilligt.[35] Im Dank werden Strafe und Abkehr JHWHs als überwunden markiert und bleiben als Erinnerung gleichwohl präsent. Klagen und Bitten thematisieren dagegen die aktuelle Bedrohung durch JHWH oder das ebenso bedrohliche Ausbleiben seines Handelns.[36] Sie beschreiben die Enttäuschung über ausbleibendes Handeln JHWHs, anhaltende Abwendung und nicht endende Strafe. Auch diese Gebete fragen nach den Gründen

---

34 Vgl. dagegen die Klage in Jes 63,19, die Sprecher seien wie Menschen, über die der Name nie gerufen worden sei.

35 Vgl. v. a. die Gebete im Abschnitt B 3.

36 Vgl. v. a. die Gebete der Enttäuschung in B 2 und der Verzögerung in C 2.

dafür, dass JHWH nicht handelt, wie es zu erhoffen gewesen wäre, und verstärken die Argumente für sein Eingreifen. Auch wenn sie dabei sehr unterschiedlich vorgehen, versuchen doch fast alle, JHWH an sein Wesen, sein Eigeninteresse, seine Drohungen und Verheißungen zu erinnern, deretwegen sein gutes Handeln erwartet werden kann. Die Diskrepanz zwischen Erwartung und Erfahrung nötigt die Beter dieser Gebete zu einer besonders intensiven Arbeit am Gottesbild.[37]

Die Drastik des Erlebten schlägt sich dabei in brisanten Darstellungen JHWHs nieder. Wegen des Ausbleibens seiner Rettung wird er einem „hilflosen Helfer" verglichen (Jer 14,9), seine Gottheit wird in Frage gestellt, weil er seine Rechtsordnung nicht verteidigt und sein Volk einem selbstherrlichen Feind ausliefert (Hab 1), ja, er selbst kann als Feind seines Volkes beschrieben werden (Jes 63). Seine Vernichtungsmacht wird dem Knochen zermalmenden Löwen parallelisiert (Jes 38), und selbst seine Wirkung auf den Propheten wird geradezu als Gewalttat empfunden (Jer 20). Alle Hoffnung auf ihn wird enttäuscht (Jer 15,18), und die an anderer Stelle gepriesene Barmherzigkeit kann kaum mit der erlebten Hartherzigkeit verbunden werden (Jes 63,15). Er selbst ist es, dessen Zorn sein Volk ihm immer weiter entfremdet (Jes 63 f.). Die Fremdheit JHWHs wird auch in den Konfessionen Jeremias zum Thema. In aller Widerständigkeit und Ambivalenz öffnen die Konfessionen Jeremias das Gottesbild für die Fülle möglicher Erfahrungen mit einem Gott, der unverfügbar bleibt.

Einen Schritt weiter gehen die Beter in Jes 63 f. Die in diesem Text Klagenden können sich ihrer Erfahrung nach nicht mehr auf das verlassen, was ihnen als Lehre über ihren Gott mitgeteilt worden ist. Erwartung und Erfahrung korrelieren nicht. Sie erinnern sich an die Heilsgeschichte, an die Erwählung des Volkes, nehmen ausdrücklich auf Heilszusagen des Buchkontextes Bezug und stellen dabei fest, dass diese Erinnerung nur bedingt hilft. Der Gott der Geschichte bleibt Geschichte. Im Kontext formulierte Zusagen erweisen sich für ihre Gegenwart als trügerisch. Bei dieser Wahrnehmung der Gegenwart verharren die Beter jedoch nicht, sondern suchen eine neue, passende Ansprache JHWHs. In der Formulierung dieser Ansprache zeigt sich die Radikalität ihrer Auseinandersetzung mit der Diastase von Erwartung und Erfahrung. So gründen die Beter in Jes 63 f. die Beziehung zu ihrem Gott im Umgang mit der erlebten Ambivalenz noch tiefer, nämlich in der Ursprungssituation selbst. Der Gott, an den sie sich wenden, ist aller geschichtlich vermittelten Zusagen entkleidet und wird als ihr Vater und Schöpfer vorgestellt. Kein auflösbarer Bund, keine kündbare Erwählung wird bemüht, sondern allein die Anrede dessen, der sie erschaffen hat und den sie als Vater bekennen. Dabei wird in diesem Gebet wie in anderen Klagen keine „Lö-

---

37 Vgl. A 1 in dieser Arbeit sowie Sparn, Gebet, 296.

sung" des Problems vorweggenommen. Das einzig Positive, das diese Betenden erringen, ist eine Ansprache JHWHs, die die negativen Erfahrungen nicht ignorieren muss, sondern benennt und dadurch im Gespräch bleibt. „Keiner ruft deinen Namen", mit diesen Worten beschreiben die Verfasser der ersten Ergänzungsschicht in Jes 64,6 ihre Gegenwart als eine Zeit, in der JHWH nicht angesprochen wird. Sie markieren mit dieser Formulierung die Unmöglichkeit, an die überkommene Gottesbeziehung anzuknüpfen und öffnen durch die Anrede JHWHs, die der eigenen Analyse widerspricht, gleichzeitig die Gegenwart für ein Handeln JHWHs.

Die Gebete bleiben als Gebete nicht bei der Anklage Gottes stehen, dessen Abwesenheit und Feindschaft ihnen Leid zufügt. Indem die Gebete, in denen die Abwendung Gottes thematisiert wird, als Gebete zugleich die Ansprechbarkeit und Personalität Gottes in die Texte eintragen, oftmals gegen den Kontext, der eine Disposition JHWHs zum Dialog verneint, setzen sie als realisiert voraus, was sie fordern: die Ansprechbarkeit Gottes. Die Betenden tragen sich selbst in die Texte ein, benennen ihre Schuld und das Entsetzen über die erlebte Unverrechenbarkeit und Zwiegesichtigkeit JHWHs und fliehen gleichzeitig mit diesen Formulierungen zu ihm hin. Die Möglichkeit, die deutlichste Klage und Kritik mit einer solchen Hinwendung zum Urheber des Leids, der auch der einzige Urheber der Hilfe ist, zu verbinden, eröffnen nur Gebete. In dieser Verbindung von Ansprache und kritischer Reflexion und in der zugleich ermöglichten Öffnung der Situation liegt das Proprium der Gottesansprache im *corpus propheticum*.

E Literaturverzeichnis

Die zitierte Literatur wird in den Fußnoten jeweils zunächst mit vollem Titel genannt, im weiteren Verlauf mit Verfasser und Kurztitel. Kurztitel, die sich nicht ohne weiteres aus dem vollen Titel ergeben, werden hinter dem Eintrag in Klammern genannt. Ins Literaturverzeichnis aufgenommen wurden alle verwendeten Titel mit Ausnahme gängiger Hilfsmittel (Textausgaben, Lexika, Konkordanzen).

Ackroyd, Peter R., „An Interpretation of the Babylonian Exile: A Study of II Kings 20 and Isaiah 38–39." in *Studies in the Religious Tradition of the Old Testament,* hrsg. von ders. London: SCM Press, 1987: 152–171.

——, „Isaiah 36–39: Structure and Function." in *ebd.*: 105–120.

Aejmelaeus, Anneli, „Der Prophet als Klageliedsänger: Zur Funktion des Psalms Jes 63,7–64,11 in Tritojesaja." in *Zeitschrift für die Alttestamentliche Wissenschaft* 107 (1995): 31–50.

Aḥituv, Shmuel, „The Sinai Theophany in the Psalm of Habakkuk." in *Birkat Shalom: Studies in the Bible, Ancient Near Eastern Literature, and Post-Biblical Judaism Presented to Shalom M. Paul on the Occasion of His Seventieth Birthday,* hrsg. von Chaim Cohen. Winona Lake, Ind.: Eisenbrauns, 2008: 225–232.

Ahuis, Ferdinand, *Der klagende Gerichtsprophet.* Calwer Theologische Monographien 12. Stuttgart u. a.: Calwer Verlag, 1974.

Albertz, Rainer, „Art. Gebet II. Altes Testament." in *Theologische Realenzyklopädie* 12 (1984): 34–42.

——, „Exilische Heilsversicherung im Habakukbuch." in *„Textarbeit". Studien zu Texten und ihrer Rezeption aus dem Alten Testament und der Umwelt Israels,* hrsg. von Klaus Kiesow und Thomas Meurer. Alter Orient und Altes Testament 294. Münster: Ugarit-Verlag, 2003: 1–20.

Alles, Gregory D., „Art. Gebet: I. Religionswissenschaftlich." in *Religion in Geschichte und Gegenwart,* 4. Aufl. 3 (2000): 485–488.

Andersen, Francis I., *Habakkuk: A New Translation with Introduction and Commentary.* The Anchor Bible 25. New York u. a.: Doubleday, 2001.

Anderson, John E., „Awaiting an Answered Prayer: The Development and Reinterpretation of Habakkuk 3 in Its Contexts." in *Zeitschrift für die Alttestamentliche Wissenschaft* 123/1 (2011): 57–71.

Baldermann, Ingo, Hrsg., *Prophetie und Charisma.* Jahrbuch für Biblische Theologie 14. Neukirchen-Vluyn: Neukirchener Verlag, 1999.

Balentine, Samuel Eugene, „,The Prophet as Intercessor': A Reassessment." in *Journal of Biblical Literature* 103 (1984): 161–173.

——, *Prayer in the Hebrew Bible.* Minneapolis: Fortress Press, 1993.

Barker, Margaret, „Hezekiah's Boil." in *Journal for the Study of the Old Testament* 95 (2001): 31–42.

Barré, Michael L., „Restoring the ,Lost' Prayer in the Psalm of Hezekiah (Isaiah 38:16–17b)." in *Journal of Biblical Literature* 114 (1995): 385–399.

——, *The Lord Has Saved Me: A Study of the Psalm of Hezekiah (Isaiah 38:9–20)*. Catholic Biblical Quarterly Monograph Series 39. Washington DC, 2005.

Barstad, Hans M. und Reinhard G. Kratz, Hrsg., *Prophecy in the Book of Jeremiah*. Beihefte zur Zeitschrift für die Alttestamentliche Wissenschaft 388. Berlin u. a.: de Gruyter, 2009.

Barth, Christoph, *Die Errettung vom Tode: Leben und Tod in den Klage- und Dankliedern des Alten Testaments,* neu herausgegeben von Bernd Janowski. Kohlhammer-Studienbücher Theologie. Stuttgart u. a.: Kohlhammer, 1997.

Barth, Hermann, *Die Jesaja-Worte in der Josiazeit: Israel und Assur als Thema einer produktiven Neuinterpretation der Jesajaüberlieferung*. Wissenschaftliche Monographien zum Alten und Neuen Testament 48. Neukirchen-Vluyn: Neukirchener Verlag, 1977.

Barthel, Jörg, *Prophetenwort und Geschichte: Die Jesajaüberlieferung in Jes 6–8 und 28–31*. Forschungen zum Alten Testament 19. Tübingen: Mohr Siebeck, 1997.

Barton, John, *Joel and Obadiah: A Commentary*. The Old Testament Library. Louisville: Westminster John Knox Press, 2001.

Bauks, Michaela, Hrsg., *Was ist der Mensch, dass du seiner gedenkst? (Psalm 8,5) Aspekte einer theologischen Anthropologie. Festschrift für Bernd Janowski zum 65. Geburtstag*. Neukirchen-Vluyn: Neukirchener Verlag, 2008.

Baumgartner, Walter, *Die Klagegedichte des Jeremia*. Beihefte zur Zeitschrift für die Alttestamentliche Wissenschaft 32. Gießen: Töpelmann, 1917.

Becker, Uwe, *Jesaja – von der Botschaft zum Buch*. Forschungen zur Religion und Literatur des Alten und Neuen Testaments 178. Göttingen: Vandenhoeck & Ruprecht, 1997.

——, „Jesajaforschung (Jes 1–39)." in *Theologische Rundschau* 64 (1999): 1–37; 117–152.

——, „Der Prophet als Fürbitter: Zum literarhistorischen Ort der Amos-Visionen." in *Vetus Testamentum* 51/2 (2001): 141–165.

——, „Rezension: Scholl, Reinhard: Die Elenden in Gottes Thronrat. Stilistisch-kompositorische Untersuchung zu Jesaja 24–27." in *Theologische Revue* 97 (2001): 303–305.

——, „Die Wiederentdeckung des Prophetenbuches: Tendenzen und Aufgaben der gegenwärtigen Prophetenforschung." in *Berliner Theologische Zeitschrift* 21/1 (2004): 30–60.

——, „Der Messias in Jes 7–11: Zur ‚Theopolitik' Prophetischer Heilserwartungen." in *Ein Herz so weit wie der Sand am Ufer des Meeres,* hrsg. von Susanne Gillmayr-Bucher u. a. Erfurter Theologische Studien 90. Würzburg: Echter, 2006: 235–254.

——, „Tendenzen der Jesajaforschung 1998–2007." in *Theologische Rundschau* 74 (2009): 96–128.

Becking, Bob und Eric Peels, Hrsg., *Psalms and Prayers: Papers Read at the Joint Meeting of the Society of Old Testament Study and Het Oudtestamentisch Werkgezelschap in Nederland en België*. Oudtesttamentische Studien 55. Leiden u. a.: Brill, 2007.

Begg, Christopher T., „Hezekiah's Display." in *Biblische Notizen* 38/39 (1987): 14–18.

——, „Hezekiah's Display: Another Parallel." in *Biblische Notizen* 41 (1988): 7–8.

Begrich, Joachim, *Der Psalm des Hiskia: Ein Beitrag zum Verständnis von Jesaja 38,10–20*. Forschungen zur Religion und Literatur des Alten und Neuen Testaments N.F. 25. Göttingen: Vandenhoeck & Ruprecht, 1926.

Bentzen, Aage, *Daniel,* 2. verbesserte Aufl. Handbuch zum Alten Testament 1/19. Tübingen: Mohr, 1952.

Berge, Kåre, „Weisheitliche Hosea-Interpretation? Zur Frage nach Kohärenz und literarischem Horizont von Hosea 14,6–10." in *„Wer darf hinaufsteigen zum Berg JHWHs?" Beiträge zu*

Prophetie und Poesie des Alten Testaments, hrsg. von Hubert Irsigler und Kristinn Ólason. Arbeiten zu Text und Sprache im Alten Testament 72. St. Ottilien: EOS-Verl, 2002: 3 – 23.

Berges, Ulrich, *Das Buch Jesaja: Komposition und Endgestalt.* Herders Biblische Studien 16. Freiburg i. Br. u. a.: Herder, 1998.

—— undRudolf Hoppe, *Arm und Reich.* Neue Echter Bibel, Themen 10. Würzburg: Echter, 2009.

Bergsma, John S., „The Persian Period as Penitential Era: The 'Exegetical Logic' of Daniel 9.1 – 27." in *Exile and Restoration Revisited: Essays on the Babylonian and Persian Periods in Memory of Peter R. Ackroyd,* hrsg. von Gary N. Knoppers. Library of Second Temple Studies 73. London u. a.: T. & T. Clark, 2009.

Berlejung, Angelika und Raik Heckl, Hrsg., *Mensch und König: Studien zur Anthropologie des Alten Testaments. Rüdiger Lux zum 60. Geburtstag.* Herders Biblische Studien 53. Freiburg i. Br. u. a.: Herder, 2008.

Berner, Christoph, *Jahre, Jahrwochen und Jubiläen.* Beihefte zur Zeitschrift für die Alttestamentliche Wissenschaft 363. Berlin u. a.: de Gruyter, 2006.

Beuken, Willem A. M., „The Prophet Leads the Readers into Praise: Isaiah 25:1 – 10 in Connection with Isaiah 24:14 – 23 Seen Against the Background of Isaiah 12." in *Studies in Isaiah 24 – 27,* hrsg. von Hendrik Jan Bosman, Harm van Grol und Johannes C. de Moor. Oudtestamentische Studien 43. Leiden u. a.: Brill, 2000: 121–156.

——, *Jesaja 1–12.* Herders Theologischer Kommentar zum Alten Testament. Freiburg i. Br. u. a.: Herder, 2003.

——, „A Prayer for the Readers of the Book of Isaiah: A Meditation on Isaiah 12." in *Calvin Theological Journal* 39 (2004): 381–386.

——, *Jesaja 13 – 27.* Herders Theologischer Kommentar zum Alten Testament. Freiburg i. Br. u. a.: Herder, 2007.

——, *Jesaja 28 – 39.* Herders Theologischer Kommentar zum Alten Testament. Freiburg i. Br. u. a.: Herder, 2010.

Bezzel, Hannes, *Die Konfessionen Jeremias: Eine redaktionsgeschichtliche Studie.* Beihefte zur Zeitschrift für die Alttestamentliche Wissenschaft 378. Berlin u. a.: de Gruyter, 2007.

Bickermann, Elias, *Der Gott der Makkabäer.* Berlin: Schocken u. a., 1937.

Birkeland, Harris, *ānî und ānāw in den Psalmen.* Skrifter utgitt av det Norske Videnskaps-Akademi i Oslo 2. Oslo: Dybwad (in Komm.), 1933.

Blenkinsopp, Joseph, *Isaiah 1 – 39: A New Translation with Introduction and Commentary.* The Anchor Bible 19. New York, u. a.: Doubleday, 2000.

——, *Isaiah 56 – 66: A New Translation with Introduction and Commentary.* The Anchor Bible 19B. New York u. a.: Doubleday, 2003.

Boda, Mark J., „From Complaint to Contrition: Peering through the Liturgical Window of Jer 14,1 – 15,4." in *Zeitschrift für die Alttestamentliche Wissenschaft* 113 (2001): 187–197.

Bosman, Hendrik Jan, „Syntactic Cohesion in Isaiah 24 – 27." in *Studies in Isaiah 24 – 27,* hrsg. von Hendrik Jan Bosman, Harm van Grol und Johannes C. de Moor. Oudtestamentische Studien 43. Leiden u. a.: Brill, 2000: 19–50.

——, Harm van Grol und Johannes C. de Moor, Hrsg., *Studies in Isaiah 24 – 27.* Oudtestamentische Studien 43. Leiden u. a.: Brill, 2000.

—— und Harm W. M. van Grol, „Annotated Translation of Isaiah 24 – 27." in *ebd.:* 3 – 12.

Bosshard-Nepustil, Erich, *Rezeptionen von Jesaia 1 – 39 im Zwölfprophetenbuch: Untersuchungen zur literarischen Verbindung von Prophetenbüchern in babylonischer und persischer Zeit.* Orbis Biblicus et Orientalis 154. Freiburg, Schweiz: Universitäts-Verlag/ Göttingen: Vandenhoeck & Ruprecht, 1997.

Brandscheidt, Renate, „Die Gerichtsklage des Propheten Jeremia im Kontext von Jer 17." in *Trierer Theologische Zeitschrift* 92 (1983): 61–78.

Brownlee, William Hugh, Hrsg., *The Midrash Pesher of Habakkuk: Text, Translation, Exposition.* Society of Biblical Literature Monograph Series 24. Missoula, Mont.: Scholars Press, 1979.

Brueggemann, Walter, *A Commentary on Jeremiah: Exile and Homecoming,* Nachdruck der 1. Aufl. Grand Rapids, Mich. u. a.: Eerdmans, 2003.

Budde, Karl, „Habakuk." in *Zeitschrift der Deutschen Morgenländischen Gemeinschaft* 84 (1930): 139–147.

Caquot, A. und M. Delcor, Hrsg., *Mélanges bibliques et orientaux en l'honneur de M. Henri Cazelles.* Alter Orient und Altes Testament 212. Kevelaer: Butzon & Bercker u. a., 1981.

Carroll, Robert P., „City of Chaos, City of Stone, City of Flesh: Urbanscapes in Prophetic Discourses." in *„Every City Shall Be Forsaken." Urbanism and Prophecy in Ancient Israel and the Near East,* hrsg. von Lester L. Grabbe und Robert D. Haak. Journal for the Study of the Old Testament Supplement Series 330. Sheffield: Sheffield Academic Press, 2001: 45–61.

Charles, Robert Henry, *A Critical and Exegetical Commentary on the Book of Daniel: With Introduction, Indexes and a New English Translation.* Oxford, 1929.

Childs, Brevard S., *Isaiah,* Nachdruck der 1. Aufl. The Old Testament Library. Louisville: Westminster John Knox Press, 2004.

Cohen, Chaim, Hrsg., *Birkat Shalom: Studies in the Bible, Ancient Near Eastern Literature, and Post-Biblical Judaism: Presented to Shalom M. Paul on the Occasion of His Seventieth Birthday.* Winona Lake, Ind.: Eisenbrauns, 2008.

Collins, John Joseph, *Daniel.* The Forms of the Old Testament Literature 2. Grand Rapids, Mich.: Eerdmans, 1999.

Craigie, Peter C., Page H. Kelley und Joel F. Drinkard, *Jeremiah 1–25.* Word Biblical Commentary 26. Waco, Tex.: Word Press u. a., 1991.

Crüsemann, Frank, *Studien zur Formgeschichte von Hymnus und Danklied in Israel.* Wissenschaftliche Monographien zum Alten und Neuen Testament 32. Neukirchen-Vluyn: Neukirchener Verlag, 1969.

——, „Israel in der Perserzeit: Eine Skizze in Auseinandersetzung mit Max Weber." in *Max Webers Sicht des antiken Christentums: Interpretation u. Kritik,* hrsg. von Wolfgang Schluchter. Suhrkamp Taschenbuch Wissenschaft 548. Frankfurt am Main: Suhrkamp, 1985: 205–232.

Dangl, Oskar, „Habakkuk in Recent Research." in *Currents in Research* 9 (2001): 131–168.

Day, John, „New Light on the Mythological Background of the Allusion to Resheph in Habakkuk III 5." in *Vetus Testamentum* 29/3 (1979): 353–355.

——, Hrsg., *Prophecy and the Prophets in Ancient Israel: Proceedings of the Oxford Old Testament Seminar.* Library of Hebrew Bible/ Old Testament Studies 531. New York: T. & T. Clark International, 2010.

de Boer, Pieter Arie Hendrik, „Notes on Text and Meaning of Isaiah xxxviii 9–20." in *Oudtestamentische Studien* 9 (1951): 170–186.

Decorzant, Alain, *Vom Gericht zum Erbarmen: Text und Theologie von Micha 6–7.* Forschung zur Bibel 123. Würzburg: Echter, 2010.

Deissler, Alfons, *Zwölf Propheten II: Obadja, Jona, Micha, Nahum, Habakuk,* 3. Aufl. Neue Echter Bibel Kommentar zum Alten Testament 8. Würzburg: Echter, 1998.

Dequeker, Luc, „King Darius and the Prophecy of Seventy Weeks: Daniel 9." in *The Book of Daniel in the Light of New Findings,* hrsg. von Adam S. van der Woude. Bibliotheca Ephemeridum Theologicarum Lovaniensium 106. Leuven: Leuven Univ. Press, 1993: 187–210.

Diamond, A. R., *The Confessions of Jeremiah in Context: Scenes of Prophetic Drama.* Journal for the Study of the Old Testament Supplement Series 45. Sheffield: JSOT Press, 1987.

——, „Jeremiah's Confessions in the LXX and MT: A Witness to Developing Canonical Function?" in *Vetus Testamentum* 40/1 (1990): 33–50.

Dietrich, Walter, „Habakuk – ein Jesajaschüler." in *Nachdenken über Israel, Bibel und Theologie,* hrsg. von Hermann Michael Niemann, Matthias Augustin und Werner H. Schmidt. Beiträge zur Erforschung des Alten Testaments und des Antiken Judentums 37. Frankfurt am Main, Berlin: Lang, 1994: 197–215.

Dorp, Jaap van, „The Prayer of Isaiah and the Sundial of Ahaz (2 Kgs 20:11)." in *Psalms and Prayers: Papers Read at the Joint Meeting of the Society of Old Testament Study and Het Oudtestamentisch Werkgezelschap in Nederland en België,* hrsg. von Bob Becking und Eric Peels. Oudtestamentische Studien 55. Leiden u. a.: Brill, 2007: 253–265.

Doyle, Brian, *The Apocalypse of Isaiah Metaphorically Speaking: A Study of the Use, Function, and Significance of Metaphors in Isaiah 24–27.* Bibliotheca Ephemeridum Theologicarum Lovaniensium 151. Leuven u. a.: Leuven Univ. Press: Peeters, 2000.

Driver, G. R., „Linguistic and Textual Problems: Isaiah i-xxxix." in *Journal of Theological Studies* 38 (1937), 36–50.

Duhm, Bernhard, *Das Buch Jeremia: Erklärt.* Kurzer Hand-Commentar zum Alten Testament 11. Tübingen: Mohr, 1901.

——, *Das Buch Jesaja: Übersetzt und erklärt von Bernhard Duhm,* 5. Aufl. Göttinger Handkommentar zum Alten Testament III/1. Göttingen: Vandenhoeck & Ruprecht, 1968.

Ebeling, Gerhard, *Prolegomena: Teil 1: Der Glaube an Gott, den Schöpfer der Welt.* Tübingen: Mohr, 1979.

Eberhardt, Gönke und Kathrin Liess, Hrsg., *Gottes Nähe im Alten Testament.* Stuttgarter Bibelstudien 202. Stuttgart: Verlag Katholisches Bibelwerk, 2004.

Eising, H., „Art. זכר zāḵar." in *Theologisches Wörterbuch zum Alten Testament* II (1977): 571–593.

Emmendörffer, Michael, *Der ferne Gott: Eine Untersuchung der alttestamentlichen Volksklagelieder vor dem Hintergrund der mesopotamischen Literatur.* Forschungen zum Alten Testament 21. Tübingen: Mohr Siebeck, 1998.

Erbele-Küster, Dorothea, *Lesen als Akt des Betens: Eine Rezeptionsästhetik der Psalmen.* Wissenschaftliche Monographien zum Alten und Neuen Testament 87. Neukirchen-Vluyn: Neukirchener Verlag, 2001.

Fabry, Heinz-Josef und Helmer Ringgren, „Art. שם šem." in *Theologisches Wörterbuch zum Alten Testament* VIII (1995): 122–174.

Feldmeier, Reinhard und Hermann Spieckermann, *Der Gott der Lebendigen: Eine biblische Gotteslehre.* Topoi biblischer Theologie 1. Tübingen: Mohr Siebeck, 2011.

Feltes, Heinz, *Die Gattung des Habakukkommentars von Qumran (1 QpHab). Eine Studie zum frühen jüd. Midrasch.* Forschung zur Bibel 58. Würzburg: Echter, 1986.

Fischer, Georg, *Jeremia 1–25.* Herders Theologischer Kommentar zum Alten Testament. Freiburg i. Br. u. a.: Herder, 2005.

——, *Jeremia 26–52.* Herders Theologischer Kommentar zum Alten Testament. Freiburg i. Br. u. a.: Herder, 2005.

——, *Jeremia: Der Stand der theologischen Diskussion.* Darmstadt: Wissenschaftliche Buchgesellschaft, 2007.

—— und Knut Backhaus, *Beten.* Neue Echter Bibel, Themen 14. Würzburg: Echter, 2009.

——, „Gebete als hermeneutischer Schlüssel zu biblischen Büchern: Am Beispiel von Jeremia." in *Congress Volume: Ljubljana 2007,* hrsg. von André Lemaire. Supplements to Vetus Testamentum 133. Leiden u. a.: Brill, 2010: 219 – 237.

Fischer, Irmtraud, *Wo ist Jahwe? Das Volksklagelied Jes 63,7 – 64,11 als Ausdruck des Ringens um eine gebrochene Beziehung.* Stuttgarter Biblische Beiträge 19. Stuttgart: Verlag Katholisches Bibelwerk, 1989.

Fishbane, Michael, „„A Wretched Thing of Shame, A Mere Belly'. An Interpretation of Jeremiah 20:7 – 12." in *The Biblical Mosaic: Changing Perspectives,* hrsg. von Robert Polzin und Eugene Rothman. Semeia Studies 10. Philadelphia, Pa.: Fortress Press u. a., 1982: 169 – 183.

Floyd, Michael H., „Prophetic Complaints about the Fulfillment of Oracles in Habakkuk 1:2 – 17 and Jeremiah 15:10 – 18." in *Journal of Biblical Literature* 110 (1991): 397 – 418.

Fohrer, Georg, *Studien zur alttestamentlichen Prophetie (1949 – 1965).* Beihefte zur Zeitschrift für die Alttestamentliche Wissenschaft 99. Berlin u. a.: Töpelmann, 1967.

——, „Abgewiesene Klage und untersagte Fürbitte in Jer 14,2 – 15,2." in *Künder des Wortes: Beiträge zur Theologie der Propheten,* hrsg. von Lothar Ruppert, Peter Weimar und Erich Zenger. Würzburg: Echter, 1982: 77 – 86.

——, *Jesaja 24 – 39,* 3. Aufl. Zürcher Bibelkommentar. Altes Testament 19. Zürich: Theologischer Verlag, 1991.

Fox, Michael V., Hrsg., *Texts, Temples, and Traditions.* A Tribute to Menahem Haran. Winona Lake, Ind.: Eisenbrauns, 1996.

Fritz, Volkmar, *Das zweite Buch der Könige.* Zürcher Bibelkommentar. Altes Testament 10,2. Zürich: Theologischer Verlag, 1998.

——, K. -F Pohlmann und H. -C Schmitt, Hrsg., *Von der Gegenwartsbedeutung des Alten Testaments: Gesammelte Studien zur Hermeneutik und Redaktionsgeschichte.* Göttingen: Vandenhoeck & Ruprecht, 1984.

Gärtner, Judith, *Jesaja 66 und Sacharja 14 als Summe der Prophetie: Eine traditions- und redaktionsgeschichtliche Untersuchung zum Abschluss des Jesaja- und des Zwölfprophetenbuches,* Wissenschaftliche Monographien zum Alten und Neuen Testament 114. Neukirchen-Vluyn: Neukirchener Verlag, 2006.

Gelston, Anthony, Hrsg., *Biblia Hebraica Quinta: The Twelve Minor Prophets.* Stuttgart: Deutsche Bibelgesellschaft, 2010.

Gerlach, Martin, *Die prophetischen Liturgien des Alten Testaments.* Köln: Gouder und Hansen, 1967.

Gerlemann, G., „Art. חיה ḥjh leben." in *Theologisches Handwörterbuch zum Alten Testament* I (2004): 549 – 557.

Gerstenberger, Erhard S., „Art. עזב ʿāzab." in *Theologisches Wörterbuch zum Alten Testament* V (1986): 1200 – 1208.

——, „Art. פלל pll." in *Theologisches Wörterbuch zum Alten Testament* VI (1989): 606 – 617.

Gertz, Jan Christian und Angelika Berlejung, Hrsg., *Grundinformation Altes Testament: Eine Einführung in Literatur, Religion und Geschichte des Alten Testaments,* 3., überarbeitete und erweiterte Auflage. Uni-Taschenbücher 2745. Göttingen: Vandenhoeck & Ruprecht, 2009.

Gesenius, Wilhelm, *Hebräische Grammatik,* 7. Nachdruck-Auflage der 28., vielfach verbesserten und vermehrten Auflage Leipzig 1909. Hildesheim u. a.: Olms, 1995.

Giesebrecht, Friedrich, *Das Buch Jeremia.* Handkommentar zum Alten Testament III/2. Göttingen: Vandenhoeck & Ruprecht, 1907.

Gilbert, Maurice, „La prière de Daniel: Dn 9,4 – 19*." in *Revue théologique de Louvain* 3/1 (1972): 284 – 310.

Gillmayr-Bucher, Susanne, Annett Giercke und Christina Nießen, Hrsg., *Ein Herz so weit wie der Sand am Ufer des Meeres. Festschrift für Georg Hentschel.* Erfurter Theologische Studien 90. Würzburg: Echter, 2006.

Gill, Sam D., „Art. Prayer." in *The Encyclopedia of Religion.* Bd. 11, hrsg. von Mircea Eliade. New York: Simon & Schuster Macmillan, 1995: 489 – 494.

Goldenstein, Johannes, *Das Gebet der Gottesknechte: Jesaja 63,7 – 64,11 im Jesajabuch.* Wissenschaftliche Monographien zum Alten und Neuen Testament 92. Neukirchen-Vluyn: Neukirchener Verlag, 2001.

Goldingay, John E., *Daniel.* Word Biblical Commentary 30. Waco, Tex.: Word Books u. a., 1989.

Golka, Friedemann W., *Jona,* 2. Aufl. Calwer Bibelkommentare. Stuttgart: Calwer, 2007.

Gordon, Robert P., „Micah VII 19 and Akkadian 'kabāsu'." in *Vetus Testamentum* 28/3 (1978): 355.

Görg, Manfred, „Hiskija als Immanuel: Plädoyer für eine typologische Identifikation." in *Biblische Notizen* 22 (1983): 107 – 125.

Grabbe Lester L. and Robert D. Haak, Hrsg., *„Every City Shall Be Forsaken." Urbanism and Prophecy in Ancient Israel and the Near East.* Journal for the Study of the Old Testament Supplement Series 330. Sheffield: Sheffield Academic Press, 2001.

Gräb, Wilhelm und Birgit Weyel, Hrsg., *Handbuch Praktische Theologie.* Gütersloh: Gütersloher Verlagshaus, 2007.

Groß, Walter, „'Siehe, du hast gezürnt, und dann haben wir gesündigt'. Zu 2000 Jahren problematischer Rezeption zweier brisanter Sätze." in *Schriftauslegung in der Schrift,* hrsg. von Reinhard G. Kratz, Thomas Krüger und Konrad Schmid. Beihefte zur Zeitschrift für die Alttestamentliche Wissenschaft 300. Berlin u. a.: de Gruyter, 2000: 163 – 173.

Gunkel, Hermann, *Ausgewählte Psalmen,* 4. Aufl. Göttingen: Vandenhoeck & Ruprecht, 1917.

——, „Der Micha-Schluß: Zur Einführung in die literaturgeschichtliche Arbeit am Alten Testament." in *Zeitschrift für Semitistik* 2 (1924), 145 – 178.

——, „Jes 33, eine prophetische Liturgie." in *Zeitschrift für die Alttestamentliche Wissenschaft* 42 (1924): 177 – 208.

——, *Die Psalmen übersetzt und erklärt,* 4. Aufl. Handkommentar zum Alten Testament II/2. Göttingen: Vandenhoeck & Ruprecht, 1929.

——, *Einleitung in die Psalmen: Die Gattungen der religiösen Lyrik Israels,* 4. Aufl. Göttingen: Vandenhoeck & Ruprecht, 1985.

Gunnel, André, *Determining the Destiny: PQD in the Old Testament.* Coniectanea Biblica Old Testament Series 16. Lund, Uppsala: Gleerup, 1980.

——, „Art. פקד pāqaḏ." in *Theologisches Wörterbuch zum Alten Testament* VI (1989): 708 – 723.

Habets, Goswin N. M., *Die grosse Jesaja-Apokalypse (Jes 24 – 27): Ein Beitrag zur Theologie des Alten Testaments.* Bonn: Rheinische Friedrich-Wilhelms-Universität, 1974.

Hagelia, Hallvard, *Coram Deo: Spirituality in the Book of Isaiah, with Particular Attention to Faith in Yahweh.* Coniectanea Biblica Old Testament Series 49. Stockholm: Almqvist & Wiksell International, 2001.

Hartenstein, Friedhelm und Michael Pietsch, Hrsg., *„Sieben Augen auf einem Stein" (Sach 3,9):*
Studien zur Literatur des Zweiten Tempels. Neukirchen-Vluyn: Neukirchener Verlag, 2007.
——, *Das Angesicht JHWHs: Studien zu seinem höfischen und kultischen*
Bedeutungshintergrund in den Psalmen und in Exodus 32–34. Forschungen zum Alten
Testament 55. Tübingen: Mohr Siebeck, 2008.
Hartman, Louis F. und Alexander A. Di Lella, *The Book of Daniel.* The Anchor Bible 23. New York
u. a.: Doubleday, 1978.
Heckl, Raik, „Die Errettung des Königs durch seinen Gott: Die literarische Quelle der Gebete
Hiskijas im Kontext von 2 Kön 19 f. (par.) und ihre Rolle bei der Ausformulierung des
Monotheismusbekenntnisses." in *Mensch und König: Studien zur Anthropologie des Alten*
Testaments, hrsg. von Angelika Berlejung und ders. Herders Biblische Studien 53.
Freiburg i. Br. u. a.: Herder, 2008: 157–170.
Heiler, Friedrich, *Das Gebet: Eine religionsgeschichtliche und religionspsychologische*
Untersuchung, 2. Aufl. München: Reinhardt, 1920.
Henry, Marie-Louise, *Glaubenskrise und Glaubensbewährung in den Dichtungen der*
Jesajaapokalypse: Versuch einer Deutung der literarischen Komposition von Jes. 24–27
aus dem Zusammenhang ihrer religiösen Motivbildungen. Beiträge zur Wissenschaft vom
Alten und Neuen Testament 86, Stuttgart: Kohlhammer, 1967.
Hermisson, Hans-Jürgen, „Jahwes und Jeremias Rechtsstreit: Zum Thema der Konfessionen
Jeremias." in *Studien zu Prophetie und Weisheit,* Forschungen zum Alten Testament 23.
Tübingen: Mohr Siebeck, 1998: 5–36.
Herrmann, W., „Das unerledigte Problem des Buches Habakkuk." in *Vetus Testamentum* 51/4
(2001): 481–496.
Hesse, Franz, *Das Verstockungsproblem im Alten Testament: Eine frömmigkeitsgeschichtliche*
Untersuchung. Beihefte zur Zeitschrift für die Alttestamentliche Wissenschaft 74. Berlin
u. a.: Töpelmann, 1955.
Hibbard, James Todd, *Intertextuality in Isaiah 24–27: The Reuse and Evocation of Earlier Texts*
and Traditions. Forschungen zum Alten Testament, Reihe 2, 16. Tübingen: Mohr Siebeck,
2006.
Hiebert, Theodore, *God of My Victory: The Ancient Hymn in Habakkuk 3.* Harvard Semitic
Monographs 38. Atlanta, Ga.: Scholars Press, 1986.
Hitzig, Ferdinand, *Der Prophet Jeremia,* 2. Aufl. Kurzgefaßtes exegetisches Handbuch zum
Alten Testament 3. Leipzig: Hirzel, 1866.
Höffken, Peter, *Das Buch Jesaja Kapitel 1–39.* Neuer Stuttgarter Kommentar. Altes Testament
18/1. Stuttgart: Verlag Katholisches Bibelwerk, 1993.
——, „Hiskija und Jesaja bei Josephus." in *Journal for the Study of Judaism in the Persian,*
Hellenistic and Roman Period 29/1 (1998): 37–48.
——, *Jesaja: Der Stand der theologischen Diskussion.* Darmstadt: Wissenschaftliche
Buchgesellschaft, 2004.
Hoffner, Harry A., „Art. חן ḥeṣ." in *Theologisches Wörterbuch zum Alten Testament* III
(1982): 128–134.
Hossfeld, Frank-Lothar und Erich Zenger, *Psalm 1–50.* Neue Echter Bibel Kommentar zum Alten
Testament 29. Würzburg: Echter, 1993.
——, *Psalmen 101–150.* Herders Theologischer Kommentar zum Alten Testament. Freiburg i. Br.
u. a.: Herder, 2008.
Hubmann, Franz D., *Untersuchungen zu den Konfessionen: Jer 11,18–12,6 und Jer 15,10–21.*
Forschung zur Bibel 30. Würzburg: Echter, 1978.

Huwyler, Beat, „Habakuk und seine Psalmen." in *Prophetie und Psalmen,* hrsg. von Beat
Huwyler. Alter Orient und Altes Testament 280. Münster: Ugarit-Verlag, 2001: 231–259.

Irsigler, Hubert und Kristinn Ólason, Hrsg., *„Wer darf hinaufsteigen zum Berg JHWHs?"*
Beiträge zu Prophetie und Poesie des Alten Testaments. Festschrift für S. Ö. Steingrímsson
zum 70. Geburtstag. Arbeiten zu Text und Sprache im Alten Testament 72. St. Ottilien:
EOS-Verlag, 2002.

Irwin, William H., „Syntax and Style in Isaiah 26." in *Catholic Biblical Quarterly* 41
(1979): 240–261.

——, „The Punctuation of Isaiah 24,14–16a and 25,4c-5." in *Catholic Biblical Quarterly* 46
(1984): 215–222.

Ittmann, Norbert, *Die Konfessionen Jeremias.* Wissenschaftliche Monographien zum Alten und
Neuen Testament 54. Neukirchen-Vluyn: Neukirchener Verlag, 1981.

Janowski, Bernd, *Sühne als Heilsgeschehen,* 2., durchgesehene und um einen Anhang
erweiterte Auflage. Wissenschaftliche Monographien zum Alten und Neuen Testament 55.
Neukirchen-Vluyn: Neukirchener Verlag, 2000.

——, „Das biblische Weltbild: Eine methodologische Skizze." in *Das biblische Weltbild und*
seine altorientalischen Kontexte, hrsg. von ders. und Beate Ego. Forschungen zum Alten
Testament 32. Tübingen: Mohr Siebeck, 2001: 3–26.

——, „Der Himmel auf Erden: Zur kosmologischen Bedeutung des Tempels in der Umwelt
Israels." in *ebd.:* 229–260.

——, *Konfliktgespräche mit Gott: Eine Anthropologie der Psalmen.* Neukirchen-Vluyn:
Neukirchener Verl, 2003.

——, „Keruben und Zion: Thesen zur Entstehung der Zionstradition." in *Gottes Gegenwart in*
Israel, hrsg. von ders. 2. Aufl. Beiträge zur Theologie des Alten Testaments 1.
Neukirchen-Vluyn: Neukirchener Verlag, 2004: 247–280.

——, „Ein Tempel aus Worten: Zur theologischen Architektur des Psalters." in *The Composition*
of the Book of Psalms, hrsg. von Erich Zenger. Bibliotheca Ephemeridum Theologicarum
Lovaniensium 238. Leuven: Peeters, 2010: 279–306.

—— und Beate Ego, Hrsg., *Das biblische Weltbild und seine altorientalischen Kontexte.*
Forschungen zum Alten Testament 32. Tübingen: Mohr Siebeck, 2001.

—— und Martin Krause, Hrsg., *Spuren des hebräischen Denkens: Beiträge zur*
alttestamentlichen Theologie. Gesammelte Aufsätze Bd. 1, Neukirchen-Vluyn,
Neukirchener Verlag, 1991.

Janzen, J. Gerald, *Studies in the Text of Jeremiah.* Harvard Semitic Monographs 6. Cambridge,
MA.: Harvard University Press 1973.

Jenni, Ernst, *Die Präposition Lamed. Die hebräischen Präpositionen 3.* Stuttgart: Kohlhammer,
2000.

Jeremias, Jörg, *Kultprophetie und Gerichtsverkündigung in der späten Königszeit Israels.*
Wissenschaftliche Monographien zum Alten und Neuen Testament 35. Neukirchen-Vluyn:
Neukirchener Verlag des Erziehungsvereins, 1970.

——, *Hosea und Amos: Studien zu den Anfängen des Dodekapropheton.* Forschungen zum
Alten Testament 13. Tübingen: Mohr Siebeck, 1996.

——, *Die Propheten Joel, Obadja, Jona, Micha,* Neubearbeitung. Das Alte Testament Deutsch
24,3. Göttingen: Vandenhoeck & Ruprecht, 2007.

——, „Der Psalm des Jona (Jona 2,3–10)." in *Was ist der Mensch, dass du seiner gedenkst?*
(Psalm 8,5): Aspekte einer theologischen Anthropologie, hrsg. von Michaela Bauks.
Neukirchen-Vluyn: Neukirchener Verlag, 2008: 203–214.

Jöcken, Peter, *Das Buch Habakuk: Darstellung der Geschichte seiner kritischen Erforschung mit einer eigenen Beurteilung.* Bonner Biblische Beiträge 48. Köln, Bonn: Hanstein, 1977.

Johnson, B., „Art. משפט mišpāṭ." in *Theologisches Wörterbuch zum Alten Testament* V (1986): 93–107.

Johnson, Dan G., *From Chaos to Restoration: An Integrative Reading of Isaiah 24–27.* Journal for the Study of the Old Testament Supplement Series 61. Sheffield: JSOT Press, 1988.

Johnson, Marshall D., „The Paralysis of Torah in Habakkuk I 4." in *Vetus Testamentum* 35/3 (1985): 257–266.

Jones, Bruce William, „The Prayer in Daniel IX." in *Vetus Testamentum* 18/1 (1968): 488–493.

Joüon, P. und Takamitsu Muraoka, *A Grammar of Biblical Hebrew,* 2. Neudruck der 2. Auflage mit Korrekturen. Subsidia Biblica 27. Rom: Gregorian Biblical Press, 2009.

Kaiser, Otto, „Die Verkündigung des Propheten Jesaja im Jahre 701: I. Von der Menschen Vertrauen und Gottes Hilfe: Eine Studie über II Reg 18,17ff. par Jes 36,1ff. 1. Das literar- und textkritische Problem." in *Zeitschrift für die Alttestamentliche Wissenschaft* 81 (1969): 304–315.

——, *Das Buch des Propheten Jesaja: Kapitel 1–12,* 5. Aufl. Das Alte Testament Deutsch 17. Göttingen: Vandenhoeck & Ruprecht, 1981.

——, *Der Prophet Jesaja: Kapitel 13–39,* 3. Aufl. Das Alte Testament Deutsch 18. Göttingen: Vandenhoeck & Ruprecht, 1983.

——, „Geschichtliche Erfahrung und eschatologische Erwartung: Ein Beitrag zur Geschichte der alttestamentlichen Eschatologie im Jesajabuch." in *Von der Gegenwartsbedeutung des Alten Testaments: Gesammelte Studien zur Hermeneutik und Redaktionsgeschichte,* hrsg. von Volkmar Fritz. Göttingen: Vandenhoeck & Ruprecht, 1984: 272–285.

Kedar-Kopfstein, Benjamin, „Art לשון lāšôn." in *Theologisches Wörterbuch zum Alten Testament* IV (1984): 595–605.

Keller, Carl-A, „Die Eigenart der Prophetie Habakuks." in *Zeitschrift für die Alttestamentliche Wissenschaft* 85 (1973): 156–167.

Kennedy, James M., „Yahweh's Strongman? The Characterization of Hezekiah in the Book of Isaiah." in *Perspectives in Religious Studies* 31/4 (2004): 383–397.

Kessler, Rainer, *Micha,* 2. Aufl. Herders Theologischer Kommentar zum Alten Testament. Freiburg i. Br. u. a.: Herder, 1999.

——, „Nahum-Habakuk als Zweiprophetenschrift." in *„Wort JHWHs, das geschah ..." (Hos 1,1): Studien zum Zwölfprophetenbuch,* hrsg. von Erich Zenger. Herders Biblische Studien 35. Freiburg i. Br. u. a.: Herder, 2002: 149–158.

Kiesow, Klaus und Thomas Meurer, Hrsg., *„Textarbeit". Studien zu Texten und ihrer Rezeption aus dem Alten Testament und der Umwelt Israels. Festschrift für Peter Weimar zur Vollendung seines 60. Lebensjahres mit Beiträgen von Freunden, Schülern und Kollegen.* Alter Orient und Altes Testament 294. Münster: Ugarit-Verlag, 2003.

Knapp, Dietrich, *Deuteronomium 4. Literarische Analyse und theologische Interpretation.* Göttinger Theologische Arbeiten 35. Göttingen: Vandenhoeck & Ruprecht, 1987.

Knipping, Burkhard R., „Art. שבר šābar." in *Theologisches Wörterbuch zum Alten Testament* VII (1993): 1027–1040.

Knoppers, Gary N., Hrsg., *Exile and Restoration Revisited. Essays on the Babylonian and Persian Periods in Memory of Peter R. Ackroyd.* Library of Second Temple Studies 73. London u. a.: T. & T. Clark, 2009.

Koch, Klaus, „Qädäm – Heilsgeschichte als mythische Urzeit im Alten (und Neuen) Testament." in *Spuren des hebräischen Denkens: Beiträge zur alttestamentlichen Theologie.*

Gesammelte Aufsätze Bd. 1, hrsg. von Bernd Janowski und Martin Krause. Neukirchen-Vluyn: Neukirchener Verlag, 1991: 248–280.

——, *Dan 1–4.* Biblischer Kommentar Altes Testament 22/1. Neukirchen-Vluyn: Neukirchener Verlag, 2005.

Koenen, Klaus, *Ethik und Eschatologie im Tritojesajabuch: Eine literarkritische und redaktionsgeschichtliche Studie.* Wissenschaftliche Monographien zum Alten und Neuen Testament 62. Neukirchen-Vluyn: Neukirchener Verlag, 1990.

Körting, Corinna, *Der Schall des Schofar.* Beihefte zur Zeitschrift für die Alttestamentliche Wissenschaft 285. Berlin u. a.: de Gruyter, 1999.

——, *Zion in den Psalmen.* Forschungen zum Alten Testament 48. Tübingen: Mohr Siebeck, 2006.

Kottsieper, Ingo u. a., Hrsg., *„Wer ist wie du, Herr, unter den Göttern?" Studien zur Theologie und Religionsgeschichte Israels. Für Otto Kaiser zum 70. Geburtstag.* Göttingen: Vandenhoeck & Ruprecht, 1994.

Kratz, Reinhard G., „Art. Apokalyptik II.: Altes Testament." in *Religion in Geschichte und Gegenwart,* 4. Aufl. Bd.1 (1998): 591f.

——, *Kyros im Deuterojesaja-Buch: Redaktionsgeschichtliche Untersuchungen zu Entstehung und Theologie von Jes 40–55.* Forschungen zum Alten Testament 1. Tübingen: Mohr Siebeck, 1991.

——, *Translatio imperii.* Wissenschaftliche Monographien zum Alten und Neuen Testament 63. Neukirchen-Vluyn: Neukirchener Verlag, 1991.

——, „Die Gnade des täglichen Brots: Späte Psalmen auf dem Weg zum Vaterunser." in *Zeitschrift für Theologie und Kirche* 89 (1992): 1–40.

——, „Reich Gottes und Gesetz im Danielbuch und im werdenden Judentum." in *The Book of Daniel in the Light of New Findings,* hrsg. von Adam S. van der Woude. 435–479, Bibliotheca Ephemeridum Theologicarum Lovaniensium 106. Leuven: Leuven Univ. Press, 1993.

——, Thomas Krüger und Konrad Schmid, Hrsg., *Schriftauslegung in der Schrift. Festschrift für Odil Hannes Steck zu seinem 65. Geburtstag.* Beihefte zur Zeitschrift für die Alttestamentliche Wissenschaft 300. Berlin u. a.: de Gruyter, 2000.

——, „Die Visionen des Daniel." in *ebd.:* 219–236.

——, *Die Propheten Israels.* München: C.H. Beck, 2003.

—— und Tilman Nagel, Hrsg., *„Abraham, unser Vater." Die gemeinsamen Wurzeln von Judentum, Christentum und Islam.* Göttingen: Wallstein, 2003.

——, Innerbiblische Exegese und Redaktionsgeschichte im Lichte empirischer Evidenz." in *Das Judentum im Zeitalter des Zweiten Tempels: Kleine Schriften I.* Forschungen zum Alten Testament 42. Tübingen: Mohr Siebeck, 2004: 126–156.

——, „Rewriting Isaiah: The Case of Isaiah 28–31." in: John Day, Hrsg., *Prophecy and the Prophets in Ancient Israel, Proceedings of the Oxford Old Testament Seminar.* New York: T. & T. Clark International, 2010: 245–266.

——, *Prophetenstudien: Kleine Schriften II,* hrsg. von ders. Forschungen zum Alten Testament 74. Tübingen: Mohr Siebeck, 2011.

——, „Tritojesaja." in *ebd.,* 2011: 233–242.

Krüger, Thomas, „Literarisches Wachstum und theologische Diskussion im Jona-Buch." in *Biblische Notizen* 59 (1991): 57–88.

Lacoque, André, „The Liturgical Prayer in Daniel 9." in *Hebrew Union College Annual* 47 (1976): 119–142.

Lafontaine, René, Hrsg., *L'Écriture âme de la théologie: Actes du Colloque tenu à Bruxelles du 17 au 19 septembre 1989*. Collection IET 9. Brüssel, 1990.

Lau, Wolfgang, *Schriftgelehrte Prophetie in Jes 56–66: Eine Untersuchung zu den literarischen Bezügen in den letzten elf Kapiteln des Jesajabuches*. Beihefte zur Zeitschrift für die Alttestamentliche Wissenschaft 225. Berlin u. a.: de Gruyter, 1994.

Lebram, Jürgen-Christian, *Das Buch Daniel*. Zürcher Bibelkommentar. Altes Testament 23. Zürich: Theologischer Verlag, 1984.

Lemaire, André, Hrsg., *Congress Volume: Ljubljana 2007*. Supplements to Vetus Testamentum 133. Leiden u. a.: Brill, 2010.

Levin, Christoph, *Die Verheißung des neuen Bundes in ihrem theologiegeschichtlichen Zusammenhang ausgelegt*. Forschungen zur Religion und Literatur des Alten und Neuen Testaments 137. Göttingen: Vandenhoeck & Ruprecht, 1985.

——, „Das Amosbuch der Anawim." in ders. *Fortschreibungen: Gesammelte Studien zum Alten Testament*, Beihefte zur Zeitschrift für die Alttestamentliche Wissenschaft 316. Berlin u. a.: de Gruyter, 2003: 265–290.

——, „Das Gebetbuch der Gerechten: Literargeschichtliche Beobachtungen am Psalter." in *ebd.*: 291–313.

——, „The Poor in the Old Testament: Some Observations." in *ebd.*: 322–338.

——, „Das Wort Jahwes an Jeremia." in *Zeitschrift für Theologie und Kirche* 101 (2004): 257–280.

Lindblom, Johannes, *Die Jesaja-Apokalypse: Jesaja 24–27*. Lund Universitets Årsskrift 1; 34,3. Lund: Gleerup, Leipzig: Harrassowitz, 1938.

Linde, Gesche, Hrsg., *Theologie zwischen Pragmatismus und Existenzdenken. Festschrift für Hermann Deuser zum 60. Geburtstag*. Marburger Theologische Studien 90. Marburg: Elwert, 2006.

Lindström, Fredrik, *Suffering and Sin: Interpretations of Illness in the Individual Complaint Psalms*. Coniectanea Biblica Old Testament Series 37. Stockholm: Almqvist & Wiksell, 1994.

Lipiński, E., „Art. נחל nāḥal." in *Theologisches Wörterbuch zum Alten Testament V* (1986): 342–360.

Liwak, Rüdiger und Siegfried Wagner, Hrsg., *Prophetie und geschichtliche Wirklichkeit im alten Israel. Festschrift für Siegfried Herrmann zum 65. Geburtstag*. Stuttgart u.a: Kohlhammer, 1991.

Loete, Joseph, „A Premature Hymn of Praise: The Meaning and Function of Isaiah 24:14–16c in Its Present Context." in *Studies in Isaiah 24–27*, hrsg. von Hendrik Jan Bosman, Harm van Grol und Johannes C. de Moor. Oudtestamentische Studien 43. Leiden u. a.: Brill, 2000: 226–238.

Lohfink, Norbert und Erich Zenger, *Der Gott Israels und die Völker: Untersuchungen zum Jesajabuch und zu den Psalmen*. Stuttgarter Bibelstudien 154. Stuttgart: Verlag Katholisches Bibelwerk, 1994.

Lohmann, P., „Die selbständigen lyrischen Abschnitte in Jes 24–27." in *Zeitschrift für die Alttestamentliche Wissenschaft* 37 (1917/18): 1–58.

Lundbom, Jack R., *Jeremiah 1–20: A New Translation with Introduction and Commentary*. The Anchor Bible 21 A. New York u. a.: Doubleday, 1999.

——, *Jeremiah 21–36: A New Translation with Introduction and Commentary*. The Anchor Bible 21B. New York u. a.: Doubleday, 2004.

——, *Jeremiah 37–52: A New Translation with Introduction and Commentary.* The Anchor Bible 21C. New York u. a.: Doubleday, 2004.

Lux, Rüdiger, *Jona, Prophet zwischen „Verweigerung" und „Gehorsam": Eine erzählanalytische Studie.* Forschungen zur Religion und Literatur des Alten und Neuen Testaments 162. Göttingen: Vandenhoeck & Ruprecht, 1994.

Maass, Fritz, „Art. חתת ḥātat." in *Theologisches Wörterbuch zum Alten Testament* III (1982): 296–302.

Magonet, Jonathan, *Form and Meaning: Studies in Literary Techniques in the Book of Jonah.* Beiträge zur biblischen Exegese und Theologie 2. Bern u. a.: Lang u. a. 1976.

Markl, Dominik, „Hab 3 in intertextueller und kontextueller Sicht." in *Biblica* 85 (2004): 99–108.

Martínez, Florentino García und Ed Noort, Hrsg., *Perspectives in the Study of the Old Testament and Early Judaism. A Symposium in Honour of Adam S. van der Woude on the Occasion of His 70th Birthday.* Supplements to Vetus Testamentum 73. Leiden u. a.: Brill, 1998.

Matheus, Frank, *Singt dem Herrn ein neues Lied: Die Hymnen Deuterojesajas.* Stuttgarter Bibelstudien 141. Stuttgart: Verlag Katholisches Bibelwerk, 1990.

Mathys, Hans-Peter, *Dichter und Beter: Theologen aus spätalttestamentlicher Zeit.* Orbis Biblicus et Orientalis 132. Freiburg, Schweiz: Universitäts-Verlag/ Göttingen: Vandenhoeck & Ruprecht, 1994.

McKane, William, *A Critical and Exegetical Commentary on Jeremiah: Vol. 1: Introduction and Commentary on Jeremiah I – XXV.* The International Critical Commentary. Edinburgh: T. & T. Clark, 1986.

Metzger, Martin, „‚Thron der Herrlichkeit'. Ein Beitrag zur Interpretation von Jeremia 17,12 f." in *Prophetie und geschichtliche Wirklichkeit im alten Israel,* hrsg. von Rüdiger Liwak und Siegfried Wagner. Stuttgart u. a.: Kohlhammer, 1991: 237–262.

Mosis, Rudolf, „Art. פתה pth." in *Theologisches Wörterbuch zum Alten Testament* VI (1989): 820–831.

Mowinckel, Sigmund, *Psalmenstudien I-II.* Amsterdam: Schippers, 1966.

Müller, Augustin R., „Stimmungsumschwung im Klagepsalm: Zu Ottmar Fuchs' ‚Die Klage als Gebet'." in *Archiv für Literaturwissenschaft* 28 (1986): 416–426.

Müller, Hans-Peter, „Art. פחד pāḥad." in *Theologisches Wörterbuch zum Alten Testament* VI (1989): 552–562.

Naumann, Thomas, *Hoseas Erben: Strukturen der Nachinterpretation im Buch Hosea.* Beiträge zur Wissenschaft vom Alten und Neuen Testament 131. Stuttgart u. a.: Kohlhammer, 1991.

Nielsen, Eduard, *Deuteronomium.* Handbuch zum Alten Testament 1,6. Tübingen: Mohr Siebeck, 1995.

Niemann, Hermann Michael, Matthias Augustin und Werner H. Schmidt, Hrsg., *Nachdenken über Israel, Bibel und Theologie. Festschrift für Klaus-Dietrich Schunck zu seinem 65. Geburtstag.* Beiträge zur Erforschung des Alten Testaments und des Antiken Judentums 37. Frankfurt am Main, Berlin: Lang, 1994.

Nissinen, Martti, Hrsg., *Congress Volume: Helsinki 2010.* Supplements to Vetus Testamentum 148. Leiden u. a.: Brill, 2012.

Nitsche, Stefan Ark, *Jesaja 24–27: ein dramatischer Text: Die Frage nach den Genres prophetischer Literatur des Alten Testaments und die Textgraphik der großen Jesajarolle aus Qumran.* Beiträge zur Wissenschaft vom Alten und Neuen Testament 166. Stuttgart: Kohlhammer, 2006.

Nitzan, Bilhah, *Qumran Prayer and Religious Poetry*. Studies on the Texts of the Desert of Judah 12. Leiden u. a.: Brill, 1994.

Nogalski, James, *Literary Precursors to the Book of the Twelve*. Beihefte zur Zeitschrift für die Alttestamentliche Wissenschaft 217. Berlin u. a.: de Gruyter, 1993.

——, *Redactional Processes in the Book of Twelve*. Beihefte zur Zeitschrift für die Alttestamentliche Wissenschaft 218. Berlin u. a.: de Gruyter, 1993.

Nowack, Wilhelm, *Die kleinen Propheten*, 2. Aufl. Handkommentar zum Alten Testament III/4. Göttingen Vandenhoeck & Ruprecht, 1903.

O'Connor, Kathleen M., *The Confessions of Jeremiah: Their Interpretation and Role in Chapters 1–25*. Society of Biblical Literature Dissertation Series 94. Atlanta, Ga.: Scholars Press, 1988.

Opgen-Rhein, Hermann J., *Jonapsalm und Jonabuch: Sprachgestalt, Entstehungsgeschichte und Kontextbedeutung von Jona 2*. Stuttgarter Biblische Beiträge 38. Stuttgart: Verlag Katholisches Bibelwerk, 1997.

Otto, Eckart, „Die Stellung der Wehe-Worte in der Verkündigung des Propheten Habakuk." in *Zeitschrift für die Alttestamentliche Wissenschaft* 89 (1977): 73–107.

——, „Die Theologie des Buches Habakuk." in *Vetus Testamentum* 35/3 (1985): 274–295.

Pauritsch, K., *Die neue Gemeinde: Gott sammelt Ausgestoßene und Arme (Jes 56–66)*. Analecta Biblica 47. Rom: Biblical Inst. Press, 1971.

Perlitt, Lothar, *Die Propheten Nahum, Habakuk, Zephanja*. Das Alte Testament Deutsch 25,1. Göttingen: Vandenhoeck & Ruprecht, 2004.

Pfeiffer, Henrik, *Jahwes Kommen von Süden: Jdc 5, Hab 3, Dtn 33 und Ps 68 in ihrem literatur- und theologiegeschichtlichen Umfeld*. Forschungen zur Religion und Literatur des Alten und Neuen Testaments 211. Göttingen: Vandenhoeck & Ruprecht, 2005.

Plöger, Otto, *Theokratie und Eschatologie*. Wissenschaftliche Monographien zum Alten und Neuen Testament 2. Neukirchen-Vluyn: Neukirchener Verlag, 1959.

——, *Das Buch Daniel*. Kommentar zum Alten Testament. Gütersloh: Gütersloher Verlags-Haus Mohn, 1965.

Pohlmann, Karl-Friedrich, *Die Ferne Gottes – Studien zum Jeremiabuch: Beiträge zu den ,Konfessionen' im Jeremiabuch und ein Versuch zur Frage nach den Anfängen der Jeremiatradition*. Beihefte zur Zeitschrift für die Alttestamentliche Wissenschaft 179. Berlin u. a.: de Gruyter, 1989.

Polaski, Donald C., *Authorizing an End: The Isaiah Apocalypse and Intertextuality*. Biblical Interpretation Series 50. Leiden u. a.: Brill, 2001.

Polk, Timothy, *The Prophetic Persona: Jeremiah and the Language of the Self*. Journal for the Study of the Old Testament Supplement Series 32. Sheffield: JSOT Press, 1984.

Polzin, Robert und Eugene Rothman, Hrsg., *The Biblical Mosaic: Changing Perspectives*. Society of Biblical Literature Seminar Papers 10. Philadelphia, Pa.: Fortress Press u. a., 1982.

Porteous, Norman Walker, *Das Buch Daniel*. Das Alte Testament Deutsch 23. Göttingen: Vandenhoeck & Ruprecht, 1985.

Porzig, Peter, *Die Lade Jahwes im Alten Testament und in den Texten vom Toten Meer*. Beihefte zur Zeitschrift für die Alttestamentliche Wissenschaft 397. Berlin u. a.: de Gruyter, 2009.

Preuß, Horst Dietrich, „Art. יָצָא jāṣā'." in *Theologisches Wörterbuch zum Alten Testament* III (1982): 795–822.

Prinsloo, Gert T. M., „Reading Habakkuk as a Literary Unit: Exploring the Possibilities." in *Old Testament Essays* 12 (1999): 515–535.

——, „Yahweh the Warrior: An Intertextual Reading of Habakkuk 3." in *Old Testament Essays* 14 (2001): 475–493.

——, „Habakkuk 1 – A Dialogue? Ancient Unit Delimiters in Dialogue with Modern Critical Interpretation." in *Old Testament Essays* 17 (2004): 621–645.

Ratschow, Carl Heinz, „Art. Gebet I Religionsgeschichtlich." in *Theologische Realenzyklopädie* 12 (1984): 31–34.

Rendtorff, Rolf, „Zur Komposition des Buches Jesaja." in *Vetus Testamentum* 34/3 (1984): 295–320.

Reventlow, Henning Graf, *Liturgie und prophetisches Ich bei Jeremia*. Gütersloh: Gütersloher Verlagshaus Mohn, 1963.

——, *Gebet im Alten Testament*. Stuttgart: Kohlhammer, 1986.

Rilke, Rainer Maria, *Die Gedichte*, 4. Aufl. Frankfurt am Main: Insel, 1990.

Ringgren, Helmer, „Art. הלל hll." in *Theologisches Wörterbuch zum Alten Testament* II (1977): 433–441.

——, „Art. מקור māqôr." in *Theologisches Wörterbuch zum Alten Testament* IV (1984): 1125–1128.

Ringleben, Joachim, „„In Einsamkeit mein Sprachgesell'. Das Gebet als Thema der Dogmatik (G. Ebeling zum 70. Geburtstag)." in *Zeitschrift für Theologie und Kirche* 79 (1982): 230–248.

——, „Denken – Reden – Beten: Überlegungen im Anschluß an Humboldt und Kleist." in *Subjekt und Metaphysik. Konrad Cramer zu Ehren aus Anlaß seines 65. Geburtstages*, hrsg. von Jürgen Stolzenberg. Göttingen: Vandenhoeck & Ruprecht, 2001: 119–135.

Robinson, Theodore H., *Die Zwölf kleinen Propheten*. Hosea bis Micha übersetzt von Otto Eißfeldt, Nahum bis Maleachi von Friedrich Horst. Handbuch zum Alten Testament 14. Tübingen: Mohr Siebeck, 1938.

Ro, Johannes Un-Sok, *Die sogenannte ,Armenfrömmigkeit' im nachexilischen Israel*. Beihefte zur Zeitschrift für die Alttestamentliche Wissenschaft 322. Berlin u.a.: de Gruyter, 2002.

Rudmann, Dominic, „Midrash in the Isaiah Apocalypse." in *Zeitschrift für die Alttestamentliche Wissenschaft* 112/3 (2003): 404–408.

Rudolph, Wilhelm, *Jesaja 24–27*. Beiträge zur Wissenschaft vom Alten und Neuen Testament 62. Stuttgart: Kohlhammer, 1933.

——, *Jeremia*. Handbuch zum Alten Testament 12. Tübingen: Mohr, 1968.

——, *Joel, Amos, Obadja, Jona*. Kommentar zum Alten Testament 13,2. Gütersloh: Gütersloher Verlagshaus Mohn, 1971. (=KAT 13,2)

——, *Micha, Nahum, Habakuk, Zephanja*. Kommentar zum Alten Testament 13,3. Gütersloh: Gütersloher Verlagshaus Mohn, 1975. (=KAT 13,3)

Ruppert, Lothar, Peter Weimar und Erich Zenger, Hrsg., *Künder des Wortes: Beiträge zur Theologie der Propheten. Josef Schreiner zum 60. Geburtstag*. Würzburg: Echter, 1982.

Ruprecht, Eberhard, „Die ursprüngliche Komposition der Hiskia-Jesaja-Erzählungen und ihre Umstrukturierung durch den Verfasser des deuteronomistischen Geschichtswerkes." in *Zeitschrift für Theologie und Kirche* 87 (1990): 33–66.

Salvadori, Paolo, *Tu non sei così!: La dinamica di fede del lamento di Is 63,7–64,11 a partire dal salmo 44*. Supplementi alla Rivista Biblica 55. Rom: EDB 2013. Zitiert nach dem unveröffentlichten Manuskript.

Sasson, Jack M., *Jonah*. The Anchor Bible 24B. New York u.a.: Doubleday, 1990.

Schart, Aaron, *Die Entstehung des Zwölfprophetenbuchs: Neubearbeitungen von Amos im Rahmen schriftenübergreifender Redaktionsprozesse.* Beihefte zur Zeitschrift für die Alttestamentliche Wissenschaft 260. Berlin u. a.: de Gruyter, 1998.

Schluchter, Wolfgang, Hrsg., *Max Webers Sicht des antiken Christentums: Interpretation u. Kritik,* Suhrkamp Taschenbuch Wissenschaft 548. Frankfurt am Main: Suhrkamp, 1985.

Schmid, Konrad, *Buchgestalten des Jeremiabuches: Untersuchungen zur Redaktions- und Rezeptionsgeschichte von Jer 30–33 im Kontext des Buches.* Wissenschaftliche Monographien zum Alten und Neuen Testament 72. Neukirchen-Vluyn: Neukirchener Verlag, 1996.

——, *Literaturgeschichte des Alten Testaments: Eine Einführung.* Darmstadt: Wissenschaftliche Buchgesellschaft, 2008.

——, „The Deuteronomistic Image of History as Interpretive Device in the Second Temple Period: Towards a Long-Term Interpretation of 'Deuteronomism'." in *Congress Volume: Helsinki 2010,* hrsg. von Martti Nissinen. Supplements to Vetus Testamentum 148. Leiden u. a.: Brill, 2012: 369–388.

Schmidt, Ludwig Wilhelm August, „De Deo." *Studien zur Literarkritik und Theologie des Buches Jona, des Gesprächs zwischen Abraham und Jahwe in Gen 18,22ff. und von Hi 1.* Beihefte zur Zeitschrift für die Alttestamentliche Wissenschaft 143. Berlin u. a.: de Gruyter, 1976.

Schmidt, Werner H., „Prophetie als Selbst-Kritik des Glaubens." in *Prophetie und Charisma,* hrsg. von Ingo Baldermann. Jahrbuch für Biblische Theologie 14. Neukirchen-Vluyn: Neukirchener Verlag, 1999: 3–18.

——, *Das Buch Jeremia: Kapitel 1–20.* Das Alte Testament Deutsch 20. Göttingen: Vandenhoeck & Ruprecht, 2008.

Scholl, Reinhard, *Die Elenden in Gottes Thronrat: Stilistisch-kompositorische Untersuchungen zu Jesaja 24–27.* Beihefte zur Zeitschrift für die Alttestamentliche Wissenschaft 274. Berlin u. a.: de Gruyter, 2000.

Schottroff, Willy, *Gedenken im Alten Orient und im Alten Testament,* 2. Aufl. Wissenschaftliche Monographien zum Alten und Neuen Testament 15. Neukirchen-Vluyn: Neukirchener Verlag, 1967.

Schreiner, Josef, *Jeremia 1–25,14.* Neue Echter Bibel Kommentar zum Alten Testament 3. Würzburg: Echter, 1981.

——, *Segen für die Völker: gesammelte Schriften zur Entstehung und Theologie des Alten Testaments. Zum 65. Geburtstag des Autors,* hrsg. von Erich Zenger. Würzburg: Echter, 1987.

——, „Zur Textgestalt von Jes 6 und Jes 7,1–17." in *Segen für die Völker: gesammelte Schriften zur Entstehung und Theologie des Alten Testaments,* hrsg. von Erich Zenger. Würzburg: Echter, 1987: 65–71.

Schröten, Jutta, *Entstehung, Komposition und Wirkungsgeschichte des 118. Psalms.* Bonner Biblische Beiträge 95. Weinheim: Beltz-Athenäum, 1995.

Scoralick, Ruth, *Das Drama der Barmherzigkeit Gottes: Studien zur biblischen Gottesrede und ihrer Wirkungsgeschichte in Judentum und Christentum.* Stuttgarter Bibelstudien 183. Stuttgart: Verlag Katholisches Bibelwerk, 2000.

——, *Gottes Güte und Gottes Zorn: Die Gottesprädikationen in Ex 34, 6f und ihre intertextuellen Beziehungen zum Zwölfprophetenbuch.* Herders Biblische Studien 33. Freiburg i. Br. u. a.: Herder, 2002.

Seebaß, Horst, „Art. בוש." in *Theologisches Wörterbuch zum Alten Testament* I (1973): 568–580.

Seitz, Christopher R., *Zion's Final Destiny: The Development of the Book of Isaiah: A Reassessment of Isaiah 36–39*. Minneapolis: Fortress Press, 1991.

—, *Isaiah 1–39*. Interpretation. Louisville: John Knox Press, 1993.

Seow, Choon Leong, *Daniel*. Westminster Bible Companion. Louisville, Ky.: Westminster John Knox Press, 2003.

Seybold, Klaus, *Das Gebet des Kranken im Alten Testament: Untersuchungen zur Bestimmung und Zuordnung der Krankheits- und Heilungspsalmen*. Beiträge zur Wissenschaft vom Alten und Neuen Testament 99. Stuttgart: Kohlhammer, 1973.

—, „Reverenz und Gebet: Erwägungen zu der Wendung ‚hilla panîm'.“ in *Zeitschrift für die Alttestamentliche Wissenschaft* 88/1 (1976): 2–16.

—, *Nahum, Habakuk, Zephanja*. Zürcher Bibelkommentar. Altes Testament 24. Zürich: Theologischer Verlag, 1991.

—, *Poetik der Psalmen*. Poetologische Studien zum Alten Testament 1. Stuttgart: Kohlhammer, 2003.

—, „Der Jesajapsalm: (Jes 12,1–6).“ in *Studien zu Sprache und Stil der Psalmen*, hrsg. von ders. Beihefte zur Zeitschrift für die Alttestamentliche Wissenschaft 415. Berlin u. a.: de Gruyter, 2010: 207–217.

Shepherd, Michael B., *Daniel in the Context of the Hebrew Bible*. Studies in Biblical Literature 123. New York: Lang, 2009.

Sîmôn, Ûrî'el, *Jona: Ein jüdischer Kommentar*. Stuttgarter Bibelstudien 157. Stuttgart: Verlag Katholisches Bibelwerk, 1994.

Snijders, Lambertus A., „Art. סור sûr.“ in *Theologisches Wörterbuch zum Alten Testament* V (1986): 803–810.

Snyman, S. D., „Non-Violent Prophet and Violent God in the Book of Habakkuk.“ in *Old Testament Essays* 16 (2003): 422–434.

Sonnet, Jean-Pierre, „'Tu diras ce jour-là...' (Is 12,1).“ in *L'Écriture âme de la théologie: Actes du Colloque tenu à Bruxelles du 17 au 19 septembre 1989*, hrsg. von René Lafontaine u. a. Collection de l'Institut d'Études Théologiques 9. Brüssel: Institut d'Études Théologiques, 1990: 163–187.

Sparn, Walter, „Gebet: Phänomene und Kriterien/ Meditation/ Frömmigkeit/ Gottes und Selbstbegegnung.“ in *Handbuch Praktische Theologie*, hrsg. von Wilhelm Gräb und Birgit Weyel. Gütersloh: Gütersloher Verlagshaus, 2007: 287–299.

Spieckermann, Hermann, *Heilsgegenwart: Eine Theologie der Psalmen*. Forschungen zur Religion und Literatur des Alten und Neuen Testaments 148. Göttingen: Vandenhoeck & Ruprecht, 1989.

—, „Die Satanisierung Gottes: Zur inneren Konkordanz von Novelle, Dialog und Gottesreden im Hiobbuch.“ in *„Wer ist wie du, Herr, unter den Göttern?" Studien zur Theologie und Religionsgeschichte Israels*, hrsg. von Ingo Kottsieper u. a. Göttingen: Vandenhoeck & Ruprecht, 1994: 431–444.

—, „Psalmen und Psalter: Suchbewegungen des Forschens und Betens.“ in *Perspectives in the Study of the Old Testament and Early Judaism*, hrsg. von Florentino García Martínez und Ed Noort. Supplements to Vetus Testamentum 73. Leiden u. a.: Brill, 1998: 137–153.

—, „Ludlul bēl nēmeqi und die Frage nach der Gerechtigkeit Gottes.“ in ders. *Gottes Liebe zu Israel: Studien zur Theologie des Alten Testaments*. Forschungen zum Alten Testament 33. Tübingen: Mohr Siebeck, 2001: 103–118.

——, „„Ein Vater vieler Völker': Die Verheißungen an Abraham im Alten Testament." in *Abraham, unser Vater": Die gemeinsamen Wurzeln von Judentum, Christentum und Islam*, hrsg. von Reinhard G. Kratz und Tilman Nagel. Göttingen: Wallstein, 2003: 8–21.

——, „Hymnen im Psalter: Ihre Funktion und ihre Verfasser." in *Ritual und Poesie: Formen und Orte religiöser Dichtung im Alten Orient, im Judentum und im Christentum*, hrsg. von Erich Zenger. Herders Biblische Studien 36. Freiburg i. Br. u. a.: Herder, 2003: 137–161.

——, „Der nahe und der ferne Gott: Ein Spannungsfeld alttestamentlicher Theologie." in *Gottes Nähe im Alten Testament*, hrsg. von Gönke Eberhardt und Kathrin Liess. Stuttgarter Bibelstudien 202. Stuttgart: Verlag Katholisches Bibelwerk, 2004: 115–134.

Steck, Odil Hannes, *Israel und das gewaltsame Geschick seiner Propheten: Untersuchungen zur Überlieferung des Deuteronomistischen Geschichtsbildes im Alten Testament, Spätjudentum und Urchristentum*. Wissenschaftliche Monographien zum Alten und Neuen Testament 23. Neukirchen-Vluyn: Neukirchener Verlag, 1967.

——, „Das Problem theologischer Strömungen in nachexilischer Zeit." in *Evangelische Theologie* 28/9 (1968): 445–458.

——, „Bemerkungen zu Jesaja 6." in *Wahrnehmungen Gottes im Alten Testament: Gesammelte Studien*. Theologische Bücherei Altes Testament 70. München: Kaiser, 1982: 149–170.

——, „Strömungen theologischer Tradition im Alten Israel." in *ebd.*: 291–317.

——, „Weltgeschehen und Gottesvolk im Buche Daniel." in *ebd.*: 262–290.

——, *Der Abschluß der Prophetie im Alten Testament: Ein Versuch zur Frage der Vorgeschichte des Kanons*. Biblisch-Theologische Studien 17. Neukirchen-Vluyn: Neukirchener Verlag, 1991.

——, *Studien zu Tritojesaja*. Beihefte zur Zeitschrift für die Alttestamentliche Wissenschaft 203. Berlin u. a.: de Gruyter, 1991.

——, *Die Prophetenbücher und ihr theologisches Zeugnis: Wege der Nachfrage und Fährten zur Antwort*. Tübingen: Mohr Siebeck, 1996.

Stipp, Hermann-Josef, *Das masoretische und alexandrinische Sondergut des Jeremiabuches: Textgeschichtlicher Rang, Eigenarten, Triebkräfte*. Orbis Biblicus et Orientalis 136. Freiburg, Schweiz: Universitäts-Verlag/ Göttingen: Vandenhoeck & Ruprecht, 1994.

Stolzenberg, Jürgen und Konrad Cramer, Hrsg., *Subjekt und Metaphysik: Konrad Cramer zu Ehren aus Anlaß seines 65. Geburtstages*. Göttingen: Vandenhoeck & Ruprecht, 2001.

Strübind, Kim, *Tradition als Interpretation in der Chronik*. Beihefte zur Zeitschrift für die Alttestamentliche Wissenschaft 201. Berlin u. a.: de Gruyter, 1991.

Stuart, Douglas, *Hosea-Jonah*. Word Biblical Commentary 31. Waco, Tex.: Word Books u. a., 1987.

Sweeney, Marvin Alan, „Textual Citations in Isaiah 24–27: Toward an Understanding of the Redactional Function of Chapters 24–27 in the Book of Isaiah." in *Journal of Biblical Literature* 107 (1988): 39–52.

——, *Isaiah 1–39: With an Introduction to Prophetic Literature*. The Forms of the Old Testament Literature 16. Grand Rapids, Mich.: Eerdmans, 1996.

Terblanche, Marius D., „Abraham (Does Not) Know(s) Us: An Intertextual Dialogue in the Book of Isaiah." in *Old Testament Essays* 24 (2011): 255–283.

Tiemeyer, Lena-Sofia, „The Priests and the Temple Cult in the Book of Jeremiah." in *Prophecy in the Book of Jeremiah*, hrsg. von Hans M. Barstad und Reinhard G. Kratz. Beihefte zur Zeitschrift für die Alttestamentliche Wissenschaft 388. Berlin u. a.: de Gruyter, 2009: 233–264.

Tov, Emanuel, *Der Text der hebräischen Bibel: Handbuch der Textkritik*. Stuttgart, Berlin: Kohlhammer, 1997.

Trible, Phyllis, *Rhetorical Criticism: Context, Method, and the Book of Jonah*. Guides to Biblical Scholarship. Old Testament Series. Minneapolis: Fortress Press, 1994.

Troxel, Ronald L., *LXX-Isaiah as Translation and Interpretation: The Strategies of the Translator of the Septuagint of Isaiah*. Supplements to the Journal for the Study of Judaism 124. Leiden u. a.: Brill, 2008.

Utzschneider, Helmut, *Michas Reise in die Zeit*. Stuttgarter Bibelstudien 180. Stuttgart: Verlag Katholisches Bibelwerk, 1999.

——, *Micha*. Zürcher Bibelkommentar. Altes Testament 24,1. Zürich: Theologischer Verlag, 2005.

van der Kooij, Arie, „Isaiah 24 – 27. Text-Critical Notes." in *Studies in Isaiah 24 – 27,* hrsg. von Hendrik Jan Bosman, Harm van Grol und Johannes C. de Moor. Oudtestamentische Studien 43. Leiden u. a.: Brill, 2000: 13 – 15.

van der Woude, Adam S., „Bemerkungen zu einigen umstrittenen Stellen im Zwölfprophetenbuch." in *Mélanges bibliques et orientaux en l'honneur de M. Henri Cazelles,* hrsg. von A. Caquot und M. Delcor. Alter Orient und Altes Testament 212. Kevelaer u. a.: Butzon & Bercker u. a., 1981: 483 – 499.

——, Hrsg., *The Book of Daniel in the Light of New Findings*. Bibliotheca Ephemeridum Theologicarum Lovaniensium 106. Leuven: Leuven Univ. Press, 1993.

van Hecke, Pierre J. P., „Living Alone in the Shrubs: Positive Pastoral Metaphors in Micah 7,14*." in *Zeitschrift für die Alttestamentliche Wissenschaft* 115/3 (2003): 362 – 375.

van Oorschot, Jürgen, *Von Babel zum Zion: Eine literarkritische und redaktionsgeschichtliche Untersuchung*. Beihefte zur Zeitschrift für die Alttestamentliche Wissenschaft 206. Berlin u. a.: de Gruyter, 1993.

van Ruiten, Jacques und Marc Vervenne, Hrsg., *Studies in the Book of Isaiah. Festschrift Willem A. M. Beuken*. Bibliotheca Ephemeridum Theologicarum Lovaniensium 132, Leuven: Leuven Univ. Press, 1997.

—, Jacques, „'His Master's Voice?'. The Supposed Influence of the Book of Isaiah in the Book of Habakkuk." in *ebd.*: 397 – 411.

van Wieringen, Archibald L. H. M., „Isaiah 12,1 – 6. A Domain and Communication Analysis." in *ebd.*: 149 – 172.

——, „'I' and 'We' before 'Your' Face: A Communication Analysis of Isaiah 26:7 – 21." in *Studies in Isaiah 24 – 27,* hrsg. von Hendrik Jan Bosman, Harm van Grol und Johannes C. de Moor. Oudtestamentische Studien 43. Leiden u. a.: Brill, 2000: 239 – 251.

—— undAnnemarieke van der Woude, Hrsg., *„Enlarge the Site of Your Tent." The City as Unifying Theme in Isaiah. The Isaiah Workshop – de Jesaja Werkplaats*. Oudtestamentische Studien 58. Leiden u. a.: Brill, 2011.

Vanoni, Gottfried, *Literarkritik und Grammatik: Untersuchung der Wiederholungen und Spannungen in 1 Kön 11 – 12*. Arbeiten zu Text und Sprache im Alten Testament 21. Sankt Ottilien: EOS-Verlag, 1983.

——, „Art. שׁוּב šît." in *Theologisches Wörterbuch zum Alten Testament* VII (1993): 1296 – 1306.

——, *„Du bist doch unser Vater" (Jes 63,16): Zur Gottesvorstellung des Ersten Testaments*. Stuttgarter Bibelstudien 159. Stuttgart: Verlag Katholisches Bibelwerk, 1995.

Vermeylen, Jacques, *Du Prophète Isaïe à l'Apocalyptique: Isaïe, I-XXXV, miroir d'un demi-millénaire d'expérience religieuse en Israël*. 2 Bände. Études biblique. Paris: Gabalda, 1977.

Vielhauer, Roman, *Das Werden des Buches Hosea*. Beihefte zur Zeitschrift für die Alttestamentliche Wissenschaft 349. Berlin u. a.: de Gruyter, 2007.

Volz, Paul, *Der Prophet Jeremia*, 3. Aufl. Tübingen: Mohr, 1930.

von Rad, Gerhard, *Der Prophet Jona*. Nürnberg: Laetare-Verlag, 1950.

——, „Die Konfessionen Jeremias." in *Gesammelte Studien zum Alten Testament II*, hrsg. von ders. Theologische Bücherei Altes Testament 48. München: Kaiser, 1973: 224 – 235.

Wagner, Siegfried, „Art. יגה jāḡāh." in *Theologisches Wörterbuch zum Alten Testament* III (1982): 406 – 412.

Walsh, Jerome T., „Jonah 2:3 – 10: A Rhetorical Critical Study." in *Biblica* 63/2 (1982): 219 – 229.

Wanke, Gunther, *Jeremia: Teilband 1. Jeremia 1,1 – 25,14*. Zürcher Bibelkommentar. Altes Testament 20,1. Zürich: Theologischer Verlag, 1995.

——, *Teilband 2. Jeremia 25,15 – 52,34*. Zürcher Bibelkommentar. Altes Testament 20,2. Zürich: Theologischer Verlag, 2003.

Watson, Wilfred G. E., *Classical Hebrew Poetry: A Guide to Its Techniques*. Journal for the Study of the Old Testament Supplement Series 26. Sheffield: JSOT Press, 1984.

Watts, James W., *Psalm and Story: Inset Hymns in Hebrew Narrative*. Journal for the Study of the Old Testament Supplement Series 139. Sheffield: JSOT Press, 1992.

Watts, John D. W., *Isaiah 34 – 66*. Word Biblical Commentary 25. Nashville u.a: Nelson, 1987.

——, *Isaiah 1 – 33*, revidierte Auflage. Word Biblical Commentary 24. Nashville u. a.: Nelson, 2005.

——, *Isaiah 34 – 66*, revidierte Auflage. Word Biblical Commentary 25. Nashville u. a.: Nelson, 2005.

Weimar, Peter, „Jonapsalm und Jonaerzählung." in *Biblische Zeitung N.F.* 28 (1984): 43 – 68.

——, *Eine Geschichte voller Überraschungen: Annäherungen an die Jonaerzählung*. Stuttgarter Bibelstudien 217. Stuttgart: Verlag Katholisches Bibelwerk, 2009.

Weiser, Artur, *Das Buch Jeremia*, 8. Aufl. Das Alte Testament Deutsch 20. Göttingen: Vandenhoeck & Ruprecht, 1981.

——, *Das Buch der zwölf kleinen Propheten I: Die Propheten Hosea, Joel, Amos, Obadja, Jona, Micha*, 4., verbesserte Auflage. Das Alte Testament Deutsch 24. Göttingen: Vandenhoeck & Ruprecht, 1963.

Wellhausen, Julius, *Die Kleinen Propheten übersetzt. Mit Noten*, 2. Aufl. Skizzen und Vorarbeiten 5, Berlin: Reimer, 1893.

——, *Israelitische und jüdische Geschichte*, 10. Aufl. Mit einem Nachwort von Rudolf Smend. Berlin u. a.: de Gruyter, 2004.

Westermann, Claus, *Grundformen prophetischer Rede*, 5. Aufl. Beiträge zur Evangelischen Theologie 31. München: Kaiser, 1978.

——, *Sprache und Struktur der Prophetie Deuterojesajas*. Calwer Theologische Monographien 11. Stuttgart: Calwer, 1981.

——, *Lob und Klage in den Psalmen*, 6. Aufl. von *Das Loben Gottes in den Psalmen*. Göttingen: Vandenhoeck & Ruprecht, 1983.

——, *Das Buch Jesaja: Kapitel 40 – 66*, 5. Aufl. Das Alte Testament Deutsch 19. Göttingen: Vandenhoeck & Ruprecht, 1986.

Wieringen, Archibald L.H.M. van, „The Diseased King and the Diseased City (Isaiah 36 – 39) as a Reader-Oriented Link between Isaiah 1 – 39 and Isaiah 40 – 66." in „*Enlarge the Site of Your Tent.*" *The City as Unifying Theme in Isaiah*, hrsg. von Archibald L. H. M. van

Wieringen und Annemarieke van der Woude. Oudtestamentische Studien 58. Leiden u. a.: Brill, 2011: 81–93.

Wildberger, Hans, *Jesaja 1–12*, 2. Aufl. Biblischer Kommentar Altes Testament 10/1. Neukirchen-Vluyn: Neukirchener Verlag, 1980.

—, *Jesaja 28–39. Das Buch, der Prophet und seine Botschaft.* Biblischer Kommentar Altes Testament 10/3. Neukirchen-Vluyn: Neukirchener Verlag, 1982.

—, *Jesaja 13–27*, 2. Aufl. Biblischer Kommentar Altes Testament 10/2. Neukirchen-Vluyn: Neukirchener Verlag, 1989.

Wilke, Alexa Friederike, *Kronerben der Weisheit: Gott, König und Frommer in der didaktischen Literatur Ägyptens und Israels.* Forschungen zum Alten Testament, Reihe 2, 20. Tübingen: Mohr Siebeck, 2006.

Williamson, Hugh G. M., *Israel in the Books of Chronicles.* Cambridge u. a.: Cambridge Univ. Press, 1977.

—, *The Book Called Isaiah. Deutero-Isaiah's Role in Composition and Redaction.* Oxford: Clarendon Press, 1994.

—, „Hezekiah and the Temple." in *Texts, Temples, and Traditions,* hrsg. von Michael V. Fox. Winona Lake, Ind.: Eisenbrauns, 1996: 47–52.

—, „The Fortified City of Isaiah 25,2 and 27,10." in *„Sieben Augen auf einem Stein" (Sach 3,9): Studien zur Literatur des Zweiten Tempels,* hrsg. von Friedhelm Hartenstein. Neukirchen-Vluyn: Neukirchener Verlag, 2007: 419–426.

Wilson, Gerald H., „The Prayer of Daniel 9. Reflection on Jeremiah 29." in *Journal for the Study of the Old Testament* 48 (1990): 91–99.

Witte, Markus, „Vom Glauben in der (End)Zeit – Ein exegetischer Spaziergang durch das Buch Habakuk." in *Theologie zwischen Pragmatismus und Existenzdenken,* hrsg. von Gesche Linde. Marburger Theologische Studien 90. Marburg: Elwert, 2006: 323–337.

— und Johannes F. Diehl, Hrsg., *Orakel und Gebete: Interdisziplinäre Studien zur Sprache der Religion in Ägypten, Vorderasien und Griechenland in hellenistischer Zeit.* Forschungen zum Alten Testament, Reihe 2, 38. Tübingen: Mohr Siebeck, 2009.

—, „Orakel und Gebete im Buch Habakuk." in *ebd.* 67–91.

Wöhrle, Jakob, *Die frühen Sammlungen des Zwölfprophetenbuches: Entstehung und Komposition.* Beihefte zur Zeitschrift für die Alttestamentliche Wissenschaft 360. Berlin u. a.: de Gruyter, 2006.

—, *Der Abschluss des Zwölfprophetenbuches: Buchübergreifende Redaktionsprozesse in den späten Sammlungen.* Beihefte zur Zeitschrift für die Alttestamentliche Wissenschaft 389. Berlin u. a.: de Gruyter, 2008.

Wolff, Hans Walter, *Obadja und Jona.* Biblischer Kommentar Altes Testament 14/3. Neukirchen-Vluyn: Neukirchener Verlag, 1977.

—, *Micha.* Biblischer Kommentar Altes Testament 14/4. Neukirchen-Vluyn: Neukirchener Verlag, 1982.

—, *Studien zum Jonabuch.* 3. erweiterte Auflage. Mit einem Anhang von Jörg Jeremias: „Das Jonabuch in der Forschung seit Hans Walter Wolff". Neukirchen-Vluyn: Neukirchener Verlag, 2003.

Zapff, Burkard M., *Redaktionsgeschichtliche Studien zum Michabuch im Kontext des Dodekapropheton.* Beihefte zur Zeitschrift für die Alttestamentliche Wissenschaft 256. Berlin u. a.: de Gruyter, 1997.

—, *Jesaja 56–66.* Neue Echter Bibel Kommentar zum Alten Testament 37. Würzburg: Echter, 2006.

Zenger, Erich, *Ich will die Morgenröte wecken: Psalmenauslegungen.* Freiburg i. Br. u. a.: Herder, 1991.

——, Hrsg., „*Wort JHWHs, das geschah...*" (*Hos 1,1*): *Studien zum Zwölfprophetenbuch.* Herders Biblische Studien 35. Freiburg i. Br. u. a.: Herder, 2002.

——, Hrsg., *Ritual und Poesie: Formen und Orte religiöser Dichtung im Alten Orient, im Judentum und im Christentum.* Herders Biblische Studien 36. Freiburg i. Br. u. a.: Herder, 2003.

——, Hrsg., *The Composition of the Book of Psalms:* (*57. Colloquium Biblicum Lovaniense, 5.–7. August 2008 im Maria-Theresia Kolleg und im Papst Adrian VI. Kolleg der Katholischen Universität von Leuven).* Bibliotheca Ephemeridum Theologicarum Lovaniensium 238. Leuven: Peeters, 2010.

—— u. a., *Einleitung in das Alte Testament,* 8. Aufl. Kohlhammer-Studienbücher Theologie. Stuttgart: Kohlhammer, 2012.

Stellenregister (in Auswahl)

Häufig verwendete Stellen werden im Text teilweise abkürzend nur mit der Kapitelzahl zitiert. Dies wird im Folgenden dadurch kenntlich gemacht, dass die Versangaben in diesem Fall in Klammern gesetzt sind. Gefettete Seitenzahlen zeigen die Abschnitte an, in denen die betreffenden Stellen ausführlich untersucht werden. Innerhalb dieser Abschnitte werden einzelne Verse nur in Ausnahmefällen differenziert aufgeführt. Die Hochzahlen bezeichnen Belege in Fußnoten. Ist eine Bibelstelle im Haupttext einer Seite zu finden, so wird eine Erwähnung in einer der Fußnoten derselben Seite nicht eigens aufgeführt.

Genesis		1,41	82[189]
3,14	59	4,29 f.	36 f.
4,13	61[97]	6,20 f.	172 f.
15,7	396[597]	7,8	84[198]
26,3	84[198]	7,9	81[184]
49,26	364	8,2	129[351]
		9,26 – 29	20[54]
Exodus		10,21	292
3,20	382	13,17	384
7,19	100[253]	17,12 f.	377
9,33	84[199]	26,5 – 9	20[54]
11,4	58	27 – 29	80
14,30	123	28,50	384
15,1	394	28,58	384
15(,1 – 21)	52, 195, 215, 220, 224 f.,	29,11 – 20	84[197]
	400 f.	29,27	127[340]
15,8	196	30,1 – 10	36 f.
15,11	60[95], 382	30,2 f.	42
15,13 – 16	59	30,3	80
34(,6 f.)	61 f., 417	30,7	84[197]
		31,14 – 29	31[97]
Leviticus		31,16	106[272]
13,46	280[173]	31,20	106[272]
16,22	61[97]	32,15	105
16,29 – 34	80[180]	33,15	364
19,2	347		
23,27 – 32	80[180]	**Josua**	
26	80, 103	1,7	85[203]
		7,9	99
Numeri			
20,11	238	**Richter**	
29,7	80[180]	5,4	363
		18,19	59[86]
Deuteronomium			
1,19	81[182]		

Stichwortregister

Die Stichwortregister sammeln wichtige Begriffe und halten fest, auf welchen Seiten diese erwähnt werden. Wird ein Stichwort auf einander folgenden Seiten gefunden, so werden die einzelnen Belegseiten nicht separat vermerkt, sondern als Seitenfolge angegeben. Die Hochzahlen bezeichnen Belege in Fußnoten. Ist ein Stichwort im Haupttext einer Seite zu finden, so wird eine Erwähnung in einer der Fußnoten derselben Seite nicht eigens aufgeführt.

Abfall (d. Volkes) 9[21], 45, 85, 91, 115, 124, 127[340], 138, 228, 309, 404

Abgewandtheit/ Abwendung JHWHs 43, 112, 116f., 122, 133, 136, 138, 176, 205, 245f., 351, 415–417, 419

Abraham 51, 54f., 63–65, 111, 131, 138, 179

Abtrünnigkeit (d. Volkes od. Einzelner) 24, 39, 41, 81, 93, 141, 286, 290

Aktualisierung (durch Gebet) 27, 30[92], 35, 131, 137, 139, 163[459], 194[557], 206, 227f., 278, 306[273], 308, 326, 404, 406

Antifürbitte 104[265], 300, 302, 311, 329, 413

Antizipation des Erwarteten 15, 25, 27[81], 108, 124, 163, 177, 203, 206, 209, 214, 216, 228, 230–232, 236, 238, 291, 351, 359, 382f., 393, 400, 403, 405f.

Antlitz/ Gesicht
– des Menschen 69, 79f., 88[213], 164, 275, 332
– JHWHs 33[109], 69, 70, 83, 88, 110, 112f., 118, 133, 137, 166, 171, 177, 196, 199[588], 245f., 287, 299, 326, 416

Arbeit am Gottesbild 4, 418

Arme/ Armer/ Armut 11f., 246, 309[287], 316, 323, 326, 328, 355, 358, 360, 363, 366, 369, 374, 379f., 386, 388, 391, 399–402, 414 vgl. Geringe

Armenfrömmigkeit/ -theologie 129, 285, 316, 360, 366

Babel/ Babylon 23, 58[80], 79, 162, 165, 172, 383, 384[549], 395[590], 399[618]

Bekenntnis/ Bekennen
– der Schuld 9, 32[105], 34, 38, 46f., 53, 56, 71f., 74, 80–82, 85f., 90[219], 91, 94, 96, 98, 100, 105, 124[332], 133, 193, 230, 237, 322[333], 324[351], 412

– zu JHWH 95, 101, 106, 116, 171f., 174[493], 287f., 305f., 322, 338, 346, 374, 378, 381, 408, 414f., 418
– des Vertrauens 47, 49, 51, 53, 56, 61f., 72, 81, 83, 95, 207[616], 209, 220, 252, 254[73], 256, 262, 314, 321, 386

Beschämung, beschämt 50f., 54f., 56[69], 58f., 64f., 88, 98, 105, 201, 232, 234, 238f., 244, 295, 313, 319, 321, 324, 413 vgl. auch Scham/ Schämen sowie Schande

Bund 32, 68, 81, 94, 96, 105–107, 122, 404, 418

Buße/ Bußgebet 2, 9, 27[82.85], 36, 38, 41[23], 42f., 62, 74, 76[158.161], 80[180], 85f., 90, 178, 221, 412, 414 vgl. Umkehr

Chaos/ Chaoskampf 11, 49, 62, 64, 182[515], 184[521], 187f., 194[555], 199[558], 202, 357f., 360[465], 363, 365f., 370, 384, 390, 410, 417

David 2[2], 122, 135[379], 142[383], 160, 173f., 196[566]

Demütigung/ Demütigen/ Gedemütigte 9, 56, 105, 114, 116, 128–130, 225, 372–377, 379f., 391, 393[583], 399f.

Demut/ Demütig/ Selbstdemütigung 9, 27, 48, 56, 80, 82, 107, 129[351], 168, 200, 225, 240, 246, 293, 373, 375f., 379f., 386, 399, 414, 417 vgl. auch Erniedrigung

Deuteronomistisch/ Deuteronomismus 9[21], 19–21, 31, 36, 42f., 76, 81[184], 82, 91, 115[301], 340[398], 384, 412

Eifer JHWHs 111, 130, 234, 238f., 417

Hebräisches Stichwortregister (in Auswahl)

ידה   28, 38, 81, 145⁴⁰¹, 173, 216, 223, 378, 382, vgl. תודה

ידע   134³⁷⁵, 223, 258 f., 272, 278, 367

יום   207, 215 f., 392 f.

– יוֹם אֱנוֹשׁ   289, 294

– יוֹם רָעָה   289, 294 f.

– יוֹם צָרָה   356, 368

יכל   101²⁵⁸, 314 f., 318, 322

יצא   58, 86 f., 123³²⁶, 222, 345

יצר /יֵצֶר   127³³⁸, 390, 396

ירא   58 vgl. נוֹרָא

ירד   161, 193

ירשׁ   132³⁶⁸

יְשׁוּעָה   201, 214⁶⁴⁸, 218, 365, 389, 395 f.

ישׁע   100 f., 123, 219, 289, 292, 368

– יְשַׁעְיָה   212

כאב /כְּאֵב   281, 294²²⁴

כְּלִמָּה   322

כפר   75¹⁵⁶

כשׁל   40, 44, 123 f., 310²⁹⁰, 321

כתר   346

לֵב   37 f., 375

לוא   110²⁷⁷, 134

לָמָּה   95, 272

לעג   319

לקח   272 f., 278¹⁶²·¹⁶⁴

מאן   282

מאס   96, 103

מָגוֹר   317, 320 f.

מִדְבָּר   128

מָדוֹן   144

מְזִמָּה   257

מַחְמָד   128

מַחְסֶה   294, 374, 386

מַחֲשָׁבָה   305 vgl. חשׁב

מַכָּה   281 f.

מִכְתָּב   110³⁸³, 148, 158

מַעְגָּל   241

מָעוֹז   374, 386, 397⁶⁰⁸

מַעְיָן   221⁶⁸⁵

מֵעִים   130

מַעֲלָל   261

מַעֲשֶׂה   240

מצא   37, 259

מִצְוָה   37⁵, 72, 81

מִקְדָּשׁ   388

מִקְוֶה   100 vgl. קוה

מָרוֹם   296²³⁴, 355⁴⁴⁴ vgl. רום

מַרְפֵּא   103 vgl. רפא

מַשָּׂא   349

מְשׁוּבָה   100

מִשְׁפָּט   72, 81¹⁸⁵, 85, 241, 243, 345, 348 vgl. שׁפט

נאץ   96, 105

נבט   200, 335, 347

נבל   96, 105

נוח   123 f.

נוֹרָא   81, 331 vgl. ירא

נַחֲלָה   57, 62

נחם   22, 216–18

נטע   264¹¹⁴

נֶפֶשׁ   37 f.

נצל   323

נצר   397

נקה   309

נקם   272, 276 f.

נְקָמָה   265, 314, 321

נשׂא   40, 61, 123

סבב   182, 192, 196

סוֹד   280

סור   81, 296 f.

סלח   38

סְלִיחָה   83

עֶבֶד   82, 88, 131

עוה   38, 81

עוֹלָם   57, 110–113, 115 f., 119, 122, 131, 138, 397

עָוֹן   40, 44, 61⁹⁷·⁹⁹, 75¹⁵⁶, 81, 83 f., 88, 99, 104, 133

עזב   296 f.

עִיר   75¹⁵⁶, 127, 374, 389, 398

עלה   123, 161 f., 188, 192, 194

עֻלָּז   280¹⁷³

עֲלִילָה   223 f.

עַם   223, 239, 384, 396

עָמָל   324, 344, 347 f.

ענה   99²⁴³, 128, 375 f.

עָנִי   358, 360, 400, 414